中国智库经贸观察（2020）

郭周明　张晓涛　主编

中国商务出版社
CHINA COMMERCE AND TRADE PRESS

图书在版编目（CIP）数据

中国智库经贸观察. 2020 / 郭周明，张晓涛主编
. — 北京 : 中国商务出版社，2020. 8
ISBN 978-7-5103-3243-2

Ⅰ. ①中… Ⅱ. ①郭… ②张… Ⅲ. ①对外经贸合作
—中国—文集 Ⅳ. ①F125-53

中国版本图书馆 CIP 数据核字（2019）第 299377 号

中国智库经贸观察（2020）
ZHONGGUO ZHIKU JINGMAO GUANCHA（2020）
郭周明　张晓涛　主编

出　　版：中国商务出版社
地　　址：北京市东城区安外东后巷 28 号　　**邮　　编**：100710
责任部门：商务事业部（010-64255862　cctpswb@163. com）
责任编辑：李自满　王勇娟
直销客服：010-64255862
传　　真：010-64255862
总 发 行：中国商务出版社发行部（010-64208388　64515150）
网购零售：中国商务出版社淘宝店（010-64286917）
网　　址：http://www. cctpress. com
网　　店：https://shop162373850.taobao.com
邮　　箱：cctp@ cctpress. com
排　　版：金奥都科技发展中心
印　　刷：北京九州迅驰传媒文化有限公司
开　　本：787 毫米×1092 毫米　1/16
印　　张：32. 25　　**字　　数**：574 千字
版　　次：2020 年 8 月第 1 版　　**印　　次**：2020 年 8 月第 1 次印刷
书　　号：ISBN 978-7-5103-3243-2
定　　价：88. 00 元

凡所购本版图书如有印装质量问题，请与本社总编室联系。电话：010-64212247

序言

改革开放四十多年来,中国对外开放取得举世瞩目成就。中国从比较封闭的经贸小国发展为走向全面开放的经贸大国,从外商投资几乎为零且对外投资规模很小的投资小国发展为吸收外资和对外投资世界排名前三位的大国,从依靠初级产品参与全球分工发展为依靠制成品参与全球分工的大国,当前中国在全球价值链中已占据重要地位,实现了历史性的跨越。开放的成就不仅体现了我国在全球贸易体系中地位的提升,更体现了对外开放对中国经济发展,特别是快速工业化所做出的巨大贡献。

中国的改革开放抓住了经济全球化迅速发展机遇,取得了巨大成功。经济全球化是一把双刃剑,蕴含着机遇,也充满了挑战。横向看世界各国,很多国家都在经济全球化进程中采取了开放战略,但有的相对成功,有的却收益较少,有的国家甚至"未得其利,深受其害"。世界银行曾评估称"中国是全球化进程中少数几个受益较大的发展中国家",充分肯定了中国对外开放取得的巨大成就,同时也表明并非所有对外开放的经济体都取得了同样巨大的成就。实践证明,对外开放战略能否发挥作用,取决于战略是否合适,措施是否得力。

中国对外开放取得了巨大成就,同时也积累了丰富的经验,其中最重要的一条是,紧紧围绕国家发展大局来设计并推进开放战略。过去四十多年,我国发展的大局是快速推进工业化。"两缺口"理论提出,发展中国家工业化面临两个约束:资金短缺和外汇短缺。改革开放以来,中国采取高储蓄、工农业"剪刀差"等方式解决了资金短缺的问题;建立特区、经济技术开发区,实行沿海开放战略,引进出口型外资,发展加工贸易,解决了外汇短缺的问题,推动中国快速发展成为制成品出口大国。

当前,中国面临的国内外环境都发生了深刻变化。从国内环境看,依靠廉价土地、劳动力等要素的粗放型发展方式已经难以为继,亟须转变发展方式、优化产业结构;从国际环境看,2008 年全球金融危机对世界各国产生了深远影响,近年来贸易保护主义抬头,逆全球化兴起,又叠加中美贸易争端,已严重阻碍中国高新技术发展,中国亟须提升在全球价值链中地位,打造中国主导的产业价值链。

基于当前变化新形势,我们必须与时俱进地采取新的对外开放战略。党的十九大报告指出"我国经济已由高速增长阶段转向高质量发展阶段",这为我国对外开放战略指明了方向,也提出了新要求。高质量发展是创新的发展、开放的发展,新时期对外开放战略,要谋划怎样应运国际国内环境新变化,"于危机中育新机,于变局中开新局",充分发挥我国传统优势,构筑新优势,继续用好国际国内两个市场、两种资源来服务于我国经济高质量发展。

中国商务出版社作为商务部主管的一家中央级出版单位,致力于"传播商务知识,开启财智人生",自 1980 年创社以来,为我国商务发展做出了积极贡献。中国商务出版社发起的"中商智库"依托商务部研究院国家高端智库资源和《国际贸易》杂志社学术平台优势,长期关注经贸领域众多现实问题,服务于国家商务事业发展,形成了一系列有深度的理论和政策研究成果。《中国智库经贸观察》收集了国内大批权威经贸专家学者的最新研究成果,对于了解和把握国家商务领域前沿政策及最新实践具有重要的参考价值。智库是国家治理体系的重要组成部分,智库的研究能力是国家治理能力的重要体现。相信中商智库作为传统媒体创新平台,依托经贸学界众多专家和学者鼎力支持,一定能贡献出更多有深度有见地的研究成果,并发展成为新型高水平融媒体智库。

国务院发展研究中心　副主任　博士生导师

2020 年 8 月 15 日

目　录

中国经贸

中美贸易摩擦

一带一路

国际商务

外　资

数字经济

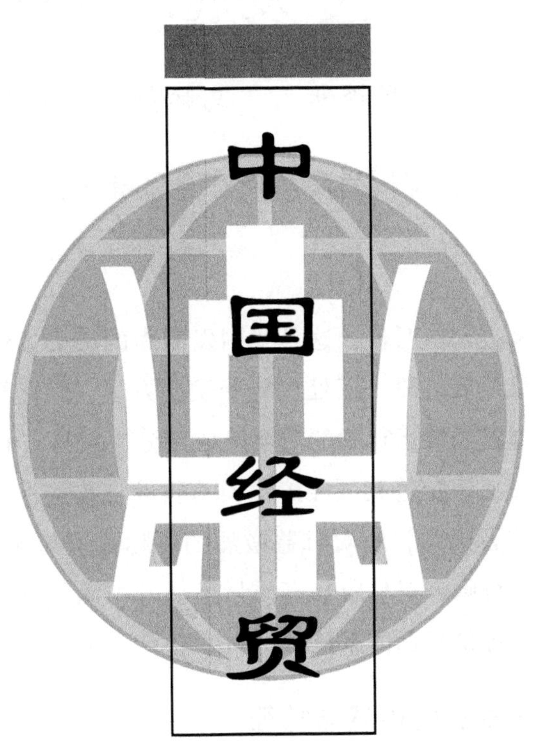
中国经贸

我国外贸高质量发展的评价与对策

曲维玺　崔艳新　马林静　赵新泉

（商务部国际贸易经济合作研究院）

中国特色社会主义进入新时代，这是我国发展新的历史方位。我国经济已由高速增长阶段转向高质量发展阶段，正处在转变发展方式、优化经济结构、转换增长动力的攻关期。作为国民经济运行中的重要组成部分，贸易（包括国内贸易与对外贸易）能否高质量发展，决定着我国经济发展的质量与效益，其中对外贸易的高质量发展更是提升我国综合国力，应对日益激烈的国际竞争与大国博弈的关键所在。在新的时代背景下，系统阐释对外贸易高质量发展的内涵与特征，科学构建符合新发展理念的外贸高质量评价指标体系显得尤为必要。

一、外贸高质量发展的内涵与特征

传统贸易理论以比较优势与专业化分工来解释贸易的产生与发展，研究者与政策制定者通常将"贸易"仅仅局限于经济社会中的流通环节，但在现实中，贸易的高质量发展与生产、流通、消费各环节密切相关，与国内国外市场高度关联，是一国在全球产业链、供应链、价值链中所处地位的集中体现。当前中国正处于"百年未有之大变局"，随着新一轮产业技术革命深入推进，国际经贸竞争格局深刻调整，既给外贸高质量发展带来了诸多机遇，同时也面临前所未有的挑战。新时代外贸高质量发展，必须顺应全球科技创新趋势，培育外贸发展新动能，提升外贸竞争新优势，实现贸易的创新、平衡、协调、融合、绿色发展，使我国在全球产业链、供应链与价值链中所处的地位大幅提升，并能够积极参与并引导国际经贸规则的制定与发展。其内涵与特征应当包括以下五个方面：

一是对外贸易的产业与科技基础雄厚。外贸高质量发展，应当是高端创新要素不断积聚，新技术对产业升级的促进作用显著增强，产业朝集约、高效、绿色方向发展；知识产权保护进一步强化；同时拥有一批国际竞争力强的跨国企业，企业自主创新能力强，拥有自主核心技术、品牌与生产工艺，对全球产业链、价值链及供应链有较强的影响力和控制力。

二是对外贸易实现平衡、融合与优化发展。外贸高质量发展，应该是在结构、格局、动力、模式等多元方面更加良性发展的综合态势，通过体制机制改革、发展模式创新等，构建在进出口结构上更加平衡、服务贸易和货物贸易更加协调的贸易构成，实现在国际市场和国内区域上更加均衡的贸易布局，并拥有较高的贸易收益和持续的发展动力，以更大程度实现要素流动自由化和高效配置。

三是对外贸易国际竞争力地位显著增强。外贸高质量发展，不应当仅仅局限于贸易规模等绝对数量地位的提升，而是通过贸易政策与产业政策的协调互动、贸易与双向投资的相互促进，推动我国在深度融入全球产业链的同时，构建起自主可靠的全球供应链网络，产出更多能够占据全球价值链高端环节的产品与服务，同时积极开展数字贸易等下一代新型贸易的前瞻布局，最终实现我国国际贸易竞争力本质上的提升，抵御外部风险与冲击的能力大大增强。

四是对外贸易综合服务制度体系完备。外贸高质量发展，应当具备运转高效的贸易法律制度、管理体系与运行机制，也应加速构建全球营销网络与渠道、全球物流运输体系、融资支付结算系统以及法律仲裁服务等贸易综合服务体系，同时具备较低的关税水平与非关税壁垒，较高的贸易便利化水平以及国际化、法治化、市场化的营商环境，才能实现国际国内要素有序自由流动、资源高效配置和市场深度融合。

五是拥有国际经贸规则制定的话语权。外贸高质量发展，应当是能在国际经济组织和多边经贸规则制定中拥有话语权，推动本国技术、服务标准成为国际标准；在区域协定谈判中参与度高、主导力强；与“一带一路”沿线国家标准化互利合作逐步深化，能依托自身优势构建以本国为主导的“带路”价值链和区域价值链。

二、外贸高质量发展评价指标体系的构建

外贸高质量发展，是以建设社会主义现代化强国为目标的更加高效、更为平衡和更可持续的发展。我国外贸从高速增长转向高质量发展，既是增长方式和发展路径的转变，也是体制机制与评价体系变革创新的过程。构建符合“创新、协调、绿色、开放、共享”理念的外贸高质量发展评价指标体系，必须要坚持质量第一、效益优先，以提高贸易发展质量和效益为中心，突出创新在贸易发展中的主导驱动作

用，促进知识、技术、信息、数据等新型生产要素在贸易领域的集聚与嬗变，推动形成以技术、品牌、质量、服务为核心的综合竞争优势，提升我国在全球产业链、供应链与价值链中的地位，增强我国对国际经贸规则的话语权与影响力。

本文构建了一套外贸高质量发展评价指标体系，包括外贸基础、外贸优化度、外贸竞争力地位、外贸综合服务、国际经贸规则地位5个一级指标，涵盖二级指标11个，三级指标34个，如表1所示。

依据评价体系各项指标对我国外贸高质量发展状况进行评估，可以看出，当前我国在贸易规模以及贸易竞争力各项指标方面具有优势，高技术制成品出口、跨境电子商务等领域表现突出，对外贸易质量和效益明显提升，高质量发展特征越来越显著。但同时，与发达国家相比，我国外贸发展仍存在明显短板与差距，尤其在产业效能、研发投入、服务贸易、投资与贸易相关度、全球价值链（GVC）参与度、贸易便利化程度以及外贸综合服务体系建设方面还有待进一步提升，在全球经贸治理格局中的地位和作用也有待加强。

三、我国外贸高质量发展现状评估

（一）外贸基础尚需进一步加强

从产业发展基础与产出效率来看，我国与发达国家相比仍存在一定差距。以全要素生产率为例，2014年我国的全要素生产率仅为0.433，不及美国的一半，也显著低于法、德、日等发达经济体。同时，我国单位GDP能耗率远高于主要发达国家，产业亟须朝高效化、集约化、绿色方向发展。联合国人类发展指数显示，我国单位GDP二氧化碳排放量约为美国的2倍。就品牌建设而言，我国缺乏世界性知名品牌，自主品牌少，人均品牌价值低。经测算，2019年我国人均世界500强品牌价值仅为938.7美元，而美国、德国、法国、英国这一指标值分别达到9549.2美元、4810.6美元、4620.9美元、3413.8美元，我国品牌建设能力亟待增强。

从科技与研发实力来看，近年来，随着“科教兴国”战略的深入推进，我国科技事业取得举世瞩目的成就，对源头创新的需求巨大。但是当前我国基础研究领域仍比较薄弱，严重缺乏核心科学知识的积累与沉淀，真正能够引领产业变革的原创性突破凤毛麟角，同时研发经费投入仍显不足，与发达国家相比，尚有较大的提升空间。以研发投入/GDP指标为例，据世界银行统计，2017年韩国、日本、德国的研发投入与GDP之比均超过3%，美国的研发投入/GDP为2.8%，而中国这一指标值仅为2.1%，研发投入强度明显弱于主要发达经济体。

表 1 贸易高质量发展的指标体系

一级指标	二级指标	三级指标
外贸基础	产业效能	全要素生产率
		单位 GDP 二氧化碳排放量
		“全球品牌价值 500 强” 国内入榜品牌总价值/总人口
	科技实力	研发投入/GDP
		每百万人口中研发技术人员的数量
		非居民专利申请量
外贸优化度	贸易规模	货物贸易占世界货物贸易比重
		服务贸易占世界服务贸易比重
		服务出口占世界服务出口比重
	贸易结构	高技术制造业产品出口占比
		新兴服务出口占服务出口比重
		服务贸易占贸易总额比重
		海外市场集中度指数
	贸易发展新动能	跨境电子商务贸易占比
		数字服务贸易占比
		对外直接投资与贸易的相关度
外贸竞争力地位	贸易竞争力	货物贸易 TC 指数
		服务贸易 TC 指数
		高技术制造业产品 TC 指数
		SITC 分类中 5-7 类产品 TC 指数
		SITC 分类中 5-7 类产品 RCA 指数
	全球价值链地位	全球价值链（GVC）参与度指数
		单位货物出口增加值率（每 1000 美元货物出口拉动的国内增加值）
		单位服务出口增加值率（每 1000 美元服务出口拉动的国内增加值）

续表

一级指标	二级指标	三级指标
外贸综合服务	外贸发展环境	营商环境排名
		贸易便利化指数（TFI）
		服务贸易限制性指数（STRI）
	外贸服务体系	人民币在国际结算支付中的比重
		全球物流绩效指数（LPI）
		国际常设仲裁机构所在地
国际经贸规则地位	参与国际经济组织改革	WTO 议题参与度
		IMF 份额
	参与区域贸易协定谈判	签署自由贸易协定数量
		自由贸易协定覆盖的出口占总出口的比重

资料来源：作者研究编制。

（二）外贸结构与市场布局有待进一步优化

从贸易结构来看，首先是货物贸易与服务贸易发展结构失衡。如表 2 所示，我国服务贸易占比低于发达国家水平，2018 年我国服务贸易占对外贸易总额（货物贸易与服务贸易总额）的比重为 14.53%，同期美国、德国、日本的服务贸易占比为 23.91%、19.17%和 20.58%。相对于我国货物贸易出口占世界总出口 12.77%的比重，我国服务贸易出口占世界比重较低，仅为 4.59%。其次，货物贸易与服务贸易均存在进出口不均衡问题。货物贸易长期巨额顺差导致贸易摩擦频发，服务贸易逆差不断扩大。1995—2018 年，我国服务贸易逆差由 60.9 亿美元扩大至 2582 亿美元逆差，逆差规模位居全球首位。再次，货物贸易与服务贸易内部结构均有待优化。货物贸易中附加值和贸易收益较低的制成品出口占比仍然较高，服务贸易则主要集中于附加值较低的运输、旅行和其他传统服务部门，新兴服务贸易竞争力较弱。2018 年，中国旅行、运输、建筑三大传统服务贸易总额占比达到 63.4%，相比而言，美国新兴服务贸易占比较大，上述三大传统服务贸易占比仅为 40.3%。

从国际市场布局来看，我国外贸海外市场集中度过高的问题比较凸显，过度依赖欧、美、日等传统市场的问题依然突出。截至 2018 年年底，我国货物贸易与前四大贸易伙伴——欧盟、美国、东盟、日本四个经济体的贸易额占比为 48.3%，几乎占据了我国外贸的半壁江山。从世界银行发布的最新贸易集中度指数来看，我国贸易集中度指数为 0.07，而美国与德国分别为 0.06 和 0.04。

(三) 外贸综合竞争力需进一步提升

从出口竞争力来看，劳动密集型产品和资源类加工产品一直是我国出口品中竞争力较强的商品，尽管近年来高新技术产品出口占比提升，但较大程度上是中国承载国际分工转移的结果。海关数据显示，2019 年前三季度中国加工贸易项下高新技术产品出口占比达 56.5%。从产业链分工来看，高新技术出口产品多处于技术含量和附加值较低的“加工—组装”环节，在附加值较高的研发、设计、营销和售后服务等环节缺乏竞争力。从中国高新技术出口 100 强企业来看，尽管民营企业占比呈现上升趋势，但目前高新技术产品出口仍以外资企业和港澳台企业为主，两者出口额约占总额的 3/4，我国自主高新技术产业发展仍然滞后。此外，我国服务贸易发展起步较晚，国际竞争力较弱，2018 年中国、美国、德国、日本服务贸易的 TC 指数分别为-0.33、0.2、-0.04、-0.03。

从我国在全球价值链中的参与度及获益程度来看，与美国相比，我国多数产品与服务的 GVC 后向参与度大于美国，但 GVC 前向参与度小于美国，表明美国产品与服务的国内增加值更多地作为中间品出口到了第三国，而我国出口却包含更多的外国增加值，更多依赖于外国的中间品投入。从服务业细分行业来看，我国各细分行业 GVC 参与度基本都小于美国，表明我国各细分行业参与全球价值链的程度和速度都落后于美国。根据测算，我国单位出口的增加值仍相对较低，虽然 2010 年以来单位出口增加值含量不断提高，但 2017 年仍不到 75%。

(四) 外贸内生动力尚需进一步挖掘

从新旧动能转换情况来看，我国外贸发展的新旧动能转换尚未完全实现。在面临劳动力成本上升、“人口红利”逐步消减、资源环境约束日益明显的制约条件下，我国亟须推动贸易增长新旧动能的转换，将以往依靠物质资源消耗实现增长的模式改变为依靠技术创新、制度创新、模式创新和劳动者素质提升来实现贸易增长。当前，基于数字经济衍生出的贸易新业态新模式发展迅猛，跨境电商、数字服务贸易等新兴贸易模式成为拉动我国外贸增长的新动能。然而，与美国等发达国家相比，我国数字经济发展以及植根于数字经济的贸易新业态拓展还存在较大差距。从数字经济规模来看，2018 年，美国数字经济规模蝉联全球第一，达到 12.34 万亿美元，中国虽然位居全球第二，但规模只有 4.73 万亿美元，与美国差额较大。从数字技术实力来看，我国数字技术基础仍比较薄弱。以数据中心系统建设为例，截至2018年，全球430个超大规模数据中心，美国公司占比达40%，中国仅占8%，我国贸易整体数字化模式创新仍处于弱势地位。此外，我国企业尤其是中小型企业标准化程度仍然较低，多数企业还没有适应数字经济快速发展的形势，传统贸易与信息技术产业和新技术的融合发展需进一步突破。

表2　2018年中国与主要国家服务贸易发展情况对比

国家	服务贸易占国内贸易总额比重（%）	服务贸易占世界服务贸易的比重（%）	服务贸易出口占国内总出口比重（%）	服务贸易出口占世界服务贸易出口比重（%）
中国	14.53	6.98	9.63	4.59
美国	23.91	11.94	32.69	14.01
德国	19.17	6.00	17.26	5.64
日本	20.58	3.42	20.23	3.25

数据来源：根据WTO数据整理。

从投资与贸易的互动关系来看，我国对外直接投资与贸易的相关度与结合度不高，由投资带动的贸易规模一直偏少。原因在于，一是中国制造业领域的对外投资占比不高，对外投资主要流向第三产业，2018年对制造业的投资占比仅为13.4%；二是我国海外布局的产业链普遍较短，对中间品贸易的持续性拉动力较弱。中国对外直接投资与贸易的结合度仍需紧实，两者的协调联动还有待加强。

（五）外贸综合服务制度体系有待进一步完善

从外贸发展环境来看，根据世界银行发布的《2020年营商环境报告》，自2017年以来中国营商环境连续两年位居全球营商环境改善幅度最大的十大经济体之中，2019年中国营商环境全球排名跃升至第31位，首次跻身全球前40，排名比2018年提高了15位。但在贸易便利化方面，我国与发达国家还存在差距，2018年我国贸易便利化指数TFI（trade facilitation indicator，OECD）平均值为1.36，高于世界平均水平1.15，但远低于美国（1.82）、英国（1.75）、法国（1.78）、日本（1.60）等发达经济体。另外，服务行业的国内规制和服务贸易的市场准入是影响服务贸易竞争力的重要因素。OECD发布的服务贸易限制性指数（2018）显示，中国分行业指数的算术平均数为0.446，而美国、德国、日本这一数值分别为0.238、0.171、0.201。我国在服务贸易多数部门的贸易限制性指数都显著高于OECD国家的平均水平。

从金融服务体系来看，尽管人民币已连续 8 年成为我国第二大国际支付货币，但目前人民币在国际结算支付中的比重依旧很低。根据环球同业银行金融电信协会（SWIFT）统计，截至 2018 年年末，人民币为全球第五大支付货币，占全球所有货币支付金额比重为 2.09%，较 2017 年同期 1.61%有所上升，排名低于美元（39.56%）、欧元（34.13%）、英镑（7.27%）及日元（3.55%）。

从物流服务体系来看，物流服务业是国际贸易的支柱和基础，物流绩效指数（LPI）衡量了世界各国的贸易物流水平，涵盖海关、基础设施、国际货运、物流竞争力、货物追踪、物流及时性等六个关键指数。根据世界银行发布的《联结以竞争：全球经济中的贸易物流 2018》，发达经济体在全球贸易物流中仍居领先地位，其中德国物流绩效指数（LPI）连续三次位居全球第一，日本、英国、美国分别位居世界第 5、9、14 位，而我国物流指数综合得分为 3.61 分，全球排名第 26 位。

从法律服务体系来看，根据调研，我国超过一半的“走出去”企业选择通过国际常设仲裁机构解决争议。而目前全球影响力比较大的国际常设仲裁机构包括国际商会的下设独立仲裁机构国际仲裁院（ICA）、伦敦国际仲裁院（LCIA）、斯德哥尔摩商会仲裁院（SCC）、新加坡国际仲裁中心（SIAC）、香港国际仲裁中心（HKIAC）等，中国国际经济贸易仲裁委员会（CIETAC）年度受理涉外案件仅为 330~560 件。

（六）国际经贸规则参与度仍需提升

从国际组织改革参与程度来看，一直以来，发展中国家和贫穷国家在国际货币基金组织中缺乏话语权。随着中国等发展中国家影响力日益增强并在全球经济活动中发挥重要角色，IMF 改革的呼声日益高涨。2015 年 12 月，IMF 2010 年份额和改革方案正式实施，我国成功跻身 IMF 第三大成员国。但是当前我国在 IMF 的份额仍仅为 6.39%，与其全球第二大经济体地位不相适应，在全球重大事务决策中无法发挥应有的影响力。IMF 未来亟须在权威性和有效性方面继续深化改革，扩大监督范围，进一步提高援助能力和效率。WTO 对促进国际贸易和经济全球化发挥了至关重要的作用，但是面对全球贸易保护主义、单边主义不断升级的势头，WTO 在争端解决、谈判、政策审议监督等方面的功能受到挑战，我国在其中发挥的作用也受到一定程度的掣肘。

从区域贸易协定谈判的参与程度来看，目前我国已同25个贸易伙伴签订了17个自贸协定，2018年我国向自贸伙伴出口约5290亿美元，占总出口额比重约21.3%，与美日等发达国家遍布全球的自贸区覆盖网络还存在差距。我国在环境保护、劳工标准、知识产权保护等规则和技术领域的谈判也有待进一步加强，与美、日、欧等主要贸易伙伴的投资与贸易协定谈判亟待提升。

四、多措并举推进外贸高质量发展

面对日趋复杂多变的国际国内形势，推动新时代我国外贸高质量发展，应以“创新强贸”战略为导向，坚持创新、协调、绿色、开放、共享理念，进一步提升对外开放水平，加快培育我国产业国际竞争新优势，实现外贸高质量发展。

（一）推动全方位高水平开放，促进贸易更加优化平衡发展

推动贸易高质量发展，我国需要深入构建开放型经济新体制，推动全方位和深层次开放，不断探索对外开放的新思路新模式，以高水平、高质量对外开放促进国内国际要素有序流动、资源高效配置、市场深度融合，促进贸易内产品、产业、市场结构更加平衡、更加协调、更加充分发展。

一是提高贸易开放度，促进进出口更趋平衡。坚持出口与进口并重，在强化出口能力的同时，实施积极的进口促进战略。一方面，优化进口商品结构，增加关键零部件、重要设备、先进服务和重要消费品的进口，充分发挥进口对提升消费、调整结构、发展经济、扩大开放的重要作用；另一方面，通过扩大进口，减少贸易顺差，积极化解参与国际市场竞争的国内外风险，提高贸易安全度，推动外贸可持续发展。

二是积极开拓国际市场，构建多元的外部市场格局。着力深化与共建“一带一路”国家的贸易合作，加强沿线国家市场布局，深度拓展与“一带一路”相关国家的货物贸易与服务贸易合作空间。提升与发达国家经贸合作博弈能力，在巩固发达国家等传统市场的同时，深度拓展亚洲、非洲、拉美等市场。重点挖掘南非、俄罗斯、巴西等国家的市场潜力，扩大与周边国家的贸易规模，全面提升在发展中国家市场影响力，逐步提高自贸伙伴、新兴市场和发展中国家在对外贸易中的占比。

三是构建全面开放新格局，促进我国内部区域贸易的均衡发展。加快形成陆海内外联动、东西双向互济的开放格局，提升中西部地区外贸竞争力，是推动国内区域贸易平衡发展的有效途径。强化内陆地区内外市场一体化建设和搞活联通外部市

场流通网络体系，助推中西部地区“内陆沿边”变为“开放前沿”，促进中西部省份对外贸易发展，扭转我国对外贸易“东强西弱”的不平衡格局。

四是加快推进服务业领域对外开放，推动货物贸易与服务贸易协调均衡发展。深化服务业全方位开放，将服务业开放定位于开放型经济体制建设的重要内容。抓住新一轮服务业跨国转移的重大机遇，深度参与国际服务业分工合作，全面融入全球服务贸易市场，扩大服务贸易规模。同时，注重拓展服务贸易发展领域，大力发展跨境电子商务、供应链管理、服务外包和云众包、数字贸易等新型服务，促进服务贸易更加优化发展。

（二）着力培育外贸新型竞争优势，加快迈向全球价值链高端

提升对外贸易综合竞争力，应当切实筑牢外贸发展的产业与科技基础，推动我国竞争优势从传统的价格优势为主向技术、标准、品牌为核心的新型竞争优势转变，构筑自主可控的全球产业链条、贸易结算体系、国际营销网络，提高我国产品和服务在全球价值链中的地位与竞争力。

一是夯实产业与科技基础，加强技术创新，推动产业转型升级。一方面，继续加大基础研究投入，鼓励企业自主创新，培育自有品牌和自主知识产权的产品和服务，构建全球范围内的自主营销渠道，主导行业规范和产品标准的制定，力争在全球价值链体系中有较强的影响力和控制力。另一方面，培育高端高新技术产业，集聚高端创新要素，加快大数据、人工智能、区块链等新技术与传统产业的深度融合，做优做强制造业和服务业，推动产业朝集约化、智能化、绿色生态方向发展，为助力贸易高质量发展奠定坚实的产业基础。

二是做强对外贸易主体，推动各类载体创新发展。一方面，以创新驱动为引领，推动优势企业跨地区兼并重组和对外投资合作，培育一批组织化程度高、产业链条长、市场竞争力强的跨国公司，鼓励创新型中小微企业发展，与大企业协同配套，全面参与并力争主导全球产业链、供应链、价值链重构。另一方面，继续发挥各类园区在外贸发展中的引擎作用与示范功能，推动综保区、经开区、高新区、自贸试验区等各类园区载体转型升级，强化其聚集、服务、创新功能，打造成为我国高端制造、物流、研发、销售、结算、维修中心。

三是拓展对外贸易各类平台，加快形成全球综合服务网络。一方面，培育若干国际知名度高、影响力大的国家级会展平台，更好发挥平台链接线上线下、境内境外、贸易投资的集成功能，打造永不落幕的博览会与交易会。另一方面，加快国际

营销网络建设，支持商会、协会、企业通过自建、合建、委托等多种方式在境外建设展示中心、分拨中心、批发市场、零售网点、服务体系等，加强实际商业存在。建立满足市场需求的国际结算机构、人民币在岸和离岸结算中心，最终形成以结算中心为连接点的网络化、多功能、多币种结算系统，构建支持对外贸易发展的全球金融结算、物流服务和法律服务体系。

四是支持新业态与新模式发展，加快培育对外贸易新动能。一方面，继续推动跨境电子商务等新业态新模式发展，进一步扩大跨境电商综合试验区试点范围，加快试点经验与政策复制推广，出台《电子商务法》实施细则，鼓励跨境电子商务企业通过规范的“海外仓”、体验店和配送网店等模式，融入境外零售体系。鼓励境内银行、支付机构依法合规开展跨境电子支付业务，推动跨境电子商务活动中使用人民币计价结算。另一方面，推动云计算、大数据、区块链、软件信息、社交媒体、搜索引擎等数字技术服务发展，加快数字技术对传统产业的改造与融合，大力发展数字娱乐、数字传媒、数字教育、数字医疗、数字出版等数字内容服务，实现数字服务贸易的标准化、平台化与生态化发展。

（三）完善外贸高质量发展环境，推动贸易健康可持续发展

实现对外贸易高质量发展，还需进一步完善外贸管理的法律法规、制度政策与规则体系建设，持续构建法治化、便利化、国际化的营商环境，全面提升在全球经贸规则制定中的制度性话语权。

一是着力完善外贸高质量发展制度体系。全面梳理对外贸易领域法律、法规、部门规章以及地方性法规规章，适时修订对外贸易领域法规条例，建立国内法与国际法协调互动的新型对外贸易法律体系。加强对外贸易与投资安全保障制度建设，完善国家安全审查监管制度和机制，建立重大资源产品与核心科技产品的全球供应链风险预警系统，提升全球供应链风险防控能力。健全贸易摩擦应对预案，统筹制订货物贸易与服务贸易相配合，贸易、投资、金融、科技等部门联动的对外贸易谈判方案。全面贯彻新发展理念，尽快建立科学合理的对外贸易高质量发展评价指标体系。

二是实行积极的贸易促进政策。积极主动扩大进口，进一步降低部分产品关税水平，减少关税壁垒，减少自动进口许可货物种类。大力发展服务贸易进口，积极扩大国内急需的咨询、节能环保、研发设计、环境服务等知识、技术密集型生产性服务进口。加大金融、财税政策扶持力度。改善融资服务，鼓励银行业金融机构加

大进口信贷支持力度。加大对有订单、有效益外贸企业的金融支持。加大对小微企业信用保险支持力度，鼓励发展短期出口信用保险业务。调整完善出口退税政策，进一步提高退税审核效率，加快退税进度，保证及时足额退税。

三是持续优化营商环境。继续放宽外资准入限制，进一步缩减外资准入负面清单，推动现代服务业、制造业、农业全方位对外开放，在更多领域允许外资控股或独资经营。探索建立规范外贸经营秩序新模式，完善重点行业进出口管理和竞争自律公约机制，防止恶性竞争。建立外贸企业信用记录数据库，促进外贸企业信用评价体系建设。简化行政审批程序，完善中央政府与地方政府的事权分配。加大贸易便利化改革力度，坚决清理和规范进出口环节收费，为市场主体提供便捷的口岸通关服务，降低企业通关成本。

四是积极参与并引导全球经贸规则制定。积极推动 WTO 改革，力争在 WTO 议题设置、争端解决机制和管理机制、贸易审议、电子商务、公平竞争标准和产业政策等领域拥有更多话语权和决策权。推动 IMF 改革投票制度，完善决策机制，加强监管与资金筹集，提高危机应对能力。主动顺应新一轮国际经贸规则演变和重构的趋势，积极开展与美欧日等主要贸易伙伴在知识产权保护、环境保护、政府采购等高标准、高技术领域的谈判。加快推动形成立足周边、辐射“一带一路”，面向全球的高标准自由贸易区网络。

"高质量"开放型经济发展的内涵与关键任务

郭周明[①]　　张晓磊[②]

(① 中国商务出版社;
② 南京财经大学国际经贸学院)

党的十九大报告指出:"我国经济已由高速增长阶段转向高质量发展阶段,正处在转变发展方式、优化经济结构、转换增长动力的攻关期"。中国经济发展目标导向由"高速度"转向"高质量",是党中央结合国内、国际客观环境,特别是我国现实发展条件所做出的重要判断。在开放经济的视角下,中国经济自改革开放以来维持连续40年高速增长的"秘诀",正是依靠相对质优价廉的低端劳动力等资源优势,嵌入全球价值链低端的组装加工环节,以大规模出口低附加值的劳动密集型产品的方式,逐渐带动国内就业增长、产业升级和经济繁荣。然而,在改革开放四十年后的当前,中国融入全球贸易和分工网络的比较优势基础已经发生历史性的根本转变,传统的低端劳动力资源正在加速枯竭,高技术人才资源、本土市场规模、完整的产业链体系、稳定的经济社会环境等新兴资源优势愈发凸显。这种融入全球贸易分工网络比较优势基础的结构性转变,正是要求中国推动传统的"数量驱动型"开放型经济发展模式向"创新引领型"高质量开放型经济发展模式升级的根本原因。

一、中国"高质量"开放型经济发展的内涵

"高质量"开放型经济发展模式就是要彻底改变过去主要依靠扩大低端要素投入规模,盲目扩张产能,追求货物出口量和引进外资规模持续高增长的"粗放式"发展模式,转而追求提升出口货物附加值,提高引进外资项目的技术、经济、环保

和社会效益标准，并逐步解决过去“高速度”导向的开放型经济发展模式所积累的产能过剩、效益低下、资源浪费、环境污染、杠杆过高、竞争力不足等问题，以实现开放型经济发展模式的良性、可持续循环和竞争力提升。具体而言，“高质量”开放型经济发展的内涵包括三个层面：

（一）发展的速度目标以“稳”为基

以“质量升级”为目标导向的开放型经济发展绝不是放弃追求出口和利用外资规模的增长，中国开放型经济的“质量升级”离不开平稳增长的贸易和投资规模作为基础支撑，没有庞大的数量基础作为保障，质量升级也就无从谈起。一方面，企业产品和服务的质量升级是一个逐步积累的过程，对于发展中国家的企业而言，“以低端育高端”的质量升级路径是较为普遍且合理的选择，即企业需要通过贸易和投资在国际中低端产品和服务市场上获得稳定的利润流入，以补贴自身在高端市场上的高昂技术研发成本。因此，中国企业稳定自身在国际中低端产品和服务市场上的既有优势地位和市场份额，是保障自身有机会实现质量升级的重要前提。另一方面，庞大的双向贸易和投资规模是中国融入全球价值链体系的“新型比较优势”。改革开放四十年来，中国正是借助广阔的国际市场需求，才逐渐积累和发展形成了世界上规模最大、门类最为齐全的工业体系和数量庞大的熟练且高效的技术工人。当前，中国制造业产品的产能、性价比和及时交货能力在全球范围内都具有绝对竞争优势，且在中高端产业产品品质和新产品研发设计能力等方面与美、日、德等先进工业国之间的差距也在快速收敛。这使得中国企业依托国内价值链网络生产制造产品的成本更低、效率更高，且随着工业产品设计的愈发复杂化，利用中国庞大且高效率的产品生产和供应链网络，在中国组织生产复杂工业品的比较成本优势就会愈发凸显。因此，继续借力外部市场，保障中国双向贸易和投资规模的平稳增长，防止低端产业链和产业链低端工序过快外流，保证国内价值链的长度和完整度，成为中国企业以低成本实现向高端产业和产业链高端工序突破的重要策略。

自 2014 年中国货物出口额达到 2.34 万亿美元的顶峰之后，受限于外部市场需求的不景气，中国出口企业一直面临较大的出口增长压力，再加之当前美国特朗普政府挑起中美贸易冲突，并企图颠覆 WTO 规则下的全球多边自由贸易体制，导致中国出口企业正面临自 2008 年金融危机以来空前恶劣的外部需求环境。在利用外资方面，自 2011 年以来，随着中国劳动力和土地成本的快速攀升，中国利用外资总量规模就一直增长乏力，2012—2017 年间实际利用外资年均增速仅为 2.55%，当前中美贸易关系恶化更是严重削弱了中国对以美国市场为出口目的地的外资项目的吸引力。因此，在当前情况下，中国开放型经济发展最迫切的需要仍然是全力“稳外资、稳外贸”，保障中国出口和利用外资规模的稳定增长，才能为长远谋求开放型经济发展质量升级奠定坚实的基础。

（二）发展的质量目标向国际一流看齐

中国过去的开放型经济发展模式虽然取得了数量上的成功，但在发展质量上仍与发达经济体存在较大差距。以货物出口部门为例，商务部发布的《全球价值链与我国贸易增加值核算报告》数据显示：2012 年，中国每千美元货物出口中所包含的国内增加值仅为 621 美元，而美国为 850 美元，欧盟和日本也都在 700~800 美元之间。虽然近年来中国出口中所包含的国内增加值一直稳步增长，但年均增速仅为 1.4%，2016 年每千美元货物出口中所包含的国内增加值也仅为 669 美元①，与美国、日本和欧盟等发达经济体之间仍存在较大差距。因此，“高质量”开放型经济发展的核心内涵就是要向世界一流标准看齐，提升中国外向型经济部门的技术水平、国际竞争力和国内附加值，彻底解决中国企业“大而不强”，出口带来的经济、环境、社会效益低，被发达经济体在全球价值链分工中“低端锁定”等发展瓶颈问题。

首先，提升开放型经济发展质量需要下大力气补足技术短板，缩小与发达国家之间的技术差距，降低关键技术、材料和设备的进口依赖度。“科学技术是第一生产力”，各国在国际经济分工合作中所处地位的高低和所获利益的多寡，最终还是取决于该国的科技实力。只有攻破发达国家在高端技术领域的垄断，中国才能真正提升自身在全球价值链分工和贸易体系中的地位与话语权。然而随着新技术研发投入成本的不断攀升和产品技术代际更替速度的日益加快，中国企业学习和追赶发达国家已成熟技术的成本门槛正在快速增高。因此，中国企业在学习发达国家先进企业当前已成熟技术的同时，更重要的任务应该是提前在发达国家技术尚不成熟的新兴前沿技术领域进行布局，紧跟下一轮技术潮流，实现跨越式发展。

其次，提升开放型经济发展质量离不开强大的文化软实力作支撑。中国应在与文化传播相关的服务业领域学习美国、日本、德国和韩国等文化强国的发展经验，提升中国文化的海外传播力和影响力。除科技之外，母国文化的魅力也是支撑

① 数据来自全球价值链和中国贸易增加值核算数据库。

一国企业、产品和服务的国际形象与竞争力的重要支柱。美国、日本、德国等发达经济体的产品在国际市场上拥有比中国产品更高的定价，离不开其背后强大的母国文化形象作为支撑。“美国制造”代表着高科技，“日本制造”代表着精致，“德国制造”代表着高品质，“韩国制造”代表着时尚，而“中国制造”却被定位成廉价且品质不可信赖，这在很大程度上是由于中国开放型经济发展模式长期以制造业产品为主，文化相关的服务业出口严重缺位，外国普通消费者对中国的刻板印象得不到及时更新。因此，中国开放型经济发展质量升级需要重点培养中国文化、旅游、教育等相关服务产业的服务质量和出口能力，让更多的外国普通消费者了解中国和中国文化，改善中国国家整体的文化形象和声誉。

再次，提升开放型经济发展质量还必须下定决心，降低开放型经济发展的环境代价。较低的环境污染成本也是发展中国家融入全球价值链所依托的重要比较优势。中国过去粗放的开放型经济发展模式导致出口中所包含的污染物排放水平远超美、欧、日等发达经济体，外向型经济蓬勃发展的结果是以牺牲中国的资源和环境为代价，向全世界出口附加值并不高的廉价商品。因此，高质量开放型经济发展模式要求中国提升国内制造业的污染物排放标准，加强环保执法力度，在扩大对外资企业开放力度的同时，提高对外资进入的环保门槛标准，特别是在东部经济发达、污染物排放较为集中的城市集聚地区，更是要坚决叫停以破坏环境为代价或存在重大生态风险的高污染项目，追求绿色、可持续的开放型经济发展模式。

（三）发展的重点领域向进口和对外投资拓展

受所处发展阶段的制约，过去中国开放型经济发展的重点关注领域一直都是“出口”和“利用外资”，对外开放的重要任务就是追求出口创汇和引进外国资本技术。然而随着中国出口和利用外资规模均已触及高速增长的“天花板”，开始进入以质量升级为主要目标的结构调整阶段，“进口”和“对外投资”应该被赋予更高的重视程度，将其作为开放型经济发展质量升级的重要抓手。

在进口方面，积极扩大消费品进口，有利于刺激进口替代部门的质量升级，补齐中国在日用消费品中的高端领域竞争力不足的短板。中国作为制造业大国，以往的进口以工业原材料和零部件、资本设备、石油和天然气等能源、农业和采矿业的大宗商品等为主，消费品进口占比极低，进口部门的主要服务对象是工业企业，而非国内消费者，国内进口消费品供给不足且价格过高已经严重制约了中国消费者对日益增长的美好生活的需要，最终导致中国游客在欧美、日韩和中国香港等发达国家和地区疯狂扫货的负面新闻屡见报端。从近年来快速崛起的跨境电商发展趋势来看，2017 年中国跨境电商进口规模达到 1.85 万亿元，比 2106 年增长 33.3%；跨境网购用户达到 0.59 亿人，比 2016 年增长 82.6%①，跨境电商的爆发式增长显示出了中国消费者对进口消费品的惊人需求。此外，2018 年中国消费市场规模可能将会首次超越美国成为全球第一大消费市场，然而从中美进口结构的数据对比来看（如图 1 所示），2017 年，中国消费品进口占比仅为 3%，而美国的消费品进口占比却高达 16%，由此亦可见，未来中国消费品进口市场仍有非常大的成长空间。当前，中国也正在通过主动降低进口消费品的关税、举办中国国际进口博览会等多种途径，积极主动地扩大进口，特别是发展相对滞后的日用消费品进口。从中国加入 WTO 以来的发展经验来看，开放是激发国内生产力的重要秘诀。降低进口关税壁垒，积极主动扩大进口不仅可以直接改善国内消费者福利，还可以加速淘汰国内低端落后产能，有效激发国内同行业企业的技术创新能力，加速进口替代部门的质量升级。

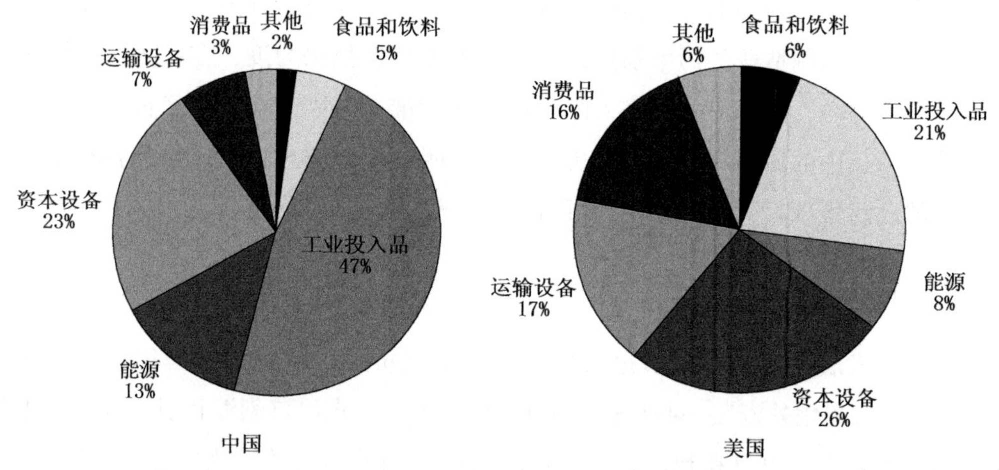

图 1　2017 年中国和美国的进口商品结构对比图

资料来源：UNcomtrade Database。

在对外投资方面，积极鼓励有能力的企业走出去，利用全球优势资源布局中国企业主导的产业链，有利于中国早日实现由全球价值链“参与者”向“构建者”的角色转变，提升中国开放型经济发展的整体水平和层次。发展中经济体由于资本匮乏、企业的跨国经营能力和国际竞争力差等原因，在国际投资市场上主要扮演承接

① 数据来自中国电子商务研究中心。

投资的东道国角色。中国改革开放四十年的发展历程实行的也是先"引进来"，再"走出去"的发展路径。历经多年积累，2014年中国对外投资规模就已经超越了同期吸引外资规模，正式升级为资本净输出国；截至2017年年末，中国对外直接投资存量已达1.8万亿美元，占全球外国直接投资流出存量份额的5.9%①。为进一步提升中国的开放型经济发展质量，当前中国应重点鼓励两种类型的对外直接投资：一是面向发达经济体，谋求与东道国企业开展技术合作的直接投资，例如对发达国家行业领先的中小型科技企业展开并购，或在发达国家高科技企业集聚区进行绿地投资，利用被并购企业的技术资源或东道国当地的人才资源，反哺母国企业在技术水平上的短板和缺陷；二是面向发展中国家特别是"一带一路"沿线地区的产能合作型对外直接投资，在带动东道国当地经济发展的同时，也可以利用东道国的人口红利和自然资源，延长中国企业在中低端劳动密集型制造业等传统优势产业上的生命周期，并逐步构建起中国企业主导的"区域价值链"，提升中国企业参与全球价值链的层级。

二、当前制约中国开放型经济发展"质量升级"的主要障碍

过去追求数量增长的开放型经济发展模式虽然成功地将中国推上了经济总量世界第二、货物贸易规模世界第一、利用外资和对外投资规模世界第二的高位，但也逐渐暴露出了诸多阻碍中国开放型经济发展质量升级的问题与障碍。

（一）出口目标市场和外资来源地过度集中

如表1所示，当前中国出口目标市场过度依赖美国，2017年中国出口到美国市场的货物总额为4303亿美元，占比高达19.01%，若再考虑到中国内地经香港间接向美国市场出口的货物规模，仅美国市场就占据了中国货物出口约1/5的比重。对美国出口市场的高度依赖，导致中国出口部门的发展景气程度直接受制于美国对华贸易政策。当前特朗普政府主动挑起中美贸易冲突，势必会导致中国出口部门的规模扩张和质量升级计划被严重干扰。除美国外，日本、韩国和越南也都是中国重要的出口目标市场，三者合计所占份额约为13.76%。然而，近年来中国与日本、韩国、越南三国也因领土争端、国防安全等问题摩擦不断，这导致当前中国出口部门

① 数据来自《2017年度中国对外直接投资统计公报》。

的外部市场需求环境极不稳定。因此，为了给出口部门的高质量发展创造稳定的外部市场需求环境，中国在努力维护与主要贸易伙伴之间双边关系的同时，更应积极拓展新的外部市场需求，如帮助“一带一路”沿线国家开发释放消费潜能。2017年，中国对“一带一路”沿线的货物出口占比仅为28.14%，仍有非常大的可开发空间。在利用外资方面，2017年中国实际利用外资的来源地过度集中于中国香港、新加坡和中国台湾等大中华文化圈地区，三者累计占比超过80%，再加上东亚邻国韩国和日本，排名前五位的累计占比已经接近90%，而美国、德国、英国这三个世界主要资本输出国对中国大陆的直接投资流量仅为61亿美元，占比甚至不足5%。由此可见，当前中国对发达经济体的投资吸引空间仍很大，应通过加大对外商投资企业的开放力度，如积极推进中欧投资协定谈判等，拓展外商投资来源，吸引更多的发达国家高技术企业来华投资，带动中国外向型经济提质升级。

表1　2017年中国主要贸易投资伙伴结构表

单位：亿美元，%

排名	出口市场	出口额	占比	外资来源地	FDI 流量	占比
1	美国	4303	19.01	中国香港	989	75.49
2	中国香港	2792	12.34	新加坡	48	3.69
3	日本	1373	6.06	中国台湾	47	3.61
4	韩国	1027	4.54	韩国	37	2.82
5	越南	716	3.16	日本	33	2.50
	前五名累计	10211	45.11	前五名累计	1154	88.10
	“一带一路”沿线	6370	28.14	“一带一路”沿线	56	4.24

数据来源：UNcomtrade Database 和中国商务部。

（二）出口规模增长出现“天花板”

如图2所示，2012年以后，中国货物出口规模增速就已经进入了相对平稳的中高速增长阶段，出口规模在2014年达到2.34万亿美元的“天花板”之后，呈现出明显的增长动力不足问题。出口增速回落的直接原因是欧盟、美国等外部主要出口市场需求不振，但更本质的原因其实是近年来中国缺少如“互联网技术革命”一样的生产技术、运输技术上的颠覆性突破，中国与欧盟和美国等主要出口市场之间的贸易壁垒也没有大幅下调，这使得中国企业参与全球价值链分工的模式没有显著细化，即生产同一产品的价值链分工链条并没有被拆分成更多环节，这必然导致以中间品贸易为主的货物出口规模增速回落。因此，可以预见中国货物出口规模在短期内将难以重拾超高增速，而出口规模增长的动力不足又势必会影响出口部门的资本积累和技术研发投入，使得出口质量升级更加困难。

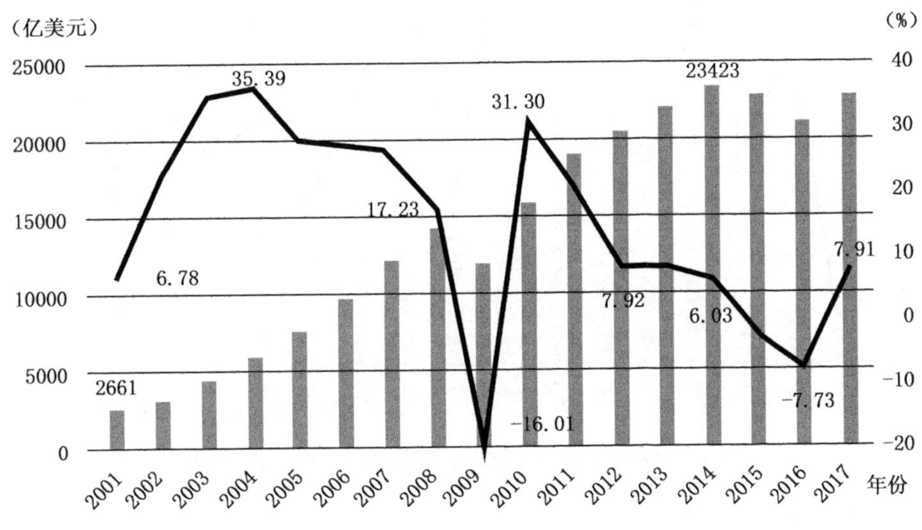

图 2　2001—2017 年中国货物出口趋势图

数据来源：国家统计局。

（三）利用外资规模增长失速

由图 3 可知，中国实际利用外资规模在经过 2001—2011 年之间的高速增长之后，自 2012 年开始便进入了中低速增长阶段。这主要是由于当前中国传统的劳动力资源等低端要素优势已经消失殆尽，而新的科技人才、制度环境等高端创新要素优势又尚未成型，在吸引外商投资方面同时面临美国等发达经济体和越南等发展中经济体的"两端夹击"，创新型高技术跨国企业的投资目标仍以美国等发达经济体为主，而低端的劳动力和资源密集型外资项目也开始加速向东盟等成本低于中国的发展中地区转移。除中国自身吸引外资的比较优势正处于转型调整期之外，以美国为代表的主要发达国家开始在政策上引导本国资本和企业回流，限制本国企业对外直接投资，也是导致中国近年来利用外资规模增速收敛，来源于美国和欧盟的外资项目占比不断降低的重要原因。综上所述，中国自身比较优势结构的转型调整和发达经济体对外投资政策导向的转变，使得中国通过引进外资带动外向型经济部门技术升级的战略面临重大挑战，加速培养中国吸引高技术外资项目的新要素优势迫在眉睫。

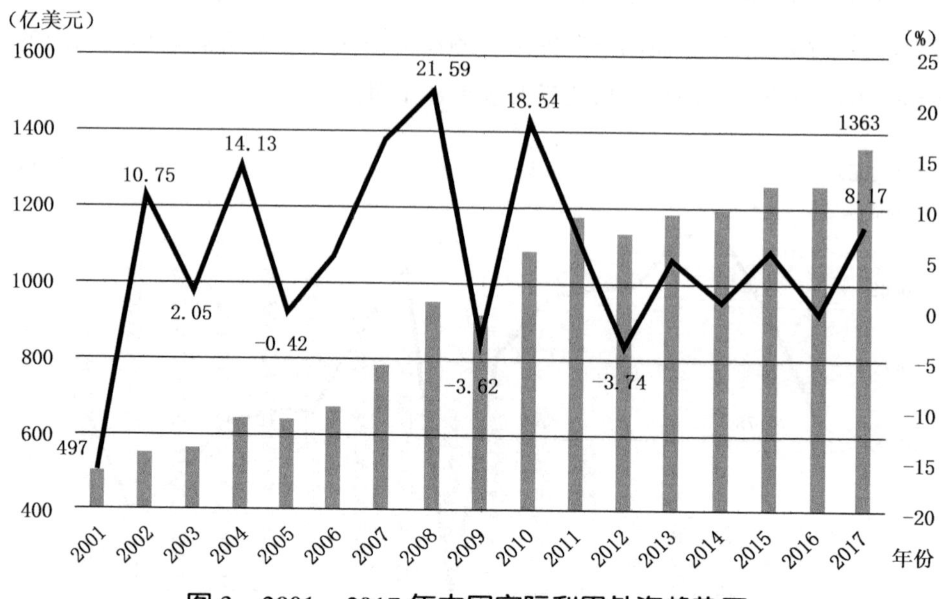

图 3　2001—2017 年中国实际利用外资趋势图

数据来源：国家统计局。

（四）技术获取型对外投资项目面临发达国家的政策阻挠

由于我国在高技术人才等创新要素供给上仍存在明显不足，为了提升生产技术和产品质量水平，中国企业凭借自身的资金优势，并购发达国家技术先进的同行业企业，或在发达国家高技术人才和企业集群的地区进行绿地投资，设立研发中心，都可以有效借助发达经济体成熟且高质量的创新要素资源，反哺中国企业自身的生产技术短板。但是，近年来随着中国制造业整体规模和层次的快速攀升，以美国、德国、澳大利亚为代表的发达经济体纷纷以强化外资并购审查等方式，阻挠中国企业以获取技术为目的的对外直接投资，这使得中国企业通过对外直接投资快速提升自身发展质量层级的“捷径”面临被关闭的风险。例如，2018 年 8 月，美国总统特朗普签署了《外国投资风险评估现代化法案》，以强化美国对外国企业投资美国高技术和新兴技术领域的安全审查力度，这导致中国企业对美国进行技术获取型投资的难度空前增大。

三、中国开放型经济发展实现“速—质”转换的关键任务

在当前的国内外经济形势下，推动中国外向型经济发展的质量升级可谓困难重

重，中国需要从制度设计、载体建设和微观企业转型等多重角度联合施策，为中国开放型经济发展质量升级奠定坚实基础。

（一）坚守全球自由贸易秩序，积极推动新一轮高水平对外开放

自 2017 年特朗普上任以来，美国带头肆意破坏 WTO 框架下的全球自由贸易秩序，掀起了新一波的贸易保护主义逆流。中国作为世界第二大经济体和第一大货物贸易国，有责任和义务在危局中坚守全球自由贸易秩序，坚持示范平等、互利、共赢的对外开放战略。

在维护国际自由贸易秩序方面，中国一方面要坚持反击美国的“美国优先”贸易霸权主义，坚定维护 WTO 框架下的全球贸易和投资秩序；另一方面，应积极利用 G20、APEC、“一带一路”倡议、金砖国家和上合组织峰会等主要的国际贸易与投资合作平台，积极参与全球经贸新规则的制定，引领全球经济治理向更加开放、包容、平衡、可持续的方向深化改革。在引领全球经贸新规则制定的内容选择上，中国应依据自身改革开放四十年的丰富经验，在自身发展水平较高，且可以迎合大多数国家发展需求的领域率先展开探索。例如，中国可以在促进贸易便利化的基础设施建设、国际科技研发合作、贸易投资的融资支持、跨境电子商务、中小企业的国际化经营等相关议题上与致力于维护贸易自由化的贸易伙伴率先展开合作。这既可以在未来自由贸易和投资合作谈判的议题设置上为中国积累更多的话语权，也可以在美国扰乱 WTO 框架下的国际贸易和投资秩序背景下，为世界其他国家提供潜在的新备选方案。

在深化国内外向型经济发展体制改革方面，中国应借当前中美贸易摩擦的契机，倒逼国内深化改革，加大对外开放力度，寻找“国内改革所需”与“国外谈判压力”的交集作为接下来对外开放的重点改革领域，以壮士断腕的勇气向顽瘴痼疾开刀，推动国内深水区改革，打破既得利益集团的金饭碗，在更多的领域不分国籍、不分所有制结构地为所有企业创造公平、公正、公开的竞争机会，推动形成全面开放新格局。当前，中国正在积极兑现不断扩大对外开放水平的承诺。在进口贸易方面，自 2018 年 11 月 1 日起，中国主动降低药品、汽车、日用消费品和部分工业品等 1585 个税目的进口关税，进口关税平均水平将由 2017 年的 9.8%进一步下降至 7.5%。调整后的关税总水平略高于欧盟，低于绝大多数发展中国家，彰显了中国邀请世界各国共享中国消费市场增长红利，在开放互利的合作中谋求共同发展的大国责任担当。此外，中国还将于 2018 年 11 月举办第一届中国国际进口博览会，为世

界各国企业向中国出口自身的优势产品提供展示平台。在对外资开放方面，自2018年7月28日起，中国开始实施《外商投资准入特别管理措施（负面清单）（2018年版）》，大幅度放宽市场准入，共在22个领域推出开放措施，负面清单长度减至48条，基本形成了大幅放开服务业、基本放开制造业、初步放开农业和能源资源领域外资准入的对外资开放新格局。此外，中国还正在上海自贸区积极试点跨境服务贸易负面清单管理模式，力图将《外商投资准入特别管理措施（负面清单）（2018年版）》中的"准入前"特别管理措施继续向"准入后"拓展，消除内外资企业之间在中国国内管理上与国民待遇原则不一致的部分，进一步保障外国企业在通过跨境交付、境外消费、自然人流动等非商业存在方式与中国展开贸易时的国民待遇。最后，中国在主动扩大对外开放力度的过程中，必须要谨防"对外开放"和"对内开放"不同步导致外国和外资企业享有"超国民待遇"的问题。对外国和外资企业提供的公平竞争环境必须同时向国内民营资本开放，以更自由的市场准入制度激发民营经济的活力和创造力。这是以对外开放"倒逼"国内改革深化的关键所在，也是中国开放型经济发展模式向"高质量"转型升级所必需的制度基础。

（二）顺应全面开放新格局大势，稳步推进开放型经济载体建设升级

改革开放四十年来，经济特区、开发区、自贸区等各种类型的开放型经济载体，一直都是支撑中国进出口贸易和双向投资的"核心增长极"。因此，中国开放型经济发展向"高质量"转型的重中之重就是做好开放型载体的"高质量"转型。各载体应依靠自身已有的发展基础和政策优势，在全球范围内吸引创新型企业和人才集聚，逐步以"高附加值产业"取代"低附加值产业"，以"创新型企业"取代"模仿型企业"，以"高端研发、管理和技术型人才"取代"中低端普通劳动力"，实现载体的"腾笼换鸟、凤凰涅槃"。

在国内开放型经济载体建设上，自贸区是我国当前探索高水平对外开放制度体系的核心实验基地。目前，中国已经批准建设上海、广东、天津、海南等12个自贸区，并鼓励各自贸区结合当地经济发展现状和地方特色产业，率先摸索和总结高水平对外开放的相关经验，以供其他地区借鉴。在对外开放政策探索上，各自贸区的主要任务是进一步降低贸易和投资成本，为生产要素的跨国流动创造便利条件。加入WTO十七年来，中国依靠自身人口、土地等生产要素参与国际分工而分享到的第一轮"全球化红利"已趋于结束，迫切需要开启第二轮"全球化红利"。第二轮"全球化红利"就是要依靠庞大的内需市场、完整的产业网络、高质量的基础设施

和开放水平更高的制度体系，吸收全球的技术、人才等高级生产要素向中国集聚，助推中国经济向"高质量"转型升级。因此，自贸区应成为中国汇集全球高端生产要素集聚的前沿阵地，以更高的开放水平吸引更优质的企业和人才入驻自贸区，先在自贸区内建立起高质量的现代化产业体系，再辐射带动区外企业共同实现"高质量"升级。

除自贸区之外的其他开放型经济载体建设也必须结合自身实际条件，坚持以"特区特办"的思路为载体内企业提供创新友好型的公共服务，鼓励企业通过创新实现高质量发展。"特区特办"的关键在"特"：一方面，"特区特办"要求各载体在管理政策上敢于大胆创新，当前国内各类特区和开发区的管理存在"向体制内回归"的趋势，各类载体基层管理人员在开展工作上的束缚越来越多，导致基层管理不敢创新，各类载体应该颁布"容错免责"的规章制度，对由于市场风险等不可抗力导致的创新和改革的失败，不再追责，让基层管理人员敢于创新、勇于尝试，充分调动和释放基层的创新热情；另一方面，各开放型经济载体要以促进"特色"创新要素集聚为目标，针对本平台特色产业的发展需求，有针对性地培养创新型企业所需的特殊生产要素集聚，例如，完善上下游供应链的本地化配套，提升面向科技研发活动的本地金融支持能力，打造拥有国际影响力的科技展会等科技交流平台，改善人才居住和生活环境等等。

除国内的各类载体之外，中国近年来在海外大规模兴建的各类经贸合作区、工业园区等也是中国开放型经济载体的重要组成部分。这些海外载体平台应该加强与国内各级各类开放型经济载体之间的产能合作对接：一方面将国内已经失去比较优势的产业链整体转移到劳动力成本更低的发展中经济体，如"一带一路"沿线的东南亚、南亚等地区；另一方面，境外各类载体应该成为当地优势产业和中国本土优势产业之间展开科技研发、供需对接等合作的桥梁，境外载体应鼓励中资企业通过与当地优质企业之间建立合作关系，增强其对中国市场的了解，吸引其来华开展投资或贸易，在横向边界上为中国开放型经济开拓新的增长点。

（三）立足高质量发展环境营造，下大力气为企业转型降低成本

"高质量"的企业是支撑中国开放型经济发展模式向"高质量"转型的微观基础。当前，中美贸易冲突不断升级使得中国出口企业普遍面临较大的生存压力，在高关税抵消了中国出口商品的性价比优势后，出口企业只有依靠研发创新，提升自身的生产效率和产品性能，才能在残酷的国际市场环境下赢得生机。中国政府也应

该下大力气帮助企业降成本，为企业依靠内部利润融资进行研发投资创造条件。

在营商环境的构建中，降成本是一项重要内容。在具体措施上，中国部分地方政府已经做出了一些有益探索，值得其他地区学习借鉴。例如，广东省采取了在省级权限内为企业降低城镇土地使用税、车辆车船税、印花税等税种的负担；对本省优先发展产业且用地集约的制造业项目打折出让土地，降低实体项目的用地成本；对省属部分高速公路上的货运车辆降低通行费，降低企业运输成本；支持企业上市进行直接融资，鼓励金融机构为制造业核心企业产业链上下游中小微企业提供应收账款融资，鼓励企业利用股权出质方式拓宽融资渠道，降低企业融资难度和融资成本；进一步精简投资审批等行政服务流程，降低企业制度性交易成本；放宽省财政资金对企业技术改造的支持范围，降低企业的技术升级成本等等，广东省预计在2018—2020年可累计为企业直接降成本超2000亿元。江苏省则从完善营改增税收政策、规范中介和协会收费、减少省级涉企收费、加大对企业职工培训补贴力度、加大引才奖补力度等方面着力降低企业成本，仅2017年江苏的降成本措施就为企业节省了2000亿元以上的费用支出。从目前各地方已采取的降成本措施来看，“降成本”并没有与引导企业“高质量”充分发展结合起来，特别是在引导企业用节省的成本进行技术研发上仍有不足。在此方面，中央政府已经开始在降低创新企业的税收负担，引导企业加大创新投入的方面做了积极探索。例如，财政部、国家税务总局、科技部于2018年9月21日宣布将企业研究费用按175%进行税前扣除的适用范围由科技型中小企业扩大至所有企业，这无疑是激励企业加大创新投入的有效方法。此外，企业进行科技研发投入的融资难问题一直是制约中国企业技术创新的主要困难，中国各级政府下一步应该在降低企业科技创新的融资成本上多下功夫，引导金融业将重点服务对象从资产投资炒作转向实体经济，真正为企业的研发创新服务，降低创新型企业间接融资的难度和成本。例如，各级政府可以借鉴多地政府为创业者设立“创业担保基金”的思路，为企业进行科技研发设立“科技研发担保基金”，帮助企业降低融资成本。

全面开放新格局中的粤港澳大湾区建设研究

余淼杰　　梁庆丰

（北京大学国家发展研究院）

党的十九大报告提出了建设现代化经济体系的六大任务，其中一大任务便是“推动形成全面开放新格局”。事实上，粤港澳大湾区正是推动形成全面开放新格局的一项重要推手。粤港澳大湾区位于河海交汇的珠江三角洲，是由香港、澳门两个特别行政区和广东的广州、深圳、珠海、佛山、中山、东莞、肇庆、江门、惠州等九市组成的大型城市群。该城市群包含了多个全球型城市和世界级港口，地理分布上呈现出以沿海为带、以珠江为轴的“T”形空间结构。自 20 世纪 80 年代以来，大湾区一直是改革开放的前沿阵地，目前已发展为我国经济活力最强、开放程度最高、工业基础雄厚、产业链条完整的地区，近年来其以互联网和高端制造业为代表的新经济发展迅速。20 世纪 80 年代吴家玮提出的“香港湾区”被认为是国内最早的湾区建设设想，后来黄枝连又提出“伶仃洋—粤港澳发展湾区”，探索建立纳入珠海的港澳发展圈，而“粤港澳大湾区”的概念最早可追溯至 2008 年的《珠江三角洲地区改革发展规划纲要》，但此后直到 2014 年“湾区”仅停留在地方发展规划层面。2015 年，国家发改委、外交部、商务部联合发布《推动共建丝绸之路经济带和 21 世纪海上丝绸之路的愿景与行动》，粤港澳大湾区建设被提升至国家战略布局。随后，“粤港澳大湾区”的概念被不断深化，国家“十三五”规划和政府工作报告更是多次涉及，其重要性已不言而喻。

全面认识粤港澳大湾区建设的重要性需从国际国内的横向对比和我国对外开放伟大实践中的纵向对比来看。其中横向对比凸显了粤港澳大湾区的海外合作前景及国际竞争优势：全面开放新格局的一个重要内容是“一带一路”倡议。凭借特殊的地理位置和雄厚的经济实力，粤港澳大湾区成为落地“一带一路”倡议的关键所在，并且在与国际三大湾区的比较中，粤港澳大湾区显现出了巨大的发展潜力。纵向对比彰显了粤港澳大湾区在我国对外开放伟大实践中的重要地位：从历史的维度看，四十年的对外开放可以分为三个阶段，即广度开放、深度开放和全面开放阶段。四十年前，中央决定在深圳、珠海设立经济特区，大湾区正式成为改革开放的窗口。四十年后，大湾区的建设是推动新时期全面开放新格局的重要内容。本文内容结构如下：第一部分提出了看待粤港澳大湾区战略地位的两大视角，即横向对比视角和纵向对比视角；第二部分指出了粤港澳大湾区未来发展的重点举措；第三部分针对性地提出了粤港澳大湾区发展的四点政策建议。

一、正确认识粤港澳大湾区的重要性

（一）横向对比凸显大湾区的海外合作前景及国际竞争优势

横向对比的落脚点在“一带一路”倡议，粤港澳大湾区对于“一带一路”倡议的实施意义重大。官方数字显示，除我国外，目前“一带一路”沿线包括65个国家和地区，人口总数占全球的2/5，GDP接近世界总量的1/5。我国与“一带一路”国家的外贸量占我国外贸总量的1/4，大约是5000亿美元，体量上相当于一些欧洲小国的GDP。细看“一带一路”国家（如表1所示），可以分成以下几个地区：东亚的蒙古及东盟10国、南亚8国、西亚18国、中亚5国、独联体7国和中东欧16国。

“一带一路”分为北线的陆路丝绸之路和南线的海上丝绸之路。其中，陆路丝绸之路连接中国、中亚、南亚并通往欧洲；海上丝绸之路则是中国、东南亚、海湾国家、北非和欧洲之间的通道。推进“一带一路”，应兼顾陆路丝绸之路和海上丝绸之路，但兼顾的同时也应有所侧重。从目前现实的情况看，我们应优先发展海上丝绸之路。这主要是因为在“一带一路”的这些地区中，我国与南线上的东盟之间的经济联系最为紧密。如图1、图2和图3所示，据统计，2014年我国对东盟10国的直接投资额超过其他地区之和，我国和东盟10国的贸易量也远高于其他地区。换言之，我国与东盟地区已经有了较强的经济合作基础。且中国—东盟10国自贸区目前已是全球人口最多、经济体量第三大的自贸区。因此，发展我国与东盟国家间更为紧密的合作关系是“一带一路”倡议推进的重中之重。粤港澳大湾区在与东盟的

表 1 “一带一路”沿线国家

地 区	国 家
蒙古及东盟 10 国	蒙古、新加坡、马来西亚、泰国、印度尼西亚、缅甸、老挝、柬埔寨、越南、文莱、菲律宾
南亚 8 国	印度、阿富汗、巴基斯坦、马尔代夫、孟加拉、斯里兰卡、尼泊尔、不丹
西亚 18 国	伊朗、伊拉克、土耳其、约旦、叙利亚、以色列、黎巴嫩、巴勒斯坦、沙特阿拉伯、也门、阿曼、阿联酋、卡塔尔、科威特、巴林、希腊、塞浦路斯、埃及的西奈半岛
中亚 5 国	哈萨克斯坦、乌兹别克斯坦、土库曼斯坦、塔吉克斯坦、吉尔吉斯斯坦
独联体 7 国	俄罗斯、乌克兰、白俄罗斯、格鲁吉亚、阿塞拜疆、亚美尼亚、摩尔瓦多
中东欧 16 国	波兰、立陶宛、爱沙尼亚、拉脱维亚、捷克、斯洛伐克、匈牙利、斯洛文尼亚、克罗地亚、波黑、黑山、塞尔维亚、罗马尼亚、阿尔巴利亚、保加利亚、马其顿

数据来源：《一带一路国家统计年鉴》，2017。

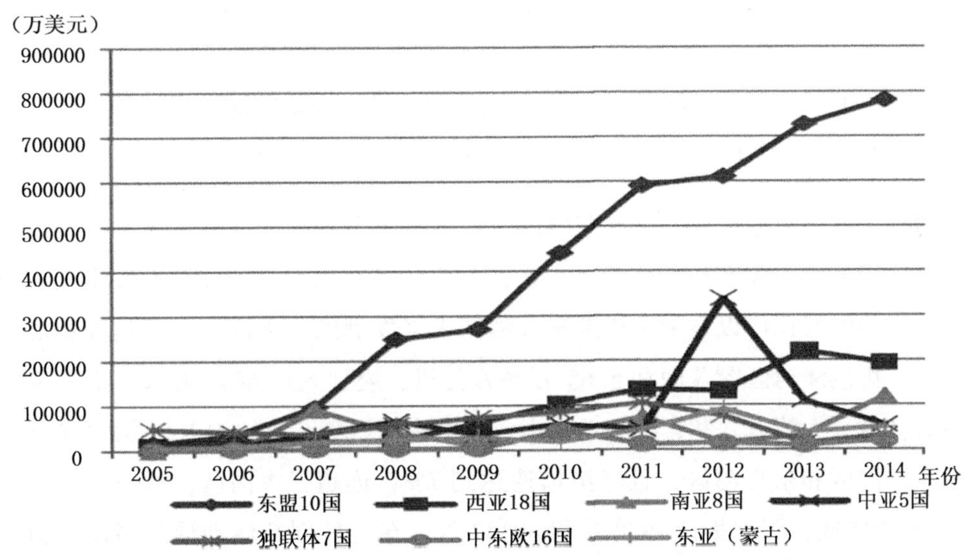

图 1 2005—2014 年中国对“一带一路”沿线国家直接投资额

资料来源：作者整理。

对接上具有其他省市所没有的五大优势：得天独厚的区位优势（地理上的便利性和天然良港）、实力雄厚的经济优势（广东省已连续 29 年 GDP 排名全国第一）、联系紧密的商贸优势（2017 年东盟超越美国成为广东省除香港以外最大的贸易伙伴）、华侨众多的血脉优势（目前海外华侨总数为 4543 万人，其中籍贯广东的约为 2000 万，而东南亚正是主要的聚集地）和文化相通的人文优势。因此，大湾区为我国与东盟关系发展提供了最便利的对接平台，粤港澳大湾区的海外合作前景明朗。

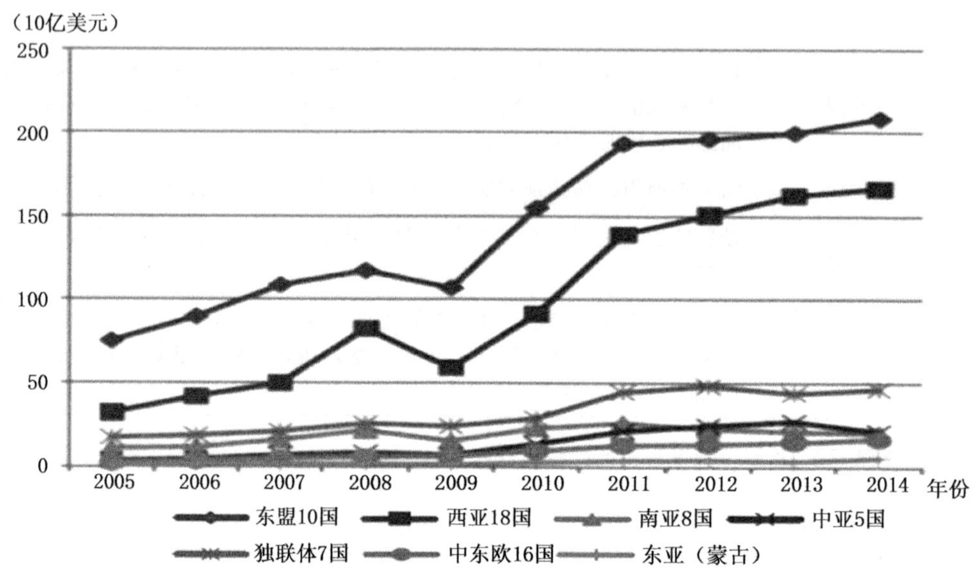

图 2　2005—2014 年中国对“一带一路”沿线国家的进口额

资料来源：作者整理。

另外，就现阶段而言，全球范围内，除粤港澳大湾区外另有三大湾区，分别是纽约湾区、旧金山湾区和东京湾区。这三大湾区已经成为全球经济发展重要的增长极，与它们的对比可以显示出粤港澳大湾区未来发展的巨大潜力。土地面积和人口规模上，粤港澳湾区覆盖面积 5.65 万平方公里，囊括人口 6800 万人，面积和人口均约为其他三大湾区之和；经济总量上，粤港澳湾区年产出约为 1.36 万亿美元，等同于纽约湾区和东京湾区，且经济增速达到 7%，远超三大湾区；科技创新上，截至 2016 年年底，深圳累计 PCT 专利 69347 件，在全球创新活动活跃城市中位居第二，仅落后于东京的 261308 件，领先于硅谷和纽约（李善民，2018）。且粤港澳大湾区已启动 180 公里长的广深科技创新走廊规划建设，以加强基础研究和源头创新、加快产业技术研发和成果转化，着力打造“中国硅谷”。航运能力上，粤港澳大湾区坐拥全球吞吐量第三大的深圳港、第五大的香港港和第七大的广州港，总吞吐量是其他三大湾区总和的 4.5 倍，位列世界第一。产业结构上，纽约湾区被誉为

“金融湾区”，金融保险业占地区 GDP 的 16%；东京湾区被称为“产业湾区”，第二产业占 GDP 的比重达 16%；旧金山湾区则是“科技湾区”，拥有举世闻名的硅谷和 20 多所著名大学。相比之下，粤港澳大湾区的产业结构更加均衡，香港是国际著名的金融中心，珠江东岸的信息产业和西岸的装备制造业蓬勃兴起，而深圳的创新能力已经在全国处于领先地位，在金融、产业和科技上，粤港澳大湾区均能对标三大湾区。以上种种分析表明，粤港澳大湾区建设的前期基础扎实，国际竞争优势明显。

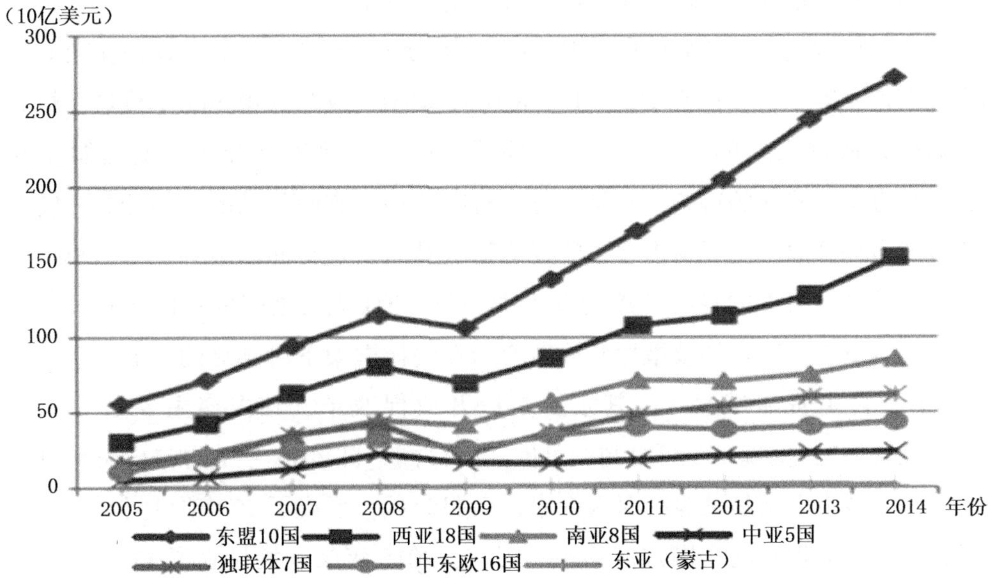

图 3　2005—2014 年中国对“一带一路”沿线国家的出口额

资料来源：作者整理。

（二）纵向对比彰显大湾区建设在我国对外开放伟大实践中的突出地位

我们可以将四十年的对外开放分为三个阶段。第一个阶段是广度开放阶段，时间跨度为 1978—2001 年，这一阶段我国实现了由点到线、再由线到面的开放格局。在此期间，1980 年我国设立了深圳、珠海、厦门、汕头四个经济特区，作为我国对外开放的“窗口”和“试验田”。经济特区享受国家赋予的财政包干和外汇留成、减免进出口税收、企业所得税优惠等一系列优惠政策。这四个经济特区中，深圳毗邻香港，珠海靠近澳门，汕头是因为东南亚国家潮汕人多，厦门是因为闽南人在国外经商很多。在经济特区成功经验的指导下，1984 年我国决定进一步开放北至大连、南至北海的十四个沿海开放城市，这些城市地区分布广、土地面积大、人口也比原有经济特区多。由北至南形成了连成一片的开放前沿地带（唐任伍，2008）；为了更好地搞活经济，1985—1988 年我国开放了长江三角洲、珠江三角洲和闽南三角地区以及辽东半岛、胶东半岛的环渤海等沿海经济开放区，1988 年海南省经济特区成立。为扩大和蒙古、俄国和朝鲜的贸易额，1991 年我国又开放了四个北部口岸。1992 年国家进一步设立了一系列国家级高新技术开发区。广度开放的最后一项政策是在 2000 年设立 60 余个国家级出口加工区。至此，对外开放已呈现出由点及面、由沿海及内地的宽领域、多层次、有重点的局面。

第二个阶段是深度开放阶段，时间跨度为 2001—2017 年，这一阶段主要有三大标志性事件。第一，我国在 2001 年年底加入 WTO，成为其第 143 个成员，标志着我国对外开放进入新的时间节点。对外开放由过去政策性开放转变为制度性开放，并具有了一些新的特点：一是由过去有限范围和有限领域的市场开放，转变为全方位的市场开放，主要指由过去的以货物贸易为重点转向以服务贸易为重点；二是由过去单方面为主的自我开放转变为中国与 WTO 成员之间的双向相互开放；三是由过去以试点为特点的政策性开放转变为在法律框架下可预见的开放。第二，设立了 11 个自由贸易试验区，其宗旨是以开放促改革，其内容主要是“一线放开，二线管住”，实现一个可复制、可推广的目标。自 2013 年上海自由贸易试验区设立以来，各自由贸易试验区深入探索、大胆尝试，形成了 123 项可复制推广的改革试点经验分 4 批次向全国推广移植。第三，2015 年又开始设立了 12 个开放型经济新体制综合试验城市，与自由贸易试验区侧重具体性举措不同，试点新城侧重于构建新体制，主要包括行政管理体制、经济管理体制和企业管理体制等。

第三个阶段是全面开放阶段，这一阶段从 2017 年开始。到目前为止，国家主要有三个重点工作：一是扩大进口，全面推进开放。2017 年发布的《对外贸易发展“十三五”规划》指出实行积极的进口政策是外贸工作的八大任务之一。根据中国开发性金融促进会 2017 年公布消息，预计未来十五年，中国将进口 24 万亿美元的商品。2018 年的首届进口博览会正是落地扩大进口的重要举措，面对中国巨大的消费市场，进口博览会为各国企业探索进入中国市场、展现优势产业和优势产品提供了平台。与进口博览会相配套的措施还有降低关税，2018 年我国进行了四次自主降税，比如药品、汽车及零部件、日用消费品和工业品等领域，关税总水平从 2017 年的 9.8%降低到 7.5%（余淼杰，2018）。二是建设自由贸易港。自由贸易港并非对自由贸易试验区的简单升级，而是要对照国际典型自由港的通行做法，通过深化开放创新，实现对我国原有海关特殊监管区域“境内关外”监管模式的全新超越，形成具有强大贸易功能的新载体，为推动我国对外贸易转型和提升国际竞争力提供支撑。三是推进粤港澳大湾区建设。在改革开放初期，粤港澳大湾区的发展以香港为主导，1980—1999 年，大湾区城市群的主要产业特征是“前店后厂”和“三来一补”的加工制造业。随着经济的进一步发展，2003 年中央政府与港、澳分别签署了《关于建立更紧密经贸关系的安排》，区域经济一体化进一步推进，港澳地区和内地在生产服务领域的合作不断加强。在此期间，广东经济迅速发展，多年来蝉联全国第一，而粤港澳大湾区已经成为我国五大城市群中经济基础夯实、产业集群明显、发展潜力最大的区域。考虑到我国推进“一带一路”的历史进程和东盟自贸区所带来的巨大发展前景，粤港澳大湾区更可谓“前程似锦”。

此外，在中美贸易摩擦加剧的大背景下，大湾区建设的重要性更加突出。从目前的形势看，中美贸易摩擦可能会在相当长的时间内不同程度地存在，中美之间长期竞争的局面不可避免。因此，作为新一轮对外开放的主要内容，大湾区的建设对于我国打破政治、经济上的壁垒，推进区域经济发展都十分重要。

二、发展粤港澳大湾区的重点举措

发展粤港澳大湾区的过程中，宜突出发展以下四个方面：

第一，要大力发展实体经济。三大产业协调发展是我国经济可持续发展的保障。我国作为全球最大的“世界工厂”，强大的制造业基础可以支撑不同产业的发展，有效避免产业空心化的弊病。而制造业是广东经济的重要基础，广东的实体经济具有以下几个特点：第一，市场主体多、活跃度高。据统计，2018 年上半年，广东省实有各类市场主体 1096.31 万户，占全国总量的 1/10，日均新增市场主体 6152 户。第二，创新能力强，企业科技创新在全国处于领先地位。2017 年广东发明专利申请量全国最大，专利授权量、PCT 国际专利申请量均居全国首位。在全国专利授权排名中，华为、中兴和格力位居前列。第三，经济结构调整和产业升级方向明确且坚定。作为制造业大省，广东基本形成了包括供应商、生产企业、产业工人和物流服务商在内的庞大生态体系，保障实体经济高效制造及改善生产流程。2017 年数字显示，先进制造业增加值占规模以上工业比重达 53.2%。第四，货物进出口总量占全国之首。自 1986 年以来，广东的贸易进出口总额稳居全国之首（潘丽珍，2018）。对粤港澳大湾区而言，实体和虚拟经济要结合，但显然实体经济更为重要。因此，建设粤港澳大湾区应该“虚实结合、以实带虚”，做到虚拟经济切实服务实体经济，实现高端制造业与金融服务业的双轮驱动。

第二，要加大技术创新投入，优化跨区域创新发展模式。我国经济发展要实现从一个制造大国向制造强国乃至创新大国的转变，而粤港澳大湾区正是实现创新型国家建设的重要载体。从创新强度指标（R&D 投入占 GDP 的百分比）来看，深圳的创新强度高达 4.1%，高于粤港澳大湾区 2.6%的平均水平和 OECD 国家 2.4%的水平。深圳在引领创新方面具有天然的优势。因此，深圳应该抓住机遇，加强与国内顶级高校深度合作，加快基础研究向实用工业的转化，更好推进产学研结合。此外，广东与港澳在科技创新协作方面具有天然的地理优势，粤港澳地区已经拥有“深港创新科技园”和“中山粤港澳全面合作示范区”等合作平台，但是只有平台和载体是不够的，还需进一步破除阻碍人才、设备自由流动的机制障碍，推动三地高校、企业等创新主体的合作交流。另外，科技创新具有高风险、高回报、无形资产占比较高的特点，这样的特点决定了粤港澳大湾区的科技企业必须要获得足够的金融支持，才能持续输出创新能力。然而，大部分的湾区政府无论是在科技创新的财政支持体系、银行信贷体系和金融服务体系上都不完善，因此，科技创新需要加大科技创新的金融支撑力度。

第三，要努力实现制度创新，充分挖掘“1+2+3+4”区域制度的潜力（即一国两制、三套海关和四个核心城市）。一方面，制度差异对区内经济社会的融合构成障碍，限制生产要素的自由流动，也妨碍了区内企业、机构的平等竞争和深度整合。但另一方面，不同制度也可以相互补充，在岸人民币与离岸人民币市场的发展就是一个很好的例子。有学者指出，未来粤港澳大湾区实行“一国两制”的基本格局应该是“体制上两制，经济社会一体”。即在政治上，九市和二区实行不同的政治制度。但是在经济体制和政策上，通过深化经济体制改革和国家赋予更多特殊政策，使港澳经济方面的体制、政策通过辐射、移植和借鉴的方式引入大湾区，最终实现大湾区经济体制的全面融合与经济体制和经济政策一体化（张思平，2017）。另外，借鉴国际三大湾区的经验，东京湾是产业港，旧金山湾是科技港，而纽约湾是金融港，多元化的九市二区可以形成一个集产业、科技、金融一体的新湾区，而四大核心城市刚好在这一综合性大湾区中发挥各自职能。

第四，要注重生态环境保护。目前在国家战略中用到“千年大计”的只有两个地方，一个是雄安新区，另一个就是粤港澳大湾区。而要实现长期可持续发展，良好的生态环境是保障。粤港澳地区河网密布、河海交汇，拥有独特的自然生态优势。目前粤港澳大湾区生态环境基础较好，正是益于粤港澳地区的生态优势和开展多年的环保合作。随着《珠江三角洲地区改革发展规划纲要》《粤港合作框架协议》《粤澳合作框架协议》《深化粤港澳合作推进大湾区建设框架协议》和相关专题性环境规划、环境协议的相继推出，粤港澳地区政府间的环保合作正不断拓展和深化。Freeman 等发现，在 1995 年，粤港澳大湾区的空气质量水平优于其他几大城市群。2017 年 11 月到 2018 年 8 月期间，粤港澳城市群的空气 PM2.5 含量明显低于其他城市群。例如，广州的月平均 PM2.5 浓度为 37，深圳为 28.3，珠海为 30.4。相比之下，京津冀城市群中，北京月平均 PM2.5 浓度为 49.7，天津为 53.1，石家庄高达 73.9，长三角城市群中，上海月平均 PM2.5 浓度为 39.6，南京为 47.3，杭州为 44.8（以上 PM2.5 浓度单位均为微克/立方米）。但与此同时，我们也应该注意到，粤港澳地区的大气污染、跨界河流污染、珠江口污染、近海污染等问题依旧严峻。例如有学者指出，珠江三角洲独特的城市群发展模式，使得区域大气污染变化规律十分复杂，在此区域内，污染源大量集中，污染物通过大气在城市之间输送，造成各城市大气污染相互关联以及多种高浓度污染物在时空上的重叠（申冲，2015）。因此，在未来的发展中不能掉以轻心，要做好科学的环境规划。

三、政策建议

对于粤港澳大湾区未来的发展，我们提出如下四点政策建议：

第一，发展粤港澳大湾区，宜统筹领导、做好顶层设计。首先，推进粤港澳大湾区建设的一个重要目的是要实现粤港澳地区乃至整个华南地区资源的优化配置。目前大湾区呈现出地区发展的“碎片化”，各核心城市同位竞争不断加剧，未能形成一个以城市群整体为基础的城市职能分工体系。有研究（申冲，2015）指出，当前粤港澳传统产业合作的互补性有所下降，经济竞合中挑战在不断加大，城市间合作面临转型压力。其次，“一个国家、两种制度、三个关税区”的制度是大湾区最重要的特点，同时也带来了高昂的协调成本，例如，三个独立关税区导致了内部生产要素无法自由流动。最后，粤港澳地区的未来面临着交通规划、环境治理等区域性课题。除了发展中的协调问题，更重要的是粤港澳三地的观念差异，例如，香港担心广东在金融、服务上的发展会动摇香港国际金融中心、航运中心和商贸中心的地位，而广东则担心长期作为港澳的配角而存在。以上种种难题的解决都需要跨地区、具有约束力的力量统一规划实施。目前国家已经出台了粤港澳大湾区发展大纲，建议由发改委和广东省委统筹领导，借助国家智库，整合各方资源，做好宏观规划。

第二，九市二区要因地制宜，发挥核心竞争力。在全球化、信息化的大背景下，大城市群必然表现为“多圈、多核、叠合、共生”的“大都市区”和“大都市连绵带”。大都市连绵区是以都市区为基本组成单元，以若干大城市为核心并与周围地区保持强烈交互作用和密切的经济联系，沿着综合交通走廊分布的巨型城市一体化地区。这是一种集聚与分散相结合的、最大限度地集约利用资源的人类社会居住形式的高级阶段（胡序威、周一星、顾朝林等，2000）。大湾区的四大核心城市包括穗、深、港、澳，就大都市连绵带的发展理念和经验来看，应围绕核心城市，做好“中心—外围”的协同关系，使中心城市发挥引领作用，增强对周边城市的外溢。例如，广州可以外溢到佛山、肇庆，深圳辐射到东莞、惠州，珠海惠及中山、江门。在此基础上，九市二区应明确各城市发展定位，根据各自的要素禀赋发挥核心优势。香港作为金融、贸易和航运中心，广州作为政治、文化和商贸中心，深圳作为科技和创新中心，澳门、珠海和肇庆应着力发展旅游和服务贸易，东莞、惠州和佛山应大力发展高端制造和电子信息产业，中山、江门则应侧重发展高端装备制造业。

第三，要培育高端制造业的产业集群。中国制造业的发展与其产业集群密不可分，各个产业在全国范围内呈现地理上的集聚，几乎每个工业城市都有自己的主导产业。粤港澳大湾区已存在一定的产业集群，例如，中山市形成了机械电子、包装、灯具和休闲服饰的产业集群；东莞则存在电子产品行业的产业集群；广州集聚了牛仔服饰和汽车产业集群；云浮为石材、厨具；惠州则集聚了大量制鞋工厂。2009 年 1 月发布的《珠江三角洲地区改革发展规划纲要（2008—2020 年）》已经提出了加快发展先进制造业的目标，在核电设备、风电设备、输变电重大设备、数控机床及系统、海洋工程设备 5 个关键领域实现突破，形成世界级重大成套和技术装备制造产业基地。《广东省装备制造业发展规划（2009—2013 年）》也指出广东省装备制造业的整体发展规划思路：以广东省装备制造业 50 家骨干企业和 100 家重点培育企业为基础，重点发展资金技术密集、关联度高、带动性强的现代装备产业。目前，广东装备制造业已经拥有以通信、计算机及系统、医疗仪器设备、仪器仪表、输变电及电工器材、汽车、特种船舶、海洋工程装备为代表的具有国内领先地位的高端制造业。但是从全球价值链的角度来看，大部分制造业还是集中在低附加值产品的生产、加工、返修等领域，在全球价值链分工中处于低端，只能获得微薄的生产价值和利润。因此，粤港澳大湾区未来的发展应紧密结合各城市的比较优势，形成更加高端的制造业产业集群，同时加快传统制造业向粤东、北、西部转移，带动粤港澳周边地区发展。

第四，要打破有形、无形的贸易壁垒，提升市场化水平，实现产品市场和要素市场的自由流动，真正做到“对内开放”（余淼杰，2016）。所谓的对内开放是指贸易便利化、投资双向化、金融一体化和人才流动自由化。首先，贸易便利化是开放的应有之义，且自贸区的设立和港珠澳大桥的落成势必大大降低交易成本，未来可借鉴、移植香港的关税政策和关税水平，全面实施自由港政策，使香港、澳门与湾区其他地区货物商品自由移动。为了最大程度地减少对国家经济发展可能造成的波动和影响，可以分步、分阶段实施。例如，可以考虑先放开生活资料市场，再选择适当时机放开生产资料市场。其次，投资双向化前景明朗、容易实施。早在21世纪的头十年，粤港经贸合作交流已经不是广东单纯地面向香港招商引资，而成为了双向互动的投资。据统计，2017年广东实际吸收港澳投资和对港澳投资分别占全省的82.8%和57.5%。再次，金融一体化是未来目标，粤港澳近年来在贸易和投资流动方面较为顺畅，但金融一体化依旧较为薄弱。自改革开放以来，粤港澳金融合作经历了三个阶段：第一阶段是早期的“前店后厂”模式下的融资合作；第二阶段是“金融产业内部合作”；第三阶段是近期的“共建金融中心圈合作”。目前粤港澳三地的金融业主要集中在香港、广州和深圳，香港由于自身经济体量小和内地金融业逐步开放等原因，地区经济影响力下滑，但仍然拥有比肩东京、新加坡的国际金融中心地位，而广州和深圳的金融业起步较晚，加上内地较为严格的资本项目管制，其国际影响力相对有限。但是广州、深圳金融业腹地广阔。2012年出台的《广东省建设珠江三角洲金融改革创新综合试验区方案》提出要“建立粤港澳更为紧密的金融合作，推动形成珠江三角洲金融一体化格局”。相关研究表明，粤港澳地区金融一体化已经开始，但目前尚处于初步阶段（王小彬，2018），应进一步以市场机制为主导，以行政机制为辅助，推动粤港澳地区金融一体化融合。最后，人才流动自由化是长久的方向。人才的自由流动是地区创新活力充分发挥的前提，在解决人才自由流动方面可借鉴欧盟的发展经验，建立协调管理机构，解决好流动人员的社会保障，打破行政界线，大力推动大湾区经济社会协调发展。

总之，粤港澳大湾区建设是推进全面开放新格局的大手笔，也是我国经济发展的“千年大计”，更是“以开放促改革，以改革带发展”理念的又一重要实践。在国际逆全球化思潮抬头的背景下，中国大力推进以粤港澳大湾区建设为主要抓手的全面开放新格局，对发展中国经济、促进全球经济一体化、早日实现“百花齐放春满园”具有重要的战略和现实意义。

制度型开放：中国新一轮高水平开放的理论逻辑与实现路径

戴　翔

（南京审计大学政治与经济研究院）

习近平总书记在许多重要国际场合和国际会议上多次强调和重申，中国开放的大门不会关闭，只会越开越大，中国推动更高水平开放的脚步不会停滞。这就提出了一个很有理论意义和实践价值的课题：中国如何实现新一轮高水平开放？2018年年底中央经济工作会议指出："要适应新形势、把握新特点，推动由商品和要素流动型开放向规则等制度型开放转变。"应该说，这一科学判断和战略部署，为中国新一轮高水平开放指明了努力方向和实现路径。过去40年中国推动的商品和要素流动型开放，是在经济全球化发展的特定阶段和背景下展开的，由于顺应了经济全球化发展大势，抓住了经济全球化发展带来的战略机遇，取得了巨大发展成就并积累了宝贵的成功经验。当前，经济全球化发展出现了一些新形势、新特点，继续走商品和要素流动型开放发展模式面临显著的局限性和挑战，难以适应新一轮高水平开放的基本要求，亟待向制度型开放转变。那么，制度型开放能否成为中国新一轮高水平开放的有效路径？如果答案是肯定的，其中的理论逻辑是什么，以及如何通过制度型开放引领新一轮高水平开放？本文试对上述基本理论问题做一探讨。

一、商品和要素流动型开放：历史演变及中国经验

自第一次工业革命后，市场经济开始向全球扩张从而形成了真正的世界经济，即真正意义的经济全球化拉开了序幕。总体来看，第二次世界大战爆发之前的经济全球化，具有强权占领和殖民掠夺的特征，中国在这一轮世界经济发展进程中

不但没有抓住机遇获得发展，反而国运衰落（金碚，2016）。第二次世界大战后，尤其是冷战结束后，美国等主导建立起来的三大国际经济组织，即世界银行、国际货币基金组织以及关贸总协定（世界贸易组织的前身），对国际经济关系起到了重要协调作用。其构建起的国际经贸规则和全球经济治理体系，为经济全球化发展提供了必要的制度保障。尤其是世界贸易组织（WTO）推动下的各国关税和非关税壁垒大幅度削减甚至消除，实现了贸易和投资自由化的大发展，极大地促进了商品和生产要素的跨国流动。因此，与第二次世界大战之前的"巧取豪夺和强权占领"推动的经济全球化不同，战后尤其是冷战结束后经济全球化的发展，主要是以自由贸易理论为指导的。中国改革开放的伟大事业，正是在此背景下开展的。尤其是加入 WTO 后，中国以开放的姿态接受了现有全球经济治理体系和国际经贸规则，顺应了经济全球化发展大势，逐步构建起了商品和要素流动型的开放发展模式，抓住了经济全球化发展为中国谋求复兴带来的重要战略机遇，实现了开放型经济的快速发展并取得了令世界"瞩目"的巨大发展成就。因此，概括而言，改革开放以来尤其是加入 WTO 以来，中国推进的商品和要素流动型开放，本质上是因为契合了经济全球化发展的基本演进趋势，从而抓住了融入经济全球化发展开放型经济的机遇。因此，中国在前一轮开放中形成的商品和要素流动型开放模式，及其取得的发展成就乃至当前面临的局限性，不仅与中国开放发展模式的自我选择有关，更与此间的经济全球化发展特征趋势有关。

（一）商品和要素流动是第三阶段经济全球化的主要特点

2016 年习近平总书记在省部级主要领导干部学习贯彻党的十八届五中全会精神专题研讨班上的讲话中，将经济全球化划分为三个阶段，其中第三个阶段就是指"随着冷战结束，两大阵营对立局面不复存在，两个平行的市场随之不复存在，各国相互依存大幅加强，经济全球化快速发展演化"。从世界经济发展的演进历史看，第三阶段的经济全球化是在"和平与发展"成为时代主题的大背景下，由商品和要素逐步实现自由流动所推进的。在经济全球化发展的第一阶段，虽然从形式上看其主要内容和表现也是商品和要素跨国流动，但是由于其本质上是"巧取豪夺""强权占领""殖民扩张"，显然不是真正意义上的商品和要素的自由流动，这种发展模式注定也是不可持续的，并最终导致了第一次世界大战的爆发。而 1929 年发生的资本主义经济大萧条，更是将当时各主要资本主义国家经济推向了崩溃的边缘。在此情形下，国际贸易保护主义的抬头，各国纷纷采取的"以邻为壑"的对外贸易措施，国际经贸规则的极度混乱，致使商品和要素的跨国流动极度萎缩，使得世界经济发展更是“雪上加霜”。经济崩溃加之极端的民族主义再次导致了第二次世界大战的爆发。事实上，在战争还处于白热化阶段时，国际社会就决定设计一个有助于战后经济恢复、繁荣与和平发展的新国际经济体系，于是就诞生了前文指出的美国主导构建的、以协调国际经济关系的三大国际组织，避免再度出现20世纪30年代的“世界商战”。由此在第二次世界大战结束后，经济全球化便进入到第二个发展阶段。只不过在这一发展阶段，处于“冷战”状态下的社会主义和资本主义形成两大阵营，发展了两个平行的世界市场，社会主义国家并没参加这些国际性的经济组织，从而使得这些国际性经济组织的作用范围有限。

在冷战结束之前的一段时期内，一方面，广大发展中国家汲取了20世纪60~70年代进口替代战略失败的经验教训，认识到进口替代等封闭型经济发展战略对经济发展具有很多弊端。为加快经济发展，各国纷纷开放市场，实行外向型发展战略，为此，在减少国际贸易中的种种壁垒方面做出了巨大努力。另一方面，20世纪70年代中期以后，发达资本主义国家由于受到经济周期及“石油危机”等因素的影响，经济增长进入一个相对缓慢的时期，加上新贸易保护主义的盛行，发达国家经济总体上形势低迷。因此，为摆脱经济衰退和经济危机的困扰，80年代中期发达国家纷纷主张放松国家间的经济管制，打破各种保护主义壁垒。正是在这样一种背景和现实需求下，伴随冷战的结束，两个平行的世界市场随之消失。世界范围内的关税和非关税壁垒大幅降低，贸易和投资自由化成为经济全球化的主流趋势，由此推动了商品和要素跨国流动的迅猛发展。联合国贸易与发展会议（UNCTAD）的统计数据表明，1990年全球货物贸易出口总额为3.49万亿美元，到2008年国际金融危机爆发，全球货物贸易出口总额已经上升为16.15万亿美元，18年间增长了约3.63倍，年均增长率高达8.89%；全球对外直接投资方面，1990年全球对外直接投资存量为2.19万亿美元，到2008年国际金融危机爆发，全球对外直接投资存量已累计高达15.41万亿美元，18年间增长了约6.04倍，年均增长率高达11.45%。可见，商品和要素流动正是第三阶段经济全球化的主要特点。换言之，商品和要素流动型开放，是第三阶段经济全球化发展的本质特征和主要模式。

（二）商品和要素流动是第三阶段全球化经贸规则的主要议题

第三阶段经济全球化下实现的商品和要素流动的迅猛增长，不仅仅得益于无论是发达国家还是发展国家中都有融入经济全球化、发展开放型经济的主观需求，同时还得益于以降低关税和投资壁垒等为主要表现和内容的贸易和投资自由化发展，或者说，得益于贸易和投资自由化的国际经贸规则所提供的保障制度。从微观角度看，要素和商品的跨国流动显然主要是由跨国公司推动和主导的。而商品和要素之所以能够顺利实现跨国流动并持续扩大，显然需要有一定的经贸规则作为基本保障，其中不仅具有促进商品和要素流动的基本政策措施，还要有处理由于商品和要素流动可能产生矛盾的争端解决机制。如果在 1919 年至 1939 年期间那种国际规则处于极度混乱状态下，实现商品和要素的自由流动是根本无法想象，也是根本不可能实现的。应该说，稳定的国际规则和国际经济秩序，是保障世界各个国家共同利益的基本制度需求，是保障商品和要素能够自由流动的前提条件。基于发展以贸易和投资为主要内容的经济全球化的现实需要，围绕促进商品和要素流动问题而构建相应的国际经贸规则和全球经济治理体系，自然也就成为第三阶段经济全球化的主要经贸议题。关于这一方面，突出表现为关贸总协定（GATT）下长达 7 年的乌拉圭回合谈判，以及后来化身为世界贸易组织（WTO）后推动的多轮谈判。

第二次世界大战结束后成立的 GATT，其宗旨之一就是要降低关税和非关税壁垒，促进自由贸易发展。1947 年至 1993 年年底，GATT 共主持了八轮多边贸易谈判，其中以第八轮乌拉圭回合多边贸易谈判涉及范围最广，对世界经济和贸易影响最大。通过前七轮谈判，特别是第六、第七回合的谈判，20 世纪 30 年代大萧条时期构筑的关税壁垒大为削减，有力地促进了第二次世界大战后国际贸易的自由化和世界经济的增长与繁荣。然而，20 世纪 70 年代中期以后，世界经济从高速增长转入停滞，加上两次“石油危机”的雪上加霜，世界经济更是长期低迷。在此情况下，国际贸易领域出现了“新贸易保护主义”浪潮，兴起了“非关税”贸易壁垒。面对这种形势，GATT 各缔约国认识到为了维护宗旨、扩大世界贸易，有必要努力打破形形色色的贸易壁垒，净化国际贸易环境，并决定正式发起第八轮多边贸易谈判，由此拉开了长达七年的乌拉圭回合多边贸易谈判的帷幕，以期通过降低和取消关税、数量限制及其他非关税措施与壁垒，促进世界贸易的扩大和进一步自由化。总体来看，GATT 从成立到被 WTO 取代，期间发达国家的平均关税率从 1948 年的 36%降至 20 世纪 90 年代中期的 3. 8%，发展中国家和地区同期降至 12. 7%，关税壁垒的作用大为降低，非关税壁垒也在很大程度上得到消除。WTO 成立后，确立了全球多边体制下的货物贸易、服务贸易和与贸易有关的投资等一系列新规则。尽管议题和谈判的领域有所扩大，但旨在促进商品和要素流动的大幅削减关税和其他贸易壁垒，仍然是其主要内容和宗旨。据此可见，为适应第三阶段经济全球化发展形势及其现实需要，此间的全球经贸规则也主要聚焦商品和要素流动问题，GATT 及之后的 WTO 在推动降低关税和非关税壁垒的边境开放方面，做出了历史性贡献。

（三）中国发展商品和要素流动型开放经济的成就及经验

自改革开放以来，尤其是浦东开发开放和加入 WTO 以来，中国实现了开放型经济的快速发展，并取得巨大惊人的发展成就，令世界瞩目。目前，中国在对外贸易总额、利用外资总额、对外直接投资总额、外汇储备总额等方面，均稳居世界前列；并且在开放型经济的带动下，实现了持续多年的经济高速增长奇迹，成为全球第二大经济体；在世界 500 多种主要工业产品当中，中国大约有 220 多种产品的产量居世界第一，并形成了较为完备的工业生产体系，等等。应该说，这些成就的取得，正是因为中国顺应并抓住了第三阶段经济全球化带来的战略机遇，大力发展商品和要素流动型开放经济的结果。关于这一方面，我们可以从如下两个方面的特征事实加以认识。

第一，接受现行国际经贸规则体系，大幅度削减和降低关税和非关税壁垒。中国自改革开放以来，尤其是加入 WTO 之后，作为 WTO 的正式成员国，必须在其现行的规则体系和制度框架内开展对外贸易，必须遵守 WTO 在国际贸易方面所制定的各成员方普遍接受的规则体系，比如非歧视性原则，实现关税和非关税壁垒的逐步消减，推动货物贸易和投资领域的逐步自由化。为此，中国不仅在加入 WTO 前期做出了巨大努力，而且在加入 WTO 之后也严格履行了入世承诺。2018 年 6 月 28 日国务院新闻办公室发表的《中国与世界贸易组织》白皮书显示，截至 2010 年，中国在降低货物贸易关税方面的入世承诺已经全部履行到位，总体的关税总水平已经由 2001 年的 15.3%下降到 9.8%。其中，农产品的平均税率已经由原来的 23.2%降至 15.2%，这一水平约为世界农产品平均关税的四分之一，不仅远远低于 WTO 中其他发展中成员 56%的平均关税税率，同时还低于发达成员方约 39%的平均水平；而工业品的平均关税水平已经由原来的 14.8%下降到 8.9%。中国不仅在关税壁垒方面实现了大幅度削减，在非关税壁垒方面也实现了显著削减。比如白皮书显示，截至 2005 年 1 月，中国就已经按照加入 WTO 时候的承诺全部取消了进口许可证制度、进口配额以及特定招标等非关税政策。与此同时，根据 WTO 框架下的与贸易有关的投资措施协定，中国不仅不断向外资扩大制造业乃至服务业领域，还采取了诸多优惠政策，降低要素流动的门槛。总之，中国过去 40 年的开放发展，是在接受了旨在保障商品和要素流动的现行国际经贸规则和体系下进行的。

第二，大量利用外资和大力发展加工贸易，是过去40年中国融入经济全球化的主要方式和发展路径。中国改革开放的伟大事业是在经济基础十分薄弱的条件下开展的，由于在起步发展阶段，面临着供给和需求的双约束，即一方面由于极度缺乏资本和技术，从而产业发展面临着较强的生产约束；另一方面由于经济发展水平较低，收入水平还难以托起强劲的市场需求。在此背景下，中国一方面通过大量利用外资，并依托外资流入而带动的一揽子生产要素诸如技术和管理等，与中国丰富而廉价的劳动力要素禀赋优势相结合，破解了产业发展面临的资本和要素等生产层面的约束。另一方面，依托经济全球化繁荣发展期间国际市场的强劲需求，破解了需求不足对产业发展的抑制作用。尤其是利用外资和加工贸易的结合，中国逐步成为新一轮产业和产品生产环节转移过程中跨国公司的重要制造业生产基地和世界出口平台。这正是中国开放型经济发展形成“两头在外”、“大出大进”格局的深刻背景和内在理论逻辑。联合国贸易与发展会议的统计数据表明，1980年中国累积利用外商直接投资仅为10.74亿美元，2017年已经达到了1.49万亿美元；1980年中国货物进出口总额约为380亿美元，其中出口贸易额为181亿美元，进口贸易额为199亿美元，2017年货物进出口总额已经上升至4.11万亿美元，其中出口贸易额为2.26万亿美元，进口贸易额为1.85万亿美元。并且在货物贸易中，尤其是2008年国际金融危机爆发之前的很长一段时间内，加工贸易一直占有半壁江山（桑百川，2009）。利用外资、大进大出、两头在外等突出特征，充分展示了改革开放40年来中国在本质上发展的是商品和要素流动型开放经济。

综上可见，商品和要素流动型开放是第三阶段经济全球化的重要特征和主要内容，而在这一背景下，中国开展的改革开放伟大事业，正是顺应了经济全球化的这一发展大势，在充分尊重和利用现行国际经贸规则中，不断降低和削减关税和非关税壁垒，不断推进贸易和投资自由化，商品和要素流动型开放型经济得到了快速发展，突出表现为外资大量的利用和进出口贸易规模的急剧增长。然而，伴随国际分工的演进，当前经济全球化出现了一些新形势、新特点；与此同时，中国开放型经济发展也进入到了新阶段，亟待推动由商品和要素流动型开放向规则等制度型开放转变。

二、制度型开放：新一轮高水平开放的必然要求

2008年全球金融危机冲击之后，世界经济进入到深度调整期。此间，由于前一轮科技革命和产业革命形成的推进动能基本衰竭，而新一轮科技革命和产业革命又

尚在孕育之中，还未集中爆发并形成新的生产力，从而世界经济增长动力不足仍然是突出问题。正因如此，第三轮经济全球化发展中积累的一些问题，也是在经济相对繁荣时期容易“隐藏”的问题，如发展失衡、公平赤字、治理赤字、数字鸿沟等，在世界经济周期性因素作用下得到放大，进而引发了当前“逆全球化”思潮的兴起和贸易保护主义的抬头。尽管经济全球化进程遭遇挑战，但由于经济全球化是技术进步和生产力发展的必然规律和结果，因此，经济全球化发展是不可能中断和停止的，只能说明经济全球化原有的模式、路径及其主导的规则和理念需要做出变革和调整。已有研究认为“期待新型经济全球化的到来会愈来愈成为共识，成为世界各国各地区人民的共同意志和呼声”，并且指出，“未来要实现的新型经济全球化就是第四阶段经济全球化”（滕文生，2019）。本文认为，与第三阶段主要以商品和要素流动型开放为特征的经济全球化不同，第四阶段的新型经济全球化可预期的主要特征之一必将是制度型开放。过去40年中国开放型经济成功发展的宝贵经验之一，就在于顺应了经济全球化发展形势，因此，在经济全球化从以往商品和要素流动型开放向制度型开放转变的大背景下，中国发展新一轮高水平开放型经济，依然需要在继续适应、顺应乃至引领经济全球化发展大势下实现。具体而言，进一步理解制度型开放作为中国新一轮高水平开放的必然要求，既要明晰经济全球化发展转向制度型开放的必然性和趋势性，也要清楚中国以此为契机发展更高水平、更高层次开放型经济面临的机遇及其内在逻辑。

（一）制度型开放是经济全球化发展新形势下的必然要求

如前所述，第三阶段的经济全球化发展的主要特征和内容就是商品和要素流动型开放。由于关税和非关税壁垒的降低和消除，即贸易自由化的深度演进，以及以全球对外直接投资为主要表现的生产要素跨国流动性日益增强，导致国际分工发生了本质变化，即传统以最终产品为界限和主导形态的国际分工，逐步发展为以产品生产环节和阶段为界限和主导形态的国际分工。后者就是20世纪80年代以来一直被学术界和实践部门所津津乐道的全球价值链。实际上，全球价值链分工不仅意味着产品生产环节和阶段被分布在不同国家和地区，由于伴随有生产要素的跨国流动，因而即便某一生产环节和阶段，都可能是多国要素共同参与生产的结果，因而更本质地看，当前的国际分工属于“要素分工”（方勇等，2012）。在要素分工条件下，由于生产具有全球性，换言之，由于不同生产环节和阶段被配置到不同国家和地区，由于生产过程需要多国生产要素的共同参与，因此，无论是从最终产品生产完成角度看，还是从某一特定生产环节和阶段的顺利进行角度看，都需要实现无缝对接，如此才能确保生产的顺利进行、成本的最小化以及生产的高效运转。可以想象，如果来自不同国家的生产要素在共同参与生产过程中不能更好地磨合和协作，必然会对特定生产环节和阶段的产出质量和效率等带来不良影响，而不同生产环节和阶段若不能实现无缝对接，包括交货时间、流转成果、质量参数匹配等，最终产品生产的实现必然会透过价值链而"深受其害"。而无论是来自不同国家的生产要素实现"无缝对接"，还是来自不同国家的不同生产环节和阶段实现"无缝对接"，其中最重要也是最为关键的因素就是要实现规则和制度相容和一致。第三阶段的经济全球化已经基本实现了贸易自由化和投资自由化，而两个"自由化"引起的国际分工质变，必然要求各国进一步在国内规则和制度上实现兼容和一致。从这一意义上说，制度型开放已经成为经济全球化发展新形势下的当务之急。

（二）制度型开放是新一轮全球高标准经贸规则的必然趋势

第三阶段经济全球化发展，从国际经贸规则提供的制度保障角度看，主要是GATT及之后转身为WTO主导下的边境开放。如前所述，边境开放在推动贸易和投资自由化，进而促进商品和要素流动型开放方面做出了巨大的历史性贡献。但是，商品和要素流动性不断增强及其由此带来的国际分工质变，对与之相适应的国际经贸规则提出了更高的要求。如同生产力的发展要求生产关系不断变革以与之相适应一样，科技进步和生产力发展推动的分工演进，必然推动全球经贸规则朝着更高标准方向发展。目前，由于WTO主导下的经贸规则调整仍然主要局限在边境开放措施，而尚未深层次涉及前文所述的制度型开放问题，因而面临着被边缘化和破产的风险（理查德·巴德温、杨盼盼，2013）。这也正是为什么区域性贸易谈判发展得如火如荼的根本原因。比如，2009年开始由美国主导的跨太平洋伙伴关系协定（TPP）就是朝着高标准化方向发展并代表未来国际经贸规则演进主要方向的区域协定。在新一轮的国际经贸规则议题中，诸如传统的关税、配额、许可证等为特征的边境开放措施已不再是焦点问题，取而代之的是以贸易和投资便利化、知识产权保护、政府采购、竞争中立、营商环境等新议题为特征的"境内开放"措施和规则问题。TPP谈判虽然在特朗普当选美国总统后遭遇挫折，但美国的退出并没导致TPP完全夭折，由TPP演变而来的CPTPP（全面进步的跨太平洋伙伴关系协定）于2018年3月8日得以签署，并于2018年12月30日开始正式生效。其所涉及的国际经贸规则仍然预示着新一代贸易规则的最高标准，而且并不排除美国重返其中进而不断扩大规模和影响力的可能。应该说，高标准化的国际经贸规则演变是适应经济全球化深度演进的必然要求，或者说，新一轮以制度型开放为表征的高标准国际经贸规则，是跨国公司进一步统筹全球价值链、整合和利用全球生产要素的根本性制度保障需求。

（三）制度型开放是中国适应经济全球化新形势的必然选择

当前，经济全球化新形势具有两个方面的重要表现：一方面，从经济全球化的历史演进趋势看，科技进步和生产力发展必然推动全球价值链或者说全球要素分工进一步向纵深维度发展；另一方面，由于国际经贸规则和全球经济治理体系未能“与时俱进”，出现了与国际经贸格局调整的短期不适应，从而导致逆全球化思潮兴起和主要经济体之间贸易摩擦加剧，经济全球化的总体环境趋于严峻和复杂，国际经贸规则面临大调整和大重塑。其中，就经济全球化发展内容的主要演变趋势，即上述第一个新形势的表现而言，为中国新一轮高水平开放无疑带来了重要战略机遇。第三阶段的经济全球化发展虽然基本实现了商品和要素的自由流动，但是就后者而言，要素跨国流动主要表现为一般性生产要素的流动，创新要素的跨国流动仍然不足。这突出表现为跨国公司通过 FDI 形式推进的产业和产品生产环节和阶段的国际梯度转移，具有典型的边际转移特征，即通常所谓的“保留核心的，外包其余的”。因此，以资本为纽带的一揽子生产要素跨国流动，主要是边缘生产技术或成熟技术的国际扩张和转移。实际上，与一般性的生产要素相比，创新生产要素之所以跨国流动仍然不足，主要原因就在于其对生产经营过程中的制度环境要求相对较高。如果说贸易和投资壁垒的降低，能够极大地促进一般性生产性要素的跨国流动的话，那么对于创新要素的跨国流动，则还需要更高标准的国内制度环境。从全球价值链分工进一步深度演进趋势看，以往的制造业价值链分工格局基本已经定型，新一轮的发展正在向全球创新链和现代服务业领域拓展。可以说，在新一轮的开放发展中，哪一个国家的制度环境更为优越，对创新要素的吸引和集聚能力就会越强，从而更能支撑起高水平开放型经济的发展。因此，为了抓住这一发展契机，充分利用全球创新要素发展更高层次、更高水平的开放型经济，中国必须从商品和要素流动型开放转向规则等制度型开放。

（四）制度型开放是中国引领新一轮经济全球化的使命担当

客观而言，中国过去 40 年商品和要素流动型的开放发展，虽然是在顺应经济全球化发展趋势下主动选择开放的行为和结果，但本质上看属于被动和跟随式发展。所谓被动和跟随式发展，主要是指作为现行国际经贸规则的接受者和遵守者，而不是规则的制定者和参与者，以“被整合者”的身份融入发达国家跨国公司主导的全球价值链分工体系中。众所周知，现行国际经济规则虽然在推动第三阶段经济全球化发展方面做出了积极贡献，但毕竟是发达国家主导的“游戏规则”，从而更多代表发达国家的利益诉求，对发展中国家的利益诉求考虑不足；而以“被整合者”的身份融入全球价值链分工体系，虽然有助于在中低端层面实现规模快速扩张和一定程度的升级，但在迈向中高端进程中则会面临显著的制约因素，包括来自发达国家跨国公司的封锁和堵截。显然，新一轮高水平开放过程中，中国在分工地位上不能继续停留在中低端水平和层次，在规则上也不能再继续成为被动接受者。经过 40 年的开放发展，中国已经成为一个“巨型”开放经济体，经济总量上仅次于美国而位居全球第二，正日益走向世界舞台的中央。在经济全球化走到十字路口的关键阶段，在全球经贸规则亟待大调整、大重塑的背景下，中国有责任也有能力在引领新一轮经济全球化发展中做出应有贡献。因此，无论是顺应和引领全球经贸规则高标准化方向发展，还是推动新一轮经济全球化发展，中国都需要率先在制度型开放上走在全球前列，充分展现中国的使命和担当。换言之，也只有率先实施制度型开放才能在顺应新型经济全球化发展的历史大势中，提升开放型经济发展水平和层次，进而进一步起到引领作用；唯有率先实施制度型开放，才能在新一轮高标准全球经贸规则调整和重塑中提升话语权，为发展中国家融入经济全球化争取更优的发展环境。

三、变革和优化：实现制度型开放的路径选择

综上分析可见，适应经济全球化新形势、把握新特点，中国发展新一轮高水平开放型经济，必须由商品和要素流动型开放转向规则等制度型开放。与商品和要素流动型开放相比，制度型开放的本质特征是一种由“边境开放”逐步向“境内开放”的拓展和延伸。因此，中国转向制度型开放的具体路径，就是要在继续维护和倡导贸易和投资自由化的基础之上，通过促进规则变革和优化制度供给安排，来满足国际分工进一步深度演进趋势下，跨国公司对统筹全球价值链的“无缝对接”需求，来迎合创新生产要素跨国流动对制度环境的新型需求，来对接国际经贸规则高标准化的发展趋势。具体而言，中国开放发展战略的调整，亟待从以下几个方面取得突破性进展。

（一）加快建立与国际经贸规则相衔接的国内改革机制

密切跟踪国际经贸规则的高标准演进新趋势，并以此为目标导向倒逼国内改革，建立和系统推进与国际经贸规则相衔接的国内改革机制。犹如习近平总书记指出："要牢牢把握国际通行规则，加快形成与国际投资、贸易通行规则相衔接的基本制度体系和监管模式，既充分发挥市场在资源配置中的决定性作用，又更好发挥政府作用。加快在促进投资贸易便利、监管高效便捷、法制环境规范等方面先试出首批管用、有效的成果。"在以制度型开放为主要特征的新型经济全球化或者说第四轮经济全球化背景下，习近平总书记的上述重要论述，意味着我们要认真跟踪研究能够代表未来发展方向的国际经贸规则演变趋势和主要内容，明晰其可能的运行环境和需要的基础条件，在保证风险可控的条件下，主动对标找差，注重对照国际高标准国际经贸规则，或即将形成的高标准国际经贸规则，以此为目标导向倒逼国内改革。通过规则变革和制度优化，在内部推动现行的规则安排和制度设计，逐步向高标准国际经贸规则趋近，最终形成能够与新型经济全球化所要求的新规则、新制度相衔接的基本制度体系和监管模式。在此过程中，要充分把握和利用好各种开放平台在规则变革和制度优化中的先试先行作用，比如可在自由贸易试验区、自由贸易港甚至设立自由经济区，进行大胆试、大胆闯、自主改，逐步形成一些"可复制"与"可推广"的规则体系，不仅能够与国际经贸规则相衔接，甚至可以引领国际经贸规则高标准化发展。

（二）加快并以更大力度实施"负面清单"制度

应该说，实施市场准入负面清单制度和外商投资负面清单制度，既是发挥市场在资源配置中的决定性作用的重要基础，也是加快建立与国际通行规则接轨的现代市场体系的必由之路。2015 年 9 月 15 日召开的中央全面深化改革领导小组第十六次会议审议通过了《关于实行市场准入负面清单制度的意见》，意味着我国市场准入将逐步开启"负面清单时代"。近年来，为了向世界投资者扩大开放，中国在制定和实施负面清单制度方面做出了积极努力和探索，比如率先在自由贸易试验区实施的负面清单制度，包括 2013 年上海自由贸易试验区出台了全国第一张负面清单，之后负面清单涵盖范围不断缩小并复制到其他如广东、天津、福建等自由贸易试验区。2018 年 6 月 28 日，国家发展改革委员会、商务部又发布了《外商投资准入特别管理措施（负面清单）（2018 年版）》，将限制措施进一步减少到 48 条，在

22 个领域进一步放宽市场准入。应该说，负面清单制度的实施彰显了中国主动扩大开放，尤其是主动对接国际通行规则和做法的坚定决心。但与此同时，我们必须清醒地认识到，尽管在“负面清单”制度上我们取得了很大进步，但是与发达国家相比，中国的外资壁垒仍然较高，甚至与某些发展中国家如越南相比，中国的外资限制指数也相对偏高。因此，若要实现促进全球要素尤其是创新要素的有序自由流动，实现在国内国际市场深度融合中整合和利用全球要素，我们需要给各类企业创造公平竞争的市场环境，需要在投资便利化等方面做出更大努力，进行更大开放。

（三）进一步优化营商环境

作为“境内开放”的关键影响因素之一，国内营商环境在第四轮经济全球化中扮演着十分重要的角色。如前所述，在第三阶段的经济全球化发展进程中，一般性生产要素的跨国自由流动已经基本实现，且由此推动的产业和产品生产环节国际梯度转移，具有边际转移特征。因此，从这一意义上说，东道国对国外生产要素的吸引力主要来自本土优势要素的价格差，以及优惠政策所形成的成本洼地。这也是过去几十年中国开放发展的主要经验模式。然而，在第四轮经济全球化发展中，尽管生产要素的价格差异仍然存在，但政策性开放的洼地效应已经基本消失。更为重要的是，跨国流动的生产要素中，高端和创新生产要素的比重会明显提升，由此所推动的生产经营活动的区域布局，对要素价格差所带来的生产成本差异将不再像以往那样敏感，取而代之的将是营商环境等制度性成本重要性日益凸显。何况，伴随着智能制造和工业机器人等技术进步，生产性要素的范畴将日益扩大，生产性要素的成本在全球范围内也会日益趋同。因此，此时的全球生产网络如何布局，或者说生产经营活动尤其是创新要素的生产经营活动究竟在何处集聚并发挥作用，可以说基本取决于哪一国家和地区能提供更具有吸引力的营商环境。因此，中国在顺应和引领第四轮新型经济全球化发展中，发展新一轮高水平开放型经济，必须着力于打造国际化、法治化、市场化、便利化的一流营商环境。世界银行所发布的《2019 年营商环境报告：强化培训，促进改革》中显示，2018 年中国的营商环境在全球 161 个主要经济体中位居第 46 位，说明中国在这一方面已经取得了巨大进步和发展。但是从顺应和引领第四轮新型经济全球化角度看，从中国发展新一轮高水平开放型经济角度看，这一成绩还是远远不够的。未来仍需对标世界银行全球营商环境评价指标体系等国际标准，在开办企业、办理施工许可、获得信贷、电力、纳税、贸易、执行合同等方面进一步进行规制变化和制度优化，加快实现由商品、要素流动型开放转变为规则、制度型开放。

（四）积极为国际经贸规则调整和完善做出中国贡献

目前，全球经贸规则正面临着调整和完善，而制度型开放的本质就是要构建与高标准全球经贸规则相衔接的国内规则和制度体系。因此，在全球经贸规则的调整和完善过程中，发出中国声音，做出中国贡献，不仅是新时代经济全球化发展的中国使命和担当，也是中国从商品和要素流动型开放转向制度型开放的题中应有之义。全球经贸规则的调整和完善，并不是说要彻底抛弃现行国际经贸规则体系而另起炉灶，而是在继续维护现有规则体系中合理部分的同时，对不合理和不能适应经济全球化新形势的地方加以变革、调整、补充和完善。从这一意义上说，积极为国际经贸规则调整和完善做出中国贡献，主要体现在两个方面。一方面要坚决倡导和维护投资和贸易自由化，坚决反对贸易保护主义和霸凌主义，因为两个“自由化”仍然是发展开放型世界的基石所在。另一方面，在新一轮国际经贸规则的调整和完善中，无论是 WTO 的改革，还是区域性的贸易协定，中国都应该积极参与。即积极参与区域范围以及世界范围内的相关贸易和投资规则的制定、修改和完善，提高新一轮规则变革和制度优化设计中的中国话语权。努力打造公平、公正、透明、非歧视性的全球贸易和投资便利化体制机制和制度环境，从而在引领世界经济朝着更加开放、包容、普惠、平衡、共赢方向发展方面作出中国应有的贡献。这也是新阶段中国发展新一轮高水平开放的重要表征和体现。

新时期扩大进口的理论思考

钱学锋[①]　　裴　婷[②]

（① 中南财经政法大学工商管理学院；
② 中南民族大学经济学院）

在我国经济增长进入结构性减速阶段和深化供给侧结构性改革的背景下，由于出口贸易增长不足以改善经济发展的基本条件，外部需求增长空间比以往更小，因此，进口贸易应该被视为供给管理的必要手段（裴长洪，2013）。2018 年，国家主席习近平在博鳌亚洲论坛上对我国的对外开放提出了 4 点新要求，主动扩大进口就是其中之一。习近平主席指出，内需是我国经济发展的基本动力，也是满足人民群众日益增长的美好生活需要的必然要求，我国应努力增加人民群众需求比较集中的特色优势产品进口。随后，商务部出台了《关于扩大进口促进对外贸易平衡发展意见的通知》，对我国如何扩大进口列出了具体实施细则。2018 年 11 月 5 日至 10 日，中国国际进口博览会在我国上海成功举办，它是全球首个以进口为主题的世界级展览会，是国际贸易史上亘古未有的一项创举。举办中国国际进口博览会，是我国主动向世界开放市场的一项重要决定，也是我国以新一轮高水平对外开放推动高质量发展的一项重大举措。同时，它也正式标志着长期以来我国业已形成的重出口、轻进口的贸易发展方式发生了根本性的转向，通过有效扩大进口来促进经济持续平稳运行和高质量发展，以最终满足人民美好生活的需要将成为新时期我国对外贸易发展的重要任务。然而，在当前积极扩大进口的同时，我们也要预防过度进口或者进口结构不合理对国内自主创新能力、工资差距、幼稚产业、人民币汇率以及国际收支平衡等带来的负面冲击，并采取前瞻性战略考量，才能促进我国对外贸易持续平衡发展和任务目标的实现。

一、我国进口贸易政策的演变

自新中国成立以来，我国进口贸易政策的演变大致分为五个阶段。

第一是“进口替代”阶段（1950—1978 年）。改革开放前，我国以“独立自主、自力更生”作为发展战略，将对外经济发展作为扩大再生产的一种辅助和补充手段，充分践行了“互通有无、调剂余缺”的指导思想，采取一种极具计划经济色彩的进口替代发展方式。1950 年，中央人民政府政务院明确表示：我国必须对海关工作和对外贸易工作实行监督和管制，从而保护国家生产，快速恢复国内经济水平。同时，我国从 1951 年至 1983 年的平均关税水平高达 52.9%，其中农产品关税税率高达 92.3%，工业产品关税税率达 47.7%。这一关税水平大大超出当时关贸总协定缔约国的平均关税水平，充分说明我国当时的工业生产是在关税保护下进行的。20 世纪 50 年代，我国平均进口额为 15.34 亿美元，60 年代波动增长至 17.46 亿美元，70 年代则迅速增长到 68.01 亿美元。从进口商品结构来看，20 世纪 50 年代，我国生产资料进口所占比重高达 91.5%，消费资料进口比重仅占 8.5%，一直到 70 年代，生产资料的进口比重下降为 81%，其中，成套设备及新技术进口和工业生产所需原材料进口所占比重较大。这说明，新中国成立初期以来的相当长一段时期里，我国进口贸易的发展，很大程度上是为了扶植和保护国内有关工业部门的发展，而忽略了国内消费者的需求。

第二是“进口替代与出口导向相结合”阶段（1979—1993 年）。随着改革开放进程的推进，我国实行的是进口替代与出口导向相结合的对外贸易发展方式。1978 年以后，我国对一些耐用消费品和国内已经能够生产的部分机械产品实行进口替代。例如，1980 年，我国恢复对国营外贸专业公司的进口货物全面征收关税的制度，提高某些耐用消费品和一些国内已经能够生产的机器设备的关税。另一方面，我国开始实施对外开放战略，逐步对计划经济体制下的外贸制度进行改革。1984 年，我国对《进出口税则》和《暂行实施条例》进行修改，并调整进出口关税水平，平均关税税率由 52.9%降为 38%，其中农产品平均关税税率为 43.6%，工业品平均关税税率为 36.9%。1991 年起，我国取消外贸企业的亏损补贴，外贸企业实行自负盈亏制度。得益于 1978 年对外开放战略的实施，从 1979 年至 1993 年，我国进口贸易额由 156.7 亿美元上升至 1039.6 亿美元，增长了 5.6 倍，我国进口贸易在这一时期得到了迅速发展。因此，从 1979 年至 1993 年，我国已不再依赖于全方位的进口替代对外贸易发展方式，而是由进口替代逐步向出口导向转变。

第三是“为出口而进口”阶段（1994—2007年）。1993年11月，党的十四届三中全会提出：深化对外经济体制改革，进一步扩大对外开放。这就标志着我国出口导向型发展方式正式取代进口替发展方式。在出口导向型发展方式中，我国的进口很大程度上是“为出口而进口”。一方面，在新型国际分工体系下，我国的垂直专业化程度日益提高。研究表明，在1994—2007年间，我国出口的垂直专业化比率由17%上升为32%，这表明我国中间投入品进口在很大程度上是为了参与国际化分工并服务于出口。另一方面，外商投资企业在我国对外贸易中，特别是在加工贸易中一直处于主导地位。据统计，外资企业在我国加工贸易的进出口中所占比重，分别从1992年的45%和39%迅速增至2006年的84%和85%。外商投资企业在我国对外贸易中的突出表现，很大程度上表明，外商对华投资主要是资源与要素导向，即将中国作为制造与出口平台。因此，我国在这一时期主要是“为出口而进口”的对外贸易发展方式。

第四是“为平衡而进口”阶段（2008—2011年）。在金融危机的影响下，我国与主要贸易伙伴国的贸易摩擦与纠纷较为频繁。2010年，从年初以轮胎特保案为标志的仅限于中美两国之间的贸易摩擦，到10月G20首尔峰会前夕美国财政部长盖特纳提议建立经常账户预警机制，把各国的外贸赤字或盈余限制在GDP的4%之内，再到围绕中国出口补贴以及稀土出口限制等问题的苛刻表态，以及之后奥巴马政府要求经常账户盈余的国家（中国和德国）增加国内需求而非一味依赖出口。仅从美国一国的态度就能体现持续增长的贸易顺差给我国带来的压力。另一方面，由于我国对外贸易受到金融危机的冲击，出口自2001年7月以来首次下降，进口也迅速下降。为了应对金融危机的影响，我国采取了稳定外需、逐步纠正对外贸易失衡的贸易政策。具体措施包括：扩大先进技术与机器设备、关键零部件以及能源资源等方面的进口。因此，在经历了“为出口而进口”的出口导向型发展方式之后，我国在此期间采取了一种内外需协调、进出口持续平衡发展的对外贸易运行模式。

第五是“为人民美好生活需要而进口”阶段（2012年至今）。在经历了30多年的高速增长之后，我国的经济增长在2011年主动放缓。2012年2月商务部《关于加快转变外贸发展方式的指导意见》明确提出：“通过关税等宏观调控手段，加强与人民生活密切相关的先进技术与设备、关键零部件以及重要能源等方面的进口。”2018年4月，习近平主席在博鳌亚洲论坛上提出我国要主动扩大进口，着力促进国内供给体系向高质量发展，切实满足人民群众日益增加的消费需求。2018年11月5日至10日，我国在上海举办首届进口博览会，作为全球第一个以进口为主题的世界级展会，这不但是我国推动新一轮高水平对外开放的标志性工程，更为世界各国开展国际贸易提供了一个开放型合作平台。从发展速度转变为发展质量，从倚靠外需到强调内需，从人民日益增长的物质文化需求同落后的社会生产之间的矛盾，到人民日益增长的美好生活需要和不平衡不充分发展之间的矛盾。这一系列经济增长和对外贸易发展方式的转变，充分表明了我国扩大进口、进一步推动贸易自由化的决心。努力发挥进口对满足人民群众消费升级、加快经济结构调整、促进对外贸易平衡发展、推动经济高质量发展等方面的积极作用，不仅是建设我国社会主义现代化经济体系的需要，更是为了解决新时期社会主要矛盾，满足人民美好生活需要的必然选择。

二、扩大进口的积极影响

从理论上来看，扩大进口的积极影响主要体现在以下四个方面：

（一）增加消费者福利

进口主要给消费者带来了两种福利效应：需求效应和价格效应。

第一，需求效应。进口新的产品种类不仅可以满足消费者对新产品的需求，还可以培育新兴行业的国内市场。具体来说，一国潜在的消费需求并非总是能够由国内生产所满足，进口国内目前尚不存在或者国内虽有但具有异质性的产品，会培育国内消费者对该产品的需求，当企业发现这些新产品在国内具有市场需求时，能够刺激并培育出一批新兴产业。以电动汽车为例，特斯拉汽车的进口使得国内汽车制造商更清楚地了解到新能源汽车的广阔市场前景。从这个意义上来讲，从国外有针对地引入一些代表未来技术和市场需求的产品，可以培育国内需求。这不仅能够满足消费者多样化的产品需求，而且对于发展中国家新兴产业的布局有着很好的促进作用。

第二，价格效应。顾名思义，消费者通过进口贸易能够获得更加廉价的商品。一方面，进口产品种类的增加能降低一国进口产品价格指数，从而使消费者获得进口种类增加的福利效应。另一方面，进口贸易自由化致使更多企业进入市场，引发促进竞争效应（pro-competitive effect），从而迫使企业降低成本加成，最终提升消费者福利。

（二）促进企业全要素生产率进步

在微观层面上，进口贸易对企业全要素生产率的具体作用机制，可归纳为产品种类效应、进口竞争效应和企业内资源重新配置效应。

第一，产品种类效应。进口产品种类增长可以通过“水平效应”和“学习效应”来促进国内企业的全要素生产率。首先，企业可以通过扩大进口，获得更多更新的、质量更好的中间投入品，从而与国内投入品形成互补（互补机制）或者替代质量较差的国内投入品（质量机制），最终促进企业生产率提高，这就是“水平效应”。其次，“学习效应”是对于蕴含在进口产品中更为先进的技术，企业可以通过进口贸易来学习、吸收和消化此类技术，从而促进企业进行自主创新并提高企业的生产率水平。

第二，进口竞争效应。进口竞争可以通过影响价格和边际成本，进而作用于企业的成本加成。进口竞争会对价格形成向下的压力，特别是在竞争程度较低的行业中，具有垄断地位的企业更愿意通过降低垄断价格以维持垄断地位而获利；而在竞争程度较高的行业中，成本加成的提高更多的是依靠企业改进技术水平，降低边际成本实现的。因此，从长期来看，进口竞争会激励企业不断进行技术革新，提高生产率，努力利用规模经济效应来降低生产的边际成本，或是生产更多多样化产品来赢得市场份额。

第三，企业内资源重新配置效应。最近研究表明，国际贸易在企业内资源重新配置方面发挥着重要作用。在进口竞争加剧的情况下，企业将其努力合理地调整其产品范围，增加“核心”产品的生产，而逐步舍弃“边缘”产品，这种企业内的资源重新配置将提高企业的生产率。

（三）扩大劳动力市场就业规模

进口贸易对劳动力市场就业的影响可以从三个方面进行分析。第一，劳动力再配置效应。进口贸易既能创造就业也能减少就业，关键在于进口产品与国内生产环节的关系。若国内生产环节与进口品的关系是互补（替代）时，扩大进口将扩大（减少）就业规模。第二，技术进步效应。对于蕴含国外先进技术的进口产品，企业通过技术溢出效应和进口中学习效应，提升生产率水平。企业生产率提高会对劳动力就业带来两种效应：一是劳动力节约效应（即机器代替人力）；二是熟练劳动力需求效应（企业会需要更多具有竞争性的人才），因此，企业的就业规模取决于正、负两种效应。第三，出口市场扩张效应。企业不仅能通过扩大进口来满足国内消费升级，同时也能服务于国外消费者。一国企业可以进口更多、更高质量的中间投入品，从而扩大出口规模服务于国外消费者，最终带动国内就业规模增加。

（四）进口引致出口

首先，企业可以通过进口更多种类的中间投入品，降低生产成本或提高企业生产率，直接或间接地促进出口。这是因为，企业生产率的提高，能够帮助企业克服较高的出口固定成本，从而使其在激烈的出口市场中生存下来。其次，企业通过进口不仅能提高企业的出口强度，还能提高企业的出口产品质量。企业在进行进口经营活动时可以接触到更好的外国网络和信息，因此可以更有效地接触外国市场，也就可以获得更多更高质量的进口投入品。高质量的中间投入品在提高企业生产率的同时，也能促使企业以更高的价格出口更高质量的产品。

三、谨防扩大进口的负面冲击

当前，在充分发挥扩大进口的积极作用时，也须谨防扩大进口可能产生的一系列负面冲击。

（一）国内自主创新能力的削弱

尽管企业可以通过技术溢出、进口竞争、产品种类等多种效应在短期内提高企业生产率，长期内激励企业进行自主创新，但在全球价值链分工为特征的全球分工格局下，一味扩大高新技术产品和关键零配件的进口，会使国内企业对国外进口产品形成依赖，最终可能削弱企业的自主创新能力。美国对中兴通讯的出口限制就是一个典型的例子。因此，在当前明确引导国内企业进口高端设备与技术作为政策着力的主要方向的背景下，也应处理好进口先进技术设备与国内企业自主创新的关系。

（二）熟练劳动力和非熟练劳动力工资差距扩大

研究表明，高新技术产品的进口贸易对发展中国家劳动力工资差距产生了重要影响。原因在于，一方面，高新技术的特点往往是节省劳动力，至少在传统制造业当中会引起失业增加；另一方面，全球化和技术升级带来的生产力增长，往往伴随着熟练工人和非熟练工人工资差距日益扩大。我国作为世界上最大出口国和第二大进口国，同时也是收入差距最大的国家之一。我国企业熟练劳动力和非熟练劳动力之间的绝对年工资差距高达 11320 元，相对工资差距为 2.21，即熟练劳动力的工资是非熟练劳动力的两倍多，这一数字远高于 2000—2006 年同期美国的相对工资差距（约 1.7）。因此，我国当前扩大进口以服务于高质量发展，其进口结构意味着对熟练工人需求会进一步加大，这就需要谨防熟练工人和非熟练工人工资差距同时也会进一步扩大的现象。

（三）对国内幼稚产业带来冲击

若对一国尚未成熟且具有潜在比较优势的产业扩大进口，那么这些产业很可能会承受不住外国同类产业的竞争，从而遭受负面冲击。因此，幼稚产业保护论明确表明：对于国内幼稚产业，应实行适当的贸易保护政策，才能促进这些产业蓬勃发展。历史上，美国经历了 80 多年的产业保护，从而使其制造业实力上远远赶超英国。以我国汽车行业为例，1985 年以来我国汽车进口关税经过多次下调①，到 2018 年 5 月，国务院关税税则委员会发布通知，从 2018 年 7 月起，汽车整车关税税率由 25%、20%降至 15%，汽车零部件的关税税率由 8%、10%、15%、20%、25%均降至 6%。2017 年，我国 80%的进口汽车价格均在 25 万元以上，而国内自主品牌汽车大多在 25 万元以下。虽然从短期来看，进口汽车与国内汽车呈现出更强的差异化互补关系，其对价格定位较低的国内自主品牌汽车的冲击较小，但从长期来看，随着我国汽车市场的不断开放，不仅会降低现存进口汽车的价格，而且还会导致其他世界知名汽车品牌进入中国市场，我国汽车市场必然会面临更加激烈的市场竞争。因此，现阶段扩大进口也须处理好保护潜在具有比较优势产业的关系。

（四）扩大进口与贸易逆差

历史上，荷兰、葡萄牙、西班牙、美国、日本等国家在发展过程中都长期保持贸易顺差。然而，随着经济实力的进一步提升，特别是进口扩大之后，由顺差转为逆差也成为一种常见的现象。例如，根据世界银行数据，在 1971 年之后的 47 年间，美国、日本、印度尼西亚分别保持了 45 年、37 年和 34 年的逆差，并且贸易逆差不断持续扩大。我国从 1973 年开始由贸易逆差转为贸易顺差，此后贸易顺差不断扩大，现已成为全球贸易顺差最大的国家之一。但近年来，随着我国主动扩大高新技术产品、节能环保产品、居民日常消费品以及农产品等方面的进口，我国在 2011 年出现季度贸易逆差。之后，我国在 2012 年 2 月、2013 年 3 月、2014 年 2 月、

---

① 1986 年，汽车关税和进口调节税合并征收后，排量在 3.0 升以上关税税率为 220%，排量在 3.0 升以下税率为 180%；1994 年，关税税率进一步调整为 3.0 升及以上为 150%，3.0 升及以下为 110%；1997 年，汽车进口关税进一步下降至 100%和 80%；2001—2006 年，中国加入 WTO 后，为了完成入世协定，我国汽车进口关税从 80%逐步降至 25%，与国际市场基本接轨。

2017 年 2 月分别出现月度逆差。2018 年一季度经常账户更是出现了自 2001 年以来的首次季度逆差。尽管上述贸易逆差是局部的、短暂的，但是却给我们敲了警钟。在继续扩大进口的背景下，我们需要未雨绸缪地考虑应对可能出现的贸易逆差格局。

（五）扩大进口与人民币贬值压力

根据国际借贷理论，一国的国际收支状况是影响该国汇率的重要因素。因此，扩大进口规模虽然不会直接影响人民币汇率，但有可能间接引起人民币汇率波动，成为导致人民币贬值的因素之一。自 2005 年第一次汇率改革以来，人民币兑美元汇率一直处于单边升值状态，截至 2013 年年底，人民币汇率累计升值 33.03%。然而，进入 2014 年后，人民币汇率结束了长达约 10 年的升值时期，逐渐转向贬值。截至 2018 年 9 月末，人民币兑美元中间价已跌为 6.8792。另一方面，我国自 2014 年国际收支双顺差的态势发生改变，呈现出"一顺一逆"的局面，即经常项目顺差而资本项目保持逆差。事实上，当前我国经常项目下的顺差来源于货物贸易，服务贸易则表现为逆差，且服务贸易逆差正持续扩大。若我国大规模扩大进口，同时服务贸易逆差不缩反增，这不仅会缩窄我国经常项目顺差，还会减少我国的外汇储备，降低对人民币的需求，从而会给人民币贬值带来压力。

（六）过度进口对国内投资产生挤出效应

在过剩经济条件下，若一国过度进口本国原本能够生产的产品，将会"挤出"国内进口竞争部门的生产投资，最终导致投资挤出效应。第二次世界大战后，一些国家为了快速实现工业化，大量借用外国资金进口国外先进技术与设备，为本国经济腾飞和出口扩张创造了条件。然而，由于本国国内产业疲软，出口盈利能力较低，从而使得对外贸易出现大量逆差，最终导致外债负担日益加重。近年来，我国农产品进口额由 2001 年的 115.8 亿美元增至 2017 年的 1258 亿美元，我国也从 2011 年开始超过美国成为世界第一大农产品进口国。同时，我国棉花和食糖进口连续 4 年超出正常产需缺口，库存积压严重，植物油籽和乳制品也存在过度进口问题。因此，我国应谨防过度进口对国内产业造成的不必要浪费和生产效率下降。

四、总　结

我们在当前积极扩大进口的同时，更应谨防扩大进口可能带来的负面冲击，从战略的高度进行全盘考量，以确保扩大进口促进经济持续平稳运行和高质量发展，最终满足人民美好生活的需要。

首先，为避免国内企业对国外高新技术产品的进口形成依赖，从而削弱企业自主创新能力，我国应进一步推动高水平对外开放，促进更多新的产品种类的进口。这不仅会为企业提供更多“进口中学习”的渠道，同时进口贸易壁垒的下降导致企业进口成本降低，利润率逐步提高，从而为企业进行研发创新活动提供资金来源。我国还应扩大先进机器与设备的进口，鼓励我国产业结构升级的关键零部件、生产装备和重要能源资源的进口，以这些高新技术进口产品作为企业吸收和消化国外技术溢出的渠道，最终促进我国企业自主创新。此外，我国应大力发展基础创新，加强国家自主创新示范区和高新示范区的建设，为企业吸收技术溢出提供良好的支持平台。

其次，进口结构不合理会对国内幼稚产业和过剩产业带来负面冲击，我国应结合国内产业发展情况，进一步优化进口贸易结构。第一，应适度增加国内紧缺农产品和有利于提升农业竞争力的农资、农机，以及国内有需求的资源性产品的进口，鼓励有助于国内产业升级的高新技术、先进机器与设备的进口。第二，减少对产能过剩、高能耗、高污染行业的进口，增加有利于技术进步、节能环保和与人民群众生活密切相关的产品进口。第三，对国内那些当前发展还不成熟、经不起外国同类产业的竞争，且具有潜在比较优势的新兴产业，我国应当采取适当的贸易保护政策，促进国内幼稚产业迅速发展。

再次，进口规模过大可能会打破我国长期以来的贸易顺差格局，导致国际经常账户失衡，从而对我国人民币进一步贬值带来压力。因此，我国在扩大进口时要谨防其对国际收支和人民币汇率带来的消极影响。具体措施有：在适度范围内扩大进口规模，推动进口与出口持续平衡发展；建立经常账户失衡预警机制，将贸易顺差或逆差控制在合理范围内；适度提高人民币汇率弹性，增强人民币汇率波动的容忍度，以减少汇率波动对我国经济发展的冲击。

最后，要谨防进口贸易所带来的熟练工人与非熟练工人工资差距扩大的问题。政府在鼓励高新技术装备进口时，应加大对非熟练劳动力的补贴和扶持，限制某些行业的过高收入，缩小熟练劳动力与非熟练劳动力的工资差距，促进改革开放成果由全体劳动人民共享。

中国对外经贸 70 年：历程、贡献与经验

课题组*

（商务部国际贸易经济合作研究院）

新中国成立 70 年来，中国对外经贸发展取得了辉煌成绩。尤其是改革开放 40 年来，对外经贸的改革发展成就最为出彩。回顾新中国成立 70 年来对外经贸发展历程，系统总结对外经贸发展成就和实践经验，对于当前进一步巩固经贸大国地位，推进经贸强国建设具有重要意义。

一、中国对外经贸发展历程

（一）计划经济体制下对外经贸发展阶段（1949—1977 年）

新中国成立后到改革开放前夕，中国对外经贸事业在曲折中向前发展。新中国成立初期由于西方资本主义国家对中国采取敌视、封锁政策，中国对外经贸实行一边倒政策，并以进出口贸易和国际援助合作为主。

20 世纪 50 年代，作为中国开拓国际市场的突破口，中国与苏联和东欧社会主义国家开展进出口贸易和国际援助合作，为满足国内生产和消费需求做出了巨大贡献。这一时期，使用贷款从苏联和东欧国家引进了 156 项重点建设项目所需的成套设备和技术，建设了一批钢铁、电力、煤炭、石油、机械、化工、建材等骨干企业，为中国的工业化打下了初步基础。1951 年，与苏联和东欧等社会主义国家的贸易额占全国对外贸易总额的比重达 52.9%，1952 年至 20 世纪 50 年代末，都超过 70%，其中对苏联的贸易额约占全国对外贸易总额的 50%。

---

* 课题组组长：李俊；课题组成员：陈文敬、路红艳、彭波、朱福林、张彩云、聂平香、王是业、宋微、张久琴、闫实强、孙铭壕、张琼、安宁、徐静。

20世纪60年代，中苏关系恶化倒逼中国进一步打开与资本主义国家的贸易渠道。1960年，随着中苏关系的变化，中国对苏联和东欧国家的贸易量急剧下降。中国对外贸易的主要对象开始转向资本主义国家和地区。到1965年，中国对西方国家贸易额占全国对外贸易总额的比重由1957年的17.9%上升到52.8%。中国在接受援助的同时，也积极开展对外援助工作。1964年初，周恩来总理在访问亚非14国时，亲自主持制定了中国对外援助的指导原则——被称为国际经济合作领域“独树一帜”的中国援外八项原则。

20世纪70年代，国际环境的改善和中国政策的调整促进了中国对外贸易的恢复发展。1971年中国有计划地开展“以进养出”业务。1972年美国总统尼克松访华，并在正式建交前先恢复了贸易关系。这一时期，中日邦交实现了正常化，中国与欧共体建立正式关系，中国对外贸易的国际环境明显改善。在对外援助方面，从新中国成立到改革开放前，中国共向66个国家提供了援助，帮助其中38个国家建成880个成套项目。

（二）改革开放使中国对外经贸焕发新生（1978—2012年）

1. 十一届三中全会拉开改革开放的历史转折大幕（1978—1991年）

以兴建经济特区为突破口，吸引外资，扩大出口创汇。1979年4月中央工作会议期间，广东提出在广东沿海地区设立出口加工基地。1980年8月26日，全国人大常委会审议批准建立深圳、珠海、汕头、厦门四个经济特区，并批准公布《广东省经济特区条例》。兴办经济特区的目标，是为了吸收外资，引进先进技术，扩大出口创汇，进行经济体制改革试验。1984年4月，中央决定开放14个港口城市，在这些城市设立经济技术开发区，实行经济特区部分政策。1988年4月，中央决定建立海南经济特区。1990年中央决定开发开放上海浦东地区。

发挥后发优势，引进国外资金、技术和设备，改革外贸管理体制和经营机制，把中国劳动力优势转化成为加工贸易发展优势。“三来一补”是早期中国实现劳动密集型产品出口的重要方式。中国还创造性地在非海关特殊监管区域实行开展来料加工和进料加工贸易。同时，中国开展推进外贸与外汇管理体制改革，增强本土企业出口创汇能力。首先，放松外贸经营权管制。1978年10月，第一机械工业部成立中国机械设备出口公司（后改为进出口公司），成为第一个工贸结合的试点。其次，推行外贸承包责任制。1988年国务院决定在全国全面推行对外贸易承包经营责任制。第三，实行汇率双轨制。国家设立外汇调剂市场，其汇率由市场供需决定。

2. 以邓小平南方谈话为标志，改革开放进入快速发展阶段（1992—2001 年）

在从沿海、沿边、沿江，再到内陆中心城市的梯度开放格局基础上，着力打造由开发区、保税区、边境合作区、出口加工区等在内的特殊开放平台体系。1984 年以来，中国陆续在沿海 12 个开放城市及其他城市建立了国家级经济技术开发区，截至 2019 年 6 月共有 219 家国家级经开区。1990 年 6 月，经中央批准，在上海创办了中国第一个保税区——上海外高桥保税区。1992 年后，国务院又陆续批准设立了 14 个保税区。自 1992 年以来，经国务院批准的边境经济合作区有 17 个。2000 年，国务院决定设立出口加工区，首批设立的 15 个试点出口加工区设在经济技术开发区内。1994 年 2 月，国务院批准设立中国和新加坡两国政府的重要合作项目——苏州工业园。这些平台的设立，是新时期中国改革开放的前沿和开展贸易投资合作的最新载体。

进一步扩大市场准入，加快构建以产业导向为特点的外商投资政策体系。1987 年，中国首次颁布《指导吸收外商投资方向暂行规定及其目录》。1995 年 6 月颁布《指导外商投资方向暂行规定》和《外商投资产业指导目录》。自此，《外商投资产业指导目录》成为中国利用外资产业导向的重要政策工具。《外商投资产业指导目录》多次修订。这一时期欧美日等西方发达经济体的大型跨国公司（如宝洁、摩托罗拉、爱立信、大众汽车、飞利浦、家乐福、德勤、毕马威等）开始大举进军中国市场。1993 年，中国利用外资规模达到 275 亿美元。之后，中国一直成为世界上年度吸收外商直接投资最多的发展中国家。

持续深化推进外贸管理体制和经营机制改革，实施对外贸易战略与政策，基本建立起了有法可依的对外贸易管理与促进体系。一是按照现代企业制度改组国有对外经贸企业，发展一批国际化、实业化、集团化的综合贸易公司。二是改革进出口管理制度，取消指令性计划，减少行政干预。完善出口退税制度。设立进出口银行，对出口贸易提供信贷支持和保险服务。三是 1994 年启动汇率并轨改革，人民币对美元较大幅度贬值。四是实施对外贸易市场多元化战略和以质取胜战略。五是加强对外贸易法制化建设。1994 年 7 月 1 日开始实施《中华人民共和国对外贸易法》。这一时期，中国对外贸易快速增长，并且抵挡住了亚洲金融危机的冲击，到 2001 年中国货物贸易总额达到 5097 亿美元。1992 年加工贸易份额超过一般贸易份额，到 20 世纪 90 年代后期，加工贸易占比一度达到 55%。

3. 加入 WTO 后，中国改革开放进入以规则为基础的新阶段（2001—2011 年）

中国加入 WTO 并严格履行“入世”承诺，进入以规则为基础的新阶段，为社会主义市场经济体制初步建立作出了贡献。加入 WTO，中国较大幅度降低了关税、削减非关税壁垒、扩大服务业市场准入，有力提升了对外开放水平，大大提升了国民的开放意识和规则意识。2000年11月，朱镕基在新加坡举行的第四次中国—东盟领导人会议上首次提出建立中国—东盟自由贸易区的构想。2007年党的十七大把自由贸易区建设上升为国家战略。

外资市场准入进一步扩大，取消对外资的超国民待遇和歧视性待遇，中国利用外资政策进入国民待遇阶段。2007年3月，第十届人大第五次会议审议通过《中华人民共和国企业所得税法》，实现了内外资企业所得税的统一。这一时期，中国对外资准入大幅度放开，营商环境的市场化、国际化、法治化水平不断提升，中国经济进入高速增长的黄金十年，跨国公司掀起了对华投资的热潮。2002年来华外资突破500亿美元，2011年突破1200亿美元。

对外贸易体制改革取得重大进展，积极推动货物贸易转变外贸发展方式的同时，以服务外包为先导，加快发展服务贸易。按照入世承诺，中国取消外贸经营权审批制，改为备案制。积极推动加工贸易向价值链两端跃升，促进转型升级。这一时期，受中国入世红利推动，中国货物贸易高速增长。2006年商务部成立服贸司，负责全国服务贸易促进与协调工作。2009年中国货物出口首次超过德国成为世界第一。2013年中国货物贸易总额超过美国成为世界第一。加入WTO后，服务贸易成为对外开放和对外贸易发展的重点。

在继续重视“引进来”的同时，“走出去”的战略地位明显上升。2000年初，江泽民同志在中央政治局讲话中，首次把“走出去”战略上升到“关系中国发展全局和前途的重大战略之举”的高度。2000年3月，全国人大九届三次会议把“走出去”战略提到国家战略层面。2001年，对外投资等“走出去”战略内容写入第十个五年计划纲要。2012年，党的十八大提出，加快“走出去”步伐，增强企业国际化经营能力，培育一批世界水平的跨国公司。2003—2012年对外投资规模从28.5亿美元增长到878亿美元，成为仅次于美国、日本的对外投资第三大来源地。

（三）新时代中国对外经贸步入新征程（2012年至今）

1. 建立自由贸易试验区

以建立自由贸易试验区为突破口，加快构建开放型经济新体制。2013年9月27日，国务院批准成立中国（上海）自由贸易试验区。2018年10月16日，国务院发布《国务院关于同意设立中国（海南）自由贸易试验区的批复》，实施范围为海南岛全岛。2013年以来，全国各自由贸易试验区形成的制度创新成果推广至全国，发挥了全面深化改革试验田的作用。2018 年，全国 11 个自贸试验区实际利用外资 1073.14 亿元，占全国 12.12%，实现进出口额 3.74 万亿元，占全国 12.25%，成为外贸和引资新高地。

2. 培育外贸竞争新优势

新时代下的对外贸易发展，必须改变过去大而不强的面貌，走优进优出、高质量发展道路，努力推动外贸大国向外贸强国转变。2015 年国务院印发《关于加快培育外贸竞争新优势的若干意见》，该意见提出要巩固外贸传统优势，加快培育竞争新优势，推动由贸易大国向贸易强国转变。党的十八届五中全会制定的“十三五”规划提出了从外贸大国迈向贸易强国的战略任务。习近平总书记在党的十九大报告中指出：“拓展对外贸易，培育贸易新业态新模式，推进贸易强国建设。”这一时期，跨境电子商务、外贸综合服务和市场采购贸易快速发展。

3. 推动服务贸易创新发展试点和服务外包示范城市建设

党的十八大以来，中国通过北京服务业开放试点、上海等自贸试验区、商签 CEPA 协议等途径加大了服务业开放力度。2016 年 2 月，国务院印发《关于同意开展服务贸易创新发展试点的批复》，同意在天津、上海等 15 个地区开展服务贸易创新发展试点。2018 年公布关于深化服务贸易创新发展试点的方案，并新增北京和雄安新区两个试点地区。2016 年 5 月，经国务院批准，新增青岛等 10 个城市为服务外包示范城市，进一步发挥示范城市在产业集聚和创新引领中的带动作用。

4. 提出“一带一路”倡议

以“一带一路”倡议的提出为标志，中国参与双边、区域合作和全球经济治理的方式从以往的被动参与向主动构建转变。2013 年，习近平总书记提出“一带一路”倡议。2013 年以来，中国与“一带一路”沿线国家货物贸易额累计超过 5 万亿美元，对外直接投资超过 800 亿美元，中欧班列累计开行数量达到万列，亚洲基础设施投资银行成员达到 87 个。中国倡议并推动成立亚洲基础设施投资银行、金砖国家开发银行。

二、中国对外经贸发展成就与贡献

（一）对外经贸发展成就

中国特色对外经贸发展体制基本建立。一是外贸可持续发展体制基本建立。新中国成立 70 年来，中国根据国家经济体制的不断变迁，目前形成了以《中华人民共和国对外贸易法》为核心的外贸法律法规体系和外贸促进体系。二是自2020年1月1日开始施行的《中华人民共和国外商投资法》为外资促进、外资保护和外资管理提供了新的法律制度框架。三是对外投资战略和政策体系不断完善。2014年，商务部发布新的《境外投资管理办法》，确立了备案为主、核准为辅的对外投资管理制度。2017年，国务院对《对外承包工程管理条例》进行了修订，取消了对外承包工程资格的相关要求，降低了对外承包工程业务的准入门槛。

对外经贸大国地位基本确立。一是稳居货物贸易第一大国地位。1950年中国货物进出口总额仅为11.3亿美元，2018年我国外贸进出口达4.62万亿美元（见图1）。其中出口2.48万亿美元，比1950年增长4493倍，在从1950年到2018年的68年当中，出口年均增长13.2%，货物出口占世界份额由0.89%提升至12.77%（见图2）。二是服务贸易位居世界第二位。我国服务贸易规模在1982年仅47亿美元，2018年我国服务贸易规模已达7918.8亿美元。三是利用外资名列发展中国家之首，累计使用外商直接投资超过2万亿美元。2018年，我国实际使用外资1349.7亿美元，是1983年的60倍。四是对外投资合作规模接近甚至超过利用外资规模。2018年，我国对外直接投资规模达到1430.4亿美元（见图3），已经超过实际利用外资规模，成为仅次于美国的世界投资大国。

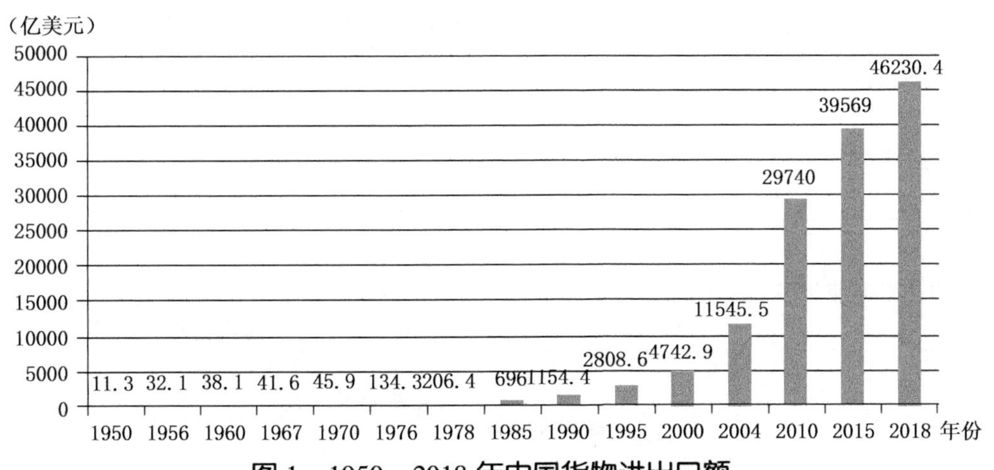

图1　1950—2018年中国货物进出口额

数据来源：WTO数据库。

对外经贸结构和效益更趋优化。新中国成立70年来，尤其是改革开放40年来，中国内贸与外贸、利用外资与对外投资、货物贸易与服务贸易、出口与进口全面改革发展创新，对外经贸各领域发展更加协调平衡，发展效益持续提升。以货物出口为例，新中国成立初期，农副产品、农副产品加工品占到中国出口贸易的90%以上。

在改革开放初期的1978年初级产品出口占53.5%，工业制成品出口占46.5%。2018年，中国初级产品出口占比下降至5.4%，工业制成品的出口占比提升至94.6%（见表1）。同时，我国已经近十年保持机电产品全球第一大出口国地位。从贸易方式看，20世纪80年代和90年代，加工贸易崛起推动我国货物贸易规模迅速扩张。21世纪以来，我国货物贸易方式不断优化，加工贸易占比持续降低。2018年我国加工贸易占货物贸易总额比重已由2000年的48.5%下降至2018年的27.5%（见图4）。

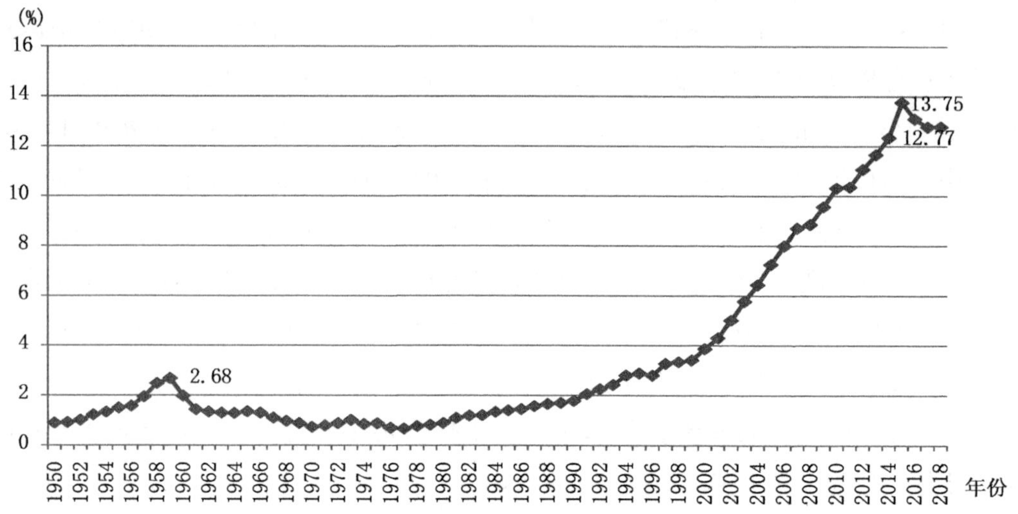

图2　1950—2018年中国货物进出口额占世界的份额

数据来源：WTO数据库。

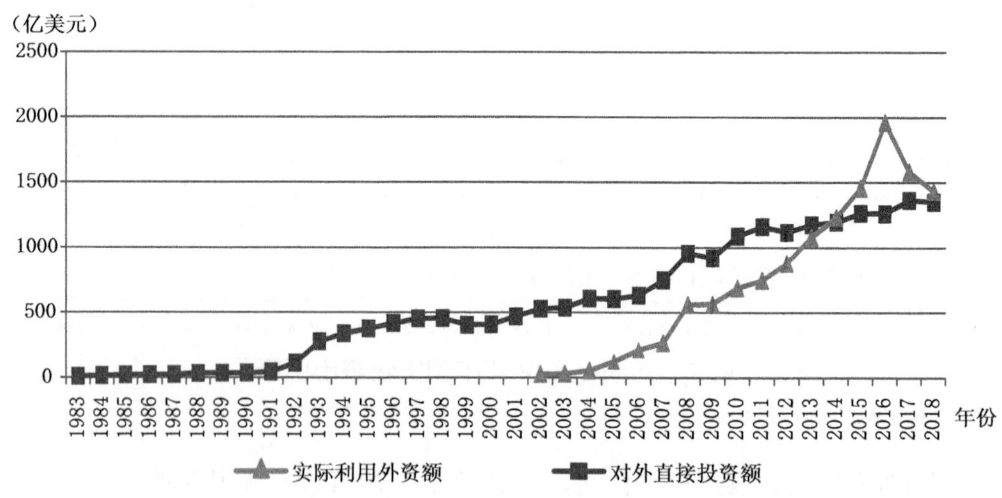

图3　历年中国实际利用外资与对外直接投资额

资料来源：中国商务数据中心（http://data.mofcom.gov.cn）和历年《中国对外直接投资统计公报》。

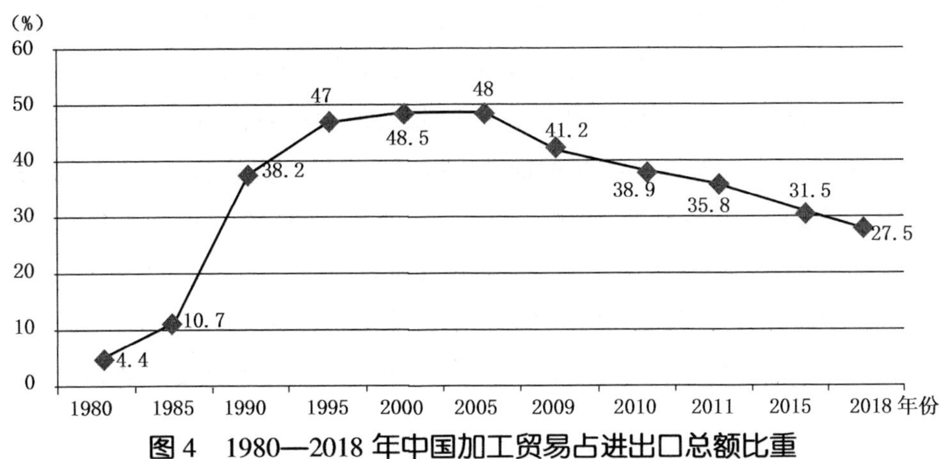

图4　1980—2018年中国加工贸易占进出口总额比重

资料来源：历年《中国对外经济贸易年鉴》和《中国商务年鉴》。

全球经贸伙伴关系更趋多元。中国持续实施外贸市场多元化战略，建立了广泛的贸易伙伴关系网络。新中国成立初期，中国对外贸易面临较为恶劣的国际环境，贸易伙伴多为外交关系友好的苏联和东欧社会主义国家。改革开放以后，中国经贸伙伴迅速扩大，目前中国已经几乎与所有国家和地区都建立了经贸往来关系，其中欧盟、美国、东盟、日本等为中国主要贸易伙伴。自2004年起，欧盟超过美国连续14年位列中国第一大贸易伙伴。2011年起，东盟超越日本成为中国第三大贸易伙伴。同时，中国加快实施自由贸易区战略，形成面向全球的高标准自由贸易区网络，这为中国建立更加稳定的全球贸易伙伴关系提供了制度基础。

表1　1985—2018年中国出口商品结构

单位：%

指标	1978	1990	1995	2000	2005	2007	2018
初级产品占出口总额的比重	53.5	25.59	14.44	10.22	6.44	5.1	5.4
工业制成品占出口总额的比重	46.5	74.41	85.56	89.78	93.56	94.9	94.6

资料来源：中国商务数据中心（http：//data.mofcom.gov.cn）。

（二）中国对外经贸对中国国民经济的贡献

促进国民经济快速增长。新中国成立初期通过引进苏联、东欧等国的技术和设备，为中国建立完整工业体系做出了贡献，也极大地推动了中国社会主义建设。改革开放后，境外资本有效弥补了中国资金和外汇缺口，带来了技术、设备和管理经验，极大促进了中国经济的腾飞。对外贸易作为与投资、消费并驾齐驱的“三驾马车”之一，在拉动国民经济增长方面作出了重要贡献。从统计计算的角度，根据目前更为认可的出口增量分析法，出口对GDP增长的贡献率较多集中在5%~30%区间。加入WTO以来，外贸对GDP的推动作用明显增强，贡献率大多在10%~30%。

吸纳大量就业。根据相关研究①，对外贸易直接和间接带动的就业人数高达1.8亿，每4个就业人口中就有1个从事与对外经贸相关的工作。从全球价值链角度测算结果看，中国每百万美元货物出口对中国就业的拉动为59.0人次。其中，每百万一般贸易出口能带来82.7人次的就业，每百万加工贸易出口能带来26.5人次的就业。

对税收贡献巨大。关税和进口环节税是中国税收收入的重要组成部分，在全国税收总额中占有较大份额。例如，2007年全国征收关税和进口环节增值税共7584.8亿元，同比增长24.3%，占当年税收总收入的比重为16.6%。随着中国关税及进口环节增加税税率的不断下调，2017年，中国海关关税实际税率仅为2.48%左右，进口环节增值税税率和消费税税率实际则为12.18%，全年两税征收额为12784亿元，是2007年的1.7倍，占全国税收总收入的8.9%。

推动技术进步和产业升级。外商投资企业的技术溢出效应，通过示范带动机制、竞争机制、前后向联系机制以及人员流动机制提高了企业技术创新能力。改革开放以来，中国从封闭型产业走向开放型产业体系，迅速融入国际产业链、供应链和价值链，推动了中国产业升级换代。随着产业和技术实力增强，中国企业逐步走出国门，开展海外投资并购，发展自主品牌和自主技术输出，大大提升了中国在全球价值链和产业链中的分工地位。

大幅提高人民生活水平。新中国成立之初，许多非必需的日用品都以进口为主。1950年的进口货物中，90%以上是生产工具和必要的工业原料。中央贸易部于1950年年初召开了全国进口会议，专门讨论民用品的进口问题。改革开放以前，中国从外部输入了大量的生活必需品。改革开放后，尤其是近年来，为满足人民日益增长的美好生活需求，优质消费品进口较快增长，对满足多层次、多样化消费需求发挥了重要作用。中国逐步成为世界上重要消费品进口大国。

---

① 参见商务部研究院编写的《迈向贸易强国——中国对外贸易40年》，中国商务出版社，2018年11月。

（三）中国对外经贸为世界发展作出的贡献

中国外贸成为世界贸易增长的引擎。1978—2017年，中国外贸出口额增量对世界贸易出口额增量的贡献率为13.74%，中国外贸进口额增量对世界贸易进口额增量的贡献率为10.97%。中国市场和中国进口为全球生产商和出口商提供了机遇。2001—2017年，中国货物进口总额扩大了约5倍，年均增长约20%。目前中国已经是日本、韩国、澳大利亚、东盟、巴西、南非等国家第一大出口市场，是欧盟的第二大出口市场，是美国和印度的第三大出口市场。自2008年以来，中国一直是最不发达国家的第一大出口市场。

中国物美价廉的商品提升了世界消费者福利。随着加速融入世界分工体系，中国依靠劳动力成本优势、较强的产业配套和加工制造能力、不断提高的劳动生产率，逐渐发展成为世界工业品的主要生产国和出口国，为世界各国和地区提供了物美价廉的商品，满足了国际市场多种多样的需求。中国在全球制造业环节的规模经济优势和加工成本优势，部分地消化了上游生产要素的价格上涨，起到了抑制全球通货膨胀、提高贸易伙伴消费者实际购买力的作用。

为构建全球治理新模式提供了中国方案。“一带一路”倡议把构建政治互信、经济融合、文化包容的人类命运共同体作为终极目标，为全球治理提供中国方案和公共产品。为推动世界尤其是发展中国家发展，中国倡议成立亚洲基础设施投资银行和金砖国家新开发银行，推动全球金融治理的制度创新。同时，中国积极参与国际经贸规则的制定，在推进多边贸易谈判和有关议题讨论方面发挥了重要作用，坚定地维护多边贸易体制主渠道地位和世界贸易组织规则。

三、中国对外经贸发展的基本经验

中国对外经贸发展70年的实践，形成了一系列顺应世界发展潮流，符合中国国情的基本经验。这些经验，也是未来进一步巩固经贸大国地位，加快建设经贸强国应遵循的基本方针。

（一）发挥后发优势，向西方学习借鉴，实现跨越式发展

利用后发优势学习借鉴、引进模仿，就可避免重复，少走弯路。落后国家与先进国家相比有差距，但也有优势，这一优势就是后发优势。后发优势可通过学习借鉴、引进模仿，迅速缩小与先进国家的差距，实现跨越式发展而不必重复先进国家

走过的每一个台阶。中国举办特区和出口加工区，发展加工贸易，就是学习借鉴亚洲四小龙的经验，并根据中国国情做了政策创新，实现赶超目标。

低成本比较优势是后发优势的重要内容。比较优势理论是国际贸易领域的重要基础理论，最早由英国经济学家大卫·李嘉图提出。在中国改革开放初始阶段，经济理论界曾有过比较激烈的讨论。十四届三中全会通过的决定，吸纳了比较优势理论的合理内核，首次提出要“发挥中国经济的比较优势”，积极参与国际分工与交换。改革开放初期中国的比较优势，就是后发国家的低成本优势，即低劳动力成本、低资源要素成本、低环境成本。通过参与国际分工，迅速把低成本比较优势转化为参与国际竞争的优势。在相当长一段时间，低成本优势是中国利用外资，吸收国际产业转移，迅速切入国际价值链分工体系最重要的优势。

弥补短板和“缺口”也是利用后发优势的过程。美国经济学家钱纳里和斯特劳斯提出的“双缺口”模型，认为发展中国家经济发展受到储蓄缺口和外汇缺口的约束时，需要引进外资来填补缺口。改革开放初期，中国利用外资的理论依据也主要是“双缺口”思想。随着中国储蓄和外汇双盈余的出现，“双缺口”模型指导吸收外资有明显局限性，“双缺口”模型在国内不断拓展，形成了中国特色的利用外资的“三缺口”模型、“四缺口”模型,即以弥补“双缺口”为主转向弥补“技术缺口”“人才缺口”为主。

（二）构建大市场、大流通、大经贸体系，实现综合统筹协调融合发展

统筹扩大内需与对外贸易，构建两个市场、两种资源、两类规则的统一大市场。主要强调要扩大内需，防止外需的起伏带来国内经济增长的大幅波动。20 世纪 90 年代中后期，在亚洲金融危机期间，外部需求的波动对国内经济增长就构成了威胁。因此，1999 年以来的政府工作报告和重要文件都明确提出要“坚持扩大内需的方针”。2001 年中国加入 WTO 后，国内经济与国际经济的互动性明显增强，但国内需求仍然相对不足，经济增长对出口的依赖仍然很大。当前，在中美贸易摩擦背景下，促进消费，建设强大国内市场将成为中国长期坚持的基本方针。

实施各业务领域统筹融合发展的大经贸战略。大经贸战略思想的核心是促进对外经贸各领域、各环节相互渗透融合，形成对外竞争合作。这一思想实际上强调对外经贸领域各业务版块要统筹协调发展，要避免业务链条上的分割。即要推动吸引外资、对外贸易、对外投资合作、产业发展等方面的联动融合发展，进而形成相互促进、彼此协调的对外经贸体系和生态系统。例如，十六大报告提出“坚持‘走出

去'与'引进来'相结合"的方针，全面提高对外开放水平。十九大提出"创新对外投资方式，促进国际产能合作，形成面向全球的贸易、投融资、生产、服务网络"，更为鲜明地强调了对外投资与贸易、生产和服务的联动关系。

积极扩大进口，努力实现进出口动态平衡发展。进入21世纪中国更加强调进口和出口平衡发展的思想。2006年政府工作报告提出，要"努力改善进出口不平衡状况"，2007年提出要"努力缓解外贸顺差过大的矛盾"。党的十七大报告也提出要"采取综合措施促进国际收支基本平衡"，其中重要举措之一就是促进对外贸易的进出口平衡发展。党的十八大以来，中国通过降低关税、扩大服务业开放、举办首届中国国际进口博览会等措施扩大进口，促进出口与进口平衡发展。

（三）发挥作为社会主义大国的综合竞争优势思想

后发优势与大国综合优势完美结合，成就了中国举世瞩目成就。后发优势为学习借鉴提供了可能，而大国综合优势则是结合实际的创新创造，两者的结合成就了中国。例如，加工贸易是向东亚四小龙学习而来的，创造性地与中国作为人口大国的低成本优势相结合，采取"散养"的模式，中国加工贸易遍地开花，把加工贸易这一国际分工和贸易方式做到了极致。又如电子商务也并不是中国的发明，中国学习引进这一业态后，国内庞大的消费市场和廉价的运输物流成本，使得电子商务这一业态在中国迅猛发展，成为世界第一大电子商务国。这些领域都是典型的以后发优势起步，利用大国综合优势，实现赶超型发展的成功范例。

中国作为社会主义大国具有制度竞争优势。首先，中国共产党领导的社会主义经济体制，在战略和政策制定及持续性、连续性，以及在产业政策、创新政策等政府对经济的引导和促进方面，具有西方国家不可比拟的制度优势。其次，"注重把行之有效的改革开放措施规范化、制度化和法制化"。① 不断提升开放型经济制度竞争优势。努力构建稳定、透明的涉外经济管理体制，创造公平和可预见的法制环境，提高了贸易和投资的自由化、便利化程度。

利用好大国市场规模优势和回旋空间大、抗风险能力强的优势。邓小平较早意识到中国作为一个大国的优势，他指出："中国是一个大的市场，许多国家都想同我们搞点合作，做点买卖，我们要很好利用。这是一个战略问题。"② 中国遇到多次

---

① 参见2005年10月十六届五中全会通过的《中共中央关于制定"十一五"规划的建议》。

② 《邓小平文选》第3卷第32页，人民出版社，1993年10月第1版。

外部冲击与挑战，但都利用中国作为经贸大国的独特优势成功化解。当前中国国内市场规模大大增加，对其他国家的吸引力更强，更有条件利用大国的市场优势，开展与其他国家的合作。中国产业门类齐全，价值链和供应链布局完整，其他国家和地区很难替代中国吸纳西方发达国家的产业转移，这也是中国沉稳应对当前不确定外部环境的底气所在。

（四）创新发展，构建更高水平开放型经济体系

以创新为引领，加快培育经济合作新优势的思想。2015 年 2 月 19 日，国务院印发《关于加快培育外贸竞争新优势的若干意见》，提出必须适应新形势新要求，努力巩固外贸传统优势，加快培育以技术、标准、品牌、质量、服务为核心的竞争新优势，形成东中西合力、低中高并举、劳动密集、资本密集、技术密集型产业共同创新的发展新格局。习近平阐述了创新对于当今社会发展的重要意义："国际竞争新优势也越来越体现在创新能力上。谁在创新上先行一步，谁就能拥有引领发展的主动权。"①

提高外贸发展质量和效益，推动转变外贸发展方式。改革开放后，一些企业盲目追求数量和速度，忽略质量问题，质量低下甚至掺假行为严重损害了中国产品的整体形象。1991 年对外经济贸易部从中国外贸出口的长远发展出发，提出了对外经贸"以质取胜"战略。21 世纪以来，中国对外贸易增长十分迅速，货物贸易大国地位进一步巩固，但对外贸易质量和效益仍相对较低，因此，这一时期中国面临转变外贸增长方式的压力更大。党的十八大以来，在高质量发展思想指引下，中国在对外经贸领域不断推进质量变革、效率变革和动力变革，积极探索制定对外经贸高质量发展的指标体系和政策体系。

发展更高层次的开放型经济。2015 年，习近平指出："……必须坚持改革开放的基本国策，奉行互利共赢的开放战略，深化人文交流，完善对外开放区域布局、对外贸易布局、投资布局、形成对外开放新体制，发展更高层次的开放型经济，以扩大开放带动创新、推动改革、促进发展。"② 2015 年 9 月，中共中央、国务院印发了《关于构建开放型经济新体制的若干意见》，全面提出了新时期构建开放型经济新体制的目标任务和重大举措。

---

① 《习近平谈治国理政》第二卷，第 203 页。

② 《习近平谈治国理政》第二卷，第 199 页。

（五）坚持开放合作、互利共赢思想，积极构建开放型世界经济

要开放、要合作、要共赢，不要封闭、不要孤立、不要独占。对外开放已经成为中国的一项基本国策。邓小平同志多次强调："发展经济，不开放是很难搞起来的。世界各国的经济发展都要搞开放，西方国家在资金和技术上就是互相融合、交流的。"① 2018年11月，习近平总书记在首届中国国际进口博览会的讲话中指出："纵观国际经贸发展史，深刻验证了'相通则共进，相闭则各退'的规律。各国削减壁垒、扩大开放，国际经贸就能打通血脉；如果以邻为壑、孤立封闭，国际经贸就会气滞血瘀，世界经济也难以健康发展。人类社会要持续进步，各国就应该坚持要开放不要封闭，要合作不要对抗，要共赢不要独占。"

推动区域合作去封闭性，增强开放包容性。传统的区域经济一体化理论，如关税同盟理论，强调对内实行自由贸易、对外实行保护贸易的贸易政策。这种"内外有别"的区域封闭性政策背离多边贸易体制的非歧视原则，形成保护主义的贸易壁垒，而且对域外成员设置了很高的准入门槛，如TPP受规则主导型合作机制的制约，多数发展中国家并没有机会参与。而中国提出的"一带一路"倡议，构建的是开放式新型泛区域经济合作，不设置门槛限制其他国家参与，所有接受丝绸之路精神、寻求共同发展的国家和地区都可以成为合作伙伴，把开放包容的精神真正落到了实处，从而推动区域一体化理论增强开放包容性。

秉持共商共建共享的全球治理观。2015年10月12日，习近平总书记在中央政治局集体学习时指出："要推动全球治理理念创新发展，积极发掘中华文化中积极的处世之道和治理理念中同当今时代的共鸣点，继续丰富打造人类命运共同体等主张，弘扬共商共建共享的全球治理理念。"这是中国首次公开提出全球治理理念。2016年9月4日，习近平在二十国集团工商峰会开幕式上的主旨演讲中首次全面阐释中国的全球经济治理观。习近平指出，全球经济治理应该以平等为基础，以开放为导向，以合作为动力，以共享为目标。中共十九大报告进一步提出："秉持共商共建共享的全球治理观，倡导国际关系民主化，坚持国家不分大小、强弱、贫富一律平等。"

尊重合作伙伴自主选择发展道路的权利。改革开放以来，党和国家领导人多次对外宣布中国对外援助尊重受援国的自主发展、不附加政治条件的原则。十八大以

① 《邓小平文选》第三卷，第367页。

来，习近平总书记在国内、国际场合的讲话中多次强调，在向发展中国家提供援助时要坚持各方平等互利，不附带任何政治条件，不干涉内政，充分尊重受援国的主权，以及其独自选择未来社会制度、发展道路、发展模式的权利。2017 年 10 月，习近平总书记在十九大报告中，明确提出“中国将加大对发展中国家特别是最不发达国家援助力度，促进缩小南北发展差距。”明确中国特色大国外交要推动构建新型国际关系，推动构建人类命运共同体，并把坚持推动构建人类命运共同体作为新时代坚持和发展中国特色社会主义的 14 条基本方略之一。

中国对外贸易发展历程、成就与经验

孙玉琴[1]　　曲　韵[2]　　王微微[3]　　舒　莉[1]

（① 对外经济贸易大学；
② 中国社会科学院经济研究所；
③ 中国社会科学院大学）

1949 年中华人民共和国成立，废除了一切中外不平等条约，收回被西方列强剥夺的包括对外贸易领域在内的所有国家主权，结束了近代百年半殖民地对外贸易的历史，揭开了中国对外贸易新的篇章。70 年来，在党和政府的领导下，经过艰难曲折、不屈不挠的努力，新中国的对外贸易事业实现了历史性跨越。回溯历史，总结 70 年来我国对外贸易的成就与经验，有助于为未来中国更高水平的对外开放提供有益的启示。

一、中国对外贸易发展历程

70 年来，受国内外政治经济环境制约，新中国对外贸易经历了曲折的发展历程。

（一）改革开放前，对外贸易在封闭、半封闭环境下逐步发展（1949—1978 年）

新中国成立以后，确立了平等互利、独立自主的对外贸易原则，制定并颁布了独立自主的关税政策和税则税率、管制贸易外汇、实行进出口商品许可证制度和商品分类等一系列管理全国对外贸易的法令法规。在此基础上积极与世界各国恢复并发展贸易关系。1949 年 10 月，中央贸易部成立，下设国外贸易司，统一管理全国的对外贸易工作。在没收官僚资本进出口企业、对私营进出口企业实行利用、限制和改造政策的同时，设立国营对外贸易企业作为新中国对外贸易的经营主体。

1952年8月，成立中央对外贸易部。全国对外贸易的管理监督工作在领导上、组织上更加统一和集中。外贸部成立后，按照各大类商品分工经营原则，对原专业进出口公司进行调整，国营对外贸易专业公司根据国家进出口计划经营进出口业务。

为了积极发展对苏联和其他社会主义国家的贸易，以保证工业化所必需的成套设备和其他器材的供应，为此由国家集中掌握进口贸易，统一使用外汇。至1956年私营进出口商全行业公私合营，对外贸易全部由国营对外贸易专业公司所掌握。各专业总公司按照外贸部门与其他相关经济职能部门制定的指令性计划开展进出口业务，财政上统收统支，统负盈亏，由此确立了集中领导和统一管理的对外贸易体制。

新中国成立后，受冷战制约，特别是朝鲜战争爆发以后，大多数西方国家被迫追随美国对中国实行“禁运”政策，中国被迫选择了“一边倒”的政策，即倒向以苏联为主的社会主义阵营一边，中苏战略同盟关系成为新中国国内建设及对外关系的主要基石。与此同时，中国也注意兼顾了同资本主义国家的贸易。对此，中国一方面适时改变贸易方式，通过与西欧各国互派贸易代表团进行访问、参观和举办展览会等往来和接触，加强了与欧洲工商界的联系，同一些西欧国家的工商企业或团体签订了民间贸易协议和合同，由此从西欧国家进口了许多经济建设所需物资。另一方面积极创造条件开拓日本及东南亚等国的市场。在拓展外贸空间方面，为了冲破西方国家的经济封锁，我国从1957年开始举办中国出口商品交易会（又称广交会）并持续至今，成效显著。

20世纪60年代初，中苏关系恶化，进而导致中苏同盟关系破裂。随着苏联撤走在华专家和停止对华经济技术援助，终结了中国“一边倒”的对外开放模式。为满足经济建设和人民生活需要，从20世纪60年代开始，中国积极谋求扩大与西欧及日本的贸易往来。1960年8月，周恩来总理在接见日本客人时提出了著名的中日政治和贸易三原则，同时还针对日本部分人士的“政经分离”的主张，提出了政治和经济不可分的原则，由此诞生了新中国对外贸易史上一种特殊的贸易方式——“友好贸易”。“友好贸易”与“备忘录贸易”成为20世纪60年代中国对日贸易的两种主要方式。

1971年，我国恢复了在联合国的合法席位，1972年中美发表联合公报和中日实现邦交正常化，为中国与西方发达国家的贸易开展创造了条件。

（二）改革开放到十八大前，中国对外贸易不断实现创新性发展（1978—2011年）

1. 改革开放初期（1978年至20世纪80年代末）

1978年12月，中共十一届三中全会做出了改革开放的重大决策，揭开了中国对外贸易发展新的序幕。

中国一方面通过设立经济特区、沿海经济开放区等不断扩大沿海地区的对外开放，另一方面对传统的对外贸易体制进行了逐步深化的改革。1979—1987年，下放对外贸易经营权、增设对外贸易口岸、出口退税等改革措施的实施使对外贸易的活力得到激发。1988—1990年，国家实行中央补贴基础上的外贸承包试点，并进一步加强出口鼓励措施，如外汇留成、鼓励来料加工出口以及全面出口退税、扩大出口信贷等。

2. 对外贸易深化改革阶段（20世纪90年代初至2001年）

这一时期，一方面对外开放的地域从沿海扩大到沿江、沿边及内陆，领域上从制造业扩大到服务业，形成全方位、多层次、有重点的对外开放格局。另一方面，1991—1993年，实行自负盈亏的外贸承包制。同时改革进口体制，降低关税水平，缩减计划管理范围，完善外贸承包制。为加快市场经济体制的建立，并与国际贸易规则相适应，1994年沿着统一政策、放开经营、自负盈亏、工贸结合、推行代理制的方向继续深化外贸体制改革。取消汇率双轨制，实现汇率并轨，实行以市场为基础的单一的、有管理的浮动汇率制度。与此同时，中国连续对关税及非关税壁垒措施进行大幅度削减，使价格机制的作用逐步取代数量限制手段，中国贸易体制改革日益趋向贸易自由化。

3. 加入世界贸易组织初期（2002—2007年）

2001年12月11日，中国正式加入世界贸易组织。此后按照世界贸易组织的规则，进一步深化外贸体制改革。一方面，全面清理外贸法规，建立新的外贸法规体系。另一方面，调整外贸的经济调控体系和行政手段。

这一阶段，随着中国外贸高速增长，国际收支“双顺差”出现，外汇储备屡创新高，外贸政策目标开始出现转向。一是“转型升级”。2004年，国务院政府工作报告中首次提出了“加工贸易转型升级”。2005年以后，以转变外贸增长方式为目标，支持自主品牌和高附加值产品出口、控制“两高一资”产品出口、促进加工贸易转型升级。二是“贸易平衡”。2004年，提出了“对外贸易适度增长”，2005年提出了“国际收支基本平衡”目标，致力于改善进出口不平衡状况，2007年提出了“缓解外贸顺差过大”。

这一阶段的贸易发展战略在内涵和特征上出现了新的调整，全面贯彻实施“科技兴贸”和“以质取胜”战略，加强对出口商品价格、质量和数量的动态监测，构建质量效益导向的外贸促进和调控体系。

4. 危机应对阶段（2008—2011年）

2008年全球金融危机爆发，为应对金融危机对贸易的冲击，我国采取了一系列措施：第一，扩大内需，积极增加有效投资，缓解出口压力，保持对外贸易稳定增长。第二，稳定外需，加大政策支持力度，转变外贸发展方式，调整出口结构，保持出口产品国际竞争力。完善加工贸易政策，便利产品内销，引导企业转型升级；改善融资环境，扩大中小企业贸易融资担保，解决外贸企业融资困难；减轻外贸企业负担，完善出口退税政策和出口信用保险政策，扶植优势出口企业。第三，鼓励企业对外投资，扩展国际市场。支持各类所有制企业“走出去”，给予必要的资金和政策支持，创造良好的发展环境。

在全球金融危机的背景下，这一时期中国对外贸易政策更多强调贸易政策的稳定而不是贸易政策的改革，关注目标也更多地体现为贸易政策目标的长短结合。以2009年国务院第66次常务会议稳定外需的六项政策措施为例，这其中既有支持企业走出去和促进产品内销的长期政策，也有完善出口税收优惠、加大对企业出口融资支持和信用保险的短期措施，关注的重点也在于贸易政策的稳定实施以及对外贸易的快速恢复，具有一定的短期政策特征，“保市场、保份额、稳外需”成为这一时期对外贸易政策的鲜明写照。进入2010年之后，伴随着金融市场的企稳和实体经济的复苏，对外贸易政策转向“主要着力点是拓市场、调结构和促平衡”①，坚持实施市场多元化战略和以质取胜战略。

（三）十八大以来对外贸易发展新时期（2012年至今）

党的十八大对开放型经济有了更完整的表述：“全面提高开放型经济水平……坚持出口和进口并重，强化贸易政策和产业政策协调，形成以技术、品牌、质量、服务为核心的出口竞争新优势，促进加工贸易转型升级，发展服务贸易，推动对外贸易平衡发展。提高利用外资综合优势和总体效益，推动引资、引

① 2010年3月5日温家宝总理在十一届全国人大三次会议上的政府工作报告。

技、引智有机结合。”①

此后，国务院出台了一系列全覆盖性外贸扶持政策，包括完善出口退税分担机制、加大信保支持力度、支持保险机构按照商业化原则扩大保险覆盖面、减轻企业负担、提高贸易便利化水平、加快外贸新业态发展、探索建立“六体系、两平台”② 为核心的跨境电商政策体系等方面。2013 年 9 月，中国（上海）自由贸易试验区正式挂牌成立，2014 年末，中央又批准建立广东、天津、福建三个自由贸易试验区。2015 年，这三个自贸区如期挂牌成立，成为中国进一步扩大开放、促进经济改革全面推进的重要举措。随着新一轮高水平对外开放深入推进，中国进一步扩大开放领域，推动辽宁等 7 个新自由贸易试验区建设。2015 年以来，我国批准设立杭州、天津、上海、广州、北京等共 35 个跨境电商综合试验区。中国提出“一带一路”倡议、成功主办 20 国集团杭州峰会、推动《区域全面经济伙伴关系协定》（RCEP）、中日韩自贸区、中国—以色列自贸区、中国—斯里兰卡自贸区等谈判取得新进展，为中国外贸发展营造了良好的制度环境。2018 年举办国际进口博览会是中国主动向世界开放市场的重大举措，也是中国外贸转型升级的一个重要标志。

二、70 年中国对外贸易发展成就

新中国成立以来，对外贸易规模不断扩大，进出口商品结构不断优化，市场结构日趋多元，中国在国际贸易中的地位持续提升。

（一）改革开放前

改革开放前 30 年间，中国对外贸易规模扩大，进出口商品结构逐步优化，对外贸易地理方向逐步扩展。

1. 外贸进出口的总体发展状况及变动趋势

1978 年中国对外贸易进出口额为 206. 38 亿美元，是 1950 年 11. 35 亿美元的 18. 2 倍，其中进口 108. 93 亿美元，是 1950 年 5. 83 亿美元的 18. 7 倍，出口额 97. 45 亿美元，是 1950 年 5. 5 亿美元的 17. 7 倍。但与此同时，我国对外贸易发展落后于

① 《坚定不移沿着中国特色社会主义道路前进 为全面建成小康社会而奋斗》，2012 年 11 月 8 日胡锦涛在中国共产党第十八次全国代表大会上的报告。

② “六体系”包括信息共享体系、金融服务体系、智能物流体系、电商信用体系、统计监测体系和风险防控体系；“两平台”指线上“单一窗口”平台和线下“综合园区”平台。

国际贸易发展速度，导致我国在国际市场上所处地位下降。根据联合国贸易与发展组织的统计数据，1950 年和 1978 年中国出口在全球占比分别为 0. 89% 和 0. 76%，位次由第 29 位降至第 31 位；同期进口占比分别为 0. 91%和 0. 82%，位次由第 27 位降至第 29 位；进出口总额占比分别为 0. 9%和 0. 79%，位次由第 28 位降至第 29 位。图 1 为 1950—1978 年中国进出口的发展变动情况。

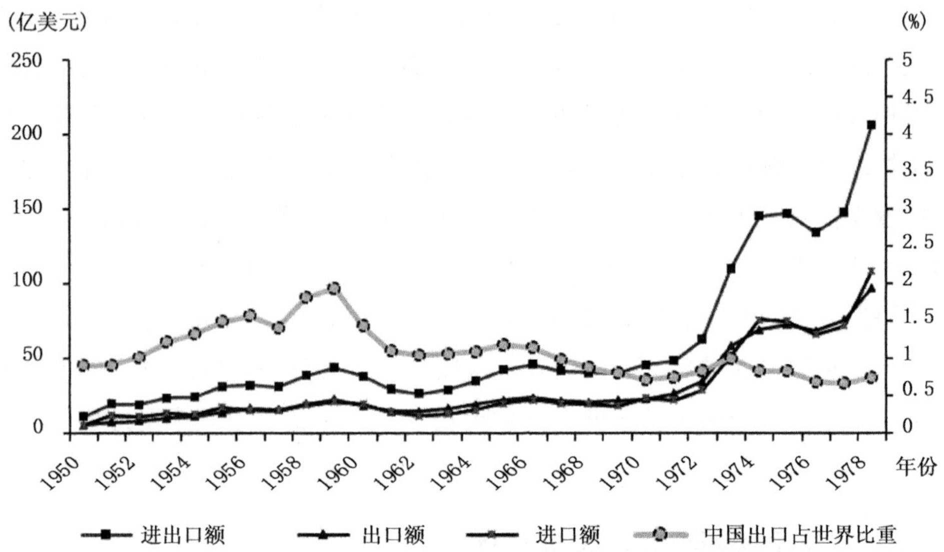

图 1　1950—1978 年中国进出口变动情况及出口总额在世界占比变动趋势

资料来源：《中国对外经济贸易年鉴（1984）》，中国对外经济贸易出版社 1985 年版，第 IV-3 页。

2. 进出口商品结构变动情况

1950 年我国出口产品中初级产品所占比重高达 57. 5%。此后，随着基础工业的陆续建立，我国在继续注重扩大农副产品出口的同时，积极发展工业制成品的出口，到 1978 年我国工业制成品在出口总额中的比重上升到 46. 5%，其中主要是轻工产品。

1950 年至 1978 年间，进口贸易主要为满足工业化建设和人民生活需要，其中生产资料在进口总额中所占比例达到 80. 37%，不同阶段根据形势变化有所调整。20 世纪 50 年代，我国进口以国民经济急需的设备物资为主，消费资料进口很少。60 年代，进口除机械设备和原材料外，还增加了满足人民生活需要的粮食进口。70 年代，进口商品中增加了成套设备和技术的进口，同时适当进口了小麦、食糖、食油、化肥、农药、化纤、毛条、塑料、纸张、手表、药品、电视机、录音机等以适应人民生活和发展农业、轻纺工业生产的需要。

3. 对外贸易地理方向的变化

30年间，随着国际环境的变化，各时期我国对外贸易地理方向发生了较大变化。

20世纪50年代，在西方封锁禁运政策下，我国对外贸易的地理方向集中于苏联及东欧国家。其中对苏联和东欧国家的出口和进口额分别约占我国出口与进口总额的50%、16%和60%、17%。1954年日内瓦会议后，中国和一些西方国家的贸易有一定恢复和发展，但规模较小，仅占我国进出口总额的10%和6%。这一时期，同我国有贸易往来的国家和地区由1950年的46个增加到了1960年的118个。

20世纪60年代初中苏关系恶化，对苏贸易急剧下降。1970年，中苏贸易额及其占中国进出口总额比重由1960年的16.64亿美元和43.7%分别降至4723万美元和1.03%。与此同时，中国进出口贸易重点转向西方发达国家和发展中国家市场。对西欧国家的进口和出口额在总额中所占比重平均都在20%左右。中日通过“友好贸易”和“备忘录贸易”两个渠道加强了贸易往来，中国对东南亚地区、加拿大和澳大利亚的贸易也有所发展。中国内地对香港的出口有了显著增长，在出口总额中所占比重上升至20%以上。

20世纪70年代初，中国的外交关系获得了突破性进展，中国对美国和日本的贸易迅速增长。到70年代中期，美国在中国进口和出口总额中所占比重分别上升为5%和1.7%，70年代末进一步上升至11.8%和4.3%。1975年日本在中国进口和出口总额中所占比重分别上升至32%和20%。到1978年同我国有经济贸易关系的国家和地区发展到了160多个，贸易对象趋于多元化。

（二）改革开放到十八大前（1978—2011年）

1. 改革开放初期（1978年至20世纪80年代末）

改革开放后，中国对外贸易开始快速增长。1986年出口额突破百亿美元，是1978年的6.4倍。1990年中国进出口总额达1154.36亿美元，占世界贸易的比重为1.65%，位次从1978年的第29位上升至第13位。

这一阶段货物贸易结构逐渐优化，工业制成品和加工贸易开始成为中国首要的出口产品和贸易方式。1981年，中国初级产品出口比例首次降到50%以下，降为46.6%，而工业制成品首次超过初级产品，达到53.4%。1986年纺织品和服装取代石油成为中国第一大类出口产品，标志着出口商品结构从资源密集型为主向劳动密集型为主的飞跃，初级产品出口所占份额降到36.4%，工业制成品所占份额上升至63.6%。从此，出口商品结构真正实现了从初级产品为主向工业制成品为主的转变。

到20世纪80年代末，中国贸易伙伴达到170多个。其中日本、美国、中国香港和澳门以及欧盟等发达国家和地区，合计占中国对外贸易75%左右的份额。

2. 对外贸易深化改革阶段（20世纪90年代初至2001年）

对外贸易额由1991年的1357.01亿美元激增至2001年的5096.51亿美元，占全球贸易比重达4.02%，位次升至第6位。1993年加工贸易出口比重达到48.23%，首次超过一般贸易（47.08%）。这一阶段货物贸易结构持续优化，1994年轻纺产品等劳动密集型产品出口比例达到60.46%的历史最高水平，此后出口产品从轻纺产品逐渐向机电产品转变。到1995年，机电产品超过纺织品和服装成为我国出口第一大类商品，标志着出口商品结构从劳动密集型为主趋向资本密集型为主的转变。

同期，外商投资企业出口额从1993年的252.4亿美元上升至2001年的1332.35亿美元，占中国出口总额的比重达50.06%。

这一时期，对外贸易伙伴进一步增加，特别是与广大第三世界国家的贸易及独联体东欧贸易有了恢复性增长。20世纪90年代末，中国对外贸易伙伴达到228个，其中发达国家和地区市场依然占据主导地位，日本、美国和欧盟持续占据中国贸易伙伴前三位。

3. 加入世界贸易组织初期（2002—2007年）

入世后，我国对外贸易发展迅猛。2004年，中国外贸进出口总额首次突破1万亿美元大关，成为我国外贸发展新的里程碑。从2002年到2007年，中国的外贸总额由6207.66亿美元增长到了21765.72亿美元，增幅达2.5倍，中国在全球贸易中的排名从第6位提升到第3位，所占份额从4.69%上升到7.65%。

货物贸易结构进一步优化。入世后，在中国出口商品构成中，资本密集型产品、高新技术产品在进出口中的比重不断增加。2003年，机电、高新技术产品等资本密集型产品出口比例首次超过劳动、资源密集型产品，达到47.32%，成为中国主要的出口产品。2002—2004年连续三年，高新技术产品占出口产品的比例（2002年为20.8%，2003年为25.2%，2004年为27.9%）超过世界平均水平（20%），2003年，高新技术产品进出口额双双突破1000亿美元大关。

这一时期，民营企业成为外贸发展的重要力量。2006年中国民营企业出口额首次超过国有企业。

随着有管理的贸易自由化的实施，市场多元化成效日益显著，发展中国家市场占比上升。2004年欧盟超过日美成为中国第一大贸易伙伴。

4. 危机应对阶段（2008—2011年）

受到2008年全球金融危机的影响，中国出口自2008年11月起，连续7个月大幅缩减。2009年第三季度开始转降为升。2009年中国出口超过德国成为世界第一出口大国。2010年进出口恢复到危机前水平并再创历史新高。2008—2011年中国的外贸总额由25632.6亿美元增长到了36418.65亿美元，增长率达到了42.07%。从2009年到2011年国际排名稳居世界第二，在全球贸易中的份额由2008年的7.81%上升到了2011年的9.85%。贸易方式发生了有效转变，一般贸易和其他贸易方式出口占比逐步增长，加工贸易占比不断下降。到2011年，一般贸易超过加工贸易，成为我国出口首要的贸易方式。

中国与周边邻国及发展中国家双边贸易进一步发展，2010年日本位居中国对外贸易伙伴第三位，2011年东盟超过日本成为中国第三大贸易伙伴。

（三）十八大以来对外贸易发展新时期（2012年至今）

2012年到2018年中国的外贸总额由38671.19亿美元增长到了46230.38亿美元，年均增速3.02%。2013年，中国超越美国成为世界第一货物贸易大国，也是全球首个货物贸易总额超过4万亿美元的国家，外贸总额达4.16万亿美元，创造了世界贸易发展史的奇迹。2018年继续保持全球货物贸易第一大国的地位。而中国在全球贸易中的份额也由2012年的10.35%上升到了2018年的12.8%。服务进出口总额达7593.8亿美元，比1982年增长167倍，居世界第二位。

这一时期民营企业对外贸易发展更为活跃，2015年中国民营企业出口占出口总额的比重为45.2%，占比首次超过外资企业，成为我国外贸出口的最大主体。

货物贸易结构也发生了根本性的变化，以计算机和通信技术为代表的高新技术产品出口比重不断扩大。2012年高新技术产品出口额达6011.63亿美元，2018年我国高新技术产品出口达7468.66亿美元，占我国货物贸易出口总额和工业制成品出口的比重分别从29.34%和50.97%上升到30.11%和51.15%。

国际市场结构更加多元，发展中经济体和新兴市场，特别是“一带一路”国家和地区占我国对外贸易市场份额不断上升。到2018年，发展中经济体和新兴市场占中国出口的比重达45.6%，“一带一路”沿线国家占中国出口的比重达27.7%，较2011年分别提高3.1个百分点和3.8个百分点。

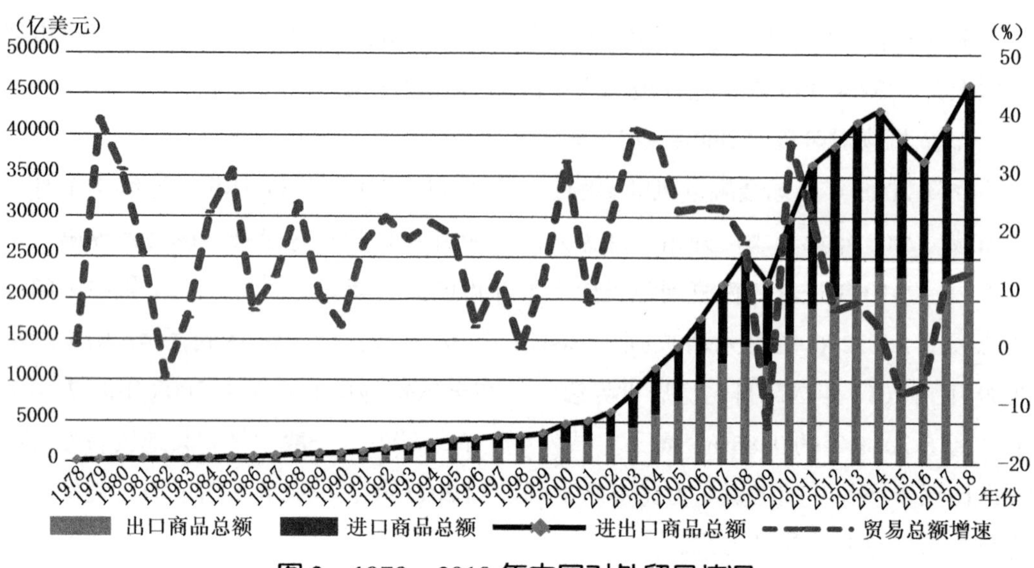

图 2　1978—2018 年中国对外贸易情况

数据来源：1978—2017 年统计数据来自世界银行网站；2018 年统计数据来自中国海关总署。

综上所述，新中国成立 70 年来，中国对外贸易发生了历史性巨变。伴随对外贸易经营主体结构、贸易方式、商品结构与市场结构的不断优化，外贸总额从 1978 年的 206 亿美元增长到 2018 年的 4.62 万亿美元，增长了 223 倍，年均增长 14.5%（见图 2）。我国对外贸易总额的世界排名也持续上升，1978 年中国外贸总额在全球排名仅为第 29 位，2013 年跃居世界第 1 位，此后除 2016 年排名为第 2 位，其他年份均为世界第 1 位（见图 3），从贸易小国逐步成长为稳固的贸易大国。

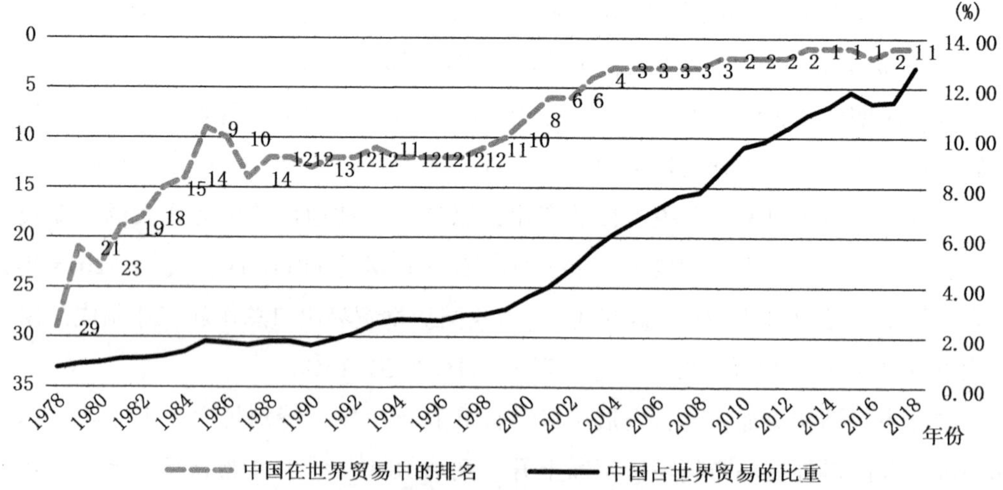

图 3　中国在世界贸易中的排名及比重（1978—2018 年）

数据来源：根据 WTO 统计数据整理。

三、中国对外贸易的贡献

（一）对外贸易推动了中国经济的增长

20世纪50年代至60年代中期，中苏同盟基础上的经济合作取得明显成效，在大规模技术引进基础上，我国工业体系逐步建立，进而带动了经济增长。从图4可见，这一时期中国对外贸易与国民经济具有较强的关联性。此后由于国内及国际环境的变化，我国对外贸易出现了剧烈波动，同时技术引进政策缺乏连续性，一些引进项目未能实现预期目标，对外贸易对国民经济的推动作用弱化。

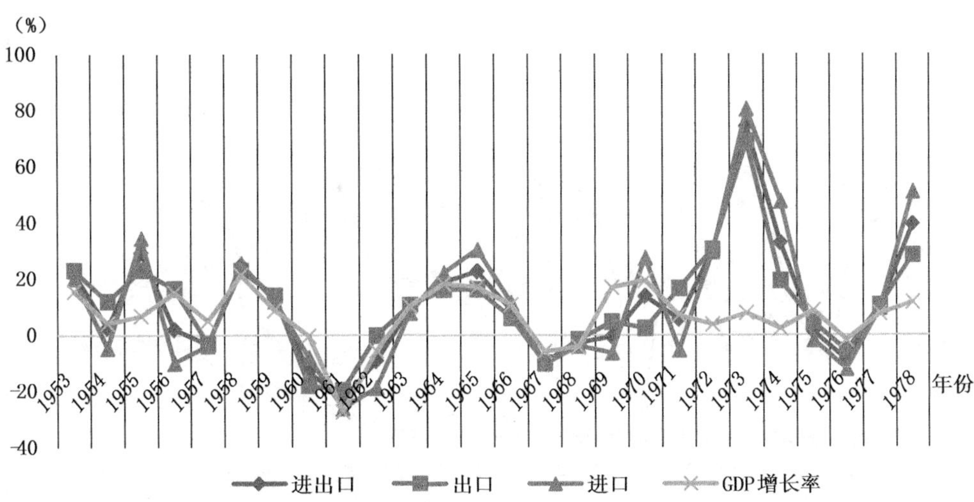

图4　改革开放前中国进出口贸易与GDP的增长变动情况（1953—1978年）

数据来源：进出口数据来自《中国对外经济贸易年鉴（1984）》，中国对外经济贸易出版社1985年版，第IV-10页；GDP增长率数据来自国家统计局网站。

根据国家统计局公布数据，改革开放40年来，中国人均国内生产总值比1978年增长61.27倍，年均实际增长10.88%。其中对外贸易做出了巨大贡献。如图5所示，1978—2018年中国对外贸易与经济增长运行轨迹基本一致。在对外贸易增长较快的时期，经济增长也较快。当对外贸易发生波动时，经济增长也随之发生波动，而且，对外贸易的波动程度要高于经济增长。由此可见，我国对外贸易与经济增长之间有着显著的依存关系，对外贸易规模的不断扩大使我国更深入地参与国际分工，从而推动经济更快地增长。

（二）对外贸易是产业结构调整的重要支撑

20 世纪 50 年代，中国从苏联和东欧国家的进口主要为大型成套设备和项目，且以重工业项目为重点，对中国在较短时期内初步建立起大体完整的工业体系发挥了关键性作用。20 世纪 60 年代开始，进口对象转向西方国家，引进以小型成套项目居多，较重视支农项目与轻工业原料项目。此外，工业原材料进口比重大幅上升，取代机器设备构成进口生产资料的主要部分。20 世纪 70 年代从西方国家的引进以大型技术设备为主，对提升中国主要工业行业的生产能力及技术水平有显著的促进作用，使钢铁、石化、化纤、化肥等行业骨干的技术水平与世界先进水平的差距迅速缩小。

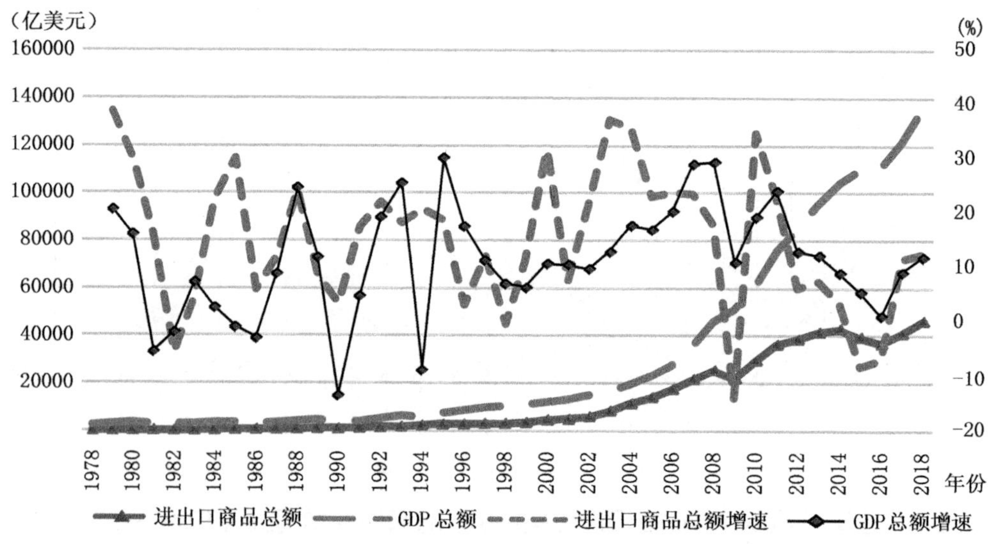

图 5　1978—2018 年中国 GDP 与进出口商品总额增长情况

数据来源：历年中国统计年鉴。

总之，从新中国成立初期至 1978 年前，为了实现赶超战略，中国实行了进口替代战略并取得了一定成效，成功地在极低的起点上启动了中国工业化进程。经过近 30 年的努力基本上建成了独立完整的工业体系和国民经济体系，完成了一般消费品的进口替代。

1978 年改革开放后，中国企业积极参与国际竞争与国际合作，迅速而全面地提高了中国的制造能力与技术水平。到了 80 年代，随着对外开放与外贸体制改革，中国的比较优势得到发挥，劳动密集型产品出口大幅增加，从而使中国的轻纺工业跃升到新的台阶。出口导向型经济增长带来的资本要素的增加及技术进步促使中国的资本及技术型产业的比较优势形成，进而带来中国工业的全面腾飞。并最终在2010年超过美国，成为全球第一大工业国，成为“世界工厂”和全球价值链网络的重要中心。

（三）对外贸易是促进就业的重要保障

对外贸易为中国创造了大量的就业机会。根据商务部综合司和商务部研究院联合发布的《中国对外贸易形势报告（2018年秋季）》公布的数据，从全球价值链角度测算结果看，中国每百万美元货物出口对中国就业的拉动为59.0人次。其中，每百万一般贸易出口能带来82.7人次的就业，每百万加工贸易出口能带来26.5人次的就业。根据国家统计局的数据，从对外贸易依存度的计算来看，进出口总值占GDP的比重越大，对外贸易对国内经济和就业的影响越大。2017年底我国劳动力资源总数是9.02亿人，当年的对外贸易依存度为33.55%，则2017年受对外贸易影响的劳动力总数为3.026亿人，这还不包括服务的进出口对我国劳动力就业的影响。

（四）对外贸易是防范国际金融风险的重要手段

对外贸易为中国获取外汇、充实外汇储备做出巨大贡献。从1990年开始，中国扭转了进出口贸易长期处于逆差的状况。中国货物出口从1978年的99.5亿美元增长至2018年的2.48万亿美元，1978年我国外汇储备为1.67亿美元，2007年末达1.52万亿美元，居世界第1位，2018年外汇储备达到3.16万亿美元，对防范金融风险和维护国家经济安全起到了极为重要的作用。

四、经验与启示

70年来，中国积极探索并不断调整在不同的国际环境下适合中国国情、国力的务实的对外贸易发展道路，取得了宝贵的历史经验。

（一）历史经验

1. 根据国际环境的变化及时调整中国对外贸易的地理方向

新中国成立后，在冷战背景下，中国重点发展与苏东社会主义国家间的贸易关系。20世纪50年代末中苏关系破裂后，中国对外贸易地理方向转向新独立的亚非拉发展中国家及日本、西欧国家。20 世纪 70 年代初，针对美苏争霸升级局势，打破与美国的外交僵局，从而与欧美国家贸易关系实现突破性进展；20 世纪 80 年代以来，和平与发展成为世界主旋律，经济全球化浪潮汹涌，中国对外贸易地理方向趋于全球化。

2. 不断创新对外贸易方式，开拓对外贸易渠道

70 年来，国际形势复杂多变，新中国对外贸易面临各种艰难险阻。为此，需要不断创新对外贸易方式，开拓对外贸易渠道。20 世纪 50 年代，在外汇严重短缺，面临西方国家封锁禁运的条件下，中苏贸易以政府间记账易货贸易为主。同时，设立了贸促会，以民间方式主动与西欧、日本等国工商业界签订贸易协议，获得中国经济建设需要的重要物资。此外，充分利用中国香港国际贸易自由港地位，间接发展我国的进出口贸易。60–70 年代，通过民间形式的“友好贸易”和“备忘录贸易”进一步打开对日贸易渠道，为这一时期的技术引进铺平了道路。改革开放以来，我国根据比较优势的变化和国际技术、产业发展的趋势，从大力发展加工贸易到推动加工贸易转型升级，从传统贸易方式到跨境电子商务、市场采购贸易等方式的创新，不断形成对外贸易的新增长点。

3. 不断加强多双边国际经济合作，为对外贸易创造有利的国际环境

新中国成立伊始，对一些落后的发展中国家开展真诚援助，为中国打开外交局面进而推动对外贸易发展创造了条件。改革开放以来，通过参与国际经济组织活动、签订自由贸易协定、“一带一路”倡议的提出等，对外开放水平不断提高，为对外贸易创造了有利的国际环境。

4. 对外贸易活动与产业发展良性互动，推动工业化进程

20 世纪 50 年代，与苏东国家贸易中的大规模技术引进为中国的工业化奠定了初步基础。60–70 年代自西欧、日本的技术引进，促进了中国基础工业，尤其是冶金、化肥、石油化学工业的发展，使中国形成了门类齐全的工业体系。工业化的推进显著改善了中国对外贸易的商品结构。改革开放后，通过承接国际产业转移及市场竞争环境的形成，不断实现技术跨越式进步，出口的支柱性产业从资源密集型转向劳动密集型，再升级到资本与技术密集型。

5. 不断进行制度创新激发对外贸易的发展活力

新中国成立初期，在西方国家对中国进行经济封锁和贸易禁运的条件下，中国只能实行对苏东国家开放的“一边倒”策略，与苏东间政府记账贸易需要集中统一进行，与之相适应，中国实行集中统一管理的贸易体制。对外开放后，新的生产要素、理念与经营管理模式的出现与既有体制发生冲突，通过承包制、下放外贸经营权、股份制等对外贸易经营体制改革将企业推向市场，成为市场的主体；通过降低关税、减少非关税壁垒等对外贸易管理体制改革培育了竞争性的市场环境。市场化改革释放的巨大活力创造的新成果不断为对外贸易发展壮大提供基础，由此使中国的比较优势得以充分发挥，并不断实现比较优势的动态升级，进而成功迈向国际贸易大国行列。

（二）启示与建议

在政治多极化、经济全球化、文化多元化、社会信息化的大背景下，成为经贸强国不仅要具备显著的贸易规模与较高的市场占有率，同时要在贸易结构、贸易模式、贸易增长速度、贸易质量与效率上体现出核心竞争力和可持续发展能力，更要担负起国际责任，展现对全球贸易体制的领导力，抵御风险冲击，促使全球贸易体制向更加自由、更加开放的方向转变。

1. 加快区域经济一体化进程，进一步提高贸易自由化程度

健全“一带一路”倡议背景下的双边和多边合作机制，挖掘合作潜力，拓展合作领域，抓紧收获早期成果。加强与沿线国家的互联互通和产能合作，推动与沿线国家间的通关便利化，促进国际道路运输领域的合作，提升贸易和投资合作水平。发挥与“一带一路”沿线国家在市场整合基础上的分工深化效应，扩大中国商品、资金、服务等要素在相关区域的流通范围，实现互利共赢。创新对外贸易方式，培育贸易的新业务与新模式，打造高水平的区域经济一体化组织来促进贸易发展。加快转变政府职能，改革创新政府管理模式，打造具有国际水准的金融开放、投资贸易便利、监管高效便捷、法制环境规范的自由贸易区。

2. 充分利用多种渠道应对与有关国家的贸易摩擦

面对大国的牵制和周边国家的防范，首先要进一步优化贸易方式，在贸易规模扩张的同时更要注重质的提升，逐步以注重质量、效益的集约型发展模式替代传统粗放型的增长模式，优化进出口结构，促进贸易的高质量发展。加强我国在全球产业链分工中的竞争实力，推动我国由贸易大国向贸易强国的转化。其次，要采取出口市场多元化战略和贸易中性化战略，避免中国出口贸易结构过于集中造成的买方垄断，同时进、出口并重，以分散市场风险，减少贸易摩擦。最后，在提高自身的国际经济贸易综合竞争力的同时，加强与相关国家的对话沟通，防止贸易摩擦不断升级，努力建构健康可持续的世界贸易生态环境。

3. 积极维护多边贸易体制的稳定性

积极参与全球经济治理，发展中国特色大国外交、新型大国外交，构建以合作共赢为核心的新型国际关系模式、发展周边外交及多边外交关系，打造中国的新型外交“朋友圈”，共同构建合作共赢的全球伙伴关系，谋求开放创新、包容互惠的发展前景，相互增进战略互信，提升中国与世界各国的合作力度与广度，拓展中国对外开放战略的发展空间。中国在参与和加强多边贸易体制方面采取的总体战略应是“互利共赢、和谐发展”。应在维护中国主权和国家利益的前提下，积极推动多边贸易体制的改革和发展，使中国真正成为世界经贸发展的贡献者、贸易自由化的实践者、多边贸易谈判的推动者，多边规则改革的支持者，多边贸易体制的建设者，以及多边贸易自由化进程的受益者。

中国进口贸易70年变迁与未来发展路径思考

庄 芮　杨 超　常 远

（对外经济贸易大学）

“主动扩大进口”是新时期我国对外开放的一项重大举措。2018年7月，国务院办公厅转发商务部等20个部门《关于扩大进口促进对外贸易平衡发展的意见》（国办发［2018］53号），明确指出要“以扩大进口增强对外贸易持续发展动力”，“在稳定出口国际市场份额的基础上，充分发挥进口对提升消费、调整结构、发展经济、扩大开放的重要作用，推动进口与出口平衡发展”。新中国成立70年特别是改革开放40年来，我国进口情况如何？当前我国进口贸易存在哪些瓶颈？未来应该怎样“主动扩大进口”？本文拟就这些问题展开分析，并相应提出今后我国推动进口发展的政策建议。限于篇幅，在此仅探讨货物贸易进口，对服务贸易进口将另文研究。

一、中国进口贸易70年演进特点

中国进口贸易在改革开放之前和之后存在显著差异，鉴于此，同时兼顾数据的可得性，本文分两个时期探讨我国进口贸易特点：一是新中国成立之初到改革开放，二是改革开放至今。第一个时期即1950—1977年的进口数据主要来自《中国外贸进出口年度报告2017》，第二个时期即1978年以来的数据主要来自联合国商品贸易数据库（UN COMTRADE）。

本文基于OECD的商品分类原则，同时参考加亚·劳尔（S. Lall，2000）、杨汝岱和朱诗娥（2007）以及魏浩等人（2014）的文献，将SITC三位数分类下的200多种商品分为五大类（初级产品、资源密集型产品、劳动密集型产品、资本密集型产品和技术密集型产品）、六个细分类别（加工农产品、纺织服装鞋类、汽车、加工类制成品、机械制成品和电子电气产品）。其中，“资源密集型产品”包括加工农产品和该类别下的其他产品；“劳动密集型产品”包括纺织服装鞋类和该类别下的其他产品；“资本密集型产品”包括汽车、加工类制成品和机械制成品；“技术密集型产品”包括电子电气产品和该类别下其他产品。考虑到各大类下的“其他商品”概念较为模糊，故并未将这些“其他产品”纳入细分类别。此外，由于UN COMTRADE缺乏1992年之前的数据，故1978—1991年的进口数据选自World Trade Flow（Feenstra等，NBER，2005），采用SITC（第二版）四位数分类。为便于分析，本文将1978—1991年的数据转化为SITC三位数分类，处理形成较为完整的SITC三位数数据集，由此计算出1978—2017年我国对外贸易中各类型产品的进口额在当年全国总进口额中所占的比重。①

（一）新中国成立初期至改革开放的进口贸易

新中国成立之初，百废待兴，国内“短缺经济”特征明显，加上西方发达国家的“封锁”和“禁运”，我国进口贸易微乎其微，1950年的进口额仅为5.83亿美元（见表1）。1951—1958年，进口贸易相对稳定，年均进口额基本保持在十多亿美元；1959—1969年期间，由于外贸政策出现盲目性，进口贸易波动较大，1959年进口额为21.20亿美元，1962年就骤降近一半（11.73亿美元），几乎回到了1951年的水平；1970—1977年，进口波动幅度进一步加大，其中1972年（28.58亿美元）、1973年（51.57亿美元）和1974年（76.19亿美元）进口额几乎是“三级跳”。

从进口来源地看（见表2），我国1950—1960年的进口严重依赖苏联，自俄罗斯②的进口持续占到我国进口总额的三分之一以上，其中1955年达到历史最高点（64.63%）。20世纪60年代，中苏关系恶化，我国自俄罗斯的进口逐步减少，1964年其占比首次跌到个位数（8.60%）。1965—1977年，日本取代俄罗斯成为我国主要进口来源地，其比重1965年为12.99%，1975年升至31.95%。

---

① 由于World Trade Flow中对1984—1986年这三年的原始SITC四位数做了统计学意义上的处理，导致暂无法将其归类到五大类产品中，故舍去这三年的原始数据，以各商品分类在1984—1986年所处较短阶段的平均进口结构增长率为依据进行数据补充。此类处理不影响本文对我国进口结构总体演变趋势的分析。1991年之前的进口数据来自World Trade Flow，不排除美国方面相关统计差异的可能性，故仅对1978—1991年的数据进行相对数分析，以避免可能的偏误。

② “俄罗斯”作为苏联的最大加盟共和国，改革开放前中国从俄罗斯的进口大体反映了中国从苏联的总体进口情况，所以文中中国从苏联进口贸易的分析以俄罗斯数据为基础。

表1　1950—1978年中国进口贸易规模及增速

年份	进口额（亿美元）	进口增速（%）
1950	5.83	—
1951	11.98	105.5
1952	11.18	-6.7
1953	13.46	20.4
1954	12.87	-4.4
1955	17.33	34.7
1956	15.63	-9.8
1957	15.06	-3.6
1958	18.90	25.5
1959	21.20	12.2
1960	19.53	-7.9
1961	14.45	-26.0
1962	11.73	-18.8
1963	12.66	7.9
1964	15.47	22.2
1965	20.17	30.4
1966	22.48	11.5
1967	20.20	-10.1
1968	19.45	-3.7
1969	18.25	-6.2
1970	23.26	27.5
1971	22.05	-5.2
1972	28.58	29.6
1973	51.57	80.4
1974	76.19	47.7
1975	74.87	-1.7
1976	65.78	-12.1
1977	72.14	9.7
1978	108.93	51.0

资料来源：笔者根据《中国外贸进出口年度报告2017》相关数据整理。

总体而言，我国进口贸易在改革开放前集中表现为国营贸易和一般贸易，其功能主要服务于补充国内供给短缺，所以不仅进口规模有限、来源单一，而且进口物资多以生产资料特别是原材料为主，对经济发展的贡献尚不突出。

表2　1950—1977 年中国主要进口来源地及其比重

单位：%

年份	中国香港	日本	巴基斯坦	德国	英国	法国	俄罗斯
1950	1. 37	4. 46	2. 74	1. 89	7. 03	0. 69	31. 73
1951	35. 89	1. 00	1. 92	1. 59	1. 67	0. 33	41. 49
1952	12. 08	0. 09	7. 16	6. 26	1. 25	0. 09	58. 32
1953	8. 47	0. 22	0. 52	5. 57	4. 98	1. 34	57. 80
1954	6. 84	1. 17	1. 63	9. 17	3. 57	0. 78	54. 78
1955	2. 02	1. 44	1. 79	6. 06	3. 75	0. 81	64. 63
1956	1. 79	4. 09	0. 90	8. 06	4. 03	1. 28	48. 75
1957	1. 66	3. 65	0. 66	9. 76	3. 85	1. 73	41. 04
1958	1. 32	2. 54	0. 90	11. 01	6. 77	1. 01	33. 86
1959	0. 94	—	0. 05	11. 18	5. 00	1. 23	46. 18
1960	0. 87	—	0. 77	9. 68	5. 33	2. 10	43. 27
1961	0. 83	0. 97	0. 62	6. 71	3. 18	2. 35	20. 21
1962	0. 85	3. 58	0. 17	5. 46	2. 73	4. 60	17. 99
1963	0. 63	5. 06	0. 95	1. 90	3. 40	5. 85	15. 32
1964	1. 03	7. 82	3. 04	2. 46	4. 52	4. 20	8. 60
1965	0. 89	12. 99	2. 18	4. 66	6. 10	3. 57	9. 22
1966	0. 71	14. 86	1. 42	6. 90	9. 07	5. 29	7. 34
1967	0. 59	15. 05	1. 58	12. 03	10. 84	4. 36	2. 77
1968	0. 57	17. 22	1. 23	12. 60	9. 05	5. 91	3. 03
1969	0. 71	20. 93	1. 15	11. 23	15. 51	3. 12	1. 48
1970	0. 60	25. 06	1. 76	10. 06	16. 55	4. 73	1. 03
1971	0. 54	26. 94	1. 41	9. 12	7. 53	5. 12	3. 08
1972	0. 70	21. 94	0. 63	8. 54	6. 51	4. 62	4. 09
1973	2. 66	21. 47	0. 33	9. 89	8. 22	9. 33	2. 48
1974	1. 43	26. 03	0. 12	7. 48	5. 83	9. 63	1. 90
1975	0. 47	31. 95	0. 20	9. 58	3. 26	4. 75	1. 95
1976	0. 44	27. 62	0. 26	12. 31	2. 58	7. 25	3. 74
1977	1. 89	29. 22	0. 11	9. 16	3. 87	3. 87	2. 12

注：按照海关统计历史惯例，表中“德国”指当时的德意志联邦共和国。

资料来源：笔者根据《中国外贸进出口年度报告 2017》相关数据整理。

（二）改革开放以来的进口贸易

1. 进口规模与增速

改革开放40年间，我国进口规模逐步扩大（见图1）。1978年，我国进口额仅为108.93亿美元，1986年增长到429亿美元；20世纪90年代加速提升，1993年进口额首次突破千亿美元（1039.6亿美元），2000年达到2251亿美元；2007年以来，进口贸易飞速发展，2008年进口额跃升至万亿美元（11325.67亿美元），其后持续稳定在万亿美元水平，2016年和2017年的进口额分别为15874.19亿美元、18437.93亿美元。

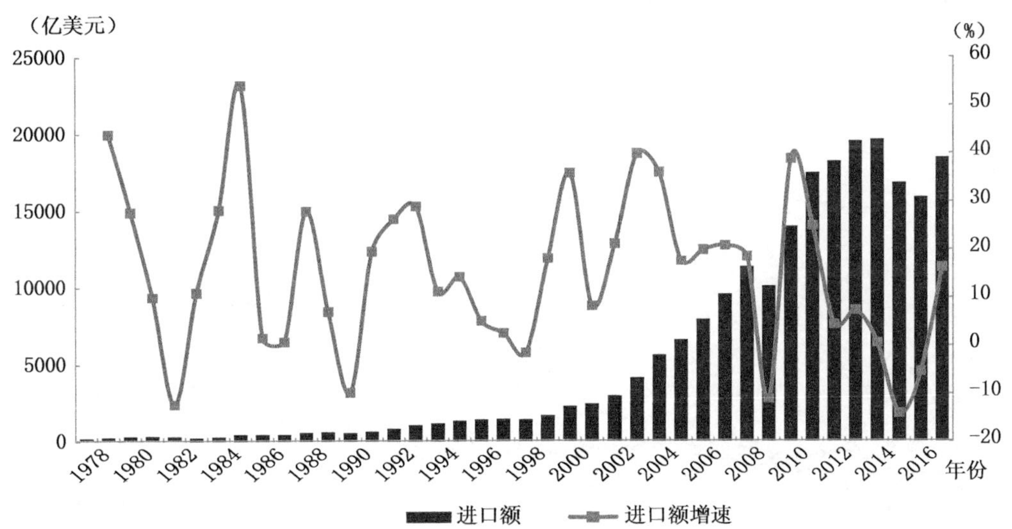

图1　1978—2017年中国进口贸易规模及增速

资料来源：笔者根据UN COMTRADE相关数据绘制。

从增速看，我国进口增幅较大的年份主要出现在1979年（43.9%）、1985年（54.14%）、1988年（27.91%）、1993年（29%）、2000年（35.85%）、2003年（39.85%）和2010年（38.8%）。值得注意的是，2011年以来，我国进口增速下滑明显，其中尤以2015年（-14.27%）最为突出，近两年则处于"恢复性增长"状态，2016年和2017年的进口增速分别为-5.49%、16.15%。

伴随进口增长，我国在全球进口贸易中的地位不断上升。20世纪90年代，我国进口贸易的世界排名比较稳定，1992年为全球第13位，到1999年也仅提高到第10位；但2000年后加速攀升，2001年位列全球第6位，2004年跃居至第3位，

2009 年至今，已连续近 10 年成为全球第二大进口国。

2. 进口商品结构

1978—2017 年，我国进口商品结构最为显著的一个特征就是“技术密集型产品”进口稳步增长（见图 2），其中 1992 年和 2002 年比较突出：1992 年，“技术密集型产品”在我国总进口额中所占的比重（16.27%）首次超过“劳动密集型产品”（16.08%），不过仍低于同期“资本密集型产品”进口比重（43.19%）；直至 2002 年，“技术密集型产品”进口比重（32.49%）反超“资本密集型产品”（32.18%），自此，“技术密集型产品”持续成为我国进口占比最高的商品类别。2006 年，“技术密集型产品”在我国总进口额中占比 36.59%，达到历史峰值，2016 年和 2017 年的该比重分别为 33.19%、32.02%。

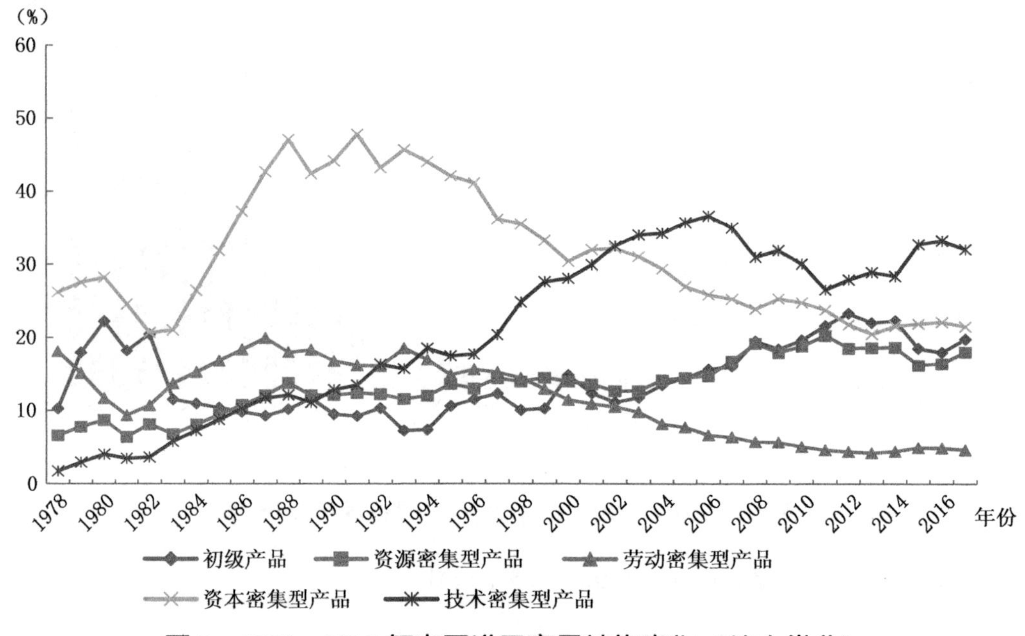

图 2　1978—2017 年中国进口商品结构变化（按大类分）

资料来源：笔者根据 UN COMTRADE 相关数据绘制。

“资本密集型产品”进口在 40 年间经历了一次转折、两个阶段，即 2002 年前，“资本密集型产品”始终是我国进口占比最高的商品类别，2002 年之后就让位于“技术密集型产品”。虽然其进口比重自 2002 年以来持续下降，但相较于“资源密集型产品”、“初级产品”和“劳动密集型产品”，“资本密集型产品”进口仍然占据重要地位，2016 年和 2017 年，此类产品进口分别占我国总进口额的 22.09%、21.5%。

与“技术密集型产品”进口不断增加形成鲜明对比的是，我国“劳动密集型产品”进口在1978—2017年呈下降态势。20世纪80-90年代，我国总进口的9%~20%是“劳动密集型产品”，1987年、1993年和1999年，其占比分别为19.91%、18.51%和12.94%。2000年以后，我国“劳动密集型产品”进口比重持续下降，2004年降到10%以下（8.14%），2017年进一步降至不足5%（仅占总进口额的4.63%）。

从细分类别看（见图3），“电子电气产品”在我国进口中的地位持续攀升，其比重1978年仅为0.85%，1990年就提高到8.9%，此后不断增至1999年的22.88%和2006年的28.56%。最近十年来，该类商品进口比重略有波动，但其占比仍高居细类商品进口首位，2016年和2017年，“电子电气产品”进口分别达到我国总进口额的25.86%和24.91%。与之相反，“加工类制成品”和“机械制成品”进口呈下降趋势，“加工类制成品”1988年占到我国进口的18.95%，2000年降至14.08%，2008年以来降幅加速，到2017年仅占我国进口的不足7%（6.95%）；“机械制成品”进口峰值出现在1993年（占总进口的25.71%），2000年降为14.71%，2017年其进口占比进一步降至10.11%。

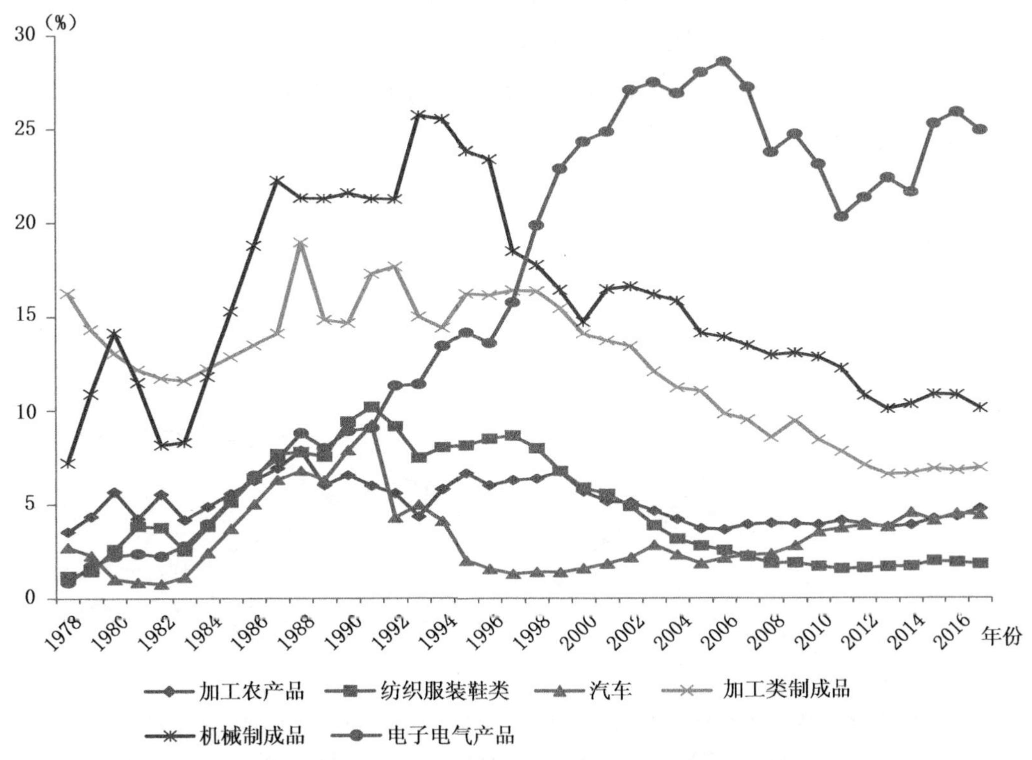

图3　1978—2017年中国进口商品结构变化（按细分类别）

资料来源：笔者根据UN COMTRADE相关数据绘制。

进口商品结构特别是细分类别的变化，充分体现出我国进口贸易从 20 世纪 80-90年代偏重低端“劳动密集型”加工类产品进口，到 21 世纪初逐步向中高端“资本密集型”、“技术密集型”产品进口迈进的转型升级路径。

3. 进口贸易方式

我国进口贸易方式的转变突出体现为 1993 年和 2000 年两个时间节点（见图 4）。1993 年之前，我国进口以一般贸易为主，但加工贸易进口处于攀升态势，1994 年其进口占比（41.15%）首次超过一般贸易进口（30.72%）；自 2000 年起，一般贸易进口（44.46%）实现反超且稳步回升，而加工贸易进口显著下降。2016 年，我国一般贸易进口占比达到 56.63%，远远高于同期加工贸易进口（24.99%）。进口贸易方式近 40 年的变迁，与我国不同阶段的贸易模式密切相关。20 世纪 80 年代，我国加工贸易尚处于起步探索时期，故而进口更多地采取一般贸易方式；20 世纪 90 年代特别是 1992 年邓小平南方谈话之后，加工贸易蓬勃发展，其进口迅速超过一般贸易；21 世纪以来，我国逐步调整外贸增长方式，着力推动外贸转型升级，开始限制加工贸易发展，加工贸易进口自然回落，取而代之的是一般贸易进口增多。海关总署数据显示，我国一般贸易进口 2017 年（占比 58.81%）和 2018 年（占比 59.65%）继续保持增长态势，均高于同期加工贸易进口比重（2017 年为 23.42%，2018 年为 22%）。

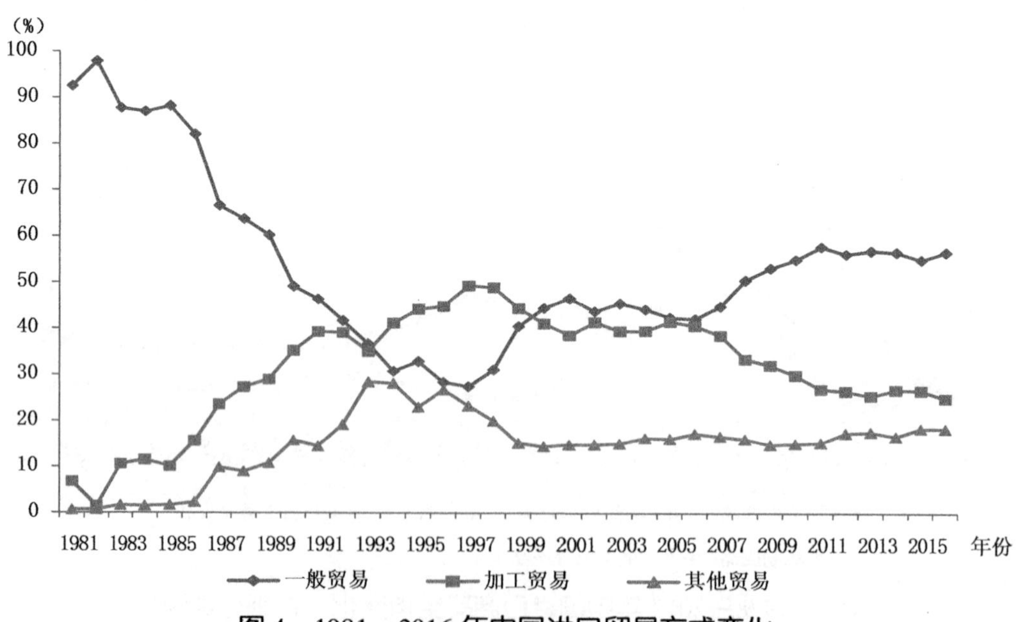

图 4　1981—2016 年中国进口贸易方式变化

资料来源：笔者根据海关总署《中国外贸进出口年度报告》各年度相关数据绘制。

4. 进口贸易主体及进口来源地

我国进口贸易主体在改革开放40年间的变化主要表现在两个方面（见图5）：一是国有企业占比日趋下降。1995年之前，国有企业是我国进口的绝对主力，其进口占比1981年高达99.19%，此后逐步下降，1995年比重降至49.51%，2016年更降至22.73%。二是外商投资企业日益取代国有企业成为进口核心主体。1996年，外商投资企业进口占比（54.45%）首次赶超国有企业（42.62%），此后一直保持我国进口首要主体地位，2016年其进口占比仍有48.54%。值得注意的是，包括民营企业在内的我国“其他企业”成长迅速，2013年这类企业的进口占比（29.55%）超过国有企业（25.59%），成为我国仅次于外商投资企业的第二大进口主体。近年来，民营企业进口增速明显，其地位有望进一步提升。

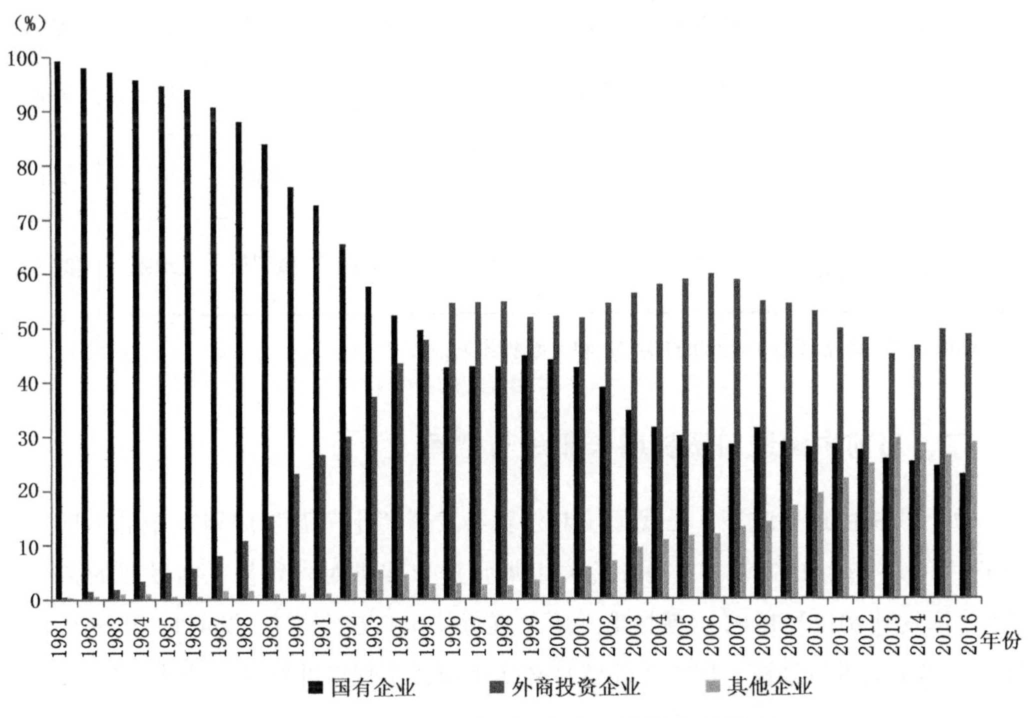

图5　1981—2016年中国进口贸易主体结构

资料来源：笔者根据海关总署《中国外贸进出口年度报告》各年度相关数据绘制。

20世纪90年代以来，我国进口来源地高度集中于亚洲地区（见表3），日本、韩国多年位居我国进口前两位市场；而美国、德国、澳大利亚近年来基本处于我国进口第3、4、5位。在2014—2017年我国进口前十大来源地中，巴西和马来西亚分列第6-7位，泰国近三年都居第9位。20世纪90年代，俄罗斯排名居中，但2000

年以来陆续下滑至第9位（2007年）、第10位（2014—2017年，其中2016年未进入前十排名）。

表3 1992—2017年中国前十大进口来源地

位次	1992年	1997年	2002年	2007年	2013年	2014年	2015年	2016年	2017年
1	中国香港	日本	日本	日本	韩国	韩国	韩国	韩国	韩国
2	日本	美国	韩国	韩国	日本	日本	美国	日本	日本
3	美国	韩国	美国	美国	美国	美国	日本	美国	美国
4	德国	中国香港	德国	德国	澳大利亚	德国	德国	德国	德国
5	俄罗斯	德国	中国香港	马来西亚	德国	澳大利亚	澳大利亚	澳大利亚	澳大利亚
6	韩国	新加坡	马来西亚	澳大利亚	马来西亚	马来西亚	马来西亚	马来西亚	巴西
7	加拿大	俄罗斯	俄罗斯	菲律宾	瑞士	巴西	巴西	巴西	马来西亚
8	意大利	澳大利亚	新加坡	泰国	巴西	沙特阿拉伯	瑞士	瑞士	越南
9	澳大利亚	法国	澳大利亚	俄罗斯	沙特阿拉伯	南非	泰国	泰国	泰国
10	印度尼西亚	印度尼西亚	泰国	巴西	南非	俄罗斯	俄罗斯	越南	俄罗斯

资料来源：笔者根据UN COMTRADE相关数据绘制。

二、当前中国进口贸易增长瓶颈与空间

实行积极的进口政策，是我国《对外贸易发展“十三五”规划》中的一项重要任务。其实早在2012年，《国务院关于加强进口促进对外贸易平衡发展的指导意见》（国发［2012］15号）就指出：要“在保持出口稳定增长的同时，更加重视进口，适当扩大进口规模，促进对外贸易基本平衡，实现对外贸易可持续发展”。

（一）从现阶段看，我国着力拓展进口贸易，还面临一些瓶颈问题亟待突破

1. 国际方面，贸易保护主义抬头，我国外贸发展环境相对恶化

改革开放40年间，我国经济发展的外部环境总体稳定。尽管20世纪90年代形成的以加工贸易为主的“大进大出”模式存在弊端，但中国毕竟日益成长，如今已成为世界第一出口大国、第二进口大国。然而近年来，反全球化思潮蔓延，贸易保

护主义不断抬头，部分发达国家频频出台贸易保护政策措施，引发国际贸易紧张局势。2019年1月，国际货币基金组织（IMF）发布的《世界经济展望》最新预测认为，“贸易紧张局势的升级可能超出增长预测已经体现的程度”，“政策不确定性以及其他方面的贸易矛盾仍对全球贸易、投资和产出造成威胁。如果不能化解分歧，进而导致关税壁垒增加，那么进口中间产品和资本品的成本将上升”。更重要的是，伴随着贸易保护主义，一些发达国家趋于加强技术封锁，严格限制对发展中国家特别是面向中国的高技术产品出口，这非常不利于转型升级过程中我国的高质量进口需求。

2. 国内方面，进口促进经验不足，相应政策体系还不完善

由于历史原因，我国外贸长期存在“重出口、轻进口”的“出口导向”理念，由此形成的外贸政策体系也明显具有“奖出限入”特点，导致进口在我国经贸发展历程中多年处于弱势地位。改革开放前，我国进口仅为调剂国内余缺；20世纪80-90年代，进口主要服务于加工贸易出口；21世纪以来，一般贸易进口增多，但进口结构、进口来源等与新形势下我国经济发展的时代需求仍有很大差距。较之于出口，我国进口促进经验严重不足，相关政策体系更显薄弱。2012年至今，国务院陆续出台了不少加强进口的政策文件，但在实际操作层面，进口促进措施相对单一，主要集中于关税调降和进口便利化，而关税以外政策手段的采用，如建设进口促进服务平台、制订进口市场拓展指南、确立进口安全保障体系等，都还远远不够。

（二）作为世界第一人口大国和第二进口大国，中国的进口还有巨大发展空间

1. 经济发展方式转变和消费升级将为我国进口提供强大的内需动力

“切实转变发展方式”、“不断增强消费拉动经济的基础作用”，是我国“十三五”时期的重要任务。国家统计局资料表明，最终消费支出、资本形成总额、货物和服务净出口这三项指标对我国2017年GDP增长的贡献率分别为57.6%、33.8%和8.6%；2016年同类指标贡献率为66.5%、43.1%和-9.6%。商务部发布数据显示，2018年我国社会消费品零售总额达到38.1万亿元，同比增长9%，尤其是中高端商品和服务消费增长较快；消费对经济增长的贡献率高达76.2%，比2017年提高了18.6个百分点，已连续五年成为我国经济增长第一动力。

与此同时，我国还有大量消费“流出”海外。2019年1月，中国社会科学院发

布的《旅游绿皮书：2018 ~2019 年中国旅游发展分析与预测》指出，中国游客在海外消费力旺盛，人均海外消费是 762 美元，超过非中国游客 276 美元。据统计，中国游客海外消费比较偏好化妆品、箱包、腕表、珠宝等奢侈品，以及医药保健、服装、食品等中档商品。麦肯锡发布的《2017 中国奢侈品报告》认为，“2016 年有 760 万户中国家庭购买了奢侈品，超过了马来西亚或荷兰的家庭总数。其中，家庭年均奢侈品消费达 7.1 万元人民币，是法国或意大利家庭的两倍。总体来看，中国消费者的奢侈品年支出超过 5000 亿元人民币，相当于贡献了近三分之一的全球市场”；“在北京举办奥运会的 2008 年，中国的奢侈品消费仅占全球的 12%。但我们估计在之后的八年间，中国买家在国内外为全球市场贡献了超过 75%的增长（超过 650 亿美元）”。

这些数据表明，我国消费升级正在不断推进，内需动力十分强劲。今后一段时期，中国进口贸易所面对的市场，是一个拥有近 14 亿人口，并且其中 4 亿左右属于中等收入群体的广阔市场。因此，扩大进口不仅前景可期，而且有利于将国人的巨额海外消费引申至国内，助力中国经济发展。

2. 经济“新常态”下，我国亟需激发进口对经济增长的促进效能

进口对经济增长的促进作用并不像出口那样广为人知。近年来，越来越多的学者关注到进口，并从不同侧面研究和肯定了进口对经济增长的积极影响。一般而言，进口促进经济增长主要通过两个渠道：一是消费渠道，即进口商品能够弥补国内供给短板，满足市场需求，提高消费者福利；二是生产渠道，即进口带来竞争压力，能够产生“学习效应”，激发国内同类商品的生产企业提质增效或创新赶超，同时还可能产生一定技术溢出，使本国出口产品的质量得到提升。据测算，20 世纪 60 年代，全球进口依存度（进口/GDP）平均值仅为 12.44%，70 年代为 16.23%，而 80 年代已上升为 19.22%，90 年代为 20.72%，21 世纪初以来的 11 年间又上升为 26.39%，2008 年更高达 30.14%。这表明在世界范围内，进口贸易为经济增长提供了越来越充足的动力基础，全球经济增长与进口贸易的关联度不断加大，程度不断加深（裴长洪，2013）。

由图 6 可知，改革开放 40 年间，我国进口依存度总体呈上升态势。20 世纪 80 年代平均为 10.39%，90 年代上升至 16.15%，21 世纪最近十年（2009—2018 年）平均达到 24.1%。但与同期全球水平相比，进口对我国经济增长的拉动作用远未得到充分释放。另外纵向对比可以看出，我国进口依存度峰值出现在 2005 年（29.18%），其后有所下降，2014—2018 年基本保持在 14%~15%左右，与 20 世纪

90年代末的水平几乎相当。因此，在我国经济进入“新常态”、出口拉动外贸更趋艰难的条件下，更需进一步发挥进口潜力，从“消费端”和“生产端”两个方面补齐国内短板，提高进口对经济增长的贡献率。

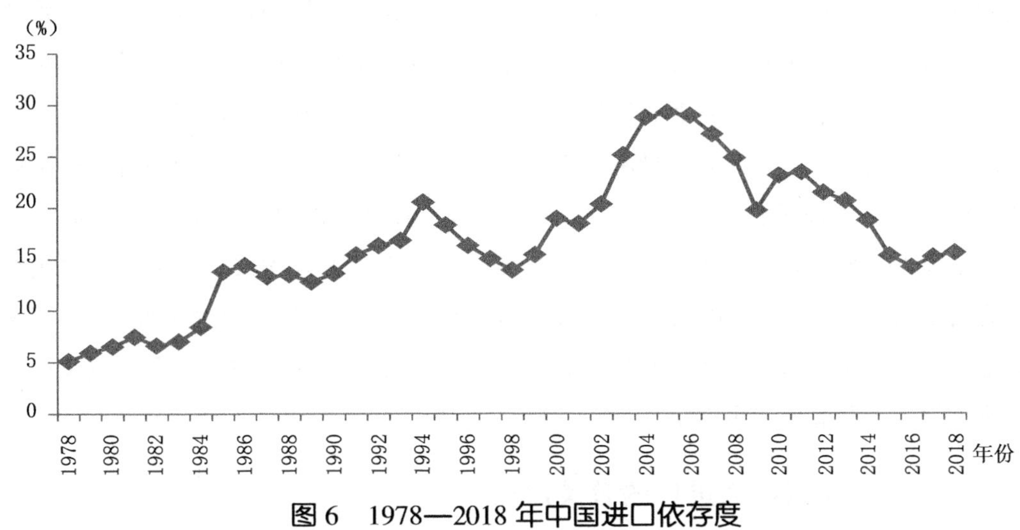

图6　1978—2018年中国进口依存度

数据来源：笔者根据国家统计局各年度相关数据计算整理。

3. “一带一路”倡议不断推进和落实，为我国扩大进口创造无限商机

“一带一路”倡议强调“五通”，即政策沟通、设施联通、贸易畅通、资金融通、民心相通。根据中国一带一路网公布的数据，截至2018年年底，中国已累计同122个国家、29个国际组织签署了170份有关“一带一路”的政府间合作文件。贸易畅通领域，中国着力开拓双向市场，积极推进与“一带一路”国家和地区的贸易自由化、便利化，共同商签自由贸易协定，搭建更多贸易促进平台，推动发展丝路电商。根据商务部发布数据，仅2018年，中国就与9个“一带一路”国家签订了电子商务合作文件，同时促进中欧班列全年开行6363列，运送货物54万标箱，全年与“一带一路”沿线国家的贸易额达到1.3万亿美元，增长16.3%，高于外贸整体增速3.7个百分点，由此带动我国与“一带一路”沿线国家进出口的外贸占比升至27.4%。

具体到进口层面，近年来我国多次自主调降进口关税，降税范围广泛涉及医药品、日用消费品、汽车和工业品等，关税总水平已由9.8%降至目前的7.5%。2018年12月，我国再次调整部分进出口关税，宣布自2019年1月1日起，对700余项商品实施进口暂定税率，包括新增对杂粕和部分药品生产原料实施零关税，适当降低棉花滑准税和部分毛皮进口暂定税率；2019年7月1日起，还将对298项信息技术产品的最惠国税率实施第四步降税，同时对部分信息技术产品的暂定税率作相应调整；2019 年，我国将对原产于“一带一路”23 个国家或地区的部分商品实施协定税率，其中进一步降税的有中国与新西兰、秘鲁、哥斯达黎加、瑞士、冰岛、澳大利亚、韩国、格鲁吉亚自贸协定以及亚太贸易协定；根据内地与香港、澳门签署的货物贸易协议，对原产于香港、澳门的进口货物将全面实施零关税；随着最惠国税率的降低，还将相应调整亚太贸易协定项下的孟加拉国和老挝两国特惠税率。这一系列进口贸易自由化便利化措施，为“一带一路”国家和地区的商品进入中国内地市场创造了良好条件。2018 年 11 月，首届中国国际进口博览会在上海成功举办，全球 172 个国家、地区和国际组织参会，3600 多家企业参展，创造了多项国际博览会纪录。2019 年我国将继续举办第二届国际进口博览会，相信还会有更多国家和地区参与进来，而“一带一路”经济体更是重中之重，对于中国进口企业及相关行业来说，无疑蕴含诸多商机。

三、未来我国扩大进口的政策建议

在首届中国国际进口博览会上，习近平主席发表主旨演讲强调：“中国主动扩大进口，不是权宜之计，而是面向世界、面向未来、促进共同发展的长远考量。中国将顺应国内消费升级趋势，采取更加积极有效的政策措施，促进居民收入增加、消费能力增强，培育中高端消费新增长点，持续释放国内市场潜力，扩大进口空间。”未来我国扩大进口，应注意以下几个方面：

（一）适度扩大消费品和中低技术产品进口，对高技术产品加强“进口替代”

如前所述，进口能够通过消费和生产两个渠道促进经济增长，但必须同时认识到，进口也存在某种“抑制效应”。有学者采用 48 个国家 2004—2014 年的跨国面板数据进行实证研究，发现高技术水平产品的进口对于技术创新有着显著的负向影响（可能通过竞争效应抑制进口国的技术创新），而低技术水平产品的进口则对技术创新有着显著的正向影响（此类进口会促使资源从低技术水平产品的生产部门流向高技术水平产品的生产部门和研发部门，即通过资源配置效应正向影响技术创新）（邢孝兵、徐洁香、王阳，2018）。这充分说明：进口能否真正发挥促进经济增长的作用，很大程度上取决于进口贸易结构。其他研究也证实，经济增长与进口贸易结构变化确实存在着明确的正向关联性，因此，优化进口贸易结构是改善经济供给面的重要内容（裴长洪，2013）。

首先，要着力扩大那些能够更多发挥消费效应、资源配置效应的产品进口，如消费品和中低技术产品。笔者根据 UN COMTRADE 数据库数据进行归类测算，发现 2013—2017 年中国的消费品进口比重从 12.27%提高到 16.18%，却远低于同期欧美发达国家的水平（如美国 2013 年为 29.01%，2017 年为 31.53%）；再对照国人每年“溢出”海外的大量消费，显然，对于正处在消费升级阶段的中国市场而言，消费品进口还大有潜力可挖。与此同时，能够产生资源配置效应从而正向影响技术创新的中低技术产品甚至低技术产品，也应成为我国扩大进口的重点。这些产品进口敏感度低、出口国限制较少，并且随着国内产业不断升级，加大中低技术产品的进口规模还有助于节约本国资源。

其次，我国应主动加强对高技术产品实施“进口替代”，努力降低其进口比重、提高国产率。高技术产品是本国能否引领世界前沿的关键所在，此类产品应更多地鼓励国内自主研发和创新，尽量“国产化”而非进口。这样一方面可减少高技术产品进口带来的对国内技术创新的抑制效应，另一方面也可缓解外部特别是贸易保护主义凸显的发达国家对于中国进口高技术产品的多重顾虑。据估算，我国高技术产品进口份额从 2010 年开始不断上升，2014 年达到 21.45%，远超同期中高技术产品进口（11.82%）、中等技术产品进口（9.21%）、中低技术产品进口（4.65%）和低技术产品进口（0.13%）（魏浩、赵春明、李晓庆，2016）。这种趋势其实非常不利于国内技术创新，因为高技术产品一旦形成进口依赖，国内产业链就很容易遭受外部冲击。因此，我国在扩大消费品和中低技术产品进口的同时，一定要高度重视高技术产品的“进口替代”，必须“集中力量办大事”，把中低技术产品扩大进口节约出来的国内资源，重点用于高新技术产品研发，推动国内企业向全球价值链高端攀升。

（二）结合“一带一路”建设推进贸易畅通，拓展进口市场

“一带一路”沿线市场广阔，各国与中国发展贸易的需求强烈，中国未来应大力推动“一带一路”市场调研，积极与沿线国家有重点、分步骤地开展双边贸易，同时强调互利共赢，真正做到将“一带一路”倡议打造成为顺应经济全球化潮流的最广泛国际合作平台。鉴于此，我国应重点从两个层面推进与“一带一路”国家和地区的贸易畅通。

一是商签自由贸易协定，实现贸易投资自由化便利化。我国自 2007 年开始将自

由贸易区（FTA）战略上升为国家战略，而加快实施自由贸易区战略，更是我国新一轮对外开放的重要内容。2015 年 3 月 28 日，国务院授权三部委（国家发展改革委、外交部、商务部）发布的《推动共建丝绸之路经济带和 21 世纪海上丝绸之路的愿景与行动》特别指出："投资贸易合作是'一带一路'建设的重点内容。宜着力研究解决投资贸易便利化问题，消除投资和贸易壁垒，构建区域内和各国良好的营商环境，积极同沿线国家和地区共同商建自由贸易区，激发释放合作潜力，做大做好合作'蛋糕'。"由此可见，未来我国推进自由贸易区战略，一方面要提升现有 FTA 开放水平，在已签 FTA 的升级版谈判中进行更高水平、更大范围的开放；另一方面必须依托"一带一路"规划，认真、系统地设计我国 FTA 未来拓展范围和层次，完善现有布局，力求在互利互惠基础上构建我国"一带一路"框架下的 FTA 网络。商务部资料显示，我国与"一带一路"国家和地区的 FTA 进展较快。截至 2019 年 2 月，已达成 17 个 FTA，涵盖了 38%的对外贸易额；另有"区域全面经济伙伴关系协定"（RCEP）、中国—巴勒斯坦、中国—以色列、中国—摩尔多瓦、中国—毛里求斯等 14 个 FTA 正在谈判，同时还有中国—斐济、中国—巴布亚新几内亚、中国—孟加拉国等 8 个 FTA 正在进行可行性研究。

二是借助设施联通和标准联通，开辟更多渠道，推动进口市场多元化。笔者研究发现，2001—2017 年，中国自"一带一路"沿线国家的进口比重有所增加（从 2001 年的 17.1%增加到了 2017 年的 24.64%），但增速比较缓慢，而且我国在"一带一路"沿线的进口贸易高度集中于亚洲地区（2017 年占比 55.92%），其中最主要的进口来源地是东南亚 11 国和西亚中东 19 国，这两个地区 2017 年在我国进口贸易中分别占比 12.80%和 6.32%。①从市场特点来看，南亚 8 国、中东欧 19 国等"一带一路"国家和地区蕴藏较大开发潜力，是我国消费品和中低技术产品进口的潜在市场，中亚 5 国也有助于实现我国能源进口多元化。②这些市场的开拓，需要设施联通、标准联通作为前提保障。根据中国一带一路网公布的数据，2018 年，中欧班列

① 笔者根据联合国贸发会议（UNCTAD）数据库数据分类整理计算而得。东南亚 11 国为越南、老挝、柬埔寨、泰国、马来西亚、新加坡、印度尼西亚、文莱、菲律宾、缅甸、东帝汶；西亚中东 19 国为土耳其、伊朗、叙利亚、伊拉克、阿联酋、沙特阿拉伯、卡塔尔、巴林、科威特、黎巴嫩、阿曼、也门、约旦、以色列、巴勒斯坦、亚美尼亚、格鲁吉亚、阿塞拜疆、埃及。

② 南亚 8 国为印度、巴基斯坦、孟加拉国、阿富汗、尼泊尔、不丹、斯里兰卡、马尔代夫；中东欧 19 国指波兰、捷克、斯洛伐克、匈牙利、斯洛文尼亚、克罗地亚、罗马尼亚、保加利亚、塞尔维亚、黑山、马其顿、波黑、阿尔巴尼亚、爱沙尼亚、立陶宛、拉脱维亚、乌克兰、白俄罗斯、摩尔多瓦；中亚 5 国指哈萨克斯坦、吉尔吉斯斯坦、塔吉克斯坦、乌兹别克斯坦、土库曼斯坦。

开行6363列，同比增长73%，其中回程班列2690列，同比增长111%，累计中欧班列超过12000列；目前中国境内开行中欧班列的城市增至59个，可以到达欧洲15个国家的49个城市，返程班列数量占去程班列数量的比重达到了72%。今后还应继续保持良好势头，加强“一带一路”设施联通，特别是增加往返南亚、中东欧、中亚的回程班列，积极为扩大我国自这些潜力市场的进口提供硬件基础。此外，还需推进实施《标准联通共建“一带一路”行动计划（2018—2020年）》，与相关国家和地区强化标准、政策、规则的互认及衔接，以更多基本共识助力贸易便利化，实现贸易畅通。

（三）确立并完善进口促进政策体系，同时建立进口风险预警与防范机制

针对我国进口促进经验不足、配套体系不完善等现实情况，我国应多管齐下，确立并完善进口促进政策体系，统筹各项政策措施。一是考虑设置较高层级的“扩大进口领导小组”，重点围绕扩大进口、平衡外贸进行顶层规划与设计，综合协调各个相关部门，引导进口良性发展；二是拓宽进口融资渠道，为信用良好的中小企业、民营企业开辟多种进口融资方式，包括提供优惠利率的进口信贷，并适当延长还款期限；三是建设进口综合服务平台，既要鼓励现有的外贸综合服务平台主动对接进口企业、积极发挥进口促进作用，也要调动贸促会、行业协会等多方资源，共同筹划建立“进口促进协会”之类的进口服务平台，开展进口市场调研，制订进口指南，为进口企业提供必要的信息和帮助；四是创新进口贸易方式，支持跨境电商健康发展，2016—2018年，我国跨境电商市场采购贸易连续三年保持了高速增长，已成为外贸增长的新亮点，也是未来扩大进口不容忽视的重要途径；五是传统的关税措施，要在对外签署17个自由贸易协定（FTA）、内部建设12个自由贸易试验区（FTZ）的基础上，进一步扩大对外开放，调降消费品、中低技术产品、医药保健品等国内市场所需的各类产品的进口关税，降低我国进口关税总水平；六是进口便利化措施，要结合WTO《贸易便利化协定》的实施，加快全国通关一体化改革，规范进口非关税措施，清理进口环节不合理收费，提高进口贸易便利化水平。

扩大进口的过程中，必须高度重视防范风险。进口可能带来的风险主要包括：① 产业安全风险，如果大量进口某些国内存在刚性需求而本国竞争力又相对较弱的产品，就有可能抑制甚至危及民族产业发展；② 外汇储备流失风险，进口增加会相

应减少进口国的外汇，当外汇储备急剧下降时，进口国的国际收支就会受到影响，甚至引发经济危机；③ 重要产品断供风险，有些重要的能源资源产品或高技术产品，如果进口来源单一或长期依赖进口，一旦遭受意外冲击，就会出现供应中断或价格畸高，使国内产业链受损。因此，我国在扩大进口的同时，应该尽早建立进口风险预警与防范机制，防患于未然，确保国家进口安全。

中国国际进口博览会：推动发展更高水平的开放型经济

魏 巍

（南京大学经济学院）

由习近平主席亲自谋划、亲自提出、亲自部署推动的首届中国国际进口博览会，已于2018年11月5日至11日在中国上海成功举办。中国国际进口博览会作为世界上第一个以进口为主题的大型国家级展会，包括展会和论坛两个部分。展会包括国家贸易投资综合展和企业商业展两部分，论坛以"激发全球贸易新活力，共创开放共赢新格局"为主题，由开幕式和三场平行论坛组成。

举办中国国际进口博览会，是以习近平同志为核心的党中央着眼推进新一轮对外开放作出的一项重大战略部署和战略决策，是中国政府向世界开放市场的重大举措，也是践行习近平总书记提出的推动构建人类共同命运体的又一重要体现，不仅充分彰显了新时代中国进一步扩大开放的决心和信心，而且以实际行动向世界昭示：中国开放的大门不会关闭，只会越开越大！中国将进一步推动我国发展更高水平的开放型经济。

一、举办中国进口博览会的意义

（一）满足人民美好生活需要

经过40年的改革开放，随着我国经济的增长，我国的消费水平也在不断提高。进入新时代，国民消费逐渐转向个性化、多样化。当前，一方面，消费市场的规模快速扩张，消费需求的多样性日益增加。另一方面，国内供给不能完全满足不同消费群体的需求，导致消费外溢明显的增加。举办中国国际进口博览会，正是适合中国消费者乃至全球市场对高品质高标准外来进口商品日益旺盛的需求，为全球货物贸易、服务贸易提供了一个全新的展示和交换的国际公共平台，不仅可以满足对国际知名品牌高端产品的需求，也可以满足对优质服务以及高端技术的需求，丰富国内消费者多样化消费的需要。

（二）推动形成开放新格局

十九大报告提出，中国要扩大开放，“坚持引进来和走出去并重，遵循共商共建共享原则，加强创新能力的开放格局，积极推动形成全面开放新格局”。从2013年以来，中国先后在上海、广东、天津、福建、辽宁、浙江、河南、湖北、重庆、四川、陕西、海南等十二个省市设立了自由贸易试验区，已经形成既有沿海、又有中部、也有东北的东中西协调、陆海统筹的“1+3+7+1”自由贸易试验区发展格局。下一步，将根据我国改革开放和经济发展的需要，以“一带一路”为统领，“赋予自由贸易试验区更大的自主权，探索建立自由贸易港”。中国国际进口博览会正是在这一格局基础上又一个开放的平台，“是我们主动开放市场的重大政策宣示和行动”，这充分彰显了新时代中国进一步扩大开放的决心和信心。通过举办中国国际进口博览会为中国深化改革开放注入活力，为中国发展开放型经济提供开放平台。中国通过这次国际进口博览会的举办，相关部门根据展会的需求，修改、完善了相关管理制度，出台了包括通关便利化、服务保障等一批政策措施。这些措施将为相关领域开放发展积累新经验，探索新路径，进一步扩大对外开放，推动形成全面开放新格局。

（三）促进要素的自由流动

促进要素的跨国境的自由流动。开放型经济发展最重要内容之一，就是商品、服务和生产要素（资本、技术等）能够较自由地跨越国境双向流动，按照市场规律在世界范围内实现资源优化配置的一种经济状态。中国举办中国国际进口博览会就是通过这个开放的平台，促进资源要素的自由流动，为世界各国搭建起促进商品、服务和生产要素的自由流动的平台。各国在这个平台上都可以实现商品自由的交换，实现买全球、卖全球，使商品自由买卖，各购所需，各卖所卖，促进世界经济发展。

（四）构建特色全球供应链

发展开放型经济就是要深度参与国际分工与合作，把国内经济和整个国际市场联系起来，实现两个市场两种资源的有机结合，尽可能充分地参加国际分工，并发挥出本国经济的比较优势，构建具有全球竞争力的产业链、供应链和价值链。中国经济发展进入新时代，要发展更高水平的开放型经济。在这样的背景下，中国就要扩大开放，促进全球要素的自由流动，开放市场，通过博览会促进各国产品的自由流动，构建具有中国特色的产业链、供应链。

（五）助推经济全球化的发展

经济全球化就是通过对外贸易、技术转移、资本流动、相互联系、相互依存等方式形成一个在全球范围内的有机经济整体，将世界各国连接一个统一的大市场，各国在这一大市场中各自发挥各自的比较优势，实现互利共赢、共同发展的目标。回顾历史，全球化为世界经济持续发展提供了源源不断的发展动力。当今世界，在全球化发展的进程中，出现了逆全球化、保护主义等影响贸易自由化的趋势。正因为如此，习近平主席在进博会开幕式上强调："各国削减壁垒、扩大开放，国际经贸就能打通血脉；如果以邻为壑、孤立封闭，国际经贸就会气滞血瘀，世界经济也难以健康发展。"中国就是通过中国国际进口博览会这个平台，倡导开放包容、互利共赢、共同发展，推动人类命运共同体建设，并且得到世界各国的广泛支持、积极参与。我们相信，中国国际进口博览会将成为世界各国展示国家形象、开展国际贸易的开放型合作平台，成为推进经济全球化的公共产品，推动经济全球化迈向新时代，成为推进全球自由贸易排除险阻、破浪前行的重要标志。在经济全球化的进程中，中国是经济全球化的受益者，更是贡献者。中国经济快速增长，成为拉动世界经济的"主引擎"和"稳定锚"，为世界经济健康发展注入了"中国能量"；中国致力于打造开放共赢的合作模式、公正合理的国际秩序，促进了经济全球化的发展。改革开放 40 年，中国从世界汲取发展动力，也将自身发展的红利惠及了世界。中国希望通过中国国际进口博览会的举办，广泛交流，求同存异，互利共赢，齐心协力，推动经济全球化朝着更加开放、包容、普惠、平衡、共赢的方向迈进，为建设一个持久和平、普遍安全、共同繁荣、开放包容、清洁美丽的世界而携手奋进！

（六）深化供给侧结构性改革

供给侧结构性改革就是"要在经济的供给侧和需求侧两端同时发力，从而促进经济转型升级"，提高社会生产力水平，落实好以人民为中心的发展思想。中国是有13亿多人口的大市场，随着人民生活水平的不断提升，对优质、特色商品和服务的需求日益旺盛。这次进口博览会的展品既有优质农产品和食品，也有先进医疗器械、抗癌新药等高端医药健康产品，有多达5000余件展品首次进入中国，参展企业带来质量优良、各具特色的产品，为满足人们美好生活需要拓宽了渠道。通过搭建中国进口博览会这个国际合作平台，消费者和企业不出国门就能体验全球质优价廉的产品，充分享受全球化带来的福利，较好地满足国内消费升级需求和消费者多样化需求，推动我国经济高质量发展，促进供给侧结构性改革向纵深推进。

二、举办中国进口博览会的影响

（一）树立了世界大国开放的形象

改革开放以来，中国一直以积极的姿态不断开放。如果说，广交会是一扇窗，展示了中国改革开放和发展成就，那么，进博会就像一道门，打开了中国对外开放的心扉，让世界更加了解中国，让中国进一步融入世界。进口博览会既是国际贸易发展史上的一大创举，也是中国对外开放庄严承诺的兑现。本次中国进口博览会不仅树立了中国对外开放的大国形象，也充分显示了中国守诺的决心。为了办好此次中国进口国际博览会，中国从7月1日起，将我国的整车关税由最高的25%降低到15%，汽车零部件关税也随之降低到6%；之后又将服装鞋帽、厨房、体育健身、洗衣机、冰箱等1449个税目产品进口关税大幅降低；11月1日起，我国又降低1585个税目工业品等商品进口关税税率。至此，我国关税总水平降至7.5%。我国主动扩大对外开放，不仅赢得来世界各国的赞同，也进一步满足了中国人民日益增长的美好生活需要，中国以实际行动树立了开放大国的国际形象。

（二）提升了大国的国际影响力

首届中国进口博览会展览总面积达30万平方米，举办时间长达6天，有172个国家、地区和国际组织参会，3600多家企业参展，超过40万名境内外采购商到会洽谈，累计意向成交金额达578.3亿美元，国内外影响广泛。此次中国国际进口博览会的举办，弘扬了中国新时代的开放引领、创新发展、包容合作、互利共赢等主旋律，以改革开放 40 年为契机，向国际社会进一步展示了我国新时代发展扬帆再起航的宏伟蓝图，奏响了我国与世界各国打造新型国际关系以及共同推进人类命运共同体的时代最强音。

此次中国国际进口博览会向全世界展示了中国改革开放 40 年取得的成就、新时代继续扩大开放的决心和信心；提高了中国经济外交的综合能力，包括进一步积极主动扩大对外开放，积极推动实现贸易平衡发展；搭建世界贸易发展国际公共平台，使虹桥经贸论坛成为一个世界级国际贸易投资论坛，进一步提高了中国在全球经贸治理的国际话语权，提升了中国大国的国际影响力。

（三）增强了世界经济增长的信心

2008 年世界金融危机爆发以来，世界经济一直处于停滞或缓慢发展的趋势。中国作为世界经济大国，积极推进改革开放，开放已经成为引领中国经济发展、提高国际影响力的重要一招。中国坚持开放发展，以开放促发展，不仅中国经济获得了快速发展，2013—2018 年中国国内生产总值年均增长 7.1%，占世界经济比重从 11.4%提高到 15%左右，也推动了世界经济的发展，对世界经济增长贡献率超过 30%，对世界经济的发展也做出了贡献。展望未来，中国经济仍将继续发展，推动世界经济的发展。正像习近平主席在进博会开幕式上表示的那样，“预计未来 15 年，中国进口商品和服务将分别超过 30 万亿美元和 10 万亿美元”。习近平主席的表态是对中国经济健康稳定持续发展的信心，进一步提振了世界经济增长信心。正如国际货币基金组织总裁拉加德表示的那样，中国经济持续发展、不断扩大开放“为当今世界增加了确定性和希望”。

（四）深化了与伙伴国经贸合作关系

改革开放 40 年来，中国始终坚持对外开放的基本国策，在积极融入经济全球化发展的同时，积极发展与主要经贸伙伴的经贸关系。特别是党的十八大以来，以习近平同志为核心的党中央，从全球发展的战略视野，积极推动构建人类命运共同体，以“一带一路”为统领，推动与沿线国家经贸关系的发展。中国国际进口博览会的举办为各国对外出口搭建了一个合作共赢的开放平台。通过中国国际进口博览会的举办，使来自全球的新产品、新科技、优质产品云集，无论是进口展览品的数量，还是金额，均创国内展会之最。各国通过参与中国国际进口博览会，不仅可以搭乘中国发展快车，也进一步深化了与中国以及其他国家的经贸合作。“一花独放不是春，百花齐放春满园。”中华民族向来憧憬“世界大同，天下一家”的美好愿望，抱守“和谐万邦，和合世界”的文化精神，奉行“大道之行，天下为公”的处事原则。中国人民不仅希望自己过得好，也希望世界各国人民过得好。“中国人民张开双臂欢迎各国人民搭乘中国发展的‘快车’、‘便车’”，中国发展就是世界的机遇，中国将会进一步加强与各伙伴国的经贸关系，共促发展。

（五）维护了自由贸易体制

近年来，世界经济复苏依然动力不足，贸易保护主义盛行，“反全球化”“逆全球化”思潮涌动，部分国家采取了贸易保护主义政策，经贸摩擦和投资保护不断加剧，世界经济发展又面临新的挑战。面对当前世界经济复苏的现实困境，中国政府决定举办中国国际进口博览会，用实际行动反对贸易保护主义，捍卫经济全球化，推动全球经济复苏。中国主办的中国国际进口博览会，是全球各国参与“买全球、卖全球”的开放性平台，不是中国的独唱，而是各个国家的大合唱，充分体现了我国支持多边贸易体制、发展自由贸易的坚定决心和一贯立场，表明了中国反对保护主义、建设和维护开放型世界经济的积极信号。在这次进口博览会上，中国吸纳外国进口产品且减让关税，对于维护多边贸易环境是非常正面的支持。同时，进口更多外国优良货品，也可以更好地满足消费者需求，并助力中国调整经济结构及改善供应链。正如世界贸易组织总干事阿泽维多在评价中国国际进口博览会时说：“举办进口博览会是中国推动经济全球化、支持多边贸易体制的重大举措。”

（六）推动了上海的国际化进程

此次中国进口国际博览会在上海举行，扩大了上海的国际影响力，推动了上海国际经济、金融、贸易、航运、科技创新“五个中心”建设进程，奠定了上海作为全球最优资源配置中心的功能和地位，推动了上海与全球相互投资、促进了国际产能合作。此次中国进口博览会的举办对上海新一轮对外开放、长三角经济区一体化产生带动效应，促进了区域经济合作与发展的进程，推动了以上海为中心的国际会展产业链和服务品牌的建设，促进上海国际化的进程。

三、对中国国际进口博览会的建议

首次中国国际进口博览会圆满结束，取得了重要的成就。但毕竟是首次，今后

仍然需要进一步完善，

第一，加强机制保障。任何事情办好，都需要有一个强有力的机制保障。中国国际进口博览会也是如此，要把进口博览会办好办长远，就必须有一个完善的机制做保障。因此，必须注重长效机制和落实机制建设，加强组织体制与工作机制的建设，如协调机制、动态管理、动态落实、及时纠正机制等。

第二，建立大数据网络。首届中国国际进口博览会的举办汇集了全球大量的信息，建立全球政府部门、企业等大数据网络，意义非常重大。在构建大数据网络的基础上，分析整理，一部分数据要进行深加工，为国际经济发展、参与全球治理体系的决策服务；一部分大数据进行整理分析，为下一届博览会的举办服务；一部分大数据要系统分析、构建体系，为各国企业发展提供咨询服务。

第三，探索进口管理便利化的路径。中国国际进口博览会既是一个开放平台，又是一个进口平台。在举办博览会的过程中也是一个进口的过程，不过这个进口过程非常复杂，涉及进口的方方面面，如检验检疫、流通体制、外商投资和服务贸易负面清单等等。因此，应以举办中国国际进口博览会为契机，探索进口管理便利化的新路径，加快进口体制机制的改革步伐，更好地适应开放型经济的发展。

总之，中国国际进口博览会不是一般性的展会，不仅在国际贸易发展史上是一大创举，更是我国推动新一轮高水平对外开放作出的重大决策，具有重要的意义和重大的影响。中国国际进口博览会的成功举办充分表明了中国支持贸易自由化和经济全球化的坚定信心；充分显示了中国在更大范围、更宽领域、更深层次上发展开放型世界经济的决心，以及反对贸易保护主义和推动经济全球化的一贯立场，契合了世界各国人民谋发展同进步的共同心愿。

中国货物贸易进口的产品结构和比较优势测算

魏　浩[①]　　郭　也[①]　　周丽群[②]

（① 北京师范大学经济与工商管理学院；
② 首都经济贸易大学）

自从2012年以来，国家政府出台了一系列扩大进口的贸易政策和指导意见。习近平主席在不同时间、不同场合也反复强调要积极扩大进口、主动扩大进口。主动扩大进口是习近平主席在博鳌亚洲论坛2018年年会开幕式上宣布的中国扩大开放四项重大举措之一。2018年11月5日上午，习近平主席在首届中国国际进口博览会开幕式上向世界宣布：中国将进一步扩大开放，推进开放的五项措施之一是激发进口潜力；中国主动扩大进口，不是权宜之计，而是面向世界、面向未来、促进共同发展的长远考量。基于此，本文针对中国货物贸易进口发展的历史变迁、国际影响、进口产品结构、进口产品在中国市场上的比较优势变化等情况进行全面测算。

一、中国货物进口的整体情况分析

（一）中国货物进口规模日益增加

自从改革开放以来，中国从世界各国的进口总额总体表现为稳步上升的态势（见图1），尤其在2001年加入WTO以后，中国进口总额经历了一轮高速增长，2009年小幅度下降后，2010—2014年继续高速增长，2015年和2016年进口总额有所下降，但2017年又有所回升。总体而言，在1978—2017年期间，中国从世界各国的进口总额从1978年的109亿美元上升到2017年的18410亿美元，增长了近168倍，与此同时，中国的进口来源国（地区）从2001年的181个增加到了2017年的218个。

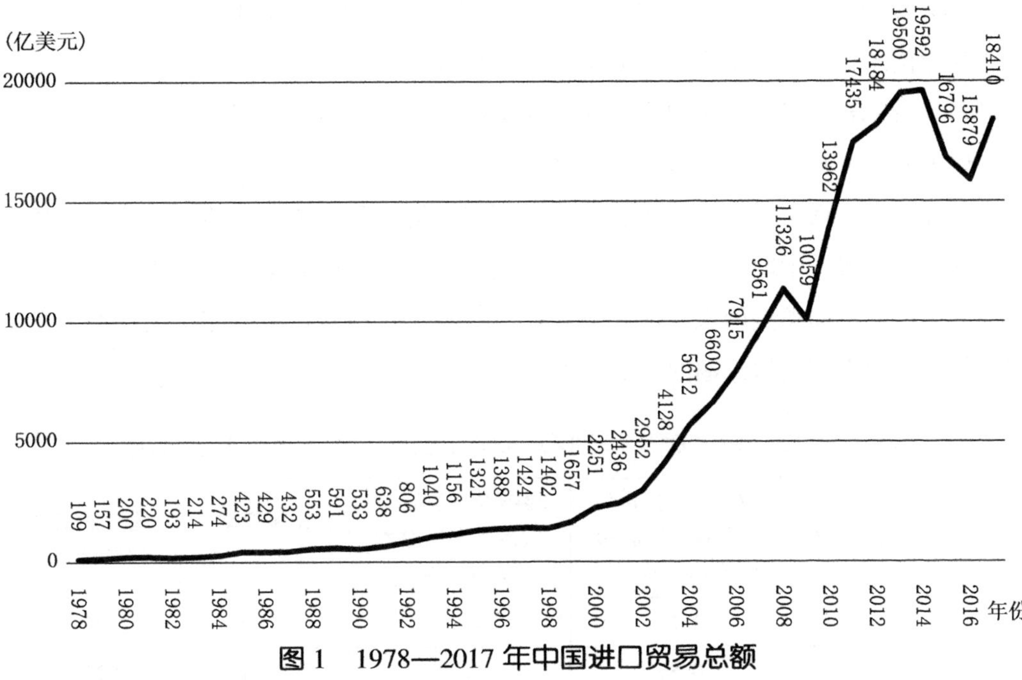

图1　1978—2017年中国进口贸易总额

数据来源：根据中国海关总署以及联合国贸易商品统计数据库中报告的数据整理所得。

（二）中国货物进口在世界进口中的地位日益提升

在1979—2017年期间，中国进口总额占世界进口总额的比例从1979年的0.93%上升到2017年的11.59%。其中，2001年加入WTO后，占比开始快速增加。自从2012年以来，中国进口总额占世界进口总额的比例都保持在10%以上。中国进口在世界的排名从1979年的第23位上升到2017年的第2位。在1979—1999年期间，中国进口在世界的排名一直徘徊在第10-23位之间；从2000年开始，中国进口在世界的排名持续上升，2009年超越德国上升到世界第2位，之后中国进口在世界的排名一直保持在第2位，仅次于美国。

（三）中国货物进口对进口来源国总出口的贡献整体提升

从中国进口额占进口来源国总出口的比例分布情况来看，2015年，在可获得数据的149个国家中，共有101个国家的比例低于5%，20个国家的比例位于5%~10%之间，15个国家的比例位于10%~20%之间，3个国家的比例位于20%~30%之间，4个国家的比例位于30%~40%之间，2个国家的比例位于40%~50%之间，4

个国家的比例高于50%。2015年，中国是41个国家的第一大进口国，而美国仅为36个国家的第一大进口国。在2001—2015年期间，从中国进口额占进口来源国出口总额比例的变动情况来看，在可获得数据的128个国家中，仅有10个国家的比例下降，其余118个国家的比例均上升。从比例上升最大的十个国家来看，这些国家的比例上升幅度在13.94%~39.22 %之间。

另外，表1列出了2001—2015年中国从G7集团和金砖国家的进口情况，从比例变动情况来看，中国进口额占这些国家出口总额的比例均表现为上升趋势。表2列出了中国从不同类型国家①的进口情况，与2001年相比，2015年中国从不同类型国家的进口额占其出口总额的比例均大幅提升。

表1　2001年、2015年中国从G7集团和金砖国家的进口情况

	国家名称	2001年中国进口额占其出口总额比例（%）	2015年中国进口额占其出口总额比例（%）	比例变动（%）	进口额变动（亿美元）
G7	美国	2.63	7.73	5.10	969
	英国	0.89	5.92	5.04	251
	德国	1.88	5.98	4.10	687
	法国	1.02	4.03	3.02	170
	日本	7.68	17.49	9.80	783
	意大利	1.19	2.53	1.34	86
	加拿大	1.06	3.86	2.81	130
金砖国家	南非	1.77	8.33	6.56	53
	巴西	3.26	18.63	15.37	337
	俄罗斯	5.60	8.24	2.64	227
	印度	2.10	3.62	1.52	87

数据来源：作者根据联合国贸易商品统计数据库中出口国家报告的数据整理所得，https://comtrade.un.org/data/。

① 国家信息中心主办了“一带一路”官方网站，本文根据网站上公布的国家名单定义了“一带一路”沿线国家，在128个国家中，共计48个“一带一路”沿线国家、80个非“一带一路”沿线国家；OECD国家的划分依据为OECD数据库，在128个国家中，共计35个OECD国家、93个非OECD国家；不同收入水平国家的划分依据为世界银行公布的标准，在128个国家中，共计57个高收入国家、56个中等收入国家、15个低收入国家；金砖国家包括俄罗斯、印度、南非以及巴西；20国集团包括德国、美国、沙特阿拉伯等18个国家，中国与欧盟未包含在内。

表 2　2001 年、2015 年中国从不同类型的国家进口情况

进口来源国	2001 年			2015 年		
	中国进口额（亿美元）	占中国进口总额的比例（%）	占进口来源国出口总额的比例（%）	中国进口额（亿美元）	占中国进口总额的比例（%）	占进口来源国出口总额的比例（%）
“一带一路”沿线国家	471	19.35	4.17	3805	22.65	9.00
非“一带一路”沿线国家	1622	66.60	3.66	8738	52.03	9.49
OECD 国家	1062	43.61	2.41	6813	40.57	7.19
非 OECD 国家	1031	42.34	8.86	5729	34.11	14.44
高收入国家	1907	78.29	3.96	10735	63.91	9.76
中等收入国家	185	7.61	2.52	1789	10.65	7.44
低收入国家	1	0.06	1.71	19	0.11	4.96
金砖国家	89	3.65	3.90	793	4.72	9.13
20 国集团	1072	44.03	3.01	6902	41.10	8.85

注：“一带一路”沿线国家、非“一带一路”沿线国家占中国进口总额的比例之和小于1，主要原因在于：部分国家没有同时报告 2001 年、2015 年的中国进口额数据和出口总额数据，这些国家没有统计在内。OECD 国家、非 OECD 国家，高收入国家、中等收入国家及低收入国家的情况类似。

数据来源：作者根据联合国贸易商品统计数据库中出口国家报告的数据整理所得，https：//comtrade.un.org/data/。

二、中国货物进口的产品结构分析

目前，已有的进口商品结构分析框架主要有两种：国际组织根据产品编码（SITC、HS、BEC）简单归类的框架、牛津大学教授 Lall（2000）构建的分析框架。但是，这两种分析框架都存在很大的问题。已有分析框架都是人为地把商品进行分类，缺乏科学依据，而且，采用的都是比较宏观的产品分类标准，涵盖的产品种类数比较少，容易掩盖不同类型商品之间属性的差异性。因此，本文采用魏浩等（2016）基于 SITC 5 位码三千多种产品的微观数据，在对非技术性商品单独进行分类的基础上，构建了新的国际贸易商品结构分析框架。这个国际贸易商品结构分析框架包括 11 类商品，其中，把技术特征不明显的商品分成 5 类（非农业型初级产品、农业型初级产品、金属类制成品、农业资源型制成品、其他资源类制成品）；把技术特征明显的商品分成 6 类（低技术、中低技术、中等技术、中高技术、高技术和特高技术）。

（一）中国整体进口产品结构

如表3所示，在1992—2016年期间，中国进口产品结构发生了较大调整，非农业型初级产品在中国进口总额中所占份额大幅上升，低技术产品所占份额大幅下降。2016年，中国主要进口非农业型初级产品、高技术产品和中高技术产品；非农业型初级产品是中国进口的第一大产品，高技术产品是中国进口的第二大产品和第一大技术类制成品。另外，从中国进口结构与世界进口结构的比较来看，中国进口了较多的非农业型初级产品，但是，中高技术产品、高技术产品和特高技术产品的进口相对较少。

表3　1992—2016年中国进口产品结构

单位：%

产品类型		1992	1995	1997	2000	2001	2005	2010	2011	2012	2013	2014	2015	2016
初级产品	非农业型初级产品	6.63	4.79	9.73	10.58	9.01	14.14	25.99	29.47	30.18	30.21	28.61	21.64	21.35
	农业型初级产品	9.82	12.56	10.70	9.25	8.81	7.31	9.56	10.26	10.89	11.09	10.99	11.81	12.29
	合计	16.45	17.36	20.43	19.83	17.81	21.45	35.55	39.73	41.08	41.29	39.61	33.45	33.63
制成品	金属类制成品	8.08	7.03	5.02	6.09	5.94	5.47	6.21	5.61	5.19	4.63	4.44	10.30	9.43
	农业资源型制成品	4.20	3.88	4.64	3.44	2.98	1.47	1.31	1.19	1.19	1.20	1.16	1.14	1.03
	其他资源类制成品	2.57	2.60	2.69	3.49	3.32	3.27	3.76	4.04	3.99	4.67	6.03	4.42	4.46
	低技术产品	4.05	5.21	4.52	8.30	8.95	14.44	0.14	0.14	0.14	0.14	0.14	0.17	0.18
	中低技术产品	10.20	9.73	8.64	6.97	6.66	7.37	5.79	4.92	5.38	5.39	4.78	5.27	4.80
	中等技术产品	12.17	13.41	14.35	16.51	16.91	15.53	11.95	10.47	10.41	9.83	9.46	9.94	9.78
	中高技术产品	18.54	18.31	17.91	16.00	16.35	13.57	13.29	12.23	11.97	12.19	12.12	12.64	12.69
	高技术产品	18.46	16.27	16.51	14.19	15.76	13.01	16.58	16.01	15.56	15.57	16.75	16.51	17.13
	特高技术产品	5.28	6.21	5.28	5.17	5.31	4.42	5.40	5.66	5.11	5.10	5.51	6.16	6.86
	合计	83.55	82.64	79.57	80.17	82.19	78.55	64.45	60.27	58.92	58.71	60.39	66.55	66.37

数据来源：根据联合国贸易商品统计数据库数据整理。

（二）中国各类产品进口占世界各类产品进口总额的比例

在1992—2016年期间，从中国各类产品进口总额占世界各类产品进口总额的比例来看，除了低技术产品进口占世界进口总额的比例有所下降，其他各类产品占世界进口总额的比例都显著增长，非农业型初级产品所占比例增长幅度最大。如表4所示，中国低技术产品进口占世界进口总额的比例从1992年的1.69%下降到2016年的1.52%；非农业型初级产品所占比例增长幅度最大，从1992年的1.49%增加到2016年的20.88%，增加了19.39个百分点；农业型初级产品所占比例从1.71%增长到10.09%；金属类制成品所占比例从3.35%增长到12.61%；农业资源型制成品所占比例从3.06%增长到4.48%；其他资源类制成品所占比例从1.22%增长到7.90%；中低技术产品所占比例从2.40%增长到4.58%；中等技术产品所占比例从2.36%增加到8.32%；中高技术产品所占比例从3.11%增长到7.97%；高技术产品所占比例从2.18%增长到8.15%；特高技术产品所占比例从2.53%增长到7.97%。

（三）中国从发达国家的进口产品结构

在2001—2016年期间，中国从发达国家的进口产品结构变化不大，除澳大利亚和加拿大外，中国从发达国家主要进口技术类产品，特别是中高技术产品、高技术产品和特高技术产品；从发达国家进口占中国各类产品进口总额的比例变化不大，但是，中国占发达国家各类产品出口总额的比例都有一定程度的上升。2016年，美国、日本和德国是中国高技术产品和特高技术产品的主要进口来源国，三个国家的这两类产品在中国的市场份额合计超过了50%（如表5所示），美国和德国的中高技术产品、高技术产品、特高技术产品在中国市场上的占有率，高于中国占美国和德国相应产品出口总额的比例。虽然中国进口占发达国家各类产品出口总额的比例基本高于中国从这些国家进口占中国各类产品进口总额的比例，但是，除美国、日本、澳大利亚外，中国仍不是发达国家的主要出口目的地国（如表6所示）。此外，英国、法国、荷兰、加拿大、意大利的中高技术产品、高技术产品、特高技术产品在世界市场上的占有率都高于在中国市场上的占有率，这说明在这些产品上中国从英国、法国、荷兰、加拿大、意大利的进口还存在进一步扩大的空间。

表 4　1992—2016 年中国各类产品进口占世界各类产品进口的份额

单位：%

产品类型	1992	1995	1997	2000	2001	2005	2010	2011	2012	2013	2014	2015	2016
非农业型初级产品	1.49	1.58	2.75	3.98	3.91	7.19	14.54	15.30	15.57	16.71	17.54	18.76	20.88
农业型初级产品	1.71	2.73	2.46	3.44	3.55	5.28	8.13	8.84	9.71	9.86	9.98	10.28	10.09
金属类制成品	3.35	3.14	2.87	5.16	5.72	7.37	8.85	7.74	6.76	6.02	6.59	14.26	12.61
农业资源型制成品	3.06	3.26	4.18	4.53	4.32	4.12	5.16	5.00	5.20	5.32	5.29	5.12	4.48
其他资源类制成品	1.22	1.45	1.49	2.59	2.77	4.32	6.63	7.33	7.30	8.57	11.14	8.16	7.90
低技术产品	1.69	2.12	1.87	4.15	5.66	16.96	1.24	1.29	1.32	1.33	1.36	1.46	1.52
中低技术产品	2.40	2.75	2.39	2.40	2.55	4.75	5.54	5.13	5.63	5.56	5.06	5.13	4.58
中等技术产品	2.36	2.91	2.89	4.22	4.97	8.21	9.22	9.31	9.51	9.23	9.07	8.83	8.32
中高技术产品	3.11	3.58	3.43	4.19	4.77	6.51	8.49	8.33	8.32	8.48	8.51	8.34	7.97
高技术产品	2.18	2.45	2.37	2.78	3.35	4.80	8.58	8.90	8.57	8.59	9.21	8.46	8.15
特高技术产品	2.53	3.53	2.84	3.59	3.76	4.82	6.65	7.58	6.97	7.04	7.58	7.70	7.97
全部产品	2.21	2.69	2.62	3.47	3.90	6.30	9.21	9.66	10.03	10.54	10.61	10.40	10.14

数据来源：根据联合国贸易商品统计数据库数据整理。

表5 2016年从发达国家进口占中国各类产品进口总额的比例

单位:%

产品类型	美国	日本	德国	英国	法国	澳大利亚	荷兰	加拿大	意大利	合计
非农业型初级产品	1.87	0.70	0.16	0.92	0.04	19.23	0.68	0.73	0.04	24.37
农业型初级产品	18.88	1.57	1.75	0.84	2.26	5.04	1.46	5.91	0.54	38.25
金属类制成品	3.06	6.64	1.65	0.30	0.34	7.11	0.07	1.30	0.25	20.72
农业资源型制成品	11.55	9.51	7.33	1.38	1.94	1.10	0.57	0.52	5.63	39.52
其他资源类制成品	7.90	13.34	4.56	0.69	1.84	0.16	0.53	0.20	1.07	30.30
低技术产品	3.04	5.81	1.54	0.52	0.62	0.07	0.16	0.16	4.36	16.30
中低技术产品	1.67	9.03	0.76	0.22	0.41	0.04	0.05	0.04	2.18	14.40
中等技术产品	3.38	10.51	3.82	0.40	0.67	0.06	0.35	0.23	1.47	20.91
中高技术产品	6.43	17.71	10.36	0.85	1.47	0.18	0.58	1.05	1.88	40.51
高技术产品	21.18	18.26	17.71	4.26	4.66	0.44	0.72	0.85	2.21	70.29
特高技术产品	19.14	17.55	16.29	2.59	3.38	0.33	2.27	0.77	3.20	65.52

数据来源：根据联合国贸易商品统计数据库数据整理。

（四）中国从发展中大国的进口产品结构

在2001—2016年期间，中国从巴西、印度、南非、墨西哥的进口产品结构变化不大，中国从巴西主要进口初级产品，从印度和南非主要进口初级产品和非技术类产品，从墨西哥主要进口技术类产品，中国从俄罗斯主要进口的产品从2001年的初级产品和高技术产品变为2016年单一的初级产品（如表7所示）；中国进口对发展中大国的依赖程度小于发展中大国出口对中国的依赖程度，除墨西哥外，中国是发展中大国初级产品和非技术类制成品的主要出口目的国（如表8所示），发展中大国的初级产品、非技术类制成品在中国已有一定的市场占有率，但是，发展中大国仍不是中国的主要进口来源国。

（五）中国从周边地区的进口产品结构

中国从周边地区主要进口的产品从2001年的低技术产品、中等技术产品变为2016年的中等技术产品、中高技术产品；从市场占有率看，周边地区一直是我国低技术产品、中低技术产品、中等技术产品的主要进口来源地，2016年，8个周边地区的这三类产品在中国的市场占有率合计都在44%~54%之间（如表9所示）；从中国占周边地区各类产品出口总额的比例看，中国是周边国家名副其实的主要出口目的地国，除了低技术产品之外，中国进口占周边地区各类产品出口总额的比例都远高于中国周边地区各类产品在中国市场上的占有率（如表 10 所示）。

表 6　2016 年中国占发达国家各类产品出口总额的比例

单位：%

产品类型	美国	日本	德国	英国	法国	澳大利亚	荷兰	加拿大	意大利
非农业型初级产品	10.75	32.00	2.60	11.83	1.24	46.89	6.91	3.10	4.35
农业型初级产品	18.47	20.38	3.26	4.30	5.10	21.80	2.88	14.26	1.87
金属类制成品	7.70	18.69	3.93	1.37	2.08	31.86	0.66	4.79	1.24
农业资源型制成品	6.75	10.98	3.47	3.54	2.38	14.98	1.52	0.57	5.37
其他资源类制成品	7.52	27.77	5.88	2.15	3.86	2.91	1.64	1.24	2.74
低技术产品	2.05	8.27	0.92	1.21	0.96	1.25	0.22	1.27	3.78
中低技术产品	4.09	35.61	1.20	1.34	1.79	3.44	0.11	0.65	4.21
中等技术产品	5.92	22.39	5.78	2.61	3.06	4.93	1.48	2.13	3.86
中高技术产品	5.51	21.44	6.87	3.19	3.05	7.99	2.24	4.04	3.40
高技术产品	11.26	15.55	8.66	7.94	6.27	13.44	2.90	1.94	4.92
特高技术产品	9.08	21.36	9.51	5.16	5.61	5.88	3.99	3.52	6.04

数据来源：根据联合国贸易商品统计数据库数据整理。

表 7　2016 年从发展中大国进口占中国各类产品进口总额的比例

单位：%

产品类型	巴西	印度	俄罗斯	南非	墨西哥	合计
非农业型初级产品	7.18	0.51	7.08	1.88	0.78	17.43
农业型初级产品	14.04	0.95	4.22	0.54	0.17	19.93
金属类制成品	0.89	1.05	2.47	9.97	0.21	14.59
农业资源型制成品	6.40	2.28	1.44	0.29	0.65	11.06
其他资源类制成品	0.29	6.03	0.52	6.83	0.10	13.76
低技术产品	0.40	1.88	0.17	0.05	0.13	2.64
中低技术产品	1.31	2.29	0.03	0.00	0.17	3.81
中等技术产品	0.46	0.34	0.13	0.04	0.47	1.45
中高技术产品	0.20	0.52	0.59	0.07	0.96	2.34
高技术产品	0.27	0.28	0.34	0.03	0.95	1.86
特高技术产品	0.12	0.24	0.17	0.18	0.41	1.12

数据来源：根据联合国贸易商品统计数据库数据整理。

表8 2016年中国占发展中大国各类产品出口总额的比例

单位：%

产品类型	巴西	印度	俄罗斯	南非	墨西哥
非农业型初级产品	49.77	45.60	16.85	35.78	9.74
农业型初级产品	27.66	5.25	25.95	7.83	0.76
金属类制成品	8.05	7.00	9.80	33.15	2.23
农业资源型制成品	12.71	7.32	3.96	4.02	2.35
其他资源类制成品	2.89	6.32	2.60	43.92	1.30
低技术产品	1.72	0.78	1.04	0.47	0.41
中低技术产品	30.75	5.26	0.42	0.10	0.28
中等技术产品	10.14	2.64	3.30	2.70	0.94
中高技术产品	2.23	3.84	9.90	1.49	1.53
高技术产品	3.17	2.72	10.17	0.53	2.66
特高技术产品	3.75	1.26	4.23	12.31	3.72

数据来源：根据联合国贸易商品统计数据库数据整理。

表9 2016年从周边地区进口占中国各类产品进口总额的比例

单位：%

产品类型	韩国	新加坡	马来西亚	泰国	越南	印度尼西亚	菲律宾	中国台湾	合计
非农业型初级产品	0.91	0.30	1.77	0.36	0.66	3.18	0.72	0.13	8.03
农业型初级产品	1.11	0.41	2.16	5.45	2.89	3.99	0.45	0.69	17.14
金属类制成品	4.86	1.99	0.21	0.11	0.04	1.02	0.19	2.98	11.39
农业资源型制成品	6.84	0.42	1.76	6.56	3.13	6.01	0.08	4.21	29.01
其他资源类制成品	20.33	2.35	1.51	7.30	0.43	0.48	0.25	7.03	39.66
低技术产品	5.69	0.05	6.69	4.82	13.60	5.72	0.70	7.45	44.72
中低技术产品	22.83	0.53	0.95	0.76	8.29	1.17	0.17	18.16	53.15
中等技术产品	12.85	1.36	3.98	6.82	3.91	1.07	3.72	10.93	44.65
中高技术产品	11.54	1.87	2.71	3.20	0.68	0.59	1.32	9.04	30.95
高技术产品	8.09	1.49	0.98	1.35	0.27	0.20	0.18	4.70	17.26
特高技术产品	6.46	4.66	0.57	1.08	0.27	0.07	0.03	3.10	16.25

数据来源：根据联合国贸易商品统计数据库数据整理。

表 10　2016 年中国占周边地区各类产品出口总额的比例

单位：%

产品类型	韩国	新加坡	马来西亚	泰国	越南	印度尼西亚	菲律宾	中国台湾
非农业型初级产品	56.86	26.70	22.35	44.76	51.82	22.79	5.51	31.18
农业型初级产品	16.25	9.53	14.11	23.26	19.54	15.62	9.69	18.14
金属类制成品	19.85	26.15	4.50	1.56	1.62	12.40	7.70	30.93
农业资源型制成品	10.76	4.57	7.33	10.84	16.76	9.92	0.98	16.89
其他资源类制成品	57.37	7.01	15.58	26.89	8.06	6.58	21.06	48.00
低技术产品	5.20	0.18	2.99	2.17	3.80	3.34	3.02	7.62
中低技术产品	35.39	6.50	4.64	3.46	6.23	5.06	8.10	40.70
中等技术产品	25.08	10.22	13.63	18.40	12.67	8.55	45.52	25.69
中高技术产品	26.56	16.68	19.03	12.25	10.64	8.57	24.30	31.83
高技术产品	17.64	14.05	11.59	11.23	13.33	4.47	10.17	25.30
特高技术产品	25.55	15.68	8.36	22.66	18.10	3.65	2.99	30.55

数据来源：根据联合国贸易商品统计数据库数据整理。

三、进口产品在中国市场上的比较优势分析

对一国出口比较优势测度，普遍使用的方法是显示比较优势指数（RCA）。这一指数最初由经济学者 Balassa 提出，后被广泛应用于各种比较优势的计算，并且在原有的 RCA 指数基础上出现了各种扩展。这一指数计算出口比较优势的基本思想是，一国某种出口商品在本国出口中所占的比重与世界此类产品出口占世界出口的比重之比。本文计算进口比较优势指数的公式是：

$$RCA_{ij} = \left(\frac{m_{ij}}{m_{it}}\right) \Big/ \left(\frac{m_{nj}}{m_{nt}}\right)$$

公式中的变量 m 代表进口值，下标 i 代表进口国，n 代表世界（或区域市场、某一国家），j 代表某种或某类产品，t 代表所有产品，根据研究问题的不同，所指的范围也有所不同。显示比较优势指数的计算大致分为三种类型：① 一国某种产品在世界市场上的比较优势；② 一国某种产品在某一个区域市场的比较优势；③ 一国某种产品在另一个国家市场上的比较优势。比较优势的确定取决于 RCA 数值的大小，大于 1 说明某类产品具有比较优势，小于 1 说明具有比较劣势（魏浩，2011）。

（一）世界各国各类产品在中国市场上的比较优势

计算结果表明：在 2001—2016 年期间，发达国家和发展中大国在中国市场上具

有比较优势的大类产品基本没有变化。2016 年，美国、日本、德国、英国、法国、荷兰、意大利的高技术产品、特高技术产品在中国市场具有比较优势，澳大利亚和加拿大的初级产品具有比较优势，巴西和俄罗斯的初级产品、印度和南非的非技术类制成品在中国市场具有比较优势；周边国家在中国市场上具有比较优势的产品变化各有不同，越南具有比较优势的产品从 2001 年的初级产品变为 2016 年的低、中低技术产品，菲律宾具有比较优势的产品从低技术产品变为中等技术产品，韩国和中国台湾具有比较优势的产品一直是中低、中等和中高技术产品，新加坡一直在中高、特高技术产品上具有比较优势，马来西亚和泰国一直在低技术和中等技术产品上具有比较优势。

（二）进口产品在中国市场上的比较优势变化

如表 11 所示，2001 年，在 3116 种产品（SITC 5 位码）中，具有比较优势的产品（RCA>1）共 990 种，占全部产品的 31.77%。其中，具有一般比较优势的产品（1<RCA≤2）有 430 种，具有较强比较优势的产品（2<RCA≤3）有 226 种，具有显著比较优势的产品（RCA>3）有 334 种。如表 12 所示，2016 年，进口产品在中国市场上的比较优势发生了较大的变化。2016 年具有比较优势的产品数量比 2001 年减少了 411 种，减少到 579 种，只占全部 3116 种产品的 18.58%。其中，具有一般比较优势的产品减少了 83 种，具有较强比较优势的产品减少了 121 种，具有显著比较优势的产品减少了 207 种。从具有比较优势产品的构成来看，低技术产品、中低技术产品、中等技术产品和中高技术产品中具有比较优势的产品数量下降最多。

（三）美国产品在中国市场上的比较优势变化

中国从美国主要进口的产品从 2001 年的农业型初级产品、中等技术产品、中高技术产品、高技术产品变为 2016 年的农业型初级产品、高技术产品和特高技术产品。在 2001—2016 年期间，美国的高技术产品、特高技术产品在中国市场上的占有率一直比较高，且有逐渐增加的趋势，2016 年市场占有率分别为 21.18%、19.14%。但是，中国占美国高技术产品、特高技术产品出口总额的比例一直不高，2016 年分别为 11.26%、9.08%。

如表 13 和表 14 所示，与 2001 年相比，2016 年美国产品在中国市场上的比较优势发生了一定程度的变化。从具有比较优势的产品（RCA>1）数量来看，在中国市场上具有比较优势的产品增加了，比 2001 年增加了 65 种，增加到 1067 种，占全部

3116 种产品的 34.24%，其中，具有一般比较优势的产品增加了 40 种，具有较强比较优势的产品减少了 12 种，具有显著比较优势的产品增加了 37 种。从具有比较优势产品的构成来看，美国的中高技术产品、高技术产品、特高技术产品在中国市场上具有比较优势的产品数量都增加了，分别增加了 27 种、31 种、12 种。

表 11　2001 年进口产品在中国市场上的比较优势分布状况

单位：%

产品类型	产品总数	RCA>1	1<RCA≤2	2<RCA≤3	RCA>3	最大值	平均值
非农业型初级产品	88	29	10	4	15	24.522	1.628
农业型初级产品	627	134	52	23	59	13.172	0.892
金属类制成品	239	79	32	17	30	11.587	1.252
农业资源型制成品	127	57	29	11	17	8.923	1.372
其他资源类制成品	263	72	34	18	20	6.526	0.900
低技术产品	152	32	13	11	8	12.277	0.730
中低技术产品	268	68	23	16	29	9.981	0.986
中等技术产品	332	99	43	24	32	9.164	1.055
中高技术产品	409	169	69	41	59	13.789	1.410
高技术产品	427	183	90	47	46	16.132	1.382
特高技术产品	184	68	35	14	19	10.630	1.193
合计	3116	990	430	226	334	24.52	1.13

数据来源：根据联合国贸易商品统计数据库数据整理。

表 12　2016 年进口产品在中国市场上的比较优势分布状况

产品类型	产品总数	RCA>1	1<RCA≤2	2<RCA≤3	RCA>3	最大值	平均值
非农业型初级产品	88	37	13	3	21	9.116	2.001
农业型初级产品	627	117	49	26	42	9.568	0.706
金属类制成品	239	37	28	1	8	5.005	0.618
农业资源型制成品	127	18	13	3	2	5.635	0.526
其他资源类制成品	263	50	29	13	8	6.315	0.625
低技术产品	152	2	2	0	0	1.744	0.105
中低技术产品	268	19	12	1	6	6.632	0.354
中等技术产品	332	40	31	7	2	4.272	0.433
中高技术产品	409	80	52	13	15	5.791	0.678
高技术产品	427	122	86	22	14	6.311	0.822
特高技术产品	184	57	32	16	9	7.439	0.912
合计	3116	579	347	105	127	9.568	0.655

数据来源：根据联合国贸易商品统计数据库数据整理。

表 13　2001 年美国产品在中国市场上的比较优势分布状况

产品类型	产品总数	RCA>1	1<RCA≤2	2<RCA≤3	RCA>3	最大值	平均值
非农业型初级产品	88	21	7	4	10	9.286	1.137
农业型初级产品	627	212	54	50	108	9.290	1.531
金属类制成品	239	26	15	3	8	8.441	0.539
农业资源型制成品	127	34	19	8	7	5.464	0.860
其他资源类制成品	263	100	43	25	32	8.563	1.297
低技术产品	152	26	13	5	8	9.290	0.715
中低技术产品	268	43	22	10	11	8.689	0.541
中等技术产品	332	86	49	16	21	8.568	0.810
中高技术产品	409	139	77	26	36	9.290	1.108
高技术产品	427	215	113	52	50	9.221	1.458
特高技术产品	184	100	31	21	48	9.290	2.002
合计	3116	1002	443	220	339	9.290	1.163

数据来源：根据联合国贸易商品统计数据库数据整理。

表 14　2016 年美国产品在中国市场上的比较优势分布状况

产品类型	产品总数	RCA>1	1<RCA≤2	2<RCA≤3	RCA>3	最大值	平均值
非农业型初级产品	88	17	5	2	10	11.596	1.026
农业型初级产品	627	163	54	32	77	11.749	1.230
金属类制成品	239	55	25	16	14	11.747	0.941
农业资源型制成品	127	41	21	5	15	8.794	1.255
其他资源类制成品	263	120	51	22	47	11.752	1.771
低技术产品	152	13	4	3	6	11.752	0.868
中低技术产品	268	50	26	10	14	11.639	0.766
中等技术产品	332	84	43	16	25	11.752	0.967
中高技术产品	409	166	91	34	41	11.752	1.283
高技术产品	427	246	123	50	73	11.752	1.758
特高技术产品	184	112	40	18	54	11.741	2.342
合计	3116	1067	483	208	376	11.752	1.323

数据来源：根据联合国贸易商品统计数据库数据整理。

四、基本结论和启示

本文的研究结果表明，自从改革开放以来，尤其是加入世贸组织以来，中国主动融入经济全球化进程，进口规模不断扩大。2016 年，中国不仅是日本、韩国、新加坡、马来西亚、泰国、越南等国的主要出口目的国，也是巴西、印度、南非、俄罗斯等发展中大国和美国、澳大利亚等发达国家的主要出口目的国，可以说，中国的经济发展通过进口的形式惠及了世界各国。今后，中国应进一步拓宽进口的国别结构，扩大从发展中大国、“一带一路”沿线国家、新兴国家以及最不发达国家的进口规模。这样不仅可以让世界不同类型国家都更好地分享中国经济发展的成果，为中国发展塑造良好的国际环境，也能更好地满足国内人民日益多样化的需求，提高国内居民的福利水平。

从本文的计算结果来看，近年来中国进口较多的产品是非农业型初级产品，包括铁矿石、矿物油、天然气等工业生产中所必需的资源能源类产品。非农业型初级产品的进口增加是中国工业快速发展的必然结果，但应当注意的是，对能源和资源类产品的进口，要实行进口市场多元化战略，加强进口的协调和管理，努力开辟稳定、顺畅、安全的多种进口渠道，避免能源和资源进口中断风险，并在确保能源和资源进口安全稳定的同时，凭借大国的市场规模优势提高议价能力。

当前，世界新一轮科技革命正深刻影响着制造业的未来，美德等发达国家实施再工业化计划，试图占领新一轮科技革命的制高点，新兴国家也凭借自身劳动力优势积极参与国际分工、承接产业转移。面对高端回流和低端转移的“双向挤压”，加快制造业的转型升级无疑是我国的当务之急。经济增长与进口贸易结构变化存在着明确的正向关联性，优化进口贸易结构是改善经济供给面的重要内容；在进口贸易结构的调整中，要重视不同类别进口数量与结构的优化以实现经济增长预期（裴长洪，2013）。高技术产品的进口有助于促进国内经济发展和产业结构升级，因此，加大高技术产品、特高技术产品的进口是我国优化进口结构、扩大进口规模的首要任务。本文的测算结果显示，虽然 2016 年高技术产品是我国第二大进口产品、第一大技术类进口制成品，但是我国高技术产品和特高技术产品进口占我国进口总额的比例仍低于世界平均水平，这是政府应当高度关注的问题。

众所周知，美国是高技术产品的主要出口国，直接从美国进口高技术产品无疑是最佳选择，但是，由于出口管制等原因，中国并不是美国高技术产品、特高技术产品的主要出口目的地国。近来，由美方挑起的贸易争端有愈演愈烈之势，可以预见，未来中国从美进口高技术产品可能会遭遇更大的阻碍。对此，一方面，中国政府应加大国内知识产权保护的力度，积极与美方进行双边谈判，另一方面，要充分做好持久战的准备，在坚持创新驱动发展、苦练内功的同时，拓展多元化进口渠道，进一步扩大从德国的高技术产品进口。此外，英国、法国、荷兰、加拿大、意大利等其他发达国家的高技术产品在中国的市场占有率较低，也应该积极扩大从这些国家进口高技术产品。

本文的测算结果还表明了一个事实：进口产品在中国市场上具有比较优势的产品数量和比较优势水平都下降了。其中，低技术产品、中低技术产品、中等技术产品和中高技术产品中具有比较优势的产品数量下降最多，比较优势水平下降幅度最大。原因之一就是中国市场日益开放，中国从世界各国进口的产品规模、产品种类日益增加，中国市场竞争日益加剧。因此，在中国实施主动扩大进口战略的背景下，进一步扩大进口来源国的范围，进一步增加进口产品的种类，从而加剧进口产品之间的竞争，是今后扩大进口的战略性目的之一。

为了更顺畅地扩大进口，我国需要在完善体制机制、营造良好环境、降低关税上下功夫。既要切实解决进口环节制度性成本高、检验检疫和通关流程烦琐等突出问题，提高贸易自由化便利化，还要创造公平竞争的国内市场环境，在关税、进口检验、市场营销等方面创造机会平等的条件（隆国强，2018）。另外，还要加强国内知识产权保护程度，加强知识产权保护能够提高企业进口总额、提高企业的进口产品种类，即加强知识产权保护有利于我国扩大进口规模、调整进口结构（魏浩、巫俊，2017）。当然，我国也要防范进口对国内经济产生的冲击风险，建设进口监测体系，及时掌握进口的动态，跟踪进口对国内相关产业的影响，防范进口冲击对国内产业产生过大的负面影响。

推进中非贸易高质量发展的思考

——2018年中非贸易状况分析及政策建议

田伊霖　　武　芳

（商务部国际贸易经济合作研究院）

非洲是中国的全面战略合作伙伴，是“一带一路”倡议和“人类命运共同体”的重要支持力量和落脚点。贸易增长是非洲各国经济发展的重要支柱，也是非洲联盟（以下简称“非盟”）“2063年议程”的重要目标之一。中国自2009年以来已经连续十年保持非洲最大的贸易伙伴国地位。推进中非贸易高质量发展，既是提升非洲在全球价值链中的地位，助力其经济社会可持续发展的重要方式；也是助推“一带一路”贸易畅通、民心相通，促进中国外贸平衡发展、推动经济高质量发展的切实路径。

一、中非贸易发展的现状及特点

2018年，中非双边贸易总额快速增长，特别是自非洲进口显著提升。中国同非洲主要贸易伙伴国进出口总额呈上升趋势，同时贸易结构保持稳定。

（一）双边贸易额大幅提升

2014年之前，中非贸易连续多年实现快速增长，并于2014年当年达到2219.4亿美元的历史最高值。但此后两年，受到国际大宗商品价格震荡的影响，中非贸易额出现了较大幅度的下降，进出口总额在2016年跌至1489.6亿美元，较2014年下降约32.9%。2017年，在大宗商品价格回稳及世界经济复苏的大背景下，中非双边贸易额止跌回升至1700.0亿美元。2018年，中非双边贸易总额大幅提升，再次突破2000亿美元大关。

据中国海关统计，2018年，中非进出口总额为2041.9亿美元，同比增长20.1%；其中，中国对非出口总额为1049.1亿美元，同比增长10.7%；自非进口总额为992.8亿美元，同比增长31.9%。中非贸易涨幅高出中国同期外贸进口涨幅15个百分点，在中国对全球各地区贸易中涨幅最高；同时，中非贸易在中国对外贸易总额中的比重达到4.4%，较2017年提高约0.3个百分点（见图1）。

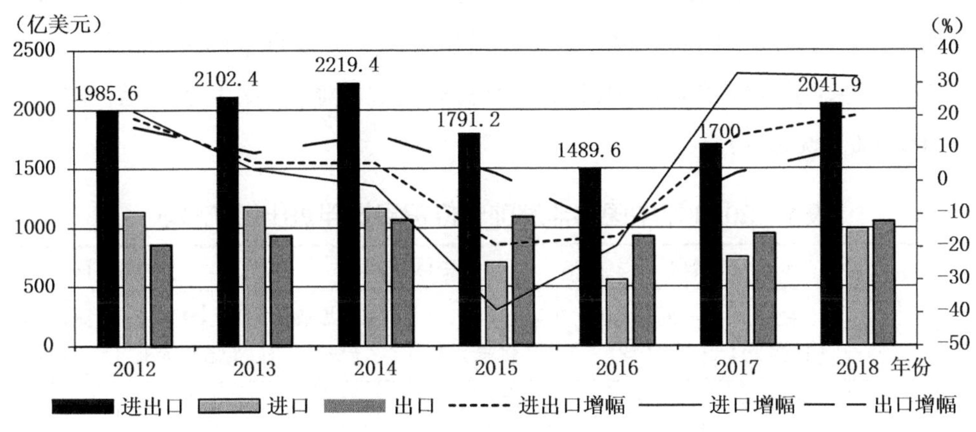

图1　2012—2018年中国与非洲的双边贸易情况

数据来源：根据海关数据计算得出。

（二）中国贸易顺差显著降低

近年来，中国采取多项进口促进政策，保障中国自非进口。如对非洲已建交的33个最不发达国家实行97%输华产品零关税，充分发挥中非多双边经贸合作机制作用，优化进口通关流程，提升进口贸易便利化水平等，进口促进政策成效显著。

根据中国海关统计，2018年，中国自非进口额攀升至992.8亿美元，同比增幅超三成。中国自中非贸易前十位的国家进口均呈增长态势，平均增幅高达68.6%。其中，自利比亚和阿尔及利亚的进口翻倍增长。自非洲进口额的增加直接导致中国对非洲贸易顺差由2017年的194.8亿美元降低至56.3亿美元，同比大幅降低70%。中国自非洲进口占中国进口总额的比重由2017年的4.1%提高至4.6%，提高了0.5个百分点。

（三）与主要贸易伙伴的贸易总额均有所提高

中非货物贸易覆盖了非洲60余个国家和地区。2018年，中国在非洲地区主要贸易伙伴分别为南非、安哥拉、尼日利亚、埃及和阿尔及利亚等。上述五个国家2018年同中国贸易总额约1098.0亿美元，约占中非贸易总额53.8%。其中，南非仍为中国在非洲的最大贸易伙伴、进口来源国和出口市场国。据中国海关统计，2018年中南双边货物贸易总额约435.5亿美元，同比增长约11.2%。其中，中国自南非进口额约为272.9亿美元，同比增长12.1%；对南非出口162.5亿美元，同比增长9.6%。同时，中国同非洲其他主要贸易伙伴的货物贸易总额均有不同幅度的提升。

利比亚和刚果（金）是中国在非主要贸易伙伴中进出口总额增幅最大的两个国家。其中，中刚双边贸易总额达74.4亿美元，同比增幅高达75.6%。而利比亚在历经战乱和解禁后，同中国的双边经贸关系迅速发展，大量自中国进口机械、通讯设备等基础设施建设所需物资。2018年，中利双边贸易额为62.1亿美元，同比大幅增长160.3%（见表1）。

表1　2018年中国与非洲前十位贸易伙伴进出口统计表

	进出口		中国进口		中国出口	
	金额（亿美元）	同比增幅（%）	金额（亿美元）	同比增幅（%）	金额（亿美元）	同比增幅（%）
非洲	2041.9	10.2	998.2	31.9	1049.1	10.7
南非	435.5	11.2	272.9	12.1	162.5	9.6
安哥拉	280.5	24.1	257.9	26.8	22.5	-0.1
尼日利亚	152.7	10.8	18.6	14.6	134.1	10.3
埃及	138.2	27.7	18.4	37.0	119.9	26.4
阿尔及利亚	91.0	25.9	11.8	163.3	79.2	16.9
刚果（金）	74.4	75.6	56.6	73.5	17.7	82.6
加纳	72.5	8.7	24.4	31.8	48.1	-0.2
刚果（布）	72.4	67.1	67.9	77.2	4.45	-10.5
利比亚	62.1	160.3	47.8	252.1	14.3	39.0
肯尼亚	53.7	3.2	1.7	4.2	51.9	3.2

数据来源：商务部。

（四）贸易商品结构总体稳定

2018年，中非进出口主要商品类别与2017年基本保持一致。中国出口主要产品仍为机电产品、轻纺产品、贱金属及其制品、高新技术产品等。伴随着非洲工业化进程的加速，中国对非机电产品和高新技术产品出口增长较快。其中，2018年中国对非机电产品出口额占中国对非出口总额的45%，同比增长约10.9%；高新技术产品出口额占中国对非出口总额约10%，同比增长约21.2%。此外，2018年，中国对非洲矿产品出口总额大幅增长了40.2%，达14.7亿美元（见图2）。

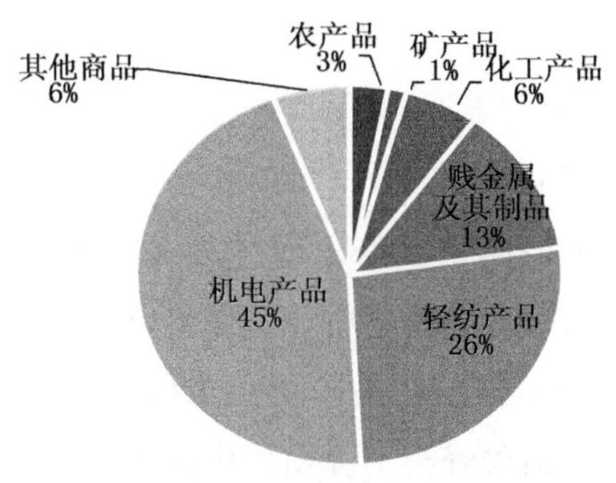

图2　2018年中国对非出口商品结构

数据来源：商务部。

中国自非进口产品仍以矿产品、贱金属及制品、纺织品原料及制品为主。2018年，中国自非进口矿产品额占中国自非进口总额的65%，同比增长了36.4%。近年来，中非海关、质检部门通力合作，实现了南非牛肉、玉米、烟叶、葡萄、柑橘，坦桑尼亚水产品、木薯干，马达加斯加斑节对虾，埃及鲜食葡萄，纳米比亚牛肉等农产品输华检疫准入，为中国扩大非洲特色农产品进口创造了便利条件。在此背景下，2018年，中国自非洲农产品进口同比增长20.9%，达到了34.7亿美元（见图3）。

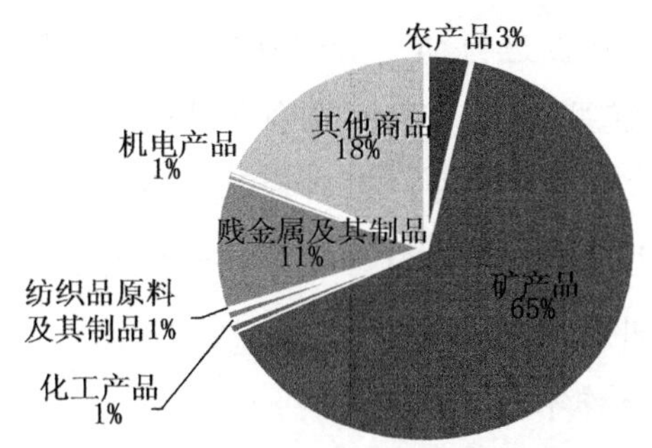

图3　2018年中国自非进口商品结构

数据来源：商务部。

二、中非贸易发展的主要影响因素

从宏观层面来看，全球经济持续复苏、大宗商品价格阶段性回升等因素在一定程度上促进了中非贸易的发展，而以历届中非合作论坛务实举措为主的政策红利不断释放，中非各领域合作不断加速以及非洲区域一体化对贸易活力的激发，则是助推中非贸易发展的深层次原因。与此同时，也应警惕贸易摩擦可能对中非贸易产生的负面影响。

（一）正面影响因素

1. 中非合作政策红利不断释放

中非合作论坛自 2000 年成立以来，已举办了七届部长级会议。在历届论坛上，中国政府均推出了一系列务实推进中非合作的举措。特别是 2012 年以后，随着论坛机制的日益成熟和完善，推出的举措更为全面和务实。2015 年 12 月，习近平主席在中非合作论坛约翰内斯堡峰会上提出，中国将与非洲在工业化、农业现代化、基础设施、金融、贸易和投资便利化等领域共同实施“十大合作计划”。2018 年 9 月，在中非合作论坛北京峰会上，习近平主席围绕“合作共赢，携手构建更加紧密的中非命运共同体”这一主题，提出了中非合作新思想，为中非合作注入新理念；并用“八大行动”阐释了未来三年和今后一段时间中国同非洲国家开展合作的主要路径。

“八大行动”与中非贸易发展紧密联系。其中，“贸易便利行动”将通过扩大非洲商品特别是非资源类商品的进口，支持非洲大陆自由贸易区建设，推动中非电子商务合作等途径，推动中非贸易再上新台阶。而其他行动的实施，也将极大助推中非经贸关系进步。如“产业促进行动”通过在华设立中国–非洲经贸博览会为中非经贸往来构筑平台；“设施联通行动”保障中非共同实施一批基础设施、互联互通重点项目，支持非洲国家更好利用亚洲基础设施投资银行等金融资源。这些举措将在延续以往政策的基础上，更加注重发挥中国比较优势、契合非洲战略需求，也将对中非贸易合作产生更加积极的影响。

2. 中非各领域务实合作不断加快

当前，非洲地区工业化、城市化进程加快，对基础设施建设和工业化发展的需求很大，而中国有很多质优价廉的装备和产能。因此，近年来，中非间围绕着基础设施与园区建设开展的国际产能合作加快推进，这为中非贸易的推进提供了源动力。目前，中国已经成为非洲重要的投资来源国、基础设施的最大承建方和融资国。据商务部初步统计，2018 年中国对非洲非金融类直接投资总额为 31.6 亿美元，同比增长 2.9%；中国在非新签合同额 784.3 亿美元，同比增长 2.5%。对非投资和承包工程带动了配套设备、生活物资、建筑材料的出口，提升了非洲基础设施互联互通水平。

此外，运输、旅行等服务贸易的发展对于中非贸易也起到了重要的推动作用。

中非间航空和旅游合作的发展，直接推动了双方经贸人员往来的便利化；而“互联网+外贸”等电子商务新模式的发展，也有效降低了贸易成本，拓宽了市场销售渠道，提升了商品流通效率。

3. 区域一体化激发非洲大陆贸易活力

近年来，非洲一体化进程成效卓著。非洲大陆自由贸易区（AfCFTA）、非洲单一航空运输市场以及人员和商品的自由流动是非洲一体化速度加快的三大标志。在非洲大陆自贸区建设方面，自 2018 年 3 月非盟峰会上 44 个非洲国家签署成立非洲自贸区的协议以来，截至 2019 年 2 月，已有 20 个国家批准该协议的实施。再有两个国家批准，该自贸协议即可启动实施。届时，非洲国家之间 90%的货物和服务商品都将获得减免关税的待遇。在单一航空运输市场方面，2018 年 1 月，非洲单一航空运输市场正式启动。目前非盟 55 个成员中已有 23 个签署了单一航空运输市场相关文件。在商品和人员自由流动方面，《2019 年非洲经济展望》指出：“过去 20 年，在非洲经济一体化的推动下，边境通关措施导致的贸易障碍已显著降低，如进一步取消目前实施的双边关税，将使非洲区域内贸易增加 15%以上。”

同时，非洲各区域组织也在积极制定区域贸易政策、削减关税和非关税壁垒、促进人员和货物自由流动、降低贸易成本。以东非共同体（简称“东共体”）为例，2018 年 7 月，东非共同体开启了共同对外关税，允许成员国在该地区以零关税或更低的关税出口产品。2019 年 2 月，东非共体统一货币计划取得突破性进展，6 个成员国首脑签署了《东非货币机构法案》，决定成立东非货币机构负责筹备实施该计划。东非共体还拟于 2019 年 3 月至 6 月间，对成员国的咖啡、茶叶、可可及园艺产品的出口规定进行修订，以解决相关产品出口问题。

此外，近年来非洲大陆基础设施互联互通也取得了重大进展。2018 年，肯尼亚启动了蒙巴萨港修复升级项目；莫桑比克开通新公路，提升贝拉港货物集散能力；非洲首条高速铁路——摩洛哥丹吉尔至卡萨布兰卡高铁通车。这些基础设施互联互通项目都极大促进了地区货物和人员的自由流动，激发了非洲大陆的贸易活力，带动了中非贸易的顺畅进行。

（二）负面影响因素：贸易摩擦可能成为中非贸易发展隐患

当前世界经济增长不确定性因素增多，特别是贸易摩擦成为全球经济面临的最突出的不确定因素。IMF 预计，在严峻情况下，贸易摩擦升级可能会在未来两年内降低全球经济增长率约 0.8%。在中非贸易蓬勃发展的同时，贸易摩擦可能成为中非贸易发展的隐患。例如，历史上南非是使用贸易救济措施最早也是最多的国家之一。中国贸易救济信息网数据显示，1995 年至今，南非对中国发起贸易救济原审立案累计 49 起，涉及化学、金属及非金属制品、钢铁、农产品等多个领域。此外，自 1995 年起，埃及也累计对中国发起 43 起贸易救济原审立案，且案件数量自 2011 年至 2016 年呈快速上升趋势。同时，当前埃及外贸逆差逐步扩大。据埃及国家统计局数据显示，2018 年 10 月，埃及对外贸易逆差达到 45.6 亿美元，同比增长 30.2%。而 2018 年，中国对埃及贸易顺差高达 101.6 亿美元。在此趋势下，中国应警惕非洲国家对我发起反倾销等贸易救济调查。

三、推进中非贸易高质量发展的政策建议

展望未来，非洲经济未来仍面临一定的下行风险。从外部因素看，以中美贸易摩擦为代表的全球贸易紧张局势升级、发达经济体利率正常化以及全球大宗商品价格不稳定均对非洲经济发展构成了一定的威胁。从内部因素看，非洲发展压力主要来自一些国家的债务危机、安全和移民问题以及大选带来的不稳定因素等。此外，埃塞俄比亚空难也折射出非洲国家基础设施薄弱的现状，影响投资者信心。非洲经济的结构性风险仍可能对中非贸易产生较大影响。建议中国政府从以下几方面着手，推进中非贸易。

（一）进一步削减贸易壁垒

大幅削减进口关税和非关税壁垒，是扩大进出口贸易规模最直接的手段。自 2005 年起，中国开始逐步给予非洲与中国建交的最不发达国家 60%、95%和 97%税目输华产品零关税待遇。目前，已有 33 个非洲国家享受 97%税目产品的零关税待遇。

通过对中国自非洲进口壁垒的分析，发现目前仍然存在的关税高峰主要集中在粮、棉、油、糖等系统例外产品，以及聚乙烯、核心零部件、机床等敏感产品。这些产品进一步放开的空间不大，但在配额的使用方式上还有改善的空间。同时，对于不享受特惠税率的国家，可在对方具有较强出口潜力和强烈出口诉求、中国存在大量需求且不构成产业冲击的特色农产品领域，考虑完全取消关税。

以木薯为例，非洲木薯产量和播种面积均占世界一半以上。中国是全球最大的木薯进口国，随着淀粉、酒精及其深加工工业发展，对木薯的需求逐年增长。目前中国对木薯类产品进口最惠国税率维持在 5%~15%的水平，但进口主要集中在协定

税率为0的东盟国家，也就是说大部分产品都是以零关税进入国内市场。因此，未来取消该类产品关税的做法应完全可行。

（二）加强政府间务实合作

针对中非贸易商品的标准不一、通关流程复杂、机制性合作不足的问题，加强与非洲国家在相关领域的双边务实合作，为中非贸易发展奠定坚实基础。

在海关与质检领域，与重点国家建立海关当局交流机制，争取签署全面深入的合作协议；试点推进地方海关合作，深化关际监管互认、执法互助、信息互换的“三互”合作；推动与更多非洲国家开展海关行政互助合作。积极推动与非洲国家建立质检信息通报和交流制度，建立和完善质检与标准协调合作机制。针对不同国家特点，在双边层面着力推动不同重点产品和领域的质检标准合作。对于埃及、南非等国内技术标准众多，工业化程度较高国家，主要在标准化、质量监督和合格评定等领域深化合作。对于坦桑尼亚、塞内加尔、莫桑比克、马里等农产品出口较多，但农产品生产和处理流程不规范的国家，着力加强对当地输华主要农产品的检验检疫和技术法规的探讨，为其提供食品农产品的检验检疫设施和设备，开展农业生产示范和人员技术培训。此外，针对双方贸易产品质量不高和知识产权问题，推动中国与非洲国家的质检执法合作，加大打击假冒侵权产品合作力度，加强疫情监测防控。

在商务领域，尽快开展与非洲国家和地区组织的投资保护协定签署和更新工作。对有关“投资”、“投资者”的界定、有关“征收”条款的内容等做进一步的细化，同时加入“充分保护与安全”条款，并明确约定争议的解决方式。适时推动自由贸易协定的谈判与签署。选取对外商签自贸协定经验较多和较为开放的国家，或对中国市场和投资依赖度较大的国家，如摩洛哥、肯尼亚、埃及、埃塞等，结合对方关切和我方诉求，开展双边自贸协定谈判。谈判中需要关注伙伴国核心利益，对农作物及初加工的农产品、矿产品、工业品做出优先安排和更大让步。增加谈判内容的广泛性，将发展援助、贸易补偿、基础设施、境外经贸合作区等我方具有比较优势的内容涵盖到谈判当中，增强谈判的吸引力。

在标准领域，利用中国的市场和技术优势，开发非洲的劳动力和资源潜力，增加产业链中端环节向非洲的转移，并将生产加工和产品销售有机联结，推动非洲伙伴国依托其资源优势，按照中国标准进行农产品、水产品、工业品、矿产品的初级加工生产，为符合标准的产品打造快速通关“绿色通道”，使非洲国家最大程度享受中国“大市场”带来的巨大利益。以此引导非洲国家接受中国质量标准，并拉动自非洲高附加值产品的进口，提升非洲国家在全球价值链中的地位。

（三）创新经贸合作模式

在贸易领域，充分利用我国数字经济发展优势，通过电商平台和自营模式，为中国与非洲的特色产品提供进入对方市场的商业机会。近期应着力支持中国电商企业在非洲建立电商平台、物流采购基地（以下简称“基地”）和海外仓等设施。将电商平台、基地和海外仓建设纳入外贸转型升级支持范围；加强与非洲有关国家的政府间磋商，出台有针对性的双边协定，为企业建立电商平台、基地和海外仓提供法律保障；鼓励金融机构对企业提供更多低利率的融资支持；发挥驻外机构和商协会的资源优势，为电商平台、基地和海外仓的建设、运营培养人才；推动海外仓由单纯的代收、发运功能，向集中转、退换货、加工、维修、分销、金融等为一体的新型仓库转变。

在投资领域，基于当地优势，发展更为紧密、更长链条的产业合作。当前，中非产能合作主要围绕基础设施、能源矿产等领域开展。这些项目规模宏大，投资额动辄在上亿美元，对带动中国优势产能输出、改善当地生产条件意义重大。但从短期看，由于对当地农牧渔畜等优势资源利用不足，最终产品也并非主销中国，对带动双边贸易发展效果不彰；与普通民众的经济状况联系不够紧密，民众也难有很强的获得感。同时，中国已经成为非洲最大的基础设施承建方和融资方，进一步拓展大项目的空间有限、压力巨大。对于已进入非洲市场的基建企业而言，受严苛的外汇管制所限，工程款往往无法汇回国内，也亟需在当地开发优势产品，将积淀资金转化为现实收益。因此，可考虑在继续推动产能合作的同时，发展更为紧密、更长链条的产业合作，支持企业在非洲建立农牧渔畜特色优势产品的供货基地或加工基地，推动其加入以中国为最终产品市场的产业链。此举不仅有助于提升中非贸易的质量，提高非洲在全球价值链中的地位，更有利于中国企业进入国际原料市场，为中国企业的全球化发展提供动力。

陕西自贸试验区建设经验和思考

陈　浩

（中央党校（国家行政学院））

中国（陕西）自由贸易试验区自2017年4月1日揭牌运行以来，紧扣党中央、国务院赋予自贸试验区的战略定位，始终坚持以制度创新为核心，大胆试、大胆闯、自主改，全面推进各项试点任务，自贸试验区建设总体进展顺利并取得阶段性成果。但同时，陕西自贸试验区必须进一步解放思想、勇于突破，利用丝绸之路经济带新起点和“一带一路”核心区优势，在地区特色上下功夫，充分引领西北地区利用自贸试验区平台扩大开放，从而探索出具有陕西特色的发展模式。

一、陕西自贸试验区建设情况

（一）基本规划

陕西自贸试验区是党中央、国务院2016年8月31日批准设立的我国第三批自贸试验区，是西北地区唯一的自贸试验区，并于2017年4月1日正式挂牌成立。自贸试验区总面积119.95平方公里，包括中心片区、西安国际港务区片区和西安杨凌示范区片区。

自贸试验区的任务就要通过制度改革、金融创新以及政府职能转变，营造一个更自由更开放、实现国际化和便利化的营商环境，从而方便企业办事，推进贸易和投资便利化，吸引国外、省外高端生产要素，以推动陕西经济升级（陈小玮，2017）。

（二）建设情况

1. 市场主体快速增长

自 2017 年 4 月 1 日揭牌至 2018 年 9 月 30 日，陕西自贸试验区新增市场主体 27595 家，新增注册资本 5184.58 亿元。其中，新增企业 21033 家（含外资企业 278 家），企业注册资本 5177.7 亿元（含外资企业注册资本 15.785 亿美元），新增注册资本亿元以上企业 525 家。（见表 1）

表 1　揭牌以来陕西自贸试验区发展运行情况统计表

管委会	新增企业数			新增企业注册资本		新增个体工商户	新增农民专业合作社
	总家数（个）	其中：外商投资企业家（个）	注册资本亿元以上企业家数（个）	金额（亿元）	其中：外资企业注册资本（亿美元）	总家数（个）	总家数（个）
合　计	21033	278	525	5177.702	15.7854	6555	7
西安管委会	17635	226	399	3765.0841	11.8154	5573	3
杨凌示范区管委会	912	22	18	133.7435	0.64	122	3
西咸新区管委会	2486	30	108	1278.8744	3.33	860	1

注：本表各项指标数据为 2017 年 4 月 1 日至 2018 年 9 月 30 日累计数。

数据来源：陕西省商务厅。

2018 年 1-9 月，陕西自贸试验区新增企业数 11686 家，是上年全年新增企业数 9347 家的 1.25 倍（含外资企业 171 家，是上年全年新增外资企业数 107 家的 1.6 倍），新增企业注册资本 2077.91 亿元，占上年全年新增企业注册资本 3099.79 亿元的 67%（含外资企业注册资本 9.095 亿美元，是上年全年新增外资企业注册资本 6.69 亿美元的 1.36 倍），新增注册资本亿元以上企业 294 家，是上年全年新增注册资本亿元以上企业 231 家的 1.27 倍。新增外商投资项目数 96 个，合同外资 33.89 亿美元，实际利用外资 27.79 亿美元。（见表 2）

2. 对外贸易规模不断扩大

2018 年 1-9 月，陕西自贸试验区货物进出口总额 1939.7916 亿元，占全省进出口总额 2580.0768 亿元的 75.18%，同比增长 34.64%（上年同期 1440.7556 亿元）。其中，进口 748.9903 亿元，占全省进口总额的 74.3%，同比增长 30.8%（上年同期 572.6644 亿元）；出口 1190.8013 亿元，占全省出口总额的 75.75%，同比增长 37.17%（上年同期 868.0912 亿元）。（见表 3）

表 2　2018 年 1-9 月陕西自贸试验区发展运行情况统计表

管委会	备案境外投资机构		中方协议投资额		中方实际投资额		外商投资项目数		合同外资		实际利用外资	
	总数（个）	上年同期（个）	金额（万美元）	上年同期（万美元）	金额（万美元）	上年同期（万美元）	数量（个）	上年同期（个）	金额（万美元）	上年同期（万美元）	金额（万美元）	上年同期（万美元）
合 计	1	2	120	196	0	154	96	6	338859	3767	277914	12791
西安管委会	1	2	120	196	0	154	68	2	316658	1896	263006	12791
杨凌示范区管委会	0	0	0	0	0	0	6	0	252	0	0	0
西咸新区管委会	0	0	0	0	0	0	22	4	21949	1871	14908	0

注：外商投资项目数指报告期内新设立的外商投资企业家数、新生效的合作开发项目个数。

数据来源：陕西省商务厅。

表 3　2018 年 1-9 月陕西自贸试验区进出口统计表

管委会	进口总额（万元）	上年同期（万元）	出口总额（万元）	上年同期（万元）
合 计	7489903	5726644	11908013	8680912
西安管委会	7421771	5702880	11901570	8678578
杨凌示范区管委会	1546	1561	3278	846
西咸新区管委会	66586	22203	3165	1488

数据来源：西安海关。

3. 金融机构集聚增长

截至2018年9月底，陕西自贸试验区金融机构数量309家。其中，持牌金融机构276家，非持牌金融机构32家，境外直接投资设立或参股金融机构1家。持牌金融机构营业收入251.13亿元，非持牌金融机构营业收入0.62亿元，境外直接投资设立或参股金融机构资本金2.83亿美元。人民币贷款余额3638.56亿元，跨境人民币结算额19.12亿元，人民币资金池业务结算量2.33亿元，人民币资金池数量1个。（见表4）

表4　2018年1-9月陕西自贸试验区金融业务统计表

管委会	金融机构							跨境人民币结算额（万元）		人民币资金池业务结算量（万元）		人民币资金池数量（个）
	总数（个）	持牌金融机构（个）	持牌金融机构营业收入（万元）	非持牌金融机构（个）	非持牌金融机构营业收入（万元）	境外直接投资设立或参股金融机构（个）	境外直接投资设立或参股金融机构资本金（万美元）					
	本季	本季	本季	本季	本季	本季	本季	本季	1-本季	本季	1-本季	本季
合计	309	276	2511333.55	32	6220.46	1	28256.56	48746	191322	7070	23304	1
西安管委会	233	209	2416361.64	23	6021.69	1	28256.56	36811	179375	7070	23304	1
杨凌示范区管委会	29	25	28124.39	4	153.47	0	0	110	110	0	0	0
西咸新区管委会	47	42	66847.52	5	45.3	0	0	11825	11837	0	0	0

注：持牌金融机构、非持牌金融机构、境外直接投资设立或参股金融机构三项统计指标数字为存量+新增，持牌金融机构营业收入、非持牌金融机构营业收入、境外直接投资设立或参股金融机构资本金、人民币资金池数量四项统计指标数字为季末时点数，没有累计数。

数据来源：陕西省商务厅。

4. 规模以上企业发展良好

2018年1-9月，陕西自贸试验区规模以上企业590家，同比增长18%（上年同期500家）；期末从业人员14.88万人，同比增长18.75%（上年同期12.53万人）；规模以上工业总产值776.61亿元，同比增长506.63%（上年同期128.02亿元）；资质以上建筑业总产值78.57亿元（上年同期83.18亿元）；限额以上批发和零售业商品销售额5902.45亿元，同比增长37.18%（上年同期4302.84亿元）；限额以上住宿和餐饮业营业额9.57亿元，同比增长23.8%（上年同期7.73亿元）；规模以上服务业营业收入

337.73 亿元，同比增长 44.26%（上年同期 234.11 亿元）。（见表 5 和表 6）

表 5　2018 年 1-9 月陕西自贸试验区规模以上企业生产经营情况表（一）

管委会	单位数		期末从业人员		工业总产值	
	数量（个）	上年同期（个）	数量（人）	上年同期（人）	金额（万元）	上年同期（万元）
合　计	590	500	148816	125292	7766134.66	1280150.06
西安管委会	528	459	143973	120979	7675623	1203145
杨凌示范区管委会	20	15	1570	1451	52416	54447
西咸新区管委会	42	26	3273	2862	38095.66	22558.06

管委会	建筑业总产值		批发和零售业商品销售额		住宿餐饮业营业额	
	金额（万元）	上年同期（万元）	金额（万元）	上年同期（万元）	金额（万元）	上年同期（万元）
合　计	785704	831776.8	59024519.7	43028422.4	95716.2	77345.5
西安管委会	773242	821086.6	58966961.7	42988264	90037.6	74105.4
杨凌示范区管委会	2934	500	3121	1787	312	158
西咸新区管委会	9528	10190.2	54437	38371.4	5366.6	3082.1

数据来源：陕西省商务厅。

表 6　2018 年 1-9 月陕西自贸试验区规模以上企业生产经营情况表（二）

管委会	房地产商品房销售情况						服务业营业收入	
	销售面积		销售额		待售面积			
	数量（平方米）	上年同期（平方米）	金额（万元）	上年同期（万元）	数量（平方米）	上年同期（平方米）	金额（万元）	上年同期（万元）
合　计	1644502	1207244	1889348	1301122	343290	761643	3377295.2	2341103.6
西安管委会	1299571	1060329	1623070	1236330	292544	710770	3308873.9	2303715
杨凌示范区管委会	117316	142075	54119	62932	50746	50873	125	110
西咸新区管委会	227615	4840	212159	1860	0	0	68296.3	37278.6

数据来源：陕西省商务厅。

5. 枢纽功能不断强化

2018 年 1-9 月，按中国铁路西安局集团有限公司统计，陕西发、抵西安国际港务区新筑站的国际班列 868 列。国际班列集装箱运量 39491 TEU（国际通用集装箱标准），占西安国际港务区铁路集装箱运量 84521 TEU 的 46.72%。国际（地区）货运航班 13418 架次，同比增长 35.95%（上年同期 9870 架次）；咸阳机场国际航线货邮吞吐量 2.66 万吨，同比增长 33.67%（上年同期 1.99 万吨）。（见表 7）

表 7　2018 年 1-9 月陕西自贸试验区运输功能情况统计表

管委会	国际班列运次	西安国际港务区铁路集装箱运量				国际（地区）货运航班架次		咸阳机场货邮吞吐量		
	数量（列次）	上年同期（列次）	数量（TEU）	上年同期（TEU）	其中：国际班列集装箱运量（TEU）	上年同期（TEU）	数量（次）	上年同期（次）	数量（万吨）	上年同期（万吨）
合　计	868	56	84521	25579	39491	3590	13418	9870	2.66	1.99
西安管委会	868	56	84521	25579	39491	3590	0	0	0	0
杨凌示范区管委会	0	0	0	0	0	0	0	0	0	0
西咸新区管委会	0	0	0	0	0	0	13418	9870	2.66	1.99

注：咸阳机场货邮吞吐量指国际航线相对应的数据。

数据来源：陕西省商务厅。

6. 创新特色持续显现

2018 年 1-9 月，陕西自贸试验区新增专利申请量 1115 件，同比增长 861%（上年同期 116 件）；新增专利授权量 983 件，同比增长 32666%（上年同期 3 件）。（见表 8）

表8　2018年1-9月自贸试验区专利创新统计表

管委会	新增专利申请量		新增专利授权量	
	数量（件）	上年同期（件）	数量（件）	上年同期（件）
合　计	1115	116	983	3
西安管委会	1082	113	963	3
杨凌示范区管委会	18	3	6	0
西咸新区管委会	15	0	14	0

注： 新增专利申请量、新增专利授权量两项指标统计范围为自贸试验区所含村（居）行政区域内的高新技术企业、专利申请人。

数据来源： 陕西省商务厅。

二、陕西自贸试验区建设的主要做法

挂牌一年多以来，陕西自贸试验区建设取得显著成效，建立了以负面清单管理为核心的外商投资管理制度，形成了以贸易便利化为重点的贸易监管制度，推行了以资本项目可兑换和金融服务开放为目标的金融创新制度。

（一）完善自贸试验区各项保障体系

成立以省政府主要领导为组长，常务副省长、分管副省长，西安市市长为副组长，56个部门（单位）主要负责人为成员的自贸试验区工作领导小组。组建自贸试验区工作办公室，统筹组织、协调管理自贸试验区建设工作。设立自贸试验区西安、杨凌示范区、西咸新区三个管委会。颁布《中国（陕西）自由贸易试验区管理办法》，建立省自贸试验区工作领导小组会议制度和省自贸办周例会制度，协调解决重难点问题。制订出台《自贸试验区建设督促检查工作机制》《自贸试验区改革试点经验总结评估推广工作制度》《自由贸易试验区建设督促检查实施办法（试行）》，设立试点任务推进落实和自贸试验区建设进展量化考核指标，按月通报、按季督查重点工作推进情况。成立行政审批制度改革、投资改革、贸易促进、法制建设、市场监管、金融改革和统计分析七个专题工作组，推进重点领域改革创新和试点任务落实。国家有关部委和省级相关部门先后出台34个专项政策支持自贸试验区建设。聘请第三方机构，对自贸试验区建设进行制度创新评估和建设成效评估。组建西安交通大学自贸研究院，为自贸试验区建设提供智力支持。在自贸试验区内设立丝绸之路仲裁中心和知识产权法庭，最高法院在西安设立第二国际商事法庭，实现诉讼、仲裁、调解的有效衔接，依法妥善化解“一带一路”贸易和投资争端，平等保护中外当事人合法权益，营造稳定、公平、透明的法治化营商环境。

（二）积极完成试点任务

一年多以来，省级相关部门，自贸试验区各管委会、各功能区围绕《中国（陕西）自由贸易试验区总体方案》，全面推进165项试点任务。截至2018年9月底，实施“多证合一”综合审批运行服务模式、简化“资金池”管理等119项试点任务已经完成，实施率78%，其余46项试点任务正在加快推进。对上海等自贸试验区138项改革试点经验进行复制推广。在政府职能转变、营商环境优化、投资贸易便利化、现代农业国际合作、金融服务创新、人文交流合作和军民融合等方面形成制度创新案例118个。经第三方咨询机构评估，分批向商务部报送创新案例69项。“微信办照”受到李克强总理肯定，被国务院作为典型经验通报表扬，并被人民日报评为2017年度“互联网+”政务类十大优秀案例。“铁路运输方式舱单归并新模式”作为自贸试验区第四批改革试点经验在全国复制推广（以爱菊集团从哈萨克斯坦进口2000吨初榨食用油为例，采取“舱单归并”通关新模式，货物申报由86票缩减为2票，通关费用由30100元降低到700元，节省通关费用97.7%）。杨凌示范区片区“积极打造‘一带一路’现代农业国际合作中心”的经验和陕西出入境检验检疫局“创新推进中欧班列发展，推动西向国际物流通道建设”的做法，由国务院自由贸易试验区工作部际联席会议办公室印发11个自贸试验区借鉴学习。杨凌示范区片区开展“农业全产业链的生产经营模式”被商务部作为自贸试验区创新亮点对外发布。同时，西咸新区国际高层次人才“一站式”服务平台、“一带一路”语言服务及大数据平台两项服务贸易创新发展经验经国家十一部委批准，在全国复制推广。

（三）深化“放管服”改革

建立自贸试验区市场准入“多证合一、多项联办”服务平台，在全国率先将“人民银行开户许可”纳入联办事项，企业工商登记注册实现“一口受理、并联审批”和全程电子化，办理时限缩短至3个工作日以内。省级34个部门首批217项省级管理事项下放（委托）自贸试验区办理。西安市相继推出2043项自贸试验区“最多跑一次”服务事项，群众满意率达到99%以上。扎实推进相对集中行政许可权和相对集中行政处罚权改革工作，各功能区分别设立行政审批、市场监管专门机构，开启“一枚公章管审批、一支队伍管执法”的政府管理新模式，以“六双”为主要内容的事中事后监管机制开始试点（行政审批“双告知、双反馈、双跟踪”机制，同时，通过“双随机、双评估、双公示”的方式，对企业承诺情况进行检查）。西咸新区政务服务平台与省公共信用信息平台完成对接，实现信息共享和电子证照互认，实现所承接省级事权和西咸新区本级事权的“一网通办”。通过优化审批流程，审批时限平均压缩30%以上。

（四）提升投资贸易便利化水平

全面落实外商投资准入前国民待遇加负面清单管理制度，着力构建与负面清单管理方式相适应的事中事后监管制度。外商投资企业商务备案和工商登记实现“一口受理”，投资便利化水平进一步提升。扎实推进国际贸易“单一窗口”建设，融合“通丝路”、出口水果电子监管及质量追溯系统两个特色应用服务功能的国家标准版国际贸易“单一窗口”上线运行。西安海关开展“压缩通关时间，优化营商环境”专项行动，单项业务通关平均时间由原先的两个多小时缩短至40分钟以内，近60%的应税报关单通过“自报自缴”模式缴税。创新推出“货站前移”“舱单归并”等24项监管服务措施，通关效率大幅提升。推行“联网监管+库位管理+实时核注”监管制度改革，实现“一次申报、一次查验、一次放行”及24小时通关。西安国际港务区采用“广泛对接市场，一企一线运营”方式，创新中欧班列运营模式。在德国法兰克福、哈萨克斯坦卡拉干达州等地设立7处“海外仓”，中欧班列辐射能力不断拓展，基本实现中亚及欧洲地区主要货源地的全覆盖，2018年开行突破1200列。航空枢纽通达能力不断增强。开通西安至阿姆斯特丹国内首条陆空联运跨境电商国际货运直飞航线，国际全货运航线达13条。2018年上半年监管非邮政快件174.82万票，同比增长93.1%。

（五）加快金融创新步伐

出台《金融服务中国（陕西）自由贸易试验区建设的意见》《简化中国（陕西）自由贸易试验区银行机构及高管准入方式实施细则》《陕西自贸区合资券商设立参考指引》等一系列政策措施，推动自贸试验区金融创新。截至2018年9月，陕西融资租赁企业数量达到109家，注册资本达到406.04亿元。其中，外商投资融资租赁企业100家，注册资本355.84亿元；内资租赁试点企业8家，注册资本35.2

亿元人民币；汽车金融公司1家，注册资本15亿元。租赁标的物主要涉及生产设备、科研检测设备、环保设备以及汽车等交通工具。自贸试验区成立以来，跨境人民币结算额累计达到67.6亿元，占陕西同期结算额的16.39%。其中，自贸试验区资金池结算额48.49亿元。“通丝路”跨境电子商务人民币结算服务平台正式上线，可为市场主体在线提供人民币跨境结算、报关报检等10项“一站式服务”。目前，经平台认证的出口站点企业68家，出口陕西特色产品100余种。国家外汇管理局批准陕西自贸试验区开展“资本项目收入结汇支付便利化试点”，能够大大简化资本项目外汇资金流入汇兑手续，缩短业务流程，提高资金使用效率，有利于充分发挥外汇管理改革服务实体经济发展的功能和自贸试验区先行先试的政策优势，对提升陕西营商环境和实际利用外资水平具有重要意义。开通“企业基本存款账户开立绿色通道”，累计开立自贸试验区企业基本账户576户，办理货物贸易企业名录登记业务1293笔。

（六）创建与“一带一路”沿线国家人文交流新模式

积极推进信息丝绸之路建设。设立陕西首家省级数字经济试点示范区，正在建设“丝路云”网上自贸综合服务平台、自贸产业园智慧园区，发起设立信息丝绸之路发展联盟，启动建设“丝路信息港”。积极培育“一带一路”科技创新合作主体，围绕陕西重点产业领域，组织实施80多项省级国际科技合作项目。打造国际化高等教育合作交流平台，联合31个国家（地区）128所大学组成新丝绸之路大学联盟。成功举办第四届丝绸之路国际艺术节，以“国风·秦韵”为品牌的海外陕西文化周系列活动。成立丝路城市广播电视媒体协作体，开播全国首家丝路频道，实现在多媒体环境下多种传播资源的融合，“一带一路”人文交流影响显著提升。成立“丝绸之路”文物考古中心，持续开展“中亚考古与文化遗产保护”项目。搭建旅游合作平台，建立旅游信息服务平台，实现景区、旅行社、星级饭店、导游员信息共享和动态化监管。扩大健康领域对外交流合作，开展人员培训、互访互学等交流合作。依托欧亚论坛、丝博会暨西洽会等展会平台，吸引“一带一路”沿线国家来陕开展中医药交流合作、医疗体检、健康旅游。

（七）杨凌示范区片区发挥农业特色推动制度创新

杨凌示范区片区是全国唯一以农业发展为主要特色的自由贸易区。自揭牌以来，杨凌围绕农业领域开放合作，创新现代农业交流合作机制，积极推动国际农业人文交流与合作，在国内外已形成重大影响。首创“微信办照”，全程实现无纸化申报，实现微信办照平均时间压缩至 1 小时以内，得到企业好评。2018 年上半年，杨凌示范区的开办企业、用水报装、用气报装、办理不动产登记、跨境贸易和投资便利化 5 项监测评价指标均位列陕西第一，营商环境综合考评排名陕西第二。新登记各类市场主体 1747 户，同比增长 14.36%。外贸进出口同比增长 78.9%，增速居陕西第一。

同时，以创新现代农业交流机制为重点，积极探索形成一系列创新典型案例。职业农民创业创新、建设中国（杨凌）海外投资促进服务中心等 9 个案例被评为陕西自贸试验区“最佳实践案例”；建设项目审批“三合两联”模式等 3 个案例被评为陕西自贸试验区首批改革创新成果，已在陕西复制推广；建设“一带一路”现代农业国际合作中心等 3 个案例获得国家层面通报表彰。扎实推进 61 项试点任务，建立“周推进、月报送、季通报、半年考、年终评”的工作推进机制和联络员制度，对试点任务实行动态化、清单化的管理模式，已完成试点任务 35 项，完成率达到 57%。以“一带一路”海外农业国际合作园区为载体，努力培育海外农业园区服务体系，积极推动国际农业投资、科技、贸易和人文交流。已有中美、中加、中荷、中日等二十余家国际研究机构及美国维蒙特公司、美国贝伦集团等十余家企业入驻杨凌国际农业科技创新港。围绕海外园区建设工作，正在积极培育“海外粮仓”建设、国家质量安全示范区海外版、农业机械购置补贴境外延伸、跨境农机融资租赁等制度创新案例。

三、陕西自贸试验区建设中存在的问题

2018 年 10 月，习近平总书记对自由贸易试验区建设作出了重要指示，建设自由贸易试验区是党中央在新时代推进改革开放的一项战略举措，在我国改革开放进程中具有里程碑意义。自贸试验区设立的目的在于推进全面深化改革，探索如何推动投资贸易便利化，与国际高标准对接，而不是单纯的吸引外资拉动一地经济增长。自贸试验区不是政策洼地，而是体制高地，重点在于体制创新，尤其是政府管理模式的创新。同时，创新成果和经验可以复制推广，对国家发展具有示范和引领作用。因此，从陕西自贸试验区发展情况来看，仍存在以下问题：

（一）自贸试验区自身营商环境还需不断提升，“放管服”改革仍需深入，企业制度性交易成本相比沿海地区比较高

对如何发展自贸试验区研究不够深入，对特色产业发展和培育新兴业态力度不

大。招商引资特别是利用外资没有大的突破，国有企业占比较大，民营企业较少。短期内借助自贸试验区平台打造流动经济、枢纽经济以及门户经济，塑造比较产业优势，借以抵消地处内陆的国际贸易成本劣势等构想都难以进一步实现。

（二）对中央赋予的引领西北发展任务落实不够

自贸试验区过于注重自身发展，对周边地区人才、资本“虹吸效应”较强，交流学习机会不多。部分西北省（区）政府部门能够主动复制推广上海、广东等其他自贸试验区成熟经验，但对于身边的陕西自贸试验区了解不多，很少开展合作。甚至在中欧班列、跨境电商、吸收外资等很多领域开展同质化竞争。很多西北企业不知道如何利用陕西自贸试验区平台开展业务。

（三）自身差别化改革力度不大，缺乏创新精神

过于注重对其他自贸试验区成熟经验的复制推广，对现代农业国际合作、与“一带一路”沿线国家经济合作和人文交流新模式，以及带动西部大开放、大开发等方面的创新案例培育不够，制度性创新成果还不多。尤其是金融制度创新力度不够，融资方式创新有限。

（四）对“一带一路”发展研究不够深入

陕西地处内陆，自贸试验区内市场主体与沿海地区相比，国际化发展视野还不够，对开拓国际市场缺乏主动性，缺乏龙头企业带动。对“一带一路”沿线国家研究不深，缺少为企业提供当地政策、制度、人文等方面的前沿性指导，现有片区同质化竞争十分严重，服务型部门和专业性人才缺乏。

四、建议和思考

习近平总书记在2018年博鳌论坛讲话中强调，要继续扩大开放，坚持引进来和走出去并重，推动形成陆海内外联动、东西双向互济的开放格局，实行高水平的贸易和投资自由化便利化政策，探索建设中国特色自由贸易港。习近平总书记同时指出，要在深入总结评估的基础上，继续解放思想、积极探索，加强统筹谋划和改革创新，不断提高自由贸易试验区发展水平，形成更多可复制可推广的制度创新成果，把自由贸易试验区建设成为新时代改革开放的新高地。

同国内其他自贸试验区相比，陕西自贸试验区地处内陆，不沿边、不靠海，区

域发展优势也不明显，虽取得阶段性成果，市场活力大幅增加，营商环境不断完善，但复制经验较多，自我创新不足，形成可供全国复制推广的做法不多。同时，服务业开放创新仍需加强，未达到市场优化配置资源要素的效果。因此，陕西应以新时代中国特色社会主义思想为指导，实行更加积极主动的开放战略，加快建立开放型经济新体制，紧紧依靠制度创新激发市场活力，继续推动高水平自贸试验区建设。

（一）大幅度放宽市场准入

始终以制度创新作为核心，特别是对标国际高水平投资贸易规则并结合向西开放进行制度创新。确保放宽银行、证券、保险等高端服务业外资股比限制措施落地，放宽外资金融机构设立限制，扩大外资金融机构在华业务范围，拓宽中外金融市场合作领域，开展自由贸易账户试点。尽快放宽汽车、船舶、飞机等少数制造业行业外资股比限制。积极推动融资租赁业创新，根据自身优势开展飞机融资租赁业务试点，探索飞机异地委托监管入区，建立融资租赁资产交易所。

（二）不断完善公平高效的营商环境

加强同国际通行经贸规则对接，增强引资政策和制度透明度，强化知识产权保护，坚决破除制约使市场在资源配置中起决定性作用、更好发挥政府作用的体制机制弊端。营造更加国际化、市场化、法治化的投资环境，继续探索建立“一带一路”多元化争端解决机制。围绕共建国际航空枢纽和国际运输走廊等方面研究合作机制，借助自贸试验区创新载体和共建平台推动西北地区全面扩大开放和转型升级发展。

（三）支持杨凌探索国际农业合作模式创新

大力支持杨凌示范区片区加大农业创新自主权，重点在种业、农业服务业等领域探索减少对境外投资者资质要求、股权比例、业务范围等准入限制。支持杨凌构建“一带一路”国际农业合作交流中心，通过产学结合方式，加强与国外农业机构交流。

（四）借鉴成熟经验加强自贸试验区建设研究

准确把握党中央、国务院对自贸试验区建设的新部署新要求，突出问题导向，充分发挥西安交通大学自贸研究院和第三方评估机构的作用，开展全面深化自贸试验区改革创新研究，推动自贸试验区建设高质量发展。借鉴中国香港、新加坡、迪拜等自由港成熟经验，并以海南自由贸易港为标杆，积极探索构建内陆型自由贸易港。推动经济建设和社会治理等多方面制度创新，重点扩大服务业开放力度，推动海关监管电子化信息化水平，加强金融风险防范，加快实现货物、资本、人员自由流动，吸引国内外优质要素资源聚集。

我国自贸试验区人力资源制度创新的方向与举措

唐　擎[①]　　吴　华[②]

(① 中央财经大学商学院；
② 内蒙古财经大学计算机信息管理学院)

我国建设自贸试验区是党中央、国务院在新形势下全面深化改革、扩大对外开放的战略举措。经国家批准已经成立的 12 个自贸试验区，在推动贸易和投资便利化、深化金融开放创新、转变政府职能等方面，取得了一系列成果，形成了一批可复制可推广的成功经验，初步显示出了自贸试验区作为全面深化改革和扩大开放试验田的作用。本文通过梳理我国自贸试验区人力资源制度最新发展情况，借鉴海外自由贸易园区的经验做法，对我国自贸试验区创新人力资源制度的方向和举措提出有关建议。

一、我国自贸试验区人力资源制度创新的重要意义

在自贸试验区的建设过程中，人力资源制度的改革创新始终扮演着重要角色。当前，人力资源制度创新对于自贸试验区落实完成好试验任务、增强国际竞争力、保障高质量发展都具有重要意义。

（一）人力资源制度创新是我国建设自贸试验区的重要任务

我国建设自贸试验区，既有与国际上建立自贸区的共性考虑，推动贸易投资便利化，带动当地经济发展，又被赋予了改革创新试验的重要功能，贸易投

资便利化只是试验任务的一部分。中央建设自贸试验区的根本目的，是为全面深化改革和扩大开放探索新途径、积累新经验，把制度创新作为核心任务，把可复制可推广作为基本要求。人是创新实践的主体，人力资源制度是决定劳动力资源配置效率的根本性制度。改革完善我国的人力资源制度，既是适应全球化发展的需要，也是深化中国特色社会主义市场经济体制的需要。在自贸试验区推进人力资源制度创新，为自贸试验区的高水平发展提供人才保障，为全国人才制度创新发展提供经验借鉴，是自贸试验区面临的重要任务。

（二）人力资源制度创新是增强自贸试验区国际竞争力的关键手段

随着全球化不断加深和科技迅猛发展，人才和技术的重要性不断提升，国家间人才竞争日益激烈，很多国家都制定出台了有关的人才战略。如美国取消科技工程等领域人才移民配额，欧盟实施青年人才跨境培养行动计划，加拿大制定吸引海外专业技术人才和企业家的移民项目等。很多海外自由贸易园区注重通过支持人才培养计划，提供有吸引力的税收优惠政策、宜居宜业的工作生活环境、国际通行的便利条件等方式吸引国际高端人才进入。我国建设自贸试验区起步虽晚，定位很高，在开放条件下必然面临与国际上其他自贸园区的比较和竞争。汇聚国际优秀人才共同致力于自贸试验区建设，离不开建立一套与国际先进规则制度对标的人力资源制度。

（三）人力资源制度创新是我国自贸试验区自身高质量发展的根本保障

自贸试验区在建设过程中，一方面要推动贸易和投资的便利化自由化，以及跨境金融服务等制度创新，不断优化营商环境，持续激发自贸试验区的发展动力。随着通关便利化、审批电子化、支付网络化日益普及，各自贸试验区需要国际贸易、港口管理、金融科技以及法律等领域的大量人才配套。另一方面，在新一轮科技革命和产业变革的机遇下，各自贸试验区面临发展新产业、新业态、新模式的共同任务，信息技术、生物科技、新能源、新材料等新兴产业对高层次人才的需求持续增强，对各种第三方专业服务人员也有很大需求，需要加强人力资源制度创新，从吸引人才、培养人才、相关配套措施建设等多个方面共同发力，为自贸试验区建设提供坚实人才保障。

二、我国自贸试验区人力资源制度创新的现状分析

（一）已有制度政策集中于人才引进培育发展保障等方面

依托各级党委和政府推行的人才工作以及人才引进计划，各自贸试验区在人力资源制度方面进行了积极探索。通过梳理，本文将自贸试验区成立以来有关人力资源的制度和政策归为人才引进、人才培育、人才发展、人才保障四种类型（见表1）。

1. 多措并举，加大引才力度

针对相关领域和产业高层次人才紧缺状况，各自贸试验区推出了很多吸引人才的举措。一些主要做法有：瞄准高层次人才制定引进办法，对于院士、学科带头人等顶尖人才提供优厚待遇条件；探索灵活的人才引进方式，放宽对紧缺人才类型的境外职业资格认可，允许兼职等柔性引才办法；加大市场化方式引才力度，根据引进人才的层次以及紧缺程度设定各类资金奖励等。

2. 立足实际需要，创新培养机制

针对自贸试验区的发展特点和紧缺人才类型，在人才培养机制上进行探索。一些主要做法有：探索建立产教融合、校企合作等更加灵活的人才培养模式，鼓励通过实习、兼职等多种方式培养锻炼人才；出台关于重点产业人才、高层次技能人才的培养提升计划等。

3. 支持创新创业，促进人才发展

针对一些自贸试验区创新创业项目在启动时面临的实际困难，自贸试验区出台相应的支持政策。一些主要做法有：大力支持创新创业，打造各类技术、信息、项目平台，推动技术攻关和科研成果转化；给予金融支持，通过政府自建产业引导基金、担保基金、协助提供信用贷款，或者引导市场化风险投资基金，为创新项目提供金融支持。

4. 便利居住生活，做好服务保障

针对引进人员在住房、医疗、子女教育等方面的实际困难，积极探索解决办法。一些主要做法有：通过简化手续优化外籍人才居留制度；对住房、医疗、教育等需求优先保障，建立专门的人才公寓或者提供租房补贴，为外来人员提供补充医疗保险、就医绿色通道，在子女教育上优先保障入学等，努力解决引进人才在自贸试验区生活的后顾之忧。

（二）人力资源制度创新进展不够明显

各自贸试验区有关人力资源的政策举措，在提供人才保障的同时，也存在一些不足，特别是在制度创新上的进展不够明显。相比于在投资便利化、贸易便利化、金融创新、政府职能转变、事中事后监管等方面形成的一大批经验，自贸试验区在人力资源方面形成的可复制可推广的经验较少。在自贸试验区5年来分批形成的153项创新试点经验中，绝大多数是关于贸易便利化、外商投资制度、商事制度方面，其中国务院集中复制推广的四批共88项改革试点经验和12个“最佳实践案例”均未直接涉及人力资源，在各部门自行复制推广的53项改革试点经验中，关于人力资源的仅有关于扩大外籍人员居留范围和允许港澳会计师担任内地事务所合伙人两项，缺乏类似“外资备案制”、国际贸易“单一窗口”等关键性、突破性改革，是制度创新的短板。

表1 我国自贸试验区人力资源制度和政策概览（截至2018年年底）

自贸试验区	人才引进	人才培育	人才发展	人才保障
上海	推进人才引进落户新政，实施海外高层次人才、社会事业紧缺人才引进工程	实施独角兽企业人才、高技能工匠人才、青年创新创业人才培育工程	建设产业创新中心、人才信息平台、海外离岸创新创业基地。建立创新人才贡献奖励机制，健全创业融资服务体系	实施上海高峰人才、国家实验室人才服务工程；便利外籍人才在华居留，优化人才机构审批；建设国际人才公寓、子女实验学校
广东	设置人才引荐奖，鼓励推荐高端人才；设置骨干人才奖、高管人才奖等专项奖励		创新人力资本入股办法，鼓励企业实施股权分红激励措施，设立高层次人才创业引导基金；资助高端领军人才创新创业团队项目	开展外国高层次人才服务“一卡通”试点，建立安居保障、子女入学和医疗保健服务通道，享受快速通关便利
天津	实施人才引进计划，支持柔性引才引智，设立吸引人才“伯乐奖”；建立重大人才项目决策机制，改革人才引进审批	加快建设高水平院校，推动产学研更加紧密结合，提高技能人才培养水平	加大海外人才创新创业金融支持，实施科技成果转化奖励；支持新建创新平台、国家级科研院所整建制迁入	优化人才公共服务体系建设，加强生活服务保障

续表

自贸试验区	人才引进	人才培育	人才发展	人才保障
福建	简化引进人才评价认定办法和程序，允许以特殊政策引进专才；推进本土人才向自贸试验区流动		加大创业创新经费支持力度，给予薪酬补贴、资金补助等经费补贴及贷款贴息；保障创业项目土地供给	完善签证（注）居留政策，为高层次人才提供住房保障
辽宁	鼓励人力资源服务机构寻访高级人才；鼓励用人单位开展柔性引才；支持重点产业领域人才队伍建设	实施领军人才自主培养、高层次紧缺人才培训交流工程，高技能人才培养资助计划	对承担国家项目的企业予以配套补贴；鼓励建设创新创业中心和孵化平台，支持众创空间建设和运营	建立“一站式”服务体系，解决人才安居、子女就学、医疗服务、税收优惠，便利出入境服务
浙江	面向全球招聘紧缺高端人才，引入猎头精准对接人才需求		对海外人才引进分别设立总额不低于1亿元的科创基金和无抵押信用贷款；支持重点产业发展，在重大科技专项中设立自贸区专项	优化外籍人才出入境、停居留、子女教育政策，打通就学、就医、社保、住房障碍，完善人才综合服务
河南	重点引入高端人才，纳入“智汇郑州1125聚才计划”		导入产业基金，为科研工作者和创业者打造科技研发、智慧办公、文化创意和社交生活实体平台	全面实施外国人来华工作许可制度；在人才引进、创新创业、安居保障等方面对创新人才给予扶持
湖北	多元引才，允许外国留学生直接就业，试点公务员聘任制，高薪招聘人才；畅通事业单位与企业的人才双向流通	支持外籍青年人才实习，允许产学研复合型人才多岗位兼职；下放人才评价权	加大创新创业投融资支持力度，打造人才科创发展平台，鼓励事业单位科技人员创新创业	海外优秀人才及其配偶在国外工作年限视同社保实际缴费年限；放宽外籍人才办理口岸签证、申请永久居留等政策
重庆	给予引入人才资金支持、个人所得税优惠；分层制定人才标准，简化认定程序；推进海内外人才职业资格互认		支持创办科技型企业，优化创新创业激励政策，促进协同创新平台建设，打造优质人才载体	便捷海外人才签证政策和居留政策；搭建人才服务“绿色通道”，优化社保医疗服务，协助解决配偶、子女就业就学，给予安家补助

续表

自贸试验区	人才引进	人才培育	人才发展	人才保障
四川	扩大认定范围，简化认定程序，实行市场化引才机制；给予急需紧缺和实用人才专项扶持；探索建立“海外人才离岸基地”	对在自贸试验区取得中级、副高级职称人才给予一次性补贴	与国外园区合作建立世界一流科技园区联盟，开展共性技术、关键技术联合攻关，引导资本流向前沿技术和产业方向	简化外籍人才停居留手续，符合标准的外籍高层次人才及其配偶、未成年子女可申请在华永久居留
陕西	建立高层次人才引进奖励机制，放宽落户条件；对于引进高层次人才的单位、中介机构等给予奖励		鼓励海内外高层次人才、留学回国人才、科技人才、高校毕业生创新创业，积极支持企业建设科研创新平台	提供人才公寓、公寓租金补贴，优先安排子女入学，外籍人员优先享受就业及居留证件办理等服务
海南	实施人才集聚引进、“银发精英”汇聚、党政机关千人招录、事业单位人才延揽等计划，加大柔性引才引智、荐才引才奖励力度	实施南海名家人才培养计划、党政人才素养提升计划、重点产业人才教育对接及农村人才培养计划	争取国家级创新机构落户，推动重点产业企业集聚，支持国际人才及科技人员创新创业，加强科技创新和成果保护	放开人才落户限制，解决人才配偶就业及子女就学，加强医疗服务保障；建立完善人才评价和退出机制

资料来源：各自贸试验区官方网站。

纵向来看，人力资源领域的政策举措对人才培养和发展的重视不够。已经出台的政策措施很多集中于人才引进和服务保障环节。各地纷纷出台招才引智的人才计划，以一次性的资金奖励政策和工作流程上的优化为主，通过“经费支持”“奖励资助”“经费资助”“配套经费”等直接资金支持和住房、医疗、教育等服务保障形式吸引人才，很多政策寄希望于短期见效，对于主动培养人才布局得少，对于人才发展缺乏实质性举措，对于引进来如何留得住缺乏系统性考虑。在引进人才是以国内人才为主的情况下，这类政策在自贸试验区这样的局部会有效果，但是在全国范围内的创新示范意义不大。

横向来看，人力资源领域的政策举措与其他各项改革制度的系统集成不够。自贸试验区定位于高水平对外开放，实施“准入前国民待遇+负面清单”的管理方式，负面清单经历五轮缩减后，限制措施已由190项减少至45项，对外资开放领域持续扩大。人力资源方面的改革举措与其他政策措施不配套，直接影响自贸试验区作为改革试验田的整体效果。对于海外来华就业人员的出入境、税务、社保等细节还缺少统筹考虑。有些行业领域虽然放开了对外商机构的限制，但有关外国人在境内的就业限制以及出入境的不便，影响了政策实施效果。高层次人才的短缺、创新能力不足、战略性新兴产业增长乏力成为自贸试验区发展中普遍面临的挑战。总体来看，自贸试验区距离形成法治化、国际化、便利化的营商环境和公平、统一、高效的市场环境，还有不小差距。

（三）人力资源制度创新面临环境和认知等方面的制约

1. 整体制度环境制约改革创新

尽管这些年来，我国人力资源制度出现了根本性变化，市场机制逐渐在人力资源配置中占据主导作用，但是在人才的培养、评价、使用、流动、激励等方面，还存在不少制度障碍。有些涉及国家部委的行政职责划分，有些涉及法律规定，还有些属于授权不明确、不充分的问题。人力资源的优化配置还有较大潜力和空间。这些全国普遍存在的问题，自贸试验区同样存在，而且由于在短时间内集中面对，表现可能更加突出。

2. 主观认识不到位影响改革创新

中央赋予自贸试验区制度创新的任务，鼓励“大胆试、大胆闯、自主改”，各地在贯彻落实中还有差距，一些地方还是抱着以前搞经济开发区、高新园区、保税园区等的思路建设自贸试验区，寄希望于通过税收等优惠政策使自贸试验区短期取得超长发展，在人才制度创新上不够积极主动。当然随着改革由易到难、由表及里，改革难度越来越大，成本越来越高，空间越来越小，这也是影响改革主动性的重要因素。此外，缺乏必要的容错机制，对于行政机关改革创新的积极性也会产生影响。

三、自由贸易园区人力资源制度创新经验借鉴

为了区别于国家间达成协定设立的自由贸易区（FTA），国内一般将一国内部设立的“境内关外”性质区域译为自由贸易园区（FTZ），显然自由贸易园区更接近于我国自贸试验区的概念。在立足中国内地实际建设自贸试验区的过程中，其他国家和香港地区自由贸易园区的经验做法是我们可以借鉴的宝贵财富。特别是在全球化日益加深、人才竞争日益激烈的背景下，人力资源制度创新更离不开横向的借鉴比较。以下选取美国、香港地区、新加坡、韩国在自由贸易园区建设中有代表性的人

力资源制度进行分析。

（一）美国对外贸易区的人力资源制度创新经验

美国对外贸易区是基于1934年通过的《对外贸易区法》设立，到2018年年底共有296个对外贸易区和约600个分区。在人力资源制度设计方面：一是将着眼点放在最大程度保障美国公民的就业优先权利。通过“倒置税法”等关税制度设计，促使外资企业将生产组装基地迁移到美国对外贸易区中，并雇佣美国当地工人，为美国人提供就业岗位。二是向社会公布对外贸易区的就业和人力资源状况。技术职工和非技术职工的储备情况、失业率的高低等信息，作为对外贸易区的重要基础情况会向社会提供。负责对外贸易区管理工作的美国对外贸易委员会每年在向国会的报告中，都要将解决就业的情况作为重要工作成效进行陈述。2018年的对外贸易区年报显示，超过45万人受雇于各对外贸易区的约3200家企业。

（二）香港自由贸易港的人力资源制度创新经验

香港是闻名国际的自由贸易港，以自由贸易、低税率和最少政府干预见称，号称全球最自由的经济体。香港高度重视延揽国际人才，在人力资源制度创新方面很有特色。一是制定专门的引进人才计划，吸引来自全球各行各业的优秀人才。除了制度化长期实施的“优秀人才入境计划”“香港专才计划”等，还有“科技人才入境计划”等有针对性的人才引进计划。二是在引进海外人才的同时，兼顾培养本港人才。以2018年的“科技人才入境计划”为例，计划引入人才的企业需要首先申请配额，申请到配额的企业每聘用三名非本地人士，须增聘一名香港本地全职职员和两名实习生从事与科技相关的工作。三是提供高效便捷的工作生活环境。香港政府对到港工作或创业的人才实施宽松签证政策，只需申请工作签证，相关人员便可享有便捷的出入境待遇。

（三）新加坡自由贸易区的人力资源制度创新经验

新加坡的自由贸易区是根据1969年颁布的《自由贸易园区法案》设立，目前已有8个。新加坡自由贸易区在人力资源制度创新方面，除了大幅降低高技能人才的个人所得税、保持个人所得税政策的国际竞争优势外，在人才的引进、培养等方面很有特色。一是在人才引进上注重人才储备全球化。政府设立“联系新加坡”组织，该组织积极开展工作，建立全球性的工作网络，为各类人才提供有关新加坡自贸区的创业就业机会和沟通联系平台，对到新加坡工作和生活的人才提供一站式服务。二是注重对人才的教育培训。政府设立人才技能发展基金，政府和企业按 8：2 的比例分别出资，资助企业对员工开展培训，有的企业还建立人才培训中心，为员工技能提升提供保障。

（四）韩国自由经济区的人力资源制度创新经验

韩国的自由经济区根据 2002 年制定的《自由经济区指定及运营特别法》设立，目前共有 8 个。在人力资源制度创新方面，韩国自由经济区的特点主要有：一是致力于打造各具特色的产业集群，并强化科技教育的配套支撑。比如仁川自由经济区致力于打造国际化的尖端产业基地，光阳湾圈自由经济区致力于打造“世界最高水准的产业物流中心都市”，黄海自由经济区致力于打造“尖端技术产业的国际协力聚点”等。同时，积极引进海外大学设立分校，建立高校与企业的产学协同体制，建立国际水平的优势产业研发中心等科技教育力量予以配套。二是提供舒适的居住生活环境。通过引入国际医疗、教育机构，建设智慧城市和绿色交通系统，打造主题公园、休闲胜地等方式，吸引国际先进企业和高端人才入驻。

四、我国自贸试验区人力资源制度创新的重点方向

（一）围绕行政管理和服务人才进行制度创新

行政管理部门的工作能力、工作效率、服务意识都是自贸试验区吸引项目、人才和各种资源主动集聚的重要因素。自贸试验区面临制度创新的重大任务，高素质的行政管理服务人才更加重要。未来自贸试验区在转变政府职能、减少行政审批、推进商事制度改革、营造优良投资环境方面还有很大空间，对熟悉国际规则的高层次行政管理人才提出了需求。加强行政管理领域的队伍建设，重点不是数量上增加多少，关键是要提高质量。当前党政机关进入渠道狭窄，社会优秀人才进入体制内工作还面临很大障碍。可以在自贸试验区的局部探索突破组织人事制度，既要把党政机关的优秀人才放到自贸试验区去锻炼，也应该吸纳具有企业管理经验的人才包括海外人才的积极参与。

（二）围绕国际贸易和金融人才进行制度创新

推进贸易便利化是自贸试验区的基本任务。世界贸易组织《贸易便利化协定》

中规定了40项贸易便利化措施，目前已有38项在我国的自贸试验区实施。各自贸试验区对于熟悉国际贸易业务流程、规则等方面的专业人员缺口较大，也需要大批具有较强金融创新能力、熟悉金融政策和运行规律、了解国际金融业务的高素质金融人才。这类人才的市场化程度较高，应该支持企业建立知识、管理等要素参与利益分配的有关制度，同时通过探索医疗、住房、子女教育等方面的服务保障制度，增强人才对自贸试验区的黏性。

（三）围绕第三方服务专门人才进行制度创新

自贸试验区着眼于高质量发展，定位于高水平开放。推动转变发展方式、优化经济结构、转换增长动力过程中，离不开大量提供第三方服务的专门人才的支持保障。除了推进工业主辅分离，自贸试验区还应该大力支持计量、标准、检验、认证认可等提供质量技术基础以及专利、商标、工业设计、商务咨询等提供专业服务的人员和机构的发展，为企业升级改造提供高水平的配套服务保障，推动产业向专业化和价值链高端延伸。对于这类高级专门人才的引进和发展，当前主要面临海外专业资格的认可、职称评审权限、外商机构准入限制、事业单位改革人员流动以及国内人才市场地域分割等方面的制度障碍，这些应该作为人力资源制度创新的重点方向。

（四）围绕高技能人才进行制度创新

各地出台了很多支持新兴产业和创新型人才发展的政策措施。很多新兴产业离不开背后传统制造业的支撑，同时很多传统制造业依然是解决劳动就业、稳定经济增长、改善民生福祉的主体力量，当前主要面临运用新技术、新业态改造提升传统产业的问题。因此，在引进拔尖高层次人才的同时，对于高技能人才的引进和培养同样要加大力度，特别是那些熟练掌握应用信息装备技术、数控加工技术、工业自动化技术、机器人技术等先进制造业技术人才。对高技能人才的培养重于引进，在人才培养过程中会面临学历认可、职业资格取得以及高水平职业院校短缺等现实困难，应该作为人力资源制度创新考虑的重点。

五、推进我国自贸试验区人力资源制度创新的政策建议

2018年年底，国务院发布的《国务院关于支持自由贸易试验区深化改革创新若干措施的通知》（国发〔2018〕38号），对推进人力资源领域先行先试有关措施提

出了要求。结合自贸试验区的发展和国家层面的人力资源制度改革需要，围绕上述人力资源制度创新的重点方向，本文对推进自贸试验区人力资源制度创新提出以下政策建议。

（一）坚持以市场为主导的人力资源配置方式

让市场机制在人力资源配置中起决定性作用，就应该依据市场标准评价、使用、激励人才。一是建立统一开放的人力资源市场。政府要充分放权，简化审批，破除那些影响人才自由流动和合理配置的制度障碍。比如，推动劳动者就业不应受到户籍地域等身份限制，取得经营资质的人力资源服务机构在自贸试验区不必重新申请经营许可，政府部门建立的人才市场作为独立经营主体公平参与市场竞争等举措。二是推进人才发展体制机制和制度政策创新。创新人力资本入股办法，通过实施股权分红等激励措施，让知识、技术、管理、技能等要素公平参与利益分配，探索购买专业化的人力资源服务的支持政策，提升人力资源工作水平。三是鼓励人力资源专业机构发展。积极探索引进国外知名人力资源服务机构，制定鼓励各类资本进入人力资源服务行业的办法，引导其在自贸试验区设立地区总部和分支机构。

（二）建立面向国际的开放型人力资源制度

随着外国投资者更多进入自贸试验区，有必要建立适应海外专业人才进入的开放型人力资源制度，要不唯地域、不求所有、但求所用。在引进海外人才过程中，一是做好国外专业技术资格认定。对于市场需求较大、境内外专业资格没有互认的建筑、教师、医生等领域，相关主管部门或行业协会应该加强对海外专业资格的研究和认定工作，适时放宽紧缺领域海外专门人才来华就业限制。二是研究明确海外人士社会保险认定办法。根据海外就业人员增加的现实需要，对跨境就业情况下双重缴纳社会保险费的问题，在自贸试验区内探索更为灵活的制度。三是考虑我国劳动人口数量多、就业压力长期存在的特点，坚持将重点放在引进高层次人才，避免一般性海外人才就业对本国劳动力就业的挤出。

（三）正确发挥政府在人力资源制度创新中的作用

自贸试验区的人力资源制度创新，需要更好地发挥政府作用。一是将引进海外人才与培育本国人才更好结合起来。充分认识到提高本国劳动者素质对于强化我国制造业大国优势、培育发展服务贸易增长点、推动经济结构调整升级的重要意义，人力资源制度政策设计应该将培育提高本国劳动力素质作为重要目的。针对外国人的引进培育发展保障等各类人才政策要平等适用于本国人员。二是搭建人力资源信息平台。自贸试验区要探索搭建国际化的人才发现和引进机制，为自贸试验区企业延揽国际人才提供支撑和保障。同时，建立信息平台，促进有关省市内人力资源服务机构、职业介绍机构、人才服务机构之间的人力资源信息共享。三是健全完善城市公共服务体系，维护公平竞争的市场环境。探索高水平开放状态下的教育、医疗保障制度。根据自贸试验区产业类型特点，引入研究型大学和职业院校，提高人才培养的针对性。加强知识产权保护，公平维护海内外人员合法权益。营造人尽其才、才尽其用的用人环境和鼓励创新、宽容失败的创新文化。

（四）保障人力资源制度改革创新于法有据

海外自由贸易园区多是依照专门的法律建立。我国的自贸试验区具有鲜明的探索创新改革试验职能，大量工作还在进行当中，对于试验完成后下一步的规划走向尚不明确。法律具有相对稳定性，而且我国现有经济法律制度多数是对成功实践经验的总结。在这一阶段制定法律，除了面临制度尚不定型的困惑，规定不当还可能会阻碍或影响改革，因此条件还不成熟。对于在自贸试验区建设过程中面临制度创新与已有法律之间冲突的问题，涉及法律授权下放相关职责的，要研究通过授予立法权、探索集约授权模式、建立容错激励机制等方式，加快探索赋予自贸试验区在人力资源制度创新上更大改革自主权的有效途径和模式。同时，要继续加强国务院主管部门、地方政府、企业之间的沟通交流，对于涉及境外人才居住、就业管理制度中需要中央和省级有关部门下放管理权限的事项，及时研究解决办法。

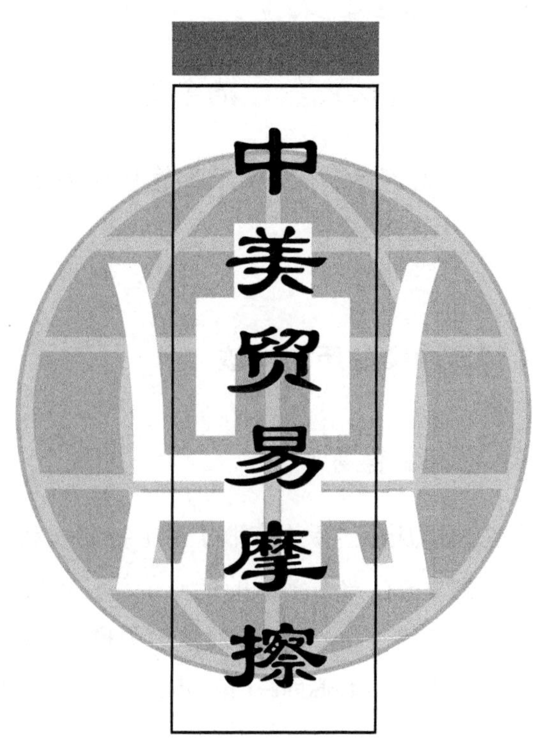

中美贸易摩擦

大国崛起中的贸易冲突及其策略选择

黄汉民　　范冬梅

（中南财经政法大学工商管理学院）

一、大国崛起中贸易冲突的历史轨迹

（一）17-19世纪的英法贸易冲突

17世纪中后期，英法两国从荷兰手中夺取了海上控制权和商业霸权，成为欧洲最为强大的两个国家。英法两国在贸易领域的迂回争斗，也转为了正面的直接的贸易冲突。英法两国的贸易冲突始于1664年的柯尔伯关税（Colbert's tariff），到1860年签订的科伯登—谢瓦里埃条约（Cobden-Chevalier Treaty），贸易冲突持续了近两百年的时间。

回顾英法贸易冲突的这段历史，这场贸易冲突先是始于1664年法国的柯尔伯关税加于英国的纺织品之上，随后英国采取相应的报复措施，直至1674年谈判，法国同意恢复1664年以前的纺织品关税水平；但随着贸易关系的恶化，法国进一步提高关税，1683—1700年间，法国关税平均增幅为60%，个别商品为100%，纺织品关税在1687年甚至达到了200%（Conybeare，1987）。英国先后采取的报复措施是禁止法国产品进口（1678—1685年、1688—1695年、1704—1710年），非禁止性的高关税（1685—1688年）以及惩罚性附加税（1695—1704年）；1713年的乌得勒克条约（Treaty of Utrecht）使贸易战短暂结束。但自此以后双方贸易壁垒逐步增加，在18世纪的大部分时间里双方关税都保持较高的水平（Conybeare，1987），直到1786年的爱登条约（Eden Treaty）使贸易战暂止；1793—1815年充斥着英国的海上封锁政策和拿破仑的大陆封锁政策；1815年以后，虽没有实现完全的自由贸易，但双方相继达成各种互惠性协定，直至1860年签订的科伯登—谢瓦里埃条约，英法两国贸易冲突得以结束。经济史上该条约也成为了西欧国家从保护贸易转向自由贸易的里程碑。

（二）19世纪30年代的中英贸易冲突

18世纪后期，是广州单一口岸贸易时期，中国与西方国家之间的贸易一直在不断增加。其中，中英贸易在18世纪后期已经占到广州口岸的一半以上，至19世纪20年代更是占到了80%左右。而在正常的中英贸易中，中国一直处于有利的顺差地位，英国每年要支付两百多万两白银的贸易差额。这种贸易上的不平衡，与英国的扩大海外市场、进行殖民掠夺的要求大相径庭。在英国政府的支持下，英国资产阶级在印度大量生产鸦片，直接运销中国，通过罪恶的毒品贸易来获取暴利。1820年以后，英国通过鸦片贸易从中国所得白银，不仅抵偿了因进口中国茶叶丝绸所造成的贸易差额，而且还使中国白银大量地流往印度和英国。至1838年，鸦片的年销量已高达35000多箱，价值近2000万两白银，大大超过当时中国茶叶丝绸出口的总值。在社会舆论的强大压力和严重的财政危机面前，道光皇帝委派林则徐作为钦差大臣到广东禁烟，迫使英国商人交出鸦片2万余箱，随后发生了历史上著名的虎门销烟事件（1839年6月3日）。1840年6月，第一次鸦片战争爆发，这次战争是英国资产阶级为保护鸦片贸易，扩大商品输出而发动的侵略战争。此次战争，中国因多方面落后而最终战败，并于1842年8月签订了中国近代历史上的第一个不平等条约——《中英南京条约》，从此，中国由闭关锁国被迫向西方列强开放门户。第一鸦片战争开启了西方国家以武力侵略或武力威胁，强迫清政府签订不平等条约的先例。此后，西方列强不断胁迫清政府签订了一系列的不平等条约。1857年，为进一步打开中国市场，强迫清政府接受鸦片贸易，英法两国发动了第二次鸦片战争，战争持续了4年，1860年英法联军攻占北京。清政府被迫与西方列强签订了《天津条约》、《瑷珲条约》（1858）、《北京条约》（1860）。至此，中国原有的朝贡贸易制度彻底转变为条约贸易制度（以不平等条约为基础的贸易制度）。

（三）20世纪30年代的斯姆特—霍利贸易冲突

1929年3月胡佛就任美国总统，同年夏天美国经济出现了萧条。为了保护美国的过剩产能、挽救美国的工厂，一些国会议员提出了一个提高进口商品关税的计划，虽然这个计划遭到许多人的反对，《斯姆特—霍利关税法案》仍然从1930年6

月开始实施。这项议案以法律形式修订了1125种商品的进口税率，其中增加税率的商品有890种，有50种商品由过去的免税改为征税，导致农产品原料的平均税率由38.1%提高到48.9%；其他商品的税率由31%提高到34.3%。从随后的执行情况看，该法案对超过2万种进口商品征收高额关税，美国关税平均税率达到57.3%，达1929年关税税率的四倍。

实施《斯姆特—霍利关税法案》的目的是让外国产品更贵，以鼓励美国人购买国内产品，从而刺激经济增长。但实际的结果是，该法案不仅没有重振经济，反而加剧了经济大萧条。《斯姆特—霍利关税法案》实施之后，该法案收到了来自外国的34份正式抗议，许多国家对美国采取了报复性关税。1930年，加拿大率先在16种产品上征收新关税，占美国输往加拿大商品总额的30%。随后加拿大开始寻求与英联邦的更加密切的经济联系。法国和英国亦表示抗议，并上调对美国的关税，德国则着力于打造联盟，建立自给自足的经济体系。例如，德国和英国的宏观关税税率由1930年的10%左右上升至1932年25%的高位，全球贸易的整体宏观税率也从10%左右上升到20%。这场世界性贸易大战导致的后果是：1929—1934年间，全球贸易规模萎缩了大约66%。美国本身也遭遇重创，进口额和出口额都骤降50%以上，GDP跌幅一度达30%，失业率达到20%以上。1934年罗斯福上任后，《斯姆特—霍利关税法案》被终止，于1934年6月签署了《1934年互惠贸易协定法案》。此后，美国的平均应税税率和平均总体税率开始逐步下降。该互惠贸易法案的精神，在以后的杜鲁门任期（1945年），最终催生了由23个国家签署的关税与贸易总协定（GATT）。

（四）20世纪80年代的日美贸易冲突

20世纪70年代，第二次世界大战后的日本迅速崛起，成为了世界的第二大经济体。美国为了遏制日本的发展，经贸摩擦持续不断。尤其是进入80年代，美国对日本的商品贸易赤字上升至近500亿美元。于是里根政府针对日本经济严重依赖出口、投资及产业结构严重失衡的问题，决定通过贸易战来抑制日本出口，进而降低其经济的竞争力。1980—1984年，日本对美出口在其出口总额中所占比重从24.2%上升到35.2%，而自美进口的增幅明显低于对美出口，贸易顺差扩大至339.6亿美元。在这种情况下，日美贸易摩擦进一步激化。美国开始将汇率作为缓解贸易收支逆差和贸易摩擦的重要工具。1985年9月，美国召集西方五国财长和央行行长会议，达成“广场协议”，使西方主要货币对美元升值，日本成为美国施压的主要对象，日元被迫大幅度升值。与1984年度相比，1986年度日元兑美元汇率平均升值52.8%，到1988年度升幅累计更达90.4%。在日元升值仍未达到大幅降低美日贸易逆差时，美国又于1988年出台了“新贸易法”，强化《1974年贸易法》中的“301条款”，使日本成为美国实施“超级301条款”的主要对象。1989年1月布什总统执政后，美国一边高举“自由贸易主义”大旗，一边积极运用“新贸易法”，在钢铁、汽车、半导体等领域，对日动用“超级301条款”。当时的美国舆论调查显示，半数以上的美国人认为，日本与过去的西班牙和英国一样，其经济力量比苏联的军事力量更能威胁美国的安全。在此背景下，美国对日贸易摩擦中的政治色彩日趋浓厚。

随着20世纪90年代初“泡沫经济”破灭，日本经济陷入中长期萧条、产业竞争力下降的困境。日本不得不于90年代中期开始经济结构改革，逐步放松国内经济规制，对外开放市场。同时，也由于中国等新兴经济体迅速发展，对美国出口不断扩大，美国外贸逆差的地区结构发生变化，美国对日本的逆差逐步缩小。1996年，在美国对外贸易逆差中，日本所占比重从1991年的65%下降到28%，日美之间的贸易摩擦渐趋缓和，不再构成美国对外贸易逆差的主要来源。

二、当前中美贸易冲突与以往大国贸易冲突的比较

（一）当前的中美贸易冲突

2017年初美国新一届政府上任以来，在“美国优先”的口号下，抛弃相互尊重、平等协商等国际交往基本准则，实行单边主义、保护主义和经济霸权主义，对许多国家和地区特别是中国作出一系列不实指责，利用不断加征关税等手段进行经济恫吓，试图采取极限施压方法将自身利益诉求强加于中国。2017年8月，美国贸易代表办公室宣布对中国发起“301调查”。该调查由美国自身发起、调查、裁决、执行，具有强烈的单边主义色彩。

2018年3月23日，美国总统特朗普正式签署对华贸易备忘录，对从中国进口的500亿美元商品加征关税，并限制中国企业对美投资并购。并宣布美国于7月6日对中国的航空航天、信息通信技术、机械等行业340亿美元产品加收25%的关税。2018年6月15日，中国政府采取相应报复措施，对原产于美国的659项约500亿美元进口商品加征25%的关税，其中对农产品、汽车、水产品等545项约340亿美元商品自2018年7月6日起实施加征关税。8月23日，美方决定对160亿美元中国输

美产品加征 25%的关税的同时，中方则相应对 160 亿美元自美进口产品加征 25%的报复关税，并与美方同步实施。

2018 年 9 月 18 日，美国政府宣布对从中国进口的约 2000 亿美元商品实施加征关税的措施，自 2018 年 9 月 24 日起加征关税税率为 10%；2019 年 1 月 1 日起加征关税税率提高到 25%。2018 年 9 月 18 日，为捍卫自身合法权益，中方不得不对已公布的约 600 亿美元清单商品实施加征关税措施，决定对原产于美国的 5207 个税目、约 600 亿美元商品，加征 10%或 5%的关税，自 2018 年 9 月 24 日 12 时 01 分起实施。2019 年 5 月 10 日美方因谈判未果，又将 2000 亿美元中国输美商品的关税从 10%提高至 25%，中方迫不得已也采取必要的反制措施。

一年多来因美方的刻意所为，中美之间的贸易冲突不断升级，给全球经济和中美两国经济发展投下了巨大的阴影。

（二）目前中美贸易冲突与以往大国贸易冲突的比较

历史上大国间的贸易冲突，大致包括以下四个特点：

第一，大国之间的贸易冲突持续时间一般较长。时间最长的，17-19 世纪英法贸易冲突持续了两百年之久；19 世纪 30 年代中英贸易冲突持续了 20 年以上；20 世纪 30 年代的美国及西欧之间的贸易冲突实际持续了 15 年；20 世纪 80 年代的日美贸易冲突也持续了 10 年以上。当前的中美贸易冲突刚刚开始，以历史眼光观察，持续时间不会短，正常情况下可能会持续 5~10 年甚至更长。对此，中国需要做好长期准备。

第二，大国贸易冲突的后果比较严重。第二次世界大战之前的三次大国贸易冲突，期间都发生了战争，守成大国与新兴大国的发展冲突难以调和，修昔底德陷阱的成分明显。除非冲突中的一方能够忍辱负重，做出相当程度的妥协，如 20 世纪 80 年代日美贸易冲突中的日本成为妥协一方，其代价则是日本经济 10 年以上的中期衰退。所以，对于当前的中美贸易冲突，必须清醒地估计我国能够承受的界限或代价，防止出现超出我国能够承受的结果。

第三，大国贸易冲突本身只是导火索。贸易冲突的背后，是守成大国与新兴大国之间的政治经济利益剧烈冲突所致。贸易冲突往往只是守成大国的表面借口，根本上是要维护其原有的地位和利益格局，有效遏制新兴大国的经济崛起和现实挑战。以史为鉴，中国尤其需要对当前的中美贸易冲突问题重新评估和反思。绝不能一厢情愿，低估或误判美方的意愿和决心，在我国能够承受的界限内，寻求可能的合理的策略及其路径。

第四，贸易冲突双方背后的国内政治经济矛盾加剧。第二次世界大战前的三次贸易冲突背后，均存在冲突双方国内政治经济矛盾加剧状况，客观上导致了贸易冲突双方的不妥协。双方持续对抗的结果，实际收获的却是双败局面。就当前的中美贸易冲突而言，虽然存在着各自国内经济矛盾因素作用，但在经济全球化背景下，中美双方远非恶化到不能达成一定协商的余地。这方面，我国应需具有足够的智慧及耐心，避免当前贸易冲突的严重失控。

三、现阶段中美贸易冲突趋向

大致梳理近些年中美贸易摩擦的轨迹，不难发现，贸易摩擦演变升级成为中美两国间的重大贸易冲突，实际经历了以下阶段：

第一，加入 WTO 初期阶段。加入 WTO 后的头三年，中国对外贸易年均递增 24.9%，2004 年中国一跃成为世界排名第三的贸易大国，对外贸易总额达到了 11547.4 亿美元，比上年增长了 35.6%。虽然从实际情况看，我国对外贸易的迅速增长，主要是由在华跨国公司的加工贸易所推动的。但对外贸易的高速发展，使中国的贸易增长成为国际社会、特别是欧美国家关注的焦点。长期以来，我国对美国一直保持较大的贸易顺差。如 2002 年，按我国海关统计口径计算，中国对美国的贸易顺差为 427.2 亿美元，但按美方口径计算，其对华贸易逆差为 1030 亿美元；而在 2005 年，按中国海关统计口径计算，中国对美国的贸易顺差超过 1000 亿美元，但按美方口径计算，其对华贸易逆差近 2000 亿美元。尽管统计口径存在差别，中美之间的贸易摩擦开始进入常态化阶段。

中国加入 WTO 的初期，正值世界经济经历新经济的衰退及逐步复苏，处于缓慢增长阶段。由于主要发达国家的经济状况并不景气，加之原有制造业加速转移发展中国家，发达经济体的内部经济矛盾加剧，国际贸易保护主义重新抬头。在此国际经济背景下，中国贸易的快速增长正在成为贸易保护主义的主要发难对象，人民币的升值压力开始在国际范围内形成。此阶段，美方的主要策略是联合欧盟、日本等经济体共同压迫我国人民币升值，并对中方明确提出平衡中美贸易的要求。同时，美方开始利用 WTO 有关规则（如反倾销、反补贴等）限制中国对美出口增长。

第二，全球金融危机阶段。2008 年全球金融危机爆发后，世界经济发展再次陷入低潮。受国际金融危机影响，世界经济减速，2008 年当年仅为 3.7%；2009 年进一步下滑至-0.6%，出现第二次世界大战以来首次全年负增长。在全球经济面临衰退、贸易量萎缩、失业率上升的大背景下，各国转而采取更为保守的贸易政策，贸易保护主义逐步在全球范围蔓延。此时，中美之间的贸易摩擦进一步加剧。2010年10月，美国贸易代表办公室宣布，应美国钢铁工人联合会申请，按照《美国贸易法》第301条款，对中国的一系列新能源政策和措施展开调查；2011年10月3日，美国参议院程序性通过了“2011年货币汇率监督改革法案”立项预案。此法案明显违背世贸组织规则，以“货币失衡”为借口，将汇率问题进一步升级，采取贸易保护主义措施；2012年9月底，奥巴马签署了22年来第一个禁止外国投资的总统命令，否决了三一重工关联公司在美国的风电投资；2012年10月8日，美国众议院发布调查报告，以国家安全为由，阻止中国两家通信设备制造商华为和中兴进入美国系统设备领域；2012年10月，美国就中国对美出口的光伏产品作出最终裁决，决定实施18.32%~249.96%的反倾销税率和14.78%~15.97%的反补贴税率；2014年1月美国再次宣布对中国光伏产品发起“双反”调查；等等。不难看出，此阶段美国处理对华贸易摩擦的措施运用，已从微观领域扩展到了宏观领域。如所谓汇率操纵问题、国家安全问题等，开始成为美国政府管控处理中美贸易的重要手段。

第三，特朗普政府阶段。美国新政府上台以来，明确将中国视为挑战美国世界领导地位的主要对手，致使中美贸易摩擦逐步升级。从2018年7月美方对华输美500亿美元商品加征关税，到2019年5月再次增加的对华输美2000亿美元商品加征关税，并威胁将对中国输美剩余3000亿美元商品进一步加征关税，中美贸易摩擦升级为全面的贸易冲突。与此同时，美方严重违反国际经济规则，实行单边主义制裁，以“国家安全”和“知识产权”为借口，用国内法替代国际法，运用所谓“长臂管辖”，对华为、中兴通讯等中国公司采取全球范围技术封锁、阻断企业供应链等恶劣手段，危及中国企业在国际市场的生存与发展。

显然，特朗普政府执政以来，中美贸易摩擦已从微观层面（反倾销、反补贴）迅速升级为宏观层面的经贸摩擦（知识产权、国家安全、技术封锁等），贸易摩擦内容从贸易结构及其平衡升级到两国贸易总体及贸易体制的冲突，贸易摩擦的涉及范围从两国之间扩展到全球范围的产业价值链领域。当前中美贸易冲突问题的核心在于：由于国内经济矛盾加剧，作为守成大国的美国以贸易平衡为借口，开始对新兴中国的经济崛起进行全面打压，实行直接的赤裸的中长期遏制战略。美国现阶段所采取的系列组合措施，旨在削弱以中国为原产地的制造业国际竞争力优势，改变国际经济资源对中国的配置流向，试图阻断中国经济与全球价值链已有的紧密联系，并通过重构美国为中心的经济联盟来有效遏制中国经济的崛起。

但从当前全球经济的发展态势看来，近期的中美贸易冲突仍可能朝两个方向发展：

一是经济全球化的力量重新积聚并发挥功能。全球经济逐步转暖、跨国公司的作用和多边贸易体系的进展，使得全球经济回归一体化发展轨道，美国重新主导世界多边经贸秩序及规则，中美双方将会回到互利共赢、竞争合作的世界经济体系。中美贸易摩擦也会相应限制在可控范围之内。

二是经济逆全球化力量进一步上升。世界经济逐步下滑、各国经济矛盾加剧和多边体系作用式微，美方仍坚持现行单边主义作法，将致使中美贸易冲突可能沿着贸易摩擦—贸易冲突—政治经济摩擦—全面对抗的经济冷战方向升级演变。

四、当前的应对策略选择

现阶段的中美贸易冲突问题，集中体现了处于经济现代化进程中的中国，与美国等主要发达国家在经济全球化进程中的政治经济利益矛盾。本文认为，处理这一问题总体思路仍然是：宏观把握、微观处理。所谓宏观把握，即从我国经济长远发展的战略高度，深刻认识该问题的复杂性、综合性和长期性；所谓微观处理，即必须尽可能把该问题的处理控制在具体经济问题的层面，防止问题的泛化。在选择处理问题的协调机制上，应力求使有关问题在 WTO、IMF 等国际经济组织的多边框架下处理，努力规避有关问题的双边主义处理做法。对于中国这样的发展中大国，力求在国际经济组织的框架下处理有关经贸冲突问题，更利于我国长远经济利益的维护。从大国崛起的国际历史经验看来，中国现阶段的应对策略，可参考以下路径选择：一是对外贸易保护，对内经济自由（美国模式）；二是对外渐进开放，对内经济自由（日本模式）；三是对外区域开放，对内经济自由（德国模式）。

从当代经济全球一体化状况看来，大国崛起中的日、德模式相对接近中国经济现实，其中，德国模式更具参考价值；即对外区域开放，对内经济自由。对外区域开放即对外寻求在一定区域组织的开放和联盟，可以借助区域整体力量适度保护本国经济发展，避免中国单独面对美国等经济体的强大压力，减少大国崛起中与当今主要大国发生体制性摩擦，同时可以逐步使国内经济及贸易制度与国际通行市场规则接轨，强化本国经济与国际经济的有效融合。现阶段中国要在进一步对外开放的同时，更加注重加入周边区域经济一体化组织特别是东亚经济一体化组织的建立与发展。对内经济自由可以充分激发民间经济活力，形成国内经济自我发展的内在机制，使本国经济发展更具效率，促进中国经济的长期稳定增长。

从中长期而言，应对中美之间的经贸冲突，需要做好充分的准备，尽力朝好的方向努力，这是中国当前应有的理性态度。无论哪种情形出现，最为关键的是做好中国自己的事情。即便出现经济冷战局面，也只能坦然面对。就中国当下而言，真正要做的其实相当明确：

一是对内深化市场化改革。经济对内开放、保障民营经济发展、构建有效的国内竞争环境；大幅减税、适度精简政府规模、构建全国性社会保障体系，形成能够支撑经济长期发展的国内需求。大国崛起的国际经验表明，已有大国崛起的历史进程，都是基于对内开放、实行经济自由，确保国内经济的活力与效率作为基础，才能最终得以完成大国崛起的目标。

二是对外进一步开放及加强经济联盟。即开放市场，降低市场准入条件，营造良好营商环境，严格遵守国际经济规则；与东盟和日本、韩国加速推进东亚经济一体化进程，形成深度融合的周边地区产业分工体系，避免与国际产业价值链脱钩。积极推进和落实“一带一路”倡议，拓展国际经济合作的发展空间。由于中国自身的产业体系完整，国内市场容量巨大，加上与东亚地区经济及其他区域的国际经济合作规模，中国理应可以承受现阶段中美贸易冲突的负面效应或冲击。

三是，需要强调指出，世界经济的一体化发展趋势并未逆转，仍然是经济发展的主流。即使近期的全球经济出现逆全球化情况发生，也只会是局部的或短期的。中国经济已经深深融入全球经济一体化进程之中，中国经济的现代化进程，要求中国必须深刻理解和把握世界经济发展的大局，坚持对外对内开放，坚持市场化改革，以确保本国经济的活力与效率。只有这样，才能真正做到以不变应万变，客观、理性地面对目前错综复杂的经济形势，并有效合理地处理好现阶段的中美贸易冲突问题。

守成国与崛起国的贸易摩擦

——基于中美和日美贸易摩擦的比较分析

刘　彬　　明元鹏　　陈伟光

（广东外语外贸大学广东国际战略研究院）

一、引　言

贸易是国家财富增长的动力，几乎所有学派的经济学家都确信，自由贸易能够促进资源在市场的有效配置，在总体利益增进上，自由贸易比贸易保护好。但是每一个国家出于本国政治、政治利益考量，都会采取贸易保护政策以保护本国经济，保障本国利益。从大国贸易竞争视角来看，一国的政策往往取决于其在国际政治权力结构中的地位，大国根据自身需求采取不同贸易政策。在崛起和鼎盛时期，国家往往主张自由贸易，通过竞争优势扩大自身利益，提高本国在国际经济中的份额；而在相对衰落时期，更加重视国家间经贸往来中相对获益程度，通过实行贸易保护，保护自身利益，维护本国在国际经济中的地位，同时减少贸易对象国的相对收益。如英国在崛起时期，率先完成了工业革命，机器生产占主导地位，需要寻求市场的扩大，便废除了《谷物法》，减少贸易保护，推行自由贸易。19 世纪末德国崛起，英德在全球范围展开争夺，贸易摩擦增加，英国结束了长达 30 年的自由贸易时期，最终形成第一次世界大战前两大阵营的对立局面；第二次世界大战后到 20 世纪 70 年代中期，美国提倡并主导贸易自由，而随着七八十年代欧、日的崛起，美国便相应地通过各种方式设置壁垒，政策走向贸易保护主义，并通过发动日美经贸摩擦维护自身的霸权地位。

从 2010 年起，中国取代日本成为全球第二大经济体，并且一直保持高速增长，经济总体规模已达美国的2/3，成为美国的第一大竞争对手。2017年12月，美国出台《国家安全战略》报告，将中国定位为“战略竞争对手”“修正主义国家”，渲染“中国威胁论”，强调中国企图挑战美国实力，侵蚀美国国家安全。2018年美国国防部发布《国防战略报告》，对华基调与《国家安全战略》报告一致，对华开始实行的“防范”“遏制”战略已成美国对华的指导思想，美国认为中国的发展已对其主导世界的地位构成挑战。2018年5月，美国以“公平贸易”为名发动中美贸易摩擦并不断升级，分别对中国出口的500亿美元、2000亿美元及3000亿美元商品分多次加征关税；2019年8月24日，特朗普宣布进一步对所有商品提高加征税率，将之前对2500亿美元中国商品加征关税税率从25%提高到30%，对另外3000亿美元产品关税税率从10%提高至15%；同月，在国际货币基金组织报告中国并未操纵汇率的情况下，美财政部将中国列入汇率操纵国之列。面对美方的极限施压，中国也对美国进口产品采取了相应的反制措施，如暂停采购美国农产品、相应加征美国进口的760亿美元商品关税等，这意味着中美两国之间已经是全面性的贸易摩擦。综上，在美国的霸权思维下，中国是其最大的战略竞争对手，已对其主导世界的地位构成挑战。这一挑战促使美国发动全方位的中美贸易摩擦。可以预见，随着中国的进一步发展和崛起，美国霸权将持续对中国施压；在美国主导的政治经济框架下，中美贸易摩擦也将会是一个深入持久的过程。

本文从崛起国与守成国竞争的视角，选取了日美贸易摩擦作为参照案例，通过比较分析中美和美日之间贸易摩擦的异同，一方面总结守成国和崛起国的贸易摩擦有哪些基本特征；另一方面探讨中国该如何从日美贸易摩擦中吸取经验教训，如何在保持自身发展的同时避免大国竞争的恶化升级，妥善应对中美贸易摩擦。

二、日美、中美贸易摩擦的相似性

中国与日本都是在美国霸权治理下的世界经济秩序中实现经济的发展与超越。在守成大国和崛起大国竞争关系的框架下，中美和日美贸易摩擦过程存在一定的相似性，主要表现在以下四个方面：

第一，日美和中美贸易摩擦发生的背景和态势具有相似性。中、日两国都是在美国霸权的国际经济秩序中，通过利用自身要素资源、禀赋优势实现经济的发展。在这一过程中，政府的产业政策支持起到了重要作用。日本政府制定各种贸易保护政策扩张出口、限制进口，如设置关税壁垒、进口数量限制、进口许可证和进口保证金等。通过对制造业的大量投资、充分利用国内廉价劳动力、吸收国外技术，加速日本工业化进程，承接了大量从美国转移的产业，同时向美国大规模出口劳动密集、低附加值的产品，日本的经济得到迅速发展。中国则通过出口导向型战略，以生产补贴、出口退税、人民币贬值等方式实现低出口价格，支持出口。出口导向型战略成效显著，储备了大量外汇，也带动了经济和就业的增长，并长期执行推进。可以说，中、日两国都是从劳动密集型的加工、代工贸易发展而来，实行出口导向型战略，承接了美国高科技和资本对外投资和产业升级的需要，通过对先进技术的学习和创新，不断地在“干中学”，实现了对外贸易发展和财富的积累，并逐渐实现产业升级，先后成为“世界工厂”。从全球自由贸易发展过程来看，这是面对市场选择的结果。总体而言，良好的国家与市场关系、国家有效的产业政策，是中、日利用市场规律获得发展的重要因素。

第二，在两次贸易摩擦中，美国限制中、日两国货物进口，并要求扩大美国产品出口，减少贸易赤字，具有相似性，但是使用的具体手段有差异。美国利用其制度霸权，采取了包括加征关税、限制进出口、反倾销调查、联合盟友施压等各种手段达成其目标。美国通过国内法，如 301 条款，对国外产品进行反倾销调查，同时对进口产品额外加征关税；在对日贸易摩擦中，还采取了最低限价制度、限制市场占有率上限、进口限制等措施。贸易摩擦后期，美国通过干预日本经济结构，从宏观经济制度层面改变日本，使得日本丧失国家自主性和自身经济结构优势，从而陷入长期“停滞”。而在对华相关贸易政策方面，除了以加征关税为主要手段外，还附带采取了多种限制措施，如通过重新签订美加墨自由贸易协定，制定了针对中国的“毒丸”条款；在高科技产业上，对中国高科技企业采取制裁、禁运、禁售等措施；同时，在关键技术和知识产权问题上，长期指责中国对美国存在“经济侵略”行为，如中国政府控制或干预美国企业在华的运营，中国企业收购美国企业目的是获得尖端技术和知识产权等等；在全球范围内采用贸易保护主义手段，破坏甚至抛弃全球经济的多边规则框架，导致全球经济治理制度陷入瘫痪；同时，在贸易摩擦的谈判过程中，美国特朗普政府也是极限施压，出尔反尔，给贸易摩擦的解决增加了不确定性。

第三，日美、中美贸易摩擦都是以两国贸易失衡为表征，以此为发动贸易摩擦的理由，一定程度上是为了转移美国国内矛盾，缓解国内社会问题。经济全球化就是全球市场发展的过程，美国对日本和中国的贸易逆差也是自由贸易条件下全球市场选择的结果。在两次贸易摩擦过程中，美日、中美之间贸易逆差同样并没有因为贸易摩擦而减少，在一定时期反而有所扩大。由此可见，美国贸易平衡的目标通过贸易摩擦的方式难以实现，因为无法平衡的逆差归根结底是经济全球化过程中，自由贸易条件下分工不同造成的，是通过市场实现资源优化配置的结果，尤其是在美生产成本提高的后果，所以美国的货物贸易逆差不会减少，只会在不同贸易对象国之间流转。而事实上，美国通过自身在全球价值链中的优势地位，获得了研发和销售等较大部分的利益。此外，从美元金融霸权来看，要支撑全球货币的主导地位，不得不保持资本账户的大量盈余，只能通过资本账户顺差来吸引海外资金，与此同时就会导致经常账户持续性逆差，贸易失衡不可避免，甚至是美国影响和控制全球经济的重要手段。所以说，贸易失衡只是贸易摩擦的表象，却不是根本动因。

但是，利用贸易失衡为说辞，将国内发展矛盾转嫁到其他国家是一种有效的统治方式。20 世纪七八十年代，美国处于滞胀时期，经济增长乏力，内生动力不足，科技进步发展处于瓶颈期，对外贸易逆差不断扩大，扩张性的货币政策加速了美元的贬值，以美元为本位的布雷顿森林体系崩溃，美国经济陷入衰退；同样，近年来美国不平等加剧，贫富差距不断拉大，社会极化严重，社会撕裂和矛盾激化使美国政府有意识地将矛盾转移到国外，将国内社会问题归咎于经济全球化和其他国家的发展，这显然是一种“以邻为壑”的策略。特朗普政府以“让美国再次伟大”的口号为名，发动全球贸易摩擦的目的也就在此。

第四，日美、中美贸易摩擦更深层的原因是中日两国在全球价值链层面的提升，威胁到美国在价值链顶层的位置。根植于大国竞争的地位考量，中、日两国产业的迅速升级和科技水平提升，直接威胁到美国在科技层面的领导地位，促使美国通过贸易摩擦对中日两国的高技术产业发展加以遏制。因此，两次贸易摩擦的核心集中体现在高科技产业层面的竞争，并逐渐向其他领域扩散。

在相互依存的条件下，国家对不同产业竞争的敏感性不同。科技水平是国家的核心竞争力，也是战略贸易竞争的重要领域，高科技领域竞争也成为日美、中美贸易摩擦的核心领域，故而美国对中、日两国在高科技领域的发展格外关注，实行更加严格的控制打压措施。20 世纪 80 年代，日本政府提出科技立国，大力发展知识密集型、技术密集型产业。经过几十年努力，日本国内拥有从轻工业到重工业再到高新技术产业的所有部门，半导体、芯片、生物科学等方面均达到世界领先水平。为此，在美日贸易摩擦中，美国在不同领域采取的政策措施也不同，追求相对收益的政策目标存在差异。马斯坦丹诺的研究显示：美国在卫星领域完全采取考虑相对收益的政策，实行贸易保护措施；而在飞机领域采取了部分，在电视机领域则没有采用。而在中美贸易摩擦中，中国出口产品也是逐渐由全球价值链中低端向中高端发展，并推动了整个全球价值链重构。美方高度关注“中国制造 2025”计划，将其视为对美国的重要威胁，认为“中国制造 2025”是通过一切可能手段，占领高科技产业，取代外国的技术、产品和服务，以便为中国公司主导国际市场做好准备，这将对美国的核心优势产生重大挑战。中美贸易摩擦从 2018 年 6 月开始，美方最早对中国进口加征关税的 500 亿美元商品，就是集中于高科技产业，如生物医药、新材料、工业机器人、新一代信息技术、航空高铁等产品。由此可见，高科技产业的重要性使得守成国从更加重视贸易绝对收益转向相对收益，越是高技术领域，战略贸易竞争程度越激烈，这也就决定了美国宁愿利用“杀敌一千，自损八百”的贸易摩擦方式去遏制中国在高科技领域的发展。

综上所述，中、日两国都是在美国主导的全球经济体系中发展起来的，通过与世界市场接轨，调整和发挥自身经济结构和要素禀赋优势，协调政府和市场的双重作用，实现了产业升级和经济崛起，从而形成了崛起国与守成国贸易摩擦的基本态势。面对中日两国的崛起和自身社会矛盾的突出，美国采取了加收关税、限制进出口和利用国内法进行反倾销调查等方式发动贸易摩擦，并将重点集中于高科技领域进行限制和打压。这表明贸易摩擦是平衡其贸易逆差的手段，同时也转嫁了其国内矛盾，而从深层次上看，则是与崛起国进行战略竞争的重要表现。

三、中美、日美贸易摩擦的差异性

从崛起国和守成国战略竞争的视角看，我们需要从各个层面发现中美、美日贸易摩擦中存在很大的差异性，在这些差异中寻找有利条件，破解中美贸易摩擦困境，并吸取教训，避免陷入日本长期停滞的困局中。这些差异具体表现为以下四个方面：

第一，从政治层面看，中、日政治地位以及对美关系不同，决定了应对策略的不同。美日自第二次世界大战后是同盟关系，美苏争霸的冷战格局决定了日本对美国的依赖。所以，尽管当时美日贸易摩擦不断升级，对两国经济关系、政治关系产生了一定的负面影响，但这只属于西方世界的内部矛盾。无论面对苏联还是中国，日本始终还是依赖于美国的军事力量保护，故而在日美贸易摩擦中面对美国的频频发难，日本始终是以退让和妥协为主，满足美国的要求。这种不平等的关系已经决定了美日贸易摩擦必将以日本的失败而告终。

中国近年来的迅速发展使自身在国际上话语权逐渐增强。中美两国在政治理念、经济理念、社会制度等方面存在根本性的差异。在政治上，中国是联合国五大常任理事国之一，与美国具有同等的政治地位；同时，中国在政治文化、意识形态上与美国相去甚远。总体而言，由于中美之间的差异性，中国的和平发展被视为对美国主导的全球秩序的重大挑战。大国战略竞争决定了中国不会采取日本的退让策略，可以预见中美贸易摩擦将是长期的，且可能会不断升级。不过，需要警惕的是，有人将贸易摩擦和经济竞争上升到意识形态上，挑起人们对中美“冷战”的想象。所以，中美经贸摩擦关键问题在于中美两大国之间如何管控摩擦，保持对话和克制的态度，共同解决问题，警惕非理性对抗升级。

第二，从经济层面看，中国经济体量大、韧性强，是世界上最大的市场，在政策上具有自主性，应对贸易摩擦的能力较强。经过四十年改革开放的发展，中国的经济体量巨大，拥有完整的制造业，是第一制造业大国，同时还是全球第一大贸易国、最大的单一国内市场，规模远大于日本。中日两国曾经都是“世界工厂”，日本主要贸易对象是美国及欧洲等发达国家，日本着力发展的行业与美国产品的竞争性强，如电子、汽车、半导体等行业，都直接冲击美国国内同类产品。而中国与美国之间曾在很长时期互为最大贸易伙伴国，而自 2018 年中美贸易摩擦发生两年来，也仍然保持互为第三大贸易伙伴国。由此可见，两国经济相互依存的程度较深，互补性较强，并不容易“脱钩”。同时，中国国内市场巨大，人民具有较高的储蓄率，这意味着国际市场与国内市场之间具有较大的转换空间和较强的韧性。此外，我国与全球 100 多个国家保持紧密的贸易往来，在全球货物贸易、中间品贸易、服务贸易中的比重逐年增大，2013 年中国取代美国成为第一大货物贸易国，逐步成为全球供应链的中心。在这种情况下，即使中美之间存在贸易摩擦，但是双方的经济往来还存在巨大空间。

第三，在应对贸易摩擦的方式上，中日两国呈现了巨大的不同。从日美贸易摩擦的过程看，日美贸易摩擦并没有对美国的贸易逆差产生根本性影响。但是，美国在金融领域对日本进一步施压，通过签订《广场协议》迫使日元大幅升值，日元升值形成的财富效应对日本经济产生了深远影响——土地价格飙升、资本市场膨胀，实体经济扭曲、虚拟经济非理性发展，政府又未能及时进行结构性改革，造成金融危机、高失业率、通货紧缩、消费不足，经济泡沫破裂之后，日本步入“失去的十年”。虽然日本近十年的萧条不能完全归咎于《广场协议》，但不可否认的是，日元的大幅升值是日本泡沫经济的重要因素。美日贸易摩擦后期，美国试图改变日本经济结构，直接干预日本宏观经济政策，改变美日贸易失衡，贸易摩擦转向制度干涉，日美贸易摩擦升级为制度摩擦。在这一过程中，日本步步退让，丧失了政策独立性，既有的经济结构优势不复存在。而中美贸易摩擦过程中，中方始终坚持以我国为主，坚持政策的自主性。从加入世界贸易组织以来，在美方要求人民币升值压力下，中国政府根据国内经济发展水平进行汇率市场化改革，始终保持货币政策的独立性；在本次贸易摩擦过程中，实施对等反制措施的同时，始终坚持克制、理性态度，保持对话，推动自身的高质量开放与改革。需要注意的是，在中美贸易摩擦过程中，美方同样在制度层面对中国进行施压，一方面要保持政策的弹性，争取达成一定程度的共识和协议，另一方面也要做好摩擦升级的持久战的准备。

第四，全球产业分工形式的变化决定了美日贸易摩擦溢出性较低，而中美贸易摩擦溢出性较高。全球产业分工在过去 40 年间发生了重大变化。20 世纪 80 年代，美日贸易摩擦主要发生在六个行业，更多属于对日本进口的具体产品的限制。对日本而言，当时很多产品的生产主要是在一个国家独立的工业体系中完成。与美国产生贸易冲突后，部分产业转移到东南亚，在减少日本进口的同时，与亚洲国家和地区经贸往来增多。所以说，日美贸易摩擦对市场的影响、对世界各国波及范围并不广。因此，日美贸易摩擦产生的冲击效应只存在于两国商品之间，不会影响到其他国家贸易，更不会对全球产业价值链造成破坏。

随着全球价值链的发展，国际贸易分工从产品间分工发展到更多是产品内分工，这意味着中美贸易摩擦涉及全球价值链的断裂与重塑。全球化深度发展的今天，世界经济一体化的趋势更加明显，全球形成了一个生产网络。各国的资源禀赋优势得到了充分应用，不同生产工序中的规模经济得到了最大限度的发挥，专业化分工下的经济利益也得到了极大提升，加速了实现世界资源的深度整合。中国已融入全球生产网络体系，主要承担加工贸易，是低端产业链和高端产业链之间重要的联结，在全球价值链分工中处于枢纽地位，中美贸易摩擦影响甚至阻断了全球价值链的正常运行。如果中美真正“脱钩”，则意味着全球产业链的重构，将给全球经济带来巨大损失。

四、结论与启示

从守成国与崛起国竞争视角看，美日和中美贸易摩擦具有一定的相似性：第一，以贸易失衡为由，在经贸领域发动摩擦是霸权国出于对自身霸权地位维护的重要手段；第二，守成国利用其政治、经济的优势地位，通过其制度霸权实现国家利益，影响他国经济政治结构是重要的战略手段；第三，在相互依存条件下，守成国对不同领域的贸易摩擦敏感性不同，对高科技领域最为敏感，政策上相对收益倾向最明显，故而美国发动对中、日的贸易摩擦，首先重点针对高科技领域；第四，守成国通过贸易摩擦方式打压崛起国，转嫁国内矛盾，是其实现国内治理有效性的重要方式。

而与日美贸易摩擦相比，中美贸易摩擦仍然有其独特性：一是中美两国都是政治大国，战略竞争态势更加明显，尤其是对高科技领域的争夺，将可能持续更长的时期；二是中美之间贸易互补性较强，存在更深度的相互依赖，在全球价值链中中美贸易摩擦溢出性较强，影响全球经济；三是中国市场更加深广，有更大的腾挪空间；四是面对极限施压，通过对等加征关税加以报复反制是必要的手段，应以日本为鉴，防范美方将贸易摩擦升级、蔓延。从长期来看，需要用更宏观、更长远的眼光审视全球局势变化，坚持独立自主、保持战略定力，同时也要用更有弹性的、柔性的外交手段，保持战略对话，增进互信，维护战略大局稳定。

第一，需要不断推进对内改革，实现高水平开放，确保我国经济、政治、社会高质量发展。一是推进供给侧结构性改革，优化资源配置效率，优化经济结构，推动经济可持续发展；二是促进高水平开放，推动由商品和要素流动型开放向规则等制度型开放转变，对标高标准的贸易投资规则，放宽市场准入，改善投资环境，构建开放型经济新体制；三是提高创新能力，通过科技创新实现产业升级，深度融合信息技术和制造技术，不断推动传统制造业的转型升级和高端化的跨越发展；四是加强金融监管，防范金融风险，完善基础性制度，结合宏观审慎管理和微观行为监督，更加规范资本市场的运作，为经济健康发展提供一个安全稳定的金融环境，加强监管国内金融系统的薄弱领域，警惕股票市场和房地产市场泡沫。

第二，不断开拓周边和区域合作，进一步扩大市场。我国应大力开拓对外经贸合作空间，分散对美国的依赖风险。一是需要维持与周边国家健康稳定的经贸关系，加快推动与日本、韩国，包括南亚、中亚等地区的深度合作，建立自由贸易区，扩大贸易自由化和投资自由化，积极营造有利于中国经济稳定发展的外部环境。二是依托“一带一路”倡议，聚焦互联互通，实现要素自由流动，优化对外经济结构，加强与沿线及周边国家的产能合作，进一步扩大对外贸易，促进投资与产能转化。通过亚投行、丝路基金、新开发银行等新型区域合作机制，为全球发展提供公共品，提高区域合作水平。

第三，保持中美双方对话合作机制，拓宽沟通渠道、增强两国互信、扩大政策空间，在现有国际秩序下促进改革，使现有秩序具有更大包容性。中美两国“合则两利，斗则两伤”，中美经贸关系对两国发展和世界经济都具有重要意义。所以，要突破现有僵局，中美经贸关系应回归贸易本身，美国应该重新审视对华贸易政策的合理性，集中于国内发展问题，认识到中美贸易对两国的重要性；同时放弃通过贸易摩擦等方式改变中国经济结构，干预中国政策独立性的幻想。中国也需要以更加开放务实的态度，扩大谈判的政策空间，推动自身的高水平开放。

在现有国际秩序中，中美两国双边关系对世界和平、稳定和发展具有至关重要的影响。在现行国际社会以制度治理为基本准则的基础上，需要超越以往崛起国与守成国之间的争霸逻辑，寻求更广泛的空间，承认合作与竞争并存的同时，摒弃意识形态偏见，平等交流，增进大国互信，促进国际秩序更有包容性的改革，实现新的权力平衡。这是避免贸易摩擦升级，防止破坏全球秩序稳定，维护全球经济稳健发展的可行方式。

日美贸易摩擦：30年的“攻防战”

马成三

（日本静冈文化艺术大学）

一、日本贸易顺差的膨胀

第二次世界大战后日本实行“贸易立国”的发展战略，出口贸易迅速扩大。1955—1985年的30年期间，日本的出口额从20亿美元增加到1756亿美元（增加近87倍），其在世界出口贸易总额中的比重也从2.3%猛升至9.7%。

同期日本进口虽然从25亿美元增至1295亿美元，在世界进口贸易中的比重从2.6%升至6.9%，但是明显低于其出口的增长幅度，从而造成贸易顺差的扩大。特别是在摆脱两次石油危机影响之后，日本的贸易顺差扶摇直上，仅1982—1986年的4年间就从69亿美元扩大到827亿美元，扩大了11倍。

日本经济的高速增长是与产业结构的升级同时进行的，即实现了由劳动密集型向资本密集型，进而向知识与技术密集型的转变。以产业结构的变化为背景，日本的出口商品构成以及造成顺差的对象商品均不断向高附加价值化发展。

20世纪50年代中期到60年代初，日本的纺织品贸易和钢铁贸易分别出现较大幅度顺差，60年代末至70年代末，其汽车和半导体集成电路的竞争力迅速提高，日本在这两个领域也先后转为顺差。

日本贸易顺差的扩大，与其产业及进出口商品结构的特殊性有密切关系。日本经济属于典型的加工贸易型经济，其进出口商品结构属于典型的垂直分工型结构，即一方面严重依赖国外的原材料和农产品供应，另一方面则要大量出口各种工业制成品。

20世纪60年代中期至80年代中期，各种工业原料的进口在日本进口总额中一直占60%左右，各类工业制成品在其出口总额中则占到85%~90%。由于出口与进口的所得弹性值（出口或进口增加率与国民所得增加率之比）不同，从而产生一种促出抑进的作用。

日本的主要出口商品，特别是汽车和电子等机电产品的所得弹性值一般都比较高，即世界市场对上述商品的需求增加率高于国民收入的增长率，相反以能源为中心的日本主要进口商品的所得弹性值则普遍偏低。

据日本经济企划厅估算，1975—1988年期间，日本出口的所得弹性值为1.667（国民所得增长1%，出口增长1.667%），分别为美国和联邦德国的2.7倍和1.7倍；而同期日本的进口弹性值却只有0.766（国民所得增长1%，进口只增长0.766%），分别相当于美国和联邦德国的1/3和1/2。

日本特殊的进出口商品结构，也影响着汇率变动对贸易收支的调整作用。一般说来，在实行浮动汇率的条件下，一国的贸易收支可以通过汇率的变动来调整。日本的出口商品主要是机电产品，对于这类产品的出口来说，商品品质和售后服务等非价格竞争力所起作用较大，日元升值对于此类商品的出口影响有限，甚至还会出现出口金额的暂时膨胀；日本的进口则因初级产品的价格弹性值小而难以大幅度增加，从而形成日元升值与巨额贸易顺差并存的局面。

“垂直型”的进出口商品结构，还是造成贸易收支地区间不平衡的重要因素。由于当时工业制成品的主要市场为发达国家，而能源等初级产品的供应地主要为发展中国家，所以日本与发达国家之间容易出现顺差，而对资源出口能力强的发展中国家，特别是石油输出国的贸易则容易出现逆差。

日本进出口贸易“垂直分工型”结构的形成，固然主要决定于日本的自然资源禀赋条件，但也与日本政府长期所采取的保护国内产业的政策以及在产业发展上推行“全套主义”有密切关系。第二次世界大战后日本政府长期严格实行保护国内产业、限制进口的贸易政策，其中包括：利用进口配额直接限制进口；推迟实行贸易自由化，缓和及取消非关税限制；在实行贸易自由化过程中强化关税壁垒等。

20世纪80年代以后，日本市场在减少限制进口商品种类和降低关税等方面的开放度虽然已经不亚于欧美国家，但仍有种种非关税壁垒制约着进口的扩大，其中包括工业规格、动植物检疫和进口手续等制度规定。

日本的贸易顺差以及由此引起的贸易摩擦，不但存在于日美之间，也存在于与包括西欧和东南亚国家在内的其他国家之间。

据日本通产省调查，截至1985年年底，日本主要制造业厂家在出口时所遇到的

“摩擦”多达300余起，其中约2/3发生于与北美及西欧之间，约1/3发生于与发展中国家或社会主义国家之间。单就日美贸易而言，在1984年日本对美出口中约有1/3的交易受到某种形式的限制。

二、日美贸易摩擦的升级：从纺织品到汽车

日美贸易摩擦，包括两个内容：一是日本的某种或若干种商品的出口与美国有关产业之间发生的摩擦；二是由日本与美国的大幅度贸易顺差，即贸易不平衡引起的摩擦。从历史上看，往往是前者为因，发生于前，后者为果，发生于后。

日美贸易摩擦的对象商品，经历了由低级向高级的发展，其中发生最早、历时最长的贸易摩擦就是纺织品贸易摩擦。

（一）日美纺织品贸易摩擦

棉纺织品是第二次世界大战后日本恢复对外贸易后的首批主要出口商品之一，1952年以后随着朝鲜战争结束，日本的棉纺织品库存剧增，价格暴跌。日本的棉纺织品厂家为寻求出路，不惜压低价格扩大对美出口。1955年日本的棉纺织品对美出口比上年猛增1.9倍，其中女衬衫增加了20倍。日本棉纺织品在美国纺织品进口市场中所占比重，亦从1951年的17.4%猛增至1956年的60%以上。

面对日本廉价棉纺织品的大量涌入，美国的有关工会组织掀起了“反倾销”等限制进口运动，发生了所谓“1美元女衬衫事件”（当时日本产女衬衫在美国市场上每件售价只有1美元）。棉纺织品贸易摩擦，最后以日本政府和纺织业实行出口“自主限制”而告缓解。

但是围绕纺织品贸易所发生的摩擦并没有到此结束，变化的只是引起摩擦的主角，即由20世纪50年代中期的棉纺织品让位给了60年代的合成纤维，60年代末日本的合成纤维对美出口超过棉纺织品和毛纺织品而居其对美纺织品出口之首。

为了解决纺织品贸易摩擦。日美在20世纪60年代先后举行了多次谈判。日本为了避免美国政府制定限制进口法案，采取了一系列出口自主限制措施，其中包括设定对美出口额度和出口增加率。

1968年，尼克松在竞选总统时为争取南方的选票许诺保护国内的纺织产业，翌年尼克松上台伊始就要求日本及亚洲新兴国家与地区实行出口“自主限制”。对于美国的这一要求，日本的产业界不以为然，但日本政府为顺利实现归还冲绳而决定让步，以至于有“以丝（纺织品）换绳（冲绳）”之说。

1971年10月，日本与美国签订《日美纺织品贸易问题政府间协定备忘录》，翌年1月正式签订《日美纺织品协定》，明确规定日本在今后3年期间内严格限制纺织品对美出口，并按照部类确定具体限制出口目标。美国对日本的纺织品出口采取如此强硬的措施，其主要背景是随着日本经济实力的扩大，美日两国的相对竞争力关系开始发生变化。

（二）日美钢铁贸易摩擦

20世纪60年代以后，日本的出口商品结构急剧向重化学工业品转变，对美贸易摩擦的重点商品也由纺织品扩大到钢铁、电视机和汽车。其中，钢铁从20世纪60年代开始成为日本的主力出口商品，最初东南亚、大洋洲和拉美是主要出口市场，进入60年代中期以后对美出口急剧增加，当时日本输美的钢铁约占美国进口总量的40%~50%。

1963年美国钢铁厂家开始指控日本对美搞倾销，而日本政府和钢铁厂家为了防止美国采取限制进口措施，从1966年6月起实行对美出口的“自主限制”，具体方法是通过组织“出口卡特尔”来维持“出口秩序”。

但是，日本采取的措施并没有改善美国钢铁业的窘迫处境，1977年美国钢铁厂家的税后利润率从70年代上半期的3%左右降至0.06%，不少钢铁厂家因销售不振而倒闭，钢铁业失业人数亦增至2万余人。为此，美国钢铁业的保护主义再次抬头，强烈要求美国政府采取措施以“纠正不公平竞争”。

（三）日美彩电贸易摩擦

日本从1965年开始出口彩电，该年的出口量只有4.8万台，但是4年后的1969年即增至100万台。美国是日本彩电的主要出口市场，在1966年至1988年期间，日本彩电出口的90%以上是面向美国市场的。1968年3月美国厂家指控日本厂家搞倾销，这为日美彩电贸易摩擦拉开了序幕。

1970年美国“保护彩电产业委员会”提出对日本实行制裁的申请，翌年国际贸易委员会认定日本彩电“急风暴雨式出口”确使美国的彩电行业蒙受损害，建议总统提高关税，同时决定就日方的倾销、政府提供出口补贴等“不公平贸易”问题进行调查。

在美国的压力下，日本政府于1977年与美国签订了《推持出口市场秩序协定》，规定在从1977年7月起的3年期间内，日本对美彩电的年出口量要控制在

175 万台以内（后来随着日本电视厂家对美直接投资增加，直接出口减少，上述协定未到期便自动失效了）。

（四）日美汽车贸易摩擦

进入 20 世纪 80 年代，汽车贸易成为日美贸易摩擦的焦点。第一次“石油冲击”后，日本的汽车凭借其小型、节能、设计与性能良好等优势大量涌入美国市场，80 年代初日本汽车在美国市场上的占有率就已超过 20%。

汽车产业是美国传统的战略性产业，日本汽车大量涌进美国市场引起美国厂家的恐慌，强烈要求日本实行汽车出口“自主限制”、开放日本的汽车市场以及到美国投资设厂等。1980 年 5 月，日本公布开放汽车市场措施，包括取消汽车零配件的关税、简化进口检查手续等。翌年 5 月，日美两国又就日本对美汽车出口“自主限制”问题达成协议，同时本田、日产和丰田等日本厂家相继宣布到美国投资设厂生产小汽车。

三、贸易摩擦与经济结构调整

20 世纪 70 年代后半期，日本的对外贸易摩擦明显加剧，其原因主要有两个：第一，“石油冲击”使西方国家经济陷入第二次世界大战后最严重的萧条，引起贸易保护主义抬头；第二，日本以扩大出口为杠杆比其他主要发达国家较快地摆脱了“石油冲击”的影响，国际收支亦较快地由逆差转为盈余。

日本再次成为西方经济“优等生”的同时，也遇到了对外不平衡加剧的新难题。据日本通关统计，1983 年日本的外贸顺差为 205 亿美元，1986 年便增至 827 亿美元，3 年时间翻了两番，其中对美贸易顺差由 212 亿美元猛增至 549 亿美元。

造成日本贸易顺差扩大的重要因素，被认为是日本的经济结构有问题，即从进出口贸易对国民收入的弹性值看，日本的经济结构既属于“依赖出口型”的，又属于“非依赖进口型”的。

一般认为，如果日本不采取扩大内需和改变进口结构等措施，就无法从根本上缩小其巨额的对外盈余。另一方面，1985 年秋季的西方主要国家财长会议（“广场协议”）决定进行货币调整后，日元对美元的汇率大幅度升值，从而给日本的出口产业带来巨大冲击，许多企业被迫削减生产，企业收益明显下降。

出于对付上述“外攻内困”的需要，中曾根首相的咨询机构“实现国际协调经济结构调整研究会”（会长为日本银行前总裁前川春雄）于 1986 年 4 月提出一份报告书（通称“前川报告”）。同年 5 月，日本政府根据“前川报告”制定了《经济结构调整推进纲要》，并设立了以内阁总理大臣为本部长的“经济结构调整推进本部”。

根据“经济结构调整推进本部”的指示，政府的重要咨询机构之一“经济审议会”专门组织了“经济结构调整委员会”（前川春雄任会长）。该委员会自 1986 年 9 月起先后召开 45 次会议研究实施经济结构调整的中长期对策，最后于 1987 年 4 月提出一份题为“经济结构调整指导方针”的报告（通称“新前川报告”）。

前后两个“前川报告”的基本思路一致，但也有不同：第一，后者的内容比前者更为具体；第二，前者是作为中曾根首相的私人咨询机关的意见提出来的，而后者则正式成为日本政府与执政党推进经济结构调整的纲领。

“新前川报告”认为“大幅度经常收支不平衡是一种危机状况”，提出日本应把“稳步缩小经常收支的不平衡作为全民性的政策目标”，为此必须从需求和供应两方面“调整经济结构”。调整方向是：

（1）在需求结构方面，要向“内需主导型”经济结构转变，在若干年内使“内需的增长率超过国民生产总值的增长率”。作为扩大内需的对策，“新前川报告”提出应该采取促进投资、扩大消费和缩短劳动时间等措施。“新前川报告”还打破了日本政府自推行“重建财政”方针以来的禁忌，明确提出应“为扩大内需而紧急采取果断的财政措施”。

鉴于土地问题是提高住宅质量和扩大社会基础投资的关键，日本政府决定成立专门的委员会研究土地问题对策。为了刺激消费，日本政府还取消了以鼓励储蓄为目的的“小额储蓄利息收入免税制度”。

（2）在供应结构方面，要调整产业结构和扩大进口。调整产业结构的方向是改变过去那种大量生产方式，适应消费需求的高级化而发展知识密集型的新产业。

“新前川报告”认为，随着产业结构调整的进展，日本企业的对外直接投资将大幅度增加，到 90 年代上半期，企业海外生产的比率将达 10%，即比 80 年代上半期的水平提高一倍，由此将提高日本的制成品进口比率，促进水平分工的进展，进而缩小日本的对外贸易盈余。

在供应方面实行结构调整的另一支柱是扩大进口。“新前川报告”认为，为了世界经济和日本经济的顺利发展，日本在解决对外不平衡时应采取促进进口，而不是抑制出口的办法，即要使进口的增长率适当超过出口的增长率，为此应进一步采取包括减少进口限制、降低关税和扩大政府对外采购等开放市场的措施。

“新前川报告”还认为，随着日本在经济、金融和科技领域实力的提高，日本应该积极对世界做出贡献，内容包括促进日本巨额国际收支盈余的回流、推进日元国际化、扩大对外经济援助以及改善对外贷款条件等。

1985年秋季以后出现的日元大幅度升值，一方面给日本的许多出口产业带来巨大冲击，另一方面也成为日本推进经济结构调整的动力。日本经济在日元升值后经过一年多的调整，从1987年起以内需为动力开始出现持续增长。在供应结构方面，20世纪80年代后半期也出现了新的变化，其中最引人注目的是制成品进口和对外直接投资的急剧扩大。在这一过程中，日本的国际收支盈余渐趋缩小。

日本经济在需求和供应方面的结构变化，对其他亚洲国家和地区的经济产生了重要的影响，其中新兴工业国家和地区及东盟各国利用这一时机增加了从日本的资金引进和对日制成品出口，由此促进了经济的发展和产业结构的升级。

但是，20世纪80年代后半期以来日本推行的经济结构调整并没有真正解决许多深层次的问题，其成果亦不稳定。例如，1987—1989年期间出现的“内需主导型经济增长”在相当大程度上得益于外部经济条件，即所谓“三低”（低油价、低利率和美元贬值）的局面。

另一方面，日本的国际收支盈余虽然有所缩小，但规模依然很大。在日本的贸易收支盈余趋于缩小的同时，其贸易外收支中的对外投资收益却在大幅度增加，从而可能成为带来日本对外盈余的另一重要因素。

四、日美结构问题协商

20世纪80年代与90年代之交进行的日美结构问题协商，对后来日本经济及对外经济关系的影响重大。日美结构问题协商是由美国总统布什于1989年7月提出来的，在1989年9月至1990年6月期间，日美政府的代表先后进行5次谈判，最后于1990年6月发表了最终报告。

日美结构问题协商的目的，在于通过“确认和解决构成两国贸易与国际收支障碍的结构问题”以求“缩小贸易收支的不平衡”。一般认为，美国倡导举行“结构问题协商”以及日本对此作出让步并最后达成协议，是有复杂的背景的。

一是日美间的贸易不平衡问题改善迟缓，美国国内舆论对日本的不满情绪加剧。20世纪80年代初，美国舆论对于日本经济以及所谓“日本式经营方式”尚持肯定态度，80年代中期以后则转为强调“日本的威胁”，同时认为日本的经济结构、政府行为都存在着违背市场经济原则的“特殊性”。特别是在东西方关系出现全面缓和的形势下，日本在经济、技术领域咄咄逼人的攻势更令美国感到不安。

二是日美结构问题协商的进行还与美国国内的保护主义，特别是新贸易法案中的“超级301”条款有密切关系。1988年8月成立的美国新贸易法案保护主义色彩浓厚，其中所谓“超级301”条款更被认为是主要针对日本的。该条款规定，美国可以判定特定国家的贸易做法及习惯是“不公正”的，如果对方不同意进行谈判，并在指定期限内加以改善，那么美国就可以对之采取制裁措施。

三是从日本方面看，美国所指出的许多“结构性障碍”问题的确存在，解决这些问题已成为日本经济进一步发展的需要。长期以来，日本政府在经济运行中坚持“生产第一”和“生产者优先”的方针。这种方针虽然促进了日本经济的增长和出口贸易的扩大，但也带来一系列问题，其中突出的就是社会资本投资相对落后和人民实际消费水平相对偏低。

随着日本经济日益步入“成熟期”（指经济上实现富裕而增长率降低的发展阶段）和国际地位的提高，对上述方针进行调整已成为日本经济运行中的重要课题。从这个意义上说，美国在日美结构问题协商中对日本提出的要求在客观上有促进日本政府进行政策调整的作用。

正因为美国的要求比较切中日本的时弊，所以日本国内舆论对此多持肯定态度。据《日本经济新闻》调查，日本人对美方要求持肯定态度者占47.4%，明显高于持否定态度者所占比率（39.5%），其中主张日本应积极对待美国要求者所占比率则高达86%。此项调查表明，多数日本人认为美国所提出的问题应该是日本政府主动及早加以解决的。

与以往日美间的贸易问题谈判相比，此次结构问题协商具有两个显著的特点，即：谈判内容涉及一系列微观的经济政策、经济运行方式和习惯，期望通过对此进行调整来达到纠正彼此贸易不平衡的目的；采取双方相互指出对方的“结构性问题”所在并提出改善意见的方式。

但是，从整个谈判过程看，美国显然处于攻势，而日本则处于守势。美国对日本的要求集中于扩大内需、建立公正而自由的竞争性市场和对外开放国内市场，主要涉及6个方面的“结构性问题”，即储蓄与投资方式问题、土地政策问题、流通制度问题、排他性贸易习惯问题、“企业集团”问题以及价格形成机制问题。

其中扩大公共投资、修改并废除“大型零售店法”（通称“大店法”）和强化“反垄断法”（“禁止垄断法”）是双方谈判的焦点。谈判的结果是，日本在上述三个问题上分别做出让步，许诺按照美国的要求加以改善。

（一）扩大公共投资问题

美国方面认为，日本企业热衷于出口的重要原因在于日本国内的需求不足，为此日本必须设法扩大内需，特别是要增加公共投资。对此，日本政府许诺，要把1991—2000年期间的公共投资规模从上个10年（1981—1990年）的263万亿日元扩大到430万亿日元。日本政府虽然避开了公共投资与国民生产总值的比率问题，但在方向上是符合美国要求的。

（二）“大店法”问题

美国认为，日本流通机构的低效率是造成许多商品在日本市场上售价偏高，进而影响消费扩大和外国商品大量进入日本市场的重要原因，而日本流通机构的低效率则与以保护大量传统的中小零售商为目的的“大店法”的存在有密切的关系。为此，美国要求日本尽快废除“大店法”以提高日本流通机构的效率，为外国企业进入日本的零售业开辟道路。对此，日本决定首先缓和对设立大型零售店的限制，将批准所需时间由过去的10年缩短至1年半，并许诺要在下一届国会上从扩大进口和增进消费者利益等方面考虑修改“大店法”。

（三）强化“反垄断法”问题

美国认为，日本企业通过相互持股形成“企业集团”及“系列交易”（优先照顾同一集团成员）等不公正交易习惯是外国企业进入日本市场的重大障碍，尤其不利于外国企业对日本企业实行购买和兼并。为此，美国要求日本强化“反垄断法”以形成“公正而自由的竞争性市场”，进而为外国企业进入日本创造机会。对此，日本许诺要采取一系列措施强化“反垄断法”，包括加强对垄断行为的审查、增加审查的透明度、加重对违反“反垄断法”者的惩罚以及建立对受害者的赔偿制度等。

在美国向日本提出诸种要求的同时，日本也指出了美国所存在的一系列“结构性问题”，其中包括民间与政府部门的需求过热、投资不足引起设备能力不足和劳动生产率提高速度缓慢、企业的“短期行为”、政府与企业的出口意愿不强以及工人训练不足等。日本要求美国采取有效措施解决上述问题以恢复和提高美国产业的竞争力，进而缩小对外贸易的不平衡。

五、他山之石：日美贸易摩擦的几个注意点

综观日美贸易摩擦的历程，有几个方面值得中国注意和借鉴。

（一）历时长久

日美贸易摩擦的发生是以日美产业竞争力以及经济实力的消长为背景的，至少持续了30余年。20世纪90年代以后，特别是进入21世纪以来，贸易摩擦问题逐渐从日美关系的主要议题中淡出。

日美贸易摩擦由紧张转向缓和，有两大因素起了重要作用。

一是随着日本产业结构的升级和海外生产的增加，日本对美贸易顺差趋向收缩。过去造成对美顺差的主力商品——纺织品和家电，先后由主要出口商品转变为进口商品，其中家电的进口额达到出口额的6倍以上（2017年）。20世纪80年代日本制造业的海外生产比率平均不到5%，2015年扩大到25%以上，其中汽车的海外生产量已经超过国内生产量。

二是中国作为“世界工厂”的抬头及中国对美贸易顺差的迅速扩大。根据美方统计，2017年美国对华进口接近5055亿美元，相当于对日进口的3.7倍，在美国进口的国别构成中占最大比重。2000年以后中国取代日本成为美国的最大贸易赤字来源国，2017年美国的对华贸易赤字接近3756亿美元，相当于对日贸易赤字的5.5倍。

比照日美贸易摩擦的走向来看，解决以贸易不平衡（对美贸易巨额顺差）为标志的中美贸易摩擦问题，对中国来说可能是一个相当长期的课题。中国虽然也可以通过推进“走出去”战略把一些生产能力转移到国外，但估计很难取得当年日本那样的效果。因为日本对美贸易顺差的对象商品，从早期的纺织品到后来的汽车，明显集中于少数大型商品；而中国对美贸易顺差的对象商品则相当分散，无法像日本汽车产业那样通过对美投资等扩大海外生产的方法来解决顺差问题。另一方面，在可以预见的将来，也很难有哪个国家能够取代中国作为“世界工厂”及最大对美出口国的地位。

当然，中国在谋求对美贸易基本平衡方面也有当年日本所不具备的优势，其中最重要的是中国可以利用国内市场的巨大潜力扩大对美进口。另一方面，随着中国的经济增长方式的转变和结构调整的进展，对美出口的增势可能放缓。与当年日本的对美出口不同，中国的对美出口在相当大程度上是由对华投资企业支撑的，许多

“中国制造”实际上是包括日韩及中国台湾地区在内的“亚洲制造”。随着中国劳动力成本提高等变化，一些劳动密集型企业可能由中国转移到东南亚等周边国家。

这一动向，固然对中国某些地区的经济，特别是就业带来一定的影响，但是对缓和贸易不平衡和纠正对外贸易的过度依赖外资企业和过度依赖加工贸易也有一定的意义。同时“一带一路”倡议构想的实施，将可以通过纠正过度依赖特定市场来缓解对美贸易的不平衡。

（二）由贸易摩擦转变为包括经济、政策制度和文化在内的“复合摩擦”

在这一过程中，美国对日本的要求以及日本克服摩擦的对策，亦由开放市场、扩大对美出口升级为调整经济结构以及经济政策、经济运行方式和商业习惯。

实际上，上述情况也出现在中美之间，只是与当年美国对日本的要求相比，美国对中国的要求更为广泛而严厉。如果说当年美国对日本提出的要求是以纠正日本巨额对外盈余为中心的话，那么中美贸易谈判则扩大到了服务业、相互投资、技术转让、知识产权保护和网络管理等。究其背景，除了时代的变化，特别是经济全球化的进展以外，还与中国与日本所处的立场不同有关。日本属于美国的盟国，而中国则被美国的一些政治势力视为战略上的“对手”。

（三）利用“外压”促进国内结构调整

在日美贸易谈判中美国所指出的许多“结构性障碍”问题的确存在，解决这些问题当时已成为日本经济进一步发展的需要。从这个意义上说，日美贸易谈判，特别是日美结构问题协商，在客观上有促进日本进行政策调整的作用。

为了应对日美贸易谈判，日本设立了以内阁总理大臣为本部长的“经济结构调整推进本部”，推进一系列结构问题以及经济政策的调整，包括调整经济运行中的“生产第一”和“生产者优先”的方针。

值得注意的是，当时日本国内舆论对于美国的要求多持肯定态度。这表明，多数日本人认为美国所提出的问题是日本应主动及早加以解决的。

中美贸易摩擦的缘起、影响和未来走向

梁　明

（商务部国际贸易经济合作研究院）

一、中美贸易摩擦的缘起

纵观中美贸易史，中美两国之间的经贸小摩擦从未中断。虽有摩擦，但中美两国始终保持求同存异的共识，促进了中美两国经贸关系的快速健康发展。特朗普总统上台以来，开始重新审视美国的贸易逆差问题，并以此为借口对若干国家和地区主动发起了贸易摩擦。从此次中美贸易摩擦的缘起来看，贸易逆差问题是诱因，产能过剩问题是发端，而知识产权问题则是直接推手。

（一）贸易逆差问题是诱因

自20世纪70年代以来，美国一改其货物贸易顺差、服务贸易逆差的局面，开始变成货物贸易逆差和服务贸易顺差并存的格局，并一直延续到现在。从货物贸易的角度来看，美国与世界的货物贸易逆差从1971年的22.6亿美元一直扩大到2006年的8372.9亿美元，此后至2009年，美国货物贸易逆差规模有所缩小，但随后又开始扩大。到2018年，美国的货物贸易逆差达到8913.2亿美元，逼近9000亿美元关口（见图1）。经济理论认为，储蓄缺口必然导致贸易逆差，作为国际储备货币，美国可以直接用美元换取实物资源，并通过资本回流弥补“储蓄缺口”，使其有条件通过发行美元长期维持贸易逆差。美国贸易逆差是美元霸权的副产品和必须承受的成本，美国货物贸易不平衡的真正诱因在美国，这点不容忽视。

美中货物贸易逆差与美国总体货物贸易逆差的走势保持类似的格局，只是美中货物贸易逆差与美国总体货物贸易逆差的比例不断上升。1990年，美中货物贸易逆

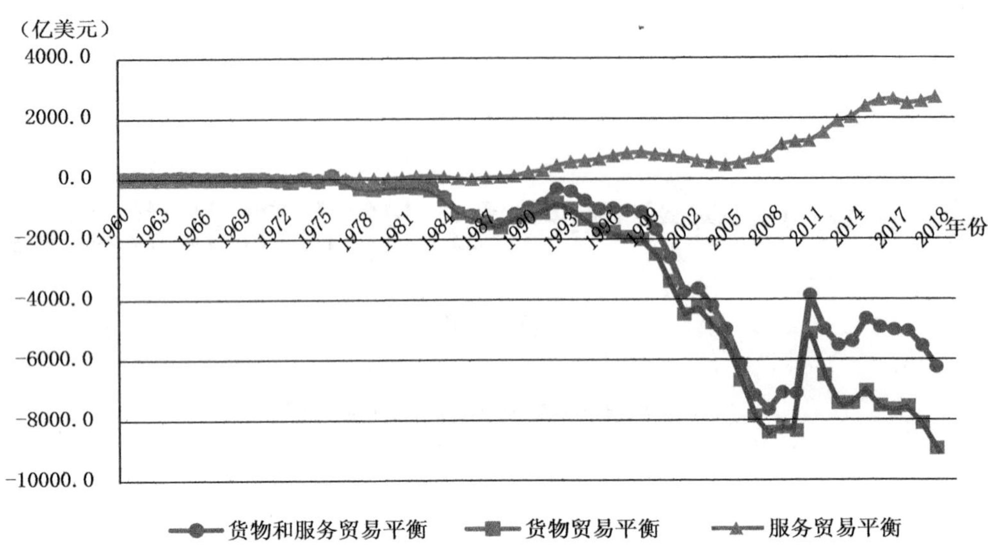

图 1　美国历年贸易平衡

差额为 104.2 亿美元，占美国总体货物贸易逆差的比重仅为 10.2%。到 2018 年，美中货物贸易逆差额达到 4191.6 亿美元，比重进一步提高到 47.0%（见图 2），占到美国货物贸易逆差总额的近半壁江山。而美国货物贸易逆差较大的其他贸易伙伴，像墨西哥、德国、日本等，美国与他们的货物贸易逆差才分别达到 815.2 亿美元、682.5 亿美元和 676.3 亿美元。从货物贸易逆差的额度和占比来看，美中货物贸易逆差的确看起来够大，这也是特朗普总统对我国发起贸易摩擦的直接诱因。但问题的实质是统计口径的差异、国际产业分工带来的“顺差转移”以及美国对华严重的出口管制是造成美中贸易逆差偏大的直接原因。

（二）产能过剩问题是发端

本轮中美贸易摩擦的发端是美国于 2018 年 3 月 1 日，发起的针对钢铁和铝 232 调查。美国调查结果认为钢铁和铝的进口威胁到了美国的国家安全，并从 2018 年 3 月 9 日起，对进口钢铁和铝分别征收 25%和 10%的关税。美国对我国产能过剩的指责主要集中在钢铁和铝及其制品上。近年来，我国对美国钢铁的出口额出现了较大幅度的下降。2018 年，我国美国钢铁的出口额仅为 6.7 亿美元，占我国钢铁出口总额的 1.4%。我国对美国钢铁的出口主要集中在普通钢铁丝、普通钢铁板材、钢铁平板轧材等工业中间品上，对美国钢铁下游生产企业生产活动具有较为重要的意义。美国是我国铝及其制品的第一大出口国，2018 年我国对美国铝及其制品的出口额为

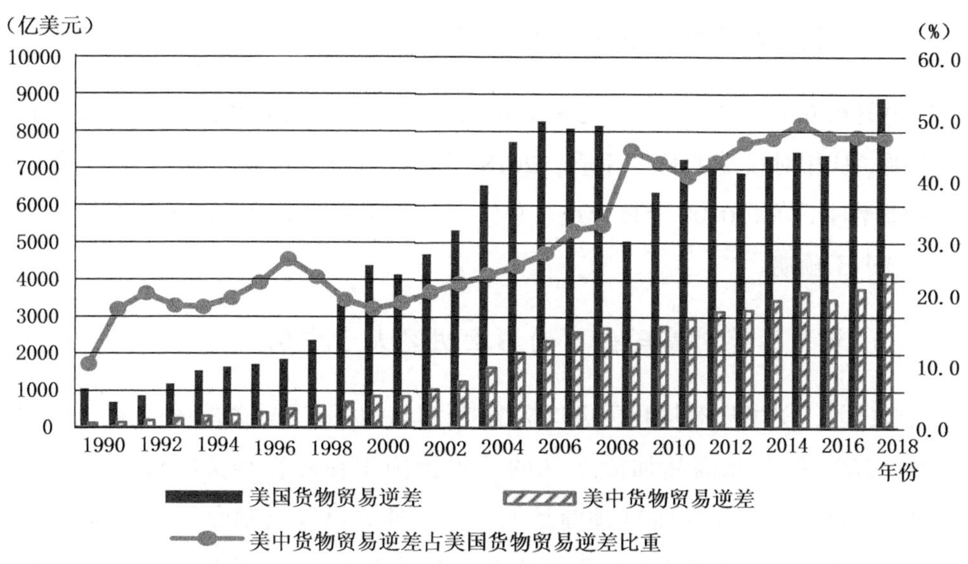

图2　美中历年货物贸易平衡

32.1亿美元，占我国铝及其制品出口总额的11.9%。我国对美国铝及其制品的出口主要集中在其他非工业用铝制品，其他铝制餐桌、厨房或其他家用器具及其零件，其他铝制结构体，铝结构体用部件及加工铝材以及铝合金矩形板、片等最终消费品和工业中间品上。物美价廉的中国产铝及其制品降低了美国消费者和生产者的采购价格。

（三）知识产权问题是推手

一直以来，在知识产权保护、强制技术转让方面，美方对我国多有指责，美方指责我国强制美国公司对我国公司进行技术转让甚至进行网络盗窃。本轮“301调查”于2017年8月启动，调查重点在中国企业是否“涉嫌侵犯美国知识产权和强制美国企业作技术转让，以及美国企业是否被迫与中方合作伙伴分享先进技术”等议题。这属于特殊301条款，是美国继1991年4月、1991年10月、1994年6月、1999年4月、2010年10月之后的第六次对中国动用301条款。2018年3月22日，特朗普签署了总统备忘录，宣布为回应中国对美国知识产权的侵犯，将依据1974年贸易法301条款，对从中国进口的商品征收关税，涉及的商品总计可达600亿美元。基于301调查，2018年7月6日，美方正式对从中国进口的340亿美元商品加征25%额外关税；2018年8月23日，美方对从中国进口另外160亿美元商品额外加征25%的关税。关于知识产权的301调查是本轮中美贸易摩擦的直接推手。

二、中美贸易摩擦对双边贸易的影响

从中美双方出口对方国家贸易额总量的角度来看，贸易摩擦对美国的影响明显大于中国。从相对极端的角度来看，2018 年，贸易摩擦最多使我国 GDP 增长率较无贸易摩擦时下降了 0.08 个百分点。总体而言，贸易摩擦对我国经济增长和出口的影响明显小于预期。

（一）贸易摩擦对美国出口的影响明显大于中国

截至目前，美国已对从我国进口 7133 项商品加征了 25%的额外关税。美国对从我国进口 3000 亿美元商品加征 25%的关税措施正在履行相关听证程序。作为反制，我国共对从美进口的 5874 项商品加征了额外关税（反制商品合计 6085 项，除去我国对美暂停加征关税的汽车及零部件 211 项商品，目前实际加征关税的商品为 5874 项）。从影响程度来看，前期关税措施对中美两国出口对方国家的影响已经开始显现并开始逐步加剧。关税措施升级前，关税措施对美国出口中国产生的影响要明显大于中国出口美国的影响。

美国从中国进口商品的年度影响来看（见表 1），2018 年仅有美国从中国进口的 340 亿美元清单商品总额出现了下降，下降额也仅为 19 亿美元，其他几个清单商品总额都出现了程度不同的上涨。随着时间推移，关税措施对美国从中国的进口的影响开始加剧。

表 1　2018 年美国从中国几个清单商品进口额变化影响

清单	商品数量（项）	前期税率（%）	升级税率（%）	2017 年金额（亿美元）	2018 年金额（亿美元）	同比变化额（亿美元）	同比变化率（%）
340 亿清单 1	818	25	25	322.6	303.7	−18.9	−5.9
160 亿清单 2	284	25	25	141.2	152.6	11.4	8.1
2000 亿清单	6031	10	25	1972.1	2218.7	246.6	12.5
2000 亿实际	6031	10	25	1962.0	2160.6	198.6	10.1
2500 亿合计	7133		25	2435.9	2674.9	239.0	9.8
3000 亿清单	3794（+18）		25	2552.1	2694.2	142.2	5.6
5500 亿合计	9826			4988.0	5369.1	381.2	7.6
十位码部分	18			10.1	58.1	48.0	474.0
剩余未加征关税				66.7	25.9	−40.9	−61.2
美从中进口所有商品				5054.7	5395.0	340.3	6.7

注：美方 3000 亿商品清单包含 3794 项 8 位码商品和 18 项 10 位码商品。

2019年第1季度，除了美国未加征关税的3000亿美元清单之外，美国从中国进口的三个清单商品总额全部出现了较大幅度的下降。加征25%税率的商品进口额的下降幅度明显大于加征10%的商品。加征税率的高低直接决定了美国从中国进口额影响程度的大小，高税率的影响明显更为强烈。2019年1-5月（见表2），美国340亿美元和160亿美元清单从中国进口额下降程度较第1季度持续恶化，2000亿美元清单从中国进口额下降程度开始减轻，3000亿美元清单从中国进口开始出现抢进口现象。

表2　2019年1-5月美国从中国几个清单商品进口额变化影响

清单	商品数量（项）	加征税率（%）	升级税率（%）	2018年1-5月（亿美元）	2019年1-5月（亿美元）	同比变化额（亿美元）	同比变化率（%）
340亿清单1	818	25	25	142.1	100.8	-41.3	-29.0
160亿清单2	284	25	25	66.3	41.0	-25.3	-38.2
500亿清单	284	25	25	208.4	141.8	-66.6	-31.9
2000亿清单	6031	10	25	864.8	665.5	-199.3	-23.0
2000亿实际	6031	10	25	860.0	611.7	-248.2	-28.9
2500亿合计	7133		25	1073.2	807.3	-265.9	-24.8
2500亿实际	7133		25	1068.3	753.5	-314.8	-29.5
3000亿清单	3795（+18）			953.5	1005.8	52.3	5.5
5500亿合计	9826			1813.5	1617.6	-196.0	-10.8
十位码部分	18			4.8	53.7	48.9	1013.4
剩余未加征关税				240.3	182.9	-57.5	-23.9
美从中进口所有商品				2053.8	1800.4	-253.4	-12.3

注：同表1。

中国从美国进口的年度影响来看（见表3），2018年仅有中国从美国进口340亿美元和160亿美元清单商品总额出现了下降，其他几个清单都出现了程度不同的上涨。随着时间推移，关税措施对中国从美国进口的影响也逐渐开始加剧。

表 3　2018 年中国从美国几个清单商品进口额变化影响

清单	商品数量（项）	前期税率（%）	升级税率（%）	2017 年金额（亿美元）	2018 年金额（亿美元）	同比变化额（亿美元）	同比变化率（%）
340 亿清单 1	545	25	25	338.3	234.2	-104.1	-30.8
160 亿清单 2	333	25	25	141.1	120.7	-20.4	-14.5
600 亿清单 1	2493	10	25	96.9	108.9	12.0	12.4
600 亿清单 2	1078	10	20	101.1	143.5	42.4	42.0
600 亿清单 3	974	5	10	156.6	169.9	13.3	8.5
600 亿清单 4	662	5	5	179.4	194.6	15.2	8.5
1100 亿合计	6085	15.4		1013.3	971.7	-41.7	-4.1
暂停加征清单	211			142.5	117.0	-25.5	-17.9
1100 亿实际加征	5874			870.9	854.7	-16.2	-1.9
未加征关税商品	283			668.6	696.3	27.7	2.7
中从美全部进口	6157	/		1539.4	1551.0	11.5	0.8

注：暂停加征清单指的是中国对美暂停加征关税的汽车及零部件 211 项商品清单。

2019 年第 1 季度，中国从美国进口所有清单商品都出现了程度不同的下降，且下降的程度远大于美国从中国进口下降的程度，中国反制措施对美方的打击力度明显更大。比较来看，加征高税率商品清单的进口额受到的影响明显大于加征低税率的商品，高税率反制清单的杀伤力度的确更为明显。2019 年 1-5 月（见表 4），中国从美国几个清单进口下降的程度较第 1 季度都在开始缓解。这也意味着，中国对美国部分商品依然具有一定的需求。但总体而言，2019 年 1-5 月，中国反制措施对美方的损害程度还是远大于美国措施对中国的损害程度。

关税措施升级会使中美出口对方国家的额度出现更为明显的下降。经测算，美国对中国 2000 亿美元商品关税税率由 10%提高到 25%，且不对剩余从中国进口商品加征关税会使美国从中国的年度进口额下降 1500 亿美元左右。若美国对从中国进口 5500 亿美元商品加征 25%税率会使美国从中国的年度进口额下降额 1600 亿美元左右。经测算，对美国 600 亿美元商品提高关税之后，中国从美国的年度进口额将下降 500 亿美元左右。若美方对 3000 亿美元商品开始加征关税，作为反制，中国也会对从美进口尚未加征关税的商品加征相应的税率。若此，美国对中国的出口额也将会出现额度更为明显的下降，中国从美国的年度进口额将下降 600 亿美元左右。

表4　2019年1-5月中国从美国几个清单商品进口额变化情况

清单	商品数量（项）	前期税率（%）	升级税率（%）	2018年1-5月（亿美元）	2019年1-5月（亿美元）	同比变化额（亿美元）	同比变化率（%）
340亿清单1	545	25	25	151.0	72.8	-78.3	-51.8
160亿清单2	333	25	25	59.2	25.8	-33.4	-56.4
600亿清单1	2493	10	25	46.7	33.1	-13.6	-29.1
600亿清单2	1078	10	20	69.5	36.2	-33.3	-47.9
600亿清单3	974	5	10	69.8	63.5	-6.3	-9.1
600亿清单4	662	5	5	79.8	72.1	-7.7	-9.6
1100亿合计	6085			476.1	303.5	-172.6	-36.3
暂停加征清单	211			55.2	40.8	-14.4	-26.1
1100亿实际加征				420.8	262.6	-158.2	-37.6
未加征关税商品				282.4	233.0	-49.4	-17.5
中从美全部进口				703.2	495.7	-207.6	-29.5

注：同表3。

3000亿美元清单对美国自损将进一步扩大。3000亿美元清单主要集中在机械电子（85章，874亿美元）、机械设备（84章，559亿美元）、玩具（95章，267亿美元）、针织服装（61章，148亿美元）和鞋靴（64章，141亿美元）上。3000亿清单中，美国100%需要从中国进口的商品有57项（占3000亿商品数量的1.5%），80%~90%的有214项（5.8%），70%~80%的有219项（5.9%），60%~70%的有182项（4.9%），50%~60%的有208项（5.6%）。3000亿美元清单商品美国对从中国进口依赖程度明显较前期加征关税清单商品高，美国对这些商品加征关税，会进一步提高美国消费者购买手机、电脑、玩具、服装以及鞋靴的价格，从而推高美国国内价格指数。

（二）贸易摩擦对中美出口影响的商品结构不同

贸易摩擦对中美两国出口影响的商品结构不同，美国的关税措施对中国高技术产业和高端制造业影响较大，中国的反制措施对美国的农业生产影响较大。

从影响额度（年度减少额）来看，贸易摩擦对中国出口美国影响较大的商品主要集中在电子机械和机械设备上。在所有美国对中国加征额外关税的 7133 项商品中，美国 2018 年从中国进口额出现下降的有 2527 项，持平的有 821 项，增加的有 3785 项。在美国进口额下降的商品中，下降额超过 1 亿美元的有 14 项，分别是电子机械（5 项）、机械设备（4 项）、木及木制品（1 项）、车辆及其零附件（1 项）、家具和寝具（1 项）、矿物燃料（1 项）和皮革制品（1 项）。额度下降排在前三名的商品依次为半导体器件用非发光二极管（下降 5.1 亿美元）、装有接收装置的发送设备（下降 4.6 亿美元）和未连接外部电源的磁盘驱动器存储单元（下降 4.2 亿美元）（见表 5）。

表 5　贸易摩擦对美国从中国进口影响额最大的前十类商品

商品编码	2017 额度（亿美元）	2018 额度（亿美元）	18-17 额度（亿美元）	商品名称
85414060	5.63	0.51	-5.12	半导体器件用非发光二极管
85256020	6.19	1.54	-4.65	包括收发器以外的接收装置的发送装置
84717040	8.82	4.61	-4.21	未连接外部电源的磁盘驱动器存储单元
84439920	6.81	3.02	-3.80	分目 8443.32.10 的打印机部件，在本章附加注 2 中作了说明
44123206	4.07	0.72	-3.35	仅由木板制成表面未覆盖的桦木面层胶合板
85176900	9.48	6.21	-3.26	发送或接收声音、图像或其他数据用的其他设备
84717050	5.87	3.22	-2.65	其他磁盘存储器
87032301	14.20	12.14	-2.06	运送人员的机动车辆，火花点火；集成电路，活塞式发动机，气缸容量 > 1500cc 但 <= 3000cc
85269100	4.33	2.60	-1.74	除雷达以外的无线电导航设备
85414020	6.36	5.00	-1.36	发光二极管（LED）

注：“18-17 额度”指的是“2018 年金额减去 2017 年金额”。

从影响程度（年度减少率）来看，贸易摩擦对中国出口美国影响较大的商品主要集中在肥料、照相及电影用品以及矿砂、矿渣及矿灰等行业上。2018 年，美国从中国进口这三类商品的进口额同比分别下降 64.5%、25.9% 和 24.2%，受影响程度较大（见表 6）。

表6　贸易摩擦对美国从中国进口影响程度最大的前十章商品

章编码	2017 额度（亿美元）	2018 额度（亿美元）	18-17 额度（亿美元）	影响度（%）	商品名称
31	1.72	0.61	-1.11	-64.50	肥料
37	0.38	0.28	-0.10	-25.89	照相及电影用品
26	0.54	0.41	-0.13	-24.15	矿砂、矿渣及矿灰
71	1.28	1.01	-0.27	-21.32	天然或养殖珍珠、宝石或半宝石、贵金属、包贵金属及其制品；仿首饰；硬币
35	2.56	2.27	-0.29	-11.50	蛋白类物质；改性淀粉；胶；酶
07	4.45	4.00	-0.45	-10.02	食用蔬菜、根及块茎
45	0.26	0.23	-0.02	-9.27	软木及软木制品
47	0.08	0.07	-0.01	-8.15	木浆及其他纤维状纤维素浆；纸及纸板的废碎品
14	0.28	0.26	-0.02	-7.51	编结用植物材料；其他植物产品
43	0.77	0.72	-0.05	-6.40	毛皮、人造毛皮及其制品

注：“18-17 额度”指的是“2018 年金额减去 2017 年金额”。

从影响额度来看，贸易摩擦对美国出口中国影响较大的商品主要集中在农产品、矿物燃料、机动车辆、木浆等上。在所有中国对美国加征额外关税的 6085 项商品中，中国 2018 年从美国进口额出现下降的有 2577 项，持平的有 440 项，增加的有 3068 项。在中国进口额下降的商品中，下降额超过 1 亿美元的有 23 项，大部分集中在农产品、矿物燃料、汽车以及部分矿产品上。额度下降排在前三名的商品依次为黄大豆（下降 69 亿美元）、液化丙烷（下降 8.9 亿美元）和仅装有点燃往复式活塞内燃发动机 1500cc<排量≤2000cc 的 4 轮驱动越野车（下降 5.9 亿美元）（见表 7）。

从影响程度来看，贸易摩擦对美国出口中国影响较大的商品主要集中在毛皮、人造毛皮及其制品，武器、弹药及其零件、附件，肉及食用杂碎等行业上。2018 年，中国从美国此三类商品的进口额同比分别下降 84.6%、58.1%和 54.8%，受影响程度较大（见表 8）。

表7　贸易摩擦对中国从美国进口影响额最大的前十五类商品

商品编码	2017 金额（亿美元）	2018 金额（亿美元）	18-17 金额（亿美元）	商品名称
12019010	139.59	70.59	-69.00	黄大豆，种用除外
27111200	17.61	8.74	-8.87	液化丙烷
87032342	23.63	17.75	-5.88	仅装有点燃往复式活塞内燃发动机的越野车（4轮驱动），1500cc < 排量≤2000cc
87032343	8.61	2.77	-5.84	仅装有点燃往复式活塞内燃发动机的小客车（9座及以下），1500cc < 排量≤2000cc
87032363	6.09	0.39	-5.70	仅装有点燃往复式活塞内燃发动机的小客车（9座及以下），2500cc < 排量≤3000cc
02064900	8.74	3.44	-5.30	其他冻猪杂碎
47071000	16.94	13.04	-3.90	回收（废碎）的未漂白牛皮纸或瓦楞纸及纸板
47073000	6.23	2.52	-3.71	回收（废碎）的主要由机械浆制成的纸或纸板
47079000	3.28	0.00	-3.28	回收（废碎）的其他纸及纸板，包括未分选的
87038000	14.03	10.99	-3.04	仅装有驱动电动机的主要用于载人的机动车
41015019	8.92	6.40	-2.52	重量>16公斤的整张生牛皮，经逆鞣处理的除外
28442000	2.36	0.00	-2.36	U235浓缩铀、钚及它们的化合物（包括其合金，分散体，陶瓷产品及混合物）
10079000	9.56	7.26	-2.30	其他高粱
26030000	6.71	4.61	-2.09	铜矿砂及其精矿
87032353	3.66	1.57	-2.09	仅装有点燃往复式活塞内燃发动机的小客车（9座及以下），2000cc < 排量≤2500cc

注：“18-17 额度”指的是“2018 年金额减去 2017 年金额”。

表 8　贸易摩擦对中国从美国进口影响程度最大的前十类商品

章编码	2017 额度（亿美元）	2018 额度（亿美元）	18-17 额度（亿美元）	影响度（%）	商品名称
43	0.41	0.06	-0.34	-84.63	毛皮、人造毛皮及其制品
93	0.01	0.01	-0.01	-58.08	武器、弹药及其零件、附件
02	11.87	5.37	-6.50	-54.79	肉及食用杂碎
46	0.004	0.002	-0.002	-53.71	稻草、秸秆、针茅或其他编结材料制品；篮筐及柳条编结品
14	0.09	0.05	-0.05	-49.60	编结用植物材料；其他植物产品
12	144.47	75.21	-69.26	-47.94	含油子仁及果实；杂项子仁及果实；工业用或药用植物；稻草、秸秆及饲料
11	0.23	0.13	-0.10	-43.67	制粉工业产品；麦芽；淀粉；菊粉；面筋
10	15.07	9.08	-5.99	-39.75	谷物
89	0.36	0.22	-0.14	-38.86	船舶及浮动结构体
36	0.58	0.38	-0.20	-34.21	炸药；烟火制品；火柴；引火合金；易燃材料制品

注：“18-17 额度”指的是“2018 年金额减去 2017 年金额”。

三、中美贸易摩擦对中国产业转移的影响

从中美对对方商品加征额外关税以来，贸易摩擦已经导致中国相关产业的部分产能出现了对外转移，也导致了中国部分产业的对外转移。截至目前，贸易摩擦导致的中国产业转移以产能转移为主，转移量也总体可控。美国对从中国进口的 340 亿美元清单商品整体几乎实现了较为完全的替代，160 亿美元清单商品实现了大部分替代，2000 亿美元清单商品的替代严重不足。整体来看，中国制造业配套完善的优势依然突出，中国依然是绝大多数外资企业尤其是制造业企业投资的首选目的国。在贸易摩擦背景下，中国对产业正常的对外转移不必大惊小怪，但针对由贸易摩擦直接引发的产业转移要做好分析研判工作。中国要坚定不移优化营商环境，千方百计降低外贸企业生产经营成本，在积极有效扩大利用外资的同时，减少企业不必要的对外转移。

（一）贸易摩擦已导致中国部分产业产能出现对外转移

今年5月10日，美国将从中国进口的2000亿美元清单商品的额外加征税率提到了25%。截至目前，美国共对从中国进口的2500亿美元商品额外加征了25%的关税。2019年1-5月，美国几个清单商品从中国进口额大幅下降的同时，从墨西哥、日本、韩国、越南、印度以及中国台湾的进口额实现了较快的增长。从数据来看，美国加征关税的行为已经导致了中国相关产业部分产能的对外转移并且已经导致中国部分产业进行了对外转移。从几个清单来看，美国对从中国进口的340亿美元清单商品整体几乎实现了较为完全的替代，对160亿美元清单商品实现了大部分替代，对2000亿美元清单的替代严重不足。相对于500亿美元清单商品，美国2000亿美元清单商品对中国有更强的依赖。

340亿美元清单美国几乎实现了完全替代。2019年1-5月，美国从中国340亿美元清单商品进口额为100.8亿美元，同比减少41.3亿美元，下降29.0%。美国从世界340亿美元清单商品进口总额为2059.6亿美元，同比增加95.4亿美元，上涨4.9%。美国从中国进口下降的同时，从墨西哥、日本、韩国、越南、印度和中国台湾的进口额分别增加了51.5亿美元、6.9亿美元、11.0亿美元、0.8亿美元、2.5亿美元和2.7亿美元。340亿美元商品美国整体已经实现了较为完全的替代，其从中国进口额的减少并没有导致其从世界进口总额的下降。从国别来看，墨西哥、韩国和日本在较大程度上填补了中国的空缺，越南等国家和地区的替代作用并不明显。

160亿美元清单美国进行了部分替代。2019年1-5月，美国从中国160亿美元清单商品进口额为41.0亿美元，同比减少25.3亿美元，下降38.2%。美国从世界160亿美元清单商品进口总额为475.9亿美元，同比减少7.5亿美元，下降1.5%。美国从中国进口下降的同时，从墨西哥、日本、韩国、越南和中国台湾的进口额分别增加了7.8亿美元、7.0亿美元、0.2亿美元、2.3亿美元和1.4亿美元。由于其他国家短期内供应有限，160亿美元商品美国整体并没有实现较为完全的替代，墨西哥、日本和越南在一定程度上填补了中国的空缺。

2000亿美元清单美国替代严重不足。2019年1-5月，美国从中国2000亿美元清单商品进口额为611.7亿美元，同比减少248.2亿美元，下降28.9%。美国从世界2000亿美元清单商品进口总额为3942.3亿美元，同比减少316.1亿美元，下降7.4%。美国从中国进口下降的同时，从墨西哥、日本、韩国、越南、印度和中国台湾的进口额分别增加了9.3亿美元、2.3亿美元、18.6亿美元、10.2亿美元、15.5

亿美元和28.5亿美元。从增加的额度来看，中国台湾、韩国、印度和越南在一定程度上填补了中国的空缺。

3000亿美元清单美国更难替代。3000亿美元商品美国暂未加征额外关税，从替代性来看，这些商品美国替代的难度更大。2019年1–5月，美国从中国3000亿美元清单商品进口额为1005.8亿美元，同比增加52.3亿美元，上涨5.5%。美国从墨西哥、日本、韩国、越南、印度和中国台湾的进口额分别增加了24.0亿美元、0.6亿美元、3.6亿美元、53.4亿美元、3.2亿美元和7.2亿美元（见表9）。从额度来看，3000亿美元清单商品，美国从越南进口增加的额度超过了从中国进口增加的额度，未来越南将是美国3000亿美元较好的替代选择对象。

表9　2019年1–5月美国几个清单商品进口同比变化额

单位：美元

清单	世界	中国	墨西哥	日本	韩国	越南	印度	中国台湾	七地合计
340亿清单1	95.4	−41.3	51.5	6.9	11.0	0.8	2.5	2.7	34.1
160亿清单2	−7.5	−25.3	7.8	7.0	0.2	2.3	−0.3	1.4	−7.0
500亿清单	88.0	−66.6	59.3	13.9	11.2	3.1	2.2	4.1	27.1
2000亿清单	−216.2	−199.3	23.1	3.7	19.1	18.3	15.6	34.6	−84.8
2000亿实际	−316.1	−248.2	9.3	2.3	18.6	10.2	15.5	28.5	−163.9
2500亿清单	−128.2	−265.9	82.3	17.6	30.3	21.5	17.8	38.7	−57.6
2500亿实际	−228.1	−314.8	68.5	16.2	29.8	13.3	17.7	32.6	−136.7
3000亿清单	160.0	52.3	24.0	0.6	3.6	53.4	3.2	7.2	145.2
5500亿合计	−156.1	−196.0	33.3	3.7	22.3	63.6	18.7	35.7	−18.7
十位码部分	99.9	48.9	13.8	1.4	0.5	8.2	0.2	6.1	79.1
剩余未加征关税	233.9	−57.5	63.5	19.3	14.1	5.3	8.5	4.2	57.5
美进口全部商品	77.9	−253.4	96.8	23.0	36.4	68.9	27.1	39.9	38.8

注：同比变化额指的是各个清单美国从各国（地区）2019年1–5月的进口额减去2018年1–5月的进口额。

（二）贸易摩擦导致的中国产业对外转移总量总体可控

贸易摩擦导致的中国产业转移当前以产能转移为主。从目前来看，中美贸易摩擦导致的中国产业对外转移主要集中在500亿美元清单商品上，尤以其中的外商投资企业和加工贸易企业产能的对外转移为主。对于大部分跨国公司而言，他们在多个国家均有生产加工厂。美国对中国制造商品加征关税，他们只需要调减中国的产量，增加其他国家的产量就可以保持其总产量不变，而并不需要进行产业链的相关转移。从目前看，其产能转移部分也仅仅是面向美国市场的部分，针对其他国家市场以及针对中国国内市场的部分并不会对外转移。从现有观测数据来看，内资企业除了家具制造业等对美国市场严重依赖的个别企业进行了转移之外，中国产业对外转移总量极为可控。从利用外资数据也可以印证这个观点，2019 年 1-5 月墨西哥、越南、印度以及中国台湾利用外资的规模并没有出现大幅上涨，只是年度的正常增长。

贸易摩擦并不是中国相关产业对外转移的首要原因。近年来，随着中国劳动力、土地、能源资源、物流等要素价格的提高，部分成本敏感性制造业企业的确实现了对外转移。从调研情况来看，贸易摩擦并不是中国相关企业对外转移的首要原因，当前中国企业对外转移的首要目标还是想靠近当地的消费市场并拓展当地的市场容量。从数据来看，美国从中国进口替代较为明显的商品是手机。2019 年1-5 月，美国从世界手机（HS8517120050）进口同比增加 3.3 亿美元，从中国进口同比下降 31.5 亿美元，从越南进口同比大幅增长 33.1 亿美元。然而手机并未出现在美国对中国的加征关税的行列，此类商品产能的对外转移也并非由贸易摩擦所致。近年来，部分国内品牌手机企业（如小米、OPPO 等）为了扩大国际市场销售份额，纷纷在目标国家投资设厂，这是企业国际化战略的正常选择。

贸易摩擦导致的产业转移行业结构明显不同。从行业大类来看，美国实现较为完全替代的行业类别主要是机械设备、车辆及零件、有机化学品、光学设备、钢铁产品、橡胶及其制品、无机化学品、纸及纸板、鞋靴（部分）、玻璃及其制品、非针织或非钩编的服装及衣着附件、药品、塑料及其制品、肥料、食用水果及坚果、肉及食用杂碎、饮料酒及醋、航空器航天器及其零件以及针织或钩编的服装及衣着附件。从替代国来看，墨西哥起到了最为重要的替代作用。在相对高技术商品方面，日本、韩国和中国台湾起到了重要的替代作用；在劳动密集型商品方面，越南和印度等国起到了较为重要的替代作用。

中国制造业整体配套优势依然优越。从调研来看，企业投资目的地的选择标准主要有五点：一是目的国本身具有庞大的国内消费市场；二是目的国有完善的产业配套体系；三是目的国有较为便捷的交通、物流等基础设施；四是目的国有充足的高性价比的熟练劳动力资源；五是目的国有较为优越的亲商和营商环境。从这几个标准来看，目前能与中国相匹敌的国家并不多，中国依然是很多外商投资企业尤其是制造业外商投资企业重要的首选目的国。贸易摩擦是一个外部冲击，是一个暂时的现象，部分企业即便对外转移，也仅仅是针对增加关税做出的原产地改变，其加工制造的主要基地依然会留在中国境内。正因为如此，特斯拉、宝马、奔驰在贸易摩擦的背景下持续在中国投资设厂、扩大产能，苹果也考虑开始把美国笔记本生产线转移至中国。

四、中美贸易摩擦的未来走向

本文研究结果不同于当前普遍对中美经贸关系未来持悲观态度的看法，认为市场供求关系的中美双边贸易不仅没有被放大，而是受到了两国非市场因素的压制。随着中美贸易摩擦核心问题的妥善解决，中美双边贸易潜力巨大，经贸合作前景广阔。虽然本文认同中美贸易摩擦会出现长期化和频繁化的趋势，但只要中美两国求同存异，妥善化解矛盾和分歧，中美经贸关系合作依然是主流。

（一）中美贸易相互依赖，难以相互割裂

中美两国互为对方第一大贸易伙伴，中美贸易互补性高，结合度紧，已经形成“你中有我，我中有你”的现实局面。若中美经贸摩擦持续，会给中美双边经贸合作乃至全球的供应链、产业链和价值链产生巨大的影响。从中美双边贸易来看，中美对对方市场都有较强的依赖。从出口来看，2000—2018 年，中国对美国商品的出口占中国商品出口总额的比重从 2000 年的 20.1%下降到 2018 年的 19.2%，美国对中国出口的比重则从 8.4%下降到 7.2%。从进口来看，2000—2018 年，中国从美国商品进口占中国商品进口总额的比重从 2000 年的 9.9%下降到 2018 年的 7.3%，而美国从中国的进口则从 8.2%大幅增加至 21.2%（见图 3）。从数据来看，美国对中国中间产品和最终消费品的依赖较为严重，中国对美国市场较为依赖。人为加征关税会破坏中美两国基于市场经济建立的经贸联系，对中美两国的经济发展都会带来不利的影响。从另外一个角度来看，中美经贸“脱钩”更是会给中美两国的经济发展带来较为严重的影响。

（二）中美贸易潜力巨大，未来增速可期

中美两国已然是对方最大的贸易伙伴，随着中美经贸摩擦的妥善解决，中美贸易未来发展的潜力巨大，仍有广阔的增长空间。从美国出口的角度来看，美国前三大出口伙伴依次是加拿大、墨西哥和中国。据美方数据显示，2018 年美国对三国的

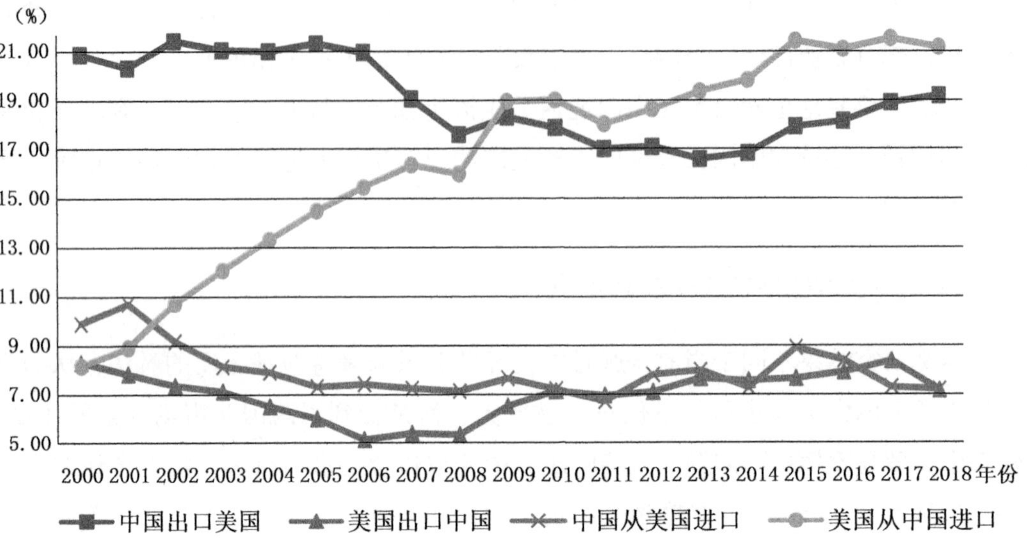

图 3 中美与对方进、出口占各自进、出口的比重

出口额分别为 2987 亿美元、2650 亿美元和 1203 亿美元。美国对中国的出口在很大程度上受到了美国对中国高科技产品出口管制的限制。若中美经贸摩擦得以解决，美国放松对中国高科技产品的出口管制，中国从美国进口的空间和潜力巨大。从理论上来看，若经贸摩擦得以妥善解决，中国从美国的农产品、能源产品以及高科技产品的进口潜力巨大，中国有望成为美国商品的第二大出口市场甚至会成为美国的第一大出口市场。从中国的角度来看，中国的主要进口伙伴是韩国、日本、中国台湾省和美国，2018 年中国从此四地的进口额分别为 2031 亿美元、1805 亿美元、1771 亿美元和 1551 亿美元。若中美经贸摩擦妥善解决，中国仅需每年从美国多进口 480 亿美元，美国便可成为中国第一大进口来源国。总体而言，若中美选择合作，中美贸易未来增长的潜力依然十分巨大。

（三）中美经贸前景广阔，合作仍是主流

从现在中美两国专家学者的观点来看，绝大多数学者均对中美经贸关系的未来持悲观态度，甚至连基辛格本人也认为“中美关系回不去了”。本文对中美经贸关系的长期趋势持相对乐观的态度。作为世界第一和第二大经济体，互为第一大贸易伙伴，中美两国之间巨大的贸易额是双方基于市场供需关系建立起来的。中美之间的非市场因素反而在一定程度上压低了两国的贸易额的真实水平。未来，随着美国制造业的回归等政策的实施，中美两国在某些领域的竞争将更为激烈，但基于市场

关系和国际经贸规则的竞争不仅不会限制中美两国经贸关系的发展，反而会进一步提升两国经贸合作的层次和水平。中美两国建交 40 年来，互利共赢的经贸关系给双方带来了巨大的利益，也给双方积累了一些长期的矛盾和问题。在以往求同存异的共识之下，中美经贸关系一路平稳发展，但问题依然存在。在建交 40 周年之际，中美迎来经贸摩擦本身是一件坏事情，但对于中美经贸关系的长期发展来说，也许是一个不得不需要越过的门槛，也许是一件好事情。短期来看，中美之间的经贸摩擦可能会长期存在，频率可能更密集。通过磋商，如果中美两国能够开诚布公，系统解决遏制两国关系持续深化发展的核心问题，建立新时期中美两国新型的战略互信关系，中美两国将迎来下一个 40 年更为紧密的经贸合作关系。

中美贸易摩擦对中国制造业的影响及中国策略

洪俊杰　　杨志浩

（对外经济贸易大学国际经济贸易学院）

制造业是保障国家经济安全的支柱产业。制造业的腾飞发展，是世界超级大国崛起的必由之路。国际金融危机以来，制造业平均贡献了全球 GDP 的 15%至 17%，中高等收入国家的制造业平均贡献了国家 GDP 的 20%至 22%。特朗普上台后，对华频繁制造贸易摩擦，打压“中国制造 2025”，意欲阻断中国依托制造业腾飞发展实现国家崛起的宏图大道。在此背景下，本文首先分析美国制造业发展脉络及经验，以史为鉴，明确美国制造贸易摩擦、倡导制造业回流的利益所在以及制造业对经济健康发展的重要性；其次分析中美贸易摩擦对中国制造业发展环境的影响，并进一步分析中美贸易摩擦背景下中国制造业引进外资与对外投资的新特征，由此评估中美贸易摩擦对中国制造业的综合影响；最后，本文结合前述研究提出中美贸易摩擦背景下，实现中国制造业长期高质量发展的策略。

一、美国制造业发展脉络及经验

（一）美国制造业发展脉络

建国初期的美国，制造业相对羸弱。1791 年美国财政部长汉密尔顿在《关于制造业的报告》中主张美国应走“工业立国”之路，并认为早期的美国工业属于幼稚产业，应在对外贸易中受到政府保护。经历长期的保护发展，19 世纪末 20 世纪初美国逐步崛起为全球工业强国。第二次世界大战后，美国致力于推进经济全球化，引导本国制造业企业采用国际外包和对外直接投资等方式，依托比较优势将企业部分或全部生产任务外迁至毗邻海外需求市场、要素资源禀赋充裕的发展中经济体。自此，美国制造业外流的帷幕逐步拉开，制造业对美国 GDP 的贡献率开始收敛。1947 年，制造业贡献了美国 GDP 的 25.4%，此后 20 年间，这一指标始终维持波动状态。但自 1967 年起，制造业对美国 GDP 的贡献率保持下滑态势，2017 年这一指标一度下滑至 11.2%（见图 1）。自国际金融危机以来，美国政府极力倡导制造业回流，颁布《重振美国制造业框架》、《制造业促进法案》等一系列制造业重振政策，试图实现美国“再工业化”（胡鞍钢等，2018）。在此背景下，美国国内的制造业就业出现回暖。美国劳工统计局（U. S. Bureau of Labor Statistics）公布的美国制造业就业最新数据显示，2018 年美国制造业就业人数相较于 2010 年上升 10.5%；2019 年 4 月美国制造业就业人数同比增长 20.4 万人，增速 1.6%。

（二）美国制造业发展经验

美国制造业发展主要经历了两大典型时期：上升期和外流期。上升期的美国制造业相对羸弱，美国倾向于采取幼稚工业保护论培育本国制造业；外流期的美国制造业基本形成体系，受制于生产成本约束，美国开始依托国际分工将低附加值、低技术水平及高能耗的制造业产业链外迁至日本以及以中国为首的新兴市场国家。制造业外流对美国的就业、产业空心化、货物贸易失衡以及国际地位造成一定程度的负面影响。当前，中国制造业已经做大，并开始向进一步做强转化。因而，美国制造业外流的负面影响将成为中国制造业发展的前车之鉴，具体表现为以下几方面。

1. 制造业外流加剧失业

制造业外流对母国就业的影响具有两面性。一方面，制造业水平型对外直接投资会直接降低母国相应技术层次上的就业岗位；东道国依托制造业外商直接投资，发展本国制造业，生产有竞争力的制造业商品，母国相应产品的国际竞争力下降，外部需求紧缩，间接降低母国制造业就业岗位。另一方面，制造业垂直型对外直接投资有利于母国企业降低上游初级制造品生产成本，获取更高利润，进而支撑母国下游制造业生产链优化升级，提供更多就业岗位。第二次世界大战以来，美国制造业高端发展趋势明显，这一定程度上表明美国制造业外流的确存在正面效应，但同时，水平型对外直接投资导致大量就业岗位被替代。在此背景下，美国制造业对就业的贡献率由 1947 年的 32.3%下滑至 2017 年的 9.0%（见图 1）。

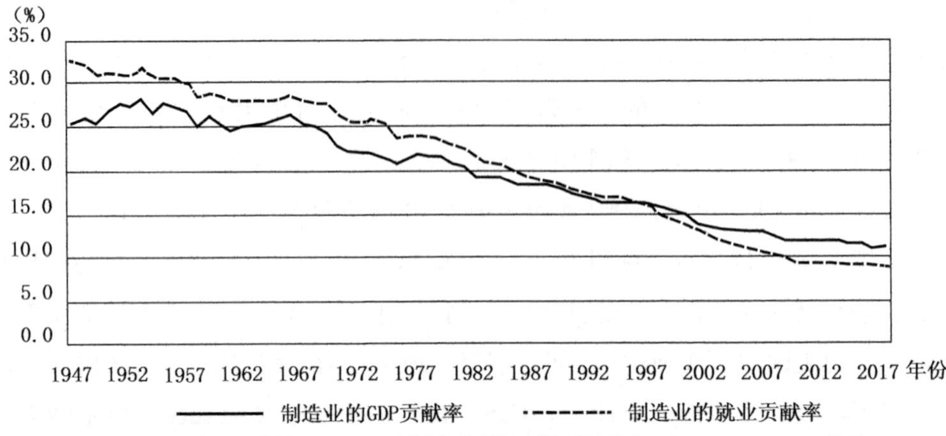

图1　制造业对美国GDP及就业增长的贡献率（1947—2017年）

资料来源：作者根据美国经济分析局（U. S. Bureau of Economic Analysis）数据整理而来。

2. 制造业外流导致产业空心化

1947年至2017年间，制造业对美国GDP的贡献率下降14.2个百分点，产业空心化特征凸显。产业空心化导致美国大量资本由生产领域转移至投机领域，虚拟经济过度膨胀。经济“脱实向虚”给国家经济发展埋下重重隐患（胡立君等，2013）。2008年美国金融泡沫破灭，爆发次贷危机并引发全球经济滑坡。产业空心化的危机效应具有自我持续性。危机发生后，金融、房地产等虚拟经济的崩盘造成美国大量人员失业。但由于美国制造业生产线大规模外移，实体经济难以为失业的人群供给充足的就业岗位，导致市场的经济调节能力受损，以至于在危机弥散十年后的今天，美国经济依然未能彻底走出泥潭。制造业外流造成的严重产业空心化问题，使得引领世界经济走向的美国成为全球经济融合发展进程中的“弹药桶”，全球经济风险萦绕。

3. 制造业外流加剧货物贸易逆差

美国是世界上最大的货物贸易逆差国。国际金融危机以来，美国年均货物贸易逆差额是世界年均水平的11倍。美国制造业跨国公司在海外投资设厂，利用东道国低成本优势实现规模化生产，并将生产的部分物美价廉商品出口至美国，进而加剧美国货物贸易逆差。根据美国经济分析局公布的美国制造业跨国公司贸易数据，国际金融危机以来，美国制造业跨国公司与其海外子公司的双向贸易，贡献了美国货物贸易逆差额的9.8%。2018年以来，特朗普政府打出“美国对华货物贸易长期严重逆差”的旗号对华频繁发动贸易摩擦，然而事实证明导致美国对华货物贸易逆差的根源并不在中国，美国自20世纪中叶以来长期推行的制造业外移策略是美国贸易逆差的重要原因。

4. 制造业发展影响美国国际地位

纵观世界主要大国的崛起之路不难发现，制造业是提升国家综合实力和国际政治地位的先导。19世纪60年代，英国通过第一次工业革命成为全球首个“世界工厂”，制造业发展夯实了英国的经济根基，逐渐确立起英国“日不落帝国”地位。第二次世界大战前期，美国借助中立国身份与交战双方开展货物贸易往来，极力提升本国制造业外部需求及发展活力（洪俊杰、杨志浩，2018）。第二次世界大战结束时，制造业对美国GDP的贡献逾25%，美国坐实世界工业大国和全球霸主地位。2001年入世以来，“中国制造”名闻全球，制造业对中国GDP的年均贡献接近30%。制造业的坚实发展奠定了中国实现国家崛起的复兴之路，中国成为维护当今国际秩序的重要一方，同时也冲击了美国的国际影响力。

二、中美贸易摩擦对中国制造业发展环境的影响

市场需求和生产成本分别影响制造业企业的销售端与生产端，是制造业企业赖以生存和发展的两大核心。国际金融危机以来，世界主要经济体的制造业发展环境在市场需求和生产成本两方面均发生较大变化。特朗普政府上台后，无视国际经贸规则的约束，对世界第二大经济体中国发动贸易挑衅，令原本就未从国际金融危机泥潭中完全脱身的世界经济持续低迷。表1整理出了自国际金融危机至特朗普上任前（2009—2016年）与特朗普上任后（2017—2018年），中国及其他主要经济体实际人均可支配收入年均增速、单位产出劳动成本的年均增速以及借贷利率年均水平。其中，实际人均可支配收入年均增速用来衡量市场需求状况；单位产出劳动成本的年均增速及借贷利率年均水平分别从劳动和资本两个角度衡量生产成本状况。

（一）市场需求

1. 国内市场需求

从国内市场需求来看，目前中国拥有占世界近五分之一的人口，经济总量占据全球GDP的近15%。2018年最终品消费拉动了中国76.2%的经济增长，中国的国内需求市场基础殷实。特朗普上任前，中国实际人均可支配收入年均增速达到8.53%，远高于主要发达经济体（1.64%）和主要发展中经济体（4.31%）；特朗普上任后，中国的这一指标依然保持8.02%的高位，远高于世界其他主要经济体（见表1）。诚然，特朗普上任后高举贸易保护主义和单边主义旗帜，对华频繁制造贸易

表1 主要经济体的制造业发展环境指标

单位：%

国家（地区）	实际人均可支配收入年均增速		单位产出劳动成本年均增速		借贷利率年均水平	
	特朗普上任前	特朗普上任后	特朗普上任前	特朗普上任后	特朗普上任前	特朗普上任后
主要发达经济体						
美国	2.01	2.71	0.64	1.78	3.28	4.50
英国	1.21	1.27	-2.42	1.94	4.26	4.32
法国	0.72	1.51	-2.24	4.40	2.93	1.24
德国	0.97	1.82	-1.26	5.87	3.03	1.69
加拿大	2.00	2.50	-1.32	2.83	2.83	3.58
西班牙	-0.46	0.65	-3.82	4.38	5.72	1.95
日本	0.66	1.46	-0.24	0.26	1.48	1.48
荷兰	0.70	1.84	-2.41	5.00	2.51	1.17
澳大利亚	2.58	1.26	0.70	1.60	6.39	5.25
韩国	2.87	2.92	2.12	5.55	4.77	3.57
新加坡	3.81	2.80	1.60	1.43	5.37	5.31
中国香港	2.56	5.60	2.56	1.12	5.00	5.02
均值	1.64	2.19	-0.51	3.01	3.96	3.26
主要发展中经济体						
中国	8.53	8.02	3.71	3.80	5.50	4.35
印度	7.39	7.85	0.02	2.10	10.42	9.48
南非	1.32	1.94	0.04	11.99	9.60	10.23
墨西哥	1.61	0.70	-6.60	-0.85	4.74	7.71
巴西	2.30	0.80	5.33	-3.95	18.96	36.81
阿根廷	2.30	0.80	2.07	1.34	4.82	4.28
菲律宾	5.45	5.30	-0.69	-6.50	6.39	5.87
马来西亚	5.83	7.95	-1.18	2.45	4.70	4.82
越南	5.92	5.45	6.93	-0.90	10.84	7.33
均值	4.31	4.35	0.93	0.71	11.60	13.39

注：以2009年至2016年各项指标的年均值作为特朗普上任前各项指标的年均值；以2017年至2018年各项指标的年均值作为特朗普上任后各项指标的年均值。

资料来源：根据毕威迪（BVD）EIU Countrydata数据库整理而得。

摩擦。但中国经济的基本面依然向好，实际人均可支配收入年均增速依然高于美国近 3 倍，内需的扩张速度并未受到太大波及。庞大的国内需求市场和强劲的内需增长态势正推动中国经济平稳健康发展。

2. 国际市场需求

从国际市场需求来看，中国制造业出口并未因美国对华贸易摩擦而出现衰退迹象。工业制成品是制造业出口的中坚力量，自国际金融危机至特朗普上任前（2009 年至 2016 年），中国工业制成品出口经历倒 U 型的发展过程。2009 年至 2014 年中国工业制成品出口处于上升期，2014 年工业制成品出口总额达到 2.23 万亿美元，较 2009 年上升 95.84%。2015 年至 2016 年中国工业制成品出口遭遇短暂的滑坡，2016 年工业制成品出口总额下滑至 1.99 万亿美元，较 2014 年下降 10.64%。特朗普上任后（2017 年至 2018 年），中国工业制成品出口不降反升。2018 年工业制成品出口总额相较于 2016 年上升 18.05%，已经超越 2014 年工业制成品出口滑坡前的水平。

（二）生产成本

从生产成本来看，国际金融危机以来中国制造业生产成本在劳动力成本、融资成本、制度性交易成本等方面表现出差异化的发展趋势。

1. 劳动力成本增速明显，成本优势正在紧缩甚至衰退

特朗普上任前，中国单位产出劳动成本年均增速 3.71%，不仅高于主要发展中经济体的年均增速（0.93%），甚至高于主要发达经济体的年均增速（-0.51%）。特朗普上任后，中国单位产出劳动成本年均增速进一步扩大至 3.8%。在毗邻美国市场的经济体行列中，墨西哥同期的单位产出劳动成本年均下降 0.85%，劳动力优势进一步扩大的趋势非常明显，甚至作为发达经济体的加拿大因受益于技术优势，单位产出劳动成本增速也显著低于中国。在毗邻中国市场的经济体行列中，与中国制造业对外引资存在竞争关系的印度、泰国、菲律宾及马来西亚等发展中经济体的单位产出劳动成本较中国保持更为低速的增长甚至负增长，相比之下，中国制造业传统的低廉劳动力成本优势正在消失。

2. 融资成本下降，但与发达经济体相比仍存在差距

特朗普上任前，中国借贷利率年均 5.5%，显著高于美国、英国、法国等主要发达经济体，但在主要发展中经济体行列中相对较低。近年来，中国政府致力于降低社会融资成本，重视解决中小企业融资难、融资贵问题。在此背景下，2017 年之后中国借贷利率年均水平下降至 4.35%，降幅达到 21.91%。尽管中国的借贷利率增速放缓，但相较于主要发达经济体仍居于劣势。

3. 制度性交易成本有所缓和

中美贸易摩擦爆发以来，中国经贸发展的外部环境存在诸多不确定性，但中国内部营商环境发展势头良好。世界银行发布的《营商环境报告》显示，中国营商环境全球排名已经从 2009 年的 83 名上升至 2019 年的 46 名，2019 年中国“开办企业”便利程度指标位列全球 28 名，企业发展的制度性交易成本得到相当程度的缓解。

总而言之，中美贸易摩擦并未对中国制造业发展环境造成严重影响。中国内需持续扩大、母国市场优势稳中向好的基本趋势没有改变；外需不降反升，出口态势保持良好。融资问题持续改善，与发展中经济体相比融资成本优势持续扩大，与发达经济体相比融资成本差距逐步缩小。营商环境持续向好，制度性交易成本有所收敛。但同时值得注意的是，制造业发展所依赖的传统的低廉劳动力优势正在衰退，其他后发经济体正对中国制造业发展优势形成冲击。

三、中美贸易摩擦对中国制造业引进外资与对外投资的影响

（一）中美贸易摩擦对中国制造业引进外资的影响

在中美贸易摩擦背景下，中国制造业引进外资表现出新的发展特征：从过去一味追求外资大规模引入向现在逐渐追求外资高质量引入转变。在中国对外开放初期，资本供给是影响中国制造业发展的重要因素，因而中国制造业引资追求规模而忽略质量实属情理之中。然而改革开放四十年来，中国经济突飞猛进，资本积累取得长足发展，资本不再是羁绊中国制造业发展的核心因素。自国际金融危机以来，中国制造业实际利用外资金额总体呈逐年下降趋势，2017 年制造业实际利用外资相较于 2009 年下降 28.36%。在中国进一步放宽制造业外资准入限制①的政策推

① 2018 年 6 月 10 日，国务院印发《关于积极有效利用外资推动经济高质量发展若干措施的通知》，提出深化制造业开放，放松汽车、船舶、飞机等制造业领域外资准入限制。资料详见：http://www.gov.cn/zhengce/content/2018-06/15/content_5298972.htm.

动下，2018 年制造业实际利用外资开始回暖，同比实现 20.1%的正增长（见图 2）。此次中美贸易摩擦暴露出核心技术对企业、行业乃至国家平稳健康发展的重要作用。中美贸易摩擦以来，美国屡次采取技术封锁、人才限制、高科技产品出口管制等措施对华施压。例如，2018 年 8 月，美国商务部以国家安全和外交利益为由将包含部分高科技研究机构在内的 44 家中国企业列入出口管制“实体清单”，企图通过出口管制实现部分高技术对华封锁。在此背景下，近年来中国愈加重视高技术制造业发展，高端制造业引资势头迅猛。2017 年，中国高技术制造业实际利用外资 665.9 亿元，同比增长 11.3%。其中，计算机及办公设备制造业实际利用外资同比增长幅度高达 71.1%，医疗仪器设备及仪器仪表制造业增幅为 28%，电子及通信设备制造业增幅为 7.9%。2018 年，高技术制造业实际利用外资同比增长 35.1%，增速比 2017 年提高 3 倍有余。总而言之，中国一方面通过进一步扩大制造业对外开放，推动中国制造业外资利用稳固发展；另一方面引导外资流入高技术制造业行业，最大限度发挥外资的积极作用。

（二）中美贸易摩擦对中国制造业对外投资的影响

在资本高质量“引进来”的同时，中国制造业对外投资同样特征明显：对外直接投资大体呈上升趋势，投资区位出现转移态势。国际金融危机以来中国制造业对外直接投资大体呈上升趋势，尤其在 2015 年与 2016 年，中国制造业对外投资大幅提升，同比上涨 108.55%和 45.34%。2017 年中国制造业对外直接投资已经达到 2009 年水平的近 13 倍（见图 2）。2018 年，受中美贸易摩擦以及部分发达国家外资安全审查力度加大等因素影响，中国制造业对外直接投资出现回落，同比下降 31.36%。与此同时，中国制造业对外投资区位出现转移迹象。2016 年及此前 3 年时间里，中国制造业对主要投资目的地中国香港、欧盟、东盟、美国及澳大利亚的对外直接投资流量基本呈上升态势。但 2017 年开始，中国制造业对美国、中国香港及东盟的直接投资流量出现下跌。其中，2017 年中国制造业对美国直接投资流量一度同比下跌 39.88%，对香港直接投资流量同比下跌 40.66%，对东盟直接投资流量同比下跌 10.42%；相反，中国制造业对欧盟和澳大利亚的直接投资流量分别上升 45.61%和 109.69%。

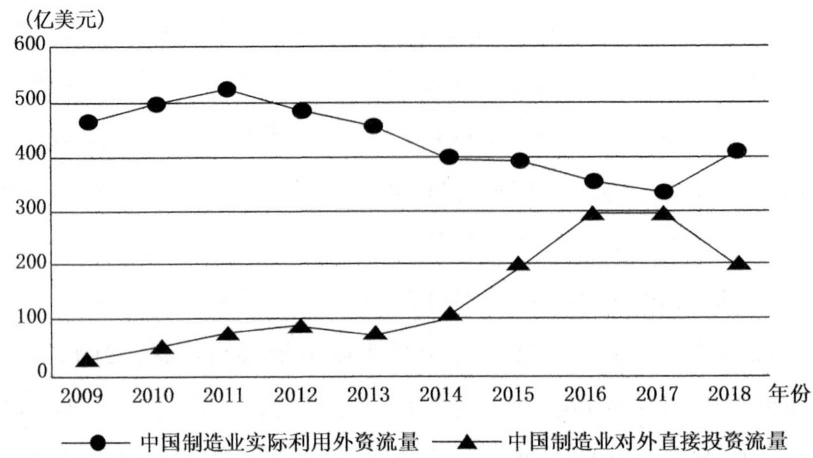

图2　中国制造业实际利用外资与对外直接投资（2009—2018年）

资料来源：作者根据中国统计年鉴、商务部提供的数据整理而来。

四、中国策略：顺势调整，未雨绸缪

当前，中美贸易摩擦并未对中国制造业发展环境造成显著影响。在全球资本环流中，中国制造业引进外资与对外投资表现出新的有利特征，但同时中国制造业发展的传统优势正在遭受其他后发经济体的冲击，中国制造业发展面临新挑战。在此背景下，中国应顺势调整制造业发展战略，未雨绸缪，从市场、技术、人才及比较优势四个方面加快发展，既发扬所长，又补齐短板，以此应对风云突变的国际贸易局势，推动中国制造业持续高水平攀升。具体而言：

（一）发挥市场优势，推动“市场分割”向“市场整合”转变

习近平总书记在第二届“一带一路”国际合作高峰论坛开幕式上指出，“中国既是‘世界工厂’，也是‘世界市场’”。诚然，改革开放以来，母国市场优势是中国经济实现全球价值链攀升的基石，也是中国打开国门、面向国际的坚实后盾。在中国制造业发展环境新变化中，庞大的需求市场正在发挥重要作用，预期在未来相当长一段时间里，市场优势仍将是中国吸引外资的核心因素。当前中国的国内市场存在明显分割问题，突出表现为地理分割和行政分割。地理分割体现在基础设施建设不完备导致区域隔离。为缓解地理分割，中国应继续加大交通运输网络建设，打造“八纵八横”高铁运输网，贯通内河航运线路，完善公路网建设等，以此缓解地理分割导致的市场分割。行政分割体现在各行政区间壁垒高

筑，行政区经济发展存在边界效应。为缓解行政分割，中国应积极探索撤县设区等促进城市一体化发展的行政区划调整策略，加强政治领域的互联互通，推动构建有序、统一的国内大市场。

（二）挖掘技术力量，推动“中国制造”向“中国创造”转变

技术创新是实现经济长期高质量发展的法宝。当前，中国相当一部分制造业产品存在技术含量低、附加值低的问题。这一方面导致中国制造业企业在国际竞争中大量生产低门槛同质化产品，面临的市场竞争激烈，进而收紧中国制造业企业盈利空间，制约中国制造业国际分工地位的攀升。另一方面增加中国对进口高端制造品的依赖度，易导致中国制造业全球价值链低端锁定（洪俊杰、商辉，2019）。当前，中国在高端数控机床、高端电容电阻、高端轴承、高精度机械手、核心工业软件等诸多高技术制造品方面严重依赖德国、美国、英国及日本等传统工业强国，部分核心技术受制于人，影响中国制造业快速发展。因此，中国应积极主动列明本国核心技术短板，实施核心技术集中攻关战略，以时不我待的精神推动中国制造业创新发展。

（三）重视人才作用，推动“人口红利”向“人才红利”转变

改革开放以来，“人口红利”为中国经济增长供给了充裕低廉的劳动力，中国凭借劳动力成本优势承接发达国家制造业转移生产工序，成为“世界工厂”。但随着中国人口老龄化进程不断深入，“人口红利”必定走向消退，由“人口红利”向“人才红利”转变是保障未来中国经济持续健康高质量发展的重要方式。人力资本的提升是世纪工程，不可能一蹴而就，中国必须积极探索发展优质教育，普及高层次教育，推动人才培养迈向新阶。

（四）转化比较优势，推动“旧成本优势”向“新成本优势”转变

传统意义上，以劳工成本为代表的“旧成本优势”是中国参与国际分工的比较优势。但伴随人口老龄化的逐步深入，劳工成本优势必然会逐渐消失，且这种发展趋势可逆性差。在此背景下，中国应顺势培养本国的“新成本优势”。比如，进一步改善国内营商环境，优化政府办事效率，简化行政事务流程，降低制度性交易成本；进一步“减税降费”，让利于民、让利于企，降低税费成本；加大政府资金对交通基础设施建设的投入，鼓励物流业创新高效发展，降低货物流通成本；严格防控房价、地价相互哄抬，维持土地价格稳定，降低工业用地成本等。

中美贸易摩擦对我国利用外资的影响及对策分析

卢进勇　张　航　李小永

（对外经济贸易大学国际经济贸易学院）

一、中美贸易摩擦对我国利用外资规模的影响

（一）对我国利用外资总体规模的影响

从数据来看，目前我国利用外商直接投资规模相对稳定，我国利用 FDI 流量有所增加。中美贸易摩擦对我国 FDI 规模的初步影响并不显著，并在短期内促进了我国的招商引资，我国利用外资规模持续稳定增长。

表 1 展示了 2012 年以来我国利用 FDI 流量的月度变化，最后一行为 1-9 月的累积加总额。总体来看，截至 2018 年 9 月，我国实际利用外资 979.59 亿美元，较上年同期增加 58.7 亿美元，同比增长 6.37%。2016 年以前，1 月、3 月、6 月、12 月 FDI 流量相对较高，8 月、9 月、11 月则相对较少。而在 2017 年下半年中美贸易摩擦酝酿期，8 月、9 月的 FDI 流量出现明显增多现象，11 月更是出现爆发式增长，创下单月 FDI 流量的最高纪录（187.82 亿美元）。2018 年，我国利用 FDI 流量持续增长，1 月（120.74 亿美元）、2 月（89.88 亿美元）、3 月（134.47 亿美元）、6 月（156.62 亿美元）、8 月（104.27 亿美元）、9 月（114.62 亿美元）皆创下往年同月历史最高纪录。

图 1 为我国 2012—2018 年间各年 1-9 月份 FDI 累计值，从图中散点来看，近年来我国 FDI 规模波动上升，在 2015 年有较大涨幅，并于 2017 年回落至 920.89 亿美

元，2018 年创同期最高值 979.59 亿美元。图中拟合线表现我国 FDI 规模的增长趋势，在 2018 年，我国 FDI 规模处于拟合线之上，说明中美贸易摩擦发生后，我国 FDI 规模也有所上升。

表 1　2012—2018 年我国利用外资规模变动

单位：亿美元

	2012 年	2013 年	2014 年	2015 年	2016 年	2017 年	2018 年
1 月	101.01	93.08	108.24	139.2	140.7	119.98	120.74
2 月	77.52	83.25	85.53	85.6	84.5	87.06	89.88
3 月	119.51	125.88	122.86	124	129	131.08	134.47
4 月	84.61	84.7	87.5	96.1	98.8	89.2	90.91
5 月	93.11	92.9	86.37	93.4	88.9	81.13	90.59
6 月	121.57	145.49	144.2	145.8	152.27	148.01	156.62
7 月	77.78	94.43	78.1	82.2	77.09	64.95	77.49
8 月	83.9	85.16	72.1	87.1	87.55	93.63	104.27
9 月	86.37	88.77	90.1	95.6	92.13	105.85	114.62
10 月	82.29	84.96	85.3	87.8	88.12	90.34	—
11 月	86.29	85.91	103.6	103.6	98.87	187.82	—
12 月	118.98	122.68	133.2	122.3	122.08	111.3	—
均值	94.41	98.93	99.76	105.23	105.00	109.20	108.84
1-9 月	845.38	893.66	875	949	950.94	920.89	979.59

资料来源：万德（Wind）中国宏观经济数据库。

中美贸易摩擦使中美两国融资环境产生较大不确定性，国际投资者所考虑的并非单纯的经济因素，也包括中美两国政治和外交关系走向。目前美国与我国经贸关系不稳定，特朗普多次推翻谈判成果，使贸易摩擦不断升级，甚至拓展到投资领域。国际投资者无法对未来市场趋势做出准确判断，对中美两国投资趋于保守，这在一定程度上会减少外资企业进驻我国。但从数据上分析，我国 FDI 规模仍有所增加，究其原因是我国巨大的市场潜力、日益良好的营商环境对跨国公司有较大吸引力，且国际贸易与国际投资之间存在替代关系。在不确定性、我国市场潜力、替代关系三者间的相互作用下，2018 年“中美贸易对抗”后，我国总体外商直接投资规模稳中有升。

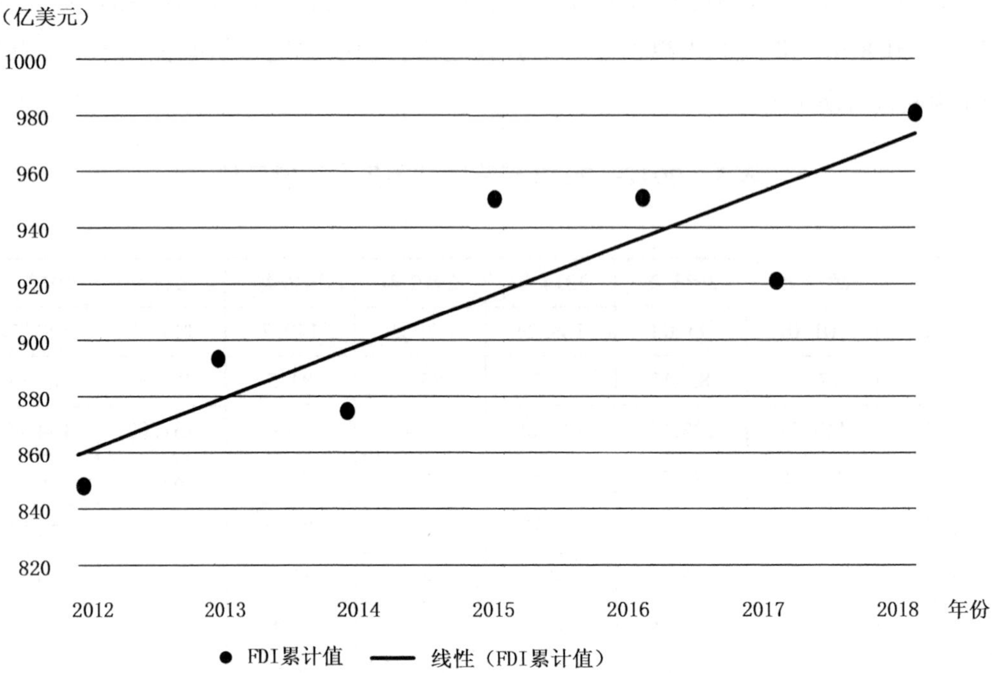

图 1　2012—2018 年前三季度我国利用 FDI 累计值变化

资料来源：万德（Wind）中国宏观经济数据库。

（二）对我国利用美资规模的影响

短期内，“中美贸易对抗”使美国对华直接投资略有增加。2018 年 1-9 月，美国累计对华直接投资 25.4 亿美元，达到 2013 年（26.03 亿美元）以来的最高水平，较 2017 年同期增加了 1.8 亿美元。

由于中美经贸博弈与合作交替出现，美国对华投资月度波动较大。特别是美国总统特朗普就任后，以“美国优先”为口号，掀起贸易保护主义，限制对外直接投资，使 2017 年美国对华直接投资出现下降，较 2016 年同比下降 18.28%。2018 年，美国对华直接投资有所复苏，尤其是中美贸易摩擦发生后的 4 月（3.70 亿美元）、5 月（3.80 亿美元）、6 月（5.60 亿美元）、8 月（4.80 亿美元），美国对华直接投资流量较往年同期均有显著提高。

图 2 展示了 2012—2018 年美国对华直接投资各年 1-9 月份的累计值变化趋势，可见在 2015 年之前美国对华直接投资波动较大，但在 2016—2018 年，美国对华直接投资稳定增加，且皆高于拟合值。中美贸易摩擦背景下，美国对华直接投资规模与我国利用 FDI 总量规模趋同，且稳定上升。

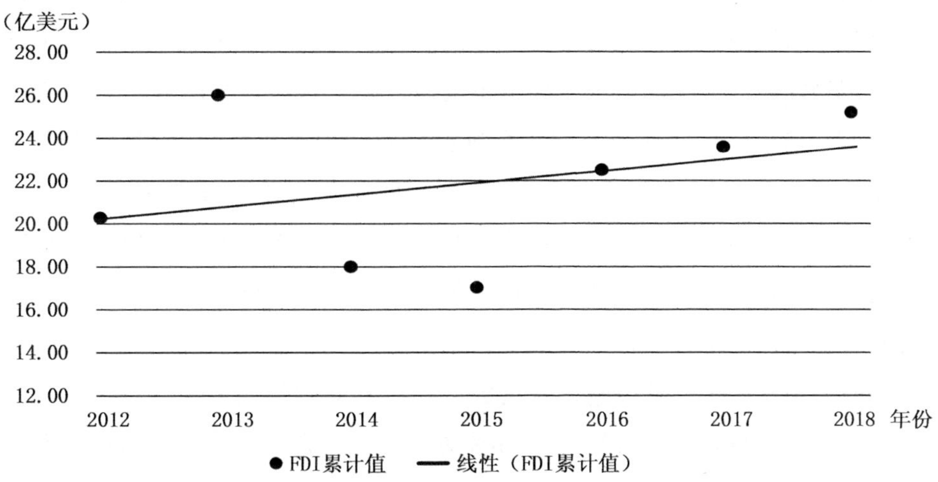

图 2　历年美国对华直接投资 1-9 月累计值变化

资料来源：万德（Wind）中国宏观经济数据库。

表 2　2012—2018 年美国对华直接投资规模变动

单位：亿美元

	2012 年	2013 年	2014 年	2015 年	2016 年	2017 年	2018 年
1 月	3.42	2.73	3.69	1.40	7.60	1.60	2.40
2 月	1.83	2.24	3.42	3.50	2.40	1.30	2.20
3 月	3.68	5.61	3.28	1.30	3.80	3.70	1.80
4 月	1.54	3.37	2.01	2.70	6.80	3.40	3.70
5 月	2.42	1.85	1.90	0.80	2.60	1.60	3.80
6 月	3.36	2.45	3.10	1.20	2.50	2.90	5.60
7 月	3.35	3.59	0.70	1.90	2.80	3.30	1.30
8 月	1.56	3.13	2.70	3.90	0.70	2.10	4.80
9 月	2.55	3.79	0.90	1.90	0.90	5.30	2.20
10 月	3.33	1.63	1.50	1.50	4.80	3.00	—
11 月	2.08	1.23	1.40	4.00	1.50	1.50	—
12 月	2.18	1.91	2.10	1.80	1.90	1.60	—
均值	2.61	2.79	2.23	2.16	3.19	2.61	3.09
1-9 月	20.29	26.03	18.01	17.20	22.50	23.60	25.40

资料来源：万德（Wind）中国宏观经济数据库。

中美贸易摩擦对美国对华投资流量及存量的负面影响较小，其主要原因是美国单边外资政策限制与贸易和投资替代关系的共同作用。从政策上来看，中美冲突主要集中于贸易领域，但美国已单方面将争端引入投资领域。2018 年 6 月，美国白宫发布《中国经济侵略如何威胁美国和全球科技及知识产权》，指责我国对美资企业进行强制技术转让；2018 年 8 月，特朗普签署《2019 财年国防授权法案》，其中《外国投资风险审查现代化法案》赋予外国投资委员会更大的审查权，对在美投资企业进行更加严格的审查，增加企业在美投资限制。与此同时，我国实行更加开放的对外政策，对国际融投资市场释放积极信号，与美国形成强烈对比。当国际贸易壁垒增加时，资本会更多的以直接投资的方式产生对贸易的替代，对华出口的美国企业更多采取直接投资的方式绕开贸易壁垒，同时，美国的限制措施及近期多变的外资政策也抑制了外资进入美国，客观上也对外资进入我国相对有利。

此外，在美国对我国的两次加征关税的共计 2500 亿美元的商品中，制造业下“电机、电气、音像设备及其零附件”“核反应堆、锅炉、机械器具及零件”实际征收关税税额占比最大，分别为 27.1%和 23.1%，可见我国制造业受中美贸易争端冲击最大。但我国以出口为导向的制造业外资企业，大多以加工组装、初级制造为主，属于我国相对美国具有比较优势的劳动密集型产业，且美国无法在短时间内改变这种比较优势，所以向美国出口的外资企业不会在短期内因关税的增加而撤出中国。因此，“中美贸易对抗”目前还没有引起我国美资 FDI 的外流，大多数在华美资企业正在重新评估风险，处于观望阶段。

二、中美贸易摩擦对我国利用外资产业结构的影响

中美贸易摩擦对我国 FDI 结构已产生部分影响，且其影响会随着贸易摩擦的发展而逐渐扩大。总的来说，中美贸易摩擦使 FDI 更多地流向技术密集型与资本密集型产业，这些产业通常位于价值链高端，而使得位于价值链中低端的劳动密集型产业的 FDI 流入减少；同时以占领市场为主要目的的水平型 FDI 增加，而使以布局产业链为目的的垂直型 FDI 减少。根据企业面临贸易壁垒增加时采取的行为，可以将在华外资企业分为三种类型：贸易转移型投资企业、贸易放弃型投资企业、贸易替代型投资企业。

（一）对位于价值链中低端产业的影响

图 3 展示了 2004—2017 年我国利用外商直接投资产业结构的变化情况。从图中

可以看出，我国采矿业、农业 FDI 所占份额很低。采矿业、农业等行业系劳动密集型产业，且受生产场地难转移、目标市场较多等因素影响，即便产品出口对象国提高关税，也并不必然导致该行业外资企业的撤资和搬离。与之相比，租赁及商务服务业的 FDI 占比持续升高，说明其受贸易摩擦冲击较小。房地产业 FDI 占比波动较大，但这主要是由于我国近年来对房地产行业发展的限制政策，而受中美关系影响较小。制造业企业 FDI 占比较高，但呈现下降趋势。在 2015—2017 年，我国制造业 FDI 由 395.43 亿美元下降至 335.06 亿美元，年均降幅为 7.95%。特朗普分别于 2017 年 4 月份、2017 年 8 月份以《1962 年贸易扩展法》和《1974 年贸易法》就钢材进口和我国技术转移等情况加以调查，使我国制造业中向美国出口的外资企业面临较大的不确定性，也使得国际投资者在对华制造业的投资时更加谨慎，一定程度上减缓了 2017 年我国制造业外资的流入，是我国制造业 FDI 占比减少的重要原因。

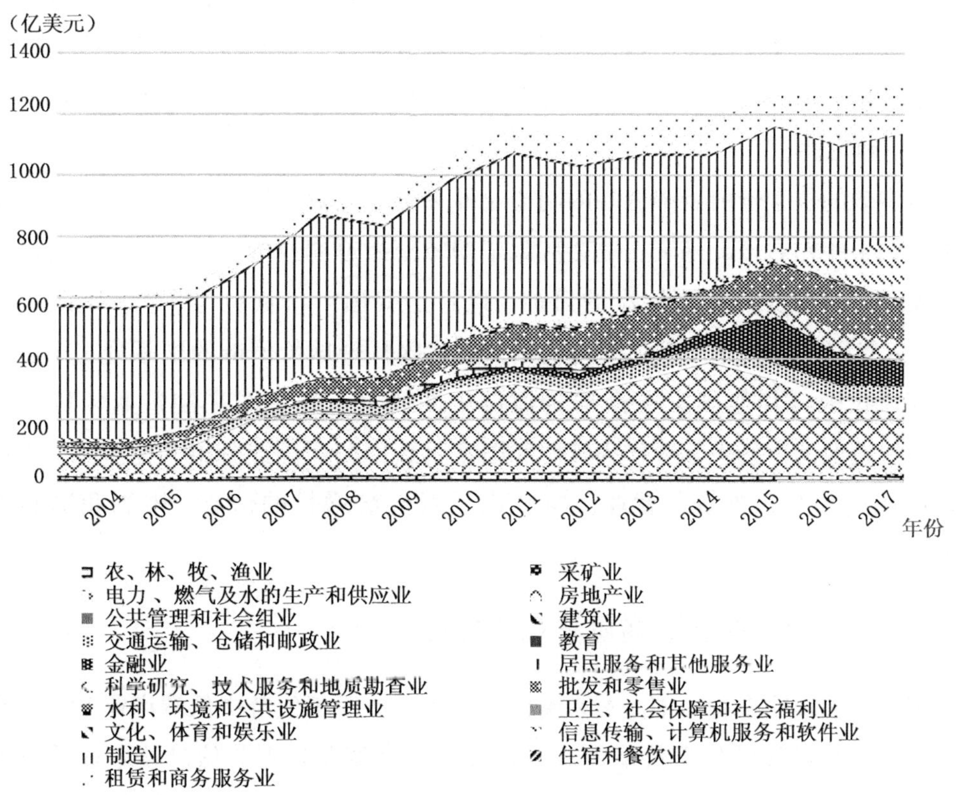

图 3　2004—2017 年我国利用外商直接投资行业结构变化

资料来源：万德（Wind）中国宏观经济数据库。

以全球价值链的角度分析，随着全球价值链和产业链分工深化，位于价值链中低端产业通常是以劳动密集型为主，我国具备比较优势。低价高质劳动力和健全完善的配套生产能力优势，使众多大型跨国公司将产业链中的生产加工环节放在我国。我国制造业处于全球价值链中低端，此类行业的外资企业中，存在较多的贸易转移型投资企业。中美贸易摩擦发生后，该类型企业会因美国关税的增加而放弃在中国生产。究其原因，美国挑起贸易摩擦有使制造业回流的目的，其关税清单对制造业针对性较强，设置贸易壁垒，以提高中国制造业企业向美国出口商品的成本，促使在华制造业美资企业为了绕开关税壁垒而迁回美国或迁移至其他国家。短期内，美国虽无法也无需逆转中国在劳动密集型行业上的比较优势，但也很难实现使制造业回流的愿望，因为东南亚的其他发展中国家在制造业上具有与我国相似的比较优势，中美贸易摩擦虽然直接增加了中国出口美国相关产品的近25%出口成本，形成了对中国制造业产业的冲击，但劳动密集型制造业通常技术含量不高，东亚与东南亚发展中国家之间劳动密集型制造业具有较高的替代性，贸易转移型出口企业会考虑重新选址，迁移至对美出口关税更低的国家或地区。贸易转移型外资企业目前还处于观望期，考量中美贸易摩擦是否会长时间持续下去，这无疑增加了我国制造业FDI的不确定性。

若多数的位于价值链中低端的制造业外资企业以贸易转移的方式应对中美贸易摩擦，约半年左右该类外资企业会从观望期转至撤退期或搬迁期。这也很可能是特朗普发动贸易摩擦的更深层次的目标，以打击我国出口贸易为手段，阻断更多的FDI进入我国或迫使外资企业搬离我国，将我国从全球价值链的国际分工中剥离出去，切断我国与其他国家在全球价值链中的联系，并试图在制造业领域孤立中国，将制造业的市场份额等作为资源和财富重新回归美国或分给其他国家。由此来打击我国的出口、外资、就业、GDP以及对经济增长的信心，限制我国制造业发展。

（二）对位于价值链高端产业的影响

但以目前影响来看，中美贸易摩擦虽对我国位于价值链中低端产业FDI具有负面影响，但其对我国位于价值链高端产业，如高端制造业、信息技术业等行业的FDI发展却有促进作用。且在我国处于价值链高端的产业通常以高端制造为主，例如电脑及电子设备制造、运输设备制造等，该类型行业的外资企业通常将生产环节放在我国来减少贸易与运输成本。“中美贸易对抗”在一定程度上导致了我国劳动密集型产业 FDI 的流失，而促进了我国位于价值链高端的资本密集型、技术密集型产业的 FDI 增加。

图 4 展示了 2017 年美国对华直接投资存量中的行业构成，其中左图为所有行业的分布情况，右图为制造业的细分行业分布。从左图看，美国对华直接投资中，第三产业所占份额为 32%，其中包括非银行类股份公司（4%）、专业技术服务（2%）、金融和保险（未包含储蓄机构）（7%）、储蓄机构（4%）、信息（2%）、批发贸易（13%）。总制造业（50%）所占份额最大，且从右图中可以看到，其中包括电脑及电子产品（16%）、运输设备（24%），合计 40%，这两项制造业的科技含量较高。综上，在美国对外直接投资的总存量来看，50% 为制造业，高端制造业占其中的 40%，第三产业占比 32%。

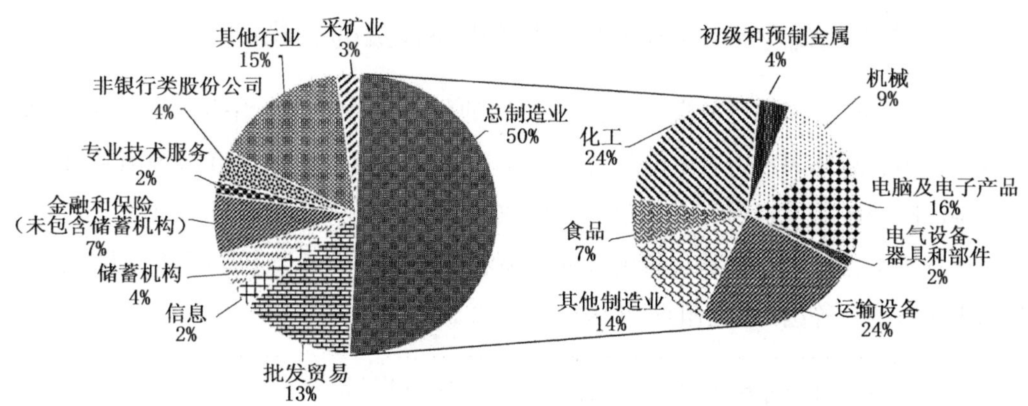

图 4　2017 年美国对华投资存量中的行业分布及其中制造业具体分布

资料来源：美国经济分析局（BEA）。

从关税清单所涉及的行业看，美国对我国的两次加征关税的共 2500 亿美元商品中，制造业分类下“计算机、自动数据处理设备等机器的零附件”和“自动数据处理设备、磁性光学阅读机、数据记录媒体机器”的关税税额占比分别为 6.3%、3.8%。可见，高端制造业既是美资 FDI 中的重要行业，也是中美争端中的关键行业。高端制造业属于资本密集型和技术密集型行业，外资进入我国此类行业主要是为了实现全球布局和进入中国市场，行业内的外资企业以贸易替代型和贸易放弃型投资企业为主。

位于上述价值链高端产业的外资企业，当贸易壁垒持高不下时，贸易替代型投资企业会增加在华生产规模来替代贸易进入中国市场。即便中美贸易摩擦“如火如荼”，但该类型外资企业不愿放弃巨大的中国市场，在贸易不畅时以投资方式进入，贸易替代型企业在华的直接投资反而会因关税壁垒的提高而有所增加。以美资电动汽车行业巨头特斯拉为例，在中美贸易摩擦发生后，特斯拉与上海市政府达成协议，拟于上海建厂，预计2020年前后建成年产量达50万辆的工厂，这将是特斯拉在美国以外的第一家超级工厂，同时也将是我国上海市有史以来最大的外资制造业项目，预计对华投资额为30~40亿美元，成为美国对华FDI新主力军。此外，位于价值链高端产业的外资企业亦有一部分属于贸易放弃型投资企业，中美贸易摩擦后，它们会放弃美国市场，不再向美国出口产品，将产品销往其他关税较低的国家。该类型的外资企业因生产场地转移困难而不得不暂时放弃高关税市场，或为降低投资风险，在中美经贸关系不明朗的情况下，短期内放弃向美国出口，专注于布局中国市场，减少投资风险。

三、中美贸易摩擦对我国利用外资来源构成的影响

近年来，在我国利用外资主要来源地区的份额中，美国、中国台湾、新加坡、日本、韩国、欧洲国家皆有下降趋势，而中国香港、英属维尔京群岛等国际自由港对我国内陆地区的投资份额大幅增加。中美贸易摩擦是逆全球化的表现之一，在逆全球化背景下，国际避税地、自由港的贸易和投融资等优势会更加明显，中国香港、英属维尔京群岛等国际自由港对我国的FDI占比也逐年递增。

（一）对我国利用来自美、欧外资份额的影响

图5显示的是1992—2017年美国对华直接投资在我国利用FDI中所占份额变化。在我国利用FDI的国别构成中，2000年美国所占份额达到顶峰，为10.77%，是我国FDI的第一大来源国，但其份额之后大幅下降，特别是在2008年金融危机爆发后长期低于3%，在2011—2017年下降至2%左右，不再是我国利用外资的主要来源。其对我国投资份额不断下降主要有以下原因：

首先，美国长期以来实行重振制造业战略，优化制造业下三大要素劳动力、资本和技术研发的环境，削弱美国企业赴外投资的意向。其次，世界知识产权组织统计显示，在部分高端制造业，我国的PCT专利申请数量增长迅猛，早已超越美国，这必然引起美国的警惕，担心我国威胁其在全球价值链顶端的位置，对我国采取经贸限制措施，以减缓美资对我国直接投资的速度。此外，欧洲国家对华直接投资所占份额趋势变化与美国相似，早期对我国FDI呈现上升趋势，2002年以后，其份额迅速下降至2007年以后的5%~6%之间，并趋于稳定。与美国不同的是，欧洲

国家所占份额在 2016 年、2017 年出现较大波动，2016 年上升至 7.49%，随后下降至 6.74%。究其原因，特朗普上台以来，对欧洲发达国家的态度“时好时坏”，公开宣扬“北约过时论”，指责德国难民政策是“灾难性的错误”，对英国脱欧“幸灾乐祸”，其诸多喜怒无常的行为，引起欧洲许多国家对美国未来经贸政策的担忧。相比之下，我国坚持扩大对外开放的政策，使 2016—2017 年间欧洲国家对我国直接投资增幅较大。

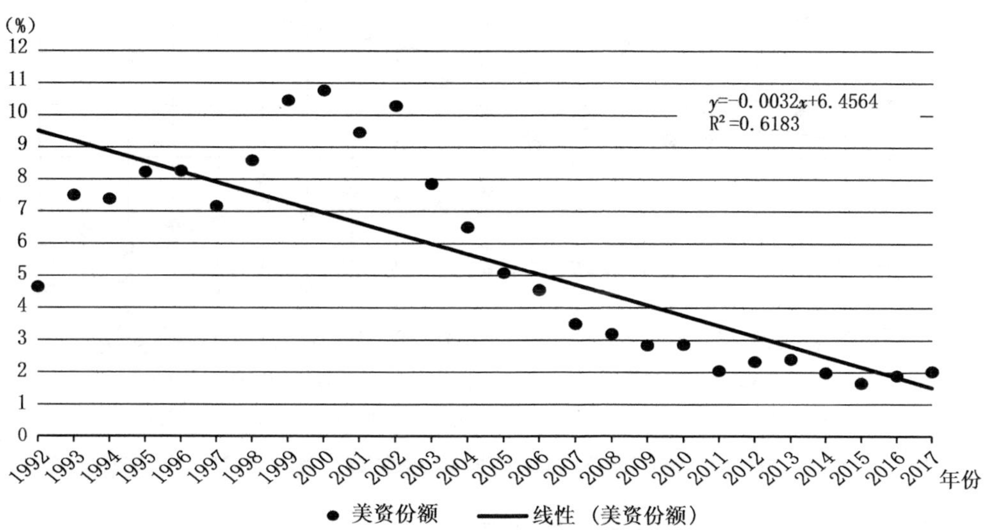

图 5　1992—2017 年我国利用外商直接投资中美资占比变化趋势

资料来源：万德（Wind）中国宏观经济数据库。

（二）对我国利用来自港、澳、台资份额的影响

在我国 FDI 主要来源地区中，中国香港作为国际贸易中心和国际金融中心，凭借我国政策及区位优势，一直以来都是我国内地重要的对外直接投资及利用外资的中转地、目的地、来源地。

为促进中国内地与香港经济繁荣发展，中国中央政府与香港特别行政区政府于 2003 年 6 月签署《内地与香港关于建立更紧密经贸关系的安排》（Closer Economic Partnership Arrangement），其主要内容包括：两地实现货物贸易零关税，扩大服务贸易市场准入，实行贸易投资便利化。从 2018 年 4 月中美贸易冲突爆发至 9 月，中国香港地区累计对内地投资 375.21 亿美元，较 2017 年同期增加 15.51 亿美元，增长迅速。

图 6 中展示了中国港、澳、台地区 FDI 在我国 FDI 中所占份额中的变化。由图

可见，中国香港的份额在2010年以后长期处于拟合值上方，增长趋势明显；中国澳门所占份额始终较小，且相对稳定；中国台湾所占份额逐年减少，与欧美份额变化趋势相似。

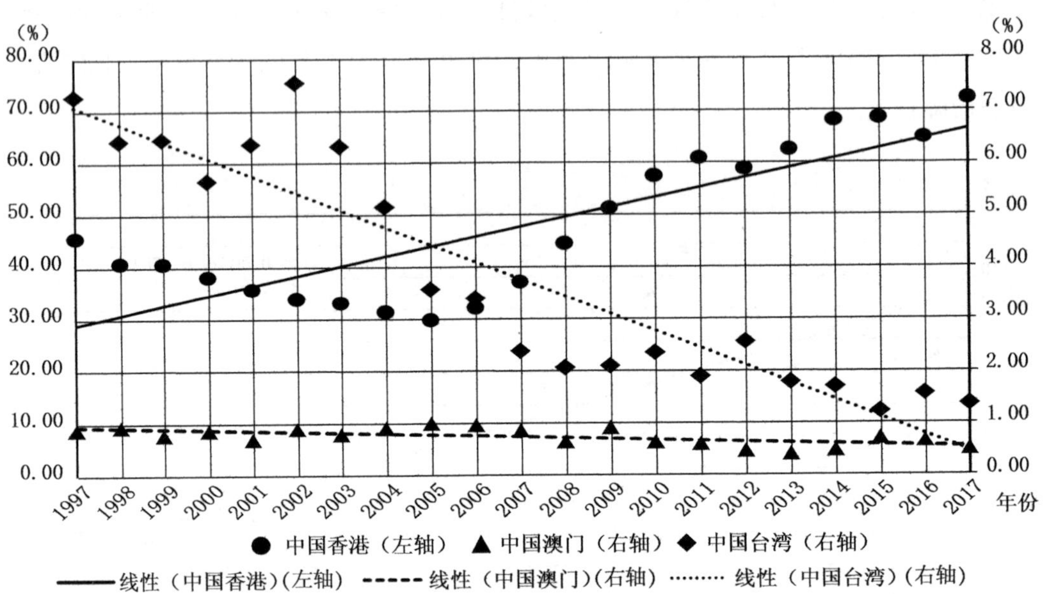

图6　1997—2017年我国利用外商直接投资中港、澳、台资占比变化趋势

资料来源：万德（Wind）中国宏观经济数据库。

在中美贸易摩擦与逆全球化背景下，中国香港作为世界上最开放的自由港之一，其贸易、投资、金融等领域的便利化优势会更多地体现出来，其对内地的直接投资份额预期会持续增加。一方面，各国与国际避税地的经贸往来增加是全球趋势，中国香港作为国际避税地，越来越多的公司选择将此作为公司注册地，来避开母国一系列的管理等费用。此外，就内地市场而言，香港有着得天独厚的地理优势和政策优势，受中美贸易摩擦影响，部分外来资本在我国直接进行FDI受阻而选择将香港地区设为中转站，以规避中美贸易摩擦的冲击。

（三）对我国利用来自新加坡、日本、韩国外资份额的影响

以经济规律分析，在贸易摩擦背景下，新加坡对华直接投资所占份额会相对稳定或略有增加，而日本、韩国所占份额会相对降低。在2017年，我国来自亚洲的外商直接投资中，除去中国香港地区，则“新日韩”三国的直接投资份额占亚洲地区剩余地区总额的32.55%、25.09%和22.28%，共计占79.92%，是我国在亚洲地区

最重要的 FDI 来源国。

图 7 表示了“新日韩”三国对我国直接投资中所占份额的变化。“新日韩”三国的份额均有不同程度的下降。其中日本下降速度最快，且波动较大，2005 年以前所占份额较高，并在 2008 年金融危机后有缓慢的攀升，但在近年来又再次进入低谷，所占份额降低至 2%左右。通过图 7 与图 5 对比可以发现，日本、韩国在我国 FDI 份额变动趋势与美国相似，在 2002—2005 年之间占有较高的投资份额，且其散点多落于拟合线上方。而在 2005—2011 年其所占份额较小，且多落于拟合线下方，并在 2015 年后波动并不明显。通过与图 6 对比可以发现，日本的对华直接投资所占份额的变化与中国香港的趋势相反，在相同的年份区间中，两图中的散点分别位于相对拟合线相反的位置。新加坡的整体趋势虽然也呈下降态势，其波动相对较小，且其变动规律也与美国、日本、韩国相反，而与中国香港类似。

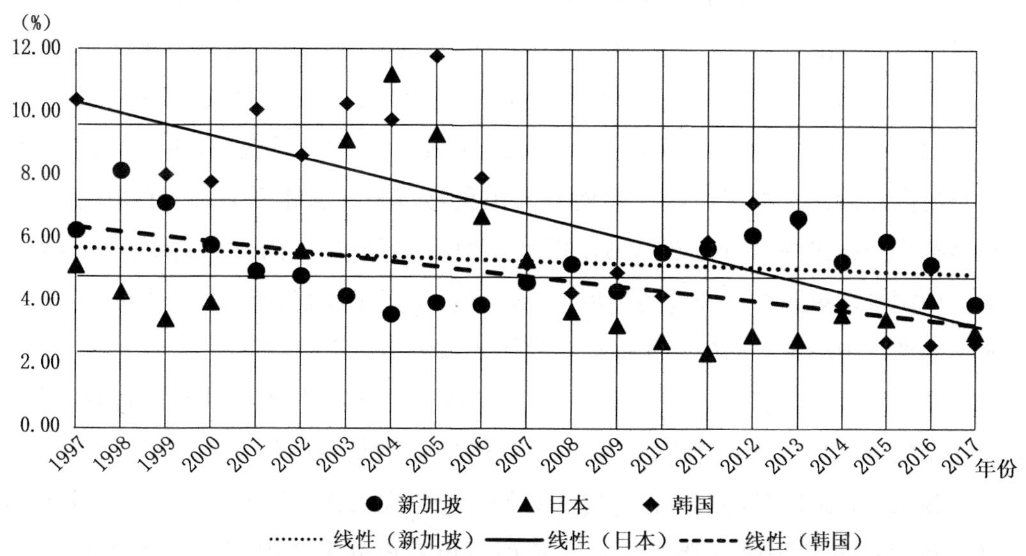

图 7　1997—2017 年我国利用外商直接投资新、日、韩资占比变化趋势

资料来源：万德（Wind）中国宏观经济数据库。

究其原因，中国香港、新加坡是全球自由贸易港，其与他国之间的经贸联系受“逆全球化”的负面影响较小，反而在“逆全球化”与“贸易保护主义”进一步加深时，可以更好地发挥投融资便利等相关优势，更多的国外资本在中国香港、新加坡、英属维尔京群岛等地区中转后进入我国。中美贸易摩擦亦是“贸易保护主义”抬头和“逆全球化”浪潮的缩影，可以间接促进中国香港、新加坡、英属维尔京群岛地区的对华 FDI。美国等发达国家是掀起“逆全球化”的始作俑者，减少与发展中国家的多边协作与经贸往来，在市场上释放了众多不确定性信号，减缓了其企业对我国直接投资，其投资规模虽然在增加，但其份额却在减少。

四、中美贸易摩擦对我国利用外资政策的影响

中美贸易摩擦除对外资存量、外资产业结构、外资国别结构产生影响外，对我国的外资政策也产生较大的影响，倒逼我国深化改革加速进行。目前，我国已在对外开放、知识产权、营商环境这三个主要领域实施了进一步改革的措施，这有利于我国体制机制深化改革，提升招商引资水平，更好地参与全球价值链分工，以应对中美贸易摩擦对我国投资领域造成的市场扭曲。

（一）对我国开放领域政策的影响

在中美贸易摩擦背景下，国际投融资市场不确定性增加，多数投资者对中美两国的投资更加审慎。对此，我国相继实施一系列政策措施，对外资开放力度增强。2018 年以来，我国在一、二、三产业全面放宽市场准入，实行“改革开放再出发”，出台《外商投资准入负面清单（2018 年版）》，积极推进自由贸易试验区、自由贸易港建设，发布《中国（海南）自由贸易试验区总体方案》。首届中国国际进口博览会开幕式中，习近平总书记指出：“中国开放的大门不会关闭，只会越开越大。中国推动更高水平开放的脚步不会停滞！中国推动建设开放型世界经济的脚步不会停滞！中国推动构建人类命运共同体的脚步不会停滞！”

2018 年 6 月，我国发布的《国务院关于积极有效利用外资推动经济高质量发展若干措施的通知》提出，全面落实准入前国民待遇加负面清单管理制度，负面清单之外的领域，各地区各部门不得专门针对外商投资准入进行限制。且在其《外商投资准入负面清单（2018 年版）》中，负面清单不再分为“限制类”和“禁止类”两部分。清单长度由 63 条减至 48 条，共在 22 个领域推出开放措施。对部分领域设置了取消或放宽准入限制的过渡期，在金融、制造、教育、医疗等大部分重点领域都已突破门槛限制，具体包括：一是大幅扩大服务业开放；二是基本放开制造业；三是放宽农业和能源资源领域准入。2018 年版负面清单扩大和提高了我国多行业领域对外资开放的范围和程度，一方面增强了放宽外资准入的可预期性，为国际投资者释放稳定、积极的外资政策信号，打消其因中美贸易摩擦而产生的对华投资担忧；另一方面使外资准入审查更具有可操作性和现实性，为外资企业来华办厂提供便利。通过新的开放措施，将进一步深化我国同其他国家和地区间的投资合作，开展更广

泛的资本、技术、管理、人才交流，从而在更大范围实现互利共赢。

（二）对我国知识产权政策的影响

美国发动贸易摩擦的重要原因之一是认为我国对美国企业进行“强制技术转让”和“知识产权盗窃”。中美贸易摩擦提高了我国对企业知识产权保护的重视程度，推动我国进一步完善知识产权法制建设。提升知识产权保护可以有效促进我国吸引资本密集型和技术密集型 FDI，有利于我国借此机遇提升在全球价值链中的地位。

我国已将“加强知识产权保护”列为我国近期在扩大开放方面的重大举措之一。重组国家知识产权局，全面负责知识产权保护工作，推动知识产权保护体系建设和商标、专利、原产地地理标志的注册登记和行政裁决，指导商标、专利执法工作等；商标、专利执法职责交由市场监管综合执法队伍承担；从多角度加强了我国对知识产权的保护，防止跨国公司核心技术泄露，由此鼓励技术性外资企业对我国直接投资，鼓励中外企业开展正常技术交流合作，保护在华外资企业合法知识产权。此外，强化知识产权保护，实质上也为拥有技术优势的跨国公司提供垄断中国市场的机会。因此，我国在加强知识产权保护的同时，也对《反垄断法》等竞争规则进行更新，不断完善公平竞争审查制度，提高控制技术垄断行为的立法与执法水平，从而避免强化知识产权保护带来的垄断问题。

（三）对我国营商环境政策的影响

目前，赴华投资的跨国公司所关心的核心问题，已由准入条件逐渐转至营商环境。中美贸易摩擦中，投资者无法清晰判断中美经贸关系发展趋势，担忧中美外资政策变动而导致营商环境恶化，对我国投资更加趋于审慎。对此，我国推动进一步优化营商环境的新措施，并在白皮书《关于中美经贸摩擦的事实与中方立场》中明确强调：“中国将着力构建公开、透明的涉外法律体系，不断改善营商环境，为各国企业在华投资经营提供更好、更优质的服务。”

为应对中美贸易摩擦，我国已出台多种举措来优化国内营商环境。在减税减费方面，我国通过增加退税税率的方式，弥补企业出口成本。从 2018 年 11 月 1 日起，将原来出口退税率为 15%和部分 13%的提至 16%；5%的提至 6%，部分提至 10%；9%的提至 10%，其中部分提至 13%。并进一步简化税制，退税率由原来的七档减为五档。并且各地区各部门已优化退税服务、缩短退税时间，在 2019 年前将办理退税平均时间由目前的13个工作日缩短至10个工作日。以增加退税、优化服务、缩短周期的方式改善出口企业营商环境，对冲贸易摩擦对外贸领域所带来的不利影响。

在世界银行发布的《2019年营商环境报告》中，我国营商环境总体评价在190个经济体中位列第46位，较上一年上升32位。近年来，虽然外资在一定程度上受到了宏观经济形势和中美贸易摩擦的影响，但中国政府一直致力于优化营商环境，对于外资关心的技术转让、行政许可、知识产权等问题，中国近年来已取得长足进步，并将持续完善。

五、我国的应对之策

（一）缓和中美经贸关系

虽然中美贸易摩擦尚未对双方构成巨大威胁，特朗普在投资领域的对华限制措施也较为克制，但美国已将中国定位为长期战略竞争对手，我国应提防贸易摩擦的长期化，避免其全面拓展到投资等其他领域。

20世纪70年代日美经济战后，在美国压力下，日本签署《广场协议》导致日元大幅升值，严重冲击日本的出口导向型行业，日本经济开始下滑。为应对经济下行压力，日本央行采用扩张性货币政策，从而导致货币供应量快速增加，资产泡沫迅速膨胀，最终资产泡沫破灭，经济发展受到巨大冲击。以此为鉴，美国对日本、拉美、东南亚等国家发起的经济战中，最终都以金融武器击败对手。目前中美贸易摩擦主要局限于贸易，并未全面扩展至投资、金融等其他领域，我国应防范中美贸易摩擦的持续和扩张，采取“以战促和”的方式缓解中美经贸关系，不因“中美贸易对抗”惩罚美资在华企业。

美资在我国利用FDI中的份额虽持续走低，但美资依然有着发达的技术、充裕的资金、先进的管理理念，其带来的技术溢出效应依然对我国高端产业起着关键性作用。因此，我国不能因贸易摩擦而放弃中美贸易及双边投资，应依然以和平发展作为第一目标，致力于缓和中美经贸关系。但我国绝不能一味退让，中美贸易摩擦已不可避免，我国的退让不能换回美国的退让，需要秉持“不愿打、不怕打，但必要时也不得不打”的态度，始终采取“以战促和”的方式，以“小战谋大和”，谈判与反制措施相结合，在磋商、博弈中相互妥协。在与美国对抗的同时，着力改善中美经贸纠纷中的结构性问题，推动建立中美利益共同体，机制性预防经贸摩擦扩大的可能。

（二）平衡外资产业结构

中美贸易摩擦会使技术密集型及资本密集型等位于价值链高端产业的 FDI 占比增加，而使劳动密集型等位于价值链中低端产业的 FDI 占比略有降低，使我国外资结构偏移原有的经济规律，造成了劳动密集型外资制造业外流加快和流入受限，虽然目前亦使我国位于价值链高端产业的 FDI 增多，但我国在价值链中的地位攀升需要经历长时间的过程，不可能一蹴而就。若我国过快地失去国际分工中的生产环节，会使我国与全球价值链脱钩，从而对我国的经济、就业、GDP 等方面造成较大冲击。

我国应妥善应对低端制造业的外流，通过改革创新为制造业营造一个低成本、投资便利和竞争公平的环境，保持本土制造业可持续健康发展。同时，应密切关注我国外资企业的进展和动向，避免因改革或配套措施不及时到位而致使制造业内资本大规模外流引发的“产业空心化”。同时，应加快完善基础设施和产业配套，引导中西部地区积极承接东部制造能力转移，在多地建设符合地方特色的主导产业集群。此外，我国也应抓住此次中美经贸关系的巨大变化在投资领域产生一些新机遇，吸引更多的资本密集型及技术密集型 FDI 进驻，将服务业培养为我国利用外资的重点产业。既要防止“产业空心化”，也要防范“资产泡沫化”，妥善平衡劳动密集型与资本密集型外资企业。

（三）加强同其他国家的经贸联系

中美贸易摩擦并非只影响中美双边投资，也会冲击其他国家对我国的直接投资，在一定程度上会使我国 FDI 国别结构单一化。日本、韩国、欧洲等发达国家地区对我国的直接投资所占份额减少，而中国香港、新加坡、英属维尔京群岛等国际避税地对我国直接投资份额大幅增加。对此，我国也应平衡 FDI 国别结构，加强与日、韩两国的经贸联系，防止其在华直接投资存量外流或流入受阻。

中日韩三国同为贸易和制造业大国，经济总量和贸易总量占全球的比重超过 20%，在维护自由贸易秩序、推动世界经济保持开放等方面都面临共同挑战，拥有共同利益。我国应秉持共商、共建、共享的原则，扩大相互开放，深化三国合作，共同反对贸易保护主义，引导经济向全球化发展。

同时，我国要积极支持包括欧盟和东盟在内的亚欧区域经济一体化组织的发展，推进新型经济全球化进程。美国已与欧盟委员会联合承诺将致力于双边贸易零关税，并提出将增加美国液化天然气和大豆的进口。欧盟和日本相继与美国协商签署零关税自由贸易协定。我国应趁此机遇推动 RCEP 谈判，将东盟国家和中国、日本、韩国、印度、新西兰、澳大利亚等 6 个国家间的双边自贸区协定整合起来，进而推动亚太经济一体化和区域贸易投资自由化和便利化，使我国 FDI 来源国结构多元化，增加抗风险能力，在新的世界投资格局中加强与其他国家的经贸联系。

（四）继续深化体制机制改革

我国应继续坚持对外资企业扩大开放的积极政策，扩大进口和引进外资来应对可能出现的更大规模的中美贸易摩擦，消除中美贸易摩擦下外资企业的顾虑，缓解中美贸易摩擦现今以及未来可能对我国外资领域的不利影响。

此外，中美经贸间的基础性问题还是需要深层次的改革来完成，我国在与美国谈判的同时也应注重自身改革，从多方面为外资提供切实的优化措施，改善中美经贸纠纷中的结构性问题。

继续扩大开放、深化机制体制并非只对我国利用 FDI 领域有益，对我国经济也有诸多好处，可以提高我国居民的福利水平，为国内生产者市场提供竞争机制，使商品价格保持在充分竞争的状态，促进我国企业生产效率进步，并不断满足中等收入群体对多样化、高质量产品日益增长的需要。

中美贸易摩擦对全球价值链重构的影响及中国方案

吕　越　　马嘉林　　田　琳

（对外经济贸易大学）

一、引　言

特朗普就任美国总统以来，积极推行“美国优先”，不断实施贸易保护政策。2017 年 8 月，美国对华发起“301 调查”，中美贸易摩擦正式拉响。2018 年 6 月 15 日，在对此前 3 月份公布加税的 600 亿美元进口商品种类进行调整后，美国对从中国进口的含有“重要工业技术”的 500 亿美元商品征收 25%的关税，在磋商未果的情况下，中国被迫实施同量级反制措施，其中 340 亿美元商品于 7 月 6 日生效实施，160 亿美元商品于 8 月 23 日生效实施。2018 年底，中美双方领导人会面达成共识，停止加征新的关税，面向取消所有加征关税方向加紧磋商并达成具体协议。在经历十轮磋商谈判后，美国却单方面宣布对 2000 亿美元中国输美商品加征 25%的关税，中美贸易摩擦再度升级。面对美国的霸凌主义，国务院新闻办公室发布《关于中美经贸磋商的中方立场》白皮书，指出美国挑起对华经贸摩擦损害两国和全球利益，在中美经贸磋商中诚信缺失，中国将始终坚持平等、互利、诚信的磋商立场。

国内外学者就中美贸易摩擦问题展开广泛讨论。就动因问题，沈国兵（2019）认为国际分工生产、美元的国际清偿力以及其自身经济结构决定其将呈现出持续的贸易逆差，此外两国经济发展水平差距、要素禀赋差异、贸易计价差异、贸易结构、储蓄因素、区域生产网络等诸多因素也导致了中美贸易不平衡，进而造成贸易摩擦。张二震等（2019）研究发现，美国虽占据价值链高端并获取大部分利益，但在促进产业发展等动态利益方面发生了更加有利于发展中国家的新变化，对美国主导的国际经济治理体系产生了冲击。同时，美国在国内制度缺陷凸显、治理能力滞后等条件作用下，将内部利益失衡而激化的国内矛盾归咎于外部环境，采取逆全球化的贸易保护政策，成为特朗普政府的政治选择。东艳（2018）指出，美国在2008年金融危机中遭受重创，国内贫富差距日益严重，传统制造业因产业链条不完善等因素导致被市场淘汰，低技术劳动力失业问题凸显，经济发展后劲乏力。而中国经济近年来始终保持中高速增长，稳步实现产业和技术升级，不断向价值链上游攀升，在钢铁等核心领域以及高新技术产业中与美国的竞争日趋激烈，美国希望通过挑起对华贸易摩擦，以解决经济全球化进程中美国自身调节制度失灵的问题。从根本上，美国叫嚣的贸易逆差问题并未通过关税手段得以解决，其本质是美国对中国崛起的全面遏制，彰显了美国力图长期占据全球政治经济格局中绝对领导地位的强烈诉求。中美贸易摩擦是逆全球化思潮的重要标志之一，从错位发展角度看，前一轮产业革命为中国带来的发展红利尚未结束，中国迎来产业技术升级、价值链攀升的重要机遇期，虽然第四次工业革命还未真正到来，但以AI、5G为代表的先进技术已初现规模，我国在以上诸多领域已处于世界领先地位，美国挑起贸易争端亦是为了阻止我国技术进步、产业升级、高水平人才培养以及引领第四次工业革命。

在分析中美贸易摩擦影响的文献资料中，吕越等（2018）依据2018年中美两国公布的增加关税实施清单，利用COMTRADE和TRAIN数据库与WITS-SMART模型，对中美贸易摩擦影响效应进行分析，研究表明中美贸易摩擦将直接导致中美双边贸易额 大幅下降，产生贸易、产业、投资转移效应，中国的反制措施对美国大豆等目标产业打击程度更大，但中国所遭受的总体福利损失约为美国的2.6倍，美国的机电产业、中国的大豆和汽车行业分别受损最大。东艳（2019）、戴翔等（2018）认为，中美贸易摩擦将导致全球价值链重构甚至收缩，对多边贸易体制和现行国际经贸规则体系造成负面效应。林毅夫（2019）设定美国对中国出口的5000亿美元产品均加征关税假设，模拟考察对中美两国经济影响，经模型推算，中国经济增长速度降低0.5个百分点，美国则降低0.3个百分点。考虑到美国自身制造业情况，美国只有两种选择，一是继续从中国进口，关税增加，国民福利下降，同时考虑中国反制措施，减少向中国出口，国内就业减少；二是转向其他国家进口，但替代国产品非最优选择，贸易成本上升。程大为（2019）采用一般均衡模型评估中美贸易摩擦影响，发现技术进步将有利于我国摆脱因贸易摩擦带来的不利影响，实现社会福利和 GDP 增长。在国外最新研究中，Bollen 和 Rojas-Romagosa（2018）、Guo（2018）及 Li 等（2018）利用多国全球一般均衡模型，通过设定增税 45%等大量假设，虚拟考察了中美贸易摩擦的影响。Amiti（2019）对美国增加关税对其产生的经济影响进行分析，得出了较为明确的结论：一是加税是否有利于美国取决于美国的经贸措施是否能够影响世界价格体系，进而通过关税调整压低进口价格（即取决于美国是否是大国经济）；二是美国加税并未影响世界市场价格，继而证实美国是小国经济；三是美国增加关税提高了其国内产品价格，增税成本将由美国消费者和企业所承担，降低了美国社会福利。同时，在企业层面，企业更多地是受到两国经贸政策不确定性所带来的影响，而不是增加关税所造成的影响。综上，可得出以下结论：（1）美国增加关税成本最终将由其国内消费者和企业承担；（2）无论加税与否，不确定性已改变了企业行为，中国一定比例的出口型企业出于对美国经贸政策的高度不确定性等因素，也已考虑改变企业行为和发展路径；（3）基于中国出口数据分析，美国加税措施对实体经济影响有限，不确定性影响与关税影响的相关性不大。

美国的贸易保护主义行径，对经济全球化产生严重阻碍，波及全球价值链的布局和重组以及产业经济的发展和稳定。中美贸易摩擦打破了原有的全球生产分工格局，中高端制造业回流，中低端制造业向东南亚及非洲转移，中国制造业存有产业空心化之虞。但从另一角度来看，中美贸易摩擦也将倒逼我国加快国内经济结构调整，进一步扩大高水平开放，主动适应国际形势变化，扭转在多边贸易体制中的格局定位，发挥资源优势探索构建以中国为核心支点的区域价值链，重构全球价值链体系。本文将从中美贸易摩擦动因、对价值链重构的影响以及我国应对之策三个方面展开阐述分析。

二、中美贸易摩擦的动因分析

中美建交 40 年来，经贸关系始终是两国关系的压舱石，在全球生产分工的大背景下，美国凭借其科技实力和服务行业优势，居于“微笑曲线”两端位置，收获高附加值利润，中国则以优质的劳动力和资源优势成为“世界工厂”，处在“微笑曲线”中段位置，中美双方在全球价值链上呈现互补关系，为两国关系长期繁荣稳定奠定了基础。但在全球金融危机后，美国深陷其中难以自拔，制造业“空心化”、失业率居高不下、金融市场动荡等因素诱导国内矛盾升级，民粹主义和贸易保护主义抬头。而中国通过国内经济体制改革，开放市场准入，吸引外商来华投资，深度融入全球经济一体化体系，实现了产业跨越式发展，经济总量跃居世界第二，2018年中国GDP达到美国GDP总量的64.36%。因此，有部分学者将中美贸易摩擦视为“修昔底德陷阱”的侧面映射。为更好分析中美贸易摩擦对全球价值链重构的影响机制，应对中美贸易摩擦动因进行剖析。

（一）中美贸易摩擦的直接原因是中美贸易失衡

中美贸易严重失衡是特朗普挑起贸易争端的直接原因。自美国1971年首次出现货物贸易逆差以来，该数额不断扩大，2018年更是达到8913亿美元，而中国则是美国贸易逆差最大来源国。中美贸易格局目前是中国对美国货物贸易顺差、服务贸易逆差，这反映了中美比较优势。近年来，中国通过技术革新和全产业链布局，不断促使本国产品向高品质、高附加值方向发展，在全球价值链中地位不断攀升，改变了此前中美贸易互补格局，两国在全球价值链中的竞争关系日益凸显。特朗普上台后，大力鼓吹“美国优先”，大行贸易保护之道，中美经贸领域风险系数持续走高，未来发展的不确定性不断提升。

中美贸易严重失衡的主要原因是美国经济内部失衡，美元的国际货币地位以及美国国内长期高消费—低储蓄的经济模式都使得美国贸易赤字长期存在。特朗普上台后，采取扩张性的财政政策，增加政府支出，贸易赤字预计将进一步扩大。陈继勇（2018）指出，美国对华高新技术产品出口控制、基于原产地原则的统计方法、转口贸易、外商在华直接投资的贸易转移效应以及不考虑中美服务贸易和国际收支平衡表的“净误差与遗漏”等测算口径的差异都夸大了美中贸易逆差。常冉等（2019）利用贸易增加值核算法对2005—2014年中美贸易进行价值结构分解和竞争力测算，发现传统贸易统计方法对中美贸易顺差严重高估，中国制造业的竞争优势没有带来相匹配的贸易活力，特别是高端制造业因美国出口管制、缺乏关键技术而被长期控制于下游水平，而美国服务业处于价值链上游且具备竞争优势，整体贸易获利能力强于中国。商务部《关于美国在中美经贸合作中获益情况的研究报告》显示，在中美双边贸易中，顺差在中国，利益在双方，贸易逆差不是其国内就业岗位减少、经济增速放缓等问题的根源，其根本原因在于国内经济产业结构失衡。美国基于不符合时代特征的货物贸易统计方法计算得出美国对中国存在高额货物贸易逆差，污蔑中国“盗窃知识产权”、“强制技术转让”、“夺走美国的就业机会”，以缩减巨额贸易逆差为幌子发起贸易争端，其真实意图在于转嫁国内矛盾、阻挠和遏制中国经济的快速发展。

（二）中美贸易摩擦的根本原因是中美之间的政治经济利益冲突

中美贸易摩擦是现存唯一超级强国美国对新崛起大国中国的战略压制。中国经过多年发展，努力推进产业升级和技术进步，重点培育扶持核心领域行业发展，由出口带动转向消费带动，紧随全球工业进入 4.0 阶段，向制造强国迈进。“十三五”规划提出要积极支持符合条件的战略性新型企业上市或挂牌融资，到 2020 年，战略性新兴产业增加值占国内生产总值比重达到 15%，而“中国制造 2025”则是中国全面部署推进实施制造强国战略的重要标志，在高端制造、创新和科技领域提升竞争力，到 2049 年在全球市场中占主导地位。对美国而言，中国这些政策不仅威胁了美国经济，更动摇了美国在全球经济、科技领域的霸主地位。2017 年 11 月，美国国家安全报告明确提出俄罗斯和中国是美国的战略竞争对手，特别指出中国充分利用世界贸易组织所创造的经济全球化环境，创造了不平衡的贸易收支，威胁美国利益和安全，应该对中国采取行动。美国商务部工业安全署曾就关键技术和相关产品的出口管制向公众征询意见，拟对生物技术、人工智能（AI）和机器学习等 14 类核心前沿技术进行出口管制，剑指“中国制造 2025”。美国凭借其雄厚的技术实力和知识产权垄断地位，以“国家安全”为由阻碍中国高科技产业发展，美国曾先后对我国中兴、华为两家公司实施制裁，限制我国引领全球 5G 技术发展，遏制中国产业升级。在中美贸易谈判中，美国强制要求中国增加从美进口、开放以金融为主的服务贸易市场和农产品市场、取消政府补贴、加强知识产权保护、消除各类壁垒等多项内容，违背了 WTO 关于保护发展中国家产业发展的要求，侵犯我国政治、经济主权。习近平总书记曾指出，当前中国处于近代以来最好的发展时期，世界处于百年未有之大变局，两者同步交织、相互激荡。不同于欧美国家，我国以和平发展方式通过对内改革和对外开放政策实现经济腾飞，积极参与和支持全球经济一体化和世界政治格局多元化，在稳步实现综合国力提档升级的同时，带动第三世界整体进步，推动构建“人类命运共同体”。冷战结束后，美国作为当今世界头号强国，在政治、经济等领域建立起以美国利益为核心的世界秩序体系，但以中国为代表的新兴经济体群体性崛起促使美国认为其主导地位受到“威胁”，妄图在贸易、科技、金融等领域推行霸凌主义、破坏国际规则。

综上，引起中美贸易摩擦的直接原因是中美贸易失衡以及全球价值链发展趋向倾斜，根本原因是中美在重塑国际政治经济格局和规则制定上的利益诉求之争、更是中美未来发展的道路之争。

三、中美贸易摩擦对全球价值链重构的影响评析

中美两国作为全球价值链中最大的发达国家和最大的发展中国家，是体系中最重要的两个主体，虽然两国均在全球生产分工中获得了巨大贸易收益，但双方在全球价值链（GVC）位置上存在很大差异，美国在完成产品设计、工艺要求、质量标准制定等环节后，将生产、加工、装配等低附加值制造环节外包给以中国为代表的发展中国家，最终产品再被美国进口到国内或出口到他国进行消费，在价值链分工体系下，美国获得的利润远高于中国。林斐婷、张伟（2017）通过对中美制造业双边贸易流进行分解，发现在分工地位上，美国低端制造业以中间品出口为主，处于全球价值链上游；中国低端制造业以最终品出口为主，处于全球价值链下游。

在2008年金融危机之后，传统的GVC分工模式遇到了许多新的挑战。对于美国而言，虽然在GVC中攫取了高额利润，但是大量的制造业外包带来美国制造业的衰弱，实体经济循环出现失调，因此美国希望中高技术制造业回流，在国内研发生产加工后再出口。而中国受人民币升值、要素成本上升等压力影响，产生了结构性金融问题，迫切需要经济结构再平衡，中国经过多年努力，一方面加快研发具有自主知识产权的核心技术，向左端拔高；另一方面加强客户导向的营销与服务并整体提升产品附加值，向右端攀升，凭借全产业链和全球最大消费市场优势，制造业正在向“微笑曲线”的两端发展。在这个转变过程中，中国制造业在全球价值链的位置发生了变化，中美企业间的竞争和对抗开始增多。余振等（2018）通过三国模型从行业收益角度分析了全球价值链地位以及参与度的提升对贸易摩擦的影响，发现中国与贸易伙伴在某行业全球价值链分工地位越接近，双方发生贸易争端的频次越高。因此，随着中国制造业在全球价值链中的地位不断上升以及参与度的加深，中美在全球价值链上的地位差距逐渐缩小，美国对华的贸易摩擦数量逐渐增多。中美贸易摩擦将呈现长期化、复杂化的趋势，双方经贸关系的不确定风险增强。

（一）产生贸易、投资和产业转移效应

中美贸易摩擦升级将直接导致中美双边贸易额下降，从关税的价格效应角度而言，增加进口关税将使相关商品价格丧失竞争力，被加征国出口规模缩减，其他国家同类型商品相对价格降低，两国则不得不以相对高价进口他国商品以满足本国需求，贸易成本上升，形成贸易转移效应，美国原本从中国的进口将主要转移至墨西哥、日本和德国；中国则将进口主要转移到巴西、德国和日本，中美贸易摩擦无法

完全通过贸易转移来解决，最终代价将由消费者和企业“买单”。当下，全球生产分工组织形式以全球供应链为主，制造业高度依赖于全球供应网络，美国挑起对华贸易争端将迫使供应链断裂，致使依赖于全球供应链的两国产业受损严重。近年来，中国要素成本不断上升、资源保护力度持续加大，进一步挤压了劳动密集型、低技术企业生存空间，低端制造业向东南亚等国转移趋势逐渐显现，中美贸易摩擦将加速该进程发展，部分低端制造业企业和低技术工人将面临倒闭和失业风险。目前，中国仍处于全球供应链的核心，供应链重构需一定的时间积累和资本投入，且东南亚等国家在技术水平、管理模式、产业部门、政策环境等方面距我国均有较大差距，产品质量控制成本较大，短期内跨国公司可能不考虑撤出；但从长远来看，跨国公司为避免对一个生产供应核心的过度依赖，可能将制造业（特别是低端制造业）整体或部分外迁，逐渐形成多节点供应链体系。产业转移必将改变全球资本流向，导致投资转移效应，为了规避贸易制裁、维护资本收益，跨国公司可能考虑向本土回流或将企业转移到已签订双边或区域协定的伙伴国，而国内出口型企业迫于关税压力也可能将企业转移到协定伙伴国。如中美贸易摩擦持续或再次升级，将进一步形成“催化剂”效应，加快贸易、投资和产业转移进程，使原本正常运转的全球价值链断裂并“被动重构”，对全球经济一体化造成极为深刻的负面影响。

（二）对中国现有的 GVC 嵌入模式产生影响

中美贸易摩擦升级和产业向东南亚等国的持续转移，会导致中国嵌入 GVC 网络的程度降低，使得我国产业价值链所参与的分工空间尺度收缩，产业集聚出现转移和集聚规模出现下降，一些集聚甚至出现解体。王孝松等（2017）发现，贸易伙伴发起反倾销措施将对中国各产业部门深度参与全球价值链产生负面效应，无论最终裁决如何，都会降低总出口、最终产品出口、中间产品出口增加值率，对中国相关行业在全球价值链中的地位产生不利影响。美国企图利用贸易争端的方式将中国剥离出全球价值链体系，通过关税和出口管制手段阻碍我国技术引进，中国虽在多领域形成了全产业链，但被“卡脖子”的关键技术和高端设备仍高度依赖欧美国家，这必将影响我国参与国际分工和产业升级。

（三）改变产业国际分工格局，产生新的价值链

崔卫东（2018）指出中美贸易摩擦使得全球价值链分工由两个最大经济体间的

直接分工路径改变为间接路径，贸易摩擦下中美贸易的部分中断将通过价值链内的贸易转移得到维系，对东南亚与非洲国家的产业链形成有巨大推动作用。此外，中美贸易摩擦促使全球分工的“北—北”模式回归和“南—南”模式加速。发达国家采取 GVC 高端水平型自由贸易协定战略，而中国被迫采取 GVC 垂直向下型自由贸易协定战略，但两种战略都致力于以零关税、消除贸易壁垒和取消政府补贴措施为主要内容。例如，欧美日在不久前签订了没有中国的“零关税”贸易协定，而中国也与东盟 10 个成员国、巴基斯坦、智利、冰岛、新西兰和澳大利亚等国家在 2018 年进入零关税时代。

四、基于价值链视角的中国应对策略分析

当前，中国经济已转向高质量发展阶段，要进一步深化供给侧结构性改革，支持传统产业优化升级，加快发展现代服务业，逐步迈向全球价值链中高端。面对贸易争端，中国应保持战略定力，打好应对组合拳。

（一）更高水平地融入全球价值链分工体系

经济一体化和网络通信的迅猛发展催生了全球生产分工、服务外包、跨境电商等新型生产形式和贸易模式，促使 GVC 的触角遍布全球并逐步细化，构建起国际贸易的新格局。如何以更加积极主动的姿态融入全球价值链分工体系之中，寻求当前中美贸易摩擦引致的价值链冲突的破解之道，是未来很长一段时间亟待思考的重要议题。以下策略或将是可能路径：一是构建现代化产业体系。坚持以市场为导向，引导传统产业加快转型升级，主动融入新一轮科技和产业革命，推动数字化、网络化、智能化技术在各领域的深入应用，加快研发具有自主知识产权的核心技术，培养储备高水平人才队伍，突破核心技术封锁，加强知识产权保护，增强技术转化能力，加大对自主创新技术和产品进入市场的扶持力度，不断提升出口商品国内附加值占比和国际市场占有率，逐渐掌握在价值链体系中的主导权和掌控力。二是促进高水平对外开放。深化与价值链上游企业对接，进一步开放市场准入，增加国际高水平中间品和资本品进口，吸引跨国企业持续对华投资。确保《中华人民共和国外商投资法》等法律法规高效落实，对外商投资实行准入前国民待遇加负面清单管理制度，以更大力度加强知识产权保护国际合作，设立新一批自由贸易试验区，不断扩大服务业、农业市场开放，按照扩大开放的需要规范政府行为、完善法律法规，为外商在华投资提供坚实的法律保障和良好的政策环境。开放包容的营商

环境和全球最大的消费市场将是中国深度参与全球价值链的重要保证。三是强化国际经济合作。加强与世界各主要经济体的宏观政策协调，形成维护和稳定世界经济格局的正面力量，共同促进世界经济强劲、可持续、平衡、包容增长。以创新思维推动与欧盟、日本等发达经济体建立全面经济战略伙伴关系，在自由贸易、公平市场准入、企业平等待遇等前提下，重构全球价值链分工体系，推动双边贸易投资关系再平衡，共同防范和抵御逆全球化思潮和贸易保护主义。

（二）构建以中国为主的“带路”价值链或者区域价值链

在发达经济体的“高端回流”和其他发展中国家的“中低端分流”并存的双重压力下，“一带一路”倡议或将成为中国主导区域产能合作、推进产业结构升级、实现价值链地位攀升的重要途径。截至 2019 年 4 月 30 日，中国已经与 131 个国家和 30 个国际组织签署了 187 份共建“一带一路”合作文件，由于“一带一路”沿线国家的比较优势和发展阶段差异，基于比较优势理论，可探索在全球价值链分工体系下嵌套构建以中国为核心的“一带一路”区域价值链。在“带路”价值链的构建中，中国已具备了一定的优势和基础：一是经济总量巨大。40 年改革开放为中国经济带来巨大发展，长期保持中高速经济增长，位居世界第二大经济体，是第一大外汇储备国、第一大货物贸易国，具备全球最大的消费市场。二是深度融入全球价值链。目前全球主要生产网络均是围绕特定“中心”构建，作为全球价值链中最大的中间品供应国和全球最大的增加值贸易国，中国中间品贸易额占进口贸易总额的 75%，与“一带一路”沿线国家的附加值贸易占附加值贸易总额已近 30%，中国具备成为“带路”价值链核心枢纽国的基础条件。三是对外投资不断扩大。2018 年世界投资报告中显示，中国对外直接投资位居全球第三，以海尔、华为为代表的中国企业通过海外投资实现研发、制造、销售全球化，引领全球消费趋势，实现了由资本输出带动优势产能输出。四是技术创新水平显著提高。近年来，我国不断加大科技创新投入，注重高水平人才培养，5G、高铁、航空航天、人工智能等领域已处于世界领先水平，专利数量、研发人员储备多年位居全球第一，这为产业技术升级以及对外技术转移合作提供了坚实保障。五是中国制造实力强劲。中国是全球唯一拥有全产业链的国家，大部分产能处于中端及中高端水平，特别是在电子、汽车、机械等以产业内分工为主的行业领域已形成较为完善的产业链和集群。据此，中国有能力、有实力成为“带路”价值链的核心枢纽国。一方面，通过自主研发、技术溢出、海外并购等方式从发达经济体承接高新技术或产品；另一方面，作为技术前沿国，通过对外直接投资等途径主导构建区域价值链，推进沿线国家产能合作，帮助其培育巩固优势产业，摆脱对发达经济体的过度依赖，带动区域内国家以区域价值链为跳板和缓冲，深度参与全球价值链，共享经济全球化红利，为世界政治经济格局长期稳定助力。

（三）主动参与和引领国际经贸规则重构

2019 年，全球贸易制度博弈的焦点将汇集于 WTO 改革。日本联合美国、欧盟形成三方联盟，就“第三国家非市场导向的政策和做法”问题相继发布六份部长级联合声明。最近一份联合声明关注重点在于透明度以及 WTO 成员方特殊与差别待遇等问题上，矛头直指中国。中国对此保持高度警惕，及时正面回应，先后发布《中国关于世贸组织改革的立场文件》、《中国关于世贸组织改革的建议文件》，防止 WTO 改革演化为针对中国经贸结构的指向性改革。在中美经贸关系不明朗的当下，中国应继续发挥自身在多边贸易体制中的重要作用，展现大国担当，支持 WTO 改革，逐渐由规则接受者向规则制定者转变，更多地为广大发展中国家争取合理利益，无论是对于既有规则修订还是新议题谈判，都应积极贡献“中国方案”，引导规则制定向有利于发展中国家的方向发展，着力解决在 WTO 改革过程中涉及的争端解决机制、发展中国家的特殊与差别待遇、产业政策和补贴规范等争议问题，持续同欧盟、“一带一路”沿线国家开展务实合作，共同支持和维护多边体系，坚决反对单边主义和保护主义，增强在 WTO 改革中的话语权和影响力，合力推进 WTO 改革，充分利用好世贸组织多边协调重要渠道，为调和发达国家和发展中国家利益诉求争议贡献力量，推动完善 WTO 贸易投资规则体系和制度保障体系。在积极支持和参与 WTO 改革的同时，同步推进 FTA 和 BIT 谈判，从战略高度上重视 RCEP 谈判，密切关注并认真分析 CPTPP 等谈判新议题，结合自身优势，以与贸易投资相关的基础设施建设、电子商务、中小企业等议题为突破口，引领高水平国际经贸投资规则制定，为全球价值链分工体系良性发展创造良好的国际经济秩序。

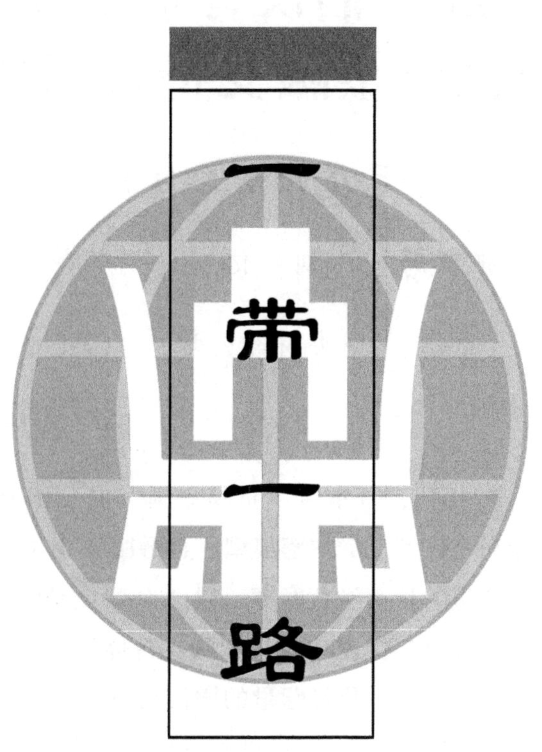
一带一路

“一带一路”倡议背景下我国企业海外投资金融支持体系研究

——日本的经验与启示

张晓涛　　刘　亿　　刘笑萍

（中央财经大学）

20世纪50年代至90年代，日本由“贸易立国”向“海外投资立国”战略转变，经历了资源型、劳动密集型、资本密集型、金融服务业几个对外投资发展阶段。通过对外投资缓解日益严重的日美经贸摩擦，以“全球化经营”为目标构建国际化生产网络。日本企业海外投资获得成功与其金融支持体系密不可分，多元、完善的金融支持体系促进了日本企业国际化经营量的增长与质的提升。

当前，我国所处外部发展环境与20世纪80年代的日本颇为相似（Wu and Christ，2013）。构建现代化经济体系，坚定不移地推动全面深化改革和全方位对外开放，同“一带一路”建设、国家区域发展战略相互配合，完善改革开放空间布局。以史为鉴，回溯20世纪中后期日本海外投资金融支持体系的发展逻辑与演化脉络，对于进一步厘清金融服务实体经济高质量“走出去”的机制，构建助力“一带一路”建设，促进海外投资高质量发展的金融支持体系具有重要的参考价值与现实意义。

一、日本促进海外投资的金融支持体系：演变脉络与建构逻辑

如果说20世纪70年代是“石油美元”时代，那么20世纪80年代后半期则是“日本货币”（Japanmoney）时代（小西一雄和江长行，1991）。20世纪80年代以来，日本政府高度重视金融发展，推行“金融立国”战略，为企业海外投资建立了多元而完善的金融支持体系，对海外直接投资采取了一系列鼓励、资助和扶植措施

(钟红，1994)，从更广阔的领域支持工商企业海外投资。实体企业"走出去"与金融服务"走出去"二者日益形成耦合关系：日本金融服务提升了企业"走出去"的优势与绩效，企业国际化又推动了日本"金融立国"战略的实施。

(一) 审时度势，放松资本管制

随着日本经济与世界经济一体化程度提高，日本国内金融市场加快了变革的步伐。"金融自由化与国际化"是高度发达的日本经济对外开放的结果。在日益增加的外部压力下，日本政府不得不开放国内金融市场，放松金融制度中的某些规定与限制，采取一系列措施放宽外汇法关于资本流动的限制（Eken，1984）。由于国际收支困难，日本企业海外投资一直受到外汇管理法的严格限制，从第二次世界大战结束到1969年累计对外直接投资仅为26.71亿美元。自1969年到1978年日本实行了五次资本管制领域的改革（见图1），逐渐放松了对海外直接投资的资本管制。放松资本管制改革成效显著，日本对外直接投资存量从1968年的20亿美元增长至1978年的318亿美元，一跃成为世界第四大对外直接投资国。

1980年年底，日本修改了《外汇与外贸管理法》，简化了由官方批准后再进行外汇交易的管理程序，取消了对日元的外汇管理；1984年6月，发表了《金融自由化与日元国际化的现状与展望》，取消了对日元自由兑换的限制。日本1987年度经济合作白皮书写道："日本已经成为世界最大的资本供应国。"1988年2月，日本通产省认为日本经济结构正向"国际协调型"转变，对"前川报告"的观点进行了肯定。如图2所示，1989年日本对外直接投资达到675亿美元的高峰，相当于1981年的7.56倍，由此一跃成为世界最大的投资国。日本不仅加大了对制造业的投资，同时将投资领域扩大到金融保险业和不动产业，逐步形成了体系完善的海外投资格局。进入90年代，受到日本"泡沫经济"破灭与西方国家经济不景气的双重影响，日本对外直接投资额锐减，进入调整期。

(二) 商业银行跨国经营，服务企业海外投资

根据企业对外直接投资的需要，日本政府逐步放松对银行业在海外设立分支机构的限制，为银行跨国经营创造了有利条件。大量实体企业走向海外也为银行业带来了拓展新业务空间与地理空间的机遇。日本银行业一改以往谨慎的态度，跨出国界，纷纷增设海外分支机构和办事处，不断拓展海外业务，将其触角伸向世界各地，建立了全球性的经营网络和多样化市场信息的全球联网系统，完善海外经营机

制（徐梅，1997）。20 世纪 70 年代以来，伴随日本放松资本管制，日本银行机构随着企业对外直接投资的扩张迅速实现外向国际化（金仁淑，1997）。

据统计，1979 年日本银行在海外的分行达 127 家，办事处 216 家。进入 20 世纪 80 年代，为缓和日美贸易摩擦，日本以海外投资替代商品出口，促使银行海外机构进一步扩张、业务范围和层次进一步发展，不仅局限于增设分行和办事处，且开辟了投资管理、咨询和项目融资等中间业务，增强了日本企业海外投资的竞争能力（陈继勇，1992）。截至 1991 年，日本银行海外分行增至 318 家，办事处 424 家，在世界各地的分支机构共计 939 家。整个 80 年代，日本在海外机构总数超过世界任何国家的银行在海外的分支机构数，占据了国际金融资本鳌头地位，取代美国成为世界霸主。

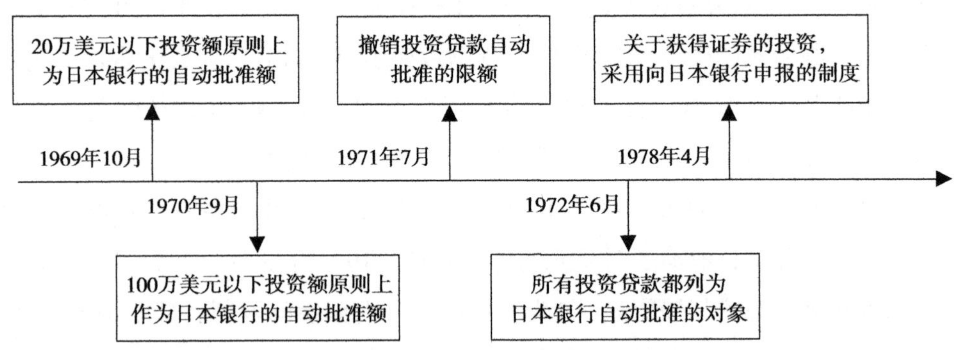

图 1　日本政府对外投资自由化改革措施

资料来源：刘昌黎，金凤德．日本对外直接投资概论［M］．大连：东北财经大学出版社，1990.

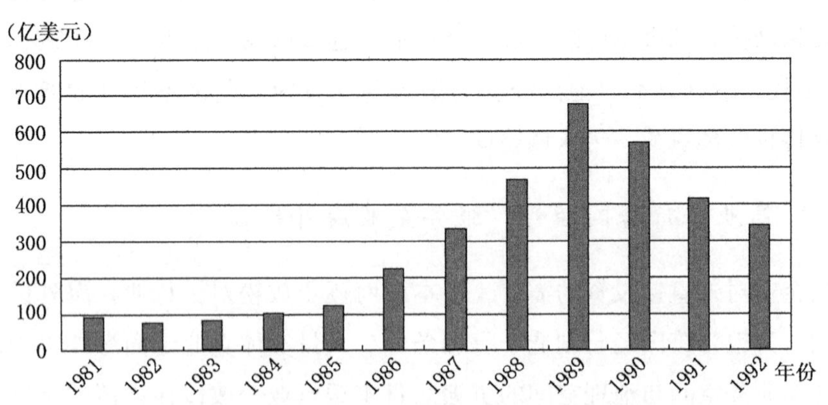

图 2　20 世纪 80-90 年代日本对外直接投资额变化

数据来源：日本贸易振兴机构，https://www.jetro.go.jp/。

日本银行业的国际化历程清晰刻画了实体经济国际化与金融业国际化相互影响的逻辑：企业海外直接投资的触角伸向哪里，本国金融服务的触角就伸到哪里；金融业国际化推动企业国际化向纵深发展，提升企业经营绩效。这样不仅促进了对外直接投资的高质量发展，同时也提升了金融业的发展水平与国际竞争力。

（三）海外投资保险制度，提高企业抵抗风险能力

为应对企业海外投资面临的各类风险，日本以国家出口信用保险制度为基础，设立了"海外投资保险制度""海外投资损失准备金制度"等支持保障制度，并不断地补充完善，把对包括企业跨国并购在内的海外投资活动的保护上升到国家层面，很大程度上降低了企业海外投资的风险（张宗斌，2015）。

1. 不断完善海外投资保险制度

1956年，日本借鉴美国和德国的经验制定了《出口保险法》，基于此项法律建立了"海外投资原本保险"制度；1957年出台"海外投资利润保险"制度；1970年5月，日本政府为了进一步提高两项制度的利用率并充实制度内容，将它们实行了一元化。1972年日本创设了旨在开发进口海外矿物资源的投资保险制度；80年代初，出台了针对中小企业的海外投资保险制度。1987年日本推行"黑字还流"计划①，把《出口保险法》修改为《贸易保险法》，将海外投资保险对象进行拓展，从而形成了新的贸易保险体制。根据日本海外经济发展战略和重点发展产业的变化，结合海外投资企业的规模、经验和实力等，调整保险范围、费率和补偿率，协同促进企业海外投资，减轻投资者的后顾之忧。

日本海外投资保险制度采用单边投资保险制度，是完全作为国内法所规定的制度。日本自然人、法人在国外投资，都是具有保险资格的被保险人。投资保险范围主要包括：收益、经营以及财产使用和所有权被剥夺险，战争险和不可抗力险三种政治风险。日本海外投资保险以政府财政作为理赔后盾，由通商产业省贸易局专门设立的海外投资保险部负责，通过更长保险期限、更低保险费率与更高损失补偿率增加海外投资企业的竞争力。日本海外投资保险一般为5~15年的长期保险，期满后可以每年延长；保险费率仅为0.55%，企业投保的费用可以通过申请政府贷款解决；保险人为海外投资企业遭遇的东道国政治风险，及因海外合作伙伴破产造成的损失提供投资保险服

① "黑字还流"计划，是指日本政府从其国际贸易顺差中拿出一部分资金，作为优惠贷款回流到发展中国家，促进发展中国家出口产业的发展，以实现国际贸易收支平衡。对于日本而言，这是试图达到削减国际收支顺差、促进日本对外投资、改善日本对外关系等目标的金融政策。

务，分别承担补偿损失的90%和40%，保险补偿率高于欧美国家。

2. 实行海外投资损失准备金制度

日本于1964年出台“海外投资损失准备金制度”，对于企业的海外投资与承包工程，允许将投资额的一定比例纳入投资损失准备金，免缴企业所得税。当投资受损时，企业可获得准备金的补偿；当投资顺利时，投资损失准备金将在接下来的五年均分并逐年纳入企业的应纳税款中。根据海外投资保险支持制度的规定，日本企业向政治、经济方面不稳定的欠发达国家或地区投资时，若发生损失，“海外投资损失准备金制度”将给予企业累计投融资总额12%的补贴。日本分别于1970年、1971年设立“石油开发投资亏损准备金”和“资源开发投资损失准备金”制度，1973年将这两种损失准备金制度合并设立“海外投资等亏损准备金制度”（李钢，2003），并统一制定有关政策：只要日本企业投资出资达到10%，就可以将其对发达国家、发展中国家直接投资总额的10%、50%，从企业收入以亏损方式进行抵扣（陈莉，2006）。

（四）政策性金融机构体系，提供长期优惠的金融支持

日本从20世纪50年代初到80年代末逐渐形成“三行十库”庞大的政策性金融体系，共拥有200万亿日元的资金总量，接近于日本GDP总量的50%，这三十多年是日本政策性金融发展的黄金期。政策性金融机构①对于助力日本企业大规模海外投资发挥了至关重要的作用，向海外投资企业提供各种形式的大量长期优惠贷款和直接资金支持，其额度和广度超出其他国家的类似机构，从而成为日本对外直接投资政策的最大特色之一。

1. 政策性银行为企业海外投资提供优惠融资

日本进出口银行是政府为贸易、对外直接投资企业供应中长期低息优惠贷款支持和服务设立的专业银行，在为跨国公司提供资金支持方面最具代表性。日本进出口银行始建于1952年，向赢取外汇的出口企业和进口原材料的交易提供贷款。随着贸易和投资之间的联系日益凸显，1957年日本进出口银行修正了它的初衷和使命，开始利用公共资金为企业跨国投资提供贷款支持。自20世纪80年代以来，出口融资的重要性逐渐降低，对外投资信贷占日本进出口银行贷款的比重从20世纪

---

① 一般而言，不能将政府金融等同于政策性金融，也不能将民间金融等同于商业性金融，但在日本，却是凡政府官方金融机构都是政策性金融机构，凡民间金融机构都是商业性金融机构。

50 年代和 60 年代的不足 10%，逐步地增加至 80 年代的 20%~30%。20 世纪 90 年代，对外直接投资信贷在日本进出口银行融资中占主导地位（Solis，2003）。

日本进出口银行支持企业对外投资的范围相当广泛，形式也极为多样，主要给拥有海外企业股权、对外国企业和政府融资、在海外单独投资、参股设立在日本境内对海外投资的日本企业直接提供贷款，且贷款利率和贷款期限十分宽松，还款期限一般为 7~15 年，且可以根据企业资金流转与盈利状况进行相应调整。此外，日本进出口银行不仅为企业跨国投资提供金融服务，还通过其海外投资研究所，专为日本跨国投资企业提供项目考察论证、操作服务、市场动态等全方位充足有效的咨询服务，并对海外投资未来发展提供预测，引导日本企业境外投资。

日本国际协力银行（Japan Bank for International Cooperation，JBIC）是专门进行国际经济合作的政策性银行，于 1999 年 10 月 1 日由日本进出口银行（成立于 1952 年）和海外经济协力基金（成立于 1961 年）合并成立，在全球 20 多个国家和地区设有事务处。它由日本政府 100%出资，该金融机构的发展目标不是与私人银行业竞争，而是通过银团贷款为国内投资企业提供资金的做法来"补充和鼓励商业银行融资"，通过国际融资账户和海外经济合作账户向企业提供长期低息贷款和其他金融活动，致力于促进日本企业海外经济活动，贷款对象包括日本企业、日本企业海外分支机构与股权投资的合资企业，重点支持面临资金困境的日本海外企业（程永明，2017）。

2. 政策性金融公库专注支持中小企业走出去

90 年代初期，日本政府共建立了十家政策性金融公库①。

金融公库与银行相比，专注经营民间金融机构不愿或无力经营的金融业务，弥补民间金融即市场金融的不足（白钦先和耿立新，2005），从而实现金融资源的合理有效配置和经济社会的稳定、协调发展（鹿野嘉昭，2003）。

日本政府为推进中小企业国际化，设立了专注于中小企业海外投资的商工组合中央金融公库、国民金融公库、中小企业金融公库、中小企业信用保险公库四家政策性金融公库，给予海外投资企业低利率、长期的优惠贷款与信用担保（徐强，2007；Lincoln and Friedman，1998）。各金融公库融资对象各有侧重（见表 1）。

① 金融公库包括：国民金融公库、住宅金融公库、农林渔业金融公库、中小企业金融公库、北海道东北开发金融公库、公营企业金融公库、中小企业信用保险公库、国民医疗公库、环境卫生金融公库和冲绳振兴开发金融公库。

表 1 日本金融公库资金来源与融资对象

金融公库名称	成立年份	资本金来源	融资对象
商工组合中央金融公库	1936 年	政府和中小企业团体共同出资	主要是在该机构有存款的团体和成员
国民金融公库	1949 年	政府拨款、政府借款	中小企业金融机构和中小企业事业团
中小企业金融公库	1953 年	政府借款、以资本金的 20 倍为限度发行中小企业债券和自有资金	中小企业及中小企业协同组合
中小企业信用保险公库	1958 年	政府财政拨款	无法提供抵押或质押贷款的中小企业

二、我国助力“一带一路”建设与企业海外投资的金融支持体系

随着“一带一路”倡议逐步落实，中国企业海外投资步入了黄金期，伴随着国际产能和装备制造合作、基础设施互联互通以及对金融支持服务需求高的大型项目走出国门，完备的金融支持体系的重要性尤为凸显。目前，支持“一带一路”建设的中国企业海外投资金融体系已经相对完备并发挥着重要作用。

（一）全流程监管逐步完善，高质量与理性对外投资受鼓励

2014 年 12 月 24 日国务院常务会议中，提出健全政策体系、扩宽融资渠道、简化审批手续三项举措加快金融支持企业“走出去”（见表 2）。加大金融对我国企业海外投资的支持力度，是实现经济稳定增长和经济结构优化的重要举措，可以推动我国优势产业与充裕产能走出去，实现国际产能合作共赢，提高中国产品的国际竞争力，进而推动我国金融业、制造业向中高端水平迈进。

从 2014 年到 2018 年，我国对外投资政策经历了从鼓励企业“大规模走出去”向积极推进“鼓励发展+负面清单”管理方式的较大转变。2015—2016 年两年间我国非金融类海外投资迅速增长，但一些国内企业的海外投资项目与其主营业务并不相关，存在明显的资产转移嫌疑。这种“非理性”投资引发了我国政府的高度重视与对投资风险的忧虑，并果断采取措施加强政府监管。

2018年1月，商务部、人民银行、国资委、银监会、证监会、保监会、外汇局共同发布了《对外投资备案（核准）报告暂行办法》，该备案（核准）报告在对外直接投资事前、事中、事后监管方面推出了一系列的改革创新举措，实现了对海外投资的全流程管理。备案（核准）报告作为新时代我国对外直接投资管理的重要性制度，可以更好地推进"一带一路"建设，促进我国海外投资朝着健康、规范、可持续方向发展。

表2　加快金融支持企业"走出去"三大核心

三大核心	具体内容
健全政策体系	第一，完善人民币跨境支付和清算体系；第二，稳步放开短期出口信用保险；第三，大力发展海外投资险，扩大投资保险范围，降低保险费率
扩宽融资渠道	第一，加大对装备制造全产业链的金融支持；第二，推进外汇储备多元性运用，发挥政策性金融机构杠杆作用，撬动社会资本，以发行债权、基金等方式为海外投资企业提供长期资金支持
简化审批手续	第一，境外投资外汇管理由登记制改为银行直接办理；第二，取消境外发行人民币债券的区域限制；第三，简化境外上市、并购等的核准手续

资料来源：根据2014年12月24日国务院常务会议内容整理而得。

（二）"一带一路"倡议下我国企业"走出去"金融支持体系

按照资金来源不同，目前"一带一路"倡议下我国企业"走出去"金融支持体系的基本结构分为四个部分（见表3）：第一部分是政策性金融机构，国家开发银行和中国进出口银行不仅提供传统授信，而且建立了中外合作基金为海外投资企业提供低成本融资支持；第二部分是商业性金融机构，四大国有银行是"一带一路"建设的融资主力，其中中国银行和中国工商银行凭借走出去的成熟经验和广泛的海外分支机构在"一带一路"投融资中占据主导地位；第三部分是专项投资基金，2014年2月19日设立的丝路基金是为"一带一路"量身打造的具有国际标准的融资支持机构，以中长期开发股权投资为主为"一带一路"建设提供资金支持；第四部分是出口信用保险，中信保是唯一一家由国家财政预算安排设立的政策性出口信用保险公司，为"走出去"企业海外投资提供保险，促进我国对外经贸投资的发展。

表3 “一带一路”倡议下我国企业“走出去”金融支持体系基本构架

金融支持体系	融资机构	融资机制
政策性金融机构	国家开发银行	通过商业贷款、援外贷款、国别/产业基金等为境内外投资企业提供融资支持
	中国进出口银行	
商业性金融机构	中国银行	以境外发行债券、银行授信、国际银团贷款等方式融资，并推出多元化跨境金融服务，为国内跨境企业提供创新业务
	中国工商银行	
	中国建设银行	
	中国农业银行	
专项投资基金	丝路基金	运用债权、股权和贷款等方式为海外投资企业提供投融资服务，同时与国内外金融机构联合设立投资基金，开展对外委托投资、境内外股权投资等业务
出口信用保险	中国出口信用保险公司	主要以海外投资保险、中长期出口信用保险、短期信用保险等方式参与“一带一路”建设，为“走出去”企业提供保障

资料来源：作者根据资料整理而得。

三、政策建议

五年来，“一带一路”建设与合作取得了丰硕的成果，为国内金融机构带来了新市场与新业务，同时也对我国金融服务支持能力提出了新要求。新时代开放经济格局下，中国企业“走出去”将更强调高质量服务于国家发展战略，鼓励有助于国内产业升级和优质富余产能国际对接的企业海外投资。为了有效发挥金融在“一带一路”建设中的重要支撑作用，需要根植中国国情，借鉴日本发展经验，以市场化为原则发挥成本和政策支持等优势，整合政策性、商业性和开发性金融资源。

（一）强化前中后全流程管理，促进海外投资可持续发展

中国对“非理性”海外投资加大监管力度是提高投资质量，促进高质量发展的重要举措。由于我国金融市场发展时间较短，与发展成熟的经济体相比存在很多不完善的地方，因此，我国在管理措施上不能照搬美国、欧洲等发达经济体的做法，应依据自身情况制定切实可行的监管办法。从国家层面来看，要鼓励并引导企业海外投资与服务国内经济发展、产业结构升级和价值链位置由中低端向中高端攀

升等发展目标、规划相适应。从部委层面来看，各部委应建立投资信息共享机制，按照"鼓励发展+负面清单"原则对企业海外投资事前、事中、事后进行全流程管理。从企业层面看，对"非理性"投资加大监管强度与力度是帮助企业规避对外直接投资风险的有效举措。

（二）完善海外投资"保险+信用"支持制度，解除企业海外投资后顾之忧

目前，我国金融机构现有的保险服务对企业"走出去"过程中会面临的经营、政治与汇兑管制等潜在风险保护有限，不利于我国企业海外直接投资，建立健全投资保险制度势在必行。为此，我国应借鉴日本海外投资保险制度的经验和先进举措，建立并完善相应的海外投资保险制度；结合日本以财政理赔为后盾的做法，设立具有政府职能的对外投资保险机构，为海外投资提供政策性金融支持；采用单边投资保险制度，扩展境外投资保险业务与范围，体现宽严适度的原则。

应参照日本推进政策性"信用+保险"合作的做法，建立我国境外投资信用担保体系与制度，为我国境外投资企业债务、信贷等信用风险提供担保；建立担保机构的完善风险补偿机制，通过反担保、再担保等方式分摊风险，防范贷款风险，从而有效消除企业海外经营的后顾之忧，帮助企业应对、防范和化解潜在风险，提高我国企业风险抵抗力和国际竞争力。

（三）加快金融机构海外布局，服务企业海外投资需求

日本的经验是当企业"走出去"时，为之提供配套服务的金融机构也随之积极展开海外业务。长期以来，中国金融机构"走出去"进程滞后，境外分支机构建设比较落后，不能满足企业"走出去"对金融服务的需求；海外经营的金融机构以银行为主，非银行金融机构凤毛麟角，仍处于国际化经营的初级阶段。习近平总书记提出，要以"一带一路"建设为重点，形成陆海内外联动、东西双向互济的全面开放新格局。因此，我国的金融机构应该以资金融通为抓手，采取行之有效的海外发展战略，加快拓展海外业务的步伐，尽快完成境外分支机构网络的布局；打造一个强大的国际化经营平台，提供全方位、本地化的有效金融服务，不断提升跨境金融服务综合能力；实现"走出去"金融机构的多样化，逐步形成银行、保险、证券等金融机构积极拓展海外业务的新格局。

（四）深化政策性金融机构改革，满足企业“走出去”多元化融资需求

目前我国构建的政策性金融支持体系，较好地促进了企业“走出去”，但与日本完善的政策性金融支持体系相比，我国现有政策性金融机构仍面临优惠贷款利率总体较高、较低的政策覆盖和支持力度以及业务相对单一等诸多问题，使得企业“走出去”的融资需求远远得不到满足。政策性金融机构往往对国有大中型企业“走出去”重点扶持，而对其他企业尤其是中小企业则无力顾及。

因此，在借鉴日本政策性金融支持体系的同时，应当立足于我国国情，进一步完善政策性金融机构法律体系，探索深化政策性金融机构经营机制和结构性改革，强化对外投资信贷配套服务；建立新的资本补充机制和渠道，扩展对外直接投资信贷业务与规模，进行业务创新；发挥政策性金融机构的杠杆效应，牵头银团，撬动商业性金融，增强政策性金融机构可持续发展的能力。

参照日本为中小企业发展设立针对性金融公库的做法，建立为中小企业服务的政策性金融机构，对中小企业提供贷款和利息补贴。改善融资环境，推动国内政策性金融机构同东道国引资机构以及亚投行、丝路基金、中非发展基金等双边多边机构合作，参与联合融资、联合贷款与投资基金建设，为符合国家战略的企业海外项目提供优惠金融服务，充分发挥政策性金融机构对企业“走出去”的支持作用。

（五）金融机构提供增值服务，与企业携手开拓海外市场

金融机构不仅可以帮助企业走出国门开拓海外市场，搭建起通往世界的资金桥梁，还可以为企业海外投资引路护航。金融机构可以发挥自身的跨境服务优势和信息优势，完善对外直接投资信息咨询服务体系，设立专门机构加强同东道国引资部门的合作、交流与协调，对东道国的政策、法律、风险等进行深入分析，为海外投资企业提供一体化、综合性信息和咨询服务，引领企业“走出去”，帮助企业应对、防范和化解潜在风险，与企业携手开拓海外市场。

"一带一路"沿线国家贸易便利化水平分析及中国的对策

盛 斌　　靳晨鑫

（南开大学经济学院）

一、"一带一路"贸易畅通与贸易便利化

2013年9月7日，习近平主席在哈萨克斯坦纳扎尔巴耶夫大学发表演讲时首次提出建设"丝绸之路经济带"。同年10月3日，他在印度尼西亚国会发表演讲时又提出共同建设21世纪"海上丝绸之路"，倡导"共享机遇、共迎挑战，实现共同发展、共同繁荣"。2015年3月28日国家发展改革委、外交部和商务部联合制订《推动共建丝绸之路经济带和21世纪海上丝绸之路的愿景与行动》（以下简称《愿景与行动》），将实现"五通"（即政策沟通、设施联通、贸易畅通、资金融通、民心相通）作为开展"一带一路"建设的重点领域。其中，"贸易畅通"宜着力研究解决贸易便利化问题，旨在提高沿线国家的贸易便利化水平，提高海关效率，降低贸易成本。《愿景与行动》中强调指出，解决贸易便利化问题的关键在于消除贸易壁垒，构建区域内和各国良好的营商环境，积极同沿线国家和地区共同商建自由贸易区，激发释放合作潜力。然而，"一带一路"沿线大多是发展中国家，其贸易便利化程度参差不齐，有的亟待加强信息互换、监管互认、执法互助的海关合作，有的亟待改善边境口岸基础设施条件和能力建设，有的亟待推进跨境监管程序协调和检验检疫合作，这对于扩大中国对"一带一路"沿线国家的贸易增长具有非常重要的经济与商业意义。

贸易便利化指的是一系列旨在简化跨境商品和服务流动的政策改革措施。已

有文献中关于贸易便利化的定义有广义和狭义之分。狭义的贸易便利化只包括边境管理程序的改进（比如减少单证要求、缩短通关时间等），而广义的贸易便利化则同时包含了对“边境后措施”的改变（比如削减技术性壁垒、行业资质准入壁垒等）。此外，对贸易便利化的某些定义仅限于对软件基础设施的投资（比如电子信息化报关系统、“单一窗口”平台等），而有些定义则还包括对硬件基础设施的改善（比如港口、铁路和公路建设及维护等）（OECD，2015）。本文中贸易便利化的含义仅限于狭义层面，其具体内容与 WTO《贸易便利化协定》（TFA）的条款要求保持一致。

“一带一路”倡议的目的之一是实现一个互联互通的全球经济体系，通过简化和协调贸易程序促进区域经济一体化和使各国融入日益发展的全球价值链体系中。贸易便利化对降低“一带一路”沿线国家的贸易成本至关重要。据 OECD 预估，这类“隐形成本”即使仅降低 1%，都会为全球经济带来 400 亿美元的增长，而其中大部分收益将流向发展中国家（OECD，2015）。尽管近年来世界各国的运输、信息和通信技术获得迅速发展，但贸易成本仍居高不下，特别是对于一些“一带一路”沿线中的发展中国家，降低贸易成本可以有效提高进出口贸易商的利润率。

二、贸易便利化水平的指标测定

目前主要国际组织发布了若干测度贸易便利化的指标与相关数据，包括：OECD 编制的贸易便利化指标（TFI）、世界银行发布的营商环境指标（DB）和全球物流绩效指数（LPI）、世界经济论坛发布的贸易促进指数（ETI）等（ESCAP 和 OECD，2017）。其中，OECD 以 WTO《贸易便利化协定》的最新条款内容为依据，构建了包含 11 个一级指标的贸易便利化指标体系①，并将每个指标细分为若干个二级指标（共计 97 个），以量化考察分析不同国家实施贸易便利化措施的进展情况，是目前相关测度研究中最完整与最权威的数据（OECD，2011）。

目前对贸易便利化指标的计算并没有形成完全统一的标准。Wilson 等（2003）根据 WTO 的定义，运用港口效率、海关环境、制度环境和电子商务 4 个一级指标和 8 个二级指标建立了一国的贸易便利化指标体系，而后多数国内外学者沿袭了这种

① 初始体系包括 16 个指标，但目前可得数据仅有 11 个。

指标体系的建立方法。例如，张晓倩和龚新蜀（2015）参考 Wilson 等研究中的一级指标并对其赋予新权重，计算出 2006—2012 年上合组织各成员国的贸易便利化指标数值。方晓丽和朱明侠（2013）同样也微调了 Wilson 等研究中的一级指标权重，进行了重新测算。彭羽和陈争辉（2014）进一步细化了指标，在市场准入、商贸环境、基础设施与政府效率 4 个一级指标的基础上，又涵盖了投资市场准入、企业营商环境、货物通关效率、运输与通信基础设施和仓储基础设施等 7 个二级指标和 23 个三级指标，并测算了各指标的权重值。曾铮和周茜（2008）结合 APEC 成员的情况从口岸效率、关税环境、法制环境、电子商务和商务人员流动五个方面将整个指标体系分为 5 个一级指标和 16 个二级指标，测算了 48 个亚太经济体的贸易便利化水平。Tosevska 和 Tevdovski（2016）、Sakyi 等（2017）用类似的方法分别测度了东南欧国家和非洲国家的贸易便利化水平。谢娟娟和岳静（2011）以及张晓静和李梁（2015）以简单计算平均数得到各级指标权重。陈继勇和刘爽（2018）将贸易便利化的 4 个一级指标设定为物流与基础设施、海关与边境管理、金融与电子商务和政府与监管环境，同时将其细化为 40 个三级指标，并运用主成分分析法测算了沿线 65 个国家在 2012—2016 年的贸易便利化水平。

以往研究只能测算国别贸易便利化水平，而没有分区域测算贸易便利化的整体水平。而本文采用加权平均的方法测算出了"一带一路"沿线五个区域的区域整体贸易便利化指数，指出"一带一路"沿线国家在贸易便利化方面存在的主要问题，并针对存在的问题提出政策建议。

三、"一带一路"沿线国家贸易便利化水平测算与分析

（一）贸易便利化指标体系与数据的选取

贸易便利化不仅应衡量国家层面制度的完善性与规范性，还要测度贸易便利化措施的具体执行力度。OECD 通过向政府机构和贸易商发放调查问卷并邀请其按照一定标准进行打分的方式获取数据。每个指标均以"多元二值"（multiple binary）评分方式表示，其得分可能是分布于 0 至 2 区间之内的任一数值，其中 2 代表"最佳表现"，0 代表"最差表现"，1 代表"中间水平"（OECD，2015）。本文选取该指标体系作为考察"一带一路"沿线国家贸易便利化的基本方法。

表1　OECD基于WTO《贸易便利化协定》的贸易便利化测度指标体系

序号	一级指标	含义说明	对应协定的条款	所含二级指标数目	代表性指标举例
1	信息可获得性	与海关或边境上规章、手续相关的信息的公布，以及透明度机制	第1条 第2条	10	是否设立咨询点、贸易信息的发布渠道（包括网络发布）
2	贸易商的参与	与贸易商就边境上政策的制定进行的磋商	第2条	4	是否存在对公众意见的采纳机制
3	预裁定	政府预先公布货物分类方法、原产地规则和估值方法，并公开规则和流程	第3条	8	平均签发时间；是否披露撤销或拒绝签发预裁定的动机
4	上诉程序	与上诉程序规则及上诉结果的透明度、公平性、时限性及有效性相关的指标	第4条	8	司法独立性、上诉时效
5	费用	与进出口税费相关的征收纪律	第6条	4	是否依货物价格收费、费用总额排名
6	单证类手续	贸易文件的协调统一及单证数目、复杂度的降低	第7条 第10条	6	是否采用国际标准或惯例、进出口文件数目
7	自动化手续	信息通信技术的使用及其效率、风险管理程序的应用	第7条 第10条	5	是否采用风险管理系统、电子数据交换、电子支付
8	程序性手续	与海关通关程序操作相关的主要业务	第5条 第7条 第10条	17	是否有单一窗口、是否进行装船前检验、抵达前处理
9	边境机构的内部合作	成员方各边境口岸机构之间的合作	第9条	3	监管机构之间协调与合作程度
10	边境机构的外部合作	与邻国及第三国之间的合作	第9条 第12条	4	邻国间是否协调工作时间、是否统一程序和手续
11	管理与公正性	反映政府管制水平和管理特点的指标	—	8	是否有海关行为准则、内部审计系统，是否存在腐败及贿赂行为

资料来源：Moise Evdokia, Thomas Orliac and Peter Minor, "Trade Facilitation Indicators: The Impact on Trade Costs," *OECD Trade Policy Papers*, No. 118, 2011; Moise Evdokia and Sorescu Silvia, "Trade Facilitation Indicators: The Potential Impact of Trade Facilitation on Developing Countries' Trade," *OECD Trade Policy Papers*, No. 144, 2013.

(二)“一带一路”沿线国家贸易便利化的国别测度与分析

本文选取可获得数据的57个“一带一路”沿线国家样本进行分析，表2显示了2016年样本国家贸易便利化的整体水平与11个领域的分项得分情况。

表2　2016年“一带一路”沿线国家的贸易便利化指标（TFIs）分值

地区	国家	总体得分	分领域分值										
			信息可获得性	贸易商的参与	预裁定	上诉程序	费用	单证类手续	自动化手续	程序性手续	边境机构的内部合作	边境机构的外部合作	管理与公正性
东南亚	新加坡	1.75	1.91	1.88	2	1.67	1.71	1.89	2	1.79	1.55	0.91	2
	马来西亚	1.27	1.25	1.25	1.71	1.33	1.5	1.63	1	1.33	0.73	0.7	1.56
	老挝	0.7	1.19	0.67	0	0.7	0.75	0.22	0.25	0.89	0.91	0.82	1.25
	柬埔寨	0.92	1	1	1.71	0.88	1.08	0.63	0.6	1.16	0.64	0.64	0.75
	缅甸	0.54	0.7	0.43	0	0.13	1	0.44	0.4	0.52	0.67	0.6	1
	印度尼西亚	1.13	1.43	0.88	1.4	1	1.23	1.13	0.62	1.33	1	0.82	1.56
	泰国	1.38	1.3	1.57	1.43	1.67	1.31	1.75	1.73	1.46	0.6	1	1.33
	越南	1.36	1.62	1.29	1.88	1.33	1.69	1.11	1.39	1.44	1	0.7	1.56
	文莱	1.19	1.15	0.63	0.73	0.83	1.93	1.5	1.62	1.21	1.18	1.09	1.22
	菲律宾	1.03	1	1.25	0.5	1.11	1.36	1	1	0.97	1	0.78	1.33
南亚	马尔代夫	0.51	0.63	1.29	0	0.38	1	0.63	0.9	0.77	0	0	0
	斯里兰卡	0.99	1.14	1.14	0.55	0.67	1.46	1.25	1.31	1.07	0.73	0.09	1.44
	印度	1.25	1.55	1.43	1.5	1.56	1.54	1	1.15	1.26	0.9	0.4	1.5
	孟加拉国	0.78	1.05	1.29	0	1	1.46	0.78	0.46	0.68	0.55	0.36	1
	尼泊尔	0.69	0.8	0.5	0.29	1.22	1	0.5	0.33	0.58	0.44	0.5	1.43
	巴基斯坦	1.17	1.35	1.5	0.73	1.08	1.85	0.89	1.15	0.94	1	0.46	1.89
中亚和蒙古	塔吉克斯坦	0.67	0.29	0.83	1	0.7	0.67	0.22	0.78	0.57	0.36	0.5	1.44
	哈萨克斯坦	0.98	0.75	1.43	1.64	1.44	1.71	0.88	0.92	0.83	0.36	0.56	0.25
	乌兹别克斯坦	0.63	0.6	0.86	1.33	1.29	1.18	0.13	0.31	0.42	0.36	0.27	0.14
	吉尔吉斯斯坦	0.99	1.1	1.17	1.67	1	1.27	0.22	0.56	1.23	0.46	0.55	1.67
	蒙古	1.17	1.29	1.43	0.75	1.33	1.5	0.88	0.9	1.14	1.1	0.8	1.78

续表

地区	国家	总体得分	分领域分值										
			信息可获得性	贸易商的参与	预裁定	上诉程序	费用	单证类手续	自动化手续	程序性手续	边境机构的内部合作	边境机构的外部合作	管理与公正性
西亚和北非	阿联酋	1.35	1.48	1.71	0.86	1.44	1.69	1.88	1.67	1.46	0.73	0.9	1
	卡塔尔	0.91	0.9	0.86	0.29	1.22	1.62	1.25	0.6	1.11	0.55	0.7	0.89
	巴林	1.05	1.05	0.83	0.57	1.33	1.23	1.13	1.1	1.19	0.89	0.9	1.33
	阿曼	0.97	1.05	1.29	1.14	1.5	1.08	1.13	0.73	0.93	0.67	0.64	0.5
	以色列	1.45	1.57	1.63	0.91	1.64	1.79	1.88	1.62	1.37	1.27	0.55	1.78
	沙特阿拉伯	1.22	1.29	1.14	0.75	1.33	1.62	1.11	1.58	1.31	0.91	0.73	1.67
	土耳其	1.48	1.48	1.63	1.18	1.5	1.69	1.13	1.75	1.55	1.7	0.82	1.89
	约旦	0.93	0.9	1.43	1.14	1.44	0.92	1.38	0.73	0.93	0.56	0.55	0.25
	科威特	0.74	0.75	0.71	0.86	1.11	0.85	0.63	0.6	0.65	0.67	0.46	0.89
	黎巴嫩	0.84	0.9	1.29	0.57	0.67	1.23	0.88	0.82	0.74	0.55	0.46	1.11
	也门	0.26	0.33	0.25	0	0.3	0.67	0.33	0.3	0.52	0.2	0	0
	埃及	1.19	1.24	1.88	0	1.33	1.62	1.25	0.69	1.33	0.82	1.18	1.78
	埃塞俄比亚	0.71	0.85	0.71	0.29	1.22	1.14	0.38	0.62	0.81	0.55	0.4	0.89
独联体	俄罗斯	1.28	1.43	1.38	1.75	1.67	1.31	0.67	1.31	1.15	1	1.09	1.38
	白俄罗斯	0.52	0.9	0.57	1.14	0	0.2	0.33	0.5	0.61	0.5	0.6	0.33
	乌克兰	1	1.05	1.57	1	1.44	1.54	0.89	0.54	0.62	0.46	0.64	1.22
	格鲁吉亚	1.55	1.43	1.88	1.27	1.23	1.64	1.78	1.85	1.56	1.64	0.91	1.89
	阿塞拜疆	1.12	1.48	1	1.14	1.22	1.23	0.88	1.27	0.93	0.8	0.8	1.56
	亚美尼亚	1	1.32	1.14	1.14	1.11	1.62	0.56	1.09	0.86	0.46	0.7	1
	摩尔多瓦	0.99	0.81	1.29	1.67	1.22	1.25	0.63	0.9	1.04	0.55	0.33	1.25
中东欧	爱沙尼亚	1.74	1.81	1.63	1.73	1.89	1.79	1.75	1.85	1.67	1.4	1.6	2
	黑山	1.17	1.1	1.29	1.27	1.39	1.54	1.5	1.08	1.38	0.7	0.82	0.78
	捷克	1.55	1.29	1.5	1.91	1.67	1.79	1.56	1.54	1.48	0.91	1.7	1.67
	马其顿	1.11	0.95	1	1.86	0.78	1.62	1.25	1.2	1.14	0.89	0.4	1.13
	斯洛文尼亚	1.68	1.71	1.63	1.73	1.67	2	1.67	1.85	1.75	1	1.6	1.89

续表

地区	国家	总体得分	分领域分值										
			信息可获得性	贸易商的参与	预裁定	上诉程序	费用	单证类手续	自动化手续	程序性手续	边境机构的内部合作	边境机构的外部合作	管理与公正性
	拉脱维亚	1.6	1.75	1.43	1.64	1.54	2	1.78	1.69	1.5	1	1.27	2
	阿尔巴尼亚	1.15	1.33	1.25	1.57	1.22	1.31	1	0.85	1.25	0.55	0.73	1.63
	克罗地亚	1.57	1.48	2	1.89	1.44	1.67	1.33	1.75	1.46	1.18	1.55	1.56
	波兰	1.66	1.52	1.63	1.9	1.56	1.93	1.75	1.58	1.71	1.4	1.46	1.78
	立陶宛	1.7	1.67	2	1.89	1.56	1.77	1.75	1.67	1.68	1.3	1.55	1.89
	波黑	1.05	1.19	1.14	1.27	1.31	1.77	0.56	0.9	0.94	0.46	0.46	1.56
	斯洛伐克	1.59	1.67	1.63	1.9	1.31	1.69	1.33	1.83	1.61	1	1.6	1.89
	保加利亚	1.49	1.62	1.57	1.89	1.56	1.46	1.44	1.08	1.55	0.82	1.64	1.78
	匈牙利	1.44	1.24	1.75	1.9	1.23	1.62	1.33	1.46	1.5	1	1.18	1.67
	塞尔维亚	1.24	1.2	1	1.71	1.44	1.46	1.33	1	1.46	0.46	0.91	1.67
	罗马尼亚	1.42	1.62	1.29	1.82	1.27	1.77	1.67	1.23	1.5	0.73	1.55	1.22

数据来源：根据 OECD 贸易便利化数据库整理计算，https://sim.oecd.org/Default.ashx?lang=En&ds=TFI。

（三）“一带一路”沿线国家贸易便利化的区域比较分析

表3展示了“一带一路”沿线国家不同地区2016年的贸易便利化总体与分项情况。考虑到不同国家的规模大小及与中国的贸易关系因素，采用2016年中国对不同国家的货物贸易出口额占比作为权重进行加权计算。此外，为了便于比较，还计算了全球“最佳实践”国家的指标，即世界上在贸易便利化上表现最好的前25%国家的得分均值。

从表3中可以看出，“一带一路”沿线国家不同地区的贸易便利化整体水平较低，通过贸易量加权平均后的各项指标总分（14.04）远低于世界“最佳实践”水平（17.21），也低于中国的水平（14.92），尤其是在边境机构的外部合作方面，全部沿线国家的加权平均得分低于1分。此外，“一带一路”沿线国家的贸易便利化水平存在较大的差异。其中，中东欧的得分最高，接近世界“最佳实践”水平；东南亚、独联体和西亚北非地区得分较高；南亚得分较低；而中亚与蒙古的贸易便利化水平最低。

表3　2016年“一带一路”沿线国家分地区的贸易便利化指标总体与分项分值

区域	总体得分	分项分值										
		信息可获得性	贸易商的参与	预裁定	上诉程序	费用	单证类手续	自动化手续	程序性手续	边境机构的内部合作	边境机构的外部合作	管理与公正性
东南亚	14.45	1.43	1.33	1.52	1.32	1.48	1.37	1.30	1.38	0.98	0.80	1.54
南亚	12.63	1.41	1.40	1.08	1.34	1.57	0.95	1.05	1.10	0.85	0.39	1.49
中亚和蒙古	10.18	0.82	1.23	1.51	1.22	1.41	0.54	0.73	0.90	0.43	0.53	0.86
西亚和北非	13.63	1.31	1.47	0.77	1.37	1.56	1.37	1.38	1.31	0.94	0.78	1.35
独联体	13.65	1.38	1.38	1.65	1.59	1.31	0.70	1.22	1.09	0.94	1.03	1.35
中东欧	17.12	1.50	1.59	1.87	1.51	1.74	1.57	1.46	1.59	1.05	1.51	1.73
中国	14.92	1.52	1.43	1.67	1.33	1.69	1.33	1.15	1.32	1.00	0.80	1.67
“最佳实践”国家	17.21	1.57	1.63	1.64	1.62	1.71	1.67	1.62	1.51	1.18	1.18	1.89
“一带一路”国家平均	14.04	1.39	1.39	1.35	1.37	1.52	1.24	1.26	1.30	0.94	0.80	1.48

数据来源：根据OECD贸易便利化数据库整理计算，https：//sim.oecd.org/Default.ashx? lang=En&ds=TFI；加权值采用2016年中国对各国出口贸易额在对各区域出口贸易总额内的占比，贸易额数据来自UN COMTRADE数据库。

进一步考察“一带一路”沿线国家不同地区的贸易便利化的差异来源，我们发现：中东欧地区的分项指标得分均在1分以上，没有明显的“拖后腿”领域；东南亚地区的主要问题存在于在边境的内、外部合作两个方面，得分均不足1分；西亚和北非地区的主要问题存在于预裁定和边境机构的内、外部合作三个方面，得分分别为0.77、0.94以及0.78；独联体与南亚相似，在单证类手续领域得分较低，均不足1分；此外，南亚地区在边境的外部合作领域表现较差，得分为0.39；中亚与蒙古的各项得分普遍较低，尤其是在边境机构的内部合作领域，得分为0.43，具有严重短板。

四、“一带一路”沿线国家贸易便利化存在主要问题分析

依据前文的测算与分析，我们发现边境机构的外部合作、单证类手续等方面是“一带一路”沿线国家在贸易便利化上存在的基本共性问题，也将是中国通过加强合作推进贸易联通的重点领域。因此，需要深入分析这些领域存在的具体障碍与制约因素。

（一）边境机构的外部合作

如表 3 所示，除中东欧以外，其他“一带一路”沿线国家区域在边境机构的外部合作领域的得分普遍较低，这一情况在南亚、中亚和蒙古、西亚和北非地区表现得尤为明显。如表 4 所示，通过对每个国家的数据进行深入挖掘分析，我们发现在除中东欧以外的 42 个“一带一路”沿线国家中，有 76%的国家尚未实现电子信息系统的跨国匹配；有 79%的国家尚不具有与相邻国家共同管控边境风险的能力；有 90%的国家因国内法律法规限制或边境管理体系尚不成熟，未曾与其他国家公开分享本国的边境管控信息；虽有超过 90%的国家曾与其他国家发生临时性技术交流，但能够实现定期开展员工跨国培训的国家占比较小；有 83%的国家尚未与世界其他国家建立互认授权运营商机制①；有 56%的国家无法与邻国实现边境的共同控制，特别是当前较为现代化的“一站式边境哨所”做法更是在以上各国均未实现。

（二）单证类手续

前文表 3 表明单证类手续的贸易便利化在“一带一路”沿线国家评分较低，中亚与蒙古、独联体和南亚三个区域尤其明显，得分均小于 1。如表 5 所示，通过对单证类手续细化领域的评估，我们发现样本内 80%的国家基本不接受支持性单证的副本，相比之下，世界上有 70%的国家基本完全接受支持性单证的副本。此外，这三个区域在进出口商品单证简化方面明显落后于世界平均水平，有接近 90%的国家对于进出口产品所要求出具的单据平均数量大于 7 个，而在世界范围内这一个比重仅为 30%。有 58%的国家为进口商品办理全部单证所需天数大于 25 天，有 58%的国家为出口商品办理全部单证所需天数大于 21 天，明显长于世界平均水平，严重拖缓了这些国家的进出口程序的速度，从而提高了贸易的成本。

---

① 授权运营商（authorized economic operator，简称 AEO）指满足特定标准的经营者，各国往往为此类经营者提供与进出口及过境手续相关的额外的贸易便利化措施。

表4　除中东欧以外的"一带一路"沿线国家在边境机构外部合作议题下的细化领域分值比重

序号	细化领域	得分在［0，1）的国家占比		得分为1的国家占比		得分在（1，2］的国家占比	
1	跨境贸易相关机构相互合作	8%	相邻国家之间没有边境机构的合作	61%	国家法律允许跨境合作、互助和信息互换	31%	在政治层面有明确的合作战略或属于同一个关税联盟
2	相邻国家海关工作日和工作时间相协调	28%	不协调	无	无	56%	协调
3	相邻国家海关程序和手续相协调	28%	不协调	63%	存在协调机制	10%	协调
4	跨境海关的数据共享和单证互认	33%	相邻国家未实现数据共享	62%	数据共享工作正在改善中	4%	数据信息及时共享或处于同一税收联盟
5	跨境海关的电子信息系统相互匹配	76%	相邻国家未实现电子信息系统的相互匹配	24%	电子信息系统的匹配工作正在改善中	0%	跨境电子信息系统相互匹配
6	风险管理合作	79%	相邻国家没有共同管控风险的能力	19%	边境管理局会进行风险管控的经验分享	2%	具有部门协同效应
7	是否会系统性地分享边境管控的结果	65%	不分享	25%	国家法律允许分享	10%	系统性分享
8	边境通道共有设施的改善与共享	40%	没有	48%	没有共享设施但存在共用的基础设施以及设备	12%	共享、共同改善
9	边境的共同控制、一站式哨所	56%	尚未实现共同控制	44%	与相邻国家能够实现共同控制	0%	拥有一站式边境哨所
10	关于授权运营商的多国互认协议(MRA)	83%	尚未签订MRA	7%	已签订MRA，数量小于5个	10%	已签订MRA，数量大于5个
11	国际层面的员工互换和培训	5%	没有	88%	与邻国或第三国有一些临时的技术交流	7%	与邻国或第三国有定期的员工互换、培训讲座

资料来源：根据OECD贸易便利化数据库整理计算，http：//www.oecd.org/trade/facilitation/indicators.htm。

表5　中亚与蒙古、独联体和南亚国家在单证类手续议题下的细化领域分值比重

序号	细化领域	得分在［0，1）的国家占比		得分为1的国家占比		得分在（1，2］的国家占比	
1	是否认可单证副本	32%	不接受	58%	除特例外接受	11%	普遍接受
2	接受副本的支持性单证占比	80%	小于80%	10%	80%至99.5%	10%	大于99.5%
3	当第三国持有单证原件时，该国接受文件副本的比例	26%	不接受	无	无	74%	接受
4	执行各类国际惯例的数量	26%	小于3个	16%	3个	58%	大于3个
5	进口商品所需单证数量	89%	大于7个	5%	6或7个	5%	小于6个
6	出口商品所需单证数量	84%	大于7个	5%	6或7个	11%	小于6个
7	定期检查进出口所需单证的必要性	26%	不做定期检查	58%	定期检查并去除不必要的单证	16%	定期检查并着手简化有可能增加贸易成本的单证
8	为进口商品办理单证所需天数	58%	大于25天	32%	17天到25天	11%	小于17天
9	为出口商品办理单证所需天数	58%	大于21天	37%	13天到21天	5%	小于13天

资料来源：根据OECD贸易便利化数据计算整理，http：//www.oecd.org/trade/facilitation/indicators.htm。

五、加快推进与"一带一路"沿线国家贸易便利化合作的政策建议

（一）基于WTO《贸易便利化协定》的优先改革领域

"一带一路"的贸易便利化改革并非要另立门户，而是要在遵守已有的国际通行贸易规则的基础上，为沿线国家的制度合作建立一个双边或区域框架，并通过探索新的跨境合作方式，优先化解阻碍贸易畅通的壁垒与障碍。为此，根据

以上对“一带一路”沿线国家的贸易便利化水平分析，本文基于 WTO《贸易便利化协定》的评估（盛斌等，2016）与要求提出了优先改革的政策建议，详见表 6。

表 6　基于 WTO《贸易便利化协定》框架的政策建议

分类	指标	代表性议题	政策建议
贸易法规的公布和实施类	信息可获得性	是否设立咨询点、贸易信息的发布渠道（包括网络发布）	① 各国应开设专门的网站，及时为企业和贸易商提供“点对点”式服务，免费为工商业参与者提供咨询及所需的表格与文件，确保信息的透明度与对称性 ② 及时通过互联网等多种渠道发布新颁布或修订的法律法规，以保证各国企业和贸易商能够及时知悉相关法律规章的变动
	贸易商的参与	是否存在对公众意见的采纳机制	① 在“一带一路”区域范围内建立关于各国贸易法规制订的政企对话、反馈与听证机制，及时了解企业的利益诉求，获得市场主体反应的第一手资料 ② 提高决策的公信力和参与度，通过沿线企业家座谈会、调查问卷、抽样调查等多种形式征求沿线企业对于商品流动、放行和清关相关的法律规章及修订意见
	预裁定	平均签发时间；是否披露撤销或拒绝签发预裁定的动机	① 在各国推广建立“预裁定”体系，在货物到岸前对存疑项进行解答与处理 ② 各国应明确公布申请事先裁定所需提供的各种信息及格式、签发预裁定的所需时间、预裁定的有效期；在随后的实际进口发生时，加强检查工作以确保实际情况与预裁定书面申请相一致
	上诉程序	是否具有司法独立性、上诉时效	设立对海关及其他监管机构所做的行政决定进行行政申诉或司法上诉的机制与程序；同时可规定在司法上诉或复核之前进行行政复议或审查
进出口规费和手续类	费用	是否依货物价格收费、费用总额排名	以相关服务成本水平为基准，制定服务费用价格，并在新增或修订费用的公布时间与正式生效时间之间预留充分的时间间隔；定时审查海关费用和收费情况，删减冗余杂项和不合理收费
	单证类手续	是否采用国际标准或惯例、进出口文件数目	① 依照相关国际标准制定进出口和过境手续与程序，逐步落实对贸易活动所涉及的监管程序和文件设立统一的标准和要求 ② 各国应以最大限度接受除原文件以外的纸质或电子副本，以提高处理效率，加速货物放行

续表

分类	指标	代表性议题	政策建议
	自动化手续	是否采用风险管理系统、电子数据交换、电子支付	① 大力推动各成员国的海关数据联网建设，实现数据的区域内共享 ② 允许企业选择电子支付的方式支付海关就进出口征收的关税、费用等；同时建立相关的电子支付信息系统
	程序性手续	是否有单一窗口、是否进行装船前检验、抵达前处理	完善基于互联网的企业进出口贸易申报模式，推广货物报关报检大表录入方式，实现"一个平台、一个界面、一点接入、一次申报"办理国际贸易各项业务；使企业可随时通过该窗口查询办理进度和办理结果，优化业务流程、提高通关效率、降低企业成本
监管机构合作与一体化类	边境机构的内部合作	监管机构之间协调与合作程度	通过在各国建立并完善电子口岸平台，推动海关、检验检疫、海事、边检等港口部门与通关部门的系统对接、业务对接和人员对接；实现国内各部门信息和数据的整合、共享与一致性，有效促进监管互认、执法互助，发挥整体执法优势
	边境机构的外部合作	邻国间是否协调工作时间、是否统一程序和手续	① 各国应就工作时间、共同设施、联合监管、一站式边境检验站监管进行协调并达成合理约定，并保证约定程序的公开、透明 ② 通过协商，加快制定相对统一的国家标准，提高各国数据的标准化程度，推进国家间原产地证书、产品检验检疫证书、海关监管信息等联网核查与互认

（二）中国在促进"一带一路"沿线国家贸易便利化中的角色与作用

根据 OECD 测算的贸易便利化指标，中国在贸易便利化领域取得长足的进步，尤其在费用、预裁定和信息可获得性方面与全球"最佳实践"水平得分极为接近，这与中国近年来在贸易便利化领域进行的多项改革密不可分。2001 年中国政府明确提出实行"大通关"制度。2006 年海关总署等国务院 12 个部委联合启动电子口岸，使得监管部门可以进行跨部门、跨行业的联网数据核查，企业可以通过电了口岸在线办理海关申报、外汇结算等各种进出口业务。2009 年在部分进口口岸及所有出口口岸试行分类通关改革。2012 年加速推进了分类通关、通关无纸化、"属地申报、口岸验放"、企业分类管理等改革。2013 年又决定尽快实施"一次申报、一次查验、一次放行"改革方案，并分步在全国口岸实行。2015 年进一步确定全面推进贸易便利化的改革，由"推进试点"向"全面推进"开展。目前中国在上海、广东、天津和福建等自由贸易试验区所进行的探索通关便利化与建立“单一窗口”制度取得重要进展（见表7）。

因此，中国应充分利用自身经验与优势，通过加强基础设施与互联互通建设、增进跨境机构合作、提供技术援助与能力建设等方式在“一带一路”沿线国家贸易便利化建设中发挥重要的角色与影响。具体包括以下三个重点领域：

表7　中国在自由贸易试验区推进贸易便利化所取得的成果

主要内容	贸易便利化措施
通关便利化	简化通关手续：将自由贸易试验区海关特殊监管区域使用的进境内备案清单和出境备案清单统一为备案清单格式，减少申报要素；简化国内采购物料登记手续，与原有的“逐票登记”监管模式相比，企业通过一次批量报备；实行保税货物自行运输制度；内销选择性征税制度；实行查验计划无纸化作业和集中汇总征税；简化通关作业随附单证，对“一线”进出境备案清单以及“二线”不涉税的进出口报关单取消附单证的要求；试点签发自动进口电子许可证
	提升通关效率：在海关特殊监管区域内实施境外入区货物“先进区、后报关”作业模式；实行“批次进出、集中申报”制度，对进出自由贸易试验区海关特殊监管区域的货物，由过去的“一票一报”改为“多票一报”；全面推进“一站式”作业改革，探索实施对进出境运输工具、货物实施“联合查验、一次放行”等通关新模式；建立运输工具联合登临检查、进出口货物联合查验、关检“一机两屏”工作机制；对自由贸易试验区内海关特殊监管区域的企业以通关作业无纸化方式申报提交的有关随附单证予以简化；对已经实施原产地数据联网的优惠原产地货物，在自由贸易试验区内试点推行凭企业原产地证书电子数据向海关申报通关，企业不在现场向海关提交纸质原产地证书；实行区内自行运输；建立企业协调员试点制度，打通海关与企业“点对点”的联系渠道，提高试点企业通关效率；实行智能化卡口验放管理，使已安装电子车牌、安全智能锁的车辆能够快速通过智能化卡口通道
	实施“授权运营商”（AEO）制度：由海关逐步明确AEO制度优惠措施清单，在自由贸易试验区范围内优先开展企业认证，使经认证的企业享受更大的通关便利；颁布认证企业优惠措施清单；与其他经济体的海关机构签署了AEO互认协议并落地实施
	实施区域通关一体化：在京津冀地区通过海关信息化手段共同构建一体化通关作业的基本框架作为中心，并建立统一的申报、风险防控、专业审单和现场作业平台；设立无水港，企业在区域内任一海关即可完成申报、接单、审单、缴税、放行等通关手续；同一自贸区内的不同区域实行“信息互换、监管互认、执法互助”的“三互”通关模式

续表

主要内容	贸易便利化措施
“单一窗口”制度	信息共享与监管互助：海关、检验检疫、海事、商务等口岸部门和海港服务模块全都纳入平台，在运输工具协同监管方面，海事部门的船舶动态信息可实时共享给海关、检验检疫和边检等监管部门，促进执法互助；通过“互联网+易通关”改革，实现企业报关零耗时、零跑动、零成本；移动“单一窗口”平台正式启用
	优化通关流程：搭建“一站式”窗口集中办事平台，并缩减通关通检流程等方式；创新海关监管查验机制，将串联式查验业务操作改变为并联式业务操作，内部和外部作业并联进行；实行国际船舶联网核放，企业通过“单一窗口”进行船舶申报
	优化检验检疫流程：审批实施“一口受理、区内通办”制度，将分散在各部门和分支机构的行政许可事项化零为整，集中在自贸试验区窗口办理，打破辖区限制，建立行政审批通报、通审、通签机制；所有相关行政审批事项受理时限缩短为“当场受理”

1. 加强与“一带一路”沿线国家的基础设施投资与建设合作

中国与“一带一路”沿线国家的货物运输效率较低，例如，中国与这些国家进出口贸易运输方式中，水路运输占比超过60%（国家信息中心，2017）；在铁路运输中，国家间存在铁轨标准不同、运输线经营主体不同、往返货物运量不平衡等问题，从而影响了运输效率。因此，中国需要加强与沿线国家的物流标准体系对接，实施物流标准化建设，推进标准化设施和设备的采用。与沿线国家共同开拓基础设施合作空间，在互利互惠的基础上，共同建设跨境交通设施，建立全程运输协调机制，降低国际运输成本，提高运输效率。加强边境通信、电网等基础设施建设，实现无纸化通关，改善边境口岸通关设施条件，推动电子信息交换通道建设，降低通关成本与费用，提升通关能力。推进中欧、中亚班列建设和常态化运营，加速推进相关配套设施的建设，提高运营效率和效益。

2. 倡议建立“一带一路”沿线国家“边境管理局协调委员会”

WTO《贸易便利化协定》指出，各国应确保各机构之间相互合作，并相互协调以实现贸易便利化。为增强贸易便利化领域中边境机构的外部合作，中国可倡导建立跨国的“边境管理局协调委员会”，旨在鼓励各国分享在海关合规管理方面的最佳实践经验，并在程序、信息与标准上开展深入对接与合作。具体包括：① 协调程序：敦促有共同边界的各国就工作时间、程序和手续、共同设施、联合监管、一站式边境检验站监管进行协调并达成合理约定，并保证约定程序的公开、透明；② 共享数据：大力促进各国的海关数据联网，实现数据的区域内共享，为其在电子通关系统、电子口岸平台等技术领域提供支持；③ 统一标准：推动各国的动植物检验检疫与技术标准，合作制定统一的区域性供应链安全标准与检验标准，大力推进沿线各国的授权运营商（AEO）互认，鼓励各国签订授权经营上的多国互认协议。

3. 推动和支持“一带一路”沿线国家的“单一窗口”建设合作

“单一窗口”由联合国贸易便利化与电子业务中心以建议书的形式提出，指从事国际贸易的企业通过一个通道一次性提交相关资料、数据及单证，满足进出口监管部门以及国际物流相关要求的贸易便利化措施。WTO《贸易便利化协定》要求各成员国采用信息技术手段建立“单一窗口”，确保文件和数据一经“单一窗口”进行提交后就不会再被要求二次提交，从而简化通关手续。目前我国国际贸易单一窗口已经覆盖全国所有口岸，能够实现一点接入、一点提交、一次查验、一键跟踪、一键办理，具有一定的推广意义。中国可发挥本国在“单一窗口”建设方面的已有优势与经验，向沿线的发展中国家提供能力建设、技术支持和员工培训服务，推广多环节合一的中国口岸管理新模式，并通过亚投行、亚开行或丝路基金等渠道为各国“单一窗口”的建设提供资金支持。

借鉴国际口岸管理最佳实践
推进“一带一路”沿线口岸国际合作

黄胜强

（上海海关学院、上海大学经济学院）

作为新时期对外交往的顶层设计，“一带一路”倡议顺应了全球治理体系变革的内在要求，正在成为我国参与全球开放合作、改善全球经济治理体系、促进全球共同发展繁荣、推动构建人类命运共同体的中国方案。口岸是“一带一路”互联互通的重要门户和战略节点，大力推进“一带一路”沿线口岸国际合作，对“一带一路”倡议取得成效具有十分重要的意义。国际口岸管理有很多好的实践，有必要认真借鉴国际口岸管理方面的最佳实践，创新口岸管理机制，推动陆上、海上、天上、网上四位一体联通，深化沿线大通关合作，打造“一带一路”口岸国际合作升级版，以沿线口岸国际合作推动“一带一路”倡议实施。

一、国际口岸管理值得关注和借鉴的经验和实践

从20世纪80年代开始，许多国家都先后实施了国内口岸管理体制和执法机制改革并开展国际口岸合作，以推进口岸管理现代化进程。其中有很多成功的经验和很好的实践值得我们进一步了解。

一是在口岸管理体制和执法机制方面，以“整体性政府”理念为指导，大力推动口岸管理的协同化、合作化和一体化，不断改善口岸通行环境，提高贸易安全与便利水平。各国政府充分认识到，传统的口岸管理改革通常集中在海关领域，但绝大多数口岸都是多个部门单独执行的管理体制和多部门共同参与的通关机制；世界海关组织的相关研究表明，海关通关时间在整个口岸通行时间中仅占10%以下，实

践反复证明，改善口岸通行环境，需要除海关以外的其他口岸部门的共同努力才能取得实效。因此，许多国家都根据本国的具体情况分别在口岸管理体制机制上推行合作化、协同化甚至一体化的改革。在口岸执法机制的合作化上，许多国家的海关、边检和检验检疫等口岸执法部门建立了与贸易界和跨境人员之间的广泛合作机制和伙伴关系，形成执法与守法之间的良性互动，实施“经认证的经营者”（Authorized Economic Operator，简称 AEO）和“信任旅行者”（Trusted Traveler）计划，提倡守法便利，应用风险管理技术，大大提高了口岸执法的效能和效率。在口岸管理的协同化方面，许多国家都建立了口岸各部门之间的协调机制，各部门之间加强了信息共享，有的国家在此基础上实行口岸执法流程再造，一次申报、共同查验，甚至部门之间代行职权、互派人员等等。这些做法大大提高了口岸执法的整体效能，极大地便利了旅客和进出口企业。最为值得关注的是，一些国家推行口岸管理体制和口岸执法机制一体化改革，对口岸各执法部门的组成机构进行重组和整合，减少口岸管理部门的数量，实现了一体化的管理体制。尚不具备这种条件的国家，也通过合署办公、单一窗口等先进做法实现口岸执法机制的一体化。

二是在口岸国际合作方面，很多国家或地区采用了信息互换、监管互认和执法互助，以及“一站式”国际口岸等形式。其中“一站式”国际口岸，将两个接壤的国家或地区的口岸在地理上并排设立，货物和人员跨境时只在一个地点办理通关手续、一次停留，而不再像过去那样分别在出境国家和入境国家停留两次。国与国之间口岸的信息互换、执法互助和监管互认，可以使跨境贸易商和旅客一次申报、一次查验和一次放行。

这些口岸管理最佳实践已经成为国际区域经济合作的重要措施和制度举措。

二、推进“一带一路”沿线口岸国际合作的对策建议

（一）借鉴参照国际口岸管理体制改革的成功经验，推动和帮助“一带一路”沿线国家创新口岸管理机制

我国口岸发展在良性轨道快速推进，相比而言，有的邻国口岸发展滞后，不适应我国部分口岸开放的发展要求。虽然中央和地方政府已经批准了众多口岸，但是由于边境口岸需要境内外双方对接，部分口岸由于对方口岸建设进度落后、法律手续尚未完备或其他原因休关而仍未实际开通。因此，可借鉴参照国际口岸管理体制改革的成功经验，推动和帮助“一带一路”沿线国家创新口岸管理机制。

（二）推动“陆、海、天、网”四位一体互联互通

1. 支持国际物流大通道建设，推进陆上丝绸之路发展

积极推动国际公路运输（TIR）公约正式落地实施。2018 年，我国已先后在霍尔果斯、伊尔克什坦、二连浩特、满洲里、绥芬河、大连口岸启动 TIR 试点。要总结和规范相关的海关业务管理规定，明确 TIR 运输车辆审批机构，主动对接 TIR 电子系统，并在有条件的口岸扩大实施 TIR。

积极研究加入其他相关国际贸易或跨境运输便利化公约。发布海关多式联运监管制度，推广应用多式联运管理系统。支持“渝黔桂新”南向通道建设。以过境货物风险信息交换合作为抓手，推进中欧陆海快线风险管理合作，便利企业快速通关，夯实中欧陆海快线海关通关便利化基础。

加强边境口岸管理国际合作。巩固和发展现有中俄、中哈、中蒙、中越等双边口岸合作机制，研究推动与老挝、尼泊尔、塔吉克斯坦、巴基斯坦等其他毗邻国家建立口岸合作机制，在口岸设立、工作制度、安全防范、便利通关和基础设施建设等方面加强协作。支持边境口岸地方政府、口岸查验机构与毗邻国家对应政府和机构开展协作，协调解决通关中存在的问题。

提升中欧班列通关便利化水平。优化中欧班列监管，实现中欧班列转关无纸化。尽快启动“关铁通”项目中哈回程测试，将“关铁通”项目向其他中欧班列沿线国家海关进行推介。建议世界海关组织成立安全智能锁技术研究小组，通过小组平台建立联系协调机制，为“一带一路”更多沿线国家海关共同实施“关铁通”项目奠定基础。

2. 促进“21 世纪海上丝绸之路”联通

研究制定“21 世纪海上丝绸之路”重要支点港口海关合作计划，加强与新加坡、印度尼西亚、马来西亚、阿联酋、希腊、荷兰、埃及等国海关合作，探索与重要港口海关间的“点对点”信息互换、监管互认、执法互助合作，便利海上丝绸之路贸易。

3. 助力“空中丝绸之路”发展

支持各地开展“空中丝绸之路”建设，支持航空公司拓展货运航线网络、增开国际客运航线、开展国际航班国内段载运客货业务。对“一带一路”国家航线给予一定的地方补贴。从国家层面加强与有关国家航空磋商以增加航权额度。完善国内重点机场基础设施，增强机场与联检单位的协调配合，加快旅客中转效率，提高服

务质量。进一步放宽旅游签证限制，鼓励国内旅行社更多地推出旅游产品，在国际中转特别是夜间中转中加大海关放行支持力度。尽快推行快件新舱单系统，加快研发进出境及中转旅客电子口岸系统，提高个人终端应用效能。

4. 助推“网上丝绸之路”建设

习近平总书记多次强调“建设21世纪数字丝绸之路”。有学者认为，“网上丝绸之路”是“一带一路”倡议“软实力”的体现。2016年12月国务院印发的《“十三五”国家信息化规划》提出了“网上丝绸之路”建设优先行动，形成覆盖“一带一路”沿线国家和地区重点方向的信息经济合作大通道。当务之急是发展跨境电商，落实首届世界海关跨境电商大会达成的共识，加快制定跨境电商海关监管标准框架，为跨境电商可持续发展贡献“中国智慧”。同时，充分利用我国电子口岸优势，加快电子口岸与“一带一路”沿线口岸互联互通，推动“一带一路”国家实施国际贸易“单一窗口”。

在这个过程中要注意发挥好中央和地方两个积极性，以需求为导向，以应用促发展，把握好“五个得”的思路和方法：一是进得去，通过在对方重点投资的生产项目、贸易项目、园区项目等，进入对方信息化市场；二是找得出，在与对方跨境贸易过程中，发现对方在物流、通商、通关、金融等信息化方面的问题或不足，并设计和实施相应的优化方案；三是行得通，从物流、贸易信息联通的市场需求入手，与对方企业先行先试，再逐步扩大到对方海关等政府机关；四是做得好，以“共建、共享、共赢”为出发点，平等地与对方企业、政府、口岸监管等不同层面友好合作，联合开发、共同运营信息化平台；五是铺得开，从设计之初就要考虑到可复制、可推广。

（三）深化沿线大通关合作，打造“一带一路”口岸国际合作升级版

随着“一带一路”倡议的推进，相伴的政治、经济和安全问题及其挑战也日益增多。2015年《推动共建丝绸之路经济带和21世纪海上丝绸之路的愿景与行动》所提出的“合作机制”建设明显不能满足“一带一路”建设的国际性、长期性和可持续性发展的需要，也增加了建设项目及其参与者的不确定性和潜在风险。在全球化面临艰难选择、国际形势复杂多变的当下，如何通过合作机制创新，打造“一带一路”升级版，以更好地落实共商共建共享原则，为建设参与者创设稳定预期和安全保障环境，并消解一些国家对“一带一路”倡议的误解或疑虑，就成为深入推进“一带一路”倡议亟须解决的重大问题。

从合作框架来分析，“一带一路”是海陆联通的伟大倡议，其推进过程尤其应注重与陆路上的“欧亚经济联盟”与海路上的“东盟”等区域机制的对接，通过加强对话协商，形成战略互信，并本着互利共赢的原则加强务实合作，特别是要兼顾各方利益和关切，寻求利益契合点和合作最大公约数，各施所长，各尽所能，共享机遇，共迎挑战，共同促进区域合作蓬勃发展。

中国海关积极落实《推进“一带一路”沿线大通关合作行动计划（2018—2020）》，依托“一带一路”海关高层论坛、检验检疫高层国际研讨会等平台，健全与沿线国家的协调联络机制，全方位深化国际大通关机制化合作，深化中欧班列通关便利化合作，运用现代管理、信息化和高科技手段，对单证流、货物流和信息流进行整合。以“一带一路”沿线国家为重点，深化国际合作，积极服务高层互访和国家重大主场外交活动，目前中国海关已与沿线 61 个国家海关等部门建立了合作关系，共签署 128 份国际合作文件。

《2018 年海关推进“一带一路”建设工作要点》提出，“紧紧围绕建设和平之路，加强机制化海关国际合作”，推动建立“一带一路”海关协调联络机制，找准与沿线国家海关的合作利益契合点，充分考虑不同国家的不同合作需求，推动与共识度高、合作意愿强的重点国家先行搭建“一带一路”海关协调联络机制，开展沟通协调、经验分享。中国海关在“一带一路”国际合作高峰论坛上提出了加强沿线海关合作的五点倡议，即深化机制衔接合作、深化监管创新合作、深化信息共享合作、深化贸易安全合作和深化能力建设合作，为推动构建沿线海关命运共同体再一次提供中国方案，形成专门性、长效性的国际合作机制。

第一，促进边界上便利。大力推进数据交换、风险管理、单一窗口、无纸通关等便利措施。启动建设“一带一路”海关信息互换和共享服务平台，输出中国海关“智慧海关系统”，促进信息互联互通。扩大中哈、中吉、中塔农产品“绿色通道”实施范围，推动开通中巴农产品快速通关“绿色通道”。完善安全风险评估机制，针对枪爆物品、毒品等高危安全准入风险开展信息交换和联合布控。

第二，推动跨边界区域连接。实施国际通关转运多式联运有机衔接，打通陆海空联运及电子商务的国际物流大通道，提高跨境运输海关手续便利化水平。扩大中欧双方安智贸试点口岸，拓展中欧共同风险规则联合认证的领域和方式，完善中欧安智贸项目数据交换系统，优化安智贸货物通关流程，升级通关便利优惠措施。

第三，优化边界后商业环境。加大海关重点合作项目推进力度，实施 FTA、

AEO 互认。加快与哈萨克斯坦、马来西亚、土耳其、蒙古、俄罗斯等国家开展 AEO 互认合作，与泰国、印度、越南、印度尼西亚、埃及进行 AEO 互认合作前期接触。与已签署 AEO 互认安排的国家和地区开展互认实施效益评估，推进互认便利措施切实落地见效。与以色列尽早商定中以 AEO 互认安排具体实施日期，使互认便利措施早日惠及两国优质企业。

"一带一路"倡议下中欧班列贸易通道研究

许英明[①]　　邢李志[②]　　董现垒[③]

（① 商务部国际贸易经济合作研究院；
② 北京工业大学经济与管理学院；
③ 山东师范大学商学院）

2018年，中欧班列共开行6300列，创中欧班列年度开行数量历史新高，几乎与2011—2017年开行数量的总和相当，回程班列数量达到去程的70%以上，开行数量和质量不断提高，国际合作和国内运输协调机制不断完善。中欧班列的常态化规模化开行，不仅成为沿边区域间的贸易合作通道，更成为连接活跃的东亚经济圈与发达的欧洲经济圈的国际贸易通道，并有发展潜力巨大的广大腹地国家支撑。目前，中欧班列正在由追求数量增长向追求高质量发展迈进，正在释放更大贸易通道潜能。

一、中欧班列正在释放"一带一路"贸易通道潜能

中欧班列作为"一带一路"建设的早期收获项目，由中国铁路总公司组织，按照固定车次、线路、班期和全程运行时刻开行。这些运行于中国与欧洲以及"一带一路"沿线国家间的集装箱等铁路国际联运列车，是深化我国与"一带一路"沿线国家经贸合作的重要载体和推进"一带一路"建设的重要抓手。自2011年3月开行以来，从"渝新欧"探索，到"中欧班列"统一品牌标识，再到顶层设计《中欧班列建设发展规划（2016—2020年）》实施，再到与沿线国家签署合作协议，以及国内重庆、成都、郑州、武汉、苏州、义乌、西安等7家

班列平台公司共同发起成立中欧班列运输协调委员会，中欧班列走出了一条“探索—规范—顶层设计—迅速增长”的路径（见图1），其发展目标也从最初的为本地货物寻求出口通道，到吸引外地货物做物流枢纽，再到以通道带贸易、以贸易聚产业发展的转变，直接促使从中国出发经欧亚大陆中部直达欧洲的陆路铁路交通线呈现爆发式增长。2015年，国务院授权发布的《推动共建丝绸之路经济带和21世纪海上丝绸之路的愿景与行动》中明确提出要“建立中欧通道铁路运输、口岸通关协调机制，打造‘中欧班列’品牌，建设沟通境内外、连接东中西的运输通道”。中欧班列作为推动“一带一路”贸易畅通的重要抓手和载体，如今正在由追求数量扩张向追求高质量发展迈进，进一步释放“一带一路”贸易通道潜能。

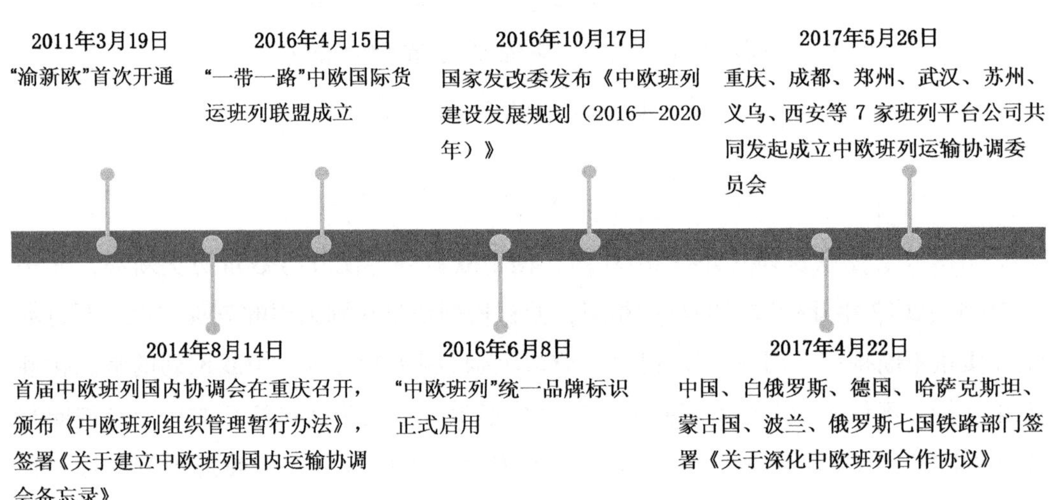

图1　中欧班列发展时间轴

数据来源：根据相关新闻整理。

（一）中欧班列成为促进“一带一路”贸易畅通的重要载体

中欧班列常态化运营打通了“丝绸之路经济带”的贸易通道，已成为落实国家“一带一路”建设的重要抓手，也成为促进“一带一路”贸易畅通的重要载体。“一带一路”建设的一个重要着力点，就是通过打通连接南北东西的物流大通道来打造一个合作和开放的国际贸易投资新平台。中欧班列不仅为贸易商品提供了一个新的战略通道，而且也提供了一种新的贸易方式，正逐步成为我国部分省市落实国家“一带一路”倡议、加快对外开放、推动形成全面开放新格局的重要抓手和载体。尤其是对内陆地区而言，中欧班列已成为引领内陆开放的重要举措。传统上，内陆地区的贸易通道运输大致有两种方式，一种是海铁联运或陆海联运，一种是航空运输。中欧班列既丰富了内陆贸易方式，也是内陆对外开放的新型业态，成为内陆融入“一带一路”建设的重要载体，更使内陆直接通过铁路与世界相连，将内陆城市由开放末梢推向开放合作的前沿。2011 年以来，特别是 2013 年提出“一带一路”倡议以后，我国各地陆续开通了中欧班列（见表 1）。从目前运营的中欧班列线路来看，成都、重庆、西安、郑州、武汉、义乌、苏州等地开行的线路在规模、货源组织以及运营稳定性等方面的表现更为突出。这既是对接和落实“一带一路”倡议的重要举措，也是地方抢抓国家战略和政策开放机遇，满足新的要素配置需求、新的规则融合要求，带动市场、产业、城市转型升级的重要载体。

表 1　2013—2018 年部分中欧班列班次

中欧班列	省市	开行时间	全程里程	班次					
				2013	2014	2015	2016	2017	2018
蓉欧快铁	四川	2013. 4	9826	31	45	103	460	1012	1591
渝新欧	重庆	2011. 3	11179	37	130	257	420	663	1442
长安号	陕西	2013. 11	—	1	45	95	151	194	1235
郑新欧	河南	2013. 7	10214	13	87	156	251	501	752
汉新欧	湖北	2012. 1	10324	0	26	164	234	375	417
义新欧	浙江	2014. 11	13052	0	1	60	101	168	300
苏满欧	江苏	2012. 11	11200	1	35	100	120	110	145

数据来源：根据各班列运营平台网站及新闻报道整理。

（二）中欧班列基本形成西、中、东三条贸易通道

目前，以中欧班列为依托，正在形成贸易通道，使中国西北、西南等地区与国际市场直接连通，并促成中西亚与东南亚地区的连接，有力地推动了“一带”和“一路”的有机衔接。根据中欧班列的出境口岸位置划分，中欧班列由西向东运行路线有西、中、东三条通道中欧班列采取“干支结合”的开行方式。具体来说，在国内，西线通道干线为陇海线（兰州—连云港）、兰新线（兰州—阿拉山口）；中线通道干线为京广线（北京—广州）、集二线（集宁—二连浩特）；东线通道干线为京

沪线（北京—上海）、哈大线（哈尔滨—大连），班列始发站至干线间为支线。在边境，西部通道由我国中西部经新疆阿拉山口或霍尔果斯出境，其中经阿拉山口的西部通道按运输径路又分为北（俄罗斯、西北欧方向）、中（高加索、黑海方向、中东欧）、南（伊朗、土耳其、南欧）三条通路，主要有“渝新欧”“蓉欧快铁”“郑新欧”“汉新欧”“义新欧”“湘欧”等班列。中部通道由我国华北地区经二连浩特出境，主要有“郑连欧”“蓉连欧”“湘连欧”等班列。东部通道由我国东南部沿海地区经满洲里或绥芬河出境，主要有“苏满欧”“营满欧”“津满欧”“鄂满俄”“湘满欧”“昆满欧”“哈满欧”“渝满俄”“沈满欧”“长满欧”“盘满欧”“临满欧”“赣满欧”“粤满欧”等班列。据统计，截至2018年年底，经阿拉山口、霍尔果斯、二连浩特和满洲里口岸出境和入境的中欧班列累计分别超过7100、500、1700和3000列。目前，三条通道以其日益成熟的物流组织和便利化举措支撑着沿线各个国家同我国的贸易往来，成为我国同“一带一路”沿线国家经贸往来的重要通道。

（三）中欧班列空间和商品覆盖范围不断扩大

从国内始发城市和境外到达城市看，中欧班列覆盖范围和辐射范围快速扩大。2018年年底，国内开行城市达56个，可通达欧洲15个国家49个城市。从国内开通中欧班列省市看，目前，除西藏外，全国其他省市均开行或曾开行“中欧班列”。始发城市逐步从重庆（2011年3月）、武汉（2012年12月）、成都（2013年4月）、郑州（2013年7月）等中西部城市扩展到苏州（2012年11月）、东莞（2013年11月）、义乌（2014年11月）、连云港（2015年11月）、厦门（2015年8月）、广州（2016年8月）等东部城市，此外，还有东北的营口（2014年10月）、哈尔滨（2015年2月）、长春（2015年8月）、沈阳（2015年10月）、大连（2016年1月）、通辽（2016年3月）。境外城市由中欧和西欧地区逐渐扩展至东欧、南欧和亚洲。目前，中欧班列已联通了包括德国、波兰、捷克、斯洛伐克、法国、白俄罗斯、俄罗斯、荷兰、英国、意大利、西班牙、比利时、拉脱维亚、奥地利，以及中亚、中东、东南亚等在内的欧亚大陆不同地区和国家，其国际影响力不断扩大。

中欧班列开行数量逐年保持翻番增长，从2011年的17列增加到2018年的6300列，累计开行数量突破12937列。2018年开行数量分别是2011、2013、2015和2017年的370.6、78.8、7.7、1.7倍。同时，2018年开始出现回程班列并保持高速增长。2014—2018 年回程班列从 28 列增加到 2690 列，增加了 95 倍，其中，2018 年回程班列超过去程的 70%（见图 2）。其中，重庆、郑州、武汉等城市去程和回程更为均衡，而且空载率大幅降低。中欧班列进一步提升发展质量的同时，也在不断提升其对中国进口贸易的支撑能力。

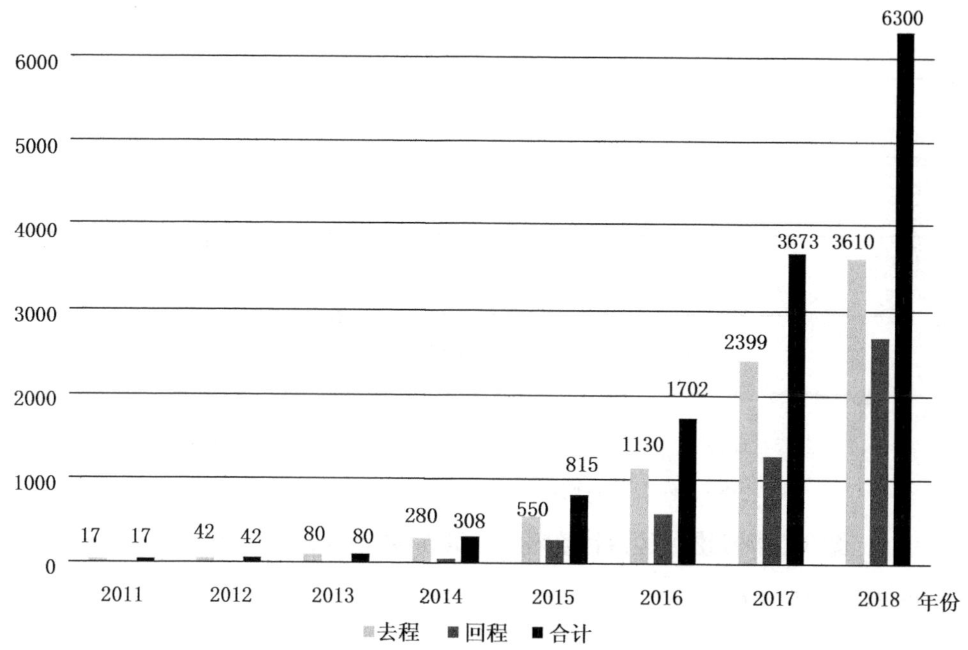

图 2　中欧班列运营班列数（2011—2018 年）

数据来源： 中国铁路总公司。

中欧班列运输商品总量快速增长的同时，运输商品规模也迅速扩大，种类不断丰富。2011—2017 年中欧班列去程回程合计分别运输 1404、3674、6960、26070、68902、105794 和 317930 个标准箱（见图 3）。从出境货源品类看，中欧班列运送货物由开行初期的手机、电脑等 IT 产品，逐步扩大到服装鞋帽、汽车及配件、粘胶纤维、日用品、箱包文具、装饰材料、建材、钢材、机械设备、PVC、化工品等品类。从回程货源看，回程商品品类由开行初期的机械设备、葡萄酒、汽车及配件等品类，逐步扩大到精密仪器、环保器材、高档服装、化妆品、奶制品及鲜奶、蜂蜜、食品等品类。中欧班列作为中欧贸易新的贸易通道，已成为中欧货物海运和空运的重要补充，其所运输商品的附加值、时间要求等方面介于海运和空运之间。未来，其目标货源更加瞄准的是具有较高附加值，对运输时间有一定要求，又有一定规模要求的商品。

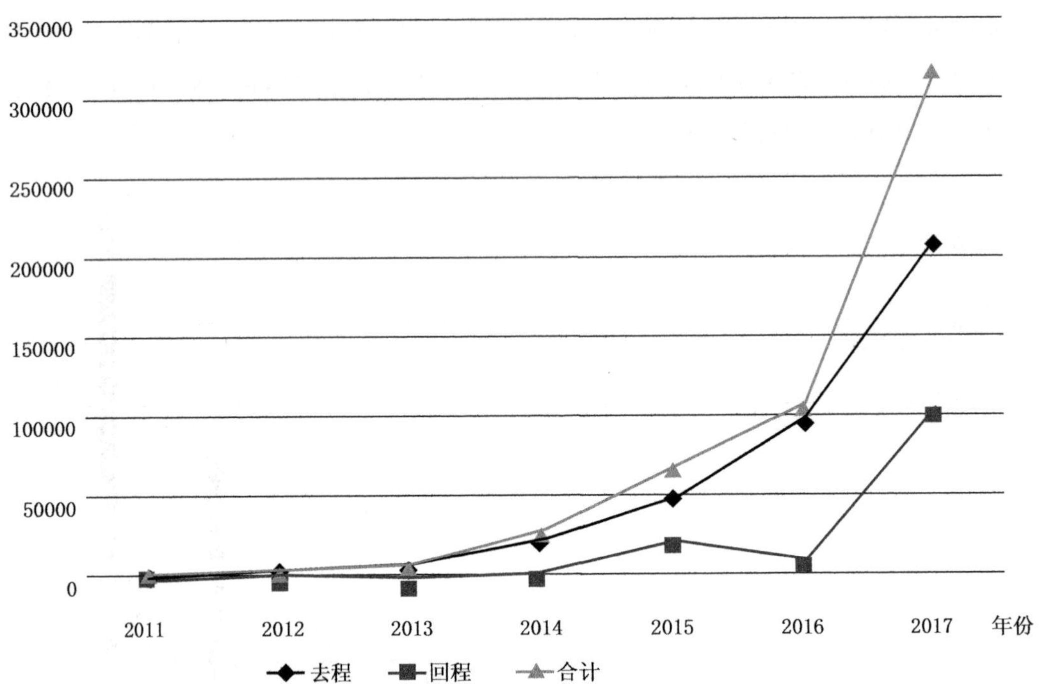

图 3　中欧班列运营标准箱（TEU）数量（2011—2017 年）

数据来源：中国铁路总公司。

二、“通而不畅”成为中欧班列规模化发展的重要制约

随着开行城市的快速增加，以及班列运营数量的快速扩张，中欧班列进入常态化规模化运营阶段，贸易通道“通而不畅”问题更加凸显，“拥堵”成为常态。

（一）“两端快、中间慢”，通道“拥堵”成为常态

目前，看似畅通的中欧班列贸易通道，速度上却呈现“两端快、中间慢”的现实，并且“拥堵”成为常态。从整个中欧班列通道来看，国内速度相对较快，通过中国过境口岸后，进入中亚和东欧，运行速度有所下降，直至通过波兰马拉舍维奇等站后，速度才有所加快。造成这种“拥堵”状况主要有以下几个因素。一是需经过两至三次换轨。由于中国、中亚、独联体国家及欧洲大部分国家实行的轨距标准不同，俄罗斯、独联体国家、波罗的海、蒙古和芬兰铁路使用的是宽轨 1520 毫米，而欧洲使用的是标准铁轨 1435 毫米。轨距不统一致使中欧班列不能直接过境，而是需要吊运换装。因此，中欧班列到达欧洲目的地各国至少经过两次换

轨，其中“义新欧”需要经过三次换轨，不仅提高了运输成本，也增加了运输时间，加之过境口岸的通关能力制约，大大影响到中欧班列的运输时长和服务质量。二是途径部分沿线国家基础设施落后。中欧班列途经的中亚和东欧国家铁路及运输枢纽等基础设施较为落后，以及与我国阿拉山口、满洲里、二连浩特、霍尔果斯等主要边境口岸对应的哈、俄、蒙等国的边境口岸的换装、仓储能力不足，致使每天过境班列数量有限，大量出境班列只能暂停在国内不同路段，造成境内“堵车”；波兰作为几乎所有中欧班列进入欧洲市场的过境通道，随着中欧班列数量的快速增长，其口岸车站的换装、仓储能力也不能满足需求，造成中欧班列境外“堵车”；而且沿线部分路段属于单线铁路，造成运输紧张，容易造成班列在口岸较长时间滞留。三是国际铁路运输规则不统一。欧亚大陆的国际铁路运输总体上分属铁路合作组织的《国际铁路货物运输公约》（简称《国际货约》，主要成员国是欧洲国家）和《国际铁路货物联运协定》（简称《国际货协》，主要成员国为前苏联国家和亚洲国家）两个体系，而且中欧班列经过不同国家都要遵循各国的铁路运输规定，导致报关文件数量增加，通关手续多，程序复杂，时间长，效率不高，有时会由于单据使用不正确而出现扣留货物、机车等现象，增加了运行时间的不确定性，也影响了通道的通行效率。

（二）“分段包干”运输模式，使得境外通道控制劣势渐显

境外贸易通道是中欧班列实现高质量发展的关键。中欧班列大多全程运距在1万公里以上，其中，国内运行里程在3000~4000公里，境外运行里程都在7000公里以上，境外运行里程占全程运输里程超过70%。从中欧班列的运输组织看，中欧班列基本是沿线各参与国各自负责国内部分，国外承运商作为中欧班列的境外运输服务供应商，也是中欧班列国内平台的重要投资方。具体来说，欧洲部分终端物流服务基本由德铁辛克（DBker）和俄罗斯铁路公司承担，境外平台公司与国内平台公司对接是承接中铁公司和地方平台公司运输委托的主要形式。目前，中欧班列运输协调方式主要有以下几种：一是班列平台公司全程运输协调，如渝新欧；二是由班列平台公司全程委托中铁协调的方式，如汉欧、苏满欧、义新欧；三是由班列平台公司国内段委托中铁，国外段委托国际物流商协调，如郑新欧、蓉欧快铁、湘欧；四是由发货人国内段委托班列平台公司组织发运，国外段委托国际物流商协调，如营满欧；五是由发货人国内段委托中铁国际多式联运有限公司，国外段客户自办运输，如长安号等。这种“分段包干”的运输模

式，虽然在运行初期有利于促成中欧班列的常态化运营，但随着中欧班列规模的快速扩大，在停靠站点、运行时刻表、运价标准等方面协调一致的难度逐渐增加。从中欧班列整体运营的角度来看，随着对境外物流节点在仓储、配送等环节物流服务质量和成本控制力较弱的劣势逐步显现出来，会进一步影响中欧班列贸易通道的效率和效益。

（三）班列国内外线路重复，规模化运行风险增大

中欧班列主线过境地相对单一，路径重复现象较为严重，支线辐射能力较弱。境外，国内各城市开往欧洲主要区域或同一目的地的班列线路重复，多数班列运行线路距离重合或相近，各中欧班列相互间缺少总体布局与系统的运营网络设计。中欧班列这种境外布线单一、支线辐射能力弱的现实，正在影响中欧班列的高质量发展。中欧班列主线过境地 90%以上的班列都是经过白俄罗斯与波兰边境的布列斯特及马拉舍维奇进出欧洲，而且大部分中欧班列线路集中发往德国、波兰，再通过公路运输等方式分流到西欧、中南欧、北欧等地区。由于中欧班列的目的地，大都集中在欧洲的汉堡、杜伊斯堡、华沙等一些主要城市，大多数班列除了起点站和终点站不同之外，主要运行线路长距离重合或相近，有些班列的路线甚至完全重合，造成“相互挤兑”现象时而发生，影响了班列的常态化规模化运行。境内，一些城市争早开、争多开、争起点、争支点、争枢纽等，部分地方为了争得当地开车的冠名权，一些中西部的城市舍近求远开行了北线“×满欧”。一方面造成既有线路众多，各线运力分散，又因货源地相近，运输线路同质化，竞争十分激烈，甚至打起价格战。另一方面班列还存在各自为政现象，不能就通行条件、通行费用、合作收益等统一对外谈判或洽谈，致使议价等谈判能力较低，较少获得境外段的运费优惠和通关便利。这种班列货源资源缺乏整合的现状，使班列运营成本增加的同时，也造成中欧班列返程空载率较高，有些班列甚至“有去无回”。

（四）地方竞争无序，补贴退出难度较大

中欧班列的开通和运行，大都是当地政府推动的，完全的市场行为还没有形成。现阶段中欧班列运输成本较海运依然偏高，因此，为提高中欧班列的吸引力，促进中欧班列常态化运营，许多地方政府采取各种形式的补贴。从 2013 年提出“一带一路”倡议后，各地积极寻找对接平台和载体，中欧班列成为重要选择，竞争便渐显

激烈，比如江苏省内就有南京、苏州、徐州、连云港等 4 个城市开通了中欧班列，其竞争激烈程度可想而知。国内竞争加剧，甚至恶性竞争，主要表现在：一是国内货源竞争无序。各省市开通的中欧班列，由于自身产业结构和贸易结构等原因，本地货源往往难以支撑班列的常态化运营，需到周边区域甚至全国范围内揽货，导致货源竞争日益加剧，甚至出现“抢货”现象。二是班列运行补贴难退出。政府主导的班列模式，补贴成为常态，各地为保证中欧班列的常态化运营，大都采取政府补贴的方式进行扶持，并在运价方面对标海运价格。各地正在进行的政府补贴方式并没有明确可行的退出机制，如若长期没有突破，市场在其中的“决定性”作用无法体现，中欧班列的可持续发展将受到影响。

三、“共同发力”促进中欧班列贸易通道高质量发展

中欧班列贸易通道的畅通，需要中欧班列沿线国家的共同努力，协同解决通道及其畅通问题，共同完善贸易通道网络，联合商定中欧班列运输规则，拓展通达范围，提高通行效率，促进“一带一路”贸易畅通。

（一）共同完善贸易通道网络

一是加强合作解决换轨难题。加强中国铁路总公司与波兰、德国等国家铁路部门的合作，特别是对波兰开发的可变轨系统、德国发明的可变轨距火车轮等解决轨距问题方案，进行合作研究并推广应用。二是建设内陆枢纽节点。在郑州、西安、成都等城市建立内陆枢纽节点，支持班列城市开通阶梯班列，进一步完善境内通道网络，提升三大通道境内段路网运能。三是协调推进境外通道建设。充分利用亚投行和丝路基金等资金，积极推动与中欧班列沿线国家共同完善欧亚铁路规划，促进沿线国家对陈旧线路进行升级改造，协调推进境外通道建设，并改善沿线过境站、换装站的场站布局和配套设施设备。四是加强过境口岸建设。进一步推进阿拉山口、霍尔果斯、满洲里、二连浩特等境内口岸建设，提高口岸车站的换装、仓储能力等。五是强化沿线物流仓储设施布局。相关企业可在俄罗斯、波兰、德国等沿线国家进行物流仓储设施的投资布局，并结合国家市场多元化、海外营销网络建设等方向，提升中欧班列的支线扩散和腹地辐射能力。

（二）联合制定中欧班列运输规则

在中欧班列常态化、规模化、规范化运营的基础上，更大范围吸引沿线国家认

可和参与，增强吸引力，提高话语权。一是联合沿线国家与国际组织合作建立国际标准。以组织者和协调者的身份引导沿线国家，共同探讨中欧班列通道“困境”解决方案，并与国际组织合作，使中欧班列贸易通道各项解决方案得到更广泛认可。二是合作赋予运单货权功能。积极推动相关国家的合作，特别是协调《国际货约》和《国际货协》国家，赋予运单货权功能并固化一票到底模式。三是在有条件的地方积极探索班列运单货权地方司法规定。比如在中欧班列运营最早而且比较成熟的“渝新欧”开通城市重庆，探索制定中欧班列运单货权地区司法规定并进行固化，通过法律和部门规章解释，降低铁路运单的不确定性。四是联合制定中欧班列运输规则，合作推动把上述地方司法规定扩展至整个中欧班列，共同推进铁路运单的法治化、标准化和国际化，改变因国际铁路运输规则不统一导致的通道不畅难题，并以此促进中欧班列资金支持和贸易融资，促进中欧班列高质量发展。

（三）提高贸易通道境外段的参与度

一是提高“分段包干”境外段的参与度。国内运营平台公司通过参股或投资境外平台公司，或者由中国铁路总公司参股（投资）主要的境外运输服务供应商，提高“分段包干”境外段的参与度，减少中欧班列境外物流节点和贸易通道的运营风险。二是完善中欧班列总体布局与运营网络设计，探索中欧班列线路多元化。中欧班列可在继续推进与巴库—第比利斯—卡尔斯（BTK）铁路线对接的同时，与“乌克兰—波兰恢复铁路计划”、“俄罗斯—乌克兰—斯洛伐克—奥地利”宽轨铁路项目等相关铁路线路计划对接，探索中欧班列线路多元化，减少线路重复，拓展通达范围，促进贸易通道通畅。

（四）建立并完善补贴退出机制

一是对国内开通城市进行整合，促进有序竞争。可按区域进行整合，西南以成渝为核心，西北以西安为核心，中部以郑州、武汉为核心，东北以营口为核心，东部以苏州和义乌为核心对开通城市和线路进行整合，协调其利益，发挥规模效应。二是加强回程货源组织，降低运营成本。充分利用中国在中欧班列沿线国家的境外经贸（产业）合作园、海外仓和境外加工基地等，加强回程货源组织，降低返程空载率，降低中欧班列运行成本。三是挖潜综合收益，建立补贴退出机制。对开通中欧班列的城市和地区来说，中欧班列真正的意义，不仅在于班列本身，更为重要的还在于其影响力、带动力等综合效应。中欧班列的常态化运营，可以帮助地方在更高的起点上、更大的空间内集聚资源，带动物流、人流、信息流，促进当地贸易转型和城市发展。通过与本地产业转型升级融合，发挥其产业带动效应；与现代物流中心建设结合，发挥其物流枢纽效应；与保税平台、电商平台互动发展，发挥其线路聚集效应，逐步退出补贴，让市场在中欧班列发展中起决定性作用。

“丝绸之路经济带”背景下中国对中亚直接投资：演进特征、政治风险与对策

阴医文　　汪思源　　付　甜

（北京师范大学政府管理学院）

一、中国对中亚直接投资的演进与特征

（一）中国对中亚直接投资的演进历程

《中国对外直接投资统计公报》显示，自21世纪以来，中国对中亚直接投资在总体上呈现出存量稳步上升、流量波动较大的显著特征。具体而言，中国对中亚直接投资的发展历程可分为以下三个阶段：

1. 第一阶段（2003—2012年）：直接投资流量稳步上升，存量增幅大

该阶段中国对中亚直接投资流量稳步上升，并在2012年呈现出跳跃式上升，直接投资流量突破30亿美元，达到峰值（见图1）。

与此相对应，直接投资存量增长迅猛，增幅较大。2003—2012年10年间，中国对中亚地区直接投资存量由4400多万美元跃升到近80亿美元，增长了170余倍（见图2）。

其中，中国对哈萨克斯坦的直接投资流量和存量均在五国中占比最大，2012年直接投资流量占五国总流量的88%，存量占五国总存量的80%，在中国对整个中亚地区的直接投资中占据决定性地位；中国对土库曼斯坦直接投资存量增长速度最快，从2003—2012年增长了1400余倍。相比之下，中国对塔吉克斯坦、乌兹别克斯坦直接投资规模较为稳定，呈现平稳增长态势，这10年间也增长了40余倍。

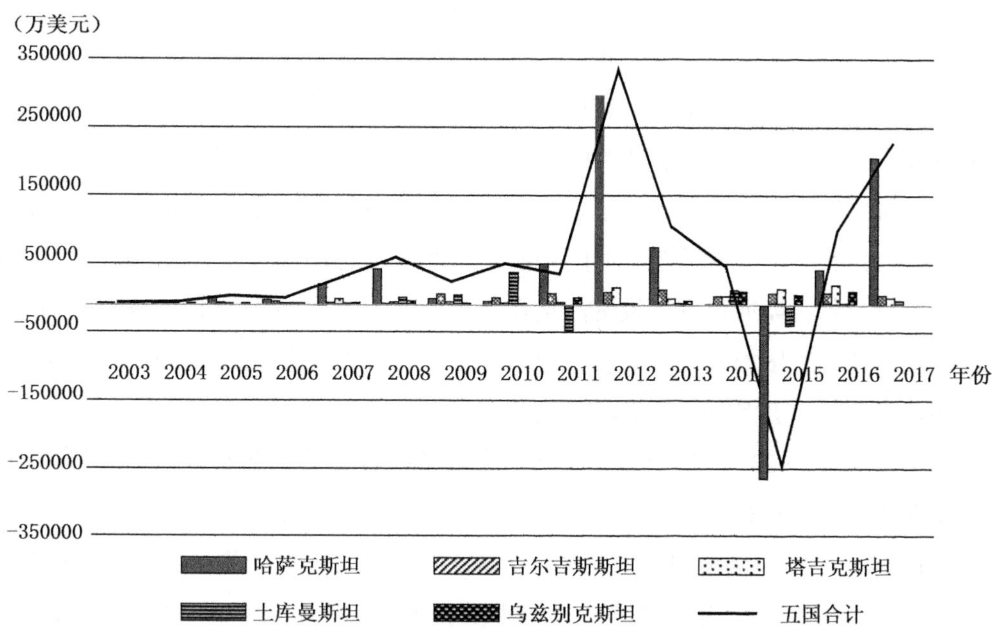

图 1　中国对中亚直接投资流量图

数据来源：《中国对外直接投资统计公报》，2003—2018。

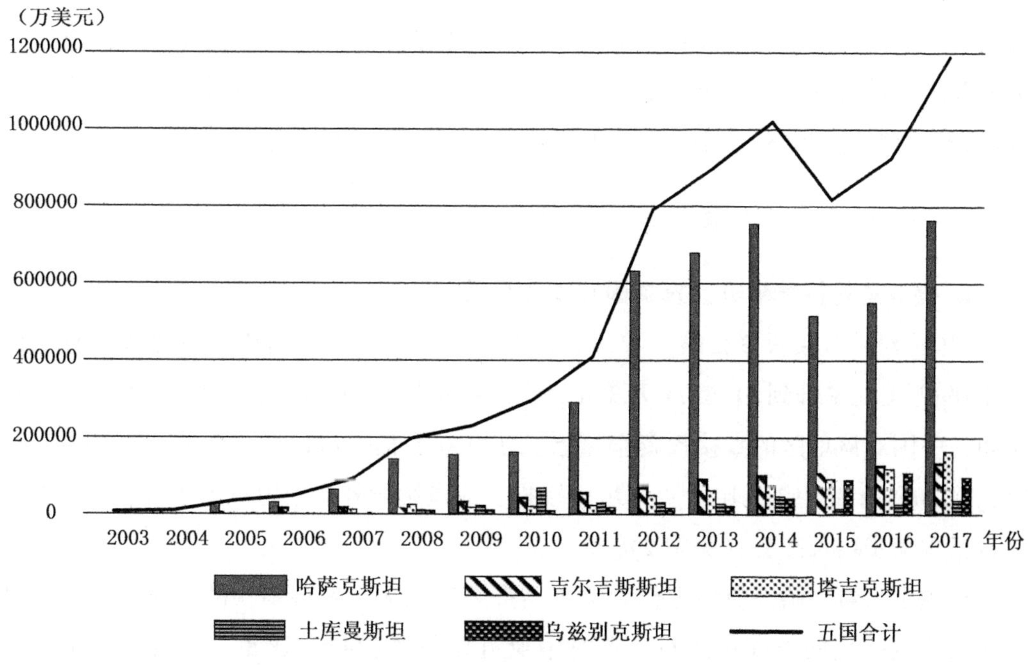

图 2　中国对中亚直接投资存量图

数据来源：《中国对外直接投资统计公报》，2003—2018。

2. 第二阶段（2012—2015 年）：直接投资流量快速下降，但存量仍保持高位水平

在该阶段，由于受全球经济衰退、美联储退出量化宽松政策预期对国际金融市场造成冲击等因素影响，中国对中亚直接投资流量逐年递减（韩璐，2017）。2015 年，中国对中亚直接投资流量总额首次由正转负，其中对哈萨克斯坦直接投资流量为负 23 亿美元，达到最低点；对土库曼斯坦直接投资流量也呈现出减少态势。相反，中国对吉尔吉斯斯坦直接投资流量保持稳定，对塔吉克斯坦和乌兹别克斯坦直接投资流量还有所增加。在该阶段，中国对中亚直接投资存量均保持在 80 亿美元以上，2014 年首次一度突破 100 亿美元之高。

3. 第三阶段（2015 年以来）：中国对中亚直接投资流量和存量迅速回升，均呈现出跳跃式大幅度增长

数据显示，2016 年中国对中亚五国直接投资流量达 10 亿美元，存量增长为 90 亿美元，已恢复到 2013 年对外直接投资水平；2017 年更是较 2016 年翻了一倍超过 20 亿美元。这种增长趋势很大程度上得益于“一带一路”倡议推进，尤其是中哈两国经济紧密合作，中国对哈萨克斯坦直接投资流量触底反弹，由负转正并迅速攀升（郑周胜，2018）。截至 2017 年底，中国分别是哈萨克斯坦第二大贸易伙伴国和第四大投资来源国；是吉尔吉斯斯坦、土库曼斯坦第一大贸易伙伴国和第一大直接投资来源国；是塔吉克斯坦和乌兹别克斯坦的第二大贸易伙伴国和第一大投资来源国（陈长和楚树龙，2018）。中国对中亚直接投资，可谓异军突起。

（二）中国对中亚直接投资的特征

1. 投资总量持续攀升，投资国别差异显著

《中国对外直接投资公报》显示，2003—2017 年，中国对中亚直接投资存量已由 4409 万美元攀升到 1176571 万美元，占总存量的比例由 0.13%提升到 0.65%。14 年间，中国对该地区的直接投资存量增长了 260 余倍，占比增长 0.5 个百分点。同时，除 2015 年受中国对哈萨克斯坦直接投资流量影响外，中国对中亚五国直接投资存量呈现稳步增长态势（见图 2）。

从国别来看，哈萨克斯坦作为中亚经济规模最大、发展最快的国家，中国对其直接投资也一直处于高位运行，占对中亚五国投资存量的比重一直保持在 60%～80%之间；而除了 2004 年之外，中国对中亚地区的其他四国投资存量之和均未超过中国对哈萨克斯坦的直接投资存量，且投资存量也呈现稳中有降态势。2003 年，中国对四国直接投资存量占对中亚五国存量的55%；但是到了2017年，这一数据下降至36%，降低了19个百分点（见图3）。可以说，中国对哈萨克斯坦的直接投资规模，在一定程度上直接影响到中国对中亚地区投资的总体格局和发展趋势。

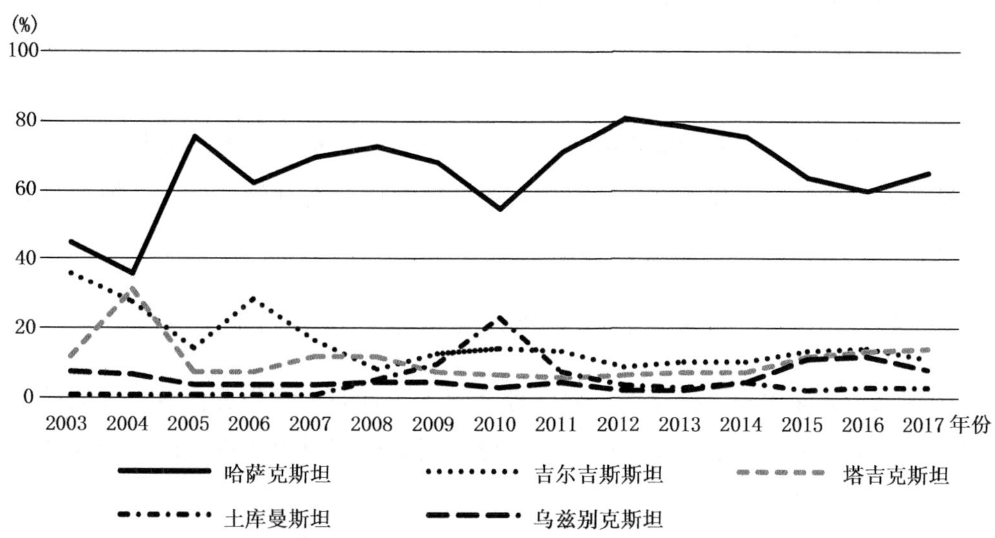

图3　中国对中亚直接投资存量的国别比重分布图

数据来源：《中国对外直接投资统计公报》，2003—2018。

2. 行业多元化，能源行业居首要地位

截至2017年底，中国在中亚各国注册的中资企业已逾4300家，投资领域广泛，制造业、能源产业市场巨大、建筑业前景光明、运输与金融业投资密集（商务部国际贸易经济合作研究院，2018）。其中投资金额居首要地位的为油气等能源资源行业，以此为基础的经贸合作园区推动着双方产能合作迈向新高地。从国别来看，中国对哈萨克斯坦直接投资涉及行业面最广，涉及采矿业、制造业、地质勘探业、金融业、建筑业、制造业、批发零售业等领域。其次是对吉尔吉斯斯坦的直接投资，广泛分布于资源、农业、运输、通信等行业。而对塔、土、乌三国的直接投资则集中于建筑、制造、资源和销售等领域。此外，近年来在中亚地区的商业、金融服务和航空运输领域的直接投资也在逐渐增多（李悦和杨殿中，2014）。

二、见微知著：对中亚能源资源行业投资的历史及新发展

在“一带一路”倡议框架下，我国对中亚的诸多投资领域中，能源合作无疑是重中之重，这一点从上文投资金额的占比分析即可见一斑。此外从贸易角度看，一

方面中亚五国的能源储量领先，但工业基础薄弱，技术及设施陈旧，制约了该地区的经济社会发展；另一方面我国处在国民经济上升期，对资源能源的需求量巨大，但国内能源资源的储量又相对不足，分布不均匀。因此，我国对中亚的能源投资与合作能为双方发展带来契机，优势互补，打通贸易通道、提高服务水平、促进能源资源的跨区域流动，共享能源发展成果，加快构建更加绿色的全球能源治理体系。

因此，要研究我国对中亚直接投资的特征及风险，选取能源行业是具有代表性的，从双方能源行业合作的历史和新进程中能窥探出具有共性的问题，把握具有前瞻性的信息。

（一）中国对中亚五国能源资源投资从零到全覆盖的突破

中国在中亚能源投资拥有先天的优势基础，一方面地缘临近，另一方面随着我国日新月异的发展，能源攸关国民经济命脉，因此中国对中亚资源能源的需求量巨大，投资增长迅猛。

回顾历史，早在 1997 年，中石油就持有哈萨克斯坦阿克纠宾油气股份公司 60.3%的股份，6 年后进一步增持至 85.42%，并取得了对乌津油田的开采权，由此中国投资开始以不可抵挡之势大规模进入中亚市场。随后中石油在哈投资了若干勘探项目和油田开发项目，承建并与哈萨克斯坦合资筹建肯基亚克—阿特劳管道、中哈原油管道等储运项目，每年石油开采量约占哈萨克斯坦石油总产量的 25%（朱瑞雪，2015）。

对于乌兹别克斯坦，中石油于 2006 年开始进驻投资，同年中国石油天然气集团公司获得乌兹别克斯坦 5 个陆上勘探区块项目和咸海水域油气勘探开发项目，随后又开启了中乌天然气管道建设、签署了明格布拉克油田协议等。

土库曼斯坦有着得天独厚的天然气储量优势，中土两国的合作领域集中于此。自 2007 年开始，两国政府与相关企业陆续签订了产量分成协议、天然气合作框架协议、采购和提供天然气协议等（袁胜育和汪伟民，2015）。

对于吉尔吉斯斯坦，中石油化工集团公司于 2002 年开始油气资源投资，进行阿拉伊盆地和马利苏四—依兹巴斯肯特油田的勘探；2011 年，陕西延长石油集团对吉尔吉斯斯坦面积达 1.1 万平方千米的 11 个勘探开发区块进行投资。

塔吉克斯坦的油气资源同其他四国相比较为贫瘠，但中石油天然气集团于 2012 年底也获得了伯格达地区油气项目，开启了中石油在塔吉克斯坦能源投资的首个项目，我国在中亚地区的油气资源开发实现了全覆盖。

（二）中国对中亚能源资源投资的新发展与前景展望

1. 油气开发项目发展迅速，供应量显著提升

目前，中国对中亚五国的核心能源投资项目包括中—哈原油管道、中—哈天然气管道和中国—中亚天然气管道。中—哈原油管道西起里海，途经阿克纠宾，终至阿拉山口，分三期工程进行建设，前期、一期、二期一阶段工程已分别于2003年底、2006年5月和2009年7月建成投产，实现了哈萨克斯坦到我国新疆的全线贯通。中—哈天然气管道工程分两期，一期已于2012年竣工。中国—中亚天然气管道全长约一万公里，西起土库曼斯坦，途径乌兹别克坦和哈萨克斯坦，从新疆接入西气东输二期工程，是中亚向中国出口能源的重要战略通道，分为四个支线，目前已完成A、B、C三线，D线正在建设中（王鹏和欧俊，2016）。据霍尔果斯海关统计，2018年中亚天然气管道向中国输气逾474亿立方米，同比增长23.08%，呈现出"淡季不淡，旺季更旺"的繁荣局面（中华人民共和国商务部驻哈萨克经商参处，2019）。

此外，我国对中亚油气资源投资也取得了新的进展。中亚五国中，我国对哈萨克斯坦的投资持续时间最长、项目最多、规模最大。2018年6月，中石油同哈萨克斯坦能源部签订《关于石油合同延期及深化油气领域合作的协议》，为我国对中亚能源更深远的投资开发提供了法律保障。9月哈萨克斯坦三大炼油厂之一——奇姆肯特炼油厂现代化改造项目即启动，这被视为"一带一路"倡议的重点工程。除哈萨克斯坦外，我国对土库曼斯坦的能源投资集中于天然气领域，萨曼捷佩气田增压项目二期工程建成投产，中石油承建的复兴气田产能建设项目也将正式启动，这将进一步提高天然气开采能力。塔吉克斯坦和吉尔吉斯斯坦两国也在加深同中石油的合作，中亚天然气管道D线塔段将由中塔合资成立的集团Trans-Tajik Gas Pipeline Company Ltd. 修建和营运（刘乾，2019）。

2. 新能源前景广阔，成为对中亚能源投资的新兴方向

随着新型技术的普及和可持续发展战略的落实，中国同中亚五国都将新能源视为双方能源合作迈向长远的必由之路，近年来核能、光伏发电、风能、节能产业都成为我国对中亚投资的新兴重要领域。

中国核电发展迅速，核燃料需求日益旺盛，而哈萨克斯坦铀矿储量位居世界第二位，因此我国积极与哈萨克斯坦原子能公司合资兴办了中哈核燃料组件厂，共同开发位于哈萨克斯坦的伊尔科利和谢米兹拜伊铀矿，该项目预计于2019年底建成投产。与此同时，2030年乌兹别克斯坦将建成中亚首座核电站，为中国核能投资开辟一片新的领地（中国新闻网，2019）。此外，中国开始在哈萨克斯坦建设中亚最大的光伏电站；2016年中国电建集团与哈萨克斯坦巴丹莎公司签署了巴丹莎风电一期合同；中国北汽集团也在筹备在吉尔吉斯斯坦建设新能源汽车制造厂等。对于节能产业，哈萨克斯坦政府的思路同我国可持续发展战略不谋而合，2012年在中亚五国中率先垂范地通过《节约能源与提高能源利用效率法》，积极引进一批中国节能设备和企业。我国企业生产的众多节能产品经受住了哈萨克斯坦的寒冬考验，为我国企业在中亚节能产业的进一步投资提升了品牌知名度，积累了“人气”（经济日报，2017）。

3. “设施联通”再升级，“资金融通”有保障

为推动同中亚的能源合作，我国不断提高能源基础设施建设水平，促进能源开发技术和设施的互联互通，有条不紊地按计划投资和运营境外电网项目。中国同中亚一道努力提升能源资源的利用率，中哈已布局炼油厂、沥青厂、煤制气、煤制油等重点项目；2018年8月，“一带一路”重点探井——明15井完钻至井深5918米，打破了中国在海外市场石油套管下入最深、封固段最长的施工纪录。

在能源交易市场的机制方面，为了解决我国在国际能源贸易中的价格歧视和“亚洲溢价”等历史问题，我国构建了包括上海、重庆、新疆等地在内的全国性和国际性油气交易中心；为建立我国在亚太地区的原油市场，推动形成有影响力的亚洲原油价格基准，我国于2018年3月推出了原油期货，践行了“国际平台、净价交易、保税交割、人民币计价”的原则（黄嫣然，2019）。截至2019年3月，一年间我国原油期货的市场成交量逾17万亿元，总开户数逾4万户，交易主体涉及大型石油、化工企业等，参与度活跃（经济参考报，2019）。

在投融资层面，亚投行和丝路基金近年来发挥了重要的平台作用。2018年3月，亚投行为哈萨克斯坦卡拉干达的大型太阳能发电厂提供债务融资；6月，丝路基金以下设的中哈产能合作基金为媒介认购哈萨克斯坦阿斯塔纳国际交易所的部分股权；同月，丝路基金与乌兹别克斯坦石油天然气控股公司签署合作协议，为乌兹别克斯坦油气项目提供投融资支持（张方慧，2018）。

综上所述，中国正在为深化合作，延长产业链，形成“能源+金融+服务”的一体化优势做重要布局，努力打造中亚地区能源投资与合作的新格局。

三、对中亚直接投资的政治风险分析：以能源资源行业为例

结合中亚地区的地缘政治与经济发展具体情况，对贸易与投资环境进行进一步分析发现，中国对中亚五国投资不稳（投资增速和占比下降）的态势，正是主要来自于中亚地区近年来政治风险的不断攀升。

（一）域内外多主体、多层次、差异化的能源合作制度使地缘政治风险更加突出

通常而言，一个地区的国际能源合作制度既包含了域内国家的合作制度，也包括与域外全球性、地区性、大国主导性制度等一系列层级制度相衔接的合作制度，具有主体多元化、目标差异化、协调层级化等特点（王波和李扬，2018）。其中，中亚地区的能源合作制度中，域外全球性或地区性的制度因素包括由联合国主导的中亚地区能源发展计划、欧亚经济联盟推进的能源共同市场建设制度、上海合作组织框架下的多边能源合作制度，以及由世界银行牵头的中亚区域经济合作计划中的能源合作战略等；域外大国制度因素中，既包括美国"新丝绸之路计划"、俄罗斯《2035年前俄罗斯能源战略》等，也包括中国倡导的"一带一路"等（杨宇、何则和刘毅，2018）。可以说，中亚素来是大国博弈的战场，美、欧、俄等多方势力之间的较量与冲突无疑给中亚能源合作施加了无形的阻力。

对于域内制度因素，由于不同层次或目标的制度间协调不足，处在各能源合作区块内的地区、大国或国际组织之间容易形成碎片化的竞合关系，使得地缘政治因素不断加重，地缘政治风险度不断提高。中亚各国无可厚非得以本国利益最大化为立场，给相关项目、特别是油气价格、管输费等问题的谈判和运营带来严峻的考验，例如，2018年冬季供暖期间中亚部分国家缺乏统一计划的下气和断供使得天然气供应量一度下滑，导致我国部分地区出现"气荒"现象（中国石油新闻中心，2018）。

（二）投资保护主义、与外资不相容的金融环境加重能源政策的波动性

一方面，以国家安全为由的能源资源行业投资保护主义日益突出。例如，近年来哈萨克斯坦受世界经济增速放缓、金融危机冲击等不利因素的影响，国内投资、市场、行政等多个维度政策环境的宽松度较以往不断收紧，尤其是在石油、天然气等战略资源领域实行严格的国家控制，并通过企业并购、政府扶持等方式实现国有

控股或增持，增强了国家对能源资源行业的控制力，制约了中资企业在哈萨克斯坦的投资发展。

另一方面，由于中亚国家都是由苏联解体形成的，中亚五国的投资环境、特别是金融体制与政策受到前计划经济体制的影响颇深，中亚五国货币体制即可见一斑。2014 年 2 月，哈萨克斯坦央行宣布坚戈贬值 19.4%，大幅度贬值给在哈萨克斯坦直接投资的企业带来巨大损失；塔吉克斯坦货币索莫尼在 2009—2012 年间也一度对美元持续贬值了约 40%；乌兹别克斯坦则是外汇管制过于严苛，导致其封闭性较高，与国际市场接轨的程度低。虽然中亚五国经济总量不大，但行走于五国之间的企业却被迫要在货币问题上频繁“换轨”，对外直接投资的交易成本高昂，严重影响到中资企业在内的国外投资。

（三）围绕能源资源与交通等基础设施控制的恐怖主义与宗教势力不断渗透

恐怖主义与宗教势力不仅破坏企业依赖和平与发展的生存环境，还直接威胁到各国对外投资及相关企业机构与人员的安全（阴医文、王宏新和张文杰，2017）。在这方面，塔吉克斯坦的局势最为严峻。2012 年，塔吉克斯坦政府军与当地非法武装人员交战，致使塔中公路一度停运，严重影响到许多合作项目所需建材和能源运输，经济损失难以估量（康磊和祁婧，2017）。2015 年 5 月，塔吉克斯坦国家特警司令哈利莫夫宣布加入国家恐怖组织“伊斯兰国”；同年 9 月，塔吉克斯坦国防部原副部长纳扎尔左达主导发动了对国防部中央机关和瓦赫达特市内务部门的袭击，政局一度出现波动；与此同时，塔吉克斯坦一直以来与中亚其他各国在阿姆河和锡尔河两条跨境河流的水资源分配及保护、水利设施建设等问题上存在分歧，影响了各国间的关系；塔利班和“伊斯兰国”日益活跃，成为塔吉克斯坦安全与稳定的最大外部威胁。此外，吉尔吉斯斯坦爆发吉乌两族冲突的可能性较大，土库曼斯坦和乌兹别克斯坦的边境地区受邻国极端宗教的思想影响较深，这些都是中亚地区潜藏的政治风险。

四、“丝绸之路经济带”背景下中国对中亚投资建议

中亚五国，是“丝绸之路经济带”西出国门第一站，对于整个“一带一路”倡议具有举足轻重的作用和战略意义。因此，中国在高度重视中国企业向中亚五国的“走出去”的同时，应高度关注中亚地区存在的政治风险并采取应对之策，积极保

护对中亚投资的安全，为“一带一路”保驾护航。

（一）继续加强我国对中亚国家的高度战略互信，营造良好政治经济合作氛围

虽然中国早已分别同中亚五国签订了适用于民企和国企的《双边投资协定》，但是中亚各国普遍表现出对国企的敏感性，常常动用更严苛的审查程序，易引起新闻媒体关注与报道，进而引发东道国民众抗议和投资搁浅等潜在的政治风险。同时，还必须清楚地认识到，中亚国家始终处于大国博弈的地缘政治区域，易受大国关系、本国政治选举周期等因素影响，也深刻牵动着中国企业在中亚的布局战略。因此，中国应在坚持和平共处五项原则的基础上，在“一带一路”倡议中更加重视中亚国家政治与经济利益考量，通过“上海合作组织”、“金砖国家”等多种机制，保持与中亚国家合作共赢“热度”，打消其顾虑，实现区域间和平友好、共同发展。

（二）积极发挥政府主导作用，构建“中国—中亚多边投资协定”

从上文可知，中亚五国在政治风险的构成、特征与程度等方面均表现出强烈的差异性。从经济学角度看，面对五国迥异的政治风险挑战，任何单个企业要在中亚五国投资具有一定的稳定性和成长性，都难以面对高昂的政治风险成本。因此，需要由政府来提供一些公共产品，其中最重要的就是在中国对中亚各国的双边投资协定的基础上，进行国际合作制度创新，推动签署一个“中国—中亚多边协定”，不仅保障中国在中亚投资的安全，也可推动与中亚国家之间的经贸合作健康发展（方创琳和毛汉英，2018）。由中国政府牵头，推动“中国—中亚多边投资”协定，是历史和现实的应然选择：一方面，中亚五国均溯源于苏联计划经济体制，在经济发展规划与市场化改革进程中，同中国有着不少相似性或相似的经历，具备良好的经济沟通体制基础；另一方面，中亚五国中有四国均为“上海合作组织”的发起国，已有 17 年之久的战略互信与政治、军事合作基础。

（三）强化引导与培训、重视能源投资风险管控，构建稳定、双赢、和谐的政商关系

中亚五国，在地缘政治中具有极大特殊性，面临着大国博弈、地区冲突、宗教和极端势力渗透。在此背景下，各国政治当局和民众均对本国经济快速发展抱有期

望，政治家们也亟待在经济发展中提升其在民众中的支持度与声望。但是，长期的封闭和缺乏活力的体制使中亚国家在开放发展的格局与思想上存在很大局限，常常视外来投资为洪水猛兽。尤其是能源资源行业，中国对中亚五国的能源投资存在进入时间较晚，合作基础较差的问题，导致我国对中亚地区相关法律政策和能源资源信息的了解不够深入全面。加之中国石油企业在中亚能源投资过于依赖政府牵头、企业跟进的投资方式，长远来看不利于企业独立应对国际市场风险。为了防范和化解能源合作风险，政府应加强对东道国的政治引导，并强化向中亚五国直接投资企业培训，推动企业形成稳定双赢、和谐共治的政商关系，针对中亚五国经济发展中急需的，且有利于五国经济结构升级的产业进行投资布局，避免在能源资源争夺、政治势力介入的行业进行过度投资，以免引起东道国政治家及民众的不满甚至敌对情绪。

（四）充分利用 WTO、国际仲裁、商业保险等区域性国际机制，分摊化解投资风险

当中国对中亚五国直接投资的企业遭遇政治争端且协商无果时，可充分利用国际仲裁和商业保险机制，为降低政治风险带来的损失，积极寻求法律和商业救济，应充分发挥 WTO 争端解决机制的作用（杨丽君，2018）。关于保险合同制，目前中国尚缺少专门针对对外直接投资的相关保险法规，为此，可推动国内主要保险企业积极介入中国对中亚五国直接投资的商业保险业务，增强商业保险在对外直接投资中的风险转移作用（陈业宏和陶斌智，2014）。此外，中国与中亚当地石油企业应更多地尝试合资经营、共同开发，增进共同利益，增加我国应对政治风险的谈判筹码。最后，要积极利用好“一带一路”背景下成立的新兴国际性金融与担保平台，如亚投行、“丝路基金”等，充分发挥其得天独厚的资金与政策支持作用。

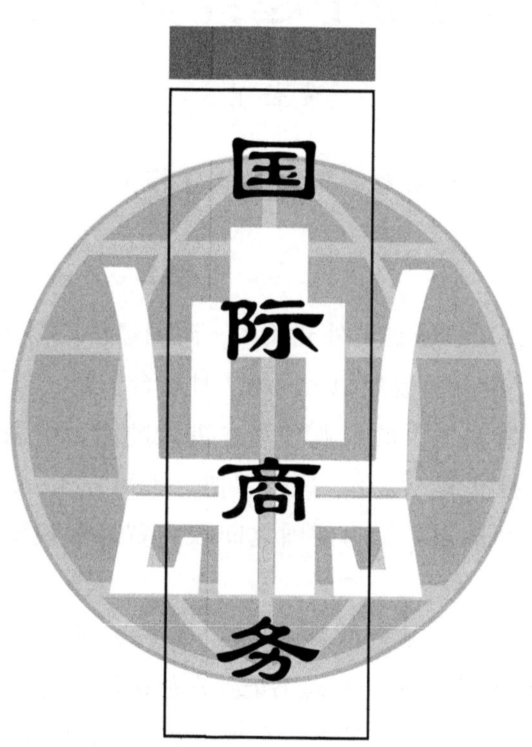

国际商务

越南营商环境与中越经贸关系发展分析

裴长洪

（中国社会科学院大学、中国社会科学院经济研究所）

1991 年，中越双方正式恢复了外交关系，两国经济贸易关系步入正常发展轨道。2007 年，越南加入世界贸易组织，同年 7 月出台了新《投资法》，进一步开放市场，越来越多的国家和地区的企业和资本进入越南。中国作为越南重要的邻国，两国之间经济发展模式、文化、风俗习惯、生活方式、消费心理、建设社会主义经济方面有许多共同点，更为两国之间双边贸易和投资活动提供了便利的条件。

最近几年，两国外交关系有新的重大发展，高层访问比较频繁。2016 年越南政府总理阮春福访华，2017 年越共中央总书记阮富仲访华，同年越南国家主席陈大光访华；2017 年 11 月，习近平主席访越，会见越共总书记阮富仲。这些都为中越经贸关系发展创造了良好的政治环境。

一、越南经济社会发展趋势

（一）越南是世界上经济最具活力的国家之一

2012—2018 年 7 年间，越南 GDP 的平均增长率为 6.02%；2018 年是越南经济取得许多重大成功的一年。国内生产总值（GDP）达 5.5 万亿越盾（约合 2448 亿美元，在东盟 10 国排名第六位），同比增长 7.08%（见表 1），创 2008 年以来的最高增长水平，人均 GDP 为 5850 万越盾（约合 2587 美元，较上年增长 198 美元）。

国民经济结构中，2018 年第一产业占 GDP 比重为 14.57%，增长 3.76%，对 GDP 贡献率 8.7%；第二产业占 GDP 比重为 34.28%，增长 8.85%，对 GDP 贡献率

表 1　越南 2012—2018 年经济增长率

单位：%

	2012	2013	2014	2015	2016	2017	2018
增长率	5.03	5.42	5.98	6.68	6.21	5.73	7.08

资料来源：越南国家统计局公报（下同）。

48.6%；第三产业占 GDP 比重为 41.17%，增长 7.03%，对 GDP 贡献率 42.7%。生产税净额占 GDP 比重为 9.98%（生产税净额等于生产税加特别消费税加进出口税等，减去生产补助），全年平均消费者物价指数同比上升 3.54%，控制在国会预期的 4%以内。自 2013 年以来，越南已经保持了年均 CPI 增长低于 5%的稳定记录。越南成为东南亚和世界增长最快的国家之一。越南宏观经济保持稳定且呈上升趋势，通胀得到控制。农业方面，全年大米产量达 4398 万吨，同比增长 124 万吨，耕地面积为 757 万公顷，比上年下降 1.35 万公顷。制造业成为经济“增长的最强劲推动力”，增长率达 12.98%，经济对采矿业和信贷的依赖程度降低。越南在出口中创下新纪录，出口总额和农业出口额均达历史最高水平，从农产品到高科技行业等领域成为“世界工厂”之一。越南的进出口贸易总额迅速增长。2018 年，越南的全年进出口贸易总额达到了 4820 亿美元，相比上一年增长幅度接近 13%。私营部门投资比例达总投资的 43.3%，其中外国直接投资达 191 亿美元，许多分析人士积极评价越南是亚太地区最具吸引力的投资目的地之一。2018 年越南的劳动人口失业率为 2.0%，其中城镇劳动人口失业率为 2.95%，农村人口失业率为 1.55%；当年国家财政总收入为 1272 万亿越盾（约合 563 亿美元），其中进出口收入 87 亿美元，占 15.5%；总支出 563 亿美元，其中投资发展支出 115 亿美元，占 20.4%。

（二）2019 年越南政府工作重心与发展规划

2018 年 12 月 28 日，越南第十四届国会提出了 2019 年经济社会发展任务的主要指标：GDP 增长 6.6%~6.8%，出口总额增长 7%~8%，贸易逆差占出口总额 3%以下，CPI 上涨约 4%，全社会投资总额占 GDP 的 33%~34%，贫困户比例下降 1%~1.5%，贫困县贫困户比例下降 4%，城市失业率 4%以下，受过职业培训的劳动力比例达 60%~62%。会议上越共中央总书记、国家主席阮富仲明确指出 2019 年优先实施的经济、文化社会、国防安全、党建工作四大核心任务。其中，经济方面，越南将进一步巩固宏观经济基础，抑制通胀，维持增长势头，进一步改善营商环境等。

2019年新年，越南总理阮春福提出2019年党和政府关注的六个优先领域：（1）注重经济发展，巩固宏观经济，实施严格的财政政策，控制财政赤字率低于GDP的3.6%，继续推进公共投资、国有企业以及信贷机构重整改组，促进加工、制造业、高科技农业、信息技术、旅游业和城市发展等产业发展，采取有力措施提高国家营商环境、竞争力、投资者保护和跨境贸易等排名。（2）文化和社会发展与经济发展同步，所有中央部门和地方政府应在党中央关于改革薪资、社会保险和医疗项目的决议实施之前做好准备。（3）加强资源和环境管理，并采取措施应对气候变化和自然灾害，修订土地法，对违反土地管理和采掘活动规定的行为进行更严格的控制和更严厉的惩罚，呼吁采取“全面解决方案”来处理农村地区、高密度的居住区和三角洲地区的垃圾，加快实施预防和减轻自然灾害后果和应对气候变化的项目，特别是针对湄公河三角洲、中部沿海地区、西原地区和西北地区。（4）加强电子政务建设和行政改革，更严格执行反腐败法，创造无腐败的环境，促进无现金交易，增加公共行政和干部选拔的透明度。（5）继续巩固国家安全和秩序，通过积极措施来遏制“敌对势力”，确保国防和安全，以获取国家社会经济和文化发展，公安机关将重点关注打击如贩毒、盗窃团伙，高科技犯罪活动和放高利贷等有组织犯罪。（6）加强公众媒体宣传工作，以创造“社会共识”，滥用信息自由和言论自由，损害国家利益和公民利益的人将受到惩罚。2019年1月23日晚，越南政府总理阮春福在瑞士世界经济论坛就“第4次工业革命：促进活跃与创新”主题与全球一流集团领导人进行对话，并呼吁投资者“到越南并创造4.0产品”。

2019年1月，越南总理阮春福批准重组河内证券交易中心和胡志明市证券交易中心、并建立越南证券交易所的计划，以确保证券市场的高效和透明运作。从2019年至2020年，河内和胡志明交易中心将继续照常运营，同时建立越南证券交易所；从2020年到2023年，在上述两子交易中心实施市场信息系统上线运作，2023年后完成越南证券交易所私有化。在法律合规方面，2019年1月1日起，越南10部法律正式生效，包括：《网络安全法》、《举报法》、《规划法》、《规划工作有关的11部法律部分条款修改补充法》、《规划工作有关的37部法律部分条款修改补充法》、《国防法》、《林业法》、《水产法》、《地图测绘法》和《体育法》等。外商在越南投资建立独资、合资和合作经营企业、建立贸易公司和分销机构等均有明确的法律规定。

二、越南营商有利因素及其对外开放政策

（一）越南营商的有利因素

1. 越南储藏丰富的自然资源

多年的地质勘探调查证明，越南矿产资源丰富，种类多样。越南煤炭类、普通金属、轻金属、贵金属等已探明储量远远超过中国，估计储量更是惊人。目前，越南勘探到的矿藏大部分靠近主要公路或是紧邻已发现的矿区，对 200 米以下的矿藏很少勘测。

2. 越南的基础设施较为完善

公路运输为越南的主要运输方式，总里程约 20 多万公里。目前，在建和拟建的高速公路 40 多条，全长 6313 公里。越南铁路总里程 2600 公里，以米轨（轨距为一米的窄轨铁路）为主（2160 公里，占总长的 83.18%），共七条干线，其中河内—胡志明市统一线全长 1726 公里，经过三次提速全线行程约 29 个小时。内河运输的货运量和客运量仅次于公路运输，居第二位，有 23 个主要的内河装卸码头和若干小码头，年吞吐量约 700 万吨，主要港口在胡志明、河内、河北、越池、宁平、和平等省市。大规模基础设施建设的需求为投资创造了机会。2016 越南的建筑产值增长了 10%。

3. 人工成本相对较低

越南是亚洲劳动力成本较低的国家之一，至今越南政府规定的最低工资标准仍然没有超过 1200 元人民币/月。越南有受过良好教育的员工，年轻、精通数字技术的员工队伍不断壮大。并且，越南正处在黄金人口结构期，25 岁以下的人口占总人口的 40%。智能手机的使用率也高达 26%。

（二）越南的对外开放政策

1986 年以来，越南坚持革新开放，以发展经济为重心，加快融入世界经济。特别是在 2007 年 1 月加入世界贸易组织后，越南给予外资企业国民待遇，大力完善国内法律法规，力求与国际接轨。为加大吸引外资力度，越南第五次修订《投资法》，并于 2015 年 7 月 1 日起正式生效。2016 年 11 月 22 日，越南国会通过《关于〈投资法〉附条件投资经营行业 4 号目录的修订草案》，决定。自 2017 年 1 月 1 日起正式取消 20 项业务的投资经营限制条件，国内市场进一步开放，营商环境不断改

善。越南实行对外开放政策，加强了越南经济与全球经济的融合性。越南是一个严重依赖贸易的经济体。瑞士经济分析局 KOF 全球化指数显示，2014 年开始越南全球化程度超越世界平均水平，2015 年越南实际全球化指数达到 62%，而世界平均水平为 56.63%。其中，贸易全球化指数从 1992 年起一直远高于世界平均水平，2015 年达到了 64.91%。除了稳定的政策，稳定的社会和政治环境外，政府承诺为外国投资者提供公平的、有吸引力的商业环境。越南政府大量建设工业园区，吸纳外资企业，截至 2018 年年底，越南共计设立工业园区项目达 320 多个，目前已经有超过半数开始投入使用。引进的投资项目达到了 1.5 万个，吸纳投资资金总额高达 1800 亿美元。已经有耐克、富士康、佳能、LG 等公司入驻越南，开设工厂。值得注意的是，其中有许多企业，正是从中国市场撤走之后来到越南的。园区所在的海防市是越南第三大城市，距离中国边境口岸仅 230 公里，同时也是越南北部最大的深水港和物业中心。

在越南的各类工业或经济合作园区内，企业可以享受的优惠政策主要是：建设厂房的土地出让金视不同情况为 75~90 美元/平方米，土地出让期限为 50 年。生产的出口品免税；用于生产出口品的原料、辅助材料以及越南不能生产的专用设备免征进口关税；增值税为零；企业所得税基本税率为 20%，外商投资企业的所得税享受“四免九减半”或“两免四减半”优惠政策；雇佣员工 3000 人以上、投资额超过 3000 万美元以上的企业还有其他的税收优惠政策。

2018 年 12 月 30 日，由越南参加的《跨太平洋伙伴关系全面进展协定》（CPTPP）正式生效，它将创造覆盖 5 亿人，GDP 总和超过 13.5 万亿美元，占全球 GDP13%的庞大市场；将逐步取消 98%的农业和工业产品关税，放宽对投资的相关限制，进一步加强知识产权保护。包括越南在内的 CPTPP11 个成员国希望该协定可以有效应对贸易保护主义。越方认为，CPTPP 具有全面、平衡、高标准的承诺，将有助于加强成员经济体之间的互利联系，促进亚太地区的贸易、投资和经济增长。据越南计划投资部国家社会经济信息和预测中心估计，到 2035 年，CPTPP 将带动越南 GDP 增加 17 亿美元，出口增加 40 多亿美元，分别增长 1.32%和 4.04%。该协议将为越南贸易开辟新机遇，为推进国内经济体制改革和改善商业环境创造更多动力。越南加入 CPTPP 确认了越南在东南亚、亚太地区以及全球的作用及地缘政治地位，对越南利用外部资源和整合国内优势，有效服务国内建设、国防及发展具有重要意义。

三、中越经贸关系发展现状与问题

（一）中越双边贸易是经贸关系的亮点

越南经济和财政对贸易的依赖度都比较大，因此越南政府始终重视对外贸易的发展。加入世界贸易组织前的 2005 年，越南的进、出口贸易总额分别为 359 亿和 324 亿美元，对外贸易一直处于贸易逆差，尤其是在 2008 年，逆差总额达到了历年最高 156.6 亿美元。到 2012 年进出口贸易总额都几乎翻了两番，分别达到了 1137 亿和 1144 亿美元，并且在当年第一次实现了贸易顺差，到 2018 年，越南进出口贸易总额达到 4822 亿美元，比上年增长 12.6%，而且比 2012 年又翻了两番。其中出口 2447 亿美元，同比增长 13.8%，进口 2375 亿美元，增长 11.5%，贸易顺差 72 亿美元。

根据越南工商部的数据，从 2004 年至今，中国一直是越南最大的贸易伙伴。2017 年中越进出口贸易总额 937 亿美元，较 2016 年增长 30%。2018 年突破 1000 亿美元，达到 1077 亿美元。越南中国商会 2018 年会刊中提到，商会目前在越南有将近 700 家会员企业。近年来，越南出口增长迅速，对中国的贸易逆差逐步缩小，从 2016 年的 280 亿美元下降至 2017 年的 227.65 亿美元，2018 年再降到 139 亿美元。中国始终是越南第一大进口来源地，2018 年进口额约达 658 亿美元（见表 2），同比增长 12.3%，其中汽油增长 89.4%，布料增长 18%，电子产品、计算机和配件增长 11.4%。

表 2　2018 年越南的六大进口来源地

单位：亿美元

	中国	韩国	东盟国家	日本	欧盟国家	美国
进口额	658	479	320	193	138	128

越南从中国进口的大量原材料和中间品，支持了越南的组装加工制造业，并促进了越南出口贸易的增长。其中，外商投资企业的出口占据压倒性优势，2018 年出口额达到 1755 亿美元，占 72%；而越南内资企业的出口额仅为 692 亿美元。同时，中国作为越南的出口市场也占据不可忽视的重要地位。

2018 年越南的主要出口产品包括：电话和零件 500 亿美元，同比增长 10.5%；纺织品 304 亿美元，同比增长 16.6%；计算机、电子产品和零配件 294 亿美元，同比增长 13.4%；机械设备 165 亿美元，同比增长 28%；鞋类 163 亿美元，同比增长 11%。

表3　2018 年越南六大出口贸易伙伴

单位：亿美元

	美国	欧盟国家	中国	东盟国家	日本	韩国
出口额	475	425	419	247	190	183

2018 年越南服务贸易出口达 148 亿美元，其中旅游出口 101 亿美元，占 68.1%，服务贸易进口 185 亿美元，其中运输服务进口 88 亿美元，占 47.8%。2018 年共有 1550 万人次的外国游客到越南旅游、商务考察和探亲，同比增长 19.9%，其中中国是最大客源国，游客数量超过 496 万人次，同比增长 23.9%。可见，中国游客是支撑越南服务贸易出口的重要因素。

（二）中国对越南直接投资的历程

1. 起步阶段（1991—1996 年）

1991 年，中越双方正式恢复了外交关系，中国开始对越进行直接投资，第一家进入越南投资的是广西餐饮企业，它与越南企业合资在河内开设了和龙餐厅（Hoa Long Restaurant）。该阶段中国企业主要以合资经营的方式入驻越南市场，在投资过程不断地摸索，研究适合自己的发展模式，投资行业主要是房产、工业。截至 1996 年，中国对越直接投资总额达到 9.2 亿美元，登记注册资金达 9.6 亿美元，实际到账金额 2.9 亿美元。

2. 不稳定发展阶段（1997—2012 年）

亚洲金融危机时间，两国经济均受到危机的影响，1997 年和 1998 年两年中国在越直接投资额较 1996 年略有下降 ，但降幅不大。1999 年中国在越直接投资额 13 亿美元，投资项目 76 个，投资行业扩大到加工、房地产、农业、摩托车等方面。2006 年中国在越南直接投资项目数达 407 项，同比增长 7.8%，直接投资总额有 10.7 亿美元，占外商直接投资总额的 8.9%，同比增长 30%。2007 年越南正式加入 WTO，进一步打开了对外开放的大门，同年出台了《投资法》和《企业法》，为世界各国提供了一个更加稳健的投资环境。2007 年中国对越南的直接投资为 5.725 亿美元，但此后的国际金融危机期间又有所下降，2012 年恢复到 3.12 亿美元。

3. 快速增长阶段（2013—2018 年）

2013 年中国发起“一带一路”倡议后，中国企业对越投资激增，当年达到 23 亿美元。2016 年为 18.8 亿美元，占越南吸收外商投资总额的 7.7%；2017 年中国企业对越投资 21.7 亿美元，2018 年达到 24.64 亿美元，占比也提升到 12.8%。截至 2018 年 7 月 20 日，中国在越南有 1977 个投资项目，累计投资 127 亿美元，在项目数量方面排名第 7 位，在越南吸收外国直接投资中排名第 7 位。

2018 年当年，越南新签外商投资项目 3046 个，新签项目总投资额为 179 亿美元，1169 个项目新增资本金 75.9 亿美元，实际到位外资总额为 191 亿美元，同比增长 9.1%。吸收外商投资最多的地区依次是河内、头顿、平阳；根据投资来源地划分，日本以 65.92 亿美元名列榜首，其次是韩国 36.57 亿美元，中国只能排第 3 位。在设计、采购、施工的工程总承包（EPC）市场中，中国承包商占有 18.4%的份额。这包括建设—运营—转让合同（BOT）、建造-转让合同（BT）以及建造—转让—运营合同（BTO）。

（三）中国对越南直接投资的若干特点

1. 中国对越南直接投资项目规模不断增大

前期中小型企业居多，项目平均规模小，投资金额较小，大型项目所占比重较低。近年，大中型企业开始投资越南市场，投资数目增多，技术含量提高，对越投资规模迅速扩大。陆续涌现投资额上千万美元的较大项目，主要集中在钢铁、电力、工业园区建设、汽车摩托车零部件生产、饲料加工、矿产开发等领域，推动我国在越南投资上了一个新台阶。平均每个项目的投资额由 150 万美元增长到 500 万美元。在西宁省，中国宁波天虹集团设立了万人规模的纺织厂，青岛赛轮橡胶集团设立了近 5000 人的轮胎工厂。

2018 年 7 月中国企业在越南投资规模最大的电力项目——越南永新燃煤电厂一期 BOT 项目 1 号机组（以下简称“永新一期项目”）正式投入商业运营。永新一期项目位于越南平顺省，由中国南方电网有限责任公司、中国电力国际有限公司和越煤电力有限责任公司共同投资，中国能源建设集团有限公司旗下的广东省电力设计研究院有限公司和广东火电工程有限公司联合总承包建设。该项目是中国企业在越南首个采用 BOT（建设　运营　移交）模式投资的电力项目，在特许运营期 25 年期满后，将无偿移交给越南政府。越南永新燃煤电厂规划建设两台 62 万千瓦超临界燃煤机组，全部建成投产后，每年可提供约 80 亿千瓦时的发电量，将极大地缓解越南南部电力紧缺的局面，满足当地 125 万居民的用电需求助力越南经济社会发展。

2. 中国对越南直接投资地区分布特点

中国在越南投资地区几乎遍布全国，其中大约 57%在越南南部地区，22%在中部，20%在北部。接受投资最集中的是河内和胡志明两个特别城市，其中胡志明市是越南接受直接投资金额最多的城市，其基础设施完善，人口众多，是全国重要的商业和经济中心。南部地区由于劳动力廉价，租金低，交通方便，投资者较多，湄公河三角洲地区成为中国直接投资的第二大地区。

3. 中国对越南直接投资产业分布情况

企业投资行业和区域呈扎堆聚集。主要是在加工制造业、电力、燃气和建筑业，这些产业加起来约占投资总项目的61%，其次是服务业，占项目投资总金额的26%，最后便是农林渔业，只占13%。中国对越南投资的企业多来源于大陆两广地区、云南以及长三角的一些城市，其中广西由于地缘优势，从这里“走出去”的企业占大多数。

4. 中国对越南直接投资方式

中国企业对越投资采用合资经营、合作经营、独资经营等多种形式。早期，中国企业初到越南，不了解越南市场，主要采取合作经营的方式，随着中国企业在越南直接投资年限的增长，掌握了越南企业的经营方式，现在多数企业开始尝试独资经营。目前，中国企业对越南投资采取的主要方式除了之前独资建设企业，还包括了合资参股、企业并购、BOT/BT 等多种途径。通过企业并购、参股等股权投资方式，中国企业可以有效地利用当地企业的分销渠道，快速熟悉市场，从而有效的开展产品营销。

5. 中国对越南直接投资主体

前期，中国到越南投资的企业大部分是中小型企业，同时多是民营企业。随着国内劳动力成本提高，国内市场逐渐饱和，一些大型企业开始在越南寻求开拓市场的机会，尤其是电子类、纺织类等劳动密集型企业和电厂、水厂、建筑业等基础设施行业。总体而言，民营企业多集中在加工制造业和其他生产性行业，国有企业多集中在基础设施行业。目前，中国有很多中小企业为了享受越南的优惠政策和低廉的劳动力，选择在越南加工组装和出口产品，企业内部核心生产环节依然留在国内。

（四）中越经贸关系面临的风险与存在的问题

1. 存在一定安全风险

当前，越南社会相对稳定，治安总体良好，恐怖活动风险较低，不存在针对外籍人士的重大安全风险，但摩托骑手飞车抢劫、入室偷盗、诈骗等刑事案件时有发生。同时，由于历史原因，存在对华心理因素的复杂性。例如曾经发生过几起排华的群体性抗议事件，2018 年 6 月 10 日，越南首都河内和胡志明市、芽庄、岘港等地发生非法聚集，反对越南国会拟审议的《关于云屯、北云峰、富国特别行政经济单位法》（草案）部分内容，抗议 3 个新经济特区开发草案被外商支配，以及网络安全法草案将给予政府更多打击网络异见的权力。其中，越南河内示威者打出“土地不租给中国，一天都不行”的口号。示威人群与警方发生对峙冲突，河内 10 余人被捕，其他城市示威均被驱散。

2. 越南政策法律透明度不高，政府部门行政效率低

执法不严和政府不合理干预行为，给中越经贸关系造成一定负面影响。2019 年 1 月，越南工贸部颁布关于对中国制造的铝、铝合金或非合金铝、铝棒材及铝型材产品启动反倾销调查的第 33 号决定。

3. 中国企业在越南投资面临较大的环保压力

中国在越南投资的矿产资源开发项目、如钢铁、水泥和铝土矿，对环境污染比较严重。例如，越南平顺省永新燃煤发电厂对周围的居住环境污染较为严重。所以如何控制投资对环境的污染，以及新科技的应用，是中国企业进入越南市场时需要思考的问题。

4. 越南的贸易及交通基础设施仍较落后

产品配套能力低，交通运输、电力供应等方面欠缺，制约制造业发展；物流业整体竞争力仍较低，物流费用较高；劳动力虽丰富，但缺乏有技能的熟练工人。近年来，在通胀压力下越南罢工潮愈演愈烈，成为外国投资者在越南面临的突出问题之一；越南缺少资金投资对接“一带一路”的基础设施项目。

5. 越南人工工资出现上涨趋势

工人不断要求提高工资，甚至出现罢工现象，影响到日常运营。越南的工资对比 20 年前，上涨了 400%，胡志明市的工资水平已经和我国三四线城市差不多。随着近年来经济的发展，越南国内物价水平的不断提高，越南的劳动力成本优势也呈现出削弱的势头。在海防市所属的第一地区，最低工资标准由 2014 年的 270 万越盾（约 800 元人民币）提升到了 2018 年的 398 万越盾（约 1175 元）。根据越南国家工资委员会的方案，2019 年越南最低工资将继续上调 5.3%，至 418 万越盾（约 1235 元）。越南的工人技术水平不高，当地员工受教育程度不高，培训后，依旧不会按照要求进行操作机器，常常会损伤机器，造成不必要的资源浪费。

6. 越南金融当局对外资银行监管严格，对中资银行限制更严

越南国内共有 37 家内资银行、52 家外资银行。中资银行在越南成立的分行，只允许设立一个经营网点，而且把分行当作子行监管，实行单一客户限额信贷控制以及每年信贷规模增量控制。而且越南金融当局实行严格的外汇管制，市场流通“去美元化”。严格规定内外资银行都实行美元存款零利率政策，一方面迫使美元持有者强制结汇，另一方面也限制银行进行越南境内的美元交易业务。使当地企业经营主要依靠越币存款和结算资金，外资银行失去境外美元资金优势，在与越南盾存款来源存在显著优势的本地银行竞争中处于不利地位。不允许中资银行开展人民币业务以及其他离岸业务。越南是东盟十国中唯一未开放人民币清算业务的国家，越南央行至今未与我国中央银行签订人民币互换协议。我国中资银行在越南的经营币种只能是越南盾和美元，中资银行经营空间被压缩得很窄。

四、应对中越经贸关系发展的认识和建议

（一）中越经贸关系发展仍然具有很大潜力

根据亚洲开发银行预测，尽管世界经济增速未来两年下滑，但越南经济增长依然强劲，2019 年其经济增长率将达到 6.8%，2020 年将达到 6.7%。根据越南国家统计局公布的数据，2018 年越南 GDP 增长率达 7.08%；2019 年一季度越南 GDP 同比增长接近 6.8%，制造业增加值增长 12.5%，固定资产投资增长 8.8%，对外贸易仍然维持少量顺差。鉴于越南宏观经济的有利形势和资产价格的上升趋势，中国企业应更加积极开拓在越南的贸易和投资机会。特别是随着中国经济转向高质量发展以及应对贸易摩擦的需要，中国企业更需要走出去，全球供应链也将发生一定程度转变，越南已成为承接中国部分产业转移的贸易——加工制造的重要节点。因此，深耕越南市场是经略周边国家战略的必然选择。因此，中国企业应当尽量熟悉越南的市场和社会情况，遵守当地的法律、法规，加强环保意识，坚持互利共赢的思维，克服在生产经营中遇到的困难和矛盾，以“亲、诚、惠、容”的理念团结越南员工、搞好与当地政府的关系，进一步深化和提升中越经贸关系。

（二）正确认识和总结前几年越南排华事件的经验教训

过去 5~6 年间，越南曾发生过两三次排华事件，有媒体夸大了这些事件的性质。越南官方对中国存有防范意识和戒备心理这不假，但并不意味着越南当局看不到发展越中经济贸易关系对越南经济的重要性，更不意味着这些事件反映越南人民对中国的普遍认识。根据在越南的一些中资企业的看法，他们认为这些排华事件的

发生，多数是由于劳资矛盾引起，少数中资企业对当地员工的生产、生活条件以及工资福利待遇有偏差，引起劳资矛盾。加上越南高层对越中两国关系认识的不一致，导致这些矛盾被利用，从而引发排华事件。今后要消除这类事件，既需要所有中资企业消除引发劳资矛盾的因素，更需要加大中国企业和中国经济金融对越南经济的影响，才能使越南朝野认识更加一致。例如，我国申州纺织、天虹纺织等中资企业在越南南方西宁省经济中占有重要地位，在发生排华事件期间，该省当局派警察保护中资企业厂区。这充分说明，只有中国因素在越南经济中更重要，中国企业投资才更安全。

（三）在越南的投资领域仍然需要拓宽

中国企业在越南直接投资的行业和领域仍然有广泛的机会，例如矿产开发、信息传输、加工制造、商贸旅游、农林牧渔、交通运输、劳务输出、医疗卫生、中介服务、餐饮住宿、农林渔业、批发零售、科学研究、采矿采石、银行金融保险、技术服务、教育、公共管理和社会组织等。油气、紧缺矿产、木材等资源开发合作仍然有待发展。信息开发、金融保险、艺术交流和管理技术的投资比重仍然很小，潜力很大。未来需要重视的投资领域有：

一是现代化农业和食品。（1）农产品占越南出口额的20%，越南的农业有巨大的现代化潜力；（2）农业是劳动密集型产业，而越南的农业劳动力成本非常低；（3）低税率：生产、制造农产品的税率只有15%（其他行业的税率一般为20%）。因此，中国的农产品企业可以考虑在越南进行投资和生产。

二是商业服务外包。（1）信息与通信技术在越南的快速发展；（2）在越南，每年大概有4万IT毕业生进入职场；（3）越南政府正在鼓励居民更多的使用英语。可投资地点：岘港（岘港高科技产业园）、河内（河内IT集中产业园）和胡志明市（光中软件城）。

三是太阳能和风能。（1）越南的地理位置和气候为太阳能和风能产业提供了非常有利的条件；（2）67%的陆地适用于太阳能电子光伏系统；（3）很多沿海地区和山区都可以建风力发电厂；（4）越南每年有2000~2500小时的日照时间，是全球日照时间最长的国家之一。可投资地点：越南中南部沿海地区和中部山区。

四是高端酒店和旅游业。（1）旅游业是越南经济增长的重要因素之一，预计到2027年，旅游业的收入将是2016年的两倍；（2）越南高端酒店（四星级和五星级酒店）增长迅速。可投资地点：河内、胡志明市。

（四）加强在越南的中资银行实力，提升中资银行竞争力和经济地位

就国际金融服务市场的竞争而言，一个国家在世界各地银行分支机构的存在，既是国家实力的象征，更是母国金融服务业水平的直接体现。随着“一带一路”倡议“工笔画”阶段的到来，沿线各国人民将细致观察中国实力的各个方面，而最能全面展示中国经济管理水平、中国资本参与所在国家经济发展决心的产业，本文认为非金融服务业莫属。如果中资银行分支机构能够在所在国家金融服务业市场中有亮丽的表现，势必增强沿线国家人民对我国“一带一路”倡议的认同和信任，从而产生响应性行动 。在越南河内及胡志明市，西方著名银行标志高高挂在市中心的地标建筑上，而中国的银行分支机构却无一例外地“深藏闺中人未识”，反差很大。这不能不引起我们的深思：英、美、德、日、韩、泰等国家银行能够冠冕堂皇挂起招牌开展面向各国企业的业务，为什么中国的银行分支机构只在写字楼里开展主要针对中资企业的服务？如果以当地有“排华”倾向来解释，那么在中越关系相对缓和的今天，这一点显然难以成立。为此，需要在理念、政策和智力支持方面大力提升中资银行的竞争意识，制定与新形势相适应的“走出去”银行分支机构的监管政策。国际银行业务不同于国内一般银行业务，国际银行公司需要专门的管理思维，境外分支机构需要专门部门指导和管理，建议就央行及银监会设立专门针对这类海外机构的监管机构。扶持与金融专业相关的配套咨询服务业发展。走出去的中资银行亟需有关所在国的国家法律制度、税收政策、会计准则、经济政策、社会福利制度等相关知识的配套专业咨询服务。

（五）开创适应“一带一路”需求的社会科学研究新局面

建议学习世界银行的习惯做法，在实施一些大型贷款项目时，组建有所在国家社会科学工作者参与的中外专家合作的社会科学研究团队，参与调研和论证项目的社会风险；研究团队全面参与项目实施的过程，为项目的实施提供社会科学多学科视角的咨询服务；对项目实施的社会效果进行评估，为今后开展的项目积累经验，并为“经略周边”战略思想的落地提供丰富的信息储备和有效政策工具。

此外，越南没有完整的产业链，很多材料、零部件等配套产品，还要从中国进口，产生时间和运输成本。再加上越南的基础设施还不完善，断电、乱收费现象频发。中国投资者在越南投资建厂，需要面对问题不少。

美欧日对 WTO 改革的核心诉求与中国的对策①

许宏强　　张　琦

（国务院发展研究中心对外经济研究部）

随着贸易保护主义、单边主义抬头，国际贸易摩擦持续升级，多边自由贸易体制遭受严重挑战，世界贸易组织（WTO）改革正成为各方关注的焦点。

2017 年以来，美国政府官员和一些学者多次表示对 WTO 现状不满，要求进行实质性改革。至 2019 年 1 月，美国与欧盟、日本已经先后分五次发布了三方联合声明，要求加快 WTO 改革，提出了改革的方向性意见。

事实上，WTO 成立以来，要求改革的呼声就一直存在。尤其是多哈回合谈判的无果而终，进一步暴露了 WTO 体制机制中的缺陷，大多数成员认为 WTO 需要进行改革以提高运行效率和充分发挥其功能。但由于缺乏充分一致的方案和推动力量，WTO 尚未进行过大范围的改革。此次强烈要求 WTO 改革的是美欧日等发达国家，其态度之坚决、所提方案改革力度之大，前所未有，并且得到了世界银行、国际货币基金组织、G20 等重要国际经济治理组织的响应②。可以预见，WTO 成立以来最大的一次体制机制性和规制内容方面的改革即将展开。

WTO 是多边贸易体制的核心，WTO 的重大改革将对全球贸易和国际经济格局走向产生广泛深远的影响，对我国发展的内外环境也会产生深刻影响。美欧日是此次 WTO 改革的大力推动者，其所提方案可能会成为此次改革的重要参考依据，对

① 隆国强研究员为本文提供了指导意见，作者对此表示感谢。

② 2018 年 9 月 30 日，WTO 和国际货币基金组织、世界银行发布联合报告《重振贸易和包容性增长》，呼吁尽快进行国际贸易改革。

此次改革的最终框架会有重要影响，而且其所提方案中的大量内容与中国相关、针对性突出，必须引起我们高度重视。深入分析美欧日 WTO 改革方案，充分了解其核心诉求和动因，对于我们采取正确的策略和措施，妥善应对此次 WTO 改革，十分必要。

一、美欧日 WTO 改革方案的核心诉求

（一）关于“其他国家非市场主导政策和做法”

美欧日认为，“其他国家非市场主导政策和做法导致严重产能过剩，构成三方国内工人和企业不公平的竞争条件，阻碍创新技术的开发和使用，并破坏国际贸易的正常运作，并使得现有规则无效”，美欧日将“进一步探讨非市场主导政策和做法在企业和行业中存在的各种要素或迹象，加强对其他国家非市场导向政策和做法的信息共享，与其他贸易伙伴一起确定维持市场主导条件的手段，并深化关于执法和规则制定的讨论，以解决上述问题”。

一个 WTO 成员是否享有市场经济国家地位，不仅对该国在反倾销调查时的判定有重要影响，还会直接影响该成员未来参与国际经贸合作的空间。美国在新的北美自贸协定（USMCA）专门加入了相关的“毒丸条款”，即“若三国中有一国与某个‘非市场经济国家’签署自贸协定，则其他协议伙伴有权在 6 个月内退出 USMCA 协议”。此项诉求包含着很强的掌控国际经贸规则主导权的意图。

（二）关于“产业补贴和国有企业”

美欧日在联合声明中认为，“其他国家将国有企业发展成为国内顶尖并任其在全球市场肆虐——导致了对三方国内农民、工业生产商和工人的负面影响”。美欧日认为，一些国家的国有企业受到了特别补贴以获取市场竞争优势，扭曲了市场。对此，美欧日三方“初步同意：应该直接禁止最有害的补贴类型，或者补贴国有义务证明补贴不会对他人造成商业损害；制定新的规则，提供有针对性的补救措施，解决与产能过剩有关的补贴问题”。

现在的 WTO 协定只有关于国营贸易企业的条款，没有关于国有企业的专门规定。根据 WTO 协定，国营贸易企业是“政府的和非政府的企业，凡被授予独占或特别权益，包括宪法或法律规定的权力，而它们通过行使该权力或权益的购买或销售活动，可以影响进出口的水平或方向者”。WTO 沿用 GATT 第 17 条的国营贸易规

则，要求缔约国的国营贸易企业在经营活动中遵循非歧视原则和透明度原则。在国际经贸规则中加入专门的“国有企业”条款，对国有企业的定义、政府补贴、竞争中立、司法管辖和争端解决等作出规定，并要求缔约国通报国有企业名单，是在 TPP 协定（跨太平洋伙伴关系协定）中首次出现的。

（三）关于“强制性技术转让和市场准入壁垒”

欧盟认为，强制性技术转让和货物或服务的当地采购或生产等扭曲性和歧视性做法，都是外国投资进入的市场壁垒。美欧日认为，“强迫技术转让政策和做法造成了三方国内工人和企业不公平的竞争条件，阻碍了创新技术的开发和使用，并破坏了国际贸易的正常运作”。美欧日“将致力采取有效措施制止具有危害性的强制技术转让政策和做法，并为此深化关于执法和规则制定的讨论，以解决此类问题”。

WTO 强调知识产权保护，但没有对技术转让作出专门规定。在入世时，中国承诺在对投资进行审批或者备案时不以外资转让技术为前提，这已经超过了 WTO 的要求，绝大多数其他 WTO 成员都没有做过这样的承诺。中国严格履行了这一承诺，没有任何法律法规规定对外国投资者有强制性技术转让的要求。

（四）关于“发展中国家身份和待遇”

美欧日提出，“发展中国家集团现在包括了一些世界上主要的贸易大国，而这些国家在经济发展方面与该集团的其他成员存在巨大差异，在一些情况下其发展水平甚至超过了 WTO 中某些被认定为发达成员的水平”。欧盟认为，发展中国家应被允许获得实现其发展目标所需要的特殊和差别待遇。但是，WTO 需要改进完善相关规则，以保证那些真正需要的成员能够获得差别待遇。欧盟还提出了分类、毕业机制、宽限期和实施相关的援助等一些具体建议。

为了增强机构的吸引力和代表性，WTO 给予发展中国家在市场准入、关税减让、补贴、技术援助等方面的特殊和差别待遇，以支持发展中国家经济贸易发展。但是，WTO 协定只是根据联合国的定义明确了最不发达国家的范围，而没有关于发展中国家的明确定义和分类，发展中国家身份是在自我选择基础上确定的。WTO 成立以来，部分发展中国家通过融入经济全球化获得快速发展。美欧日认为有些发展中国家快速崛起是不公平利用 WTO 规则、不平等享受差别待遇的结果，需要对发展中国家加以分类，并给予不同的差别化待遇。

（五）关于WTO体制机制改革

除了上述规则议题外，在WTO自身体制机制改革上，美欧日也提出了具体诉求。欧盟认为，WTO“现在的危机和WTO持续被边缘化均源于现行体制缺乏效率”。美欧日联合声明提到，“解决一些政府违反WTO透明度义务的问题是提高WTO监测职能的有效性和效率的工作中的优先事项”。美国多次表达了对WTO争端解决机构超出责任范围裁决贸易争端和裁决时间过长的不满。欧盟建议，“应提出一个综合性方案来解决某个阻挠上诉机构遴选成员的关注，既能增强争端解决机制的功能，又可保留并进一步加强WTO争端解决机制的主要特征和原则”。

WTO决策和执行机制的效率问题，一直困扰着WTO的运行和其功能的发挥，因而备受各方关注。相对于其他WTO改革议题，各方在加快改革体制机制、提升运行效率上更容易达成共识①，但路径选择有所不同。

（六）关于“数字贸易和电子商务”

美欧日在联合声明中表示，“同意合作促进数字贸易和数字经济的发展，并通过促进数据安全来改善商业环境”。美欧日“同意加强和加速WTO规则的更新进程，加深成员之间对需要纳入未来的数字贸易协议的要素，以及此类协议的重大经济效益的共识。部长们同意继续努力，在尽可能多的成员的参与下及时启动高标准协议的谈判”。信息技术和数字贸易的快速扩展，已经远远超出了WTO成立时的规模和影响范围。制定相应的国际贸易规则，是WTO改革中需要面对的规则制定新需求。

美欧日提出的上述WTO改革诉求，大体可以分为三类，第一类是美欧日认为现有的WTO规则内容，如反补贴和强制性技术转让、发展中国家差别待遇等，没有得到很好遵守，或者相关规定不合理，削弱了美欧日企业的竞争力；第二类是针对WTO运行体制机制的改革诉求，包括对争端解决机制中的大法官权力范围问题，是否要继续采用一致同意的决策原则等；第三类是针对新的经济形态或新的经济模式，原有的WTO规则主要是针对货物贸易的边境线上的措施，随着新经济新业态的出现，如数字经济和服务贸易的大幅度增长，需要制定新的国际贸易规则予

---

① 《渥太华联合公报》第一条就是强调改革争端解决机制。

以规制。

二、美欧日大力推动 WTO 改革的主要原因

（一）美欧日认为发展中国家利用 WTO 规则不公平获益

美欧日认为一些国家并没有严格执行 WTO 规则，而且实质上在进行贸易保护，也没有及时通报贸易产业政策变化情况，提交的贸易政策报告不全面、不真实。美国驻 WTO 新任大使谢依指责中国是“世界上最具保护主义色彩的国家、重商主义的经济体”。美国驻香港总领事指责中国多次不遵守 WTO 相关规则，严重损害了美方利益，同时也对世界贸易产生了一定的影响。对于发展中经济体差别待遇，美欧日认为，目前 WTO 不存在任何标准来界定这一“特殊和差别性待遇”，在 WTO 的 164 个成员中，有三分之二都表示自己是发展中经济体。欧盟表示，“为 WTO 三分之二成员提供不加区分的灵活性，削弱了那些对发展援助有明显需求的成员的呼声，导致谈判的信心水平严重不足，并被用作阻挠谈判取得进展，甚至阻挠谈判启动的手段”。

（二）WTO 三大功能运行遇到困境

争端解决、谈判、政策审议监督是 WTO 三大主要功能，当前都遇到了问题。首先是美国认为争端解决程序漫长拖沓，且上诉法庭大法官经常越过权限作出解释裁决，因而强烈要求改革，并阻挠遴选产生新法官，造成争端解决机制面临即将“瘫痪”的局面。其次是谈判功能停滞。2001 年启动的多哈回合谈判屡陷困境，发达经济体更关注投资自由化和监管一致性议题，希望进一步打开世界非农产品市场，发展中成员更关注发展议题，希望发达国家减少农产品补贴，双方难以达成一致。WTO 的另一项重要功能是政策审议监督，但该功能缺乏有力的约束机制，许多国家并不认真执行政策通报要求。此外，WTO 决策程序中的一致同意原则，也影响决策效率。

（三）WTO 现有规则不能适应数字贸易、电子商务和全球价值链分工快速发展的新形势

WTO 成立 20 多年来，国际贸易投资和世界经济格局发生了重大变化。新一轮技术革命推动了全球价值链和分工布局的重塑，制造业和服务业加速融合。互联网

和信息技术的快速发展，带动了数字贸易、跨境电商、服务贸易的大幅增长。传统的以管理货物贸易为主的 WTO 框架已不能完全适应新的国际经济形态和贸易方式的发展，急需改进完善。欧盟在其概念文件中指出，“从本质上讲，自 1995 年以来世界已经变化，而 WTO 却没有”。

上述三方面因素是美欧日此次大力推动 WTO 改革的直接原因，但是，从根本上来讲，美欧日是想通过推动 WTO 改革主导国际经贸规则的重构。2008 年全球金融危机以来，面对自身经济的结构性困境和新兴经济体国家的快速崛起，世界经济版图出现了百年一遇的剧变，美国等发达国家开始推动“三 T”谈判①，试图重构国际经贸规则，将国际经贸规则谈判的重点转向服务贸易和边境后管理措施。特朗普政府上台后，美国虽然退出了 TPP 谈判，搁置了 TTIP 谈判，但是，美国按其意图重塑国际经贸规则的目标并未改变，美国已经与墨西哥、加拿大签订了新的北美自贸协定，升级了美韩自贸协定，这些新协定中大量内容与 TPP 协定相似。WTO 作为多边贸易体系的核心，美欧日试图在新的国际经贸规则体系中依然占据主导地位，必然会力求按其方案改革 WTO。

三、美国对中国经贸政策的指责不符合事实

美国借此次推动 WTO 改革之机，对中国经济发展模式和对外经贸政策妄加批评，指责“中国经济发展模式不符合 WTO 规则，中国不是市场经济，中国不是发展中国家”的所谓“三不”，继续向中国施压。美国的这些指责是不符合事实的。

（一）中国严格遵守 WTO 规则

美国指责中国的经济发展模式和 WTO 规则“不兼容”。在 2018 年 WTO 贸易政策审议过程中，美国指责中国存在严重的知识产权侵权、强制技术转让、不公平补贴和经贸政策透明性不够等问题。

事实是，中国一直致力于加强知识产权保护，从来没有强制外商投资企业转让技术。入世以来，中国经过了七次 WTO 贸易政策审议，每次都顺利通过。在 2018 年 7 月结束的最新一次贸易政策审议中，WTO 高度肯定了中国对世界贸易和全球经

① “三 T”谈判，即服务贸易协定谈判（TISA）、跨太平洋伙伴关系协定谈判（TPP）和跨大西洋贸易投资伙伴协定谈判（TTIP）。

济增长作出的贡献，“中国履行对 WTO 的承诺赢得了高度赞赏”①。

（二）中国经济的基本特征是社会主义市场经济体制

在 2016 年年底中国正式入世 15 周年之际，美欧日违背当年承诺，宣布将继续不承认中国的“市场经济地位”；2017 年 12 月美国政府正式通知 WTO，反对给予中国市场经济地位。

事实是，WTO 并没有关于市场经济的统一标准。加入 WTO 后，按照入世承诺，中国大规模开展法律法规清理修订工作，中央政府清理法律法规和部门规章 2300 余件，地方政府清理地方性政策法规 19 万余件，覆盖贸易、投资和知识产权保护等各个方面。中国一直在坚定不移推进市场经济体系建设，改革国内经济体制。中国经济的基本特征就是社会主义市场经济体制，就是市场在资源配置中起决定性作用，政府更好发挥作用。据世界银行 2018 年营商环境报告，中国的综合排名由 2017 年的全球第 78 位大幅升至 2018 年的第 46 位，提高了 32 位。

（三）中国仍然是发展中国家

美国指责中国作为世界第二大经济体和主要贸易大国，“在一些情况下其发展水平甚至超过了 WTO 中某些被认定为发达成员的水平”，但仍然声称是“发展中国家”，享受 WTO 给予发展中国家的优惠待遇。

事实是，我国虽然经济总量较大，但是人均指标却很低，按照世界银行和联合国的划分标准，我国显然属于发展中国家。此外，我国依然有大量人口生活在贫困线以下，脱贫仍然是我国一项重要的攻坚任务。

四、中国如何应对 WTO 改革

对于 WTO 需要改革以适应新形势发展，WTO 的主要成员已达成共识。尤其需要引起我国高度重视的是，美欧日提出的许多议题和内容，与其对中国经贸政策的指责有关，正如中国驻 WTO 大使张向晨指出的“有人提出要专门为中国设置篮筐的高度”（张向晨，2018）。对此，我国必须认真研究，妥善应对。

---

① 本次 WTO 对中国贸易政策审议会议的讨论引导人、瑞士常驻 WTO 代表团大使狄迪尔·查博维德发言。

（一）充分认识WTO改革的紧迫性和重要性，积极参与改革

WTO自成立以来，为促进全球贸易和世界经济增长发挥了重大作用。从1995年WTO成立至今，世界贸易额（以出口计）从5万亿美元增长到了2017年的17.7万亿美元（见图1）。加入WTO是中国改革开放进程中的里程碑事件，为我国赢得了战略性发展机遇，中国对外贸易额从2001年的约5000亿美元增长到了2017年的4.1万亿美元（见图2），中国出口占世界的比重从4.3%增长到12.8%。但是，应该看到，20多年来世界经济和国际贸易格局发生了巨大变化，WTO确实需要与时俱进作出相应改革。此次改革将会是WTO成立以来最大的一次结构性改革，会广泛涉及各项新旧议题和体制机制变动，是国际经贸规则的一次重大重构，其结果将会对多边贸易体系和世界贸易格局产生重大影响。我国应该积极参与此次改革，充分表明立场和观点，防止被边缘化，避免在我国缺席的情况下达成于我国不利的方案。

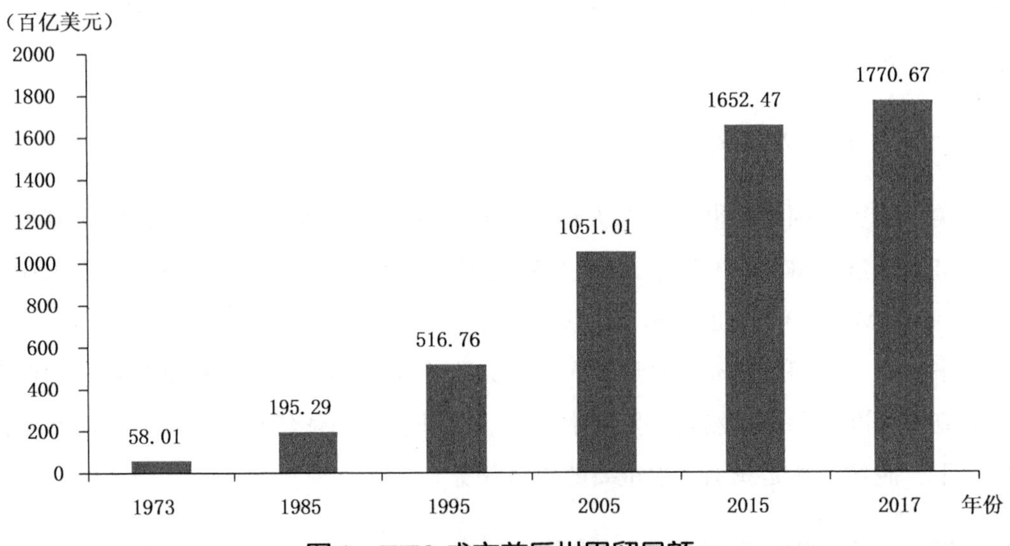

图1　WTO成立前后世界贸易额

注：以出口额计。

资料来源：世界贸易组织，《国际贸易统计》。

（二）不忘初心，坚持WTO的宗旨和基本精神

WTO改革不是推倒重来，而是多边贸易体系在新形势下的发展和完善，必须维护“非歧视和开放”这一WTO最重要的核心价值。WTO成立的目的是“以提高生活水平、保证充分就业、保证实际收入和有效需求的大幅稳定增长以及扩大货物和服务的

生产和贸易为目的”，同时要实现可持续发展的目标。WTO 改革应该不忘初心，坚持发展目标。

（三）分类处理，优先解决危及 WTO 生存的关键问题

各成员发展阶段和比较优势不同，对 WTO 改革关注的重点也不同，提出的改革方案差异较大。对此，应该成立专门工作组，梳理、协调各类方案和议题，区别轻重缓急，优先解决危及 WTO 生存的关键问题，如即将威胁到 WTO 正常运转的争端解决机制的大法官遴选问题。

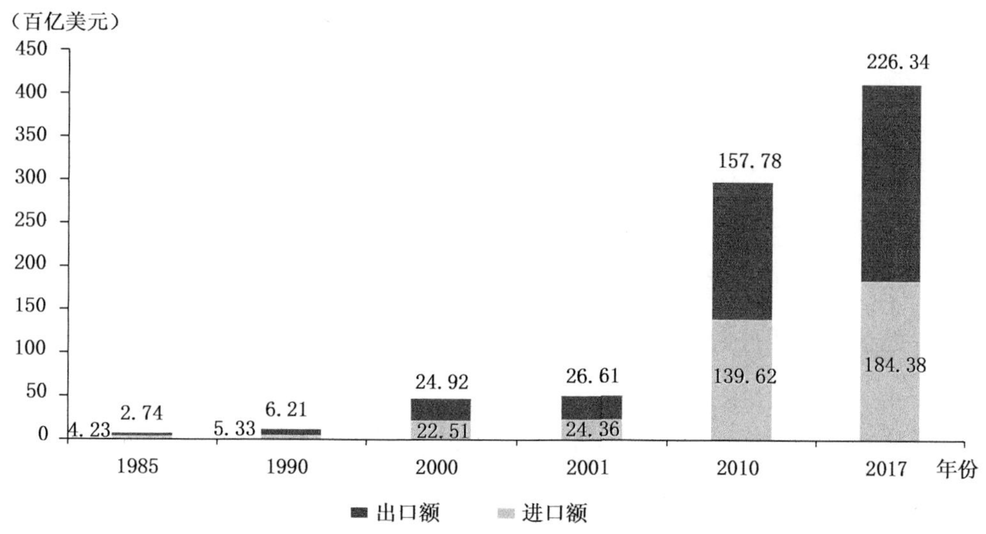

图 2　中国加入 WTO 前后进出口额

注：中国社科院博士研究生黄蒙、对外经济贸易大学博士研究生张晨烨为本文整理了相关数据材料。

资料来源：国家统计局，《中国统计年鉴》。

（四）兼顾发达国家和发展中国家的改革诉求①

美欧日是此次 WTO 改革的大力推动者，肯定会强调采用其所提出的改革方案

① 2018 年 10 月，在加拿大召开的 12 国和欧盟贸易部长会议，包括了发达国家、新兴经济体和发展中国家。会议发布的《渥太华联合公报》（以下简称《公报》）表达了与会方关于 WTO 改革的基本态度与主要关切。《公报》声明以 WTO 为核心的多边贸易体系是当今促进世界经济和全球贸易便利化发展的基石，不容威胁和动摇。《公报》呼吁解决 WTO 上诉机构的僵局，简化谈判；呼吁适应 WTO 成立以来出现的新“现实”，更好适应世界经济与贸易的新格局，如制定符合 21 世纪需求的新贸易规则、处理与发展有关问题特别是发展中国家之间的不同需求和能力及联合国可持续发展目标（SDG）等。

和制定其所关注的新议题、新规则。与此同时，发展中国家关注的农业补贴问题、发展中成员的特殊与差别待遇问题、贸易与援助等也应该引起重视，纳入改革议程。

（五）利用多种渠道、多种平台推进 WTO 改革

WTO 改革涉及的议题广泛，牵涉到的相关成员诉求各异，如果全部沿用 WTO 现有的全体一致决策方式，可能难以快速有效地推进和达成各方都满意的改革方案。通过充分发挥诸边谈判、G20、金砖国家合作等多种合作机制的作用，可以提高协商效率，加快达成共识，推进 WTO 改革。

中国入世后美国贸易保护政策的演变及对策

仲　鑫　　金靖宸

（北京师范大学经济与工商管理学院）

一、中国入世后美国贸易保护政策的研究背景

2001年，中国正式加入世贸组织（WTO），此后严格遵守WTO规则开展对外贸易，与世界各国的贸易联系日益密切，贸易总额迅速增长。目前，中国已经成为世界第二大经济体、第一大工业国、第一大货物贸易国、第一大外汇储备国。美国是中国在全球最重要的贸易伙伴之一。根据中国海关数据，入世之后中国对美进出口总额从2001年的879亿美元增长到2017年的5987亿美元。不过美国的贸易保护政策一直明显针对中国并且不断加强，中国受到来自美国的贸易调查及制裁都呈迅速增长态势。中国入世至今，美国对中国“两反一保”调查与裁定的情况如表1所示。

由表1可见：第一，入世以来美国对我国“两反一保”的调查与裁定在次数上呈波动增加的态势，涉及产品种类也越来越多。第二，2004—2007年调查与裁定数量较少，这与布什政府后期偏向自由贸易有关。第三，劳动密集型、低附加值的出口产品　直是美国“两反一保”的主要调查对象，一些产品连续数年遭遇反复的调查、初裁、复查、终裁。从2011年开始，晶体光伏电池、太阳能电池等高科技产品开始成为调查对象，也在一定程度上说明中国高新技术产业生产与出口能力的提高。第四，钢铁、化工、有色金属、纺织等传统制造业部门的产品是美国贸易保护政策冲击的重灾区，而中国恰恰在这些部门存在大量过剩产能，这也说明中国传统制造业转型升级的必要性。此外，1980—2000年美国对华“双反”调查及制裁共计79

次，而2001—2004年美国对华“双反”调查及制裁已达89次，说明中国入世后遭到美国贸易保护政策的冲击反而更加严重。

表1　入世以来美国对我国“两反一保”调查、裁定的次数统计与产业分布

年份	调查发起与初裁	最终制裁	主要涉及领域
2001	10	2	钢铁产品、食品、化工产品
2002	17	5	钢铁产品、汽车零部件、食品、化工产品、铅笔
2003	27	16	化工产品、食品、钢铁制品、汽车零部件、有色金属、漆刷
2004	7	5	化工产品、食品、铅笔
2005	2	1	化工产品
2006	2	1	化工产品、钢铁制品
2007	3	1	钢铁产品、化工产品
2008	67	26	钢铁产品、零部件、机械、有色金属、食品、家居用品、化工产品、编织袋
2009	73	51	钢铁产品、机械、化工产品、食品、电视、纸制品、轮胎、石油管材、纺织品
2010	83	88	化工产品、钢铁产品、食品、有色金属、机械、家居用品、纺织品、纸制品
2011	27	15	化工产品、钢铁产品、有色金属、机械、家居用品、纺织品、木地板、光伏产品
2012	24	37	化工产品、钢铁产品、有色金属、木制品、光伏产品、太阳能电池、风电塔
2013	87	64	化工产品、有色金属、钢铁产品、木制品、食品、家居用品、轮胎、风电塔、手动搬运车、纺织品、纸制品
2014	112	78	化工产品、有色金属、钢铁产品、食品、零部件、轮胎、光伏产品
2015	101	97	化工产品、有色金属、钢铁产品、轮胎、集装箱、光伏产品、家居用品、纸制品
2016	172	131	化工产品、有色金属、钢铁产品、光伏产品、家居用品、纸制品、家电、轮胎、非晶硅织物、电动平衡车
2017	76	66	化工产品、有色金属、机械、光伏产品、纸制品、纺织品、非晶硅织物、食品、家居用品、家电、轮胎
2018	74	64	化工产品、有色金属、钢铁产品、机械、风电塔、纺织品、塑料制品、纸制品、家居用品、轮胎、橡皮筋

资料来源：根据中国贸易救济信息网（http：//www.cacs.mofcom.gov.cn）信息整理所得。

虽然适度的贸易保护主义能够为一国对外贸易发展提供支持，但美国的贸易保护行为对中美双方都有严重的不利影响。对中国而言，美国贸易保护政策使中国产品难以进入美国市场，导致中国企业利润下降、过剩产能难以转移、就业减少；同时出口额下降，贸易对经济增长的拉动作用被削弱，在中国经济由高速发展向高质量发展转型的重要阶段给中国经济增长造成巨大压力；还会形成示范效应。对美国而言，贸易保护将导致美国本国产品价格上涨，同时本国同类企业的竞争力没有从根本上提高，本国产品依然缺乏比较优势，剩余劳动力未得到充分释放。

特朗普就任美国总统以来，其“美国优先”口号下强烈的贸易保护主义倾向和反全球化理念迅速付诸实际导致中美贸易摩擦不断升级。2018 年 3 月 22 日，特朗普签署备忘录，将对总值 500 亿美元的中国进口商品加征关税，同时出台了限制中国企业对美投资并购、双向投资审查、出口管制等措施，正式挑起对中国的“贸易战”，并于 4 月 4 日公布加征关税建议清单。4 月 5 日，特朗普发表声明，计划再对 1000 亿美元的中国商品加征关税。4 月 16 日，美国宣布对中国的中兴通讯的“技术禁售令”。6 月 15 日，美国政府公布了 500 亿美元的中国商品加征关税的最终清单，并分别于 7 月 6 日和 8 月 23 日对其中 340 亿美元和 160 亿美元的商品正式加征关税。8 月 1 日，美国声称将对 2000 亿美元的中国商品提高关税（税率由 10%提高到 25%）。面对不断升级的中美贸易摩擦，中国一方面坚决予以回应，采取了一系列反制措施，包括对美国进口商品加征关税、终止关税减让等；另一方面与美方展开多次磋商，就中美经贸问题进行深入沟通。12 月 1 日，中国国家主席习近平在 G20 峰会期间与特朗普举行会晤，双方达成共识，停止加征新的关税，美方承诺 2019 年 1 月 1 日起不会提高之前宣布的 2000 亿美元中国商品的关税。虽然暂时停止加征关税，但美国加强贸易保护的趋势不会改变。因此，本文依次分析了小布什、奥巴马、特朗普政府的贸易保护政策的主要手段，在此基础上提出中国可采取的应对措施。

二、小布什政府时期美国的贸易保护政策

小布什就任美国总统初期，美国正面临“9・11”事件带来的反恐和经济衰退的压力。为此，小布什政府实施了“亲经济增长”的贸易政策，企图通过贸易手段保护国内产业、打开国外市场，使美国尽快走出经济衰退。因此，小布什政府的贸易保护政策除了提倡公平贸易和战略性贸易之外，还提出了“竞争性自由化”战略：一方面积极推动 WTO 框架下的多边贸易谈判，迫使发展中国家进一步开放市场；另一方面加大与贸易伙伴国双边与区域性自由贸易协定谈判的力度，推动以美

国为中心的双边与区域贸易自由化。该战略要求其他贸易伙伴国对美国实行自由贸易，而美国对其他国家仍采取公平贸易和战略性贸易政策，根本上是一种单边的贸易保护主义和贸易霸权主义。基于这样的理念，小布什政府时期，美国采取了以下手段进行贸易保护：

（一）直接使用关税壁垒

随着 WTO 规则的不断完善，主动提高关税的做法受到 WTO 规则的限制而被越来越少地使用，但小布什政府时期还是使用了关税壁垒。2002 年，美国认为钢铁部门现有的关税水平损害了本国钢铁企业的利益，因此启动 201 条款，对进口到美国的钢材、长板等钢铁产品实施为期 3 年的关税配额或加征8%~30%的进口保护性关税，中国等国家就此向 WTO 提出诉讼。WTO 裁决后，中国对美国 9400 万美元的产品中止减让关税。

（二）利用公平贸易加强反倾销、反补贴调查

“双反”调查是近年来非关税壁垒中的常用手段，但在小布什政府时期尚未成为贸易保护政策的主导形式。这一时期美国的“双反”调查充分借助公平贸易理论，单方面加强对发展中国家“不公平”、“不对等”行为的认定，在此基础上扩大反倾销、反补贴调查与制裁的力度。2001—2007 年，美国共对中国发起“双反”调查 68 件，最终采取制裁措施 31 件，例如，2003 年美国对中国彩电发起反倾销调查并于 2004 年裁定中国彩电倾销并征收反倾销税，2006 年美国对中国出口铜版纸展开反补贴调查并于 2007 年正式裁定中国铜版纸构成补贴并征收反补贴税。

（三）完善新型非关税壁垒的使用

新型非关税壁垒具有隐蔽性强、牵涉面广、缺乏有效制约手段等特点，近年来不断被强化并衍生出更多形式。布什政府时期美国丰富、细化了技术壁垒、绿色壁垒、社会责任标准壁垒、特别保障壁垒、非市场经济地位壁垒的内容和形式，完善了技术标准、包装和标签制度、商品检疫和检验制度、环境技术标准、环境包装和标签制度、环境检疫和检验制度，进而扩大相关调查。例如，2001 年美国认定原产于中国的多种中药和中成药的重金属含量超过加利福尼亚州饮用水标准，要求所有在加利福尼亚州销售的上述药品必须标明“含毒”字样；2002 年，美国称从中国出口的蜂蜜中检出氯霉素残留超标，于是将中国蜂蜜氯霉素残留限量从 5ppb 降低为

0.3ppb，并规定对查出超标的生产加工企业直接列入自动扣留名单；2005 年，美国在纺织品配额被废除后，对中国三类棉质纺织品重新实行配额，中国为此与美国进行了七轮磋商，最终达成《中美关于纺织品和服装贸易的谅解备忘录》。

（四）大量签署双边自由贸易协定（FTA）

双边贸易协定是小布什政府“竞争性自由化”战略的重要组成部分，体现出一定的自由贸易倾向，表面上分别与各国建立自由贸易关系，实际上对各国实行贸易保护。小布什任期内，美国共签署 13 个双边自由贸易协定。美国通过双边自由贸易协定赋予伙伴国优惠贸易待遇，从而对同地区其他国家产生歧视性待遇，而其他国家为了消除歧视也主动与美国达成自由贸易协定，最终形成了以美国为中心的区域性自由贸易协定。同时，美国将其技术标准、环境标准、劳工条件添加到自由贸易协定中，导致伙伴国出口成本提高，出口受限，而美国却能以更低的成本出口产品到对方国家，从而扩大在世界市场上的优势。

（五）呼吁人民币升值与推动美元贬值相结合

推动人民币升值这一行为针对中国而影响不局限于中国，是美国“输出弱势美元、迫使他国货币升值”整体布局的重要组成部分。美国一贯将巨额贸易逆差归咎于人民币汇率制度，夸大人民币对美国国内失业以及世界经济的负面影响，故历届政府都有推动人民币升值的提法。小布什政府时期，要求人民币升值的呼声主要来自国会，如 2005 年的“舒默—格雷厄姆议案”；而政府采取的措施包括在 APEC 会议上呼吁人民币升值、利用中美战略经济对话要求人民币升值等。同时，美国大力寻求外汇倾销，美元随之持续贬值，导致其他国家对美出口受限、美元储备资产缩水。

（六）保持严格的高科技产品出口管制

小布什政府上台后，受“9·11”事件的影响，出于对国家安全和美国经济形势的考虑，延续了以往对中国的高科技产品出口的严格管制。随着中国相关技术的迅速发展，部分受限产品中国可以独立生产并对美国出口，导致 2003 年以来美中高科技产品贸易出现逆差。

小布什政府的“竞争性自由化”战略一定程度扩大了中国从美进口，加上入世初期降税效果明显，使美国较大程度地打开了中国市场。此阶段中美贸易摩擦大量增加，而中国出口商品整体竞争力尚未充分发展，且在 WTO 内的话语权不够强，利用 WTO 规则维权较困难，导致许多中国企业出口受阻、失去美国市场。不过此阶段中国经济和对外贸易均处于高速增长阶段，美国贸易保护政策造成的压力相对小于奥巴马和特朗普政府时期。

三、奥巴马政府时期美国的贸易保护政策

奥巴马就任恰逢金融危机爆发，其影响远超小布什政府时期美国的经济衰退，失业率接近 10%，消费能力下降，美国企业不仅受国内需求萎缩的威胁，也在世界市场上失去了优势。同时，小布什政府后期贸易政策逐渐偏向自由贸易，且没能有效控制贸易逆差的扩大。为刺激经济，转嫁危机，奥巴马政府的贸易政策强调“改变”，消除了布什政府时期的自由贸易倾向。就任之初，奥巴马一方面强调美国将继续遵守现有的贸易规则，另一方面试图改变规则，希望加强贸易保护以维护美国经济地位。此外，奥巴马政府提出了刺激经济增长的“再工业化”“重返亚太”“购买美国货”“国家出口计划”“国家振兴行动”等战略，企图与中国争夺美国本土及海外市场。美国贸易保护政策自此全面强化，具体包括以下手段：

（一）将“双反”扩充为“两反一保”并加强调查和处罚

2010 年，美国国会通过了《汇率改革促进公平贸易法案》，第一次将促进公平贸易写入法律。同时，将贸易逆差、外币币值过低都界定为不公平的贸易，重新规定了倾销价格和补贴额度的计算标准，在此基础上进行反倾销、反补贴调查并启动对“特保”的认定和调查。因此，这一时期“两反一保”真正成为了美国贸易保护政策的主要手段。2011 年，美国对中国的光伏行业展开“双反”调查，并于 2012 年对来自中国的晶体硅光伏电池及组件征收 18.32%～249.96%的反倾销税和 14.78%～15.9%的反补贴税。2014 年，美国再次启动对华光伏产业“双反”调查，直接导致中国的近 30 亿美元的光伏产品退出美国市场。2009 年，美国对中国输入乘用车与轻型卡车轮胎展开特殊保障调查，即轮胎特保案，最终裁定对中国输入乘用车与轻型卡车轮胎连续三年分别加征 55%、45%和 35%的从价特别关税。轮胎特保案是迄今为止中美间涉案金额最大的特保调查，涉案金额高达 22 亿美元，影响到中国国内超过 10 万相关行业工人的就业。

（二）继续完善新型非关税壁垒的使用

奥巴马政府创造了新能源壁垒、知识产权壁垒、SA8000 壁垒、碳关税等新型非

关税壁垒，以及“国货条款”、“国人条款”等隐性壁垒。2008 年美国商务部成立了知识产权保护的专门办公室，并于 2010 年公布该办公室制定的知识产权保护计划。2009 年，《美国清洁能源安全法案》获得众议院通过，规定了若干产品的节能标准、能源之星标准、燃油效率标准，规定美国有权对包括中国在内的不实施碳减排限额国家进口产品征收碳关税；但美国作为世界上最大的碳排放国，却拒绝承担足够的减排义务。2011 年，美国首次提出的劳工标准提案，其要求超越了美国的 2007 年新贸易政策中的劳工标准模板。

（三）更加重视以 TPP 为代表的多边贸易体系

奥巴马政府时期美国对贸易协定的偏好从双边向多边转化，虽然之前的诸多双边贸易协定没有被终止，但是以跨太平洋伙伴关系协定（TPP）为主的多边贸易协定在这一时期替代双边贸易协定成为维护美国经济地位、遏制潜在对手的主要组织形式。美国于 2008 年 2 月宣布加入 TPP，并于 2008 年 9 月开始参与谈判。美国呼吁在 WTO 多哈回合谈判中“纠正不平衡”，要求以劳工和环保优先顺序调整谈判，最终导致多哈回合谈判“流产”。此后，美国开始全面主导 TPP，并在原有协议的基础上推行一系列符合自身利益的议题，将公平贸易理论融入 TPP 议题中，推动实现振兴美国经济、打开国外市场、提升就业率等目标，同时将中国排除在外。此外，美国就北美自由贸易协定（NAFTA）与加拿大、墨西哥重新谈判，要求改进 NAFTA 从而避免其对美国贸易活动的负面影响。

（四）继续推动人民币升值

不同于小布什政府时期人民币升值的呼声主要来自国会，奥巴马政府就人民币升值与国会达成了一致。2010 年通过的《汇率改革促进公平贸易法案》规定：在特定情况下，美国政府可就贸易伙伴国货币对美元汇率在 18 个月内是否从根本上被低估作出判定，若作出肯定性终裁，则能以抵消汇率“偏离”为目的，对目标国商品征收反补贴或反倾销税，中国成为该法案的主要针对对象。2011 年通过的《货币汇率监督改革法案》，要求美国政府对“汇率被低估”的主要贸易伙伴征收惩罚性关税。同年奥巴马在夏威夷 APEC 会议上提出人民币被低估 20%～25%，中国应加快人民币升值，远超以往对人民币升值幅度的要求。

（五）适当放松高科技产品出口管制

奥巴马政府希望通过扩大高科技出口缩小贸易逆差，加上美国企业界对于出口管制带来的损失不满已久，因此调整了高科技出口管制的相关法案。2009 年，奥巴马提议改革现有管制政策并责成政府相关机构进行评估。2010 年，美国正式公布了出口管制改革的新方案，在审批程序和出口管制产品方面有了明显变化。2011 年奥巴马表示美方愿向中国和其他国家出口更多高科技产品，认为这符合双方的利益。但从长期来看，美国只是希望通过扩大对中国高科技产品出口来渡过短期困境，对高科技产品出口保护的理念并未从根本上改变。

奥巴马政府时期中国遭受的贸易调查与处罚次数明显增加，其中由环境壁垒、知识产权壁垒造成的部分显著增加，贸易保护涉及产业已经由劳动密集型产业转向资本密集型产业和技术密集型产业，涉及企业已经由民营企业转变为国有企业、民营企业、外资企业并存。受金融危机影响，中国经济发展已经遭受一轮严重打击，因此，奥巴马政府的贸易保护政策的“杀伤力”远远大于以往。2009 年，中国进出口总额出现负增长；2015—2016 年，中国进出口总额连续负增长，贸易对经济增长的拉动作用大大削弱。在抵御金融危机与美国贸易保护政策双重压力的过程中，一些不合理的产能供给进入国内市场，加剧了中国现阶段供给侧改革的压力。另外，奥巴马政府时期贸易保护政策的示范效应已从之前的日本、欧盟等发达国家扩展到印度、越南等发展中国家。

四、特朗普政府时期美国的贸易保护政策

特朗普就任美国总统时，美国经济经历了衰退之后虽然重新走上增长轨道，但增长速度明显放缓，经济霸权地位受到了挑战。而奥巴马政府的贸易保护政策具有在自由贸易与贸易保护间不断平衡的不稳定性，且受到普通劳动者、低收入群体的不满。因此，特朗普将公平贸易理念升级为“美国优先”的理念，对自身利益的维护达到了偏激的程度，其贸易政策的目标包括扭转贸易逆差、促进国内投资、强化经济主权、减少国际规则约束、修改贸易协定、加强贸易执法等。为实现这些目标，特朗普政府的贸易保护政策企图突破国会与 WTO 的束缚，进攻性更强，甚至达到反对自由贸易与全球化的程度。特朗普曾公开表示，中国对美巨额贸易逆差损害了美国企业的利益并造成美国国内大量失业，中国对本国出口企业构成贸易保护，中国对美国知识产权缺乏保护并强迫美国企业进行技术转让。因此，针对中国的贸易保护已成为其现阶段贸易保护政策的主要内容，2018 年爆发的中美“贸易战”也被特朗普归咎于中国侵犯美国知识产权。除“贸易战”外，这一时期美国贸易保护政策的主要手段包括以下方面：

（一）以单边方式强化关税与非关税壁垒

特朗普政府认为美国加强贸易保护政策来支持国内制造业的发展是合理且必要的，美国对单方面认定的“不公平”贸易行为，有权绕过 WTO 采取单边性制裁措施，并抵制其他国家通过 WTO 争端解决机制对美国贸易政策的约束。而且美国将调查和制裁的重点集中于高新技术产业，以保护本国核心技术和知识产权为由强化关税与非关税壁垒，在扭转贸易逆差的同时限制中国的技术创新和产业转型升级。对 500 亿美元中国产品的加税行为标志着特朗普政府大规模重启之前较少使用的关税壁垒。另外，不同于之前主要由国内企业或劳工组织申请调查的方式，特朗普政府更主动地启动“双反”调查以及 301 调查、337 调查、201 调查等方式，更加严格地计算倾销幅度并提高反倾销税率。另外，从对中兴的“技术禁售令”来看，特朗普政府未来将重点使用包括 301 调查在内的技术壁垒，严格限制美国企业对我国的技术转让。

（二）退出 TPP，以双边贸易协定替代多边贸易协定

2017 年 1 月，特朗普签署行政命令，美国正式退出 TPP。退出 TPP 的原因主要包括：TPP 本身存在市场准入、货币规则、谈判过程的不足；TPP 使得美国为伙伴国提供了大量公共产品而伙伴国“搭便车”，如今美国不再愿意提供这样的公共产品；现存的多边贸易体系普遍没有处理好公平与效率的关系，跨国公司和大利益集团从中获利最多，加剧了美国的贸易逆差和国内贫富差距。退出 TPP 并不代表美国放弃“重返亚太”战略，特朗普政府倾向于和亚洲各国分别签订双边贸易协定，实现双边替代多边的计划。

（三）将中国列为汇率操纵国

这种说法虽然只出现于特朗普就任初期，但仍在一定时期内潜在地推动了人民币升值。与单纯指责人民币汇率过低相比，美国可以凭借该指控认定中国的行为违反国际规则、直接威胁到美国的金融安全，从而采取惩罚性关税或强迫人民币大幅升值。2018 年，人民币出现了持续贬值的情况，这与美国希望人民币升值以扭转贸易逆差的意愿相悖，因此特朗普政府重提该指控的风险进一步加大。

（四）对内自由主义政策

特朗普政府对内的自由主义主要体现在减税和放松管制上。具体措施包括：将

美国的商业税率从35%降低到15%；鼓励产业回迁，对高端制造业回迁给予政策性奖励，对回迁企业一次性减税10%；对政府进行大规模的人事调整和重组，大量取消企业的政府管制；大力增加基础设施建设投资，提出“万亿美元基建计划”；增加油气供应，取消页岩气及清洁煤炭在开采、使用上的限制；退出巴黎气候协定等。对内的自由主义能够与贸易保护政策相配合，增加美国企业竞争优势。

特朗普政府的贸易保护政策对我国新时期经济发展和对外开放的挑战达到了新的高度。当前，中国经济正由高速发展向高质量发展转型，经济增速放缓，劳动力成本提高，劳动密集型产业已在全球失去竞争优势；传统制造业存在大量过剩产能，正努力进行产业转型升级、寻求产能合作；高科技产业需要不断进行技术创新，以树立全球范围内的竞争力。此时美国的贸易保护政策除了阻碍中国企业出口外，对相关产业转型升级、自主创新都造成了巨大压力。不过，美国对一些问题始终缺乏正确认识：中美两国并不处在全球价值链的同一位置，美国市场对中国产品有着大量的正常需求，这种需求是美国本土企业无法满足的；美国国内劳动力就业困难是制造业向海外转移、劳资矛盾、收入分配不合理导致的；美国一直高估对华贸易逆差。美国不正视这些问题，其通过贸易保护将是基本无效的，还会因国内商品价格上涨给自身带来损失。近年来随着全球价值链的发展完善，世界各国的利益联系愈发紧密，贸易保护给中美两国带来的损失将沿着全球价值链作用到世界各国、各个主体，给全球经济发展带来不利影响。

五、中国应对美国贸易保护政策的建议

（一）磋商、反制、运用 WTO 机制相结合

面对美国的贸易保护政策以及“贸易战”，中国应综合应用磋商、反制等手段，并充分运用 WTO 的贸易争端解决机制。G20 峰会上中美双方达成共识暂停加征新关税，很大程度上应归功于此前中美双方于 2018 年 5 月、6 月、8 月进行的经贸磋商，这说明磋商在应对美国贸易保护政策时是有效的。当双方在经贸问题上出现分歧时，在公平、诚信、相互尊重的前提下，中国可以首先选择与美国进行磋商，就存在争议的领域交换意见，努力达成共识，必要时作出合理让步（如 G20 峰会中美会议上承诺扩大对美国产品的进口），尽量避免直接采取反制措施而带来损失，这也是中国的一贯态度。同时，中国应该合理利用作为 WTO 成员国应有的权利，根据 WTO 规则，就美国的贸易保护行为向 WTO 申诉。当美国在 WTO 内对中

国进行不实指控时，中国应充分收集有效证据提出抗辩。对于特朗普企图越过 WTO 的贸易保护行为，中国应及时要求 WTO 予以制止，在维护自身权益的同时维护 WTO 的公信力。另外，中国也要提前准备好反制措施，在美国一意孤行扩大贸易摩擦时予以坚决回击，反制措施可以重点针对美国国内政治敏感度较高的产品，如大豆、棉花等农产品以及钢铁制品、汽车等。

（二）结合供给侧改革，促进产业转型升级

现阶段中国面临着经济增长转型、传统制造业产能过剩、劳动力成本优势丧失等诸多挑战，导致其更容易受到美国贸易保护政策的冲击。正所谓“打铁还需自身硬”，中国应该坚持以供给侧结构性改革为主线，积极转变发展方式、优化经济结构、转换增长动力，从而增强应对美国贸易保护政策的能力。坚持把发展经济着力点放在实体经济上，继续抓好“三去一降一补”，大力简政减税减费，不断优化营商环境，进一步激发市场主体活力，提升经济发展质量。进一步，为了推动产业转型升级，将过剩产能整体向价值链上端转移，将资源从劳动密集型产业向技术密集型、高附加值产业转移，借助“一带一路”倡议，以产能合作的方式将传统产业的过剩产能向沿线国家转移。通过供给侧改革、转变经济发展方式，中国出口到美国的产品能够逐渐不再依赖成本优势而提高附加值，使美国市场对中国产品形成无法替代和转移的需求。

（三）提高自主创新能力

2018 年美国对中兴通讯实施的“技术禁售令”导致中兴通讯的相关经营活动一度全面停止，而“贸易战”过程中美国始终认为我国知识产权保护不力、存在强制技术转让。这些都提醒中国要进一步提高自主创新能力，加快建设创新型国家，避免因技术的缺失导致受美国技术禁售等贸易保护政策的制约。当前，中国要加强国家创新体系建设，落实和完善创新激励政策。做大做强新兴产业集群，实施大数据发展行动，加强新一代人工智能研发应用，多领域推进“互联网+”。推动集成电路、第五代移动通信、飞机发动机、新能源汽车、新材料等产业发展，实施重大短板装备专项工程，发展工业互联网平台，创建“中国制造 2025”示范区。加快掌握核心技术与知识产权，形成核心竞争力。另外，中国应进一步加强知识产权保护，对于使用的国外知识产权，要按规定支付知识产权使用费，避免给予美国实施贸易保护的口实；对于自主知识产权，要严格监管，禁止国内外主体的不合规使用。

（四）借助"一带一路"倡议和自由贸易试验区建设扩大出口市场

美国的贸易保护政策使中国对美出口受限而造成经济损失。对此，中国应努力开拓新的出口市场，寻求扩大与其他国家的经贸合作。"一带一路"倡议和自贸区建设正是加强与各国的经贸合作、扩大出口市场、打破美国孤立的重要途径。中国可以将因美国贸易保护而受阻的出口转向"一带一路"沿线国家，同时将国内制造业的过剩产能合理转移到沿线国家，以满足沿线国家相关产业发展升级的需求。当前，要大力加强中国与沿线国家的合作，推动实现政策沟通、设施联通、贸易畅通、资金融通、民心相通；争取与更多沿线国家签订自由贸易协定，密切贸易往来，健全贸易合作机制，降低贸易成本。而自由贸易试验区建设与"一带一路"倡议相配套，是"一带一路"建设的重要支点。2013 年以来，中国先后在 11 个省、直辖市建立了自由贸易试验区，即将在海南全岛建设自由贸易试验区及自由贸易港。当前，要充分发挥自由贸易试验区先行先试的功能，鼓励自由贸易试验区内的制度创新，支持自由贸易试验区内开展融资、跨境结算、保税仓储等业务，并将自由贸易试验区的经验推广到与"一带一路"沿线国家的贸易活动中，实现"一带一路"建设与自由贸易试验区建设相互支持，从而扩大出口市场以抵御美国贸易保护政策的不利影响。

此外，为了应对美国贸易保护政策，除了采取措施扩大出口外，中国近期也合理扩大了进口。2018 年 11 月，首届中国国际进口博览会在上海举行，吸引了 81 个国家、3 个国际组织参会。扩大进口充分表明中国支持经济全球化和贸易自由化、主动向世界开放市场的积极态度，有力回击了美国的贸易保护政策。

美式国有企业规则分析及启示

——以 NAFTA、TPP、USMCA 为例

李思奇　　金　铭

（对外经济贸易大学中国 WTO 研究院）

近年来，我国大型国有企业在国际市场崭露头角，正日益成为我国企业“走出去”、参与全球经济竞争的重要力量。与此同时，由于我国国有企业“公私混合”的性质，也成为美欧等西方国家指责我国存在“国家资本主义”最主要的依据。在“国家资本主义”的争论背景下，美欧等西方国家利用双边和区域贸易谈判平台，逐渐合成新一代国有企业规则；并试图拓展 WTO 多边法律框架，在新近的 WTO 改革讨论中抛出国有企业议题。随着中国深度融入全球经济，美欧等西方国家主导的新一代国有企业规则将成为我国国有企业国际化的重要准入性门槛。

自 1994 年美国签订北美自由贸易协定（NAFTA）以来，美国对于国有企业规则的诉求在不断拓展和深化，重点反映在奥巴马时期主导谈判的跨太平洋伙伴关系协定（TPP）① 以及特朗普政府重新谈判并签署的美墨加协定（USMCA）中。一方面，美国在 TPP 中首次将国有企业单列一章，而后在 USMCA 中延续和拓展了相关规则，凸显了美国对国有企业问题的日渐重视，但也突出反映了美国的利益诉求。美国在 TPP 和 USMCA 中推行的国有企业认定标准主要是取决于“国家决策与国有企业的密切程度”，对满足主要从事商业活动这一前提条件的国有企业，USMCA 在 TPP 的基础上，从中央政府所持有的股权、投票权、任命权、决策权四个方面进行认定，满足四者之一就会被认定为应受约束的国有企业；同时规定规则不适用于次

① 虽然美国选择退出 TPP，但 TPP 文本仍然反映了奥巴马政府时期美国对国有企业的核心规则诉求。

级中央政府一级的国有企业。由于美国国有企业大多集中于州政府一级而较少为中央一级国有企业，因此USMCA的现有国有企业条款实质上并未对美国的国有企业带来过多冲击。由此可知，美国所推行的新一代国有企业规则更多的是通过国际立法规制其他国家的国内管制措施，同时对美国的国有企业提供一些缓冲和豁免。另一方面，美国在推行TPP和USMCA时，具有限制中国等新兴经济体国有企业发展的战略考量，表面看似公平的国际协定很可能成为发达国家市场保护的工具，阻碍我国与上述协定成员国谈判自由贸易协定，并对我国国有企业国际化带来很大的不确定性。鉴于此，本文在国有企业的现行国际规则大背景下，剖析美式国有企业规则的演变和特点，重点对NAFTA、TPP、USMCA中的国有企业条款进行比较分析，研判美国关于国有企业规则的诉求变化，分析对中国的影响并提出相应的对策建议。

一、关于国有企业的现行国际规则及讨论

（一）WTO中与国有企业相关的规则

WTO中与国有企业相关的规则有《1994年关税及贸易总协定》（GATT1994）第六条（反倾销和反补贴税）、第十六条（补贴）和第十七条（国营贸易企业）以及《补贴与反补贴措施协定》（SCM协定）。由于WTO旨在管理国家间的贸易而非企业的市场行为，因此WTO并未有针对国有企业的特定规则，但国有企业也从以下几个方面适用WTO规则（屠新泉等，2015）。第一，GATT1994第十七条将“国营贸易企业”定义为“各缔约方建立或维持的从事进出口购买和销售活动的企业，并且这类企业在形式上或事实上享有独占权或特权”。GATT1994第十七条进一步规定“国营贸易企业”应遵循非歧视、商业考虑、披露交易信息以及逐渐从国际贸易中退出等原则。虽然“国营贸易企业”相对于国有企业的范围更为宽泛，任何私营企业也可享有政府特权，但从事进出口购买和销售活动的国有企业有可能受到上述条款的约束。第二，GATT1994第六条、第十六条以及SCM协定对扭曲国际贸易的政府补贴及其反补贴救济进行了规定。根据SCM协定第1.1条（a）（1）规定，补贴应是“政府”或“公共机构”提供的财政资助，若将国有企业认定为“公共机构”，则国有企业便与政府一样，其提供的财政资助有可能被纳入反补贴调查的范围。第三，透明度原则是WTO框架下最为重要的规则之一，SCM协定据此原则在第25条对补贴的通报做出了具体要求，要求WTO成员对属于第1.1条且属于

第 2 条范围内的任何专向性补贴进行通报。并且，该通报要求不仅适用于 WTO 成员中央政府一级，也适用于地方政府一级。依此，国有企业提供或接受的任何专向性补贴都受到 WTO 透明度和通报要求的限制。综上所述，虽然 WTO 未有针对国有企业的特定规则，但国有企业在 WTO 框架下仍然受到了一定约束。

（二）OECD 中与国有企业相关的规则

经济合作与发展组织（OECD）于 2005 年出台了《OECD 国有企业公司治理指引》（简称《指引》），并在 2015 年进行了修订。《指引》虽不具有强制约束力，但对各国政府管理国有企业具有参照作用。第一，《指引》认同国家所有权的合理性，同时强调国家对国有企业的有效监督，对国有企业的法律和监管框架应确保国有企业和私营企业在市场上公平竞争。由于政府在商业运作中同时扮演国有企业所有者和市场调节者的角色，这种既是“运动员”又是“裁判员”的双重身份容易扭曲公平竞争，因此将政府作为“企业所有者”和“市场调节者”的职能分离是保证国有企业与私营企业公平竞争的前提（Home 和 Affairs，2012）。第二，政府作为企业所有者应“确保国有企业治理具有较高的专业性与有效性，并以透明、问责的方式予以实施”。据此，一是所有权的行使应在政府行政管理中予以明确界定；二是政府要保证国有企业拥有完全的自主经营权，不干预国有企业的日常经营管理；三是政府行使所有权时应遵循透明和问责的原则。第三，《指引》强调保护国有企业利益相关者的利益，并认为国有企业应承担更高标准的企业责任，避免国家做出损害国有企业利益相关者的决策，制定严格的内外部监督机制。第四，当国有企业履行公共服务义务时，应通过法律授权明确其义务和责任，并按《OECD 公司治理原则》中要求的所有关于公司的实质性事项（如公司的财务和经营结果、公司目标、主要股份所有权和表决权等）进行及时和准确的披露。

（三）世界银行关于国有企业的讨论

2018 年 3 月，世界银行和韩国开发研究院举办了“国有企业改革和共享繁荣”研讨会，讨论了近年来各国对于国有企业发展与改革的新思路，核心议题包括：一是国有企业对宏观财政、金融、经济增长的影响，包括维持国有企业支出的可持续性、国有企业债务管理的合理性等。二是国有企业的公司治理和问责机制，强调国有企业治理的法律和监管框架，加强政府的国有企业所有权职能，加强国有企业的财务责任、控制和透明度。特别是在透明度方面，世界银行于 2010 年对其披露信息的方式进行了重大变更，从之前的应披露哪些信息的“肯定性清单”方式转变为披露任何未列入例外清单信息的方式，这种方式更符合世界银行要求尽量披露所有信息的立场。三是市场自律、市场竞争和竞争中立原则，在国有企业参与的领域引入市场约束和竞争中立原则。四是国有金融机构和国有企业融资，强调要改善国有金融机构的治理和效率，促进国有金融机构改革，保证金融市场的完整性。世界银行的讨论主要聚焦国有企业的治理机制及国有企业发展带来的影响，目的是协调各国参与国有企业的改革进程、促进私营部门发展、消除贫困、寻求融资等。

（四）美欧日三方联合声明中关于国有企业的理念

截至 2019 年 5 月，美国、欧盟、日本共发表六次联合声明，其中的核心焦点是第三国的非市场导向政策与做法，如产业补贴、国有企业、技术转让等，美欧日力图在上述问题上采取更加严格的纪律。纵观六次美欧日联合声明，其内容大同小异，但关于国有企业规则的诉求却日益清晰。一是列举所谓的“市场导向条件”，将其作为判断国有企业是否“市场化运营”的重要参考。美欧日列举的“市场导向条件”包括：（1）企业对价格、成本、投入、购销的决定是根据市场信号自由决定和作出的；（2）企业的投资决策是根据市场信号自由决定和作出的；（3）资本、劳动力、技术等要素价格由市场决定；（4）企业或影响企业的资本配置决策是根据市场信号自由决定和作出的；（5）企业实行国际公认的会计准则，包括独立核算；（6）企业适用公司法、破产法、私有物权法；（7）政府对上述企业经营决策没有明显干预。二是进一步列举可能与国有企业相关的扭曲市场行为，例如国有企业的放贷与企业资信不符，并基于隐性的政府担保；政府或政府控制的基金以非商业条件进行投资；非商业债转股；包括双重定价等方式的优惠原材料价格；在没有可靠重组计划情况下对不良企业的补贴；导致或维持产能过剩的补贴等。三是呼吁提高透明度的目标，同意为 WTO 成员完全遵守其通报义务建立直接或间接的激励机制；也一致认为需要为公共机构和国有企业增加包括透明度等规则义务。对于一些非市场导向政策与做法，三方强调了彼此间的信息交换。上述讨论实际上代表了当前国际上以美欧日为代表的发达国家对国有企业问题的普遍看法，具有一定的规则导向性。

（五）国际现行国有企业规则的对比分析

从现有的国际规则体系来看，国有企业议题的重要性日益凸显，但当前在多边层面未能形成清晰的国有企业条款。出于规制各国贸易的目的，WTO 的国营贸易企业条款可以在一定程度上纠正受到政府影响的企业扭曲市场行为，但由于国营贸易企业并不完全等同于国有企业，所以实际上，WTO 的国营贸易企业规则并不能完全适用于国有企业。在透明度原则上，补贴通报的主体也规定为所有权主体即政府，而非企业主体。

OECD 关于国有企业的规则较为全面和高标准，其在 WTO 规则的基础上丰富了关于公司治理的内容，如对国有企业的法律和监管框架和对国有企业治理有效性和专业性的要求等。与 WTO 规则的概括性规定不同，OECD《指引》为各国的国有企业改革提供了一个更可操作的指南，在透明度方面规定了国有企业作为信息披露主体应披露的具体内容，具有较强的借鉴意义。但由于《指引》作为非法律性文件，在很多国家并未得到有效执行，使其作为国有企业规则的约束效力大打折扣。

世界银行关于国有企业的讨论延续了 OECD《指引》中关于国有企业的规则理念，但世界银行更为关注国有企业带来的影响而非约束其行为本身，例如国有企业对宏观财政的影响以及国有金融机构对金融市场的影响等，这主要与世界银行“向成员国提供贷款和投资、推进国际贸易均衡发展”的宗旨有关。同时，世界银行采取例外清单的信息披露方式，能够在最大程度上实现国有企业的透明度。

美欧日三方联合声明相较上述国有企业规则而言，在现阶段更多的是理念和标准导向而非具体的规则导向，三方对非市场导向政策和做法的态度十分明确，基本可以判断三方会致力于推动国际社会对相关新理念、新标准的接受，进而输出对国有企业的具体规则约束。

二、NAFTA、TPP、USMCA 中的国有企业条款对比分析

如前所述，由于 WTO 多边法律框架和其他国际平台并未有针对性的国有企业规则，因此美国将区域贸易协定作为构建国有企业规则的路径，不断拓展和深化相关规则。如表 1 所示，美国在 NAFTA、TPP、USMCA 中均纳入了国有企业相关条款，但覆盖的内容和深度有所不同。相较 NAFTA 而言，TPP 和 USMCA 对国有企业进行了更加全面和系统的规范。

在美国签署 NAFTA 之时，由于新兴经济体的国有企业尚未在全球经济中占据重要地位，因此国有企业并不是美国意图规制的主要对象。NAFTA 中与国有企业相关的规则较为简单，仅体现在第 15 章竞争政策部分。相较而言，TPP 和 USMCA 关于国有企业的规则独立成章，并且除了对 NAFTA 中已涉及的非歧视和商业考虑进行规

定之外，还增设了非商业援助、诉讼管辖等内容，扩大了缔约方的义务范围，提高了协定相关条款的可执行性。同时，TPP 和 USMCA 在争端解决机制方面也有所强化。NAFTA 将竞争政策条款排除在一般争端解决机制适用范围之外，而 TPP 和 USMCA 则允许缔约方利用争端解决机制处理相关争议，增强了对缔约方的约束力。就具体条款而言，在国有企业的定义、透明度、非歧视和商业考虑、非商业援助方面，NAFTA、TPP、USMCA 均有不同程度的覆盖，下文将对此逐一分析。

（一）国有企业的定义

NAFTA、TPP、USMCA 都对国有企业进行了定义。NAFTA 在第 1505 条中简单地将国有企业定义为“由缔约方拥有或通过所有者权益控制的企业”，同时在第 1505 条附件中额外定义了加拿大和墨西哥的国有企业。例如对加拿大而言，“国有企业是指加拿大《金融管理法》意义上的王室公司，或任何类似的地方法律意义上的王室公司，或根据其他可适用的地方法律成立的同等意义上的实体”。对墨西哥而言，“国有企业不包括为销售玉米，豆类和奶粉而成立的国家基本商品公司及其现有附属公司，或任何后继企业及其附属公司”。TPP 在第 17. 1 条将国有企业定义为“主要从事商业活动的企业，并且需要满足下述三种条件之一：政府直接拥有 50%以上的股权；政府通过所有者权益控制 50%以上的投票权；政府拥有董事会或其他同等管理机构的多数任命权。”USMCA 在第 22. 1 条将国有企业定义为“主要从事商业活动的企业，并且需要满足下述四种条件之一：政府直接或间接拥有 50%以上的股权；政府通过直接或间接的所有者权益控制 50%以上的投票权；政府拥有通过任何其他所有者权益（包括间接或少数所有权）控制企业的权力；政府拥有董事会或其他同等管理机构的多数任命权”。

比较 NAFTA、TPP 和 USMCA 对国有企业的定义，其目的都是约束由国家拥有或通过所有者权益控制的国有企业，以追求更加公平的市场竞争环境，但三者对国有企业的约束范围有所不同。NAFTA 作为美国第一个涉及国有企业的自由贸易协定，其对于国有企业的定义较为笼统；而 TPP 和 USMCA 则细化了对国有企业的定义，将其限定为从事商业活动的国有企业，即企业生产货物或提供服务均以盈利为导向，并以企业自主决定的数量和价格向消费者销售，不涉及政府设立、指定或授权从事垄断活动的国有企业（姚淑梅，2017）。并且 TPP 和 USMCA 进一步明确了政府与企业的关系，TPP 以投票权、股权、任命权三种形式定义政府对国有企业的“控制”，而 USMCA 不仅在股权、投票权、任命权的要求上相较 TPP 的范围更为扩大（例如 TPP 要求政府“直接拥有股权”，而 USMCA 则要求政府“直接或间接拥有股权”），而且增加了决策权的约束，即政府拥有通过投票权之外的任何其他所有者权益控制企业的权力，这使得规制的国有企业范围进一步扩大。值得注意的是，TPP 和 USMCA 的国有企业规则规制的是中央政府一级的国有企业，不适用于次级中央政府一级的国有企业，其分别在附件 17-D 和附件 22-D 中进行了具体说明。

表 1　NAFTA、TPP、USMCA 中的国有企业条款结构

协定	国有企业条款								
	国有企业定义	商业考虑	非歧视	非商业援助	例外条款	透明度	诉讼管辖	争端解决	其他
NAFTA	1505 条 1505 条附件[①]	1505 条	1502 条 1503 条 1505 条			1502 条		1501 条[②]	1504 条
TPP	17. 1 条	17. 4 条	17. 4 条	17. 1 条 17. 6 条 17. 7 条 17. 8 条 附件 17-C	17. 2 条 17. 9 条 17. 13 条 附件 17-D 附件 17-E 附件 17-F	17. 10 条	17. 5 条	17. 15 条 附件 17-B	17. 3 条 17. 11 条 17. 12 条 17. 14 条 附件 17-A
USMCA	22. 1 条	22. 1 条 22. 4 条 附件 22-E	22. 4 条 附件 22-E	22. 1 条 22. 6 条 22. 7 条 22. 8 条 附件 22-C 附件 22-E 附件 22-F	22. 2 条 22. 9 条 22. 13 条 附件 22-D	22. 10 条 附件 22-E	22. 5 条	22：15 条 附 件 22 -B 附件 22-C	22. 3 条 22. 11 条 22. 12 条 22：14 条 附件 22-A

注：① 1505 条附件规定了加拿大和墨西哥的国有企业定义。

② 1501 条第三款规定“对于根据本条产生的任何事项，任何缔约方均不得根据本协定求助于争端解决”。

资料来源：美国贸易代表办公室官网，https://ustr.gov/trade agreements/free trade agreements。

（二）透明度规则

NAFTA、TPP、USMCA 均涵盖了透明度规则。NAFTA 对透明度的规定并未单独成章，而是在第 1502 条中规定：“如果一方打算指定垄断并且该指定可能影响另一方利益，则该缔约方应在可能情况下事先书面通知另一方；在指定垄断经营条件

时应尽量减少或消除附件 2004 所指的任何利益的撤销或减损”。TPP 在第 17.10 条规定：（1）各方应在本协定生效后 6 个月内，向其他缔约方或在官方网站上公布其国有企业名单，此后应每年更新该名单；（2）各方应立即向其他缔约方或在官方网站上公布指定垄断或扩大现有垄断范围的情况及其指定条款；（3）应另一方书面请求，一方应及时披露国有企业或政府垄断的情况，说明其可能如何影响各方间的贸易或投资，具体包括国有股权和投票权的比例，国有特殊股权、投票权或其他权利的情况，政府官员在企业董事会的任职情况，企业近三年的年度收入和总资产情况，企业根据缔约方法律享有的任何豁免情况，以及应书面请求公开其他可获得的年度财务报告和第三方审计报告等信息；（4）应另一方书面请求，一方应及时披露非商业援助的情况，说明其可能如何影响各方间的贸易或投资。USMCA 除了在第 22.10 条纳入与 TPP 相同的条款外，还要求披露股权注资的情况；同时在附件 22-E 第四款中还对墨西哥提出特别要求，如缔约方根据第 22.10 条的有关规定提出要求，墨西哥应在合理可行的范围内提供有关特殊目的机构（special purpose vehicle）提供的任何援助信息。

相对而言，TPP、USMCA 的透明度要求要明显高于 NAFTA。以指定垄断的披露为例，NAFTA 仅提出了一般性要求，而 TPP 和 USMCA 则要求主动披露与应请求披露相结合，披露内容应具体明确，股权、人事、经营、财务、非商业援助和股权注资皆为可披露内容。

（三）非歧视和商业考虑规则

NAFTA、TPP 和 USMCA 均引入了非歧视和商业考虑规则。NAFTA 在第 1503 条第三款规定“各缔约方应确保其维持或设立的任何国有企业在向位于其境内投资的另一方投资者出售货物或服务时遵循非歧视待遇”；在第 1505 条规定“根据商业考虑，（国有企业）应与相关商业或行业中私营企业的正常商业行为一致”。TPP、USMCA 在各自国有企业章节的第四条均规定了缔约方的两项义务：一是缔约方应确保其国有企业在从事商业活动时遵循商业考虑原则；二是缔约方应确保其国有企业在从事商业活动时遵循非歧视原则。

纵观上述协定的发展，体现了美国意图扩张国有企业非歧视和商业考虑规则的诉求。第一，NAFTA 的非歧视和商业考虑规则涵盖货物和服务的采购和销售；而 TPP 和 USMCA 则将其进一步拓展到了投资领域。第二，非歧视待遇包括最惠国待遇和国民待遇两个条款。在多边框架下，GATT 所规定的国营贸易企业非歧视待遇仅限于最惠国待遇，其是否涵盖国民待遇尚无定论。而在 WTO 争端解决机制的以往判例中，也仅明确承认国营贸易企业的非歧视待遇包含最惠国待遇，回避了其是否涵盖国民待遇的问题（王秋雯，2018）。但在 TPP 和 USMCA 中，明确将最惠国待遇和国民待遇原则无差别地适用于所有缔约方。第三，TPP 和 USMCA 的关注点在于同一市场上所有行为主体应处于公平竞争环境；其非歧视待遇的比较对象不仅包括缔约方的企业、其他缔约方的企业，还包括其他非缔约方的企业。第四，商业考虑逐渐演进成为与非歧视待遇并列的独立义务，而不仅仅是判断企业是否遵循非歧视待遇的一个考量。这就意味着依据 TPP 和 USMCA，只要国有企业的经营活动没有完全遵从商业考虑，也构成了对协定义务的违反，体现了对国有企业商业运作标准的显著提高。

（四）非商业援助规则

NAFTA 并未涉及非商业援助规则。TPP 除在第 17.1 条对非商业援助进行定义之外，还涵盖了三个主要条款，分别是第 17.6 条“非商业援助的基本义务条款”、第 17.7 条“不利影响”和 17.8 条“损害”。USMCA 关于非商业援助的条款结构与 TPP 一致，分别在第 22.1 条、22.6 条、22.7 条和 22.8 条进行了规定。TPP 和 USMCA 对非商业援助条款的设计基本沿用 WTO SCM 协定中的补贴条款，但在非商业援助主体、非商业援助范围、不利影响和损害等方面放宽了多边补贴规则的标准。

第一，在非商业援助主体方面，国有企业在非商业援助的提供者和接受者两个方面受到限制。从提供者角度，WTO SCM 协定将补贴的提供者界定为“政府或公共机构”，其中国有企业是否被认定为“公共机构”是一个重要问题。根据 WTO 争端解决机制的以往判例，WTO 成员需遵循“一案一议”的原则来认定国有企业是否为“公共机构”。也就是说，国有企业并未被强制认定为“公共机构”，即补贴的提供者。但在 TPP 和 USMCA 中，规避了“公共机构”的认定，直接规定非商业援助的提供者可以是国营企业或国有企业，宽泛了援助提供者的认定标准。从接受者角度，TPP 将非商业援助界定为“凭借政府对国有企业的所有权或控制而给予该国有企业的支持”，此处的国有企业不仅指国内企业，也包括通过海外投资设立的国有企业，拓展了 WTO SCM 协定将补贴界定为“在一成员领土内”由政府或任何公共机构提供的财政资助的这一范围（徐昕，2017）。

第二，在非商业援助范围方面，在对援助类型的定义上，TPP 和 USMCA 均包含：（1）事实或潜在的资金转移或债务转移，包括拨款或债务豁免、贷款、担保和融资、股本注资；（2）一般基础设施之外的货物或服务支持。此外，USMCA 还新增了一项采购货物（不含服务）。在援助领域方面，WTO SCM 协定仅规制货物贸易领域的补贴，而 TPP 和 USMCA 同时规制货物贸易、服务贸易和投资领域的非商业援助。

第三，在不利影响和损害方面，TPP 和 USMCA 都要求缔约方不能通过提供非商业援助而对另一缔约方造成不利影响，也不能对另一缔约方的国内产业造成损害。TPP 和 USMCA 对不利影响的评估范围既包括接受非商业援助的国有企业的本国市场，也包括其作为涵盖投资所设企业而存在的另一缔约方市场，还包括任何其他非缔约方市场。

三、美式国有企业规则对中国的影响

（一）中国国有企业或被纳入美式国有企业规则的调整范围

以 USMCA 为代表的新一代美式国有企业规则通过描述政府的股权、投票权、任命权、决策权的四个任选条件定义其约束的国有企业范围，并将“主要从事商业活动”作为认定所约束的国有企业的前提条件。USMCA 在第 22.1 条中，将“商业活动”定义为“以营利为目的、在市场上以企业确定的数量和价格向消费者销售商品或提供服务的活动”。这事实上将服务于公共事业的企业排除在规制范围之外。

2015 年 9 月 13 日，我国国务院出台了《关于国有企业功能界定与分类的指导意见》（以下简称《指导意见》），结合不同国有企业在经济社会发展中的地位和作用，根据主营业务和核心业务范围，将国有企业划分为商业类国有企业和公益类国有企业。商业类国有企业又分为“主业处于充分竞争行业和领域的商业类国有企业”（以下简称竞争类国有企业）和“主业处于关系国家安全、国民经济命脉的重要行业和关键领域、主要承担重大专项任务的商业类国有企业”（以下简称特殊的国有企业）。公益类国有企业则以保障民生、服务社会、提供公共产品和服务为主要目标。

对 USMCA 中的国有企业定义，首先判断“以营利为目的”这一前提条件。我国公益类国有企业明显不符合“以营利为目的”进行商业活动的条件，所以不应在美式国有企业规则的规制范围内。而对于我国商业类国有企业，《指导意见》提出对竞争类国有企业的定责考核要求是“重点考核经营业绩指标、国有资产保值增值和市场竞争能力”，可见竞争类国有企业符合“以营利为目的”这一条件；《指导意见》提出对特殊的国有企业的定责考核要求是“要合理确定经营业绩和国有资产保值增值指标的考核权重，加强对服务国家战略、保障国家安全和国民经济运行、发展前瞻性战略性产业以及完成特殊任务情况的考核”，不能直接确定特殊的国有企业是否“以营利为目的”，而是要具体分析。

其次判断企业能否以“确定的数量和价格向消费者销售商品或提供服务”。《指导意见》要求公益类国有企业“必要的产品或服务价格可以由政府调控”，故企业自身不能确定价格；《指导意见》要求商业类国有企业“按照市场化要求实行商业化运作，依法独立自主开展生产经营活动，实现优胜劣汰、有序进退”，“市场化”、“商业化”、“独立自主”都反映了企业可以自主确定数量和价格。在此条件下，竞争类国有企业可以直接根据市场化条件自主决定生产经营的数量和价格；但对于部分特殊的国有企业，例如属于《中央定价目录》的 7 类商品和服务项目（天然气、水利工程供水、电力等战略物资储备）实行政府定价，因此特殊的国有企业不具有自主定量定价权。由此可见我国竞争类国有企业完全符合 USMCA 对国有企业的定义。也就是说竞争类国有企业一旦符合股权、投票权、任命权、决策权的任一条件，就会被认定为受约束的国有企业。

（二）透明度规则对中国国有企业的影响

USMCA 对透明度提出了三个要求：

第一，要求缔约方在协定生效后 6 个月内主动披露国有企业清单。目前我国国资委官方网站披露的“央企名录”已满足这一要求①，因此对我国影响不大。

第二，应其他缔约方要求，一缔约方应披露国有企业的相关信息及其可能影响贸易和投资的行为。信息披露一直是我国国有企业的短板，我国目前的信息披露现状虽有进步，但仍不够透明。《社会责任报告》是我国国有企业主动披露的主要形式。截至 2018 年年底，我国中央企业共发布 72 份社会责任报告，占全部中央企业的 75%，相较 2008 年的 17%有很大提升（见表 2），但是报告内容在完备性、规范性方面仍有待改进。造成我国国有企业主动披露信息不足的原因在于：虽然我国国有企业的信息披露主体为国资委和企业，但以企业为主体的信息披露制度仍待规范和完善。以《企业国有资产监督管理暂行条例》为例，其中规定“所出资企业中的

---

① “央企名录”详情参见 http：//www.sasac.gov.cn/n2588035/n2641579/n2641645/index.html。

国有独资企业、国有独资公司应当按照规定定期向国有资产监督管理机构报告财务状况、生产经营状况和国有资产保值增值状况”，其实行的是信息定向报告制而不是公开披露制，并且只有国资委的行政监管而缺乏社会监管。而规范国资委的信息披露制度，如《中华人民共和国企业国有资产法》规定“国务院和地方人民政府应当依法向社会公布国有资产状况和国有资产监督管理工作情况，接受社会公众的监督”。此条款仅概括地规定应公开信息为国有资产状况和工作情况，而对披露的具体内容及披露方式未作出详细规定。因此，我国现行信息披露制度仍待完善，若接受 USMCA 的此项要求，对我国而言将会是一个挑战。

表2　我国中央企业发布的《社会责任报告》数量及比例的变化

年份	2008	2009	2010	2011	2012	2013	2014	2015	2016	2017	2018
发布报告的企业数量（家）	24	38	52	68	110	105	98	84	72	75	72
企业总数（家）	141	129	120	117	115	113	112	107	102	101	96
百分比（%）	17.0	29.5	43.3	58.1	95.7	92.9	87.5	78.5	70.6	74.3	75

资料来源：2018 年《中央企业社会责任蓝皮书》的新发现，http：//www.sasac.gov.cn/n2588025/n4423279/n4517386/n10527539/c10683700/content.html。

第三，应其他缔约方请求，一缔约方应披露非商业援助的情况。该项规则类似于 WTO SCM 协定的补贴通报要求。作为 WTO 成员，我国积极履行 WTO 义务，并支持增强 WTO 的透明度和补贴通报要求，因此这一要求不会为我国带来过多新的挑战。

综上所述，USMCA 的高标准透明度规则将会对我国国有企业的日常经营及可能影响贸易和投资行为的信息披露带来挑战。此外，对透明度的要求很有可能阻碍我国国有企业的走出去进程。当前，国有企业已经成为我国海外投资的主力军，而由于我国国有企业信息披露制度不健全，可能会由于所披露的内容不能达到东道国的要求，而被东道国推定为“与政府存在紧密联系”，商业决策易受政府控制、获得了不当的政府隐性补贴、治理结构与治理模式存在缺陷等，而以损害国家安全和公共秩序为由拒绝我国国有企业的海外投资。

（三）非歧视和商业考虑规则对中国国有企业的影响

非歧视和商业考虑是美式国有企业规则的核心，也是我国国有企业改革面临的挑战。如在《指导意见》中要求商业类国有企业“按照市场化要求实行商业化运作”，又要求“商业类国有企业和公益类国有企业作为社会主义市场经济条件下的国有企业，必须自觉服务国家战略，主动履行社会责任”，对国有企业的主要功能和角色较为模糊。因此，如何处理国有企业的商业考虑和非歧视原则以及与服务国家战略、履行社会责任之间的关系，是我国国有企业运作与监管实践中的重要问题。

（四）非商业援助对中国国有企业的影响

首先，USMCA 扩大了非商业援助提供者的范围，这对我国的影响较大，将使我国国有企业被轻易认定为非商业援助提供者。这一关于我国国有企业的法律定性问题应进一步深入讨论。其次，USMCA 扩大了非商业援助的约束范围，不仅限制缔约方国有企业在国内的活动，还约束其对外的商业行为，将不利影响和损害范围扩大到服务和投资领域，这事实上提高了中国企业走出去的门槛。近年来中国国有企业加大了走出去的力度，而政府帮助企业走出去的一些措施很容易被纳入非商业援助范围。但虽然 USMCA 拓展了非商业援助的范围，但对非商业援助的救济没有详细规定，即在证明某一缔约方的国有企业通过获得的非商业性援助对另一缔约方造成不利影响和损害时，由于 USMCA 并未规定后续的救济措施，该缔约方也无法采取有效措施（韩立余，2016）。

四、结论与对策

综上所述，在我国的对外经贸关系中，国有企业是一个结构性问题，需要系统性解决。面对以 USMCA 为代表的美式国有企业规则新发展，我国应认真研判并积极应对。

首先，应积极主动地参与国际国有企业规则的制定，利用多边、区域或双边贸易谈判，提出符合中国利益的国有企业规则。

其次，推动国内国有企业分类改革。一是减少国有资本的持有。USMCA 将“政府直接或间接拥有 50%以上的股权”作为国有企业认定标准之一，因此减少国有资本的股权持有是避免竞争类国有企业纳入美式国有企业规则范围的措施之一。但具体在哪些行业设定多大程度的政府持股比例，还需要具体分析。二是弱化政府表决权。在《关于国有企业发展混合所有制经济的意见》中提到，国有资本“可在少数特定领域探索建立国家特殊管理股制度，依照相关法律法规和公司章程规定，行使特定事项否决权”，这可能使一些国有企业满足投票权和决策权标准从而被认定为受约束的国有企业。三是完善国有企业分类，制定不同改革方案，避免竞争类国有企业全部适用于美式国有企业规则范围。

最后，完善国有企业信息披露制度（周婷，2014）。一是要明确信息披露的内容和形式，目前在《国有资产监督管理信息公开实施办法》中已有相关披露规定，但内容不够具体，应适当细化与补充，并制定统一的信息公开标准，使企业和政府在进行披露时有据可循。二是要完善信息披露的监管，由于国有企业与政府间的关系，仅靠国资委来对国有企业的信息披露进行监督是不合理的。可以借鉴上市公司的做法，引入外部的监督机制，如会计事务所、审计事务所等第三方机构，对国有企业披露信息的内容和质量进行审核。

全球价值链重构与“引进来”“走出去”的再思考

李　丹　　董　琴

（辽宁大学经济学院）

改革开放四十年，中国经历了对外开放由小到大，由局部到全面的发展历程。通过对外开放，中国实现了从嵌入全球价值链到深度融入的过程。中国在全球价值链中地位的不断提升主要得益于中国快速发展的科学技术水平，同时也与中国在不同经济发展阶段实施适宜的“引进来”和“走出去”密不可分。然而，面对国际形势的深刻变化，中国继续参与和攀升发达国家主导的全球价值链高端的路径受阻。面对国内经济发展的新目标和新阶段，中国应逐步推动以中国为核心的全球价值链体系的构建。

一、全球价值链分工下中国“引进来”和“走出去”的演进

（一）“引进来”与以资源禀赋比较优势嵌入全球价值链（1978—2001年）

由于国际市场的信心不足以及中国对于外部环境的不确定性，中国改革开放之初对外开放幅度非常有限，外商在华直接投资规模小、技术含量低，基本以加工贸易为主，“引进来”总体质量不高。1992年邓小平同志南方谈话后，中国对外开放进入新阶段：外商在华直接投资高速增长；投资产业结构不断升级，投资领域从一般简单加工扩展到基础设施、信息技术等领域；跨国公司逐渐成为投资主体；资金技术密集型项目大幅增加，中国对外开放格局初步形成，“引进来”层次不

断提升。与此同时，中国企业通过在“干中学”以及与外商企业建立的前向联系、后向联系中逐渐加强与外资企业的合作，并依靠丰富的自然资源和廉价劳动力逐渐参与到其生产环节中，中国的加工制造、装配等环节开始在全球价值链分工中拥有一席之地。

（二）“引进来”“走出去”与以综合性比较优势深度融入全球价值链（2002—2007年）

加入世贸组织后，中国凭借在自然资源和劳动力资源禀赋上的巨大优势参与全球价值链分工，在农业、制造业开放的基础上，进一步开放了基础设施、金融业、保险业、证券业和服务业等，逐步同国际规则接轨，推动形成全面开放的经济格局。而此时中国的比较优势逐步发展成为包括资本、技术、土地、能源在内的综合性比较优势，经济进入黄金增长期，中国“引进来”逐步走上规范化与法制化，“引进来”质量进一步提高，加速中国融入全球价值链进程。大型跨国公司基于全球经营战略纷纷进入中国市场，转向投资于资本密集型的基础设施、高新技术产业以及现代服务业，并广泛参与国有大企业的改组改造，将其纳入全球生产体系。同时那些成长快、规模较大的创新型私营企业亦成为外商投资的重点。在“引进来”的同时，这一时期流向发达国家和地区的“走出去”逐渐发展壮大，中国香港、美国、日本、德国集中了四成左右的中国境外投资。虽然这一时期中国的“走出去”仍以从事简单生产加工和商业服务为主，但企业在开拓国际市场的同时，仍存在一定反向技术溢出效应，通过反向技术转移、研发资源共享、研发成果反馈、海外市场竞争等传导机制在一定程度上提高了母国技术发展水平，中国企业以更加积极主动的姿态深度融入全球价值链。

（三）“引进来”“走出去”与全球价值链重构（2008年至今）

2008年全球金融危机终结了全球化3.0时代，世界经济进入大调整、大重组、大变革时期，贸易摩擦加剧、贸易保护主义重新抬头。欧美发达经济体纷纷实施“再工业化”战略，看似通过技术革新推动其产业升级，实为争夺未来全球产业竞争的制高点。美国更是提出了制造业回归政策，限制本国企业境外投资，并通过采取一系列财税金融等鼓励措施，吸引美国企业回归本土，进而引发美国境外资本的大量回流。2017年以来美国对华频繁采取贸易制裁措施，剑指中国的高端产业发展，攀升全球价值链高端受阻。贸易保护主义思潮的泛滥使分布在世界各国的全球价值链部分被切断。与此同时，产业革命、信息技术革命的出现亦导致传统全球价值链结构变化，原有结构正在被打破，全球价值链处于深度调整期。

全球价值链的深度调整为中国提高在全球价值链中的地位带来挑战与机遇。伴随西方贸易保护主义抬头及大国竞争的日益激烈，攀升全球价值链中高端愈加困难：一方面是来自发达国家的“再工业化”和“制造业回归”政策；另一方面则是来自发达国家吸引优质外资形成的激烈竞争局面。变革中隐藏机遇，深度调整的全球价值链也为中国提升价值链地位、构建以中国为核心的全球价值链带来机遇。中国在供给侧结构改革及创新驱动等政策激励下，科技水平和综合经济实力不断提升，中国作为世界第二大经济体和第一大出口国，已具备构建以中国为价值链核心的能力。这将成为未来一段时间中国经济工作的重点，“引进来”、“走出去”面临的新任务。

二、全球价值链重构与中国“引进来”“走出去”的发展困境

（一）“走出去”内外部发展均面临困境

1.“走出去”产业内部选择存在一定盲目性

“走出去”是攀升全球价值链中高端及构建以中国为核心的全球价值链的重要途径。一方面，高质量“走出去”既可以通过参与发达国家高附加值环节生产有利于攀升全球价值链中高端，也有可以通过向发展中经济体和新兴经济体进行核心生产环节输出建立以中国为核心的区域价值链；另一方面，根据东道国资源禀赋及条件，选择性地将国内部分劳动密集型产业的全部或部分生产环节和产能输出，亦有利于国内产业结构的调整与升级。自 2001 年“走出去”正式提出以来，“走出去”推动了中国参与价值链分工广度的拓展和深度的强化，但从构建全球价值链角度看，“走出去”仍存在一定盲目性。第一，大部分境外投资领域仍集中于传统低附加值行业，包括建筑业、远洋渔业、商业服务业等，高端“走出去”比例过低。第二，境外投资地区结构不合理，避税型投资占比过大。根据商务部统计资料显示，近几年中国境外投资主要流向了中国香港、美国、开曼群岛、英属维尔京群岛，除美国外，其他投资地均以避税闻名，避税型投资的增长过快。以 2018 年为例，对上述四地投资共计 1069.7 亿美元，占当年对外投资流量总额的 74.8%。第三，对沿“一带一路”沿线国家“走出去”的风险意识、产业规划与引导有待完善。

“一带一路”沿线大多为发展中国家和新兴经济体，经济发展水平总体不高，与中国所处经济发展阶段差别明显，虽符合构建以中国为核心的区域价值链的客观条件，但投资过程中常常因缺乏对项目可行性、投资风险、法律法规、宗教信仰等深入了解而导致投资失败。此外，私营企业对“一带一路”的“走出去”具有较强随机性，产业升级作用不强。第四，单打独斗现象明显，企业间缺乏合作，未能形成完整的产业链条。截至2017年末，我国企业共在44个国家建设初具规模的境外经贸合作区99个，累计投资307亿美元，入区企业4364家。规模庞大的境外经贸合作区却因经营形式粗放、配套设施不完善、企业各自为政和相互合作缺乏，导致完整的产业链条难以形成。

2. “走出去”的外部障碍增加

2008年国际金融危机后，伴随全球经济增长乏力与失衡、地缘政治格局变化及全球经济治理格局重构等问题，西方发达国家相继出台一系列旨在限制中国对外直接投资尤其跨国并购法律法规，对中国企业境外投资设置重重障碍。对于中国企业而言，限制措施主要表现在两个方面：一是提高了战略性行业的投资准入。例如，澳大利亚、美国提高了农业、电力、化工、通信行业政府的审查强度。二是加强了对外资的国家安全审查，且呈逐年上升趋势。近几年，西方发达国家对跨境并购审查日益趋紧，尤其对技术获取型跨国并购更是格外关注，保护其核心基础设施和关键技术企业不被外资收购，尤其不被中国并购。以美国为例，中美贸易摩擦爆发以来，美国外国投资委员会（CFIUS）更加严格审查外资收购美国公司。金融、通信、能源、高科技（尤其是半导体行业）等行业的收购是CFIUS审查的重点。华为、三一重工、阿里巴巴等知名中国企业的对美跨国并购都终止于CFIUS审查。

（二）“引进来”日益面临高质量外资引进不足的困境

近年来，中国引进外资结构发生较大变化，港、澳、台投资尤其港资占比大幅上升，高质量外资（以日本、德国、美国为主）占比逐渐下降。根据商务部统计数据显示，中国加入WTO后初期，日、美、德优质资本占比较高，外资来源结构较为合理。以2005年为例，中国实际利用外资中，日、美、德对华直接投资总额占全部外资总额的18.44%，港资为29.75%。此后港资占比迅速提升，2017年港资占比已高达75.5%，而日、美、德三国占比则下降到6.06%（见图1），处于历史低位水平。导致外资来源结构发生巨大变化的原因多种多样，既有中国劳动力成本快速上升的因素，也有相关鼓励措施滞后、股东关系及公司治理等问题。高端外资引进的缺乏，不利于中国有效利用境外资本的技术溢出效应、通过对国外先进技术的消化吸收进行再创新。

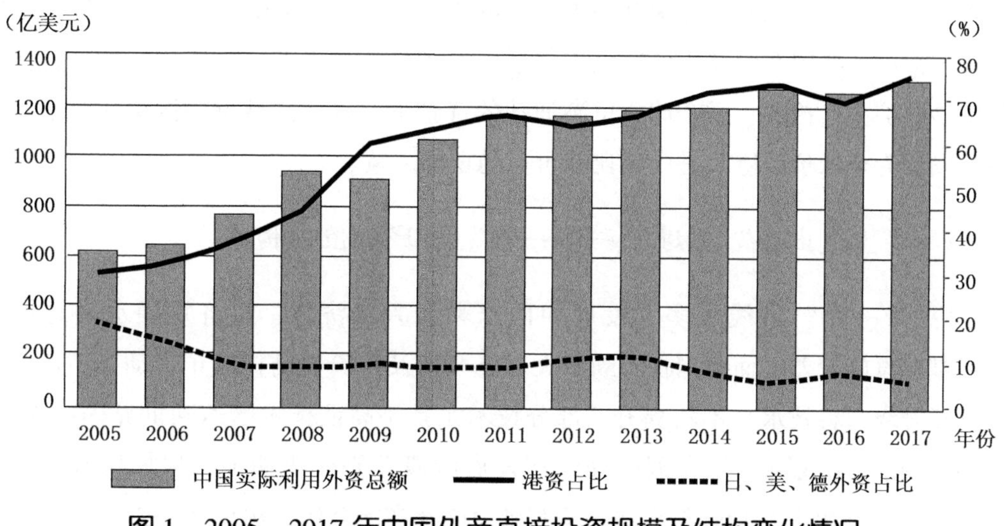

图 1　2005—2017 年中国外商直接投资规模及结构变化情况

数据来源：根据中华人民共和国商务部、国家统计局统计数据整理。

（三）“引进来”和“走出去”缺乏良性互动

从全球价值链角度看，“引进来”是承接发达国家国际产业转移融入全球价值链和攀升全球价值链中高端的重要途径；“走出去”是国内产业全部或部分生产环节境外转移构建全球价值链的主要途径。但“引进来”和“走出去”并不是独立的两个问题，是全球价值链发展这一问题的两个方面，二者对提高中国全球价值链地位具有重要推动作用和内在统一性。但从改革开放后“引进来”与“走出去”的发展方向看，二者更多地表现为各自为政。从发展时间上看，改革开放后的“引进来”与“走出去”更多地表现为交替进行。改革开放前 30 年，中国主要重视“引进来”，通过“引进来”融入全球价值链；加入世贸组织后，更注重“走出去”，实现了主动深度融入全球价值链。从互动上看，“引进来”对于中国企业“走出去”能力的提升具有一定促进作用，通过对外资企业技术的消化再吸收，提高了中国企业“走出去”的总体实力；但反过来“走出去”对于中国企业技术进步及创新的促进作用却不足，反向技术溢出效应传导机制亦不健全，限制了其对“引进来”的反向作用。

三、全球价值链重构与“引进来”“走出去”的推进方向

改革开放40年来，“引进来”和“走出去”将中国不断升级的比较优势发挥得淋漓尽致，中国成功嵌入并深度融入全球价值链。国际形势的变化和国内经济发展的要求都推动我国在全球价值链分工体系中发挥更加积极的主导作用。然而，在当前贸易保护主义抬头、逆全球化思潮涌动的背景下，以多区域价值链构建为主，并逐步发展为全球价值链，是中国比较可行的现实之策。

（一）“走出去”推进“一带一路”区域价值链构建

“一带一路”沿线大多为发展中国家和新兴经济体，经济发展水平总体不高，基础设施较差。而中国在不断扩大对外开放及供给侧结构改革推动下，产业结构不断升级、科技水平不断提升，部分技术尤其是高铁技术已达到世界先进水平。“一带一路”沿线国家与中国所处经济发展阶段差别较为明显，根据比较优势理论，通过“走出去”加强与沿线各国基础设施及产能合作，构建“一带一路”区域价值链具有现实可能性。

由于“一带一路”区域内国家的差异性，构建区域价值链需要对沿线各国政治、经济、社会、文化、法律，尤其自然资源及产业发展情况深入了解和准确把握，根据不同国家不同产业的要素禀赋差异及异质性开展产业合作。结合中国优势产业及“一带一路”真实需求的具体情况，能源、交通运输、电信等行业是中国构建“一带一路”区域价值链的最优产业选择。此外，在对“一带一路”沿线国家“走出去”的同时，亦不能忽视对欧美发达国家的“走出去”，对发达国家的投资有利于承接、转化世界先进技术，有利于将发达国家融入“一带一路”区域价值链中。

（二）“引进来”攀升东亚区域价值链中高端

当前全球价值链的发展表现为明显的区域性。东亚价值链是全球最重要的区域价值链之一，价值链中主要国家与美国经贸联系极其紧密，包括日、韩与美国以及中国与美国，具有逐步转变为全球价值链的可能性。由于受中、日、韩三国关系影响，东亚价值链很长一段时间发展并不稳定。特别是中国近年来更多的关注“一带一路”区域价值链，忽视了东亚价值链对于中国构建全球价值链的重要性。虽然近来的日韩贸易争端在一定程度上冲击了东亚区域经济的整合，但伴随着朝鲜半岛局势缓和、中日关系回暖、中日韩自贸区谈判加快推进等诸多的利好，东亚区域价值链理应得到

更多重视。在积极构建“一带一路”价值链的同时，应在东亚价值链上有所突破。

东亚产业转移过程中形成的东亚价值链中，我国主要承担生产中加工组装环节，处于价值链的中低端。伴随中国科学技术的快速发展及劳动力成本上升问题，中国需要从东亚价值链的中低端攀升至中高端，延伸到高附加值的中间品活动。但与日本通过对外投资构建东亚区域价值链不同的是，由于东亚国家与中国经济不具有典型的垂直性，现阶段通过“走出去”攀升中高端环节仍不具备硬性条件，对于中国而言，通过东亚地区日、韩、新等优质资本“引进来”以及形成巨大的生产能力进而确立在东亚价值链的地位更加现实可行。

（三）“引进来”和“走出去”内外联动，逐步构建以中国为核心的全球价值链

“一带一路”倡议提出前，中国融入全球价值链的发展方向主要是加入以发达国家主导的全球价值链和以美日主导的区域价值链。空间特征主要是向东开放，经济特征是向发达国家开放。“一带一路”倡议下与沿线国家开展基础设施建设合作与产能合作以构建区域价值链，其空间特征是向西南开放，经济特征是向广大发展中国家和新兴经济体开放。两种开放战略截然不同。

从长远看，中国提高全球经济治理地位与话语权必须推进以中国为核心的全球价值链的构建，然而由于自身经济及技术水平限制，直接构建全球价值链不具备现实条件，现阶段中国应通过“引进来”和“走出去”内外联动，攀升全球价值链高端及构建中国为核心区域价值链，并逐渐将全球价值链与中国为核心的区域价值链进行对接，逐步升级为全球价值链。攀升全球价值链高端，一方面可以通过“引进来”，尽可能承接发达国家高附加值生产环节；另一方面可以通过对欧美发达国家“走出去”，更好地吸收世界先进技术，逐渐形成中国优势。构建区域价值链则主要通过产业转移，输出部分生产环节等方式进行。中国在这两部分价值链中主要起到“承上启下”的作用，通过有效链接，形成以中国为链接点的“双环流价值链”。

四、全球价值链构建与“引进来”“走出去”的推进措施

全球价值链构建是一项复杂的系统工程，通过“引进来”和“走出去”推进中国为核心的全球价值链建设可以在加强基础设施建设合作、产能合作、引进全球价值链高端环节、推进中日韩自贸区谈判等方面有所加强。

（一）重视与“一带一路”沿线国家合作，合理规划“走出去”

1. 加强与“一带一路”沿线国家的基础设施建设合作

基础设施互联互通是构建全球价值链的基本硬性条件，包括公路、港口、机场、电信、互联网等的高效链接。“一带一路”沿线多为发展中国家和新兴经济体，基础设施较为落后且大规模缺乏建设资金和配套的经济社会条件。中国提出的“互联互通”倡议恰恰与其升级基础设施的诉求不谋而合，合作现实可行。2017 年，中国对外承包工程业务完成营业额 1685.9 亿美元，同比增长 5.8%，其中“一带一路”沿线国家业务发展迅猛，新签合同额、完成营业额分别占总额的 54.4%和 50.7%。

未来一段时间，中国仍应以东南亚作为开展基础设施合作的重点，密切关注交通与电力等行业的发展变化情况，并在基础设施建设智能化、绿色化、信息化背景下，在新政策、新金融、新技术等领域有所突破。但由于地缘政治风险、政策不连续、资金过度匮乏等问题，企业“走出去”开展国际基础设施投资与建设仍面临巨大挑战，作为项目具体实施企业则应在以下三个方面格外注意：一是加强项目风险的评估与规避。开展项目合作前，对项目进行科学、系统的风险评估，并通过加强合同管理与向中国信保加投涉外保险等措施规避风险。二是不断加强自身能力建设，包括提供高质量项目的能力、更好的融资能力及业务模式创新的能力。三是重视 PPP、BOT 等新兴业务模式的探索与应用，尤其 PPP 模式。PPP 模式中由于私人企业的进入而大大减轻了政府的资金负担，有效弥补了大型基础设施建设资金需求巨大的不足。鉴于中国技术优势及行业特征，交通运输设备制造业（包括高铁、有轨电车、机车等）可以作为中国企业开展境外基础设施建设投资 PPP 模式的首选。此外，通信传输设备、计算机整机制造、环境污染治理、发电机及发电机组也亦具备充足条件，可以尝试使用。

2. 加速与“一带一路”沿线国家的产能合作

产能合作通过产业转移、创造规模经济效益、技术外溢、优化生产要素配置等途径加速中国与投资国的产业融合，是中国构建全球价值链的重要路径。自 2015 年正式提出国际产能合作后，中国取得了丰硕成果：重点区域合作成果丰硕，同时与中非、中欧、中拉产能合作发展迅速；重点领域取得突破，优势装备、优质产能加快出海，包括交通运输（铁路、高铁等）和核电；支撑体系不断完善，产能合作平台、建设资金支持明显增多。中国国际产能合作从合作对象看既有与发展中国家的合作，也有与发达国家的合作。与发达国家的产能合作，可以通过产业投资与合作等方式进入发达国家主导的全球价值链，完成对知识、技术的消化吸收与转化并形成新技术；与发展中国家的产能合作，则可以通过推动中国产品、生产线和技术的“走出去”，促进合作国融入全球价值链，提高中国领导“双环流全球价值链”的能力。从合作方式看，既包括商品输出，也包括资本输出。通过商品输出可以进行产能转移，完成商品链接，形成商品供应链；通过资本输出可以带动产业转移，完成产业对接，形成产业链；最终实现由产品输出到技术、资本、服务输出的转变。

但基于全球价值链的中国国际产能合作仍存在需要改进之处：一是全球价值链的构建是一个相互协作、协调发展的过程，应根据不同国家的比较优势合理设置产业转移环节。二是应积极推动装备、技术、服务的“走出去”，使中国主导的区域价值链和全球价值链真正建立在合规标准和国际认证基础之上，使之更具国际竞争力。三是对接产能合作技术标准。部分国家过分推崇欧美工业技术和标准，特别是电力、石油炼化、交通运输及其他基础设施建设领域，使得中资企业进入面临巨大障碍，应积极通过项目实施推动中国技术标准输出。

（二）加大对欧美发达国家高端产业的“引进来”，推进全球价值链地位攀升

“走出去”有利于构建以中国为核心的全球价值链，引进全球价值链高端环节则有利于攀升全球价值链中高端，提升全球价值链主导能力。通过引进优质外资并加强与其合作开发、合作生产、技术引进可以获取国外先进的生产技术与设备，通过消化再吸收亦可以有效提高中国自主研发的能力与水平。然而在贸易保护主义重新盛行及大国竞争日益激烈背景下，引进全球价值链高端环节愈加困难，一方面是发达国家的“再工业化”和“制造业回归”政策导致的企业回归本土化；另一方面则是来自发达国家吸引优质外资形成的激烈竞争。在鼓励本国企业回归本土的同时，欧美发达国家亦加大吸引外商投资的力度，使得中国引进价值链高端环节障碍增多。《世界投资报告》显示，2017 年全球流入发达国家的外商投资额为 7129 亿美元，其中流入美国为 2750 亿美元，占发达国家总额的 38. 58%；流入发展中经济体的总额为 6710 亿美元，低于发达国家占比，发达国家与发展中国家吸引外资竞争激烈。

面临激烈的国际市场竞争，中国应积极采取有效措施缓解全球价值链高端环节的引进困境。一是加强软环境建设，包括进一步放开市场准入、提高投资便利化水平和服务质量、加强知识产权保护、制定优惠的引资政策体系以及完善人才引进制

度等。相比基础设施等硬环境建设，软环境建设对于发达国家优质外资更具吸引力。习近平总书记在中国国际进口博览会及G20峰会上多次明确表示，中国将持续放宽市场准入、营造国际一流的营商环境。二是优化“准入前国民待遇+负面清单”管理模式。负面清单是投资自由化在市场准入方面的具体体现，应不断完善目前负面清单限制条件不准确及过度复杂的现象，建立和完善负面清单的修改程序和标准，在大幅放宽准入限制的同时，推出更多保障措施和实施细则。三是促进利用外资方式的多样化，鼓励外资以参股、并购等方式参与国内企业改组改造和兼并重组。四是重视跨国公司的重要作用。跨国公司既是全球经济治理的主体，也是全球价值链的主导者和有效治理者。根据联合国贸发会议数据显示，跨国公司主导的全球价值链占全球贸易的80%，对国际经贸发展具有不可替代的重要作用。因此，中国需通过“引进来”，加大具有国际先进技术的国际跨国公司的引进。

（三）推进中日韩自贸区谈判

面对国际经贸格局重构与贸易保护主义重新抬头，中日韩三国进一步加强合作变得更加紧迫与意义重大。对中国而言，中日韩自贸区谈判是中国正在推动的经济体量最大、占中国外贸比重最高的自贸区谈判之一，是中国构建东亚区域价值链最重要的一环。自2012年中日韩自贸区谈判正式启动至今，共举行了15轮谈判，并就货物贸易、服务贸易、投资与规则等领域深入交换意见，取得一定进展。2019年4月12日，中日韩自贸区第15轮谈判在日本举行，在共同参与RCEP取得共识的基础上，三方一致同意进一步提高贸易和投资自由化水平，并就货物贸易与服务市场开放及如何促使谈判尽早取得进展的具体方案进行磋商。但由于产业竞争、敏感区域以及外部政治环境等因素影响，中日韩谈判仍存在诸多分歧，尤其是在农业、制造业、服务贸易及规则等方面。

尽管如此，“中日韩自贸区”谈判的仍具备加速推进条件：一是三方经贸合作呈现的良好发展态势。2018年一季度，中日、中韩双边贸易都保持10%以上的增长。二是符合三方共同的经济利益。在西方贸易保护主义盛行背景变，促进东亚地区经济一体化，有利于三方经贸发展。三是中日关系的逐步回暖，为谈判提供了良好的谈判氛围。2019年8月，时隔7年的中日战略对话重启，开启了中日经贸关系的新篇章。四是《区域全面经济伙伴关系协定》（RCEP）谈判取得的实质性进展，为中日韩自贸区谈判打好基础。在此背景下，中国应积极推动“中日韩自贸区”实质性谈判：首先，排除外界干扰。亚太地区对于美国有着重要的战略意义，在“重返亚太”战略布局下，面对中日韩亚太三个最重要经济体的一体化，美国必然会横加干涉，因此“中日韩自贸区”谈判首先需要进一步建立政治互信。其次，在RCEP已取得的谈判成果基础上，推动贸易投资自由化建设，提高贸易投资便利化水平。最后，重点突破农业和制造业领域谈判。农业是日、韩两国最为敏感的产业，是三方达成协议最大的难题，应准确选取利益交集进行谈判。日、韩两国在制造业，尤其高端制造业上与中国相比具有的竞争优势，中国应在加大开放力度的同时，合理安排制造业自由化进程，为中国制造业转型升级争取足够发展空间。

拉丁美洲自由贸易园区建设经验及其对我国的启示

叶　欣　　杨　剑　　崔卫杰　　张　威

（商务部国际贸易经济合作研究院）

目前，拉丁美洲自由贸易园区发展迅速，数量已多达 607 家，在全球自由贸易园区中占有重要位置，约占全球自由贸易园区总量的 40%。其中，部分自由贸易园区的建设模式和主要政策制度等较为先进，对我国海关特殊监管区、自由贸易试验区甚至自由贸易港具有重要的借鉴意义。但是，国内对拉美自由贸易园区的研究较少，这为本文的研究提供了空间。在目前中美贸易摩擦的大背景下，对拉丁美洲自由贸易园区建设发展进行系统研究，不仅对我国开放型经济发展具有一定的借鉴意义，有利于推动更高水平的开放，而且能够推动我国企业以自由贸易园区为平台，在拉美这一美国后院进一步开拓市场，促进中国和拉美经济进一步开放、交流、融合。

一、拉丁美洲自由贸易园区发展概况

根据国际海关理事会签订的《京都公约》中相关定义，自由贸易园区（free trade zone）是“一国的部分领土，在其内部运入的任何货物就进口关税及其他各税而言，被认为在关境以外，并免于实施惯常的海关监管制度”。因此，尽管拉丁美洲各个国家和地区的自由贸易园区名称各异，但本质上都是一国实施高水平开放政策的重要经济空间，都是自由贸易园区。

（一）拉美自由贸易园区的三大发展阶段

1. 缓慢发展时期（20 世纪 20 年代至第二次世界大战）

拉丁美洲独特的区位，使得其自 19 世纪末开始就被美国视为战略防御区，并采取了直接干涉的政策，体现在经济领域，是以大量的投资和贸易，在拉美地区进行扩张。为适应美国投资大规模进入以及随之而来的与美国贸易迅速增长的形势，20世纪20年代，一些拉美国家设立了自由贸易园区。1923年，乌拉圭设立了拉美第一个自由贸易园区——科洛尼亚自由贸易区，从而开启了拉美地区自由贸易园区建设的进程。

这一时期的拉美自由贸易园区功能较为单一，都是为本国与发达国家（主要是美国）的直接贸易服务。因此，这一时期的自由贸易园区，多处于运输条件最为便利的区域，设在沿海一些港口城市或是边境城市。例如，1933年，墨西哥为适应其边境地区所有消费品几乎都从美国进口的实际需要，将靠近美国边境的恩塞纳达、提华纳两个港口划为自由区，允许区内自由进口所需要的消费品，此后，又将自由区的范围扩大到下加利福尼亚州北部地区。1939年6月，再次进行扩区，将自由区范围由下加利福尼亚州北部地区扩展至该州南部以及索诺拉州，形成了当时墨西哥境内最大的西北部自由区。但是，即使这一自由区的面积达到了78000多平方公里，其功能仍然十分单一，仅是方便区内居民从美国进口相关消费品。

这一时期拉美自由贸易园区有了发展萌芽，但没有发展起来。原因在于20世纪30年代的大萧条使得发达国家采取了贸易保护主义，初级产品国际市场需求迅速减少，依赖美国的初级产品出口导向型增长模式遭受重创，加上部分国家转向对进口替代型发展模式的探索，自由贸易园区对当地经济发展的作用被极大地抑制。

2. 蓄势发展时期（第二次世界大战后至20世纪70年代）

第二次世界大战后，拉美民族主义思潮高涨，对此前依赖美国等发达国家的做法表示担忧，迫切希望建立起本国（地区）独立自主的工业体系。同时，拉美经济委员会在部分进口替代发展经验基础上，将进口替代作为一种工业化模式在拉美地区进行推广，促使拉美各国（地区）普遍实行“进口替代战略”，以本国（地区）工业产品替代从欧美进口制成品，减少对外依赖。在此背景下，这一时期拉美自由贸易园区的数量虽然有所增加，但大部分自由贸易园区设立后并没有实际运营。例如，1958年哥伦比亚建立了3个自由贸易园区，但直到1991年相关政策才正式落地。

但是，这一时期的拉美自由贸易园区功能逐渐多样。为加快工业化体系建设，在拉美自由贸易园区中，出口加工和旅游业等逐步发展，综合能力进一步提升。例如，墨西哥增加了自由区的基础设施公共投资，允许外国投资者设立出口加工厂，并为出口加工厂原材料临时进口提供方便。同时，出现了专门从事转口贸易的自由贸易园区，其中的典型是巴拿马的科隆自由贸易区。巴拿马扼守大西洋和太平洋的交通要道，地理位置优势独一无二。为发挥这一优势，巴拿马在运河大西洋入海口处的城市科隆建立了自由贸易园区，以发展转口贸易为主，并允许企业从事各种商品、制成品、原材料、包装的贸易相关业务，成为拉美地区转口贸易的中心。

3. 高速发展时期（20 世纪 80 年代至今）

实施“进口替代战略”的 30 多年，是拉美经济发展的“黄金期”。但随着工业化进程的推进，“进口替代战略”易导致结构失衡的缺陷开始显现。到了 20 世纪 70 年代末 80 年代初，拉美各国普遍积累了难以偿还的外债，例如，1982 年，拉美国家外债余额达 3312 亿美元，相当于当年出口额（875 亿美元）的 3. 8 倍。为此，拉美各债务国被迫接受了美国等发达国家的“应急性”结构调整，实施所谓的“新自由主义”，即经济政策市场化、贸易和投资自由化和国有企业私有化，并全力扩大各类产品的出口。在此背景下，与外向型经济相契合的自由贸易园区得到快速发展。特别是进入 21 世纪后，拉美经历了新世纪首个“黄金十年”发展机遇期，证明了自由贸易园区在经济发展中的作用。因此，自由贸易园区得到了更多政策和资源投入，迎来建设和发展的新一轮高潮。

这一时期，拉美自由贸易园区在数量迅速扩张的同时，发展态势更加分化。部分自由贸易园区逐步由出口加工、转口贸易等附加值较低的形态，开始向较高技术水平和较大资本含量的产业形态转变。例如，古巴自由贸易区鼓励发展工业、农业、机械制造、旅游以及以创新为基础、能增加附加值的业务，主要鼓励的投资领域包括生物技术和医药、可再生能源、食品加工业、包装容器业、工业、农业等。又如，在 2018 年 10 月份举办的拉丁美洲自由贸易园区会议上，相关议题包括区块链技术如何应用在通关监管上，如何有效黏合大数据、云计算、人工智能等技术，打造相互促进的自由贸易园区良性生态体系。但是，部分国家的自由贸易园区发展仍处于附加值较低的初级形态，例如，尼加拉瓜的自由贸易园区从设立之初，就是为纺织品等低附加值产品的出口服务，一直没有向更加多元化、综合化、高级化的阶段发展。海地、萨尔瓦多、洪都拉斯等自由贸易园区情况也较为相似。

（二）拉美自由贸易园区三大类型

根据拉丁美洲自贸区协会的相关做法，拉美自由贸易园区一般划分为三类：

一是永久自由贸易园区（permanent free trade zone）。这一类自由贸易园区即是我们一般认为的自由贸易园区，区内没有入驻公司数量限制，园区经营者可以招收多家使用者入区。值得一提的是，“永久”并不意味着这一类自由贸易园将永续存在，相反，绝大部分拉美自由贸易园区有存续时间限制，例如，哥伦比亚的永久自由贸易园区存续时间为30年，可申请延期一次，总共60年，此后将转为普通区域。

二是特殊自由贸易园区(special free trade zone)。这一类自由贸易园区与永久自由贸易园区最主要的区别在于仅为一家公司所用。在实践过程中，部分企业对自由贸易园区相关政策有现实需求，但现有自由贸易园区因地理位置、面积或设施无法满足企业迁入需求。为帮助这些企业获取自由贸易园区政策，允许设立特殊自由贸易园区，既扩大了自由贸易园区的覆盖范围，也提升了生产资源的空间配置效率，降低了企业的成本。

三是其他自由贸易园区。这一类自由贸易园区包括临时自由贸易园区（如因展会需要零关税进口展品而临时设立的自由贸易园区)、离岸自由贸易园区（如因海上石油钻井平台相关需求所设的自由贸易园区)，以及太平洋特别经济区、经济特区、特殊经济发展区、特别发展区等。

（三）拉美自由贸易园区数量位居全球前列

截至2018年年底，拉丁美洲34个国家和地区中，共有22个国家设立了自由贸易园区（见表1)，包括阿根廷、玻利维亚、巴西、智利、厄瓜多尔、哥伦比亚、哥斯达黎加、古巴、库拉索、萨尔瓦多、危地马拉、海地、洪都拉斯、墨西哥、尼加拉瓜、巴拿马、巴拉圭、秘鲁、波多黎各、多米尼加、乌拉圭、阿鲁巴；共有607个自由贸易园区，包括383个永久自由贸易园区、212个特殊自由贸易园区，以及7个经济特区、1个特殊经济发展区、3个特别发展区以及巴拿马的太平洋特别经济区，约占全球自由贸易园区数量的40%。

值得注意的是，拉丁美洲自由贸易园区的数量变化较为频繁。一方面，特殊自由贸易园区的存在，使自由贸易园区的设立较为灵活，企业的申请通过后，即可设立特殊自由贸易园区。另一方面，拉丁美洲大部分国家的自由贸易园区有存续时间，到期后园区数量会减少。例如，厄瓜多尔1991年设立了8个自由贸易园区，2010年全部转为普通区域，政府没有批准自由贸易园区的续期，而是设立了一个特殊经济发展区，作为原先8个自由贸易园区的替代。此外，部分国家政府对自由贸易园区态度的变化，也会造成自由贸易园区数量的变化。例如，哥伦比亚前任总统积极支持自由贸易园区发展，数量增长较快，但随着现任总统经济发展重心的转变，哥伦比亚自由贸易园区的数量在可预见的将来会保持平稳。

表 1 拉丁美洲自由贸易园区数量

国家	设立时间	永久自由贸易园区	特殊自由贸易园区	其他自由贸易园区	总计
多米尼加	1969 年	68	144	—	212
哥伦比亚	1958 年	40	68	—	108
尼加拉瓜	1991 年	52	—	—	52
洪都拉斯	1976 年	39	—	—	39
哥斯达黎加	1981 年	39	—	—	39
巴拿马	1948 年	21	—	1 个太平洋特别经济区	22
巴西	1967 年	20	—	—	20
危地马拉	1990 年	19	—	—	19
萨尔瓦多	1998 年	17	—	—	17
乌拉圭	1923 年	13	—	—	13
阿根廷	1994 年	13	—	—	13
海地	2002 年	11	—	—	11
墨西哥	1933 年	11	—	7 个经济特区	18
厄瓜多尔	1991 年	—	—	1 个特殊经济发展区	1
玻利维亚	2000 年	7	—	—	7
秘鲁	1996 年	1	—	3 个特别发展区	4
波多黎各	1934 年	3	—	—	3
智利	1973 年	2	—	—	2
巴拉圭	1995 年	2	—	—	2
阿鲁巴	1956 年	2	—	—	2
库拉索	1956 年	2	—	—	2
古巴	2003 年	1	—	—	1
总计		383	212	12	607

资料来源：拉丁美洲自贸区协会提供。

（四）拉美自由贸易园区对其经济发展贡献大

拉丁美洲自由贸易园区凭借相对优良的交通条件，相对完善的通关、管理和监管制度，形成了相对独立、高效、自由的经济空间，成为当地对外开放和经济发展的经济空间。尤其是过去十几年伴随着经济全球化发展，自由贸易园区愈加显现出支撑经济发展的战略功能，推动拉丁美洲各个国家和地区更好地参与全球价值链分工体系，融入国际贸易体系，有效提高经济竞争力。突出表现在对一国贸易、投资、就业和 GDP 的增长，都有较强的支撑作用（见表 2）。

表 2　部分拉丁美洲自由贸易园区运营企业数量、创造就业人数和出口值

国家	运营企业数量	创造直接就业人数	出口额（亿美元）
多米尼加	645	163147	54.94
哥伦比亚	883	67605	30.93
尼加拉瓜	217	115050	27.52
洪都拉斯	493	146000	—
哥斯达黎加	331	82086	47.29
巴拿马	2209	37815	0.82
巴西	482	87851	4.51
危地马拉	258	15322	6.88
萨尔瓦多	219	74000	25.21
乌拉圭	—	13321	21.13
海地	16	13438	—
厄瓜多尔	28	4023	60.79
玻利维亚	225	—	8.32
秘鲁	134	1500	0.36
波多黎各	219	15000	30.00
智利	2115	18000	37.10
巴拉圭	143	2500	—
阿鲁巴	—	—	0.35
库拉索	130	785	4.23
古巴	19	—	—

注：巴拿马和智利包含了大量从事免税零售的企业，乌拉圭自贸区共有 1420 家企业，但尚在运营的数量未作统计。

资料来源：拉丁美洲自贸区协会相关数据、WTO 数据库。

在自由贸易园区推动 GDP 增长方面，虽然没有较为系统完备的数据，但拉丁美洲自贸区协会对部分国家自由贸易园区投入与 GDP 增长之间的关系做了测算。结果显示，2011—2015 年期间，哥斯达黎加政府每为自由贸易园区免除 1 美元税收，自由贸易园区就为当地创造 6.5 美元的 GDP；萨尔瓦多政府每为自由贸易园区免除 1 美元税收，就能获得 6 美元的 GDP 增长；多米尼加政府每为自由贸易园区免除 1 美元的税收，能带来 5 美元的 GDP 增长，为全国 GDP 的增长贡献了 3.5%。

同时，自由贸易园区为企业和居民节省了大量税收。境内关外的特征，使得从自由贸易园区内再出口的货物，以及在园区内销毁的货物免征关税，在园区内消费的物品免征关税，这为园区内企业节省了大量的税收开支。部分自由贸易园区允许区外人员入区购买及消费，也将免税政策惠及区外居民。例如，近年来，由于国际国内经济形势不佳，巴拿马总统颁布条例，允许在科隆自由贸易区内进行免税零售，每人每年拥有 2500 美元的额度。

此外，部分自由贸易园区还能为当地政府带来直接的财政收入。例如，根据相关法律规定，智利的自由贸易园区，每年需将收入的 15%直接给予北部地区的各地方政府，这让这些地区的政府和居民直接获益。

二、拉丁美洲自由贸易园区发展经验

拉丁美洲自由贸易园区虽然各有特点，发展水平和发展态势也大相径庭，但其政策体系更加灵活，制度框架较为完备，这为自由贸易园区发展注入了活力，有效保障了自由贸易园区的稳定发展。

（一）适宜当地特点的发展模式

一是提供安全可靠的发展环境。从整体上看，拉美各个国家和地区的安全形势有待改善，不仅让本地居民和外国游客缺乏安全感，而且对外国投资者的进入带来不利影响。拉美各自由贸易园区利用“境内关外”这一特点，加强围网设施建设，提高区内贸易、投资、人员、资金流通等方面的安全性，有效保障了园区内投资者的安全利益。

二是建设较为完备的基础设施。拉美各自由贸易园区虽然在基础设施上有所差别，但都在基础设施建设方面投入了大量资金，基本上所有自由贸易园区都拥有较为完备的道路交通、通信服务、物流集散、水电供应和互联网数据传输服务，提供通用的厂房、仓库、定制式办公场所等。

三是充分发挥地理区位优势。地理区位优势有两层含义：一是某一自由区特殊的地理区位优势。例如，哥伦比亚西边自由贸易园区距离波哥大机场 9 公里，距离未来第二个机场 7 公里，4 条主要高速公路穿行而过，拥有哥伦比亚唯一的火车站，海陆空交通运输中转都十分方便，能够快速将货物运送至周边各大消费市场。二是拉丁美洲的整体区位优势。为应对特朗普上台后“美国优先”政策造成的压力，拉丁美洲各个一体化组织积极谋求联合的态势，只覆盖部分国家的地区一体化组织开始互相接触，拉美内部的合作更加多元深化。这使得进入拉美的一个自由贸易园区，就能打开更多拉美的市场。

（二）健全完善的法律体系

一方面，针对不同的自由贸易园区，都有单独的立法，使每一个自由贸易园区的运营既符合当地实际特色，又有国家层面的法律依据，园区和企业的人员合法权益有充分保障。甚至部分拉丁美洲自由贸易园区，相关法律出台在自由贸易园区正式运营之前。例如，1955 年，多米尼加出台 4315 号法令，明确了自由贸易园区的地位、目的、功能、运营条件等，但直到 1969 年，相关自由贸易园区才正式设立并运营。

另一方面，为适应不断变化的国际贸易与经济形势，适时对相关法律法规进行调整。以巴西为例，1957 年，巴西国会通过 3173 号法令，将玛瑙斯定为自由港；1967 年和 1968 年，先后颁布了 288 号法令和 356 号法令，扩展了 3173 号法令的相关内容，将自由贸易园区政策拓展至更多地区；1976 年起，巴西政府先后颁布了 19 项法令，对自由贸易园区发展的各个方面都做出详尽规定。

（三）“政府统筹+市场运营”的管理架构

拉丁美洲自由贸易园区采取“政府统筹+市场运营”的管理机构，主要分为两个层级：第一个层级是自由贸易园区宏观统筹性的管理机构，主要由中央政府部门或派出机构，负责自由贸易园区的宏观决策、政策制定、法律执行以及运营监督。第二个层级是自由贸易园区内部管理经营体系，主要由各市场主体作为园区的实际经营人，负责园区的软硬件、公共服务、招商引资等。同时，园区实际经营人可运营多家自由贸易园区。例如，哥伦比亚的波哥大自由贸易港公司，经营着哥伦比亚 37 个自由贸易园区，包括 7 个永久自由贸易园区和 30 个特殊自由贸易园区。

（四）灵活优惠的政策体系

除了“所有入区的货物可在区内储存、加工、包装和转运，而无须缴纳任何关税和消费税”这一个境内关外自由贸易园区的共同政策以外，拉丁美洲自由贸易园区的部分政策更加优惠，相关理念也更加先进。

1. 全方位的税收优惠政策

拉丁美洲各自由贸易园区，除阿根廷、玻利维亚、波多黎各不提供企业所得税优惠，墨西哥不提供增值税优惠，其他17个国家的自由贸易园区内企业都能够享受所得税和增值税（营业税）的减免，甚至有11个国家的自由贸易园区内企业可以完全免交所得税和增值税（营业税）。这是拉丁美洲各自由贸易园区吸引企业入驻最主要也是最卓有成效的政策（见表3）。同时，部分拉丁美洲自由贸易园区在相关产品进入境内区外时，仍提供关税税收优惠政策。例如，哥伦比亚自由贸易园区内生产的产品35%以上成本是在哥伦比亚产生的，即可以获得哥伦比亚的原产地证明，进入哥伦比亚国内市场免缴关税。

2. 知情守法的监管理念

拉丁美洲各自由贸易园区对企业的监管遵循知情守法的原则展开，即充分相信企业能够严格遵守法律，按照相关的制度规章运营。因此，拉丁美洲自由贸易园区采取了审计核查而不是逐单逐票的监管方式，以严格的执法来控制风险，辅以现场抽查。对于违法者，处以严厉处罚，包括吊销营业执照、进行巨额罚款等。这种以企业为主体减少了海关的工作量，节约了人力，并极大地提高了通关效率。同时，在这种监管模式下，大部分拉丁美洲的自由贸易园区实现了完税货物和非完税货物的混合存储，园区内货物既可以外销，也可以内销。

3. 多样化的配套政策

拉丁美洲大部分自由贸易园区提供工作和居留便利政策，园区内企业员工及家属可以便捷地获取有效期更长的移民签证和工作许可；对园区内零售作出例外规定，允许园区内企业员工和工作人员消费已完税或免关税的食品以及非酒精饮料，允许经过园区宏观管理机构批准的已完税或免关税产品在区内零售；允许园区内建设酒店、幼儿园、医院等生活设施；鼓励提供教育培训服务，以快速培养出一批与区内产业相契合的产业工人，促进园区发展。

表3　拉丁美洲自由贸易园区税收优惠情况

国家	企业所得税（%）		增值税（或营业税）（%）		关税（%）	
	区外	区内	区外	区内	区外	区内
多米尼加	27	0	18	0	7.3	0
哥伦比亚	37	20	19	0	5.7	0
尼加拉瓜	30	0	15	0	5.7	0
洪都拉斯	25	0	15	0	32.0	0
哥斯达黎加	10、20、30	0	13	0	5.6	0
巴拿马	25	0	7	0	6.8	0
巴西	15	降低75	19	0	13.4	0
危地马拉	25	0	12	0	41.3	0
萨尔瓦多	25	0	13	0	6.0	0
乌拉圭	25	0	18	0	10.3	0
阿根廷	35	35	21	0	13.7	0
海地	30	0	10	0	8.8	0
墨西哥	30	0	16	16	6.9	0
厄瓜多尔	25	降低5	12	0	12.2	0
玻利维亚	25	25	13	0	11.8	0
秘鲁	30	0	17	0	2.4	0
波多黎各	35	35	无	无	3.4	0
智利	27	0	19	0	6.0	0
巴拉圭	15	0，5	10	0	9.8	0
库拉索	22	2	6	0	6.0	0
阿鲁巴	22	2	6	0	6.0	0
古巴	35	0	10	第一年0，此后1	10.2	0

资料来源：拉丁美洲自贸区协会数据、各驻当地经济商务参赞处数据。

三、拉丁美洲自由贸易园区建设对我国的启示

虽然拉丁美洲的大部分自由贸易园区在规模上不及我国的各类对外开放区域，经济发展水平与社会管理体制也与我国差异较大，但其政策和制度体系对我国

综合保税区建设、打造自由贸易试验区和自由贸易港等对外开放新高地、加快带动形成高水平全方位对外开放新格局等均具有重要借鉴意义。

（一）加强国家层面立法

拉丁美洲自由贸易园区，相关立法在实际运营之前就已完成，或是为设立特定的自由贸易园区专门立法，或是颁布相关法律的若干年后才出现第一个实际运营的自由贸易区域。但是，我国自由贸易试验区设立至今还缺乏全国统一立法，导致许多创新与现有法律、法规存在冲突时，无法得到有效保障。尤其是随着中国特色自由贸易港探索建设进程的加快，逐项授权立法模式将难以适应自由贸易港发展需要，局限性愈发凸显。因此，建议加快制定国家层面的立法，构建自由贸易试验区和自由贸易港发展的法律体系，充分发挥和保障立法对中国自由贸易试验区和自由贸易港改革的引领功能，解决当前部分自由贸易试验区存在的管理权限与先行先试职责不匹配的问题，以及未来自由贸易港自主发展、自主改革、自主创新的管理问题。尤其是要通过国家层面立法，明确改革创新试点过程中容错纠错和激励保障条款，将容错纠错和激励机制纳入法治轨道，使“大胆试、大胆闯、自主改”真正有所保障。

（二）创新区内监管方式

拉丁美洲自由贸易园区实施以企业为主的通关监管理念，但我国绝大部分海关特殊监管区域仍然是以管项目和管货物为主的审批式监管理念，这既不利于通关效率的提升，也不符合事中事后监管的趋势。因此，建议在自由贸易试验区和自由贸易港内率先试点实施“负面清单+非违规不干预”的监管模式，实现管理方式从管货物为主向管企业为主转变，探索电子围网监管新模式，企业自我管理、自建账册、联网存证备查。进一步简化优化监管方式，根据企业自律能力和信用登记降低直接管理强度。完善货物分类状态监管制度，允许进出口货物、转运货物的混拼，允许快件和普通货物同仓运输、混合运作，允许同时开展国内维修和国际保税维修业务。完善信用评价基本规则和标准，实施区内企业合规性风险控制体系综合达标认证和审计制度，按照认证等级享受相应便利。

（三）发挥市场主体作用

充分发挥企业在自由贸易试验区和自由贸易港建设中的作用。在我国海关特殊监管区、自由贸易试验区建设过程中，企业只是区域的参与者，实际经营和运营由地方政府机构负责。而拉丁美洲自由贸易园区多由政府授权企业进行运营管理，负责具体建设运营事宜，包括吸引企业入区，改善区内软硬发展环境，提供企业日常运营所需的服务，对入区企业进行日常管理。企业参与运营能够节省大量国家财政投资，并能够发挥鲶鱼效应，充分激发各参与方的积极性，实现高效率运营。建议在有试点意愿的自由贸易试验区或海关特殊监管区，在一定限制条件下，试行引入企业作为运营方，使其获得海关特殊监管区域的运营专属权，充分发挥市场力量，提高运行效能。

（四）实施有进有退的机制

除少部分国家和地区外，大部分拉美自由贸易园区有完备的进入和退出机制。若投入运营，需要向当地主管机构申请激活。同时，对于自由贸易园区有着时限要求，到时限后可申请延期。建议对自由贸易试验区实行有进有退的制度，三至五年试验期满后，对没有进一步深化改革开放试验意愿的自由贸易试验区，自动终止试验。有深化改革开放试验意愿的自由贸易试验区，要提交深化改革开放方案，经过第三方综合评估，确有必要进一步深化改革开放试验的应允许其延长试验年限，缺乏深化试验必要性或意义不大的地方要终止试验。但需要注意，经过评估终止，不能以其是否取得试验成效为条件，而要以是否有深化改革开放试验的必要为条件。而对于少数却有必要的地区，可考虑继续升级为自由贸易港（区）。赋予灵活动态的配置功能，激发运营者的积极性，实现资源配置的不断优化，确保发展的活力。

（五）强化对内联系作用

拉美的自由贸易园区，不但允许区内商品进入境内市场，而且通过降低企业税收等方式，鼓励自由贸易园区内生产的产品进入国内市场。此外，园区内可以进行教育、培训、零售等，与周边区域融合度较高。新时代，在推动形成全面开放新格局大背景下，不应单纯强调出口总量规模，更应该强调提升进口。拉丁美洲自由贸易园区实践证明，鼓励对内销售，对于进口规模和质量的双提升，有着重要的促进作用。因此，建议自贸试验区和自由贸易港确立内外贸兼顾的发展目标，既要选择中高端制造业和物流服务等功能，也要增强金融、法律、教育、医疗乃至零售等功能，以利于充分发挥服务业的辐射功能，促进与周边深度融合与联动发展。

（六）实行有竞争力的税收政策

拉丁美洲自由贸易园区为加强国际竞争力，在企业所得税和增值税（消费税）方面，提供了具有吸引力的优惠政策。我国的自由贸易试验区虽然是以可复制推广为基本要求，目的在于形成一批全国范围内可复制推广的制度创新成果，不宜成为税收洼地，但为促进境外股权投资和离岸业务发展，建议加快落实总体方案中提到的“完善配套税收政策”，在符合税制改革方向和国际惯例，以及在不导致利润转移和税基侵蚀的前提下，积极研究完善适应境外股权投资和离岸业务发展的税收政策，以及境外所得税收抵免的税收政策。我国的自由贸易港是要打造成为开放层次更高、营商环境更优、辐射作用更强的开放新高地，为与全球范围内的自由港乃至特殊经济功能区竞争，吸引全球更多优质企业在自由贸易港投资，建议在自由贸易港内实行有竞争力的税率，迅速提高自由贸易港的全球竞争力。

外
资

中国利用外资70年：回顾、现状及展望

林 欣 李春顶

（中国农业大学经济管理学院）

新中国成立70年，中国利用外资规模从前30年的缓慢起步到后40年的加速发展，呈现出逐步加速的发展势头。利用外资是对外开放的重要组成部分和重要成果，有利于资金流入、技术引进和溢出、就业增加以及经济增长，同时也为中国企业"走出去"提供了经验。当前，中国正深入推进新一轮的高水平对外开放，不断完善利用外资的营商环境和法律法规，以及扩大外资的市场准入，努力为中国和世界经济的增长增添新动力。基于此，本文系统梳理了新中国成立70年以来利用外资的发展历程，现阶段的外资发展现状和特征，未来面临的机遇和挑战，以及中国的政策选择，以期对为未来发展提供经验和建议。

一、70年发展成就与政策变化

新中国建立初期，我国利用外资从零开始，直至改革开放前利用外资都处于萌芽期，与苏联、美国、日本等国家都有外资往来。改革开放之后的40年，迎来了利用外资的黄金期，中国利用外资水平飞速发展，自1993年以来外资规模一直稳居发展中国家首位。图1为1979—2018年中国利用外资情况，除个别年份略有下降外，中国实际利用外资金额整体保持较快的增长态势。2018年，中国实际利用外商投资额达1349.7亿美元，是改革开放初期实际使用外资金额的数十倍，累计设立外商投资企业已突破95万家。此外，由于国内外形势的变化，中国利用外资政策也在不断地调整和发展，目的是提高对外开放水平，使中国更好地融入全球经贸体系。纵观新中国成立后中国利用外资的发展历程，大致可划分为五个发展阶段。

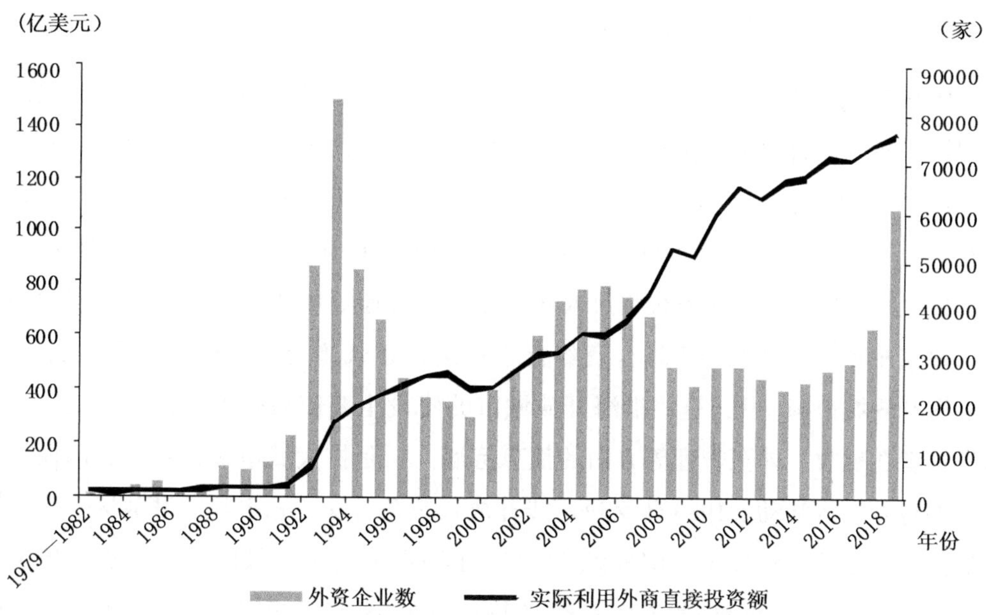

图1　1979—2018年中国实际利用外商投资额

注：由于1979—1982年各年度外资数据缺失，作者经搜集整理将这期间的外资数据进行汇总。

数据来源：根据《中国统计年鉴》数据整理。

（一）市场萌芽阶段：1949—1977年

新中国成立初期因朝鲜战争爆发，以美国为首的西方国家对中国实行包围、封锁和禁运，进而也封闭了中国利用资本主义国家资金的大门（龙楚才，1984）。加上第二次世界大战后美苏冷战的出现，中国不得不采取“一边倒”的外交策略，只能向苏联等社会主义国家寻求资金和技术援助，因此在20世纪50年代初期，中国访问苏联并签订《中苏友好同盟互助条约》，揭开了新中国利用外资的序幕。“一五”计划期间，苏联对新中国援建156个工业项目，专业领域涵盖电力、钢铁、煤炭、机械等产业，为中国重工业发展打下了坚实的基础，使中国开始从落后的农业国迈入工业国行列。1972年美国总统尼克松访华，并与中国发表《中美联合公报》，意味着中美关系逐渐打破坚冰，同时也加强了中国与世界主要发达国家的联系，为日后中国的对外开放营造良好的外部环境。同年9月，日本首相田中角荣与周恩来总理的会晤宣告了中日邦交正常化的到来，为进一步促进两国间的经济友好往来，中日双方在通商、航海、渔业、科技等方面缔结相关协定，逐渐形成中日外资合作雏形。整体来说，这一时期中国利用外资市场处于萌芽阶段，为此后的改革开放奠定了良好基础。

（二）探索开放阶段：1978—1991 年

1978 年党的十一届三中全会制定改革开放的伟大决策，抓住了迎合全球化浪潮的契机，同时也启动了加快利用外资的进程。对外开放在“摸着石头过河”的情况下，1979 年中共中央、国务院批准在深圳、珠海、汕头、厦门试办出口特区（1980 年改名为“经济特区”），创办特区的目的是为了引进外资，吸收国外先进技术，拓展对外贸易，为全方位推进改革开放积累经验。同年 7 月，第一部利用外资的法律《中华人民共和国中外合资经营企业法》正式施行。1984 年国务院首批 14 个沿海开放城市确立①，这些沿海开放城市的建设主要依靠政策途径：一是给予外商投资者在税收、外汇管理等方面的优惠待遇；二是扩大城市的自主权，以便能充分开展对外经济活动。1985 年又进一步开放长三角、珠三角等经济开放区。为改善外商投资企业的经营环境，国务院于 1986 年制定了《关于鼓励外商投资的规定》。此后，政府又相继批准设立海南经济特区（1988 年）和上海浦东新区（1990 年），初步形成“经济特区—沿海开放城市—经济开放区—内地”的渐进式开放格局。总体而言，这一阶段中国外商投资额因开始起步而增长缓慢，利用外资仍处于探索期，大多数外商投资者仍持观望态度。

（三）快速发展阶段：1992—2000 年

1992 年继邓小平南方谈话后，党的十四大提出要建设社会主义市场经济，标志着中国对外开放和现代化建设事业迈入一个新的阶段，利用外资的实践也从摸索慢行转接到快速发展的轨道，极大地鼓舞了外商投资者的信心。1992 年中国外商直接投资额首次突破百亿美元，达 110.1 亿美元，约占当年实际利用外资的 57.3%，成为利用外资形式的主要部分。1995 年国家发布《外商投资产业目录》和《指导外商投资方向暂行规定》，将外商投资项目划分为鼓励、允许、限制和禁止四类，外商投资领域从出口加工业延伸到高新技术等产业。为贯彻落实十五大精神，党中央、国务院于 1998 年发布《关于进一步扩大对外开放，提高利用外资水平的若干意见》，一方面总结利用外资的成就和分析面临的新形势，另一方面继续把吸收外商直接投资作为利用外资的重点，同时也要适度筹借和切实用好国外贷款。整体而

---

① 14 个沿海城市包括：大连、秦皇岛、天津、烟台、青岛、连云港、南通、上海、宁波、温州、福州、广州、湛江、北海。

言，这一时期中国利用外资处于快速发展阶段，2000年实际利用外资额达593.6亿美元，年平均增长率为15.2%。

（四）高质量增长阶段：2001—2012年

2001年中国加入世界贸易组织，国内市场进一步对外开放，中国对外经济合作步伐加快。为适应WTO规则，我国对涉外经贸的法律法规和部门规章进行了集中清理和修订，加入WTO前后分别修改了“外资三法”①，取消与规则不相适应的条款。按照入世承诺，中国逐步开放了金融、电信、旅游、交通等众多领域，外商投资范围从制造业扩大到服务业。2002—2007年期间，政府对《外商投资产业指导目录》等政策进行多轮修订，积极引导外资产业流向，鼓励吸引高新技术产业的外资（赵蓓文等，2019）。2008年我国实行内外资统一税制，新税率确定为25%，受金融危机的影响，中国利用外资出现短期的小幅下降，到2010年又恢复增长态势。中国吸收外资已突破千亿美元大关。此外，为促进“引进来”与“走出去”政策相协调，国家发改委于2012年发布《“十二五”利用外资和境外投资规划》，引导外资投向节能环保、新能源等领域和中西部地区。总体而言，这一时期中国利用外资规模达到新一轮高峰，我国吸收外资的质量进一步提高，外资政策体系也逐步完善。

（五）全面发展阶段：2013年至今

2013年政府借鉴国际先进管理制度和经验，首次提出要建立“负面清单”管理模式，并在上海自贸区率先实行。党的十八届三中全会通过《关于全面深化改革若干问题的决定》，决议中明确提出“实行统一的市场准入制度，在制定‘负面清单’的基础上，各类市场主体可依法平等进入清单之外的领域”。自此“负面清单”（Negative List）开始被公众熟知，同时也意味着中国外资政策出现新的发展方向。据《全球投资趋势监测报告》显示，2014年中国外资流入量首次超过美国跻身为全球最大的外商直接投资接受国，吸收外资规模达1195.6亿美元。党的十九大报告明确提出“大幅放宽市场准入”，这是中国利用外资全面发展的重要突破。为响应十九大号召，2018年正式开始实施全国版负面清单，进一步对外资开放制造业、服务业等多个领域。随着国内外形势的变化，“外资三法”已经不能满足全面深化改革

---

① 中国利用外资的三部基本法律：《中外合资经营企业法》《外资企业法》和《中外合作经营企业法》。

的需要，取而代之的是《中华人民共和国外商投资法》，该法经第十三届全国人大二次会议通过，是中国历史上首部全面系统的外资立法，为利用外资提供更有力的制度保障，有助于我国与世界经济体系接轨。习近平在G20大阪峰会上强调中国将推出若干重大举措，力争改善营商环境，便利外商投资。总体而言，这一时期中国利用外资的发展态势屡创历史新高，全方位、宽领域、多层次的吸收外资新格局为中国经济高质量发展做出了重大贡献。

二、中国利用外资发展现状及特征

（一）利用外资来源渠道逐渐多元化

近年来，主要投资来源地实际投资增长态势良好，越来越多的国家愿意加入对华投资大军中，外商投资主体呈现多元化。从外资来源分布上看，亚洲地区是中国吸引外资的主要来源地，其次是欧洲和北美地区。就2018年而言，前10位国家或地区对华实际投入外资额占我国利用外资总额的95.2%，其中中国的香港和台湾、澳门，以及新加坡、韩国、日本六个亚洲经济体实际投资总额合计1161.5亿美元，占比高达90.4%（见表1）。此外，“一带一路”沿线国家实际投入外资金额64.5亿美元，同比增长16%；欧盟28国实际投入外资金额118.6亿美元，同比增长35%。

表1 2018年对华直接投资前10位国家/地区

国家/地区	实际投入外资金额（亿美元）	占比（%）
中国香港	960.1	74.7
新加坡	53.4	4.2
中国台湾	50.3	3.9
韩国	46.7	3.6
英国	38.9	3.0
日本	38.1	3.0
德国	36.8	2.9
美国	34.5	2.7
荷兰	12.9	1.0
中国澳门	12.9	1.0
合计	1284.6	100.0

数据来源：商务部外资统计。

（二）利用外资方式日趋多样化

目前，我国利用外资方式仍然以外资企业和中外合资企业两种企业形式为主，其中外资企业是吸收外商直接投资最重要的方式。在利用外资发展的初始阶段，中外合资曾是广泛使用的引资方式，新兴国家通常会把在本土与跨国公司共同组建的合资企业作为引入资金、技术和管理知识的有效手段（李东红等，2018）。此后随着市场环境的改善，许多外资企业将中国作为其全球化战略实施的重要海外市场（张婷婷，2019）。截至2018年，两类企业数量和实际利用外资金额分别占总体的99.6%和91.8%（见表2）。此外吸收外资方式还包括中外合作企业、外商投资股份制企业等企业类型，利用外资方式呈现多样化发展局面。

表2 2018年中国吸收外资统计（按利用外资方式划分）

企业形式	2018年新增企业		2018年实际利用外资	
	数量（家）	占比（%）	金额（亿美元）	占比（%）
外资企业	50106	82.8	894.0	66.2
中外合资企业	10170	16.8	344.9	25.6
中外合作企业	107	0.2	7.7	0.6
外商投资股份制	129	0.2	83.0	6.1
合作开发	1	0.0	11.9	0.9
合伙企业	20	0.0	8.1	0.6
合计	60533	100.0	1349.6	100.0

数据来源：商务部外资统计。

（三）利用外资产业结构和区域布局更加合理化

在经济新常态的背景下，我国利用外资的目标从"重规模"逐步转向"重质量"和"重效率"。在保持总体规模平稳增长的基础上，利用外资的产业结构也在不断调整：一是第三产业吸引外资比重上升，而第二产业吸引外资情况与之相反；二是制造业、服务业利用外资发展前景乐观，尤其是高技术制造业和高技术服务业保持快速增长态势。2019年上半年，高技术制造业实际使用外资同比上升13.4%，高技术服务业实际使用外资同比上升71.1%。利用外资向高端产业集聚得益于各项外资政策和营商环境逐步改善的综合作用，是中国经济结构调整、发展动力转换的结果。我国利用外资投资区域以东部地区为主，因为东部地区经济较为发达，基础设施完善尤其是港口运输相对便利，劳动力素质也普遍较高，所以一直是吸引外资最多的地区。但随着西部大开发、中部崛起等政策的实施，“一带一路”合作、京津冀协同发展等战略的深入推进，部分外商投资产业逐渐向中西部地区转移，外资区域分布不均衡现象有所缓解。2018 年中部地区实际使用外资额 95.9 亿美元，同比增长 15.4%，西部地区实际使用外资额同比增长 18.5%，增速领跑全国。

（四）利用外资政策逐步完善化

在新一轮改革开放时期，中国正积极构建开放型经济体系，为了保证利用外资发展与时俱进，政府适时修订并调整外资政策，利用外资政策体系进一步完善。2019 年 6 月 30 日，国家发改委联合商务部同时发布《2019 年版鼓励外商投资产业目录》和《2019 年版外资准入负面清单》。“正面清单”和“负面清单”双管齐下，不仅为我国利用外资发展注入更强动力，也给全球跨境直接投资带来积极作用。随着时间的推移，“正面清单”和“负面清单”的发展特征表现为两个方面：一是“正面清单”越来越长，《2019 年版鼓励外商投资产业目录》继续放宽服务业、农业、制造业和采矿业等领域的市场准入，总条目达 1108 条，与 2017 版相比增加 121 条、修改 210 条；二是“负面清单”越来越短，自 2013 年以来外资准入负面清单经过 5 次修订，此次修订进一步缩减了“负面清单”的长度，其中全国版“负面清单”由 48 条减至 40 条，自贸区版“负面清单”由 45 条减至 37 条。目前，我国正争取全面取消外资准入负面清单外的限制。

三、中国利用外资面临的机遇与挑战

（一）新常态下利用外资面临的机遇

1. 自贸试验区新格局成为吸引外资的重要引擎

2013 年国务院宣布设立上海自由贸易试验区，2015 年广东、天津、福建自由贸易试验区在三地同时正式挂牌成立，2016 年又决定增加 7 个自贸试验区①，2018 年海南自由贸易港也宣布成立，至此从上海到海南，由东部沿海延伸到西部内陆，已

① 分别位于辽宁省、浙江省、河南省、湖北省、重庆市、四川省和陕西省。

初步形成“1+3+7+1”雁阵引领式自贸试验区格局。《中国自由贸易试验区发展报告（2019）》显示，截至2018年，11个自贸试验区（不包括海南）新设立企业累计61万家，其中外资企业3.4万家，吸引了全国12.1%的外资，创造近12.3%的进出口额，取得了改革红利共享、开放成效普惠的佳绩。为贯彻落实习近平总书记在G20峰会上提出的对外开放战略举措，党中央、国务院又决定新设6个自贸区①，并开展各有侧重的差别化改革试点工作，加上现有的12个自贸试验区，中国已形成“1+3+7+1+6”自贸试验区新格局。未来自贸区建设有望实现由点到线再到面的逐步推进，不仅成为吸引外资的重要引擎，而且也将鼓励中国企业走出去，创造更多的出口便利，有助于将更深层次和更高质量的对外开放发展到实处。

2.《外商投资法》助推外商投资环境良好发展

在全球宏观经济形势复杂、国际投资发展势头低迷的情况下，中国利用外资逆势增长，2018年中国营商环境全球排名从上年的第78位飞跃上升至第46位，这些得益于我国积极出台的利用外资政策。《外商投资法》将于2020年1月1日起正式实施，届时会取代“外资三法”成为外商投资领域的基础性法律。该法律重点是确立外商投资准入、促进、保护、管理等方面的基本制度框架和规则，涵盖技术转让、知识产权保护等广泛领域，这个具有浓厚中国特色的制度将为外商投资提供强有力的保障，同时也为国际外商投资保护设立新的标杆（孔庆江等，2019）。随着《外商投资法》落地实施，外商投资环境会进一步完善，形成公平竞争的格局，将会给利用外资带来重大利好消息，这对吸引外资无疑是个难得的发展机遇，同时也符合经济高质量发展的客观要求。

3.“一带一路”建设以及中非和中拉等经贸合作平台成外资亮点

“丝绸之路经济带”和“21世纪海上丝绸之路”（简称“一带一路”）的倡议出台于2013年，该倡议成为推动构建人类命运共同体的伟大实践平台。6年来，越来越多国家和国际组织积极响应“一带一路”倡议。截至目前，中国已与136个国家和30个国际组织签署了195份政府间合作协议。随着“一带一路”建设的稳步推进，沿线国家积极参与对华投资，成为我国利用外资发展的新亮点。非洲和拉丁美洲是共建“一带一路”的重要参与方，在一系列合作论坛框架的引领下，中非和中拉经贸合作迈上新台阶，为双方进一步深化利用外资合作提供新机遇。在未

① 分别位于山东省、江苏省、河北省、云南省、黑龙江省和广西壮族自治区。

来，中国会继续把“一带一路”建设作为探索国际经济合作新模式，积极推进与沿线国家的战略合作，着力发挥外资驱动作用，扩大引资规模。

4. 人民币国际化的推进为吸引外资增添砝码

在当前国际货币体系下，多元化外汇是世界货币和储备资产的主要特征，为了顺应经济全球化发展潮流，中国不断推进人民币国际化进程（李艳丽等，2019）。2015 年人民币继美元、欧元、英镑之后成为全球第四大支付货币，标志着人民币国际化进入新阶段。2016 年人民币正式纳入特别提款权（Special Drawing Right, SDR），2018 年人民币稳居 SDR 篮子货币权重第三位，意味着人民币已向国际化迈出重要一步。随着对外开放不断深入，中国为开展对外经贸活动在使用外币时不得不缴纳“铸币税”，因此以利用外资为主的传统行业会面临效益低下问题，而人民币国际化能够有效解决这一瓶颈。此外，人民币国际化的持续推进，使国际投资者看到新的人民币业务机遇，抓住新的投资机会和选择，进而为吸引外资增添重磅砝码。

（二）新常态下利用外资面临的挑战

1. 严峻的国际经济形势为贸易投资增长蒙上阴影

受国际贸易摩擦、地缘政治风险等因素的影响，全球经济增长低迷，贸易和投资出现疲软。美国特朗普政府多次采取贸易保护限制措施，不仅将矛头指向中国、墨西哥等新兴国家，也指向欧盟、加拿大等盟友，单边主义和保护主义的盛行为贸易投资增长蒙上一层阴影。当前中美贸易摩擦不断升级，对我国数千亿美元输美产品加征关税，两国多轮贸易谈判未果，甚至从贸易领域拓展到投资领域，给融资环境带来很多不确定性。国际投资者无法对未来市场趋势做出准确判断，对中国投资会趋于保守，这在一定程度上会减少外资企业进驻我国（卢进勇等，2019）。若其他国家效仿也采取相似的遏制措施，将进一步加大我国拓展引资空间的难度。外部环境的严峻形势，意味着我国利用外资发展面临更多的变数，未来会伴随更多的挑战。

2. 新一轮“外资风”加速削弱传统引资成本的优势

当全球经济面临下行压力，各国为刺激经济增长也竞相出台政策吸引外资，全球刮起新一轮“外资风”。美国政府在融资、税收减免等方面出台一系列吸引外资政策；英国、法国等欧洲国家也纷纷加大引资力度，并加强跨国并购的监管制度；亚洲新兴国家尤其是东南亚地区近几年在招商引资方面有着较高增速，且通过扩大服务业市场开放形成新的竞争优势，经过产业结构调整和升级成为我国吸引外资的有力竞争者。此外，越来越多的新兴市场国家实行更加积极的引资政策，并且以劳动密集型和资源密集型为主，我国吸引外资的低成本劳动力优势在不断削弱，加上受资源环境的约束，以往那些依靠土地、劳动力低成本的外商投资企业会由于成本原因而转移投资。外商投资利润空间缩小、投资回报率减少是影响外商投资积极性的重要因素。

3. 国际投资规则的变动给双向投资发展带来新难题

近年来，以 WTO 为代表的全球多边贸易体系正逐渐被弱化，取而代之的是跨太平洋伙伴关系协定（TPP）、美—墨—加协议（USMCA）和区域全面经济伙伴关系协定（RCEP）等大型区域贸易谈判协定。这些区域贸易协定规则错综复杂、相互重叠，导致全球贸易投资规则加速演化、适用法律不一致等问题出现，而知识产权、环境标准与劳工权益等涉及一国国内政策的边界措施成为今后区域或国家间的谈判主流（许培源等，2019）。中国已由过去单纯地吸引外资发展模式转变为对外投资与吸引外资双向发展趋势，在国际投资规则“大变局”的情形下，我国在制定市场准入政策时既要考虑中国国情，又要与国际规则接轨，成为今后双向投资发展面临的重大挑战。

四、政策建议

综上所述，改革开放以来我国利用外资进程实现从起步缓慢到全面发展的飞跃，外资政策一直是我国对外开放政策的重要组成部分，政府为优化营商环境，不断完善外资政策体系，引导外资高质量发展。与此同时，现阶段利用外资发展在来源渠道、引资方式、产业结构、区域布局、政策开放等方面持续优化。当前中国利用外资面临的机遇与挑战并存，政府不仅要加大对外投资开放的力度，同时也要关注引资的结构和质量。为此，本文提出如下政策建议：

（一）继续优化营商环境，加快利用外资的供给侧结构性改革

适当降低外资准入的门槛，简化企业生产经营相关的审批流程。加大知识产权保护力度，我国与主要发达国家技术水平存在差距，部分原因是对知识产权保护重视不足，要在保护和学习中实现创新。维护外资企业合法权益和公平竞争，对内外资企业要做到一视同仁、平等对待，加大对侵权违法行为的惩治力度。大力优化投资软环境，以提升中国对境外投资者的吸引力。在推进利用外资的供给侧结构性改

革方面，一是要进一步完善对外开放的产业布局，积极引导外资投向现代农业、先进技术制造业和生态建设等，促进“引进来”与“走出去”有机结合；二是要协调区域发展，鼓励东中西地区产业链互动合作，支持中西部地区、东北地区承接外资产业转移；三是要赋予自贸试验区、国家级经济开发区、边境合作区等重点对外开放平台更多改革自主权，有利于持续释放制度创新红利，突破制约产业关键环节升级的制度性障碍。

（二）注重引进外资质量，强化可持续发展理念

当前我国利用外资已度过以扩张规模为主的阶段，下一阶段需要在提升外资质量方面实现新的突破，因为促进外资增长只是手段，提升外资质量才是根本。在引进外资时，政府应强化绿色可持续发展的理念，不能盲目追求经济的快速增长而忽略对环境的保护，应该有效协调外资与环境的关系。可以借鉴发达国家在处理外商投资对环境造成污染问题的解决思路，结合我国利用外资的现状以及引进外资对环境造成污染的影响程度，制定出符合我国国情的引进外资政策。并且还要对产业结构进行适当调整，实施优惠政策方面要加大对高技术、高环保产业的投入力度，这样才能对我国内资企业产生正向的溢出效应。

（三）进一步缩减“负面清单”，以服务业、制造业开放为重点

未来要继续缩短“负面清单”，进一步扩大外资准入领域。一是要积极扩大金融业对外开放，允许高水平的外资金融机构参与到我国的金融服务提供中，简化外汇管理中的行政审批，合理放宽银行、证券、保险行业外资股比限制。此外以有序缩减“负面清单”为原则，在教育文化、商贸物流、专业服务等领域的现有开放水平上做出适度推进；二是要调整制造业结构，加快传统产业改造升级，深化制造业对外开放政策，取消汽车、船舶、飞机等制造业领域外资准入限制，促进装备制造和国际产能合作，以实施“中国制造 2025”为主线，加强与全球制造业的对接与合作。

（四）积极推动贸易和投资协定谈判，拓宽外资来源渠道

为解决单边主义、贸易保护主义持续蔓延的威胁，中国不仅要以更积极的姿态推进区域全面经济伙伴关系协定（RCEP）、中日韩自贸协定和中欧投资协定等自贸区谈判进程，还要鼓励各国应遵守契约协定，落实知识产权、环境标准与劳工权益

等具体要求。这样不仅能缓解全球紧张的贸易局势，引导经济向全球化发展，还能促进区域经济一体化和贸易投资便利化。另外在产业结构和资源禀赋方面，大多数“一带一路”沿线国家与我国经济存在较强的互补性，因此应遵循共商共享共建原则，充分利用沿线国家的比较优势，大力推进“一带一路”沿线自由贸易区建设，利用跨国并购等方式吸引外资。通过加强与其他国家的经贸关系，拓宽外资来源渠道，提升风险防范能力。

对标高标准国际经贸规则优化外商投资制度环境

钊 阳　　桑百川

（对外经济贸易大学国际经济研究院）

在中国经济从高速增长向高质量发展转化阶段，内外部经济环境深刻变化：新旧发展动能换挡，产业结构调整，消费结构升级，经济全球化遇到严峻挑战，国际经济格局加速重构，美国等发达国家谋求变革国际经贸规则，建立高标准的贸易投资自由化、便利化规则体系。国际经贸规则变迁将深刻影响国际投资行为和我国吸收外商直接投资的制度环境。跟踪国际经贸规则变迁趋势，积极参与国际经贸规则制定，主动对接国际高标准规则，深化改革开放，优化外商投资营商环境，是稳定外商投资、提升外商投资吸引力的制度保障。

一、国际经贸规则变迁趋势

美国抱怨在既往的经济全球化中获益太少，中国等新兴市场国家利用相对宽松的国际经贸规则长期占美国人的便宜，美国谋求改变国际经贸规则，建立高标准经贸规则，推进贸易投资自由化、便利化，将自由贸易协定的内容从关税、非关税措施等边境规则扩展到边境后规则，涉及透明度、数字贸易、竞争中立、政府采购、知识产权、环境和劳工、投资便利化等内容，并致力于改革世界贸易组织（World Trade Organization，WTO），把高标准经贸规则推广到多边经贸体系。通过对比 WTO 相关规定、美国—澳大利亚自由贸易协定（美澳 FTA）、美国—韩国自由贸易协定（美韩 FTA）、加拿大—欧盟综合性经济贸易协定（Comprehensive Economic and TradeAgreement，CETA）和跨太平洋伙伴关系协定（Trans-Pacific Partnership

Agreement, TPP)[①] 及其他国际组织的协定，可以发现国际经贸规则向高标准发展的趋势。

（一）决策信息透明度显著增强

作为国际经贸规则根基之一的透明度规则，在国际经贸规则变迁中，涉及的领域逐渐扩大，要求更加细化，标准进一步提升。

适用范围扩大。透明度规则从 WTO 中涉及的服务贸易、货物贸易、与贸易有关的知识产权、与贸易有关的投资等领域，扩展至 TPP 中涉及劳工、环境、发展、中小企业、政府采购、电子商务等领域。

公布内容范围扩展。由 WTO、美澳 FTA[②] 以及 CETA 仅要求公布实体规则[③]和程序规则[④]，到美韩 FTA[⑤]进一步要求拟议法规目的和基本原理，再到 TPP 在美韩 FTA 基础上还要求公布拟议法规的实质性修改理由的逐步扩展。

公布评议期限延长。从 WTO 要求的"迅速"公布相关信息，到美韩 FTA 规定公布时间不少于 40 天的评议期，延长到 TPP 规定的不少于 60 天评议期，在技术性贸易壁垒等领域，评议期为不少于 90 天。

保障机制逐渐完善。WTO 只是设立贸易政策审议机构，并没有确立实质性制度。美澳 FTA、美韩 FTA、CETA 与 TPP 均规定各缔约方设立独立审查机构与争端解决机制，不仅将保障制度深入到缔约方国内，而且从法律层面对透明度措施实行保障。

反腐政策强化。在 WTO、美国早期签订的 FTA 以及 CETA 中并未体现反腐政策条款，美韩 FTA 与 TPP 协定中设立反腐条款，并对腐败所涉及的公职人员、腐败形式、腐败范围、刑事处罚以及预防腐败的措施都作出了详细的规定。

确立公众参与制度。TPP 中首次确立公众参与制度，允许公众参与评议实体规则的行政裁定，鼓励公众对内部控制、合规项目的贪污和腐败进行组织和侦察，并

---

① TPP 协定因美国退出现已变为全面与进步跨太平洋伙伴关系协定（Comprehensive Progressive Trans-Pacific Partnership, CPTPP），CPTPP 接纳了 TPP 协定 95%的条款，TPP 协定中有 22 条争议性较大的条款被搁置，CPTPP 协定不及 TPP 协定国际规则标准水平高，因而本文以 TPP 协定为讨论范本。

② 美国—澳大利亚自由贸易协定于 2005 年生效。

③ 实体规则包括法律、法规以及普遍适用的行政裁定。

④ 程序规则包括出口许可程序、海关程序、争端解决中的程序等。

⑤ 美国—韩国自由贸易协定于 2012 年生效。

就违法行为事件进行举报。

（二）数字贸易规则逐渐确立

美日欧为首的发达国家和地区正积极推进构建国际电子商务/数字贸易规则。

第一，电子商务规则逐渐演变成独立于货物贸易和传统服务贸易的数字贸易规则。在美国2016年后向WTO提交的文件中，一直使用“数字贸易”字眼，旨在建议建立数字贸易规则。在2018年9月，美日欧第四次联合声明中对数字贸易规则的讨论达成一致意见，经济合作与发展组织（Organization for Economic Co-operation and Development，OECD）召开的“迈向数字化”峰会旨在建立有关数字转型的综合政策。

第二，跨境数据传输的自由化将成为谈判的焦点。美日一致推行数据传输的自由化，最大限度减少数字贸易壁垒，禁止电子传输关税，不得要求数据本地化以及消除网页封锁，TPP中规定，允许电子商务网络的接入和使用①；对于商业活动或执行业务，缔约方应当允许信息跨境传输，包括个人信息②。而欧盟对于数据的监管和保护非常严格，在已签署的自由贸易协定以及向WTO提交的文件都不涉及任何关于数据跨境流动的内容。

第三，强化与数字有关的知识产权保护、数字安全以及个人信息和线上消费者权益保护。保护源代码以及消除强制性技术转让一直是美国强力推行的，欧盟则对数字安全和网络安全的保护及监管提出了更高的要求，并谋求制定具体措施，提高数字和网络保护技术，加强在线消费者的保护，增强电子商务/数字贸易的信息披露。

（三）竞争中立规则被广泛接受

第一，竞争中立规则逐渐纳入到国内法与国际法中。澳大利亚和西班牙建立了全面的竞争中立框架，丹麦、瑞典和英国则是在公共部门参与领域完善相关政策和监管。欧盟将竞争中立规则写入《欧盟法》③。

第二，竞争中立规则逐渐转变为限制国有企业规则。澳大利亚最初提出的竞争

---

① TPP协定，第14.10条。

② TPP协定，第14.11条。

③ 《欧盟法》第106条规定：“国有企业与私营主体皆受竞争法调整，任何成员方都不可以违反该规则，国有企业也必须受国家补贴法律和反垄断法的调整。”

中立规则是规定政府的商业行为，GATT 中规定的是国营贸易企业，GATS 中规定的是垄断和专营服务提供者，不专指国有企业。但 OECD 规定国有企业是由国家占有全部、多数所有权或重要控制权的企业（OECD，2005），CETA、TPP、日本—欧盟经济伙伴关系协定（Economic Partnership Agreement，EPA）竞争中立规则是体现在国有企业与指定垄断的章节中，且 EPA 和 TPP 明确国有企业概念①，并没有单独讲述竞争中立规则。

第三，透明度标准提高。CETA 中国有企业章节没有对透明度提出要求，TPP 协定中对于透明度的标准大大提高，要求成员国公布国有企业的名单，并每年进行更新；政府所占的股份及特殊投票权的说明；企业董事会成员政府任职头衔；能够公开的企业资产信息；所拥有的例外和豁免等。

第四，监管更加严格。TPP 中突破性的设立非商业援助条款，对国有企业得到的非商业援助以及产生的“不利影响”与“损害”都作出明确的判定标准；限制外国国有企业主张的绝对豁免②，管辖权延伸到国内法层面；设立国有企业和指定垄断委员会，保障此项条款的实施。

（四）知识产权保护日趋严格

乌拉圭谈判通过《与贸易有关的知识产权协定》（Agreement on Trade-Related Aspects of Intellectual Property Rights，TRIPs 协定）后，由于其未能满足发展中国家的发展需求和发达国家对知识产权保护的标准，一直未能有突破性进展。发达国家寻求双边或诸边协定确立“超 TRIPs”的高标准、高水平知识产权保护规则，《反假冒贸易协定》（Anti-Counterfeiting Trade Agreement，ACTA）、TPP 知识产权保护章节就是典型代表。

“高标准”体现在保护客体和涉及领域范围的扩大。TPP 较之于 TRIPs 保护客体增加至 7 类，在商标注册中增加对声音、气味的商标注册，加强对驰名商标跨地域的保护，扩大地理标志的范围，著作权的保护期限由 50 年延长至作者死后 70 年，已发行的唱片不少于 95 年，未发行的唱片不少于 120 年，并对其著作具有更宽

① TPP 第 17.1 条、EPA 第 13.1 条规定，国有企业是指主要从事商业活动及政府拥有股份资本或通过拥有权益控制 50%以上投票权的行使或者拥有任命大多数董事会或其他同等管理机构成员的权利。

② TPP 第 17.5 条规定，各缔约方应保证给予其法院对于基于在其领土内从事的商业活动、针对外国拥有或通过拥有者权益控制的企业提起民事诉讼的管辖权。

泛的排他权，即著作权人有权授权或禁止对其著作任何形式的复制，包括永久、暂时和以电子形式短暂保存。知识产权保护已经从与贸易领域结合扩展到与投资和电子商务等领域结合，ACTA 和 TPP 均明确规定了数字环境下商标权、著作权及邻接权侵权行为的处置措施，TPP 进一步规定互联网服务提供商和用户的细节通知和反诉通知程序，对互联网服务供应商设立安全港。

"高水平"体现在专利授予和海关边境措施保护范围扩大以及更加严格的刑事程序和处罚。TPP 接纳了被 TRIPs 所排除的对微生物外的动植物、人或动物的诊断、治疗和外科手术方法授予专利的条款，复制 ACTA 的海关边境措施保护范围的有关内容，并将保护范围从 TRIPs 要求的进口环境扩大到出口、转口或自由贸易区内涉嫌侵权的货物采取措施，全盘接受 ACTA 中较 TRIPs 更严格的民事执法和实施执法的内容以及 TRIPs 中数字环境执法要求，进一步加大对知识产权侵权的赔偿数额及侵权货物、原材料、生产工具的处理优先销毁，明确"商业规模"含义，扩大刑事保护范围和方式。

（五）政府采购规则范围扩大

1979 年，关贸总协定东京回合谈判签订了《政府采购协定》（Government Procurement Agreement，GPA）。现行的 GPA 协议是 2012 年在 1994 年版本的基础上进行全面修订并达成一致意见的版本。TPP 协定的政府采购章节也是移植的 2012 版《政府采购协定》（以下简称 GPA 2012），较之于欧盟所实行的政府采购，标准略低。当今政府采购呈现出扩大化、标准化、电子化的趋势。

采购主体与供应商范围扩大。GPA 2012 规定采购实体可设立供应商登记制度，要求有兴趣的供应商进行登记并提供信息，欧盟采购体系还规定允许中小企业参与政府采购。对于采购主体，欧盟采购协定将 GPA 2012 规定的中央实体、次中央实体及其他实体三个采购主体层级扩大到公用事业部门以及享有特殊或专有权利的私营部门实体。

招标程序与内容详细统一，采购信息透明公开。GPA 2012 和欧盟采购政策对于采购价值的估价、采购公告、招标文件的内容及形式都作出统一规定，欧盟还建立统一公布渠道，规定合同公告及信息都需要在《欧盟官方公报》上发布。GPA 2012 和欧盟都要求公布采购主体、选择性招标程序中合格供应商的常设名单、供应商资格及基本情况、授予信息、技术规格、具体招标截止期限以及统计数据的年度报告等信息。

采购体系电子化，建立集中采购数据库。GPA 2012 版中增加了“电子拍卖”条款，可以通过电子方式公布采购信息、通知和招标文件，欧盟所建立的电子采购系统，可以完成招标、竞标、授予合同等一系列步骤，进一步节约成本，提高政府购买的透明度。

保障制度更加完备。GPA 2012 对于政府采购实施双重保障，一方面规定成员国建立国内审查程序，并对国内审查程序作出详细的规定；另一方面建立磋商和争端解决机制，对于成员国没有履行义务或者实施违背协议的任何措施的情况提供解决途径。

（六）环境和劳工标准提升

发达国家谋求将环境和劳工标准纳入到贸易和投资协定中。美国 2002 年通过《贸易促进授权法案》（Trade Promotion Authority，TPA），明确要求政府在对外谈判、签署自由贸易协定时必须包含环境保护内容。据 WTO 的 RTA－IS 数据库统计，截至 2015 年 12 月，共有 135 个经济体参与的 76 个 FTA 中包含劳工条款，大约 50%协定是 2008 年之后签署，2013 后生效的超过 80%（International Labor Organization，2016）。TPP 将环境和劳工标准推向新高度。

保护范围扩大。TPP 对于环境保护范围从 CETA 规定的林产品贸易①、渔业和水产养殖品贸易②，扩大至臭氧层保护、保护海洋环境免于船舶污染、贸易和生物多样、入侵外来物种、向低排放和适应型经济转变、海洋捕捞渔业、保护野生动植物和贸易等领域；对于劳工保护范围从国际劳工组织（International Labor Organization，ILO）确立的国际劳工核心标准，扩大到最低工资、工作时长和职业健康与安全标准可接受的工作条件等内容，且全部适用于一国的出口加工区和自贸区，并以“不减损”③ 或“渐进不减损”作为实施劳工保护的基本原则 。

国内法要求标准提高。CETA 和 TPP 要求缔约方应努力保证其环境法律政策规定得到落实，并鼓励高水平的环境保护。

鼓励公众参与，提高透明度。TPP 对于环境和劳工章节均设立公众参与制度与

① CETA 协定，第 24.10 条。

② CETA 协定，第 24.11 条。

③ “不减损原则”，缔约方不得以影响贸易或投资的方式放弃或减损，或者提出放弃或减损上述所强调的 19.3.1 条中规定的前四项劳工保护原则；同时，缔约方不得在特殊的贸易或关税区域，如出口加工区和对外贸易区等区域放弃或减损，或者提出放弃或减损上述所强调的 19.3.1 条中规定的前四项劳工保护原则以及 19.3.2 中规定的第五项劳工保护原则。

程序保证，鼓励公众参与意识，明确参与程序的方式，并就公众意见给予详细的规定，从法律层面保障公众参与制度，进一步提高透明度。

体制机制逐步完善。CETA 和 TPP 规定建立环境委员会和劳工理事会（CETA 中为贸易与可持续发展委员会），确定具体联络点，明确环境委员会以及劳工理事会的监督、报告及解决争议的职能。争端解决机制更加多层次性，若就环境或劳工问题出现时，双方依次进行磋商、交由环境委员会或劳工理事会进行调停或调解，TPP 则对于解决环境问题提出更细分的层次，规定缔约方依次进行磋商、高级代表磋商、部长级磋商、争端解决。

注重国际合作。CETA 明确规定了 10 个环境领域的合作，并且阐明合作的途径与方法，TPP 建立了明确的合作框架，就合作方式、合作活动结果的度量与评估、合作联络点、合作活动经费来源等做了详细阐释。TPP 对于劳工规定了 21 个合作领域与 6 款合作活动，阐明了合作性劳工对话的方式及审议步骤，促进各方合作解决劳工问题。

（七）投资便利化

投资便利化措施在改善成员营商环境、提升对跨境投资吸引力、促进贸易和可持续发展等方面作用愈加突出，但企业跨境投资仍受政策不透明、行政效率不高等因素困扰。2016 年 G20 杭州峰会通过了《G20 全球投资政策指导原则》，旨在建设开放、透明和有益的全球投资政策环境，促进国际国内投资政策协调，促进包容的经济增长和可持续发展。2017 年 4 月，中国、巴西、阿根廷、尼日利亚等发展中国家组成“投资便利化之友”，目前成员已有 17 个。2017 年底，70 多个 WTO 成员签署了“关于投资便利化促进发展的联合部长宣言”，谋求通过采取信息分享、简化程序等政策，使投资政策更有预见性。2017 年多个国家向 WTO 提交相关议案，阿根廷—巴西联合提案名为《WTO 的投资便利化机制》，主张在国内层面设立国家监察专员与其他国家的对等机构合作，设立 WTO 投资便利化委员会。2018 年 2 月，巴西向 WTO 总理事会提交提案，建议 WTO 达成一个投资便利化协定，旨在就这个议题启动更加“有组织结构的讨论”。其包括的协定条款旨在促进与投资政策和措施相关的规制和行政框架的透明度、可预见性和有效性。

在 WTO 改革中建立投资便利化专门磋商机制，明确投资便利化的定义和范围，围绕加强透明度、提高行政效率、加强国际合作、建立投资争端解决机制等内容，开展有效政策协调，探讨建立多边规则框架，成为国际投资便利化的发展方向。

二、国际经贸规则变迁对中国外资营商环境的影响

国际经贸规则的演变发展改变着国际投资的制度环境，左右着国际投资的区域流向，对我国吸收外商投资产生了重要影响。

（一）国际投资的竞争已经扩展为全球性的规则竞争

20世纪60年代后，发达国家为开拓全球市场，充分利用发展中国家资源，开始向发展中国家进行制造业转移，跨国公司的兴起掀起海外投资的浪潮，推动发展中国家快速发展，国际经济格局逐渐改变。如今，经济全球化面临巨大挑战，美国等发达国家也陷入经济发展放缓甚至停滞的状态，国际直接投资增速放缓，各国为吸引投资，促进经济发展，努力改进营商环境。高标准的国际经贸规则逐步确立，构成了外资营商环境变迁的重要内容，争夺国际投资的竞争逐渐扩展为全球性的规则竞争。

随着中国发展水平快速提升，产业结构、市场结构以及国际贸易中的比较优势发生变化，以低成本以及减税让利的优惠政策吸引外商投资的边际效用递减，为了巩固并增强我国对外商投资的吸引力，赢得全球性规则竞争，需要对标高标准国际经贸规则，改善外商投资的制度环境。

（二）发达国家寄希望于建立高标准经贸规则掌控全球经济秩序

2008年金融危机打破了世界经济的原有格局，加快了全球经济规则调整与重构的步伐（陈德铭等，2014），美国极力推动TPP（美国退出，现为CPTPP），美欧启动跨大西洋贸易与投资伙伴协议（Transatlantic Trade and Investment Partnership，TTIP）谈判，以及北美自由贸易协定（North American Free Trade Agreement，NAFTA）被新的美加墨自由贸易协定（USMCA）取代等，是美欧等发达经济体为抢占竞争优势、掌控未来全球经济秩序所建立的高标准市场准入范式的代表。2018年3月，美国宣布对华出口加征关税，对中国在减少贸易逆差、减让关税、取消非关税壁垒、规范政府补贴、提高政府决策透明度、改进知识产权保护、履行国民待遇原则和最惠国待遇原则、扩大外商投资及农产品市场准入、开放服务业市场、改革国有企业等方面施加压力①，以及2018年9月，美日欧三方签署的第四个联合声

① 2018年5月3-4日，中美北京磋商中，美国提出了十三条要价。

明，就规范国有企业参与公平竞争、数字贸易规则的讨论、消除强制性技术转让以及强化知识产权保护等方面达成一致意见。可见，无论是中美贸易摩擦中美国的谈判要价，还是美日欧签署的联合声明，都是建立在美欧等发达国家一直推行的高标准经贸规则基础之上。美欧等发达经济体通过各种不同的方式谋求建立高标准国际经贸规则，以达到其掌控全球经济秩序的目的，改变全球国际投资流向，重构全球价值链、供应链体系。

如果中国不能适应高标准国际经贸规则要求，不仅会在国际经贸规则制度方面失去主动权，出现在新一轮经济全球化中被边缘化的风险，而且在外商投资制度环境的国际竞争中也会处于不利地位，冲击外商投资的稳定性。为了赢得争夺国际投资的竞争，保持我国在全球价值链、供应链中的地位，并吸收高质量外资助推经济高质量发展，必须积极参与高标准国际经贸规则制定，主动对接高标准国际经贸规则。

（三）对标国际高标准规则是进一步优化我国外资营商环境的重要抓手

我国在改善营商环境方面做出很多努力且成效显著。2018 年世界银行在发布的《2019 年营商环境报告》中指出，中国营商环境上升至 46 位，跻身营商环境改善前十名，在开办企业、办理施工许可证、获得电力、纳税、跨境贸易等七个类别的改革中取得了突出进展。开办企业平均只需 9 天，接电时间缩短为 34 天，纳税次数减少至 9 次，纳税时间在 2017 年基础上再次提速 30%。

优化外资营商环境不仅要对比世界银行营商环境评价指标，还要考虑影响外资营商环境的多元复杂的因素，尤其是结合国际经贸规则变迁以及规则竞争的态势，加快建设市场化、法治化、国际化的营商环境，主动对接国际高标准经贸规则。

三、中国与高标准国际经贸规则的差距

我国现行的经济行政管理体制、法律制度和经贸规则，与高标准的国际经贸规则相比，还存在很大差距，在吸收外资中制度优势不明显，亟需主动深化改革，进一步优化外商投资营商环境。

（一）法律法规体系不完善

我国国内的《电子商务法》《环境保护法》《劳工法》《商标法》《专利法》《著作权法》《政府采购法》《招标投标法》等法律不完善，要求标准较低，囊括范围较窄，部分法律之间存在冲突或重叠现象，有关数字贸易、知识产权保护、竞争

政策、政府采购及其配套措施的法律法规不健全。

（二）行业制度不健全

透明度制度、政府采购制度以及各种制度的保障制度及奖惩制度不健全，政府决策信息不够透明，虽然国务院发布的《中华人民共和国政府信息公开条例》（2019年4月3日中华人民共和国国务院令第711号修订），对于政府信息公开的主体范围，主动公开的内容，依申请公开的内容及程序，监督和保障都做出了明确的规定，但对于政策制定与修改的目的、实质性理由及给予行业调整过渡期没有作出明确说明；知识产权保护和执法、限制外国商品和服务市场准入的产业政策、服务行业政策等透明度不高；政府采购存在透明度差、价格高、质量差、采购主体范围只适用国家机关及事业单位不适用国有企业以及外资企业无法进入采购市场等问题，与GPA2012要求差距较大；电子商务行业自律制度缺乏，未形成统一的自律标准与行业自律协会。

（三）监管体系不完备

对于数据流动监管、国有企业监管、环境监管、劳工监管、知识产权保护监管制度不完善，行业监管缺乏自律性监管制度，法律监管覆盖范围不够大，监管合规存在问题，未能建立公众参与监管机制，监督管理体系较为薄弱。监督技术水平不高，未能充分利用电子信息技术及互联网技术，未对监管领域实现全面监管。执法力度不够，对于侵权以及违法行为缺乏强有力的处罚措施，公职人员执法行为未能统一规范。

（四）缺乏政策审查评估机制

有效审查与评估政策的效果，是政策有效运行的保障和纠错改进的依据，中国在透明度、国有企业、环境、政府采购等方面都缺乏有效的审查评估机制，没有形成统一的评估评价标准与详细严密的审查程序。

四、中国对接高标准规则优化外资营商环境的对策建议

（一）提高投资自由化和便利化

进一步简化行政审批手续，减少开办企业、获得电力和施工许可、获得信贷的

办理环节，缩短办理时间，压缩不动产登记时间；提高解决商业纠纷效率，耗时缩短，简化企业破产注销手续和流程，压缩注销时间；提高跨境贸易货物通关效率，压缩进出口单证办理时间，降低进口环节费用；进一步明晰外商直接投资（包括服务和非服务部门）的整体准入条件，压缩外商投资准入负面清单，全面落实外商投资国民待遇和最惠国待遇，清理扭曲和歧视性做法，包括法律限制和经营要求，如本地采购或国产化率限制，促进公平竞争。

（二）加强透明度制度建设

提高政府决策的透明度，在经济贸易领域的政策措施及时在固定的网站或官方报刊予以公开，征求公众意见，预留不少于60天的公众评议期，给予企业及相关产业不少于6个月的过渡期，提高政府决策的可预见性与稳定性；完善有关透明度的法律法规，明确规定信息公开的主体、方式、范围以及内容，加强数据公布的透明度，采用国际货币基金组织（IMF）编制的SDDS标准来统计、计算及公开数据；建立透明高标准透明度审查机制，参照欧盟透明度审查规则，制定符合中国特色的审查机制；加强公众参与机制建设，在法律法规中纳入公众参与，激励公众参与监督，提高公众参与意识，拓宽公众参与渠道，充分发挥公众监督作用。

（三）打造高水平数字贸易营商环境

健全数字贸易法律体系建设，完善《电子商务法》《网络安全法》的修订，加快建立《个人信息保护法》以及与数字有关的金融、投资、知识产权、跨境贸易等方面法律法规的制定，增强对数字安全、网络安全以及在线消费者的保护，加大对侵权行为、数据及商业秘密泄露行为的处罚力度；放宽电子商务领域的外资准入，消除强制性技术转让，降低数字贸易壁垒，保障外资企业公平待遇，促进国际交流及合作，推动数字产品及服务的发展；建设数字化政府，简化审批程序，构建“政府云”，整合优化政府信息系统，提高政府办事效率，促进信息公开；建立中国立场的数字贸易规则范本，制定健全针对数字产品和服务的生产、交付、使用等环节的数字贸易规则，完善数据流动和数据保护规则以及监管体系的建设，为中国参与国际数字贸易新规则的谈判和制定提供方案。

（四）推进国有企业改革，适应竞争中立原则

推进国有企业分类改革，将国有企业商业经营性业务剥离，按照政策性即公益

性国企和商业性国企进行重组，公益性国企自觉履行政府职能和社会责任，允许以国有独资形式存在；商业性国企遵循竞争中立原则，平等参与市场竞争；规范政府对国有企业的补贴，梳理对国有企业的财政补贴类型，取缔不合理补贴，确立补贴标准，并对财政补贴的类型、金额及理由予以公布，促进商业性国企公平参与市场竞争，不得以低于市场价格取得任何要素资源，消除商业性国企的“额外”竞争优势；加强公益性国有企业信息披露；建立国有企业评估机制，确立国企分类考核标准，建立规范的国有企业破产程序。

（五）完善知识产权保护

健全知识产权保护的法律体制，完善专利法、商标法、著作权法等一系列有关知识产权法律的修订，将数字环境下的知识产权纳入法律体系，探索文化的知识产权保护方式，严格执法标准，加大违法处罚力度，提高违法成本，公平对待国内外所有企业、个人及投资者的知识产权；建立合理公平、可持续发展的知识产权制度，不追求一味扩大知识产权保护的范围，过度的保护只会阻碍创新的发展，知识产权保护应与经济、社会、环境、人权等公共利益相结合（Rusekhan，2010），平衡知识产权和公共利益的关系（李洁琼，2016），针对行业区别对待，适当保留政策空间，积极推动与“一带一路”沿线国家知识产权方面的互利互惠，实现全球化公平贸易的新平衡；建设全国统一知识产权数据库，连接各地知识产权网络，促进商标、专利申请数据库共享。

（六）提前规划政府采购开放事宜

完善政府采购制度，修订《政府采购法》和《招标投标法》，硬化法律法规对政府行为的约束力，花大力气治理政府采购缺乏透明度、价格高、质量差等问题。在政府货物采购、服务采购、工程发包中，提高透明度，对内资、外资企业一视同仁，对国有企业、非公经济平等相待，体现政府采购政策的非歧视原则；明确规定招标主体范围、招标说明、采购公告公布方式与时间、估价方法、供应商资格、技术规格标准等与政府招标相关的一系列要求；打造政府采购数字化平台，建立政府采购全国联网系统，各级政府通过统一平台公布采购信息、招标公告、招标文件和中标企业及其基本情况，在采购公告发布前40天公布计划招标公告，给予投标人充分的时间准备，加强政府采购的透明度；完善政府采购支持中小企业的政策，研究修订政府采购促进中小企业发展暂行办法，采取预算预留、消除门槛、评审优惠等手段，落实政府采购促进中小企业发展政策。同时，加快我国加入 WTO《政府采购协议》的进程。

（七）提高环境和劳工标准

完善法律法规，健全保障体系，逐渐对标国际高标准规则，提高环境和劳工权益保护标准。在环境方面，将臭氧层保护、海洋环境、外来物种入侵、海洋捕捞业、野生动植物等纳入保护范围；在劳工方面，根据我国国情，制定灵活的各行各业最低工时费及劳工工作条件。

健全公众参与机制，加强监管保障。在环境方面，鼓励公众参与环境保护，增设公众举报和建议通道；在劳工方面，提升劳动者维权意识，开通网上劳动者维权渠道，便于劳动者投诉与建议。

加强监察及执法力度。在环境方面，借助信息技术与公众参与，推动环境信息的精准收集与环境评估，对污染环境的违法行为给予严厉处罚；在劳工方面，完善工会制度，提高工会在企业中的地位，发挥劳动者集体谈判的动能，对于劳工方面的侵权行为，执法部门依法作出处罚。

我国《外商投资法》下的外商投资保护制度

孔庆江　　郑大好

(中国政法大学)

2019年3月15日全国人大表决通过《中华人民共和国外商投资法》(以下简称《外商投资法》)。这部法律将自2020年1月1日起施行。《外商投资法》是新形势下国家关于外商投资活动全面的、基本的法律规范，是外商投资领域起龙头作用、具有统领性质的法律。这部法律重点是确立外商投资准入、促进、保护、管理等方面的基本制度框架和规则。本文主要讨论《外商投资法》下的一个侧面：外商投资保护制度。

一、中国有关外商投资保护的法律制度

(一) 外商投资保护的涵义

由于各国政治体制、社会情况不同，经济基础、科技发展水平相异，发展中国家和发达国家对外资的保护措施也不尽相同。外资的保护制度有狭义和广义之分，狭义的外商投资保护制度涉及东道国针对外商投资在东道国的政治风险所做出的保证和保护措施，主要包括以下措施：关于征收和征用方面的保证、关于外资利润及原本汇出的保证；而广义的外商投资保护制度，除涉及东道国针对外商投资在东道国的政治风险所做出的保证和保护措施，还包括涉及外商投资的待遇、代位求偿、投资争端解决等实体性和程序性规定等。本文仅涉及征收和征用方面的保证、关于外资利润及原本汇出的保证，以及《外商投资法》所确立的中国式外商投资保

护制度特有的部分。

（二）外商投资保护的一般法律框架

理论上，一国可以以国内法形式保护外商投资。根据联合国贸易和发展会议的一项研究，全世界有108个国家制定了专门的外商投资法或可适用于外商投资的法律。① 可以看出，不仅是发展中国家采取了专门适用于外商投资的特别制度，澳大利亚、加拿大和希腊等发达国家也采取了同样的做法。这些专门的外商投资的法律制度，大体上分为两种类型：有的侧重于管理外商投资，如澳大利亚、加拿大和希腊，而有的则侧重于促进外商投资和为外商投资提供保护，不少发展中国家的外商投资法就是如此，例如肯尼亚和阿塞拜疆外资法的名称就是《外商投资保护法》，孟加拉国和巴基斯坦外资法的名称分别是《外国私人投资（促进和保护）法》和《外国私人投资促进和保护法》。② 还有的国家如保加利亚、科威特和老挝的外资法的名称是《外商投资促进法》③，但是，仔细观察其内容，这些外商投资促进法均包含了保护投资的规定，因为促进投资的立法目的都是通过保护投资的目的实现的。考虑到外商投资的私人财产属性，保护外商投资实际上属于保护私有财产的范畴，而保护私有财产与保护人身权利一样往往是一国宪法承担的首要任务。因此，宪法有关保护私有财产的条款就可被援引来保护外商投资。这样，即便本国的外商投资法律并无外商投资保护的规定或根本就没有外商投资法的国家，宪法规定的保护私有财产的义务也可以用来覆盖保护外商投资的需要。事实上，很多国家甚至在宪法中专门提供对外国投资者和投资的保护。如阿根廷、伊拉克、马来西亚、菲律宾、苏丹等国家的宪法，规定征收财产必须是为了公共利益，通过法律手段和法定程序，并予以“公平”、“公正”或充分补偿（余劲松，2014）。

另外，国家之间签订的传统的双边投资条约，是为保护和鼓励外商投资而设计的。双边投资条约也在国际法律制度上承担了国家保护投资的任务。这类条约中规定的投资保护包括给予投资者及其投资公平公正待遇、最惠国待遇、国民待遇、优惠待遇，东道国实行征收或国有化时要给予充分、及时有效的赔偿，以及保证投资利润和原本的自由汇出等条款，东道国如果违反这些义务就要承担法律责任。

---

① UNCTAD网站列出了这108个国家的外商投资法或与外商投资相关的法律，详见https：//investmentpolicyhubold. unctad. org/Investment Laws，最后访问日期：2019年5月7日。

② 同上注。

③ 同上注。

（三）“外资三法”的外商投资保护制度设计

众所周知，中国的外商投资立法起源于1979年的《中华人民共和国中外合资经营企业法》（以下简称《中外合资经营企业法》），该法在中华人民共和国的历史上首次允许外商投资并承诺保护外商投资。《中外合资经营企业法》中关于外商投资保护的制度设计集中于该法第二条：“中国政府依法保护外国合营者按照经中国政府批准的协议、合同、章程在合营企业的投资、应分得的利润和其他合法权益。合营企业的一切活动应遵守中华人民共和国法律、法规的规定。国家对合营企业不实行国有化和征收；在特殊情况下，根据社会公共利益的需要，对合营企业可以依照法律程序实行征收，并给予相应的补偿。”中国的外商投资保护制度就源起于此。

嗣后的《外资企业法》（1986年）和《中外合作经营企业法》（1988年）也包含了保护外商投资的规定。《外资企业法》第五条规定“国家对外资企业不实行国有化和征收”；在特殊情况下，根据社会公共利益的需要，对外资企业可以依照法律程序实行征收，并给予相应的补偿。第四条前一句规定：“外国投资者在中国境内的投资、获得的利润和其他合法权益，受中国法律保护。”① 1988年《中外合作经营企业法》中，关于外商投资保护的规定极其简约，出现在该法第三条的第一句：“国家依法保护合作企业和中外合作者的合法权益。”②

可见，外资三法并没有形成一个系统的外商投资保护的制度，只笼统提到国家对外商投资企业的保护义务，在《外资企业法》和《中外合作经营企业法》中还提到国家保护投资者合法权益的义务，对外国投资者有关投资安全的最大关注即它们面临的国有化和征收风险，只在《中外合资经营企业法》和《外资企业法》笼统提到国家不对外商投资企业实施国有化和征收的承诺。不难发现，前述有关国家保护外商投资义务的规定是与外商投资企业遵守法律和不得损害公共利益义务的规定并列在一起的。

另外，这样简单的设计必然使很多问题在现有的制度中无法找到答案，究竟对合作经营企业是否可以进行国有化或征收，对出于公共利益对合资经营企业或外资

---

① 该条后一句设定了外资企业守法和不损害公共利益的义务：“外资企业必须遵守中国的法律、法规，不得损害中国的社会公共利益。”

② 该条还有两句是：“合作企业必须遵守中国的法律、法规，不得损害中国的社会公共利益。国家有关机关依法对合作企业实行监督。”这两句分别设定了合作经营企业守法和不损害公共利益的义务和规定了政府对合作经营企业的监督权力。

企业实施的国有化或征收需要满足怎样的条件，何谓公共利益，何谓适当的补偿，同时对国家是否有义务保护中外合资经营企业的外国投资者的合法权益，均从外资三法中找不到直接相对应的规定。换言之，外资三法中的外商投资保护制度设计是零碎的，留下很多不确定因素。

（四）《外商投资法》有关外商投资保护的法律架构

1. 保护外商投资的宪法设计

1982 年 3 月 29 日中瑞双边投资协定生效后不久，同年 12 月颁布的《中华人民共和国宪法》第十八条肯定了《中外合资经营企业法》有关允许外商投资并保护外商投资的做法，并将保护外商投资从国内一般法律规定上的义务上升为宪法性义务；同时肯定了双边投资条约上确立的保护外商投资的做法，并将国际条约上的义务抽象上升为宪法上的义务：“中华人民共和国允许外国的企业和其他经济组织或者个人依照中华人民共和国法律的规定在中国投资，同中国的企业或者其他经济组织进行各种形式的经济合作。在中国境内的外国企业和其他外国经济组织以及中外合资经营的企业，都必须遵守中华人民共和国的法律。它们的合法的权利和利益受中华人民共和国法律的保护。”

该条规定首次在国家根本法上明确国家保护外商合法权益，为外商来华投资提供了宪法保障，具有重大的政治意义和法律意义。

事实上，2004 年宪法修正案规定了公民的合法的私有财产不受侵犯，私有财产的保护得到了确立。该修正案提到的是公民的私有财产，尽管鉴于宪法的根本任务是确立本国公民包括财产权在内的基本权利，不宜直接规定外国人的财产权保护问题，但一般认为没有理由不保护外国人在华的合法私人财产。这实际上与宪法第十八条一起共同构成保护外商投资的宪法基础。

2. 中国与他国缔结的投资协定保护投资的设计

1979 年《中外合资经营企业法》颁布生效后两年多，中国与瑞典签订了第一个双边投资条约，即《中华人民共和国政府和瑞典王国政府关于相互保护投资的协定》。下文以中国近期与加拿大签订的《中华人民共和国政府和加拿大政府关于促进和相互保护投资的协定》（以下简称《中加投资协定》）为例，观察双边投资协定中的投资保护制度。

关于征收，《中加投资协定》第十条第一款规定，每一缔约方投资者的涵盖投资或投资收益均不得在另一缔约方的领土内被征收或国有化，亦不得被采取具有相当于征收或国有化效果的措施（以下称“征收”），基于公共目的、根据国内正当法律程序、不以歧视方式并给予补偿的情况除外。此种补偿应相当于采取征收前或征收为公众所知时（以较早者为准）被征收投资的公平市场价值，并应包括直至补偿支付之时按通常商业利率计算的利息。补偿的支付应可以有效实现、自由转移，且不得迟延。根据实施征收缔约方的法律，受影响的投资者应有权根据本款规定的原则，要求该缔约方司法机构或其他独立机构审查其案件及对其投资的估值。

该设计完全符合通行的标准，只是该条第二款把符合双方均为成员方的与知识产权有关的国际协定的知识产权强制许可排除在征收范围之外。

关于转移，《中加投资协定》第十二条规定：“资本注入，产生自投资的利润、资本收益、红利、利息、包括与知识产权和工业产权有关的支付在内的特许权使用费、酬金、实物回报或其他收入，投资出售所得收益和投资清算所得，投资合同项下的支付，包括贷款协议下的支付，还有对于征收的补偿，均可以自由兑换转移出境外。”

《外商投资法》第四条最后一款规定：“中华人民共和国缔结或者参加的国际条约、协定对外国投资者准入待遇有更优惠规定的，可以按照相关规定执行。”虽然本条前款调整的是准入前的国民待遇，然而，笔者认为，这最后一款作为整个法律中唯一一项处理《外商投资法》与中国缔结或参加的投资条约之间的关系的规定，没有理由排除其在准入后的外商投资待遇方面的可适用性。据此，可以认为《外商投资法》关于外商投资保护的制度设计也基于并符合中国在自己缔结或参加的投资协中的义务。

总体而言，关于《外商投资法》有关保护外商投资的制度设计，一方面充分体现了宪法精神和宪法的适应性，体现了与中国缔结或参加的国际投资协定义务的一致性。另一方面，又根据新时期中国对外开放的需要，对宪法第十八条规定和中国缔结的投资协定相关条款进行了创新性、拓展性的实践，体现了中国特色。

二、《外商投资法》外商投资保护制度的内容

除了在总则中概括性承诺保护外商投资以外，《外商投资法》设“投资保护”专章，主要概括如下：

（一）关于征收和征用方面的保证

征收和征用直接关系到外国投资的安全和利益，历来是国际投资保护制度

中的核心问题，也是资本输入国和资本输出国利益纷争的焦点所在。征收（expropriation）和征用（requisition）是指国家基于公共利益的需要将私人投资全部或部分资产收归国有。征收和征用与发展中国家非殖民化运动的兴起密切相关。第二次世界大战后摆脱了殖民地、半殖民地枷锁的广大发展中国家普遍认为国有化是国家主权行为，实行征收和征用的国家不应负有全部赔偿的义务，而是支付适当补偿，而作为主要资本输出国的发达国家则一直主张实行征收和征用的国家应及时、充分、有效地补偿私人投资者。自20世纪80年代以后，以合作与发展为主导的国际关系决定了大规模的国有化和征收已不再是国际投资的重要威胁，但是以隐蔽的、渐进式等间接方式进行的征收却仍然存在。间接征收是指东道国的行为或措施虽未从法律上剥夺外国投资者所有权，但却阻碍或影响外国投资者对其投资行使有效控制权、使用权或处分权。

为了给外资提供安全的投资环境，吸引更多的外商投资，资本输入国一般会通过不同方式，包括在国内法中进行规定，为外国投资者提供关于征收（征用）及其补偿的法律保证。例如，发展中国家多通过宪法或外资立法对征收和征用提供保证，规定征收和征用必须是为了公共利益，基于法定程序，并给予适当补偿。通过国内法给予外资有关征收和征用的保证是资本输入国作出的一种单方面承诺和保证。

我国《外商投资法》第二十条秉承宪法第十八条规定精神，明确规定："国家对外国投资者的投资不实行征收。在特殊情况下，国家为了公共利益的需要，可以依照法律规定对外国投资者的投资实行征收或者征用。征收、征用应当依照法定程序进行，并及时给予公平、合理的补偿。"

（二）关于外资利润及原本汇出的保证

尽管绝大多数发达国家曾在第二次世界大战后对外汇流动实行严格限制，但目前，对外汇的限制主要在发展中国家实行。发展中国家由于外汇资金短缺，金融体系脆弱，为了维护本国的国际收支平衡，一般都建立了较严格的外汇管理制度，通过立法对本国的外汇买卖、国际结算、资本移动等进行管理和控制，以限制外汇的自由出入和自由兑换。这种外汇管理制度影响到外国投资者因投资所得利润、合法收益以及投资原本是否能兑换成国际通用货币，自由汇回本国。若不能自由汇出，则投资者虽有收益，但其实际利益不能实现，所以外国投资者把发展中国家的外汇管制措施视为对投资的重大威胁。

因此，发展中国家为了吸引投资，在保留外汇管理制度的同时，常常在外资法中就外资利润及原本汇出提供法律保证。对投资利润汇出的管理，主要体现为在允许汇出的前提下附有一定限制。有的发展中国家为了打消外国投资者对本国外汇管制措施的顾虑，允许投资利润自由汇出，不附加限制条件，如菲律宾、新加坡、印度尼西亚等基本保持国际收支顺差的国家。大多数发展中国家对投资利润的汇出附加的条件（余劲松，2014）主要包括：① 审批制。由国家政府部门批准，按官方汇率，用外资本金来源国的货币汇出。② 时间或金额限制。规定在外资经营的最初年限内利润不得汇出，之后利润按投资原本的一定比例汇出，并规定允许汇出的最高金额。③ 按投资的行业部门规定汇出比例。④ 出口创汇。把利润的汇出与出口创汇相关联，要求外资企业外汇平衡。

对于投资原本，由于一般数额较大，对资本输入国国际收支影响也较大，有些发展中国家往往在允许汇出的同时附加更严格的条件。有的国家除批准制度外，还附加时间和限额的限制，规定外资原本必须经过一定期限后才能汇出，并且每年汇出额不能超过投入资本的特定比例。

随着中国经济实力的提升，尤其是巨额外汇储备的形成，中国已经有能力在外商投资领域实施自由汇兑和转移。一如中国缔结的投资协定关于转移或汇兑的规定，《外商投资法》第二十一条规定："外国投资者在中国境内的出资、利润、资本收益、资产处置所得、知识产权许可使用费、依法获得的补偿或者赔偿、清算所得等，可以依法以人民币或者外汇自由汇入、汇出。"该条详细列出了外国投资者享有种种财产及收益的自由汇兑权，甚至超出了通常理解的投资利润和本金的汇兑自由。①

三、《外商投资法》中保护外商投资的一些特有的制度设计

《外商投资法》设立了一些中国国情下特有的保护外商投资的制度，分述如下：

一是知识产权保护。知识产权保护是知识产权法的任务，然而，针对有的外国投资者关于投资过程中知识产权保护不力的呼吁，《外商投资法》纳入了外商投资环节的知识产权保护的特殊要求，加强了对外国投资者和外商投资企业的知识产权保护。除了重中国家保护外国投资者和外商投资企业的知识产权以外②，《外商投资法》确立了中外投资者开展技术合作应遵循自愿原则和商业规则的原则，禁止以行

---

① 姚梅镇主编的《比较外资法》列举了各国允许自由汇兑的项目包括投资、利润和红利，提成费和劳务支出等。

② 《中华人民共和国外商投资法》第二十二条第一款。

政手段实施的强制技术转让①。该第二款的规定，甚至可以理解为比《中加投资协定》第十条第二款给保护知识产权设置了更高的要求。

二是保护外商投资企业免受任意制定的外商投资规范性文件的损害。《外商投资法》第二十四条规定："各级人民政府及其有关部门制定涉及外商投资的规范性文件，应当符合法律法规的规定；没有法律、行政法规依据的，不得减损外商投资企业的合法权益或者增加其义务，不得设置市场准入和退出条件，不得干预外商投资企业的正常生产经营活动。"

这一切都强化了对制定涉及外商投资的规范性文件的约束，使外商投资企业无需在多层次的乃至相互冲突的和碎片化的外商投资文件前无所适从，避免遭受其损害。

三是保护外国投资者和外商投资企业在政府承诺的政策和订立的合同项下的权利。鉴于有些地方政府出于招商引资的需要，随意对外商做出承诺而在遇到困难时又轻易违反承诺，《外商投资法》祭出了"杀手锏"。该法第二十五条规定："地方各级人民政府及其有关部门应当履行向外国投资者、外商投资企业依法作出的政策承诺以及依法订立的各类合同。因国家利益、社会公共利益需要改变政策承诺、合同约定的，应当依照法定权限和程序进行，并依法对外国投资者、外商投资企业因此受到的损失予以补偿。"这些规定均有助于促使地方政府守约践诺。

四是建立外商投资企业投诉工作机制，保护外商投资企业寻求保护的救济途径。该法第二十六规定：国家建立外商投资企业投诉工作机制，协调完善外商投资企业投诉工作中的重大政策措施，及时处理外商投资企业或者其投资者反映的问题；外商投资企业或者其投资者认为行政机关及其工作人员的行政行为侵犯其合法权益的，可以通过外商投资企业投诉工作机制申请解决；对于政府侵犯其利益的行为，除了诉诸外商投资企业投诉工作机制外，还可以寻求行政复议和提起行政诉讼。

以投资协定中的投资争议机制为对照，更能显示出《外商投资法》中的外商投资企业投诉工作机制的独特作用。国家关于投资争议解决的制度一般体现在投资条约中，并构成其重要组成部分。实践中，投资协定中的仲裁条款往往被投资者青睐，成为解决东道国与投资者争议的重要方式。依据现存的投资协定，这种仲裁的基本模式包括临时仲裁、协定规定的机构（如解决投资争端国际中心，即 ICSID）仲裁和选择性仲裁。这也是现代投资条约有利于保护投资者利益方向转化的重要特征之一。针对这类争议，《中加投资协定》第二十一条提供的解决方式包括友好协

① 《中华人民共和国外商投资法》第二十二条第二款。

商解决和国际仲裁等。如果友好协商不能解决争端，则可提交仲裁。这里显然缺乏一个可能的解决途径，即东道国国内机制在解决争议中的作用。为此，《外商投资法》第二十六条设立的投诉工作机制符合我国特殊国情下外商投资面临的特殊保护需要，其实是非常有利于外商投资便捷地解决与东道国政府之间的争议。

四、《外商投资法》为国际外商投资保护设立了新的标杆

《外商投资法》是我国外商投资的基础性法律，其所构建的外商投资保护制度，立足于我国宪法有关保护外商投资的规定，并参照了我国与他国缔结的投资协定设定的保护投资条款，符合我国特殊国情下外商投资面临的特殊保护需要。这个具有浓厚中国特色的制度将为外商投资和潜在的外商投资提供强有力的保护，为我国外商投资的营商环境建设奠定良好的基础。

在全球金融危机影响尚未完全消退，全球投资流量趋缓甚至下降，投资协定仲裁案例大幅激增①的背景下，包括外商投资保护制度在内的国际投资法的范式则处于历史的重要关口，正逐渐从南北鸿沟转变为围绕应当在多大程度上改革自由主义双边投资协定所代表的新自由主义的做法的辩论（蒋小红，2018）。为适应当今世界的新现实，外商投资保护近来发展呈现三个主题，即协调统一、平衡、社会化，从而实现平衡的投资保护制度。在一定程度上，中国的《外商投资法》为观察外商投资保护制度演化趋势，树立了一个新的研究范本，为国际外商投资保护设立了新的标杆。

① 联合国《世界投资报告2018》显示，2017年全球跨国投资低迷。报告指出，2017年全球外国直接投资下降23%，而新的投资者与国家争端解决（ISDS）仲裁案的数量居高不下。

中欧 BIT 谈判投资自由化问题研究

屠新泉　　曹鸿宇

（对外经济贸易大学中国 WTO 研究院）

中国和欧盟双边投资协定（Bilateral Investment Treaty，以下简称 BIT）谈判于 2013 年 11 月启动，已历时近六年。双方同为全球投资市场的重要参与方①，彼此之间的经贸往来日益密切。但目前中欧之间的投资水平仍处在较低水平，2018 年欧盟对华实际投入外资金额占中国实际使用外资总额的 6.8%（商务部，2019），而长期以来中国对欧盟直接投资额在欧盟外资流入总额的占比仅为 1%左右（欧盟统计局，2019），双方的相互投资存在很大增长空间。高水平投资规则的缺位给中国和欧盟企业的双边跨境投资及经营带来了不确定性，一定程度上限制了双方投资往来。

2019 年第 21 次中国—欧盟领导人会晤，中欧双方领导人发表联合声明，承诺 2019 年将在谈判中，特别是投资自由化承诺方面，取得结束谈判所必需的决定性进展，以便在 2020 年达成高水平的中欧投资协定（新华网，2019）。关于投资自由化规则及相关问题的规定和要求，成为当前阶段推进中欧 BIT 谈判的重点。

本文选择投资自由化议题作为研究内容，首先对欧盟投资自由化的原则性立场进行介绍，并基于欧盟最新缔结的国际投资协定文本②，对其规则条款的设定和要求进行归纳总结，结合中国国内法律制度和对外签署的经贸协定文本，对比中欧在投资自由化议题上的立场异同。然后基于欧盟特别是在华欧盟企业对中国投资自由

---

① 根据 UNCTAD《2019 年世界投资报告》数据，2019 年流入欧盟和中国的外商直接投资额分别占全球 FDI 流入额的 21.4%和 10.7%，同期两个经济体的对外直接投资额分别占全球 FDI 流出额的 38.5%和 12.8%。

② 此处所指的国际投资协定，既包括专门的双边投资协定（BIT），也包括内含投资相关规则的自由贸易协定（FTA），下同。

化的诉求及反馈，对中国市场的外资自由化问题做具体分析。最后是对中欧 BIT 谈判的前景展望和对中方的政策建议。

一、欧盟与中国投资自由化规则对比

（一）欧盟投资自由化规则的立场

2012 年欧盟同美国发布《关于国际投资共同原则的联合声明》，双方阐述了对投资自由化在内的国际投资规则立场。其中的首要原则为“开放和非歧视的投资环境”，指出除个别例外情况，各国政府应承诺向外国投资者提供广泛的市场准入，并允许其以不低于东道国或其他外国投资者可获得的条件进行投资、开展业务。从这一原则描述中可以看出，“开放”和“非歧视”是欧盟在投资自由化诉求方面的两项核心特征，欧盟最新缔结的国际投资协定对这一立场的具体要求均有所呈现。在同中国的 BIT 谈判中，欧盟希望基于该原则达成高水平投资自由化协议，具体体现在实质性改善市场准入、消除影响外国投资者的歧视性要求和做法。

以往欧盟成员国与第三方经济体签署的投资协定，多数沿袭 WTO《服务贸易总协定》（GATS）框架。依其规定，缔约方在各自“正面清单”承诺范围内，允许另外一方投资者在其境内投资，并且对投资的设立以及设立后的运营给予国民待遇和最惠国待遇（刘春宝，2015）。这些协定大多仅涉及投资者在“准入之后”的待遇问题。近年来，在美国 BIT 范本的引领下，准入前国民待遇和负面清单模式的外商投资管理模式逐渐成为国际投资协定的主流。2019 年《里斯本条约》生效后，欧盟开始代表成员国处理外国直接投资政策，在管理模式和规则设定方面，向这一新模式看齐。

欧盟尚未就国际投资协定发布过谈判范本，但近几年欧盟在参与国际投资治理方面活动频繁，缔结了多项国际投资协定，包括欧盟—加拿大《全面经济贸易协定》（Comprehensive Economic and Trade Agreement，以下简称 CETA）、欧盟—日本《经济伙伴关系协定》（Economic Partnership Agreement，以下简称 EPA）以及即将生效的欧盟—越南贸易协定与投资保护协定（Trade Agreement; Investment Protection Agreement，以下简称 EVTA、EVIPA）等。这些协定均纳入了高标准的投资自由化条款，其标准超过现有多边贸易规则和多数自贸协定的水平。通过研究这些协定，可以清晰地了解当前欧盟参与国际投资协定谈判规则设定的具体主张。

CETA 是自《里斯本条约》生效以来，欧盟达成的第一部包含投资章节的全面经贸协定。协议第 8 章为投资章，包含 A 到 F 六节内容，分别从定义及范畴、投资建立、非歧视性待遇、投资保护、保留及例外以及投资者—东道国争端解决六个方面对投资领域的规则进行阐述。涉及投资自由化的规则为B、C两节。EPA是迄今为止欧盟缔结的最大的自由贸易协定。协议第8章B部分为“投资自由化”条款，包括8项条款，依次为规则范围、市场准入、国民待遇、最惠国待遇、高级管理层及董事会、业绩要求禁止、不符措施及例外和拒绝给惠。欧盟同越南之间达成了贸易和投资保护两项协定，投资保护协议对投资保护规则和投资争端解决方面的内容做出了规定，而投资自由化条款设定在贸易协定中第8章B部分。这一部分包含6项条款，依次为规则范围、市场准入、国民待遇、最惠国待遇、承诺时间表和业绩要求。

条款结构设定上，CETA将投资自由化条款作为投资规则的一部分纳入到投资章节中，EPA和EVTA则未包含专设投资章节，而是将投资自由化规则作为某一章节中的一部分纳入到协议中①。在市场准入、国民待遇和最惠国待遇三项传统规定的基础上，CETA和EPA中进一步纳入了高级管理层及董事会规定以及业绩要求规定，EVTA则仅包含业绩要求条款，未纳入高级管理层及董事会规定。

分析协议文本内容，上述三项协议对相同条款的描述有一定的差异。第一，在投资范围的界定上，CETA面向的是与投资（investment）或投资者（investor）相关的行为，EPA和EVTA界定为企业（enterprise）或企业家（entrepreneur）相关行为，从字面含义理解，CETA界定的范畴更广；第二，在市场准入规则方面，CETA列举的准入限制措施包括直接限制和间接限制两类，而EPA和EVTA规定的准入限制措施仅包含直接限制②，CETA罗列的限制措施种类更多，对东道国政府限定更为严格；第三，在业绩要求和非歧视性待遇规则（国民待遇和最惠国待遇）中，CETA列举的投资行为包括投资“设立、并购、扩张、组织、运营、管理、维持、使用、享用和销售及资产处置”多个方面，而EPA和EVTA只提及“设立或运营”两类活动。CETA采取穷举法将企业完整生命周期中接近全部的投资和经营活动纳入到规定中，能够更准确地说明投资自由化规则涵盖的经济活动领域，减少规则应用过程中可能出现的歧义理解；第四，在业绩要求规定中，CETA和EVTA规定一

---

① 值得一提的是，欧盟和日本在投资保护标准和争端解决方面尚未达成一致，主要分歧在于投资争端解决机制的选择。欧盟倾向于投资法庭制度（ICS），日本则倾向于投资者—国家争端解决机制（ISDS），双方在协定生效后继续就此问题进行磋商。

② CETA中所列举处的具体限制措施分为两类，第一类是对外资企业数量、资产、产出、股权占比、雇工数量和企业性质的直接限制，第二类是与投资设立企业相关的土地规划、基础设施所有权、公平竞争、环境保护、技术及执业资格的间接限制。

方不得对其境内所有投资行为强制施加特定要求，包括出口比率、国内成分比率、优先购买本地产品或服务、将进口或本土销售同出口或外汇流入挂钩、技术、生产工艺等知识产权转让以及定向提供商品或服务。相比之下，EPA 列出的禁止业绩要求情况要更多，在此基础上还包含了限制出口或为出口而销售、限制总部选址、本国雇员数量或比例要求、本地研究和发展水平或价值要求（见表 1）。

表 1　CETA、EPA 与 EVTA 投资自由化规则对比

领域	CETA	EPA	EVTA
结构安排	章–节–条	节–条	节–条
投资范围界定	外商投资或投资者相关行为	外资企业或企业家相关行为	外资企业
准入限制措施	包含直接和间接限制两类	仅包含直接限制	仅包含直接限制
涉及投资行为	列举了企业完整生命周期中接近全部投资和经营活动	仅包括投资设立或运营	仅包括投资设立或运营
禁止业绩要求类型	出口比率、国内成分比率、优先购买本地产品或服务、将进口或本土销售同出口或外汇流入挂钩、技术、生产工艺等知识产权转让以及定向提供商品或服务	在 CETA 和 EVTA 要求基础上，还包含限制出口或为出口而销售、限制总部选址、本国雇员数量或比例要求、本地研究和发展水平或价值要求等情况	出口比率、国内成分比率、优先购买本地产品或服务、将进口或本土销售同出口或外汇流入挂钩、技术、生产工艺等知识产权转让以及定向提供商品或服务
高管和董事会条款规定	不得要求境内企业任命任何特定国籍的自然人担任高级管理层或董事会职务	不得要求境内企业任命任何特定国籍的自然人担任高级管理层或董事会职务	未包含

资料来源：根据 CETA、EPA 和 EVTA 规则文本整理。

对比三项协议关于投资自由化的规定，可以发现 CETA 在投资范围和准入限制措施方面最严格，EPA 在业绩要求方面标准最高，而 EVTA 在上述条款的规定水平属于三项协议中的最低标准。当然这种最低标准属相对概念，整体而言这三份协议较欧盟及其成员国以往签订的投资规则标准有了显著提升。不难猜测欧盟在之后的国际投资规则谈判方面会延续这样的文本惯例，欧盟的对外投资协定标准很难低于这三份协议构成的底线标准。

（二）中国投资自由化规则的立场

中国的投资自由化规则实践主要体现在两个方面：一是对外签署国际投资规则；

二是在国内制定关于投资自由化的法律法规。中国在签订对外投资协定方面起步很早，20 世纪 80 年代就开始同多个国家达成双边投资协定。截至当前，中国对外签署并生效的双边投资协定有 104 项（商务部，2016），另外中国对外签署的自由贸易协定中大多包含独立的投资章节。但多数协定形成于 20 世纪到 21 世纪初期，规则标准较低，涵盖内容有限，难以反映当前中国在外商投资规则方面的立场。2010 年后中国开始同部分发达经济体进行高水平的投资协定谈判，中美 BIT 谈判、中欧 BIT 谈判先后启动。2013 年，中国同意以准入前国民待遇加负面清单方式与美国进行双边投资协定谈判，这标志着中国的投资开放模式开始向高水平开放靠拢，但到目前为止中国尚未缔结过基于准入前国民待遇加负面清单模式的国际投资协定。为分析中国关于投资自由化规则的具体立场，本文选择中国已签署的较有代表性的投资协议，包括中国—加拿大 BIT（以下简称中加 BIT）和中国—韩国 FTA（以下简称中韩 FTA）投资章节，作为中国对外投资规则方面的范例。两份协定的签署距今已有一定年份①，并不能准确反映当前中国在投资自由化议题上的立场，但在个别领域能够代表中国投资自由化规则的最低标准，具备一定的现实参考意义。

相较于对外投资协定，中国近两年在国内外商投资法规方面的进步更为明显。2016 年，商务部颁布了《外商投资企业设立及变更备案管理暂行办法》（以下简称《暂行办法》），规定外资准入负面清单之外的领域，外商投资企业设立及变更实行备案管理，不再要求进行审批。这标志着准入前国民待遇加负面清单管理模式初步在全国实施。此后《暂行办法》进行了两次修改，2018 年修改之后，全国范围内推行外商投资企业设立商务备案与工商登记“一套表格、一口办理”制度。可以说目前中国对于负面清单以外的外商投资，已经基本实现了准入前国民待遇（宋晓燕，2019）。2019 年 3 月通过《中华人民共和国外商投资法》（以下简称《外商投资法》），这是中国外商投资管理体制改革进程中的一个里程碑。2020 年 1 月 1 日生效后，以《外商投资法》为基础性法律的外商投资管理新体制将取代原有的以“外资三法”（包括《外资企业法》《中外合作经营企业法》《中外合资经营企业法》）为基础的外商投资管理旧体制。《外商投资法》第四条规定，“国家对外商投资实行准入前国民待遇加负面清单管理制度”，从法律上确定了中国要实施准入前国民待遇加负面清单模式，这一点正是该法给中国的外资制度所带来的核心变化

---

① 中加 BIT 于 2012 年 9 月 9 日签署，2014 年 10 月 1 日正式生效；中韩 FTA 于 2015 年 6 月 1 日签署，2015 年 12 月 20 日正式生效。

（崔凡、吴嵩博，2019）。结合中国在外资管理模式方面的最新进展与中国以往签署的国际投资协定中的要求，下文对当前中国投资自由化实体规则的立场做出了归纳。

表 2　中国投资自由化规则立场的归纳

条款	中国投资自由化规则内容
市场准入	任一缔约方应鼓励另一缔约方的投资者在其领土内投资并依据其法律、法规和规定准入该投资（中加 BIT）
业绩要求	在 TRIMs 规定基础上，不得对技术出口或技术转移设定业绩要求（中韩 FTA）
国民待遇	在准入前的设立、购买（《外商投资法》）和准入后的扩大、管理、经营、运营和销售或其他处置其领土内投资方面，给予外方投资者及其投资不低于给予本国投资者及其投资的待遇（中加 BIT）
最惠国待遇	在设立、购买、扩大、管理、经营、运营和销售或其他处置其领土内投资方面，给予外方投资者及其投资不低于给予非缔约方投资者及其投资的待遇（中加 BIT）
高管及董事会要求	不得对高管设定国籍要求；在不实质性损害投资者控制投资能力的情况下可以对董事会或其他委员会多数成员设定国籍要求（中加 BIT）

资料来源：根据《外商投资法》、中加 BIT、中韩 FTA 协议文本整理。

在条款覆盖方面，中加 BIT 与当前高标准的国际投资协定一致，包括市场准入、国民待遇、最惠国待遇、业绩要求以及高级管理层及董事会要求五项条款，而中韩 FTA 中未纳入高级管理层及董事会要求条款。两份协议的条款内容描述也有所差异。首先，中加 BIT 的国民待遇和最惠国待遇条款更为精确，明确列出了可以享受相应待遇的投资行为，而中韩 FTA 则用“在类似情况下”的描述代替，规定较为模糊。其次，在业绩要求条款上，中加 BIT 以 TRIMs① 规定为基准，而中韩 FTA 投资章节在此基础上加入了对技术出口及转让的禁止性业绩要求。最后，在市场准入规定方面，两份协议文本都提出了鼓励外资准入的原则，中加 BIT 还提出东道国须依据其法律、法规和规定准入相关投资。本文对中国投资自由化规定的归纳，在市场准入、国民待遇、最惠国待遇和高级管理层及董事会要求条款上以中加 BIT 为基准，业绩要求条款以中韩 FTA 为基准。需要注意的是，中加 BIT 并未将准入前的投资行为纳入到国民待遇条款项下的投资行为中，而在《外商投资法》生效后，中国全面实施准入前国民待遇，准入前投资行为自然将纳入到国民待遇条款。中加 BIT 最惠国待

① TRIMs 协议（Agreement on Trade-Related Investment Measures）即《与贸易有关的投资措施协议》。

遇条款中列出了“设立”和“购买”两类准入前投资行为，本文效仿这样的归类，将这两类行为纳入到国民待遇条款，作为准入前国民待遇规范。表2对中国投资自由化规则立场进行了分条归纳。

（三）欧盟与中国投资自由化规则对比

1. 中欧双方具备形成共识的基础

第一，在覆盖条款方面，中欧双方对投资自由化规则条款设置均已同当前高标准的国际投资协定接轨，既包含传统的市场准入、国民待遇和最惠国待遇规定，在业绩要求以及高级管理层及董事会方面也都设定了相应的规范。

第二，在非歧视性待遇方面，欧盟最新缔结的投资协定中将给予外资的国民待遇扩展至准入前，缔约方外资企业能够在完整的投资生命周期中享受到国民待遇。中国现行所有的国际投资协定并未采用准入前国民待遇模式，而《外商投资法》将这一模式应用到中国的外资管理体系中，在华外资企业能够享受全面的非歧视待遇。中欧双方对外资国民待遇方面的要求不存在实质差异。

2. 欧盟同中国在细节上存在一定的差别

第一，欧盟在市场准入方面的规定比较具体，直接列出东道国不准对外资企业采取的准入限制措施，在CETA中还纳入了间接限制措施。而中国过去参与的国际投资协定对于市场准入往往是给出原则性的规定，未曾就限制外资准入的不符措施做出具体承诺。《外商投资法》的推出意味着中国全面落实准入前国民待遇加负面清单制度，法律层面上外资进入负面清单以外的行业不存在限制，但与该法配套的执行规则尚未出台，中国将在哪些措施领域给予外资何种程度的自由准入待遇仍属未知，特别是对土地规划、基础设施所有权、环境保护等影响准入的间接措施，中国难以达到欧盟所能够实现的高标准承诺。此外，双方在市场准入条款的具体规定上可能存有差异。

第二，双方对禁止性业绩要求的设定范围不同。欧盟参与协议中列明的禁止性业绩要求措施包括出口比率、国内成分比率、优先购买本地产品或服务、将进口或本土销售同出口或外汇流入挂钩、知识产权转让以及定向提供商品或服务等方面，有的还会纳入限制出口、限制总部选址、本国雇员数量或比例要求、本地研究和发展水平或价值要求等措施。中国参与协议的禁止性业绩要求措施主要涉及贸易领域，包括购买产品来源地限制、将企业进口同出口或外汇流入挂钩、限制企业出口等，还可能纳入对技术出口或技术转移的禁止性措施。欧盟禁止的业绩要求措施更广，但中国尚未纳入的业绩要求措施中，有的中国并未实施，如总部选址限制、国内成分比率等，还有的已经明令禁止，如《外商投资法》指出国家行政机关及其工作人员不得利用行政手段强制转让技术，杜绝外商投资附带的知识产权转让要求。中国有条件接受更广泛、更严格的业绩要求规定。

第三，在高管及董事会成员要求上。欧盟缔结的两项协议均规定东道国不得要求特定国籍人员担任境内企业高级管理层及董事会成员。中加 BIT 相关条款仅对高级管理层人员设定类似要求，允许东道国在不实质性损害投资者控制投资能力的情况下，对多数董事会成员设定国籍要求。相较之下，欧盟的标准更为严格。

总之，当前欧盟和中国在外资非歧视待遇条款方面不存在明显的差别，在市场准入、业绩要求和高管及董事会成员要求方面中国较欧盟的标准存在一定差距，但中国在突破这些条款的既有惯例上具备现实基础和操作空间，能够接受更高水平的标准要求。

二、欧盟对在华投资自由化问题的诉求分析

除了在投资规则方面的立场差异外，欧盟对中国投资开放的领域和开放水平方面提出了相应的诉求。欧盟认为在华欧盟企业还未享有与在欧中企对等的市场准入和自由投资权利，希望双方能够秉持对等原则进行 BIT 谈判。

在市场准入限制范围方面，《外商投资法》框架下，中国已经全面落实了负面清单模式的外资准入管理制度。2017—2019 年，中国的外资准入负面清单长度持续缩短，外资开放领域不断拓宽。2019 年国家发展和改革委员会和商务部发布的《外商投资准入特别管理措施（负面清单）（2019 版）》（以下简称《外商投资准入负面清单》）中，全国外资准入负面清单条目由 2018 年的 48 条缩短至 40 条。作为对比，CETA 负面清单中欧盟层面关于市场准入的保留措施有 6 条，同时不同成员国对市场准入提出的保留措施共计 183 条；加拿大联邦政府关于市场准入的保留措施有 15 条，地方政府对市场准入提出的保留措施总计 120 条；EPA 负面清单中日本中央政府对市场准入提出了 28 条保留措施。虽然中国的外资准入负面清单条目数要多于欧盟及其缔约伙伴最高一级政府在投资协定中纳入的保留措施数量，但欧盟成员国和加拿大地方政府层面还额外设定了相当数量的保留措施，而中国不存在地方政府层面的外资准入限制措施。从限制外资准入的行业数量来看，中国与上述发达经济体的差别并不明显。

欧盟方对负面清单限制外资准入的领域也有所主张。作为在华欧盟企业的代表

组织和中欧 BIT 谈判的直接利益相关方，中国欧盟商会发布的《欧盟企业在中国建议书 2018/2019》中提出，中欧 BIT 负面清单的内容只应基于对等原则、国家安全、能源资源、就业以及与公共利益有关的其他事项等因素确定，且清单不应作为保护主义的手段。基于《外商投资准入负面清单》，目前中国限制外资准入的行业主要集中在以下几个领域：一是关系国计民生的行业，如部分农作物育种，烟草制品批发零售，教育和医疗等；二是中国特有的行业，如中国稀有和特有的种植业、畜牧业、水产品珍贵品种相关行业，中药相关行业；三是重要的资源或基础设施类行业，如稀土采选，放射性矿产采选、加工及应用（核电站），城市供排水，民航，水运，邮电业；四是较为敏感的行业和部门，如农作物、动物转基因，卫星关键设备生产，法律服务，社会调查，部分科学技术服务以及文化产业（包括互联网文化产业）。另外，汽车制造、证券、期货和寿险公司将在未来三年内逐步放开外资限制。几乎所有基于商业原则运行的行业都已经或即将完全放开外资准入。中国限制外资准入的领域基本符合欧盟中国商会列举的标准要求。

中国的负面清单制度现存问题在于涉及外资管理措施较窄，仅包括禁止准入、股权要求、高管要求等准入方面的特别管理措施。而 CETA 和 EPA 负面清单所涵盖的保留措施领域不仅包括市场准入方面，还对国民待遇、最惠国待遇和业绩要求提出了相应的保留措施，这也是美式 BIT 模板等高水平投资协定中负面清单设定的惯例。中国颁布的《外商投资准入负面清单》未纳入这些措施，而在个别负面清单以外领域的确存在内外资待遇不一致的情况。例如，建筑行业不属于《外商投资准入负面清单》行业，但商务部颁布的《外商投资建筑业企业管理规定》第十五条规定："外资建筑业企业只允许在其资质等级许可的范围内承包下列工程：（一）全部由外国投资、外国赠款、外国投资及赠款建设的工程；（二）由国际金融机构资助并通过根据贷款条款进行的国际招标授予的建设项目；（三）外资等于或者超过 50%的中外联合建设项目；及外资少于 50%，但因技术困难而不能由中国建筑企业独立实施，经省、自治区、直辖市人民政府建设行政主管部门批准的中外联合建设项目；（四）由中国投资，但因技术困难而不能由中国建筑企业独立实施的建设项目，经省、自治区、直辖市人民政府建设行政主管部门批准，可以由中外建筑企业联合承揽。"在这其中，前两类工程属于完全由外国投资的建设项目或由国际金融机构资助并通过国际招标授予的建设项目，此类项目在中国的建筑市场中并不常见，后两类工程中外资建筑企业经营同样受到较大限制，这样的规定与国民待遇原则不符。类似规定的存在，与《外商投资法》规定有所冲突。法律位阶上，《外商投资法》要高于国务院行政命令和各主管部门的文件，因此需要对后者进行修改或调整至适应《外商投资法》。

三、中欧 BIT 谈判展望及对中方建议

中欧 BIT 已进入到加速谈判阶段，投资自由化承诺是双方特别是欧盟对中国诉求的重点内容。基于本文的分析，中国和欧盟之间在规则文本设定方面具备形成共识的基础，个别条款需要中国做出更高水平的承诺。中国现行的少数行业规章制度与《外商投资法》体现的精神有所冲突，需对这些规定做进一步调整，统一至《外商投资法》框架，完整践行国民待遇原则。

第一，尽快出台《外商投资法》配套实施规定，构建合理、可预见性强的外资管理框架。为了更好地体现国民待遇原则，针对外资的管理规定应与《公司法》规定相符，使国内外投资者接受统一的法律框架监管。

第二，《外商投资法》的颁布为中欧双方在国民待遇条款要求方面达成一致扫清了障碍。而在市场准入、禁止性业绩要求和高级管理层及董事会的条款规定上，中国现有的规定较欧盟标准存在一定的差距，但在接受更高标准的条款要求上具备现实基础和操作空间，与高水平国际投资规则接轨也能够进一步实现以开放促改革的效果。中国有必要对此类条款做出更高水平的承诺。

第三，基于《外商投资准入负面清单》对中国的外资市场准入情况进行分析，中国限制外资准入的行业数量与欧盟、加拿大和日本这些发达经济体之间并不存在明显差别，选择限制行业的标准也符合欧盟提出的要求。但在准入后的外资待遇方面，中国现有的部分规定与《外商投资法》所体现的国民待遇原则有所冲突。应对这样的冲突，第一种方法是从源头上废止这些规定，一律以《外商投资法》为准则，这样可以最大程度地提升中国市场投资自由化水平；第二种方法是将这些违反国民待遇原则的国内旧有规定作为保留措施统一纳入到负面清单中，这样的做法与欧盟的负面清单设定模式一致，即依照国内既有规定，对部分行业准入后的国民待遇、最惠国待遇和业绩要求提出保留，将其纳入合规措施范畴。

中国企业对欧洲贸易投资的政策风险和对策

王宇鹏

（对外经济贸易大学）

2019 年 1 月，习近平总书记在省部级主要领导干部专题研讨班开班式上强调，“要坚持底线思维，增强忧患意识，提高防控能力，着力防范化解重大风险，保持经济持续健康发展和社会大局稳定”。

中国企业“走出去”风险是我们需要着力防范化解的风险之一。当前，全球贸易和投资保护主义风起云涌，逆全球化势头上升，中美贸易冲突恶化我国企业外部经营和竞争环境，中国企业走出去面临的风险显著上升。欧盟及欧洲国家市场相对开放，对华经贸政策连续性和稳定性较强，但是近年来对中国经济实力和科技水平赶超的担忧与日俱增，在贸易救济、外资并购等领域不断加强对中国企业的防范和遏制。2019 年 3 月，欧盟出台对华政策新文件，提出将在政府采购、5G 网络安全方面采取更严格限制措施。继“五眼联盟”对华为联合采取行动后，波兰、捷克、丹麦等欧洲国家纷纷跟进，欧盟及其成员国要求将华为排除在欧洲 5G 市场之外的呼声日渐高涨，我国与西方国家“科技冷战”一触即发。我国应坚持底线思维，加强对欧洲国家的政策交流和游说，同时做好风险预案和准备，努力防范化解企业在欧经营风险，为我国继续利用好国内外两个市场、两种资源创造条件。

一、欧洲政治经济形势变化对我国企业经营的影响

（一）欧洲经济增长减速和需求低迷，对我国出口导向型企业的潜在影响不可忽视

根据欧盟委员会发布的《欧盟 2019 年冬季增长预测报告》（European Economic

表1　近三年欧盟及其成员国经济增长及预测

单位:%

国别（地区）	2018年	2019年	2020年
欧盟	1.9	1.5	1.7
比利时	1.4	1.3	1.2
德国	1.5	1.1	1.7
爱沙尼亚	3.5	2.7	2.4
爱尔兰	6.8	4.1	3.7
希腊	2.0	2.2	2.3
西班牙	2.5	2.1	1.9
法国	1.5	1.3	1.5
意大利	1.0	0.2	0.8
塞浦路斯	3.8	3.3	2.7
拉脱维亚	4.7	3.1	2.6
立陶宛	3.6	2.7	2.4
卢森堡	3.0	2.5	2.6
马耳他	6.2	5.2	4.6
荷兰	2.5	1.7	1.7
奥地利	2.7	1.6	1.6
葡萄牙	2.1	1.7	1.7
斯洛文尼亚	4.4	3.1	2.8
斯洛伐克	4.2	4.1	3.5
芬兰	2.5	1.9	1.7
保加利亚	3.2	3.6	3.6
捷克	2.9	2.9	2.7
丹麦	0.8	1.6	1.3
克罗地亚	2.8	2.7	2.6
匈牙利	4.8	3.4	2.6
波兰	5.1	3.5	3.2
罗马尼亚	4.0	3.8	3.6
瑞典	2.2	1.3	1.7
英国	1.4	1.3	1.3

资料来源：欧盟委员会《欧盟2019年冬季增长预测报告》。

Forecast Winter 2019)，受中国经济增速下降、美国财政货币政策收紧、中美贸易摩擦、英国脱欧前景未明等因素拖累，2018 年欧盟经济增速下降至 1.9%，低于预期目标，预计 2019 年和 2020 年将进一步下降至 1.3%和 1.5%。主要成员国经济增长乏力，德国出口疲软，环保新规导致乘用车消费下降，进而导致经济增速降至 1.5%；法国劳工制度改革迟缓，黄马甲运动等因素打击市场信心，增速仅为 1.5%；英国受脱欧影响较大，经济仅增长 1.4%；意大利国内需求和投资不振，经济仅增长 1%。世界银行、IMF 等国际机构认为，全球经济周期呈下行趋势，欧盟消费需求可能持续低迷，导致欧盟经济增长缺乏动力，或有陷入衰退的风险。在中美贸易摩擦尚未平息的大背景下，欧盟市场是我国企业出口最重要的市场，一旦欧盟内需持续下降、经济失速，必将对我国企业出口带来沉重打击。

（二）欧盟政治格局重大深刻调整，使我国企业对欧投资经营面临不确定性和潜在政治风险

近年来，欧盟政治生态和版图发生重大变化，在世界逆全球化、民族主义、民粹主义等思潮冲击下，欧洲社会撕裂严重，恐怖主义频发，民众反建制反精英情绪高涨。传统大党实力减弱，极右及新兴政党势力不断发展壮大。主要大国领导力下降：政坛“常青树”德国总理默克尔党内失势，执政根基出现动摇；法国黄马甲运动扰乱马克龙总统改革进程，导致其支持率大幅下降；意大利民粹主义政党成功组阁。同时，中小国家政治形势暗流涌动，奥地利右翼政党参与执政，波兰等中东欧大国寻求更多话语权，在司法改革、难移民问题上态度强硬，与欧盟分歧加大，欧盟内部分化成更多利益小团体。2019 年，欧盟将举行议会选举和欧委会换届，欧盟政党格局将重新洗牌，德国另类选择党和法国国民阵线等极右翼政党有可能占据更多议席，甚至参与联合执政，欧盟政治决策中排外的声音可能上升。鉴于此，中国企业在欧经营的不稳定不确定因素增多，受政治因素干扰的风险增加，在内顾倾向增加的大背景下面临投资环境进一步恶化的趋势。

（三）英国脱欧以及欧俄、欧美矛盾使欧盟内外交困，系统性和全局性风险增加

对内，英国脱欧进程已经持续两年多，目前英欧双方就脱欧协议分歧难以弥合，谈判陷入僵局，前景堪忧。一些金融机构和实体企业已经撤离英国市场，将业务重心转移到欧洲大陆。英国是我国在欧重要经贸伙伴，一旦出现英国无协议断崖

式硬脱欧，可能对英国经济及国际金融市场造成较大冲击，进而影响到我国对英出口和投资。英国未来脱欧选择何种模式，将决定英国对外商签贸易协定的选择，中英经贸关系和未来贸易安排将面临不确定性，中国企业对英和对欧的投资布局和经营将发生深刻变化。对外，一方面欧美关系裂痕加大，美国退出伊朗核协议和巴黎气候变化协定，对欧钢铝产品征税，欧美经贸谈判进展缓慢；欧俄关系持续僵冷，仍维持相互制裁，短期内没有转圜迹象。这些可能“殃及池鱼”，波及中国企业经营。另一方面，欧盟与加拿大、日本、新加坡、越南等达成自贸协定，有可能会产生贸易转移效应，挤压我国企业出口空间。

二、中国企业在欧面临的主要政策风险和挑战

随着我国经济科技实力上升和对欧竞争面扩大，欧盟加强对我国“战略经济防御”，无论在贸易政策、投资政策、竞争政策、科技政策的制定和实施方面，还是在数字经济、工程承包、金融服务、政府采购等领域市场准入和监管方面，都在增加对中国企业的限制。主要面临的风险和挑战如下：

（一）欧盟强化贸易救济工具，使中国企业更容易被认定为倾销和补贴

自 2015 年以来，欧盟总计对我国发起十几起反倾销反补贴调查，主要集中在钢铁、化工和电动自行车等领域。欧盟主要在以下方面强化贸易救济工具：

一是引入市场“严重扭曲”概念，继续使用“替代国”做法。2017 年 12 月，欧盟新方法修正案正式生效实施，引入了市场“严重扭曲”概念①，规定在符合所谓市场“严重扭曲”的情况下，可以弃用出口国的价格和成本，而选择使用第三国或国际市场价格或成本来确定是否存在倾销。同时，欧盟首先公布中国市场扭曲报告，并在具体实践过程中继续使用“替代国”做法②。

二是部分弃用“从低征税”原则，设定最低目标利润率。2018 年 6 月，欧盟贸易救济现代化法案生效，规定欧委会在评估适用低于倾销幅度的税率是否足以消除损害时，应考虑涉案产品原材料价格是否受到扭曲。如果原材料价格存在扭曲，且

---

① “严重扭曲”指价格和成本因为受到政府重大干预的影响，不是因自由市场力量的结果所产生的扭曲，考虑因素包括：市场由出口国当局所有、控制的企业组成；允许国家对价格或成本干预；公共政策措施歧视性有利于国内供应商；破产、公司及物权法律缺失或执行不力；工资成本被扭曲；从非独立于国家的机构获得融资。

② “替代国”做法是指，反倾销调查中，在确定其正常价值时，不使用其出口国商品的实际成本，而选择一个市场经济第三国或进口国的同类相似商品价格，作为计算正常价值的方法。

占生产成本的比例高于17%，欧盟将不再使用“从低征税”原则①。这使得欧盟贸易救济机构更容易认定原材料扭曲，从而放弃“从低征税”原则，使我国企业丧失可以获得低税率的机会。此外，法案规定在计算损害幅度时，将欧盟产业目标利润率最低设定为6%，可对实际利润率低于6%的行业提供更高税率水平的保护。这实际上增加了我国企业被裁定更高反倾销税的可能。

三是扩大补贴认定范围。2018 年 11 月，欧盟委员会就对华卡客车轮胎反倾销反补贴案作出终裁，将丝路基金支持中国化工收购意大利倍耐力的股权投资认定为补贴。这是国外调查机关首次将国有股权投资机构的股权投资认定为补贴，可能会产生负面示范效应和扩散效应。

（二）欧盟及其主要成员国加严外资并购安全审查，使我国企业对欧投资门槛升高

欧盟层面，欧盟委员会酝酿出台外资审查框架条例，加强成员国审查的信息共享和立场协调。2019 年 3 月，欧盟通过外商赴欧直接投资审查框架条例，预计将于2020 年 10 月正式实施。该条例将能源交通、航空航天、通讯传媒、国防等关键基础设施，人工智能、机器人、量子、纳米等关键技术，原材料和食品安全等关键设备投入以及个人数据等敏感信息纳入需要审查的清单范围。该条例还规定，欧盟成员国进行外资审查时应该将有关股权结构、最终投资者、投资额、持股比例、资金来源等信息通报给欧盟委员会和其他成员国。一旦该项投资影响其安全或公共秩序时，欧盟委员会和其他成员国可以发表评论或意见，进行审查的成员国应该最大程度考虑接受其评论意见。更重要的是，对没有经过审查的投资，可以在投资完成后15 个月内进行追溯。这项法规实际上扩大了审查范围，延长了审查时限，带来了欧盟委员会和其他欧盟成员国介入的政治风险，给投资过程增加不确定性，同时使中国企业面临审批被拒或追溯审查形成的违约风险，势必将对中国企业赴欧投资造成障碍，对中国企业赴欧投资积极性造成一定打击。

欧盟成员国层面，德国和英国修改外资安全审查法规，降低审查门槛，扩大审查范围。德国于 2017 年 7 月和 2018 年 12 月两次修改《对外经济条例》，在国防安全和关键基础设施等特殊敏感领域，将非欧盟国家企业并购德企股权的审查门槛从

① “从低征税”是指，在欧盟等世贸组织成员方，主管机关定量分析倾销进口产品对国内产业所造成的损害程度，并把计算出的损害幅度与倾销幅度进行比较，并将低者作为确定反倾销税依据的做法。

25%下调至 10%，同时将审查范围扩大至通信监控设备、运营软件开发、云计算服务、医疗远程信息设备、广播传媒等领域。英国于 2018 年 6 月修订《企业法》，将审查门槛从并购公司营业额的 7000 万英镑下降至 100 万英镑，同时将军品和军民两用品、多用途计算机软件和量子技术确定为审查重点领域。2018 年 7 月，英国发布《国家安全与投资白皮书》，明确收购商业实体 25%以上股份或 50%以上的纯资产即构成触发安全审查的前提条件，将并购可能产生的国家安全风险划分为三大类，同时赋予审查人员和政府高层较大的自由裁量和决策权。德英修法的直接诱因都是中国企业并购欧洲高科技公司引发媒体热议，主要目的在于以国家安全为由，收紧外资并购审查，企图阻止我国企业通过并购掌握其核心技术，控制其国家经济命脉。上述举措将使得我国企业投资并购更容易落入安全审查范围，加重我国企业申报负担，延长审查期限，对我国企业投资欧洲造成不利影响。

（三）欧盟拟打造竞争政策新规则应对我国所谓“扭曲竞争”问题，长期而言对我国企业并购竞争力提升构成挑战

欧盟及其成员国在竞争政策方面主要有以下动向：

一是在经营者集中度计算中将我国同一行业国有企业营业额捆绑计算。在中广核联合法国电力合建英国欣克利角 C 项目、中国化工集团收购意大利倍耐力公司等反垄断审核中，欧盟委员会认定，在确定欧盟委员会是否根据《欧盟合并条例》享有管辖权的过程中，中央国资委下属的所有同一行业的中国国有企业视为一个“单一经济实体”，将其营业额合并计算，而不是考虑通常情况下“相关企业”的营业额或市场份额。这种评价方法对我国国有企业的国际并购非常不利。因为这种方法将使“相关企业”的市场份额和市场影响力大大增加，经营者集中给市场竞争带来不利影响的可能性会大幅度提高，导致提交申报集中被否决的可能性增大。此外，如果提起申报的国有企业被认定为违反了并购审查的实体法或程序法，它所招致的惩罚也会更加严厉，因为罚款额度一般为“相关企业”上一年度营业额的 1% ~10%。

二是拟完善现有竞争规则。法国财政部长提出对欧盟竞争法的三项修改建议，包括：赋予欧盟成员国领导人否决欧盟委员会并购审查决定；经欧盟委员会批准的并购案件如后续出现竞争问题，欧盟委员会可要求相关企业剥离资产；欧盟委员会应将全球市场作为计算企业市场份额的依据，而非逐案界定“相关市场”。这些建议一旦实施，将增加企业并购反垄断审查的复杂性和不确定性，使企业在并购

完成后仍面临剥离资产的风险。

三是计划对与竞争相关的补贴和国有企业问题增强规制。欧盟十分关注我国工业补贴问题，认为我国政府通过实施《中国制造2025》等产业政策，为企业提供财政和融资方面的补贴，导致市场竞争的扭曲和产能过剩，联合美日等在世贸组织呼吁修改补贴规则，扩大公共机构定义范围，严格补贴和通报纪律，对违反纪律的成员实施惩罚措施。此外，欧盟认为我国国有企业获得不正当竞争优势，要求竞争中立，为国有企业问题制定规则。欧美日一旦推动促成在补贴和国有企业方面于我国不利的规则，我国政府将很难再为企业提供一定的产业政策优惠。

（四）欧盟在对华科技政策方面逐渐由开放合作转向封闭防范，我国科技企业在欧市场份额面临下降风险

一方面，迫于美国方面和民众舆论的强大压力，出于对使用中国技术影响其国家安全的担忧，欧洲国家在允许华为参与其5G网络建设方面立场倒退，负面言论增加。英国、挪威、丹麦、波兰、捷克等欧洲国家高官表态消极，有些已经采用行动对华为采取限制。德国、法国等大国立场摇摆，德国内政部正在研究提高技术标准或修改《电信法》，实质性将华为排除在5G网络建设之外。西班牙、葡萄牙等南欧国家虽然目前表态积极，但不排除后续转变态度的可能性。其他国家观望态度明显，意欲将责任推给欧盟，希望欧盟统一协调各方立场和对华科技政策。

另一方面，欧盟在华为问题上立场纠结，既担心我国科技企业扩张削弱其国家安全和隐私信息保护，又担心对我国企业采取歧视性限制措施引发我国抗议和反制，破坏中欧经贸关系大局。近期出现了一些消极动向。欧盟委员会副主席安西普曾表示，欧盟不得不对与华为等中国企业的合作感到担忧。中国政府可能要求科技企业与情报部门合作，如通过安装“强制后门”访问加密数据。欧洲议会已经开始讨论中国技术在欧盟使用所带来的安全威胁，并研究如何采取行动消除威胁。如果事件进一步发酵，也不排除后续欧盟修改《网络安全法》，通过技术标准排除华为参与欧洲5G建设的可能性。

此外，欧盟和其成员国加强战略规划，针对来自中国等新兴国家的技术赶超，加大技术创新的支持力度。欧盟出台新工业政策战略，重点支持纳米电子、光电子、先进材料等六大“关键使能技术”。德国发布《工业战略2030》（Nationale Industriestrategie 2030），重点发展汽车、化工等十大关键工业领域，聚焦机器人、3D打印等前沿领域的政策配套和资金支持。

（五）欧盟及其成员国在金融服务、工程承包等领域采取一些限制性措施，实质上对中国企业构成了市场准入壁垒

1. 金融服务领域

一是分行按子行监管问题。在德国等部分欧盟成员国，中资银行分行被视为子行进行监管，无法共享总行的资本金，其资本金充足率、单一客户授信额度、系统内资金调配等均受到严格限制，严重制约了中资银行的业务拓展和为实体企业提供金融支持的能力。二是关于设立中间母公司的要求。目前，欧盟正在研究出台监管新规，要求总资产超过300亿欧元的非欧盟金融集团设立中间母公司（IPU）。鉴于中资银行在欧分行主要为在欧中资企业提供批发业务，其零售业务规模很小，如果纳入IPU并表管理，其大额敞口限额将受到严重制约。分行将不得不与现有客户重新商谈贷款条款，其客户和声誉将受到负面影响，为新客户提供贷款的能力也将受限。

2. 工程承包领域

中国企业在欧承包工程市场遇到工程业绩要求、设备和材料准入、人员执业资质等限制。在资质认证方面，使用欧洲市场当地政府预算或者欧盟资金的某些大型项目明确要求，参与方需在欧盟成员国范围内有相应规模或类似项目的工程业绩，从而直接将新进入欧盟市场的中国企业拒之门外。在工程建设方面，很多国家规定了不低于一定比例的当地含量或当地采购要求，迫使中国工程承包商将项目化整为零，部分分包给当地企业，而不能完全使用自身的施工队伍，增加了运营成本，也不利于我国的建筑产品和材料进入当地市场。在设备和材料方面，许多项目要求必须满足欧盟认证，中国设备和材料即使满足技术和性能要求，也须取得欧盟认证才可使用。在人员执业资质方面，欧洲多国要求包括设计和施工管理在内的技术人员获得当地执业资格认证，即使拥有国际认可的专业资格也不能直接从业。上述限制不仅影响中国企业在欧洲建筑工程市场开展业务，也不利于欧盟建筑工程市场自由公开的市场竞争。

3. 数字经济领域

首先，欧盟《一般数据保护条例》已于2018年5月正式生效，规定欧盟委员会将监督成员国法律执行情况，并在必要时采取相关行动。条例严格限制个人数据转移出境，对企业收集和使用个人数据作出严格规定，并对欧盟公民个人数据进行严格监管。这将对涉及欧盟公民个人数据处理的中国企业产生重大影响，企业合规

成本将提高。其次，为打击数字企业的利润转移和税基侵蚀，欧盟委员会正在考虑制定有关法律法规，向全球年收入超过7.5亿欧元且在欧盟境内年收入超过5000万欧元的搜索引擎、社交媒体和第三方交易平台等数字化企业征收3%的临时数字税。长期来看，欧盟可能修改现行公司税，确保欧盟各成员国对在其领土内产生的利润征税，以实现数字化企业和传统实体企业的税负水平相当。此举将对我国在欧经营的互联网企业和电商平台增加额外的税负，对企业经营决策产生深远影响。

4. 政府采购领域

欧盟委员会曾考虑修改有关政府采购法规，对所谓非对等开放市场的国家企业参与欧盟政府采购采取一定限制。主要内容有：一是当采购金额达到或超过500万欧元，且参与竞标产品或服务的来源国未签署任何国际或双边政府采购协定时，欧盟采购方可以驳回相关投标，并向欧盟委员会汇报。欧盟委员会将根据相关国家实行实质性对等开放措施的情况做出裁决。二是如果其他国家的采购措施对欧洲供应商存在歧视，欧盟委员会有权调查并与相关国家磋商解决市场准入问题，如有必要，还将限制该国竞标者进入欧盟市场或处以罚款。三是对于“超低价”竞标者，欧盟采购方应告知其他竞标者接受意向并说明原因，以增加采购程序透明度。虽然该法案在征求欧洲议会和欧盟理事会意见后未被通过，但是该法案通过限制中国企业参与欧盟政府采购市场、迫使中国政府进一步放开政府采购市场的意图十分明显。不排除欧盟重启政府采购法案现代化的可能性，对中国企业的负面影响不应忽视。

三、防范化解风险的对策建议

习近平总书记指出，我们必须始终保持高度警惕，既要高度警惕“黑天鹅”事件，也要防范“灰犀牛”事件；既要有防范风险的先手，也要有应对和化解风险挑战的高招；既要打好防范和抵御风险的有准备之战，也要打好化险为夷、转危为机的战略主动战。无论政府还是企业，都要提高政治站位，充分认识防范化解重大风险的重要性和紧迫性，坚定信心，敢于担当，切实做好对欧重大风险防范工作。

（一）以企业为主体，加强对各类风险的分析研判和危机预警管理

上述中国企业面临的风险中，既有重大的政治经济等系统性风险，也有欧盟表面非歧视、实则针对中国企业“量身定制”的政策风险，还有一些尚在酝酿之中的

苗头性风险，都值得警惕和防范。在防范层面，企业应该分门别类梳理各种风险，针对系统性风险，有实力的、对欧市场依存度强的企业应该设立专门的战略研究部门，跟踪分析国际形势和欧盟及投资所在国的重大政经形势，研判走势；针对行业政策风险，应该加强信息收集，利用政府、协会、智库等渠道扩大信息来源，增强分析的前瞻性和科学性。在化解层面，对内要增强忧患意识，未雨绸缪，紧密联系外部环境深刻变化产生的新情况新问题新挑战，制定有针对性的预案，做最全准备、做最坏打算，成立重大突发事件和危机处理部门，建立标准的工作处置流程，做到企业内部分工明确、责任清晰；对外要加强工作主动性，根据投资所在地的实际情况，按照西方通行、可接受的方式进行政府公关和游说，可聘用政府前高官和关键人物侧近人士，寻找进口商、地方政府等对我国出口和投资持积极态度的“同盟军”，努力扭转负面趋势，将有些不利于我国的政策考虑遏制于萌芽之中。

（二）以政府为依托，形成政企正向反馈、务实高效的沟通合作闭环

欧盟政府和企业在对华经贸政策上的沟通和协调十分密切。相比之下，我国政府和企业在对欧经贸政策上还有进一步紧密的空间。从政府角度看，在中欧经贸政策对话磋商中，由于缺乏企业反映的对欧合作障碍和困难，向欧方提出的问题诉求较少；从企业角度，由于存在欧方政府可能借机刁难等顾虑，往往通过其他渠道自己解决，而不诉诸政府交涉磋商的渠道。因此，政企加强沟通交流是中国政府为企业加强对欧交涉磋商、推动解决问题的关键。一是要加强政企双向信息交流和联动。企业应该更多信任和依靠政府，利用各种场合和工作渠道反映对欧经营的真实情况；政府应该为企业提供更多的重大信息、风险提示和形势研判，及时协助企业解决实际困难。二是要拓宽政企之间定期、机制性的沟通管道。商务部等部门已经建立了我国与德国、法国、英国、意大利等主要欧洲国家的企业家委员会机制。今后要将此经验做法推广到其他国家和地区，借助双方领导人互访举办座谈会，为双方企业家向高层领导面对面汇报情况、反映问题提供了渠道。三是企业应为政府对外磋商输送“炮弹”。企业应该利用好海外商会和行业协会等平台，加强我国企业在欧经营障碍和问题的收集汇总，借鉴欧盟在华企业成功做法，编制《中国企业在欧经营障碍报告》和国别市场建议白皮书，为我国政府有针对性地做欧方工作提供事实依据和具体案例。

（三）以协会为支撑，加强企业间的抱团取暖，形成对欧交涉磋商的强大声音和合力

首先要加强企业间的信息共享和资源整合。要分享企业下属研究院、政研室、战略部门等研究机构以及政府关系、对欧一线业务和决策部门之间的沟通和合作。同行业企业应当分享欧盟在该行业的法律法规制定和政策动向，交流借鉴与欧方打交道的经验和做法。例如，互联网企业和电商平台应该就如何落实《一般数据保护条例》规定的要求开展交流，以做到在欧经营合法合规，避免被欧盟监管机构处罚的风险。其次要发展壮大强有力的商协会组织。目前中国企业在欧基本处于“单打独斗”的局面，无法形成强大的游说力量。面对欧盟在贸易投资政策方面和一些领域的限制措施，企业面临的共性问题增加，企业共同应对的必要性也随之上升。我国行业协会应该在欧盟总部和成员国设立代表处，加强近距离的交流和游说；同时企业应该加强参与我国在欧盟成员国已经建立的中国企业商会的积极性和主动性，特别是大型企业应当起到引领作用。再者要重视欧盟对华经贸政策的“牛鼻子”作用。要改变以往重成员国、忽视欧盟的观念，应当认识到在欧盟总部游说的重要性，踊跃加入和积极支持已经成立的中国欧盟商会，形成可以影响欧盟政策制定的强大力量。

（四）以智库和媒体为策应，打造中欧除政府和企业合作之外的“第三和第四轨道”

欧洲高端智库众多，布鲁格、英国皇家国际事务研究所、欧洲政策研究中心等顶尖智库经常发布一些针对中欧经贸关系、“一带一路”倡议以及外资安全审查等的政策报告，对欧盟及其成员国对华经贸政策制定产生了不可忽视的影响。同时，西方主流媒体占据国际舆论高地，主导欧洲民意走向，进而影响了决策者对于对华经贸战略和政策的总体判断。鉴于此，我们要更加重视智库和媒体作用。一方面要筹划建立中欧智库合作平台，发挥意见领袖的引导作用。可由几家国内对欧研究较强的核心智库牵头，先组成中国对欧研究平台，凝聚研究人才和资源，再与欧洲顶尖智库对接成立双边平台。双方可组织研讨会和论坛分主题研究贸易救济、外资安全审查和竞争政策等，联合起草有关研究“一带一路”、中欧各领域和地方合作报告，澄清消除欧方疑虑，引导欧盟政策导向。另一方面要扩大中国媒体的话语权，探讨建立中欧媒体合作联盟。欧洲媒体总体对华报道不够客观，消极面较多。

中国主流媒体应摒弃单打独斗的思维，加强与欧洲媒体交流合作，主动向欧方提供资料，促使其更多报道中欧合作的积极面和中国企业在欧投资经营的成功案例，突出中国投资对欧洲经济增长和就业的拉动作用，潜移默化转变欧洲民众和决策者对华的误解、偏见和信任缺失。

（五）以开放与合作为引领，为中欧企业投资经营创造更好的营商环境

欧盟收紧对华经贸政策的重要依据和根源在于，认为我国市场开放程度无法与其比肩，导致双方企业享受的市场准入水平不对等，因此试图通过对我国企业采取更严格的限制措施，逼迫我国实现更大程度的开放。事实上，引领新时代中国更高水平的对外开放，以开放促改革，是中方顺应时代发展潮流和世界发展大势的重大战略决策，也是满足我国自身发展需要的主动抉择。中欧要相向而行，共同促进投资贸易自由化便利化，维护以规则为基础的国际经贸秩序。一是要加快推进中欧投资协定谈判，共同解决双方企业面临的市场障碍和困难。当前谈判正在顺利推进中，双方企业可以为谈判贡献更多的信息和思路，与政府一道尽快推动达成高标准、利益平衡的投资协定，为企业经营排除更多障碍，创造更好商机。二是要加大开放力度，积极参与新一轮国际经贸规则制定。中欧都是自由贸易的倡导者和受益者，应该加强在世贸组织改革问题上的沟通与合作，共同引领和塑造国际经贸规则制定，为企业创造稳定、公平、透明和可预期的法律框架和营商环境。三是要挖掘中欧合作潜力和新亮点，通过利益捆绑和融合抑制欧盟对华经贸领域的消极因素。双方要尽快完成经贸合作动能转换，加深在循环经济、人工智能、量子技术等高科技领域以及养老、教育等服务业合作，做大经贸合作蛋糕，实现共同发展和繁荣。

新时代中国企业对俄投资挑战及对策研究

胡　明　　李　彦

（对外经济贸易大学）

习近平总书记在党的十九大报告中强调，“培育具有全球竞争力的世界一流企业”的目标，这是新时代中国经济发展的内在要求，是我国经济从富起来到强起来的重要标志，也是我国企业适应新时代、引领新时代的战略目标。2019 年 6 月 5 日，中俄两国元首决定将两国关系提升为“新时代中俄全面战略协作伙伴关系”。中俄关系进一步提质升级，这不仅预示着中俄合作的新机遇，也彰显出中俄携手应对挑战的新担当。近年来，“一带一路”倡议和“走出去”战略深度推进实施，两国经贸合作成果丰硕，我国对俄投资合作从规模和质量上都跃上了新台阶。但是，我国“走出去”企业风险防控意识仍然薄弱，风险防控方法手段仍然缺乏，一些传统的风险源并未完全消除、消解，新的风险点又在不断生成积累。如何在经济全球化的背景下提升我国企业对俄投资水平，如何培育具有全球竞争力的世界一流企业，以适应新时代中俄双边关系的战略定位和实践需求，成为了本文探讨的重点。

一、中国企业对俄投资主要现状及特点

近年来，中国经济运行稳中有进，对外开放水平不断提升。联合国贸发会议《2019 世界投资报告》显示，2018 年中国对外直接投资流量高达 1430.4 亿美元，对外直接投资存量达 19822.7 亿美元，分别占全球当年流量和存量的 14.1%、6.4%，位列全球第二、第三。《2018 年度中国对外直接投资统计公报》显示，俄罗斯在 2018 年

年末中国对外直接投资存量前20位国家中位列第十。尽管国际经济局势复杂多变，在俄罗斯政府的不懈努力下，俄罗斯的营商环境改善工作初见成效。世界银行最新公布的《2019年营商环境报告》显示，俄罗斯的排名较上一年提升4位，在190个经济体中位列第31位。随着我国政府"走出去"工作体系不断完善和"一带一路"建设的不断深入，我国企业主动融入经济全球化进程加快，对俄直接投资规模不断扩大，在投资行业、投资方式、投资区位等方面都表现出一些明显的发展趋势。

（一）规模整体高位增长

近年来，中俄经贸关系发展顺利，双边贸易额从最初(1992年)的58.6亿美元增长到2018年的1070.6亿美元，突破1000亿美元大关。随着我国经济的快速发展，我国企业对俄直接投资整体呈上升趋势，投资流量从2000年的0.16亿美元增长到2018年的7.25亿美元，增长了44倍。2008—2018年，在全球经济增长乏力和俄罗斯经济发展疲软的形势下，中国对俄直接投资整体仍保持了良好的增长态势(见图1)，其中2013年因受乌克兰危机和石油价格大幅下跌影响，俄罗斯营商环境整体恶化，2014年中国对俄直接投资稍有紧缩。此外，自2016年以来，中国政府努力控制外债和资本外逃，同时外国政府加强了投资审查力度，中国对外投资整体呈现了大幅下滑趋势。但中国商务部和国家统计局数据显示，2018年中国对俄罗斯的投资流量为7.25亿美元，投资存量为142.08亿美元，占中国对欧洲地区投资存量的12.6%，在中国对外投资大幅下滑的大趋势下，中国对俄投资存量同比只是稍有下降。且商务部数据显示，2019年1-5月，中国对俄全行业直接投资2.1亿美元，同比增长20.1%，投资形势仍然可观。一大批中国企业通过转型升级不断发展壮大，开始拥有所有权优势和内部化优势，中国对俄投资规模不断攀升，投资结构进一步优化，投资区位分布更为广泛，投资行业领域更加丰富，投资主体日趋多元，展现出良好的发展态势。

（二）行业结构不断优化

据商务部统计，截至2018年年末，中国在俄罗斯联邦设立的境外企业超过1000家，对俄投资行业分布广泛，门类齐全，并日趋多元化。截至2018年年末，中国企业对俄投资存量几乎覆盖国民经济各行业，包括采矿业（47%）、农/林/牧/渔业（21.3%）、制造业（12.4%）、租赁和商务服务业（6.3%）、批发和零售业（3%）、金融业（2.9%）、房地产业（2.8%）、建筑业（2.1%）等。从2018年中国对俄投资流量的行业分布情况看，传统的农/林/牧/渔业仍是投资重要领域，而基础设施、能源、文化旅游、新兴产业和金融等领域逐渐成为投资热点，这些领域的互通互联构成中俄经济合作的基础和前提（见图2）。虽然近些年俄罗斯经济衰退对中国在俄投资企业带来一定影响，但是中国企业大多立足长远，投资项目在有条不紊地向前推进。例如，总投资规模约200亿美元的亚马尔液化天然气项目是俄罗斯最近5年来在中国公司积极参与下实施的最大投资项目；中国在波罗的海明珠项目上的投资规模达到10亿美元；中俄最大的核能合作项目——田湾核电二期工程也已全面投产；中俄东线天然气管道关键工程嫩江盾构隧道在2019年3月提前贯通；俄罗斯生物技术领域最大的中国项目“俄罗斯安琪酵母”已经在利佩茨克地区落地；总投资5亿美元的长城汽车俄罗斯图拉工厂项目顺利动工，2019年6月，双方达成第二阶段的投资意向协议等等。而且越来越多的中国企业对俄投资不仅限于其主营业务，“跨界投资”现象成为中国企业对俄投资的一种新潮流。随着中国与俄罗斯达成全面战略协作伙伴的新关系以及中俄投资委员会的落成，双边务实合作得以加强，也促进了我国对俄罗斯直接投资向高新领域发展驱动。

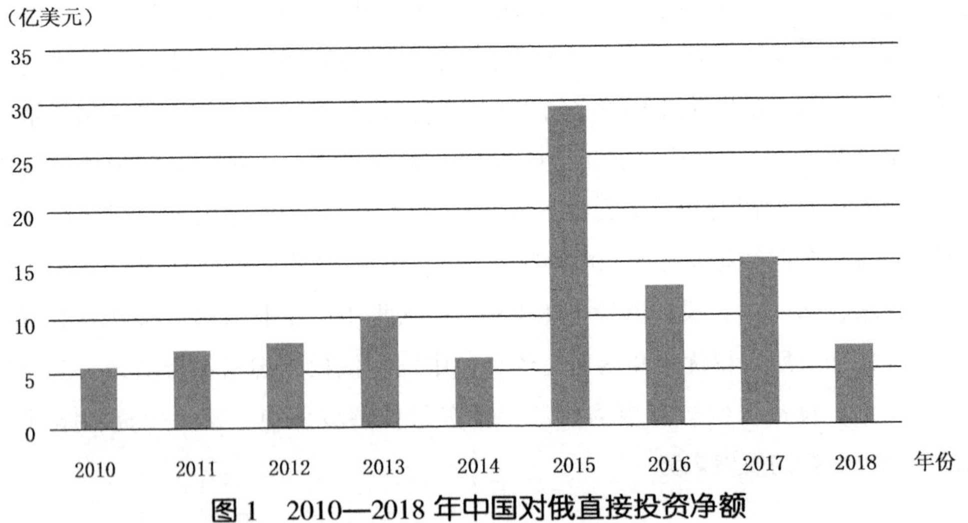

图1　2010—2018年中国对俄直接投资净额

数据来源：根据国家统计局年度数据整理。

（三）跨国并购持续升温

虽然俄罗斯并不是2018年中国企业对外投资并购十大目的地之一，但随着我国对俄投资的快速发展，跨国并购已成为我国企业走向俄罗斯市场的重要方式，大型跨国并购项目涌现。中国企业对俄罗斯企业的并购不再仅限于能源和矿业领域，已涉猎房地产、服装、安防、信息技术、物流等多个领域。例如，中国万科集团收购俄罗斯地产巨头 O1 地产（Russia's O1 Properties）43 亿美元资产；中投持有俄乌拉尔钾肥公司 12.5%的股份；中俄投资基金收购俄知名商业品牌“儿童世界”23%的股份；中远海运集团收购俄罗斯航运公司 SCF 集团（Sovcomflot）30%的法人股；中国黄金集团收购俄基洛夫集团 70%的股份；中石化收购西布尔 20%的股份；中石油、中海油分别收购俄罗斯北极液化天然气-2 项目 10%的权益等。近几年民营企业在海外“抬头”趋势明显，不乏中国民营企业对俄企进行收购，如华为斥资 5000 万美元收购莫斯科安防技术企业 Vokord；中国华信能源有限公司曾收购俄罗斯石油公司 14.16%的股份；中国永晖集团收购拥有俄罗斯 Apsatskoe 煤矿项目开采权的塞浦路斯 Divalane 有限公司 60%的股份等。这体现了改革开放 40 年来我国民营企业的发展壮大。

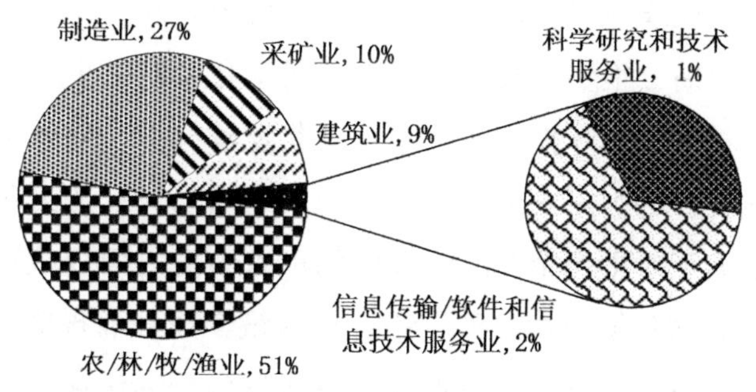

图 2　2018 年中国对俄投资流量行业分布

数据来源：根据中国商务部、国家统计局、国家外汇管理局《2018 年度中国对外直接投资统计公报》数据整理。

（四）投资主体日趋多元

商务部、国家统计局和国家外汇管理局联合发布的《2018 年度中国对外直接投资统计公报》显示，2018 年年末，中国对外直接投资者达 2.71 万家，2018 年全年，商务部和省级相关主管部门共备案或核准对外投资企业 8786 家，较 2017 年对外非金融类直接投资的境内投资者数量（6236 家）有所增长，中国投资主体对外活动越来越活跃。在俄罗斯市场，中国投资者可以采取多种形式进行企业经营：境内投资者可根据具体需求不同，选择设立具有独立法人地位的外国资本子公司（包括有限责任公司和股份公司）或设立无独立法人地位的分公司或代表处。2008—2018 年我国对俄直接投资存量中，国有企业占比从 2008 年的超过

80%降至2018年的60%以上，而有限责任公司、股份公司、私营企业等占比不断上升。对俄投资主体从单一的国有企业向多种所有制企业主体转变，对俄直接投资的主体更为多元化。

二、中国企业对俄投资面临的新挑战

“走出去”是我国构建开放型经济新体制的工作重点。在新的国际国内经济背景下，在全球化日益向多边体系发展的趋势中，在中国“一带一路”倡议与俄罗斯“欧亚经济联盟”战略深化对接下，中国企业对俄投资风险老问题有了新表现，呈现出了新特点，对俄投资面临新挑战。

（一）涉及安全审查的投资保护有上升趋势

对俄投资的政治风险除来自俄罗斯国内外政局因素外，还涉及俄罗斯经济政策的不稳定性。在俄罗斯，很多时候会出现为了国家利益或某个集团利益而修改法律或政策的情况。近年来，国际投资保护主义不断发酵升级，以美国为首的发达国家通过立法纷纷加强各自的国家安全审查。由于发达国家保守势力对于政坛影响力进一步加大，逐步加大了对中国企业海外投资的审查力度。而以俄罗斯为代表的其他国家也纷起效尤，如《俄罗斯战略外资法》作为俄罗斯外商投资行为的基本法律之一，规定了限制外商投资的领域、审查程序及违反该法的法律责任。该法已历经四次修改，俄罗斯政府与反垄断机构还设立了一系列配套立法，在一定程度上反映出俄罗斯政府从国家安全角度对战略行业外商投资日趋从严的监管态度。其影响主要体现在以下三个方面：一是战略行业范围进一步扩大，外商在俄投资活动将面临更多的监督与限制；二是特殊投资人范围不断增大，交易结构设计遇上新难题；三是主管机关监管权力扩张，交易不确定性因素增强。此外，2019年俄政府责成联邦反垄断局与其他联邦权力执行机关一起编制，并于2020年3月10日前向其提交2021—2025年竞争发展国家计划草案，并批准了关于修改联邦竞争保护法的法案。这些改变在很大程度上加强了对俄投资风险的不可控性，影响中国企业扩大并拓展对俄投资范围。

（二）部分投资保护协定不合时宜，增加运营法律风险

党的十九大报告提出，要以“一带一路”建设为重点，坚持引进来和走出去并重，遵循共商共建共享原则，加强创新能力开放合作，形成陆海内外联动、东

西双向互济的开放格局。目前，中国对俄直接投资规模日益增加，投资领域与结构也更加全面和完善，但与俄罗斯的投资保护协定(简称“中俄 BIT”)中，相当一部分条款内容落后、待遇偏低、开放不足，已不符合现阶段对俄投资的发展需求。主要表现为：一是我国对俄投资利益无法得到保护协定的有效保护，现有投资保护协定体系不能覆盖对俄投资发展中的新需求。中俄 BIT 中的相关条款多处强调“符合俄罗斯法律法规规定”或“不损害俄罗斯法律法规”，而俄罗斯法律法规极具复杂性和多变性，这加大了我国投资者了解俄罗斯相关法律法规的难度和障碍，影响中俄 BIT 下“投资”的适格性。二是投资争端解决机制不完善。虽然早在 1992 年俄罗斯已签署《解决国家与他国国民间投资争议公约》（简称“《ICSID 公约》”），但迄今为止，俄罗斯仍未就《ICSID 公约》交存批准书，《ICSID 公约》尚未对俄罗斯正式生效。因此，我国投资者仅可依据《ICSID 附设机构规则》，将其与俄罗斯的投资争议提交 ICSID 附设机构进行仲裁，而非依照《ICSID 公约》进行仲裁。

（三）后 BEPS 时代税收运营财务风险凸显

近年来，以打击跨国公司避税行为为目标的 BEPS 行动计划在全球范围内正快速推行，这对中国企业海外投资税收筹划影响较大。经济全球化的发展与生产要素的自由流动放大了资本逐利性的危害，这为国际社会带来了一系列经济问题，如主权国家税基侵蚀和利润转移，俄罗斯也不例外。2016 年 5 月，俄罗斯加入了由 83 个国家和地区于 2014 年 10 月 29 日签署的各国税务机关金融信息情报自动交换多边协议。该法律草案的修订，又为俄罗斯加入这个协议后于 2018 年开始开展自动情报交换工作奠定了国内法律基础。俄罗斯可获取包括中国在内的境外金融账户涉税信息。我国走出去对俄投资合作企业面临其中的税收风险。

（四）投建营一体化模式遭遇本土化挑战

投建营一体化模式是我国“走出去”企业针对海外市场特殊的商业环境，将项目的投资、规划设计、施工建设以及运营维护融于一体的商业模式。投建营一体化模式在能源资源、基础设施建设等领域取得了巨大的成功，但蕴含的纵向垄断、关联交易、透明度不高、本土化程度低等风险也逐步显露。投建营一体化要求承包商，即在俄投资的中国企业要有全面覆盖咨询、设计、采购、建设、运营、维护以及投融资服务的全产业链服务能力，但我国企业在设计咨询、绿色建筑、项目管理等方面服务能力仍然较弱。随着投建营一体化模式的广泛应用，这一模式所特有的风险也逐步暴露出来，波及范围广、损失大，即将进入高发期，成为我国企业“走出去”过程中快速增长的风险类型。此外，投建营一体化模式与俄罗斯本土化要求存在冲突，成为中国企业对俄投资运营新挑战。

（五）在俄劳务权益保障等社会风险迫在眉睫

随着中国政府积极推动“走出去”战略和“一带一路”倡议的提出，海外劳务权益保护日益受到重视。但在俄罗斯，我国海外劳务权益保护仍不容乐观，工资较低、劳动环境相对恶劣、社会保障和保险欠缺、劳务权利受侵害时难以获得救济和补偿等现象依旧存在。俄罗斯政府为保障本国公民就业和劳务权益，对外资机构的劳务权益保障体系有明确规定：在外资信贷机构中，俄罗斯雇员数量不能少于雇员总人数的75%；产品分成项目中，投资者聘用的俄籍雇员数量应不少于雇员总数的80%。只有在按协议进行的工程初期，或在俄国内缺乏具有相应专长的工人和专家的情况下方可聘用外国工人和专家。在航空业领域，外国投资者不能参加股东大会和董事会的管理工作。俄罗斯仍对境内企业雇用外籍劳工实施配额限制，其配额申请程序繁琐、周期较长。这些劳务人员本土化的相关规定加大了中国企业在俄运营难度，中国在俄劳务权益无法得到保障。

（六）经济社会环境等多重舆情风险困扰严峻

通过调研、采访、调查问卷等多种实证分析，可见中国对俄投资舆情环境相对复杂。经济舆情方面，中国投资虽带动了俄罗斯基础设施和经济的发展，但也存在服务质量参差不齐、双边贸易失衡、对当地供应链建设贡献不足、造成当地市场竞争、技术转移力度不够等诸多问题。社会舆情方面，毋庸置疑，中国投资为俄罗斯社区贡献积极，如提供就业岗位，创造税收，但往往对员工权益保障、社区居民影响关注不够。俄罗斯对就业岗位的质量提出了更高的要求，受当地员工素质、文化和语言差异等因素的局限，中高层管理岗位以中国人居多。在俄罗斯，“中国威胁论”“黄祸论”仍有较大影响。环境舆情方面，中国在某些领域如矿产、基础设施、森林和农业领域的投资对俄罗斯环境和生态的破坏遭到了俄罗斯的诟病。环境保护的关键保障是环境影响评估，而中国监管环境影响评价的公司章程尚不明晰，第三方评估的准确性和全面性的评审机制不到位，导致很多中资企业对环境影响评估不重视，开展环评不当，由此引发的社会涟漪屡屡超越企业的掌控范围，成为国家国内政治和国际关系事件。目前中国仍处于“制造大国、经济大国、品牌小国”的发展阶段，对国内外舆论影响重视不足，塑造“中国投资”品牌仍任重道远。

（七）中资企业在俄廉政运行体系建设滞后

腐败风险成为近年来中国企业海外投资重大风险点。研究显示，中国海外投资企业行贿意愿非常强烈，腐败已成为中国企业海外扩张的重大阻力。中国企业对俄投资过程中遇到的俄罗斯官员腐败现象较为普遍。根据国际反腐组织“透明国际”公布的2018年全球清廉指数排名，俄罗斯位居第138名。中国企业对俄投资往往主动或被动卷入腐败案件，面临着较高的行贿、索贿的腐败风险。在由中国政府出资的基建工程中，一些企业采用违法手段贿赂俄罗斯官员以中标工程。“灰色”代理和海外利益输送和交换等现象也出现在部分在俄经营的跨国公司当中。这不仅损害了俄罗斯市场秩序，降低了其投资吸引力，破坏了中国的市场经济秩序，也势必影响企业核心竞争力的提升。此外，企业的行贿行为本身会直接影响整个企业的价值观，对内部管理和人才建设造成混乱。

三、新时代中俄全面战略协作伙伴关系下的投资建议与展望

（一）健全保障有力的双边投保协定顶层设计，完善跨境税收争议解决规程

中国与俄罗斯的投资关系为中国资金单向流出，应尽快同俄罗斯缔结开放自由的投资保护协定。中俄两国政治互信，加上“一带一路”倡议的带动，俄罗斯已成为中国对外投资的重要目的地国家，但俄罗斯对中国的投资规模较小。未来随着两国关系的提质升级，以及“一带一路”倡议的深化和中国对外开放步伐的加大，对俄罗斯的投资规模还将进一步扩大。与俄罗斯双边投资协定的修订宜以保护我国海外投资利益为中心：第一，将协定中原有的准入后国民待遇升级为准入前国民待遇和最惠国待遇。在外资投资领域、设立过程等方面实现内外平等对待。第二，加强对投资及收益转移的保护力度。去除“投资汇回”条款中相关前提要求，要求俄罗斯保证缔约中国投资者转移在其境内的投资和收益。第三，关注BEPS行动计划进展，加快完善我国双边税收协定体系。对现有中俄双边税收协定的修订需要充分考虑国内税收法律变化，顺应俄罗斯税收规则和避税行为动向，对降低股息、利息、

特许权使用费等条款的预提税率积极争取，对非歧视条款和涉税争议解决条款充分完善，为企业“走出去”保驾护航，创造更为有利的税收环境。第四，接受 ICSID 仲裁管辖权。全面同意 ICSID 管辖，投资者可以选择在任何时候将争议提交国际争议解决。

（二）增强我国国家安全审查力度，帮助企业应对俄安全审查机制

加强我国国家安全审查、反垄断审查力度，与俄方协商要求其给予我国同等待遇。随着中国市场的成长和重要程度不断提升，俄罗斯投资者对我国关键领域的兴趣不断提升，我国在进一步加强国家安全审查的同时，可以要求对方政府对相似领域给予对等待遇，间接保护我国海外投资者权益。与此同时，应密切跟踪俄罗斯相关法规和政策调整，对在俄罗斯有投资意愿的企业加强风险提示。指导和帮助企业了解相关规定和限制，及早做好预案和规划，避免安全审查对我国企业正常经营造成影响。指导企业尽量避开所谓的敏感地区和敏感行业，帮助企业尽早接触俄罗斯政府和议会等相关机构，获得早期审查批准。在交易项目过程中选择专业性较强的中介机构，对安全审查进行必要的尽职调查。实质上，中国投资者为俄罗斯经济发展做出了突出贡献，中国跨境并购帮助俄罗斯一批困境企业及时扭转不利局面，保障了俄罗斯就业。但一些俄媒、智库并不了解具体情况，往往以个案来评价中国对俄投资的整体情况，导致国家安全审查以更为苛刻的眼光审视中国投资。对此，应进一步做好海外舆论引导工作，积极推广中国投资的正面形象，保护我国投资者的正当权益。

（三）加强对在俄劳务人员的管理，提升中资企业在俄廉政运行能力

要加强对在俄劳务人员的管理，首先应提高在俄中资企业劳务权益保护立法层级，出台《在俄中资劳务合作管理条例》细则，明确外派劳务人员需承担的义务、违法责任以及维权途径，加强双边协商，充分发挥区域合作组织平台作用，争取劳务领域话语权。只有逐步提高立法层级才能从根本上解决我国在俄劳工权益受损的状况。其次，应加强在俄中资企业党建建设工作，探索建立在俄中资企业工会，充分发挥工会的域外作用。在俄中资企业应把海外党建思想政治工作纳入党建工作责任制，在组织架构上做到组织建设全覆盖。建立在俄中资企业工会组织，积极开展对企业外派人员的技能培训和法律教育，与当地学校合作加强相关培训，学习俄罗斯劳动法律法规，加强我国工会参与调解境外劳资纠纷的能力。此外，对俄投资企

业除需建立一套明晰、操作性强的反商业腐败的合规机制外，还应积极参与俄罗斯商业反腐败治理。中国作为《联合国反腐败公约》的缔约国之一，腐败问题不仅在国内受到高度重视，更有责任和义务为全球反腐败治理、构建公平廉洁的国际营商环境贡献自己的力量。俄罗斯反腐决心大、出拳重，在2018年更是推行“腐败官员名册”，以编制“黑名单”形式持续发力反腐。我国需与俄罗斯广泛开展国际合作，依据加强互信、增进了解、共享经验的原则，积极推进中俄反腐败规则的制定和与国际相关法律的接轨；妥善处理跨国商业腐败国际纠纷，更好地利用国际仲裁、调解和谈判机制解决跨国商业腐败问题。

（四）制定定位科学的“中国投资”品牌形象策略，打造更为精细化运作的投建营合规体系

世界上许多国家在国家品牌建设过程中都曾提出过自己的战略原则与口号，如日本以品牌“树立日本新形象”，瑞士的“生产的专业化，产品的品牌化”原则，新加坡提出打造“精致的城市”的口号等。由于缺乏鲜明的民族特质，中国企业在俄罗斯往往各自为战，难以形成合力。鉴于此，我们更应集中优势力量，在俄罗斯投资合作的重点领域着力打造富含中国理念的品牌形象。政府层面，要进一步引导投建营一体化企业加强合规管理。一是加强建营一体化企业合规问题研究，以此作为制定政策的依据。可通过长期趋势研究、案例分析、合规管理措施分析等方式，针对投建营一体化可能出现的反垄断调查、经营透明度等方面的风险提出有针对性的改进措施。二是对投建营一体化企业开展合规经营培训，提高企业管理人员尤其是决策层的合规管理素质和能力，避开投建营一体化经营常见的风险点。三是指导投建营一体化企业建立符合投建营一体化业务实际的合规风险内控制度或监督评价体系，确定投资、建设、运营等关键环节可能出现的风险并制定相应的处置预案。四是积极应对投建营一体化企业风险。在投建营一体化企业风险事件发生后，政府应引导企业内部合规人员分析整理风险发生原因及事实真相，分析评估可能造成的损失及承受能力，及时与专业的律师、公共关系以及相关监管机构进行沟通咨询，寻求和解或其他合法解决途径，尽快与俄罗斯政府取得联系，沟通磋商，寻求解决的有效途径。企业层面，要提高防范意识，多措并举抓好风险防控。中国企业在俄罗斯推行投建营一体化模式，应主动响应本土化要求，针对性地履行社会责任。俄罗斯通常会提出保障其在项目开发中的收益，雇佣并培训当地员工并保证他们参与运营、对因开采和运营而失去土地的人们以合理补偿等要求。中国企

业在俄罗斯开展投建营一体化生产，覆盖经营范围广泛、资产规模较大、与当地社会的接触增多，这要求中国企业高度重视俄罗斯在争取更大本土利益方面的诉求，严格遵守当地的本土化规定并实施透明化合规经营，增强当地民众和社会对中国企业的积极态度。

展望未来，中俄双方应继续加强在监管制度的兼容性、经贸投资的便利化等方面的合作，为两国的经贸合作释放更大的机遇空间。

数字经济

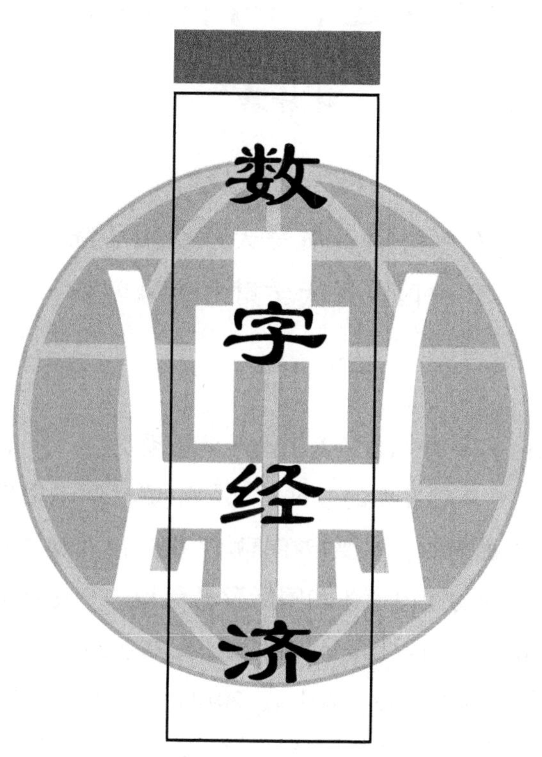

全球数字贸易崛起：时代价值与前景展望

宗　良[①]　　林静慧[②]　　吴　丹[③]

（① 中国银行；
② 对外经济贸易大学金融学院；
③ 中国人民大学财政金融学院）

数字贸易的概念由美国 USITC（美国国际贸易委员会，United States International Trade Commission）在 2013 年发布的全球首部数字贸易调研报告《美国与全球经济中的数字贸易》中率先提出的，主要指在订购、生产以及递送产品和服务中，通过互联网技术发挥关键作用的国内商务和国际贸易活动。交易标的包括数字内容（音乐、视频、游戏、书籍等）、社会媒介、搜索引擎、跨境电子商务几大类型。数字产品和服务的内容是数字贸易的核心（Weber，2010）。数字贸易的发展可以降低国际贸易成本并促进生产率的提高，有利于国家经济的发展和就业的提升。当今，基于云端技术的互联网用户量急剧增长，全球数字贸易增长迅速，例如：亚马逊、微软、谷歌和 IBM 等美国企业，均为顶尖的全球云计算终端提供者。2015 年，各国用于公共云计算终端的政府投入数据为美国 440 美元，欧盟 150 亿美元，中国 13 亿美元（USITC，2017）。在欧盟经济复苏的过程中，数字经济行业是关键部门（Serbu，2014）。无形商品和服务通过互联网进行交易，能够建立起生产者和消费者之间的直接关联，省略中介角色，因此可以降低客户成本和提升生产利润（Subirana，2000）。

当前，美国是全球数字贸易的领先者和主导者，其服务贸易总量中有一半以上均为数字化服务贸易，这不仅得益于美国是网络信息技术的发源地，而且得益于美国政府对数字贸易规则制定的支持和重视，将数字贸易条款纳入区域贸易协定，并将其数字贸易规则在全球贸易行为中推广。作为世界贸易大国，中国的数字贸易板块也在迅速崛起，规模庞大，且逐渐成为了全球数字贸易市场的重要参与者和推动者。商务部发布的《中国数字贸易和软件出口发展报告 2017》统计显示，2017年，我国数字经济规模达 272 万亿元，占 GDP 比重达 32.9%，位居世界第二。据波士顿咨询公司预测，到 2035 年，中国数字经济整体规模将接近 16 万亿美元，数字经济渗透率将达 48%。跨境电子商务作为我国数字贸易的重要组成部分，发展尤为迅速，自 2008 年以来，其规模稳步增长（见图 1）。商务部发布的《全球服务贸易发展指数报告 2018》显示，2018 年中国的跨境零售电商进口交易额达 4216 亿元，涨幅达 161%。但机遇与挑战并存，中国的数字贸易发展仍然面临着数字贸易壁垒、数据的安全开放以及美式数字贸易规则等挑战，中国需要对数字贸易的未来发展、整体格局、时代特征等方面有更清晰的认识，以寻求更好的发展机遇。

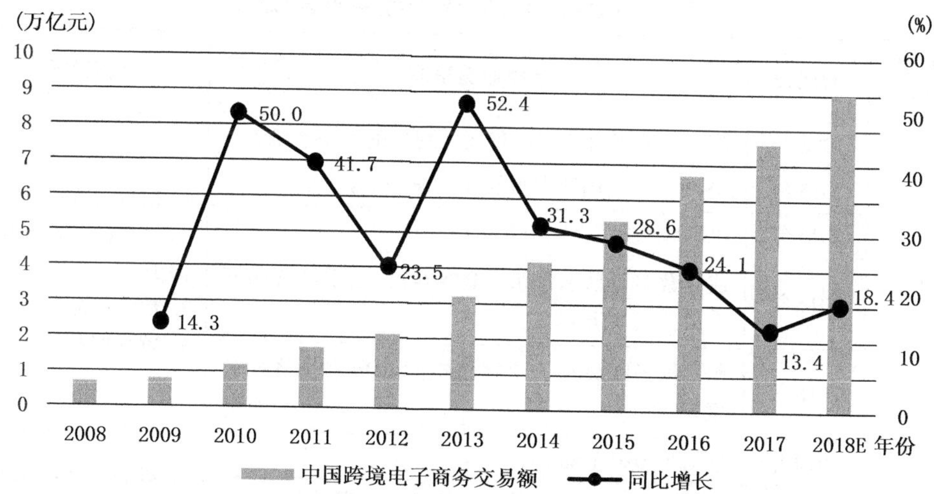

图 1　2008—2018 年中国跨境电子商务交易额增长情况

数据来源：商务部《中国电子商务报告（2015）》、电子商务研究中心。

一、数字贸易崛起的时代特征

随着互联网技术的普及，全球数字贸易迅猛发展，呈现出一系列新的时代特征。当前，数字贸易已经深入到了商业流程的核心领域，具备强大的战略作用和时代价值。

（一）全球数字贸易竞争格局明显

中国商务部发布的《中国数字贸易和软件出口发展报告 2017》显示，目前全球服务贸易中有一半以上已经实现数字化，超过 12%的跨境实物贸易通过数字化平台实现。大数据、云计算、人工智能等新兴信息技术为电子商务领域注入了新动能，推动数字贸易产业迅速发展，为经济增长提供了强劲支持。数字贸易将成为未来贸易的主要方式。

世界各主要经济体均逐渐认识到数字贸易引领国家经济发展的重要潜能，竞相制定数字贸易战略（见表1）。通过分析各国的数字贸易发展战略时间线和战略特点，可以看到世界上的各主要经济体均不断提出更有利于国际竞争合作的数字贸易发展战略。中国的数字贸易具有起步晚、潜力足、设施完善、国家支持等特征。而且，中国具有宽广的互联网市场和充足的互联网战略人才，这成为未来中国数字贸易发展的强劲动力。

表1 世界主要经济体的数字贸易战略

世界主要经济体	时间线	战略政策进展	战略特征
美国	1998年	萌芽：美国商务部发布《浮现中的数字经济》	1. 信息自由流动 2. 源代码与数字机密保护 3. 数字产品公平竞争 4. 贸易便利化
	2013年	USITC：《美国数字贸易和全球经济》	
	2015年	USTR：《数字贸易12条》	
	2016年	成立数字贸易工作组（DTWG）、数字经济顾问委员会（DEBA）	
	2018年	美国国务院设立："网络空间和数字经济办公室"	
欧盟	2010年	《欧洲2020战略》	1. 以服务企业和个人为优先目标 2. 创造有利数字网络环境 3. 保护在线消费者 4. 拓展贸易合作伙伴
	2012年	2013—2014年欧洲数字经济优先发展计划	
	2015年	欧盟委员会："单一数字市场"（DSM）战略详细规划	
	2017年	欧洲议会国际贸易委员会通过《数字贸易战略》报告	
中国	2015年	十八届五中全会："互联网+"战略和国家大数据战略	1. 跨境电子商务政策支持 2. 改善跨境电子商务技术和设施 3. 隐私保护、消费者保护
	2016年	"十三五"国家信息化规划	
	2018年	商务部电子商务和信息化司：《中国电子商务报告（2017）》	
日本	2009年	《i-Japan战略2015》	
澳大利亚	2011年	《2020澳大利亚数字经济战略》	

资料来源：参考《2018世界与中国数字贸易发展蓝皮书》整理得出。

作为全球最大且最具影响力的贸易组织，WTO已开启电子商务谈判进程，以弥补其在数字贸易领域的规则缺位。2019年1月25日，在瑞士达沃斯电子商务非正式部长级会议上，美国、中国和欧盟等共76个世贸组织成员签署《关于电子商务的联合声明》，确认有意在世贸组织现有协定和框架基础上，启动与贸易有关的电子商务议题谈判。

美国作为全球数字贸易发展的领导者，力图通过主导《跨太平洋伙伴关系协定》（TPP）、《跨大西洋贸易与投资伙伴协定》（TTIP）和《服务贸易协定》（TISA）三个超大型自由贸易协定来推行数字贸易秩序的“美式模版”，掌握数字贸易发展的控制权。2017年美国推出TTP，但其核心主张未变。美国主张的数据自由化与以欧盟为代表的其他经济体所主张的隐私安全保护存在冲突，数字贸易规则谈判进程缓慢，数字贸易秩序的构建任重而道远。

（二）数据是数字贸易的核心价值

数字贸易的核心价值是数据资源。数据不仅是国家安全、个人隐私的保障，更是经济发展的内在驱动力。数据作为一种全新的经济生产要素，能够降低生产成本，创新商业模式，提高资源配置效率。依托于数字贸易的载体，数据最终将实现跨境流动和全球共享，从而提高全社会的生产效率，推动全球经济的发展进程。因此，数据作为“国家基础性战略资源”，是数字贸易的关键议题和核心价值所在。

（三）以e-WTP为特征的数字贸易发展形式

e-WTP指世界电子贸易平台（Electronic World Trade Platform），是由市场驱动形成，多国参与合作的国际交易平台。其成立的目的是创造普惠有利的跨境电子商务政策环境，帮助发展中国家、中小企业更好地参与到全球经济之中。2016年3月份的博鳌亚洲论坛上，阿里巴巴创始人马云首次提出建立一个由私营部门发起，由政府、民间、企业三方共同参与的e-WTP世界电子贸易平台。e-WTP将有助于推动全球跨境式电子商务普惠式发展，帮助更多的发展中国家、中小企业进入全球市场。阿里巴巴将采用双边模式，与其他国家开展一对一的合作推广。

当前e-WTP在国内的推广已取得阶段性成效。2016年9月，在杭州举行的G20峰会上，e-WTP被正式写入G20公报；2016年底，杭州跨境电商综合试验区联合阿里巴巴，打造全球首个e-WTP“试验区”；2017年3月，海外首个e-WTP数字中枢马来西亚“数字自由贸易区”建成。未来，e-WTP将在结合各国电子商务法律法规的基础上，将各国对电子商务规则构建的诉求和中国当前的跨境电子商务需要等相融合，逐步将规则体系完善、推广。

二、数字贸易发展面临的主要挑战

（一）规则构建是数字贸易争论的焦点

由于数字贸易的规则制定需要平衡商业利益、技术水平、隐私安全等多方因素，其谈判和构建过程必定曲折复杂。现阶段，数字贸易的规则构建远远滞后于实践，面临诸多制度性障碍，既包括针对电子产品的关税壁垒，又包括跨境数据流动、数据本地化、知识产权保护、准入门槛等非关税壁垒。数字贸易规则的构建应致力于逐步打破贸易壁垒，有序实现数字贸易自由化。

美欧两大经济体作为数字贸易的领导者和网络治理多元化的推动者，是规则争论的主要两方。美国遵循“美国至上”、“美国优先”的原则，企图主导数字贸易国际规则的构建，从而为本国经济发展服务，但却遭到以欧盟为首的其他经济体的强烈反对，双方各不退让，难以达成共识。因此，如何构建高效透明统一、符合多数国家利益的数字贸易规则将持续成为数字贸易争论的焦点。

（二）数据流动是数字贸易规则的核心议题

数字贸易的核心即数据资源，数据资源依托于数字贸易实现跨境数据流动和全球数据共享。数据流动作为数字贸易的核心议题，主要围绕“跨境数据自由流动”和“数据本地化”两大部分展开。

在“跨境数据自由流动”议题上，美国结合自身技术水平和核心利益诉求，提倡无限制的跨境数据自由流动，实现极大程度上的数字贸易自由化，美国企图通过主导相关大型自由贸易协定来推进数据自由流动。但欧盟坚持认为数据信息自由流动必须以严格的隐私保护为前提，应适当限制跨境数据自由流动。因此，目前以“跨境数据自由流动”为核心议题的谈判尚未取得实质性进展。实际上，美欧两个经济体曾于2000年12月签订《安全港协议》，协议规定加入“安全港机制”的美国企业若符合欧盟信息标准要求并得到认可，即可以将欧洲用户的个人数据合法传输到境外。但受“斯诺登事件”冲击，欧盟于2015年10月6日宣布《安全港协议》无效。2016年2月29日，美国和欧盟达成新的《隐私盾协议》，在原有基础上建立了仲裁、监督机构和争议解决机制，但施行效果未达预期。由此可见，“跨境数据自由流动”任重而道远，未来仍将是数字贸易谈判的核心议题之一。

在“数据本地化”议题上，美国力主数据存储非强制本地化的规则，但实施合法公共政策目标除外。然而以欧盟为代表的世界多数国家及经济体为强化本地控制和数据监管，均施行数据存储强制本地化政策，即收集或将产生于该国的数据存储于境内，并限制或禁止数据跨境流出。尤其是“斯诺登事件”发生后，出于对个人隐私的担忧、国家安全的考虑以及经济发展的需要，俄罗斯、澳大利亚、巴西、印度、欧盟等国家和地区先后出台了相应的数据本地化法律和政策。目前，已有 60 余个国家采取本地化措施。全球数据本地化立法浪潮热度不减，将持续成为数字贸易争论的核心议题之一。

（三）平衡好数据自由化和隐私安全之间的冲突是构建数字贸易秩序的必经之路

数字贸易中，数据流动争论的本质在于数据自由化和隐私安全存在冲突。由于政治、经济、文化、技术等多方面存在明显差异，各国对数据流动和数据共享持有的开放度不同。美国在数据这一核心问题上，出于对经济利益的诉求，摒弃一贯的“贸易保护主义”，倡导贸易自由化。而欧盟出于安全考虑，将个人隐私与数字安全置于首位。继 Facebook、Equifax、Uber、Under Armour、Chili's 等一系列公司爆出数据丑闻后，欧盟随之实施了世界上最全面、最严格的隐私标准，2018 年 5 月 25 日，欧盟《通用数据保护条例（GDPR）》正式生效。

平衡好数据自由化和隐私安全之间的冲突是构建数字贸易秩序的必经之路，需要世界各国共同努力，摒除贸易保护主义、单边主义、霸凌主义，为实现数字贸易自由化营造良好的国际环境，但这也是一条艰难漫长之路。

三、数字贸易的发展路径与前景展望

数字贸易发展前景广阔，潜力巨大。据全球知名信息技术咨询公司 IDC 预测，到 2021 年，全球至少 50%的 GDP 将以数字化的方式实现，数字技术将全面渗透到各个行业。随着全球化进程的加深和数字技术的发展，数字贸易将逐步朝自由化目标迈进，数字贸易或将重塑全球价值链体系和支付体系，成为驱动经济增长的新动能。

（一）自由化是数字贸易的必由之路

关于“跨境数据自由流动”和“数据本地化”的争议实质上是社会对于个人隐

私权和经济体对经济利益诉求之间的平衡，随着数字贸易地位的加强、国内外立法及监管的进步和技术水平的提高，两种诉求的对立性在减弱，原有平衡点会被打破并移动。因此，实现数据自由流动和贸易自由化是一个循序渐进的过程，不可一蹴而就。现阶段，美国力主实现“跨境数据自由流动”和“数据非强制本地化”，主要是出于掌控数据、抢占先机、称霸全球的野心，企图主导数字贸易国际规则的制定来为本国的核心利益服务，而从世界范围来看，数字贸易还不具备实现完全自由化的条件。但从国际社会长期发展需求来看，数字贸易自由化是全球经济发展的理性选择。以数字贸易为载体实现的数据流动和数据共享将提高全社会的生产效率，促进各个经济体进一步开放、融合，走共同发展、共同繁荣之路。

（二）对全球价值链体系的重塑作用

在传统贸易中，从生产到消费链条冗长，供应商利润被层层稀释，大型企业凭借其强大议价能力挤占上下游的利润空间。而跨境电子商务平台通过直接连接买卖双方，降低了中小企业参与全球价值链的门槛，打破了大型企业在国际贸易中的垄断格局。马云极力推动的 e-WTP 正是致力于构建一个惠及中小企业的的世界贸易平台。数字贸易将重塑全球价值链利益分配格局，为中小企业融入全球价值链、实现变道超车、享受全球化受益提供了新的机遇。

（三）带动数字货币重塑全球支付体系

数字贸易的高速发展需要全球支付体系提供跨境结算服务，但当前全球跨境支付体系由 SWIFT（环球同业银行金融电讯协会）和 CHIPS（纽约清算所银行同业支付系统）主导，为美国高度掌控，美国利用 SWIFT 系统进行霸权主义式的金融制裁，阻碍全球贸易的正常运行。为打破美国在金融领域的控制格局，有关经济体正加紧建立相应的跨境支付系统，如德国、英国和法国三国拟联合建立与伊朗的结算机制 INSTEX SAS（贸易往来支持体系）。

长期来看，数字货币或将担负起重塑全球支付体系的使命，基于法定数字货币的跨境支付网络将成为支撑数字贸易发展的金融基础。数字货币通过分布式记账实现交易，确保交易的可追溯性和不可篡改性，大大提高支付的安全性，且利于提高监管效能。同时，数字货币借助于区块链技术“去中心化”，有利于打破国际支付体系为一国所控的局面，打造公平、合理、高效的全球支付生态。

四、中国数字贸易发展应对策略

随着数字化的发展和全球化进程的加深，传统贸易模式正在向以数字化为主导的数字贸易模式转型升级，这是全球经济发展的趋势所在。中国应抓住数字贸易的发展机遇，主动融入数字贸易的发展浪潮，积极推动构建公正合理的数字贸易规则，加强与世界各国的互联互通，在与各国共享数字贸易未来的基础上，适当提升中国在数字贸易中的话语权。

（一）抓住数字贸易发展的时代机遇。

中国应该充分利用好跨境电子商务等优势领域，抓住数字贸易发展的时代机遇，通过数字贸易推动产业结构优化和消费升级。加强数字贸易与我国“一带一路”倡议的协调配合，加强对数字贸易的统筹规划，加快推进规制体制建设，完善数字基础设施建设，提升数字贸易的科学发展水平和能力，为数字贸易的发展营造良好的环境。

同时，需要重视“互联网+”等数字贸易技术的发展，构建属于中国的核心数字技术设施支撑，例如5G网络的技术研发、云计算和大数据存储技术核心环节的突破、人工智能等平台的独立构建等。独立自主的高新信息技术体系将有利于我国数字经济、数字贸易的可持续发展，也有利于为中国企业未来的国际发展提供有潜力的利润增长空间。

（二）面对数字贸易发展过程中的挑战

数字贸易作为时代发展的新生产物，缺乏相应的监管，因此存在隐藏风险，需要不断的合理探索与政策调整。同时，由于与数字贸易发展紧密相连的互联网技术也处于飞速发展和创新突破阶段，因此鼓励发展的政策也需要在不断的调整中保持更新和推进。

网络安全和数据保护问题，也是我国面临的重要挑战之一。美国作为我国发展数字贸易的重要合作对象和目标市场，曾一度认为我国所采取的网络数据安全管理措施阻碍了全球数字贸易的发展，甚至在美国2018年度的数字贸易壁垒报告中，将我国的数据存储本地化要求和数据跨境流动限制要求等列为关键壁垒。面对这种合作摩擦挑战，我国应积极主动应对，不能一味地迎合忍让，要综合考虑多方意见。我国需要保持自己的立场和态度，在合理考察国际环境和多国规则的基础之上，制定合理的数字贸易保护战略，谋合作、求发展，迎接挑战，化解风险。

（三）推动构建高效公正的数字贸易规则，合理提升中国话语权

针对美国主导数字贸易国际规则制订的企图，中国应该倡导“以 WTO 为主线，以其他协议为补充”的原则，面向未来，站在全球大多数国家利益的一边，在数字贸易规则构建中争取主动权和话语权，推动建立公平 、透明 、统一的规则框架。

中国应该积极参与并推动 WTO 数字贸易规则的构建，坚持以公平合理的 WTO 规则作为数字贸易总准则。在此基础上，根据一国数字贸易发展的需要，签订其他双边、多边数字贸易协定作为补充，保证数字贸易在全世界范围内合理有序开展。目前，中国已经开展了全方位、多层次的贸易布局，将数字贸易与“一带一路”倡议相结合，以人民币跨境支付体系为金融支撑，充分发掘“一带一路”沿线国家数字贸易发展的潜力，在与“一带一路”沿线国家谈判中，加入中国主张的数字贸易条款，合理提升中国的话语权。

（四）加强国际合作，共享数字贸易未来

推动形成开放包容的多边贸易体制，共享数字贸易的未来，符合世界多数国家的核心利益诉求，是数字贸易发展的终极目标与最优选择。而美国奉行“美国优先”和“美国至上”的原则，企图主导数字贸易的发展，独享数字贸易的未来，属逆势而为。中国应该在数字贸易领域加强国际合作，以 WTO 为舞台，加强同各国政府合作，签订双边、多边贸易协定和互惠协议，逐步实现网络开放、自由和安全，支持国际数字贸易自由化和便捷化，确保数字贸易成为推进世界经济包容性增长的持续动力。

我国参与制定全球数字贸易规则的形势与对策

吴伟华

（对外经济贸易大学）

党的十九大报告指出，中国将继续发挥负责任大国作用，积极参与全球治理体系改革和建设，不断贡献中国智慧和力量。当前全球贸易治理结构处于新的调整期，美国等发达国家力图推行代表其利益的贸易投资规则，为应对新兴经济体的崛起，加快重构传统的全球贸易治理体系。其中，数字贸易成为各国关注的焦点。作为数字贸易大国，我国已成为数字贸易规则的重要利益攸关者，应当成为制定全球数字贸易规则的重要参与者和推动力量。

一、数字贸易成为新一轮经济全球化的重要内容

当前，数字经济正深刻地改变着人类的生产和生活方式，成为全球经济增长的新动能之一。随着数字经济的快速发展，全球数字贸易发展日新月异，在全球贸易中的占比快速提升。

目前，对数字贸易的内涵和分类还没有准确定义。世界贸易组织及相关国际经济组织都开始使用数字贸易的概念，在非正式文件中多次提及，但都没有严格的定义。各国对数字贸易包含的内容还存在争议①。本文认为，数字贸易是以互联网为媒

---

① 美国国际贸易委员会（USITC）2013 年首次将数字贸易定义为通过固网或者无线数字网络来传输产品和服务。这个定义排除了大部分的实体商品贸易，即“数字贸易”不包括互联网上在线订购的发生实际物理运输的一些商品。2017 年 USITC 进一步完善了这一定义，认为数字贸易是任何行业的公司通过互联网进行产品和服务的交付。但迄今，美国没有在国际贸易谈判中启用数字贸易定义。

介的商品和服务的传输与互易活动，大致包括四大类：数字音乐、数字书等数字化交付内容，社交网站等数字传媒，电子商务及数字零售交易，搜索引擎、移动 APP、云服务等其他数字化产品和服务。在新型技术不断涌现的情况下，数字贸易的内容还在不断拓展。随着数字贸易模式的不断创新，也在引发国际贸易的深刻变革。

（一）数字贸易体现了全球贸易的发展方向

大数据、人工智能等新一代信息技术的发展，推动了互联网信息技术与现代贸易的融合，促进了与贸易相关的全球采购体系、生产体系、支付体系和物流体系的转型，催生了数字贸易的蓬勃发展。与传统贸易方式相比，数字贸易能够提高交易效率、降低交易成本，并且通过创新交易方式推动贸易模式的不断创新。目前，超过一半的全球服务贸易已实现数字化，超过 12%的跨境货物贸易通过数字化平台实现。世界贸易组织也以数字贸易为主题，发布了《2018 世界贸易报告》。报告指出，数字技术创新正深刻改变世界贸易模式、贸易主体和贸易对象，将对国际贸易产生重大影响。

（二）数字贸易已成为驱动全球经济增长的新动力和新引擎

第一，数字贸易为各国走出全球金融危机的影响发挥了重要作用。中国、印度、马来西亚等国近年来数字经济和贸易发展迅猛，电子商务市场和相关生态系统快速成长，已成为全球最活跃的数字贸易地区之一。第二，数字贸易为中小企业提供了新的市场空间和发展机遇。数字贸易具有开放、共享和包容的优势，降低了国际贸易的准入门槛，为中小企业在数字化时代融入新的全球价值链体系，提供了发展机遇和平台。第三，跨境数字资源流动促进了全球资源的优化配置。思科（Cisco）预测，2016—2021 年全球数据流量的年度复合增长率为 25%。美国国际贸易委员会（USITC）的测算表明，数字流动将带来生产力提高和贸易成本降低的综合效应。欧洲数字贸易公司份额增加 1%，两年内欧洲的劳动生产率就将增长 0.12%（陈超凡、刘浩，2018）。

（三）数字贸易成为重构全球贸易规则的焦点之一

近年来，加快对全球贸易治理体系进行改革的呼声逐渐高涨，形成更加公平合理的全球贸易规则成为各方共识。其中，数字贸易国际规则远远滞后于实践的问题已经引起发达经济体的高度重视，各国围绕全球数字贸易规制体系展开了激烈的竞争和博弈，力求在贸易规则的调整中，争得全球数字贸易发展的主动权。美国充分利用数字贸易大国的优势，在其主导的双边贸易和投资协定谈判中，大力推广对美国有利的数字贸易规则。2017 年 1 月，美国发布《数字贸易与美国的贸易政策》，更明确提出了数字贸易对美国及全球经济的重要地位。欧盟高度重视制定和健全数字贸易规则，有关数字贸易的相关法律逐步完善，如出台的《通用数据保护条例》（GDPR），对跨境数据流动和个人隐私保护进行了规范和约束。日本宣布 2019 年大阪 G20 峰会将聚焦数据治理议题，为开启全球数字贸易新篇章奠定基础。德国、巴西等主要经济体纷纷将数字经济视为实现经济增长的关键依托，都出台了国家层面引导规则制定的发展战略。

二、制定数字贸易规则是完善全球贸易治理的迫切需要

数字贸易的国际规则远远滞后于实践，目前在多边贸易领域，尚未形成专门针对数字贸易的规则。世界主要经济体围绕全球数字贸易规制体系展开了激烈的争夺，但在数据跨境流动、数字本地化、隐私保护、源代码规则等方面存在较大分歧。全球性的数字贸易规则缺失，已经制约数字贸易发展。

（一）多边贸易框架下缺乏对数字贸易的完整性规范

在多边贸易领域，尚未形成专门针对数字贸易的规则体系。世界贸易组织规则中，尚未对数字贸易规则的关键问题进行明确。“怎么界定数字贸易模式及分类，数字产品究竟属于服务还是货物，透明度、非歧视等传统贸易核心规则是否可以直接适用于数字贸易”等问题一直悬而未决。这是当前全球数字贸易面临的最大问题。其原因是：一方面是电子商务本身贸易规则与世界贸易组织现有规则有冲突。另一方面是发达国家与发展中国家对待数字贸易的立场不一。从目前情况看，发展中成员与发达成员分歧较大。全球性的数字贸易规则缺失，成为数字贸易发展的最大不确定性。

（二）发达国家通过内部法规和双边协定抢夺规则制定权

由于数字贸易的迅猛发展，掌握数字贸易规则制定权意味着在数字贸易利益分配中占据了制高点。为掌握制定全球数字贸易规则的主导权，一方面，发达国家正加快建立和完善与数字贸易相关的内部法律法规。欧盟为促进数据流动、保护消费者隐私制定了 GDPR，2019 年 2 月又就出台单一数字市场条例达成一致，以支持本地区电子商务企业加快发展。欧盟还考虑出台征收“数字税”的相关政策。美国也正积极推动出台《数据传播法》（ADDA），以加强对数据流动的规范。另一方面，发达国家在双边经贸谈判中，积极推广符合自身需要的数字贸易规则。寻求在

自己主导的特惠贸易安排谈判中，率先制定数字贸易规则，以期使之成为各国普遍遵守的数字贸易规则。2001 年美国—约旦特惠贸易协定首次出现“电子商务”的专门章节以来，美国在自贸协定中对数字贸易相关规则逐渐完善和细化。如表 1 所示，2000 年以来美国在主导的区域贸易协定中，采用电子商务专章的方式对数字产品交易规则进行了规定，主要经历了三个发展阶段。

表 1 美国主导的特惠贸易协定中数字产品交易规则的演变

	代表性自贸协定	主要进展	具体表现
第一阶段	2000 年签署的美国—约旦特惠贸易协定	形成了数字贸易交易规则的雏形	（1）首次以“电子商务”专章形式出现； （2）明确不向电子传输征收关税； （3）明确对电子传输（包括数字化产品）不设置不必要的障碍
第二阶段	2003 年美国与智利签署的双边贸易协定	明确了数字产品的定义、关税和非歧视待遇	（1）明确了数字产品的定义； （2）不可对数字产品征收关税； （3）数字产品在生产、公布、存储、传输、签订合同等过程中的非歧视性待遇； （4）提出了电子商务交易中的障碍，包括与数据隐私、消费者对电子商务的信任度、网络安全、电子签名、知识产权保护和电子政务相关要求等，提出为信息跨境流动的环境而努力
第三阶段	2012 年签署的韩美自贸区协定	在界定数字产品、关税征收和非歧视性待遇基础上，提出了数据产品交易中的跨境信息流以及互联网的访问和使用原则	（1）明确电子认证和电子签名原则； （2）加强在线消费者保护； （3）提出推动无纸化贸易； （4）明确电子商务的互联网访问与使用原则； （5）促进跨境信息和数据流动，努力避免对电子信息流的跨境施加或维持不必要的障碍

资料来源：作者根据相关自贸协定文本整理。

欧盟高度关注数字贸易规则的发展，2005 年欧盟—智利自贸协定首次涉及数字贸易合作，2016 年欧盟—加拿大自贸协定引入了专门的“电子商务章”，对“数字消费的消费者保护”等进行了详细规定。其他发达国家和地区在自贸协定谈判中，也越来越多地关注到数字贸易发展，并积极探索各自的数字贸易规则。

（三）发展中国家对数字贸易规则的关注度增高

近年来，发展中国家数字贸易逐渐兴起，对数字贸易规则的关注度越来越高。

2016 年，俄罗斯编制了《数字经济发展规划》，不仅对本国数字贸易进行了规划，还涉及欧亚经济联盟内的数字经济与数字贸易内容，包括组建数字经济委员会、建设十大数字平台等。2019 年 2 月，印度商工部出台电子商务监管新规，加强对电子商务平台的监管。巴西、印度尼西亚等利用各种渠道积极参与制定数字贸易规则，在各自参与的自贸协定谈判中，都努力发出自己对数字贸易发展的看法和声音，对制定数字贸易规则产生了不可忽视的影响。但总体而言，发展中国家在数字贸易规则上还没有形成完善的制度体系，与美欧等发达国家有着巨大差距。

（四）国际社会对数字贸易规则的一些基本理念还存在较大分歧

一是数字贸易的概念没有明确。美国将数字产品定义为既可能是货物产品，也可能是服务产品，欧盟只包括服务产品。可见，各方对数字贸易的属性还存在分歧，限制了对数字贸易规则的进一步对话和磋商。

二是隐私保护与跨境数据流动问题分歧较大。随着信息通信技术的快速发展和全球数字贸易的驱动，数据跨境流动越来越成为各国关注的重点议题。一方面，各国围绕跨境数据流动管理积极构建其国内规则和制度；另一方面，在国际多双边贸易谈判中，也将跨境数据流动作为重点规则展开讨论和博弈。美国倾向于个人隐私保护让位于跨境数据流动，以保持美国在数字贸易领域的领先地位。美国认为，限制跨境数据流动会阻碍经济活动的发展，并在国际社会上提出政府不能阻止其他国家的服务提供者或者这些服务提供者的客户，以电子方式进行跨境转移信息。欧盟则始终坚持将公民个人数据保护置于数据流动利益之上，原则上要求数据境内存储、处理和访问，但是符合一定条件的情况下可以跨境传输。欧盟新实施的 GDPR 严格规定了个人数据只有在满足了特定的条件下，才可以向欧盟以外的第三国转移。

三是“文化产品例外”未达成一致。在数字贸易中涉及文化及相关内容时，欧盟则担忧自身数字经济受到冲击，一些发展中国家也出于保护弱势产业的考虑，在数字贸易规则的文化议题上要求“例外”，与美国为主的文化产业强国分歧较大，短期内很难在此问题上达成一致。

三、我国制定数字贸易规则机遇和挑战并存

中国是数字经济大国。近年来，我国数字贸易不断发展壮大，在数字贸易规则方面开展了积极探索，成效初显。但相关规则整体仍处于起步阶段，参与制定全球数字贸易规则还面临诸多挑战。

（一）我国数字贸易已具备坚实的产业基础

随着我国供给侧结构性改革深入推进，经济结构不断优化，数字经济等新兴产业蓬勃发展，已成为全球数字经济发展的重要引领者。首先，数字经济规模跃居世界前列。近年来，我国数字经济持续以高于 GDP 名义增速 10 个百分点的速度高速增长（见图 1）。据测算，2018 年我国数字经济规模达 31.3 万亿元人民币，占 GDP 比重达 34.8%。其次，跨境电商规模稳居世界第一。我国跨境电商进出口已覆盖全球大部分国家和地区，2018 年海关统计的跨境电商零售总额达 1347 亿元，同比增长 50%。再次，数字内容贸易发展迅速。近几年，我国数字音乐、网络游戏、网络文学出口快速增长。研究机构分析，2018 年我国网络游戏海外发行规模约 70 亿美元，同比增长约 17%。最后，数字贸易创新活力强劲。我国移动支付、共享经济等与数字贸易相关的新业态、新模式蓬勃发展。而且，我国在数字领域的投入全球领先，投资总额从 2011—2013 年的 120 亿美元增至 2014—2016 年的 770 亿美元，在全球风险投资中的占比提升到了 19%，大部分资金流向了大数据、人工智能、金融科技等数字企业。这有利于我国在数字贸易领域走在世界前列。

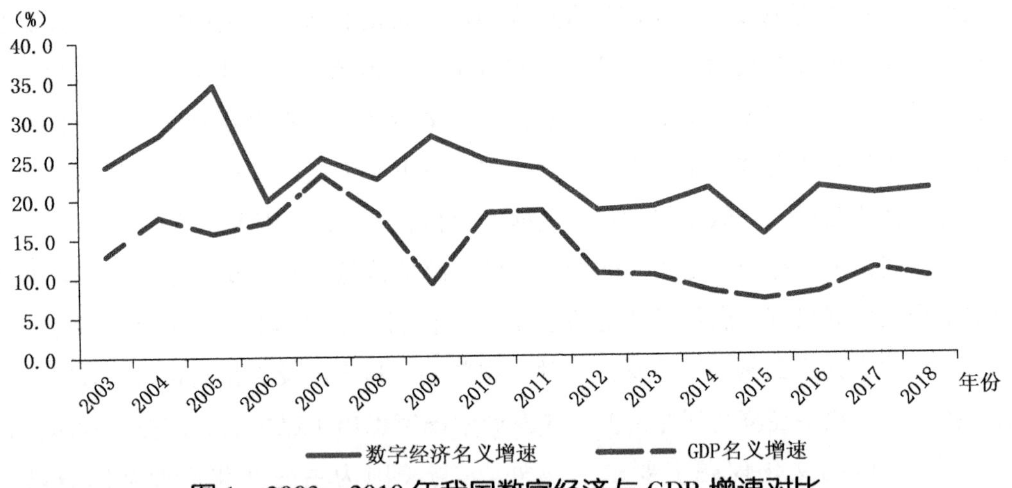

图 1　2003—2018 年我国数字经济与 GDP 增速对比

数据来源：中国信息通信研究院。

（二）我国探索数字贸易规则取得了初步成效

我国充分发挥在电子商务等数字贸易领域的优势，开展了数字贸易规则的积极探索。一是在多边框架下，针对部分数字贸易议题提出了自己的利益诉求。我国在世界贸易组织框架下，围绕电子商务等数字贸易领域，提出了符合自身需求的主张①。二是在双边贸易协定中，开展数字贸易规则探索。在中澳、中韩等自贸区协定中，首次制定了“电子商务”章节，迈出了制定数字贸易规则的第一步。明确了电子商务领域的四个方面规则，即关税、电子验证和电子签章、线上消费者保护以及无纸化贸易。而中澳自贸区在此基础上还增加了国内电子交易架构和个人资料保护两个方面的规则。三是加快了与数字贸易相关的国内改革。对跨境电商等新模式，在杭州等部分地区开展了试点。配合相关业态发展需要，加快了通关、检验检疫方面的配套改革，取得了积极成效。比如，跨境电商出口订单多为小额又多单，传统的海关监管政策对跨境电商企业而言不甚适用。为方便跨境贸易零售进出口企业通关，增列海关监管方式代码“9610”，专为跨境电商服务，创造“清单核放、汇总申报”的独创通关方式，不仅提高了企业的通关效率，也降低了成本。四是不断完善国内相关法律法规。2019 年 1 月 1 日，我国《电子商务法》正式实施，对电子商务经营者、电子商务合同的订立与履行、电子商务争议解决、电子商务促进和法律责任等 5 个方面作了规定，不仅使我国电子商务行业的发展有法可依，对世界范围内的电子商务立法也具有示范性意义。

（三）我国参与制定全球数字贸易规则仍面临不少挑战

我国与美国在数字贸易根本原则上的分歧，是我国参与制定全球数字贸易规则的主要挑战。究其根源，是两国数字贸易的比较优势存在重大差异。美国是服务强国，在数字贸易领域，美国的比较优势在于数字服务产业以及一些可数字化的服务产业，如数字电影、搜索引擎以及云服务等。与此形成鲜明对比的是，我国是制造业大国，同时也是消费大国。我国依托货物贸易的基础，电子商务及与此相关的电子支付取得了飞速发展。因此，我国数字贸易的比较优势是基于互联网的跨境货物贸易。

由于中美两国在数字贸易相关产业上的比较优势迥异，导致两国在数字贸易规制体系中的主要诉求也存在较大差别。美国的比较优势是数字服务贸易，其数字贸易规则的重点是数据流动、知识产权等相关内容，如“跨境数据自由流动”“数据存储非强制当地化”“数字传输永久免关税”“网络开放”“技术中立”原则等。我

① 2016 年 11 月，中国向世界贸易组织总理事会提交了“中国关于电子商务议题的提案”。2017 年 12 月，中国推动世界贸易组织第十一届部长级会议达成了电子商务工作计划等部长决定。

国的比较优势是基于互联网的货物贸易，因此更加关注互联网条件下，跨境货物贸易便利化的相关规则，如“低价值货物免关税”“消费者个人信息和隐私保护”“有效的金融支付机制”“跨境电商争端解决机制”等。而我国在文化类数字产品准入、互联网安全审查、数字本地化及跨境数据传输等方面都有严格的限制，需要与相关国家通过有效谈判和对话，妥善加以解决。

四、我国参与制定全球数字贸易规则的相关政策建议

数字贸易是经济全球化和信息进一步网络化、移动互联化的产物，是新业态、新技术、新机制的代表。我国必须抢抓数字化带来的机遇，加快制定数字贸易规则，争取规则制定的主导权，推动全球贸易治理体系的变革。

（一）夯实国内有利于数字贸易发展的制度环境

参与全球数字贸易规则的制订，必须以国内数字贸易规则体系的建设为基础。数字贸易的“中国方案”能否对世界产生积极影响，完善的国内制度是重要保障。要进一步完善我国与数字贸易相关的国内规则。一是加快相关领域体制机制改革。清理和调整不适应数字贸易发展的行政许可、商事登记等制度。加强对新业态的动态并行、分类监管研究，为新业态、新模式提供试错空间，激发社会创造力。二是加大政策创新力度。扩大新业态试点范围，创新监管方式，完善符合数字贸易发展特点的监管政策，探索建立多方协同的治理、重在事中事后的监管机制，营造数字经济公平竞争市场环境。三是加快完善与数字贸易相关的国内法律法规建设。完善个人隐私保护的相关法律，抓紧完善互联网安全审查规则。

（二）提出有利于产业发展的数字贸易规则体系

一方面，以跨境电子商务作为我国引领数字贸易规则制定的突破口。率先构建跨境电商全口径统计、税收、贸易便利化及消费者保护等一系列制度，逐步形成符合世界贸易组织有关原则的标准体系，抢占全球数字贸易规则和标准制定的主动权。另一方面，针对我国在跨境数据流动规则方面的短板，尽快明确并完善我国关于个人数据使用、互联网访问与使用、电子交易的认证以及跨境数字传输等相关规则体系。比如对跨境数据流动可实施分级分类管理，既加强对金融、电力、水利等重点领域进行跨境数据流动限制，同时研究适当放宽对部分数据存储的要求。对其他普通的企业数据和个人数据允许在超出一定的时间后，可跨境流动。

（三）争取构建全球数字贸易规则框架主动权

继续在多双边合作中，提出中国主张，发出中国声音。一是深入研究 TISA、TTIP 中有关数字贸易的文本，全面了解各方谈判立场，准确把握各方利益关切。二是在自贸协定谈判中加入数字贸易内容。在与数字贸易相关的投资规则、电子商务平台的监管、跨境电商争端解决等方面，确定谈判框架，逐渐形成完善的制度体系。三是选择部分“一带一路”沿线国家为重点合作伙伴，以跨境电商为重点合作领域，发出深化数字贸易合作倡议，形成制定数字贸易规则的机制性安排，共同构建面向未来的全球数字贸易规则框架。

数字经济推进我国中小企业价值链攀升的机制与政策研究

裘　莹[①]　　郭周明[②]

(① 江西财经大学经济学院；
② 中国商务出版社)

中美经贸摩擦等逆全球化现象愈演愈烈，原有全球化发展模式面临严峻考验。在数字经济时代，电子商务等数字平台已经极大地改变了居民消费方式。与此同时，以工业互联网、人工智能和云计算等为代表的数字技术日益成为重塑一国竞争力的关键驱动力量，将深刻影响未来各国价值链分工位置和治理格局（吴伟华，2019）。我国广大中小企业亟待深度融入数字经济，通过数字化流程改造和基于网络效应的跨界融合发掘全新价值增长点。

数字经济是指通过互联网媒介和电子商务平台开展商品和服务贸易的经济形态（OUP，2017），具有三大组成部分：支持性基础设施，包括硬件、软件、电信和网络等；电子业务流程，即企业通过互联网媒介开展业务；电子商务交易，即在线销售商品和服务。贸发会议（UNCTAD，2017）从企业层面界定了数字经济的外延，即包括数字企业和信息通信技术（ICT）企业。但是，上述定义缺少数字技术对传统行业进行数字化改造来提升其竞争力的作用。因此，云计算、人工智能、工业互联网与物联网等供给侧数字技术作为高端制造业的生产要素也应当纳入数字经济的范畴。

一、中小企业沿价值链攀升的现状与困境分析

（一）中小企业参与价值链的方式

中小企业是带动我国经济发展的重要引擎。根据 WTO（2016）统计，中小企业

占一国企业总数的80%~99%，创造全球就业岗位的60%~70%，占GDP贡献度50%~60%。全球价值链以生产过程高度分节化和地理位置离散化的分工网络为特征，参与企业仅专注于生产和供应环节的某一部分，为中小企业融入全球经济提供了机会。

中小企业通过前向参与和后向参与两种方式来参与全球价值链。其中，前向参与包括直接和间接方式，分别是指直接出口中间产品与服务，或通过向中介企业间接出口来参与全球价值链。中小企业参与价值链的另一种方式是后向参与，即通过直接进口或通过大型跨国企业间接进口中间投入品来参与全球价值链。间接出口和进口均可以有效降低中小企业的贸易成本，因而是其参与价值链的主要方式。

（二）中小企业沿价值链攀升的现状

根据企业异质性理论，企业规模是其出口导向的重要影响因素，企业规模越小，出口导向越低。中小企业参与价值链具有如下典型特征：

第一，发展中国家中小企业参与价值链程度偏低，亚洲发展中国家后向参与度相对更低。发展中国家中小企业对国际贸易的贡献相对较低，包括中国在内的亚洲国家中小企业出口比重仅为8.7%（OECD，2018）。对于发展中国家制造业，中小企业直接出口占总销售额的7.6%，间接出口仅占2.4%，均低于大型企业比重（见图1）。对于服务业，其间接出口比重略高（2.6%），但总体参与率仅占总销售额的3.5%。包括我国在内的亚洲发展中国家价值链前向和后向参与度均较低，后向参与度相对更低（见图2）。主要由于这些国家具有相对完整的工业体系，中间投入品可以直接由国内生产完成，无需过度依赖进口。

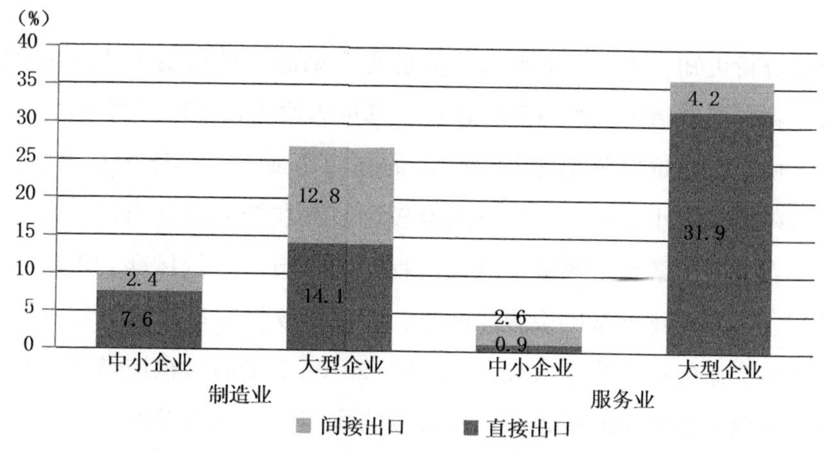

图1　发展中国家企业直接与间接出口比重

数据来源：WTO report 2016。

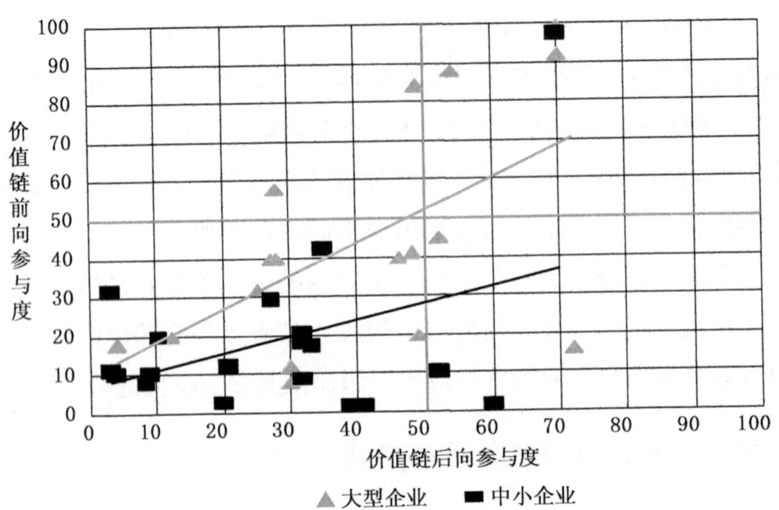

图 2　亚洲发展中国家中小企业价值链参与度

数据来源：世界银行企业调查数据库。

第二，中小企业长期处于价值链低端，在价值链治理中缺乏话语权。发展中国家中小企业参与制造业价值链主要受上游环节（后向参与）的驱动，尤其是加工贸易方式。因为加工贸易企业主要从事生产和组装环节，对技术和营运资金需求较低，生产力较低且融资限制较大的中小企业更容易通过这一方式参与全球价值链，但同样导致这些企业长期被“低端锁定”，难以向微笑曲线两端升级，在价值链治理中缺乏话语权。

（三）中小企业沿价值链攀升的困境

由上述分析可知，中小企业参与价值链程度偏低，且长期被锁定在价值链低附加值环节，在价值链治理中难以发挥作用，其根本原因在于以下两点：

第一，中小企业难以负担参与价值链的高固定成本。具体包括以下四个方面：首先，融资限制。中小企业生产经营风险较高，存在较大融资困难。其次，信息不对称。中小企业不了解贸易政策、清关流程和国际市场质量标准。再次，基础设施薄弱。港口、道路等物理基础设施和网络、通信等软性基础设施不够完善都将导致中小企业面临高昂的运输成本（Cusolito 等，2016）。最后，供应链效率偏低。难以以较低成本获取高质量中间投入品，对市场需求变化反应不及时，存货周转周期较长。上述资源限制降低了中小企业参与价值链并获益的可能性。

第二，中小企业缺乏核心技术，数字鸿沟进一步加大了中小企业突破低端锁定的阻力。中小企业价值链升级困境来自于网络营销技能缺乏、研发能力相对落后和高端人力资源缺失等核心竞争力劣势。同时，数字连通性能够加强价值链中企业之间的联系，但可能无法使所有价值链参与企业平等获益。具有领先数字技术的大企业可能通过限制中小企业的数字连通性，或者垄断创新性数字系统来获取和巩固其垄断利润。因此，小企业很容易随着价值链参与度加深而被锁定在以数字化为基础的生产网络低端。

二、数字经济推进中小企业价值链攀升的理论基础

本文从价值链升级理论框架出发，分析数字经济推进中小企业价值链攀升的理论基础。首先，数字经济帮助中小企业与价值链生产网络形成连接；其次，数字经济一方面降低中小企业生产成本和交易成本，另一方面帮助中小企业进行数字化改造来创造新价值，为其重塑价值链攀升的驱动力；最后，数字经济通过网络效应帮助中小企业在价值链治理中获得话语权。

（一）网络连接效应：数字经济帮助中小企业降低价值链连接难度

数字经济扩大数字连通性，降低中小企业参与价值链的固定成本。第一，互联网金融拓展中小企业融资渠道。互联网银行或众筹等新的融资工具可以补充中小企业的传统融资。第二，网络平台缓解中小企业信息不对称。建立中小企业网络平台可以加强产品出入境信息交流，降低监管合规成本。第三，网络基础设施帮助中小企业快速连接到价值链。稳定高效的互联网与移动互联基础设施帮助中小企业快速学习新商业模式。第四，电子商务平台改造供应链体系。电商中小企业可以通过高频率、小批量在线购买货物来减少库存，快速适应利基市场需求。

（二）成本节约效应：数字经济大幅降低中小企业交易成本

除了降低中小企业参与价值链的固定成本之外，数字经济还能大幅度降低中小企业的交易成本，甚至使其趋近于零，帮助中小企业节约运输、渠道与品牌建立等费用（Goldfarb 和 Tucker，2019）。

第一，数字经济大幅度降低信息商品运输成本。数字技术大大削弱了地理距离的影响，但是并未将其完全消除。首先，线下零售依然会影响在线购物，两者存在替代性。其次，社交网络也是距离持续产生作用的因素。线上和移动社交网络一般是高度本地化的。最后，价值链具有关系型治理结构，产业集聚往往依赖信任与社

交网络来形成。中小企业可以通过积极参与区域内主导企业所领导的国内价值链，为本地和国内分工网络提供中间品，实现间接参与全球价值链。

第二，数字经济使信息搜寻成本降至接近零，帮助中小企业节约渠道费用。搜寻成本是指当市场存在信息不对称时，消费者在查找信息时所支付的费用、时间、精力及风险的总和。较低的搜索成本方便消费者进行价格比较，迫使同质性产品价格下降并趋同，将扩大横向最流行商品和纵向最高质量商品的销售量，由此带来两端商品销售额提升，即长尾效应和巨星效应。因此，当中小企业由于资金限制无法实施多元化战略时，不如立足于某一垂直细分领域，打造高质量利基产品，实现价值链的工艺和产品升级。

第三，数字经济降低验证成本，并帮助中小企业创建数字声誉。在线评级系统可以为消费者提供平台内最佳产品的信息。中小企业可以有效利用低成本验证系统，专注于打造细分领域的拳头产品来提升流量和在线声誉，即使缺乏广告或营销经费，也可以获取口碑效应，提高产品影响力。数字营销能帮助中小企业最高节省57%的分销服务成本（AMTC，2018）。

（三）价值创造效应：数字经济成为中小企业价值创造的新引擎

第一，数字技术帮助中小企业进行数字化改造来创造新价值。目前基于供给侧的数字技术核心是工业互联网或者云计算等。工业互联网的核心在于开放式物联网操作系统以及云计算 SaaS 平台，将中小企业的硬件机器设备、软件管理系统以及数字化应用 PaaS 云服务集成于一体，提供基于传统制造业企业核心业务的全流程闭环整体解决方案，搭建现实生产和虚拟生产的数字化路径，最终形成闭环价值创造，实现数字化转型。

第二，数字技术带来生产率效应。首先，产生替代效应，企业用成本更低的资本（机器人）替代低端劳动力，价值创造来自资本替代劳动的成本节约（Acemoglu 等，2019）。其次，带来要素增强效应，通过把低端重复性工作移交给人工智能后，劳动者得以专注于价值更高的活动来提升效率。最后，产生结构效应，数字技术等服务型业务的增长将重塑制造业中不同环节增加值的比重，服务环节的增长率高于制造环节，带来生产率结构性提升。

（四）价值链治理效应：平台驱动模式重塑价值链治理结构

第一，数字平台通过网络效应重构企业生产和销售网络。Libert 等（2016）根据创造价值的方式将公司分为四种商业模式：资产建设者、服务提供商、技术创造者和网络协调者。其中，数字公司等网络协调者是指通过扩大用户流量来创建网络价值的企业，因而具有较高的收入增长率和利润率（Brouthers 等，2016）。数字经济使价值链治理模式由传统的消费者驱动或生产者驱动转变为平台驱动模式。一方面，中小企业可以深度嵌入数字平台主导的价值链，降低价值链参与成本（Wu 和 Gereffi，2018）。另一方面，基于平台的价值链治理模式也会导致中小企业分工进一步细化，对平台依赖程度加深。因此，良好的市场运作有赖于有效的垄断平台监管制度来避免市场失灵。

第二，数字技术通过大数据算法预测来重构供应链治理结构。数字技术将传统的线性供应链改造成以数据分析为核心的一体化供应链生态系统。通过基于物联网（IoT）的传感技术可以实时实现客户需求的追踪，通过算法优化大数据分析和预测准确性，再无时延地传输到供应链各个环节，从后向关联角度重塑供应链治理结构。

三、数字经济助推中小企业价值链升级的机制分析

如图 3 所示，本文借鉴 Mariscal 和 Taglioni（2017）的分析框架，将中小企业区分为全球价值链前向参与者和后向参与者，引入数字经济作为驱动力，刻画中小企业沿价值链攀升的机制与路径。

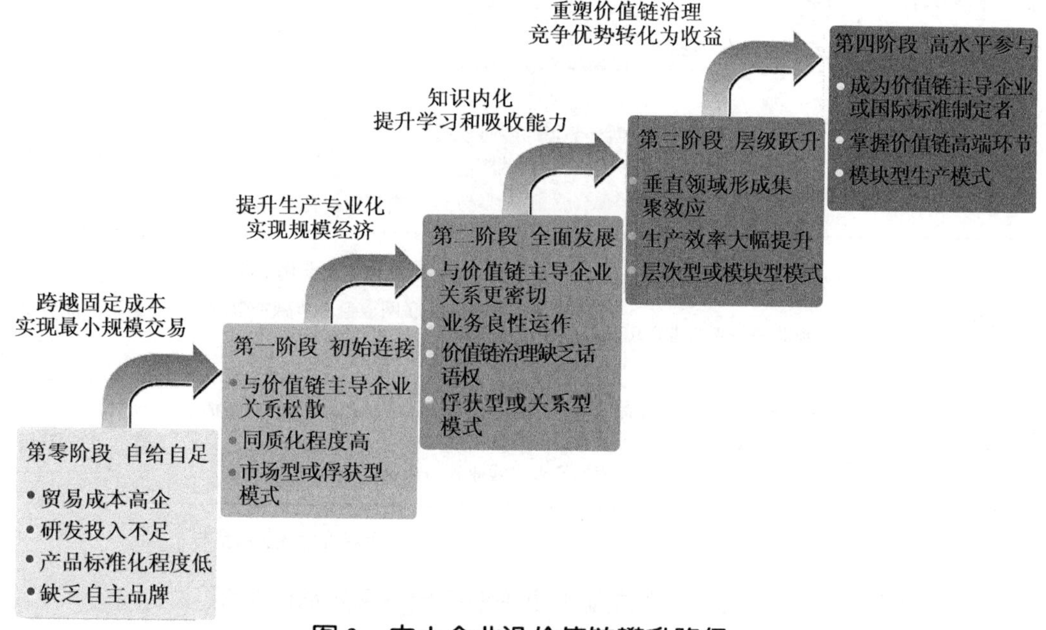

图 3 中小企业沿价值链攀升路径

（一）初始连接阶段：数字经济降低价值链连接成本，推进企业工艺升级

中小企业在参与价值链之前是自给自足状态，该阶段典型特征主要包括：第一，产品同质化程度极高，缺乏研发投入和自主品牌，产品质量不具备竞争优势；第二，生产过程标准化程度较低，难以满足国际高端客户的高质量需求；第三，与价值链主导企业没有任何关联，被排除在全球生产网络之外，开拓国际市场面临高额贸易成本。

如图4所示，中小企业沿价值链攀升第一阶段始于与价值链形成初始连接，在这一阶段的关键步骤在于跨越固定成本，达成连接关系并实现最小规模的交易。数字平台可以充分发挥中介机构的匹配作用，帮助中小企业与价值链产生连接，为其提供更多的市场信息，增强其在线寻找客户的能力，将其业务整合到在线平台上，帮助企业迈出开展国际业务的第一步。中小企业借由满足国际买家生产需求而提高生产技术、加强生产组织管理能力，完成工艺升级。该阶段典型特征为：中小

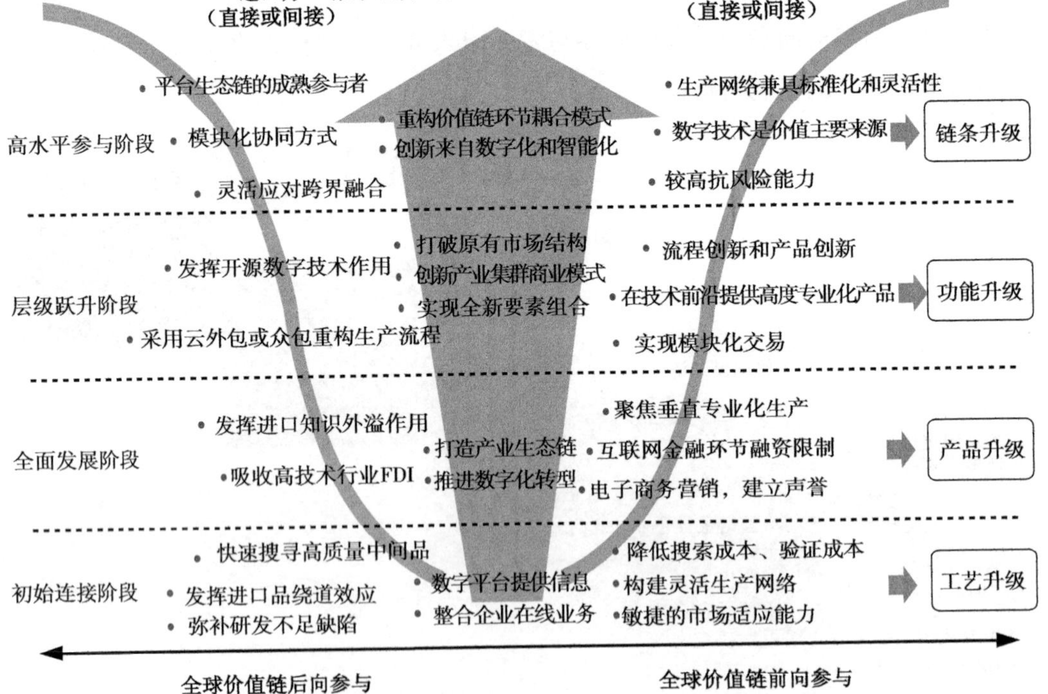

图4 数字经济推动中小企业价值链攀升动态机制

企业规模较小，产品同质化程度仍然较高；业务流程与产品标准化程度有所提高；与平台公司的交易关系较松散，可替代性较强；价值链参与方式更加接近市场型或俘获型。

从前向参与的角度来看，数字平台一方面帮助中小企业降低融资成本、信息不对称程度等价值链参与的固定成本，形成网络连接；另一方面大幅度降低其运输和渠道费用等各类交易成本，构建更加灵活的生产网络，帮助中小企业形成敏捷的市场需求适应能力和富有弹性的供给曲线。例如，云计算帮助企业实现库存弹性管理来节约运输成本，线上销售大幅度降低企业铺货等渠道成本。从后向参与的角度来看，工业互联等数字技术帮助中小企业更加便捷地管理供应链；数字平台节约中小企业搜索高质量中间投入品的信息成本，以相对低价获取质优进口投入品，加强高质量进口品的“绕道效应”，避免研发能力不足导致的价值链低端锁定。

（二）全面发展阶段：数字经济提升规模经济，推进企业产品升级

在第二阶段，关键步骤转变为生产专业化程度提升和规模经济的实现，由最小规模生产扩大至最小规模经济产量（MES）。中小企业应当准确聚焦细分领域的核心技能，实现垂直专业化的能力突破。数字经济的支持来自两方面：第一，围绕平台公司打造产业链生态闭环，使中小企业进一步精简业务流程，深度嵌入生产网络。第二，工业互联网和云计算等数字技术为中小企业数字化转型提供有力支持，帮助其实现生产过程智能化，推进产品升级。这一阶段的典型特征是：中小企业开始在细分领域实现并扩大产品差异化程度；通过对标国际标准来实现产品质量飞跃；与国际买家形成更紧密联系，但是依然在价值链中缺乏话语权；价值链中附加值依然属于跨国公司垄断的外部技术、营销网络或行业国际标准；价值链治理依然保持俘获型，或逐渐由市场型转变为关系型。

从前向参与的角度看，数字平台公司降低中小企业的品牌声誉建立等成本；形成产业闭环帮助企业聚焦细分的垂直专业化产品范围，理解并满足出口产品的国际标准，在垂直专业化领域进行深耕；应用数字技术对企业业务流程逐渐进行数字化改造，从低端简单产品转向更复杂和标准化产品，实现产品升级。从后向参与的角度看，数字技术通过替代效应和要素增强效应帮助中小企业完成生产要素升级，提升其劳动生产率；企业通过数字平台进一步加强进口品的多样性和高质量，充分享受进口中间投入品的技术外溢效果，为下一步知识内化奠定坚实基础。

（三）层级跃升阶段：数字经济推动知识内化，实现企业功能升级

当进入到第三阶段时，关键步骤转变为学习和吸收能力的提升，将外来技术通过人力资本积累进行知识内化，向微笑曲线两端跃升，实现功能升级。数字平台的网络效应具有打破原有市场结构的强大动能，在企业集群中实现商业模式和技术创新。该阶段的典型特征是：企业在高质量制成品领域逐渐形成比较优势；国内价值链附加值将逐渐取代全球价值链附加值，对外国依赖度降低，内部价值急剧上升；初步具备了“重塑全球产业格局”的能力；价值链治理模式也逐渐转变为层次型或模块型。

从前向参与的角度来看，数字技术通过结构效应推进产品制造业服务化，帮助企业加速实现流程创新、产品创新和管理创新，寻求新的要素组合方式，创新生产函数来获取更大竞争优势。在技术前沿提供高度专业化产品，进一步专注核心竞争力，逐步实现模块化交易。从后向参与的角度来看，企业充分发挥开源数字技术的作用，如智能制造、云计算等技术，采用云外包或众包方式来重构生产流程，将生产流程通过数字化改造实现投入服务化；通过灵活组装全球通用的中间品来转变为模块化制造，快速实现利润。

（四）高水平参与阶段：数字经济重塑价值链治理结构，推进企业链条升级

到第四阶段，中小企业已经完成了价值内化和积累过程，并成为价值链中的成熟参与者。在此阶段关键步骤在于寻求价值链治理结构重塑，将竞争优势转化为贸易利得。在线平台和数字系统完全打破产业边界，基于大数据技术，对价值链进行全面数字化改进，对企业业务环节耦合模式进行革命性重塑，构建全新的利润增长模式。数字技术成为了价值链治理整合的核心与附加值的主要来源。该阶段的典型特征是：产品高度复杂化和定制化；牢牢把握价值链最高端环节，即产品创新、新产品设计和智能制造等大数据工业化环节；对自身领域的价值链治理结构和标准制定具有绝对话语权；企业参与模式以成熟的模块化为主；企业实现不同行业间产品跨界融合，最终实现链条升级。

从前向参与角度来看，基于数字技术的灵活生产网络将推进价值链参与企业的生产流程同时兼具标准化和灵活性。差异化主要来源于创新和智能化程度，产品极度缺乏弹性，被模仿和被替代的难度极大，在全球市场竞争中具有较强的抗风险能

力。从后向参与角度来看，数字技术通过大数据实时搜集与算法将供应链由线性模式转化为生态闭环，搭建以数据中台为核心的数字化虚拟生产和现实生产的协同系统，持续推动供应链朝技术前沿面不断改进，重构供应链治理结构。

四、数字经济推进中小企业价值链攀升的国际经验借鉴

数字经济要促进我国中小企业价值链升级应当具备两重基本保障：保证数字连通性，以及健全支持性的非数字机制保障。一方面，广泛并且高效的数字连接帮助中小企业跨越参与价值链的固定成本，从自给自足升级为初始连接；另一方面，应当构建全方位制度保障来打造公平竞争的营商环境，消除“数字鸿沟”等技术垄断带来的福利损失，帮助企业持续实现价值链攀升。以下通过梳理美国、德国和日本等国数字经济推进企业发展的先进经验，为我国提供政策性参考。

（一）美国全面实施数字经济发展战略

美国是全球首个将数字经济从商业行为上升到国家战略的国家，具体措施包括加强数字连通性，制定数字政府战略，推进数字产业化发展，全面构建国家数字经济生态体系（来有为和宋芳秀，2018）。

第一，美国将保障数字连通性作为数字化战略基础。美国于2010年出台投资总额为72亿美元的“国家宽带计划”（National Broadband Plan）实现宽带全面覆盖，解决美国国内区域间“数字鸿沟”问题。2017年，美国进一步将以建设5G网络为首的数字基础设施作为国家安全的首要任务，同时在商业用途和工业用途提升互联网运行效率。

第二，美国实施数字政府战略，提升电子政务效率。美国构建了一个包括信息层、平台层和应用层的数字服务整体框架，全面实现政府文件数字化。建立跨机构信息共享平台，要求政务数据可以随时访问并更新及时，为企业和居民开发和提供数字服务，大幅度提升电子政务效率。制定数字安全和隐私保护标准化实施指南，在完整的数字化技术生命周期中确保企业数字技术和共性技术创新安全性。

第三，美国推进数字产业化发展。美国政府相继于2012年和2016年出台了“联邦大数据研究与开发计划”和“联邦大数据研究与开发战略计划”，致力于广泛采用数字技术来提升传统产业生产效率。两大计划主要围绕大数据产业发展七大领域展开，包括技术研发、网络基础设施建设、数据共享和管理政策、人才培训和搭建创新生态系统等。

（二）德国大力推进传统工业数字化转型战略

德国联邦政府基于工业4.0战略制定了“数字化战略2025”，更加注重在制造领域推进数字化转型战略，包括以下三个方面：互联网基础设施投资、为中小企业提供数字化转型支持和保障网络安全。

第一，德国积极投资数字基础设施。德国网络基础设施建设核心在于对覆盖全国城乡的宽带基础设施进行升级改造，具体包括：建设千兆光纤网络、数字基础设施，实现“智能网络化”，提升企业数字联通效率；各级政府均开发了人口资源、经济社会、地理环境等基础数据库，给企业和民众充当数字应用服务商。

第二，德国为制造业中小企业数字化转型提供政策支持。2016年，德国联邦政府制定了支持公司从事数字产业投资和创新的监管框架，包括：首先，政府带头投资大数据创新领域，推动数字化商业模式创新，帮助德国传统制造业企业重塑价值链；其次，发挥“工业4.0”对先进制造业发展的引领作用，重点突破物联网技术，推进智能生产系统与分布式、网络化生产站点的发展，同时建立大企业对初创企业的扶持机制；最后，对科研领域提供数据支持来鼓励数字化技术的研发。

第三，德国非常注重网络安全。德国联邦政府于2015年构建全面的网络安全政策框架，以确保网络自由和安全，并于2015年和2017年两次制定IT安全法，对能源、通信技术、金融和运输等重要部门保障网络基础设施安全性，同时注重保护德国企业的数据主权。

（三）日本依托国际合作和自由贸易发展数字经济

日本在生产领域数字化发展方面有着深厚积淀，如数控机床、工业机器人等一直是全球翘楚（World Economic Forum，2017）。日本互联网发展的相对滞后一定程度上抑制了其在数字化生产领域的竞争优势。因此，日本通过国内战略推动、寻求国际合作和加强安全保障等几方面来发挥推进数字经济对本国产业发展的促进作用。

第一，日本将数字经济战略从供给侧拓展到需求侧。日本政府陆续发布了“i-Japan2015”战略（2009）、日本振兴战略（2013）、智能日本ICT战略（2014）和“社会5.0”理念（2016）。其中，社会5.0是一个比欧洲工业4.0更广泛的概念，旨在将数字经济融入国民日常生活中，打造人与人工智能共生的闭环，刺激消费者对数字技术及其相关产品的需求，并通过政务服务数字化来简化政务流程，改善投资环境。同时，日本还为IoT领域的外资公司提供财政补贴，支持其在日本建立创新中心来进行实验或可行性研究。

第二，日本扩大服务贸易自由化来寻求发展数字经济国际合作。2018 年，日本与欧盟签署了欧盟—日本经济伙伴关系协定（The EU-Japan EPA）。欧盟和日本在数字经济领域通过交叉投资、监管合作和深层次贸易协定进行深度捆绑，签署互认协议（MRA），确保双方投资者权益和开放性创新环境，允许两个经济体之间双向跨境数据和私人信息流动。日欧或者跨国投资者可以使用通用数据平台来托管企业软件、系统和数据库，无需重复投资搭建新系统。同时，日本还致力于推进美国已经退出的全面与进步跨太平洋伙伴关系协定（PTPP）。日本在 ICT 领域的非关税壁垒低于中美韩等各国，对外资企业不设置强制许可和对在线访问或跨境数据流的限制，为投资数字和 ICT 产业提供了良好的营商环境。

第三，日本在数字经济开放的同时强调网络安全。日本网络安全法律体系包括：网络安全基本法（2014）、网络安全战略（2015）和网络安全信息共享伙伴关系倡议（2017）等。日本还特别强调物理网络领域的安全性，相关政策包括关于物联网系统安全的总体框架（2016）和物联网安全综合对策（2017），并鼓励企业积极参与网络安全投资。

五、数字经济促进我国中小企业价值链攀升的政策建议

（一）构建高效的数字化基础设施，实现数字连通性全面升级

第一，全面铺设高效硬件和软件基础设施。加大政府主导的数字基础设施投资，突破数字技术的基础设施和瓶颈技术障碍，着重加强制造业领域技术投入力度。加速推进战略新兴产业领域基础设施的数字化进程，设立互联网交换点。允许建设竞争性电信和网络基础设施。第二，建设数字技术一体化框架工程。鼓励政府全面构建涵盖感知层、通信网络和计算存储资源的集约化新型智慧城市支撑体系，为建设新型智慧城市提供计算、存储、网络、数据采集等服务。

（二）构建高效协同的创新系统机制，鼓励数字技术元创新

第一，鼓励数字核心技术和产业共性技术的元创新。建立政府—研究机构—企业良性互动的产学研一体化区域创新系统，构建多元化创新主体来分担研发风险。引导数字技术研发重点从应用技术转向产业共性技术。第二，建立健全知识保护制度体系开放创新前瞻计划，通过专属授权使得创新主体优先分享知识产权收益，提

高创新主体参与研发的动力。制定技术预见的共性技术评价体系，实施结构性政策来确保数字产业创新链升级。第三，拓展数字科技融资模式。以 PPP 模式成立数字技术成果转化基金，对本地区发展有需求的数字科技成果进行重点项目资金支持；拓宽数字产业融资渠道，加强数字产业科教研发、创新创业基地与风险投资、私募基金、融资担保公司、证券公司等机构的合作交流，增强资金融通能力。

（三）实施竞争性法规监管，构建富有活力的营商环境

第一，出台广泛性竞争政策，避免数字鸿沟带来市场扭曲。创建良好的监管环境，出台实施有效的数字经济竞争法规，鼓励企业自主进入和退出市场。取消电信、互联网等行业的监管障碍，提高监管透明度。提升初创企业和风险投资进入数字行业的积极性，推动数字技术的更广泛应用。第二，减少数字贸易壁垒，充分发挥进口“绕道效应”。实施多方举措改善数字贸易政策和交易环境，进一步简化海关手续和流程，降低非关税壁垒，提升贸易便利化程度。第三，制定平台竞争法律规范，实施数字经济监管。制定数字经济相关法规，促进数字经济竞争。鼓励互联网平台企业创造新商业模式，保护竞争性市场结构，减少由于平台垄断带来的效率和福利损失。

（四）全面推进数字政府战略，提高电子政务效率

第一，建设电子政务互联互通体系工程。建设政府数据共享交换体系和公共基础数据库，支撑跨部门跨行业跨领域的信息共享和业务协同。第二，建设数字技术应用体系工程。基于企业、居民、管理者三大主体诉求，推进数字技术的政务服务应用发展，加快提升电子政务效率，营造良好的营商环境。

（五）将数字安全提升到战略高度，保障企业数字主权

第一，构建数字安全监督体系。确立以数字身份认证为核心，将云计算、大数据、人工智能及区块链信息技术全方位应用于身份安全、移动安全、大数据安全和云安全等数字安全领域。第二，制定数字隐私法律规范。出台个人数据信息合规使用规范框架，从数据收集、数据使用与留存、数据安全保护、第三方披露、数据跨境转移和数据主体权利等方面进行系统性管控，消除中小企业拓展数字化业务的后顾之忧。

（六）构建全面互联网治理体系，确保数字经济良性运行

第一，从网络根源技术实现突破，抢占互联网治理格局的制高点。积极探索互

联网路由认证，打破互联网的底层垄断，引导全球互联网治理摆脱发达国家控制的域名系统集权式树状结构，向分权式森林体系演进，实现共享共治。第二，将数字技术充分应用于互联网治理框架。积极探索互联网法院和数字技术判案等新技术，将法律知识图谱技术、区块链技术、人脸识别技术、云识别技术等融入互联网治理的总体框架中。第三，积极探索互联网治理立法。将统一立法与分散立法相结合，针对网络内容监管、电子商务、知识产权保护、网络犯罪等问题开展专门立法，进一步规范数字经济的良性运行。

数字服务贸易及相关政策比较研究

王　拓

（商务部国际贸易经济合作研究院）

当前，随着数字技术的发展与应用，贸易方式出现了较大改变。根据 Richard Baldwin 的理论，继第一阶段的传统贸易和第二阶段的全球价值链贸易之后，出现了第三阶段的“数字贸易”。数字技术的应用推动了跨境数据流动，降低了信息共享成本，将价值链上的不同参与者相互连接起来，同时也改变了服务的生产和交付方式，推动服务贸易“数字化”发展。数字贸易和服务贸易数字化发展对当前世界贸易规则和各国的管理措施带来了挑战，各国对其进行了大量的研究和探索。目前欧盟和美国走在了数字服务贸易规则和管理制度探索的前沿，包括统计框架、管理措施、限制性政策等方面取得了诸多成效。我国虽然是服务贸易大国，但是逆差较大；电子商务规模虽然位居世界第一，但是数字技术和数字服务贸易发展仍处于起步阶段；在相关政策体系建设和管理规制探索方面，依然有很多内容需要向国际先进经验借鉴。因此，加强对数字服务贸易相关理论和政策的探索，不仅对推动我国数字技术发展、服务贸易转型升级、缩小贸易逆差有巨大促进作用，也对当前探索“规则制度型开放”，构建全面开放新格局，建设现代化经济体系具有重要意义。

一、数字贸易与数字服务贸易

（一）数字贸易的定义

美国和欧盟一直致力于对数字贸易相关理论进行研究，关于数字贸易的定义经历了一个演进和探索的过程。

美国持续探索数字贸易相关理论与政策，对数字贸易定义不断修正。美国国际贸易委员会从2013年开始尝试对数字贸易进行定义，并在之后的2014年和2017年发布数字贸易报告，不断对数字贸易定义进行修正。2013年，美国国际贸易委员会发布《美国与国际经济中的数字贸易Ⅰ》，定义数字贸易为“在国际和国内贸易中，通过互联网交付的产品和服务”；2014年该组织发布第二份报告，定义数字贸易为“依赖互联网和互联网技术建立的国内贸易和国际贸易”；2017年发布《全球数字贸易1：市场机会与外国主要的贸易限制》，认为数字贸易是“通过固定网络或无线数字网络传输的产品和服务”。一系列定义的修正，一方面对相关技术内容做出调整，将“互联网”修改为“固定网络或无线数字网络”；另一方面，涉及的产品和服务范畴不断修正，从“互联网交付的产品和服务”到“网络传输的产品和服务”，明显将电子商务中线下交付的货物贸易剔除。

OECD对数字贸易进行了较为全面而深刻的定义。在2017年法国巴黎举行的国际货币基金组织国际收支统计委员会第十三次会议上，OECD发布报告，对数字贸易进行了较为全面深刻的分析。该报告在现有贸易分为货物贸易和服务贸易的基础上，参照服务贸易分为四种提供模式的方式，增加了数字贸易所产生的新的内容和新维度，搭建了数字贸易测量框架。该报告认为数字贸易包括三个维度：交易的性质、产品和参与者，解决了“谁”通过何种“方式”，获得何种“产品”的三个交易的基本问题。其中交易的性质包括数字订购、应用平台和数字交付；产品包括商品、服务、信息和数据；参与者包括企业、家庭、政府、居民与服务组织。该分析框架包含了通过数字技术完成的货物和服务贸易，也包括了跨国流动的数据和信息，成为当前国际上较为认可的定义。

（二）数字服务贸易的内涵

关于数字服务贸易（Digital Services Trade）的研究，OECD是先行者。经合组织将数字服务贸易定义为“通过电子网络提供的服务”。对于该定义，根据OECD的统计分析框架，可以从交易方式、产品和参与者三个维度进行理解。从交易方式来看，数字服务贸易包括了交易维度中的数字订购、应用平台和数字交付；从产品类型来看，主要包含服务、信息和数据；从参与者角度来看，包括了企业、家庭、政府、居民与服务组织等。从定义本身来看，数字服务贸易可以包括狭义和广义两种。狭义的数字贸易可以理解为服务贸易的数字化形式，包括旅游、教育、医疗等的数字化，和数字内容的服务贸易，包括数字电影、数字音乐、数字动漫和软件贸易等。广义的数字服务贸易在狭义服务贸易数字化的基础上，再加上新型的数字服务内容，如搜索引擎、云提供的数字服务和数据跨境流动带来的服务等。其重点研究领域包括了数字技术中人工智能、物联网和大数据等技术的应用；产业和贸易的数字化转型；数字贸易的市场开放和主要壁垒；跨境数字流动对贸易产生的影响等方面。

二、数字服务贸易相关管理措施的产生和主要政策

（一）数字服务贸易管理措施的产生

数字服务贸易作为一种新型的贸易模式，对传统的贸易规则和监管模式提出挑战，产生了诸多新领域和新的管理问题。数字服务贸易的发生主要经历以下过程：首先需要具备数据连接的基础设施，这涉及互联网和无线网络建设等。然后交易的双方主体通过数字网络技术实现跨境的数据流动并在线进行信息交换，根据各自的需求获得产品和服务信息，确定双方同意的合同内容达成交易意向，通过在线支付系统实现交易并缴纳相关税务。最后在不侵犯其他权益保护的情况下获得产品和服务。整个数字服务贸易的发生过程，最主要特点是数字基础设施的连接和数据作为基本要素的跨境流动，并产生了数据安全、电子合同、第三方金融、数字知识产权保护等多个新领域，这些新领域对涉及的财政税收、市场准入、监管措施、法律法规等方面产生冲击，亟需构建新型的管理措施和政策来应对。

数字服务贸易的管理措施大体分为促进和保护两种类型，对内表现为各国自身在监管中的探索，对外则是各国之间贸易规则的谈判。在数字服务贸易的促进方面，主要有以下内容：一是数字基础设施建设，保障本国的数字提供能力和连接能力，这确保了数字服务贸易双方可以有效获取信息和建立链接，是数字服务贸易发生的基础。二是贸易发生过程中的资金流动，需要有相关的数字支付手段和平台，也需要双方所在国家金融账户下的资金流动。三是消除市场垄断，防止贸易供应商由于市场准入和不公平竞争而产生垄断，从而提高消费者的福利水平。在数字服务贸易保护方面，主要涉及以下内容：一是在建立数字链接的同时，保护好个人隐私及对国家安全十分重要的关键数据信息。二是制定贸易双方认同的合同规则，确保贸易双方利益不受损失。三是确保跨境数字交易过程中资金流动的安全。四是保护贸易内容中所涉及的知识产权，确保产权人利益不受损失。

（二）影响数字服务贸易发展的主要限制性政策内容

为了明晰阻碍数字服务贸易发生和发展中存在的限制性政策，并度量其对数字

服务贸易的影响，OECD 构建了数字服务贸易限制性指数（Digital Services Trade Restrictiveness Index）。服务贸易限制性指数是在 OECD 服务贸易限制性指数的基础上进行改造和补充，对服务贸易数字化进程中，阻碍数字服务贸易发展的各国限制性政策进行识别和量化，主要关注任何影响数字服务贸易的跨境政策性阻碍。

Janos Ferencz（2019）基于服务贸易限制性指数的相关政策基础，结合数字贸易特有的政策壁垒，首先构建了数字服务贸易限制性指数，确定了影响 22 个服务领域①的限制性措施，包括了处于数字化转型前沿的一些服务业，比如计算机、视听、分销、金融和电信服务。将主要影响数字服务贸易发展的壁垒分为五大领域：基础设施和连通性、电子交易、支付系统、知识产权、其他影响数字化服务贸易的壁垒。

基础设施和连通性中，主要涵盖了数字贸易中建设基础设施的相关措施。它反映了网络运营商之间互联性的相关规定对无缝式信息交流（seamless communication）的保障程度，也反映了限制或者阻碍通信服务使用的措施。其中包括了跨境数据流动和数据本地化政策等内容。

电子交易项下，主要包括签发电子商务活动许可证的歧视性调节、在线税务登记的可能性及非居民企业申报、国际公认电子合同准则、抑制电子认证（如电子签名）使用和缺乏有效的争议解决机制等政策内容。

支付系统项下，主要反映了影响电子支付的措施。它包括特定支付方法权限的相关措施，并评估了国内支付交易安全标准是否与国际标准一致。此外，它还涵盖了其他领域未涵盖的网上银行相关限制。

知识产权项下，主要涵盖了在知识产权保护方面给予外资企业和个人平等的版权和商标权保护政策，反映了在解决版权和商标侵权事件时适当的执行机制，包括网上发生的版权和商标侵权事件。

其他影响数字化服务贸易的壁垒中，主要包括影响跨境数字贸易的履行要求（performance requirements）（如强制性使用当地的软件和加密技术或强制性技术转让）、下载和流媒体限制、网络广告限制；商业或当地存在要求、缺乏针对网上反竞争实践的有效补偿机制等。

---

① 这些领域包括：计算机服务、建筑服务、专业服务（会计与审计、建筑、工程和法律服务）、电信服务、分销服务、运输服务（空运、海运、铁路运输和公路运输）、邮政及速递服务、金融服务（商业银行和保险）、视听（广播、录音和电影）、物流服务（货物装卸、仓储、货运代理和报关代理）。

三、国内外数字服务贸易政策发展趋势

（一）世界数字服务贸易限制性增多

世界各国限制性措施呈增多态势。目前，根据 OECD 对世界 44 个国家进行的数字服务贸易限制性措施的度量，其数字贸易限制性指数数据库数据显示（见图 1），在 2014—2018 年期间，全球数字服务贸易限制性措施呈现增多态势。在这 5 年期间，10 余个国家的指数平均增长 32%，同期的最高增长率达到 50%。各国在数字服务贸易方面的措施中，80% 为限制性措施，并且主要集中在基础设施的连通性领域①。

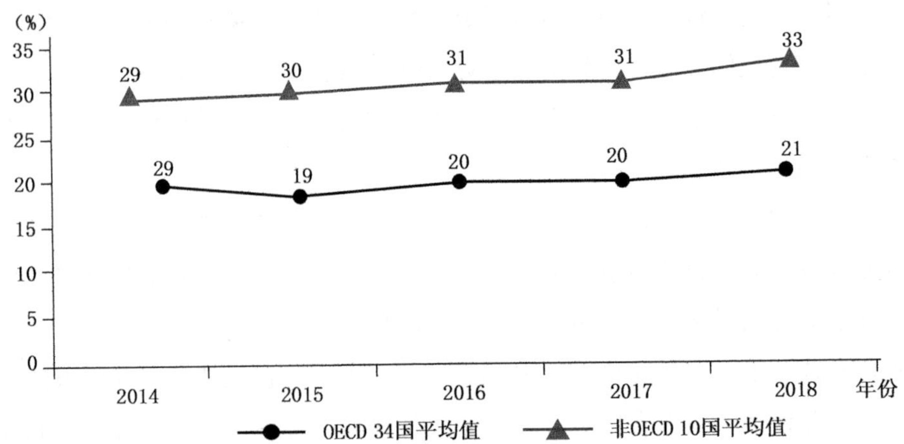

图 1　2014—2018 年 OECD 与非 OECD 国家数字服务贸易限制性指数发展趋势

资料来源：根据 OECD 数字服务贸易限制性指数数据库整理。

发展中国家得分较高，发达国家普遍得分较低。从 2019 年发布的数据来看，44 个国家的分值分布在 0.0425 至 0.4877 之间，平均得分 0.1768。得分最高的多数为发展中国家，在所计算的 10 个非 OECD 国家②中，平均指数从 2014 年的 0.29 上升至 2018 年 0.33。发达国家排名普遍较为靠后，说明发展中国家比发达国家具有更高的限制性壁垒。排名前六的国家为金砖五国再加上印度尼西亚。其中，中国整体得分最高，为 0.4877；其次为印度尼西亚，得分为 0.4079；巴西排名第三，得分

① 数字贸易限制性指数数据库：https://stats.oecd.org/?datasetcode=STRI_DIGITAL。

② 10 个非 OECD 国家指：阿根廷、巴西、中国、哥伦比亚、哥斯达黎加、印度、印度尼西亚、俄罗斯、沙特阿拉伯和南非。

0.385；俄罗斯排名第四，得分 0.3424；南非排名第五，得分 0.3420；印度排名第六，得分 0.3036。哥斯达黎加得分最低，为 0.042。美、英、德、日等国家，美英并列第 29 位，德国排名第 20 位，日本排名第 34 位，其中日本的得分最低，意味着其限制性措施最少（见图 2）。

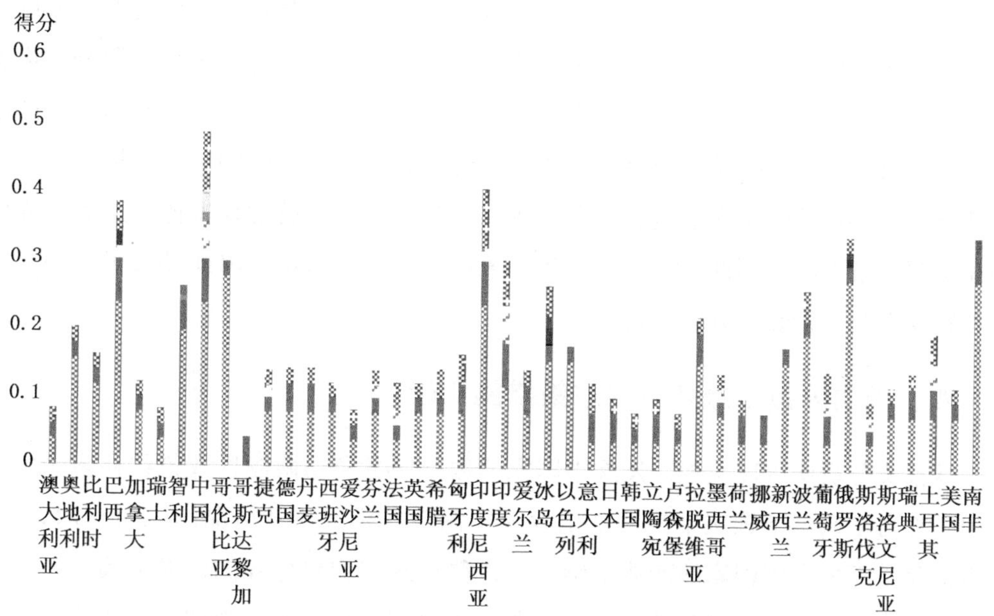

图 2　44 国数字服务贸易限制性指数分值分布图

资料来源：根据 OECD 数字服务贸易限制性指数数据库整理。

分领域来看，各国主要限制性措施集中在基础设施和连通性项下。在基础设施和连通性领域，俄罗斯、南非和哥伦比亚并列第一；中国、印度尼西亚、巴西并列第二。美、英、德等国家并列第 16 位，日本排名第 34 位。44 个国家中，基础设施和连通性的限制性指数得分占总得分的一半以上，对总指数的贡献各国平均达到 55.9%。电子交易项对总得分的贡献排第二位，占各国总分的平均百分比为 22.3%。中国、印度尼西亚、巴西和印度并列排名第一，得分 0.0637；德国和日本并列第五，美国和英国并列排名第 20 位。支付系统和知识产权占总得分的比重相对较少。在支付系统项下，只有 11 个国家具有限制性措施，中国和印度排名第一；在知识产权领域，仅有 7 个国家具有限制性措施，中国和冰岛并列第一，其余国家均没有限制性措施。在其他影响数字化服务贸易壁垒项下，印度尼西亚和中国并列第一，美、英、德、日等国家得分一样，并列排名第 13 位。

（二）中国与发达国家数字服务贸易限制性政策数量比较

从上述比较之中可以发现，中国的数字服务贸易限制指数得分在44个国家中最高，意味着限制性措施最多。

基础设施和连通性限制措施过多是中国总分过高的主要原因。从表1中可以看出，在OECD给出的五大领域42项限制性措施中，中国的数字服务贸易限制性措施数目较多，总数达到18条。而德国限制性措施为5项，美国、英国和日本三国的限制性措施为4项，均明显少于中国。其中，在基础设施和连通性项下，共有19条限制性措施，接近总限制性措施的一半，在五个政策领域中所占权重比例最大，而中国在该项政策下的限制性政策达到6条，数量位列各国首位，因此导致了中国数字服务贸易限制性指数总分值最高。

四、国内外数字服务贸易政策措施比较

从前文分析中可以发现，发展中国家的数字服务贸易限制性政策往往多于发达国家，在各个政策子领域中均呈现出较大限制性。导致这种情况的原因有两方面：一方面是由于发展中国家的产业基础薄弱，往往采取相对保守的政策措施；另一方面，发展中国家的政策措施处于探索阶段，相对于发达国家，往往变动较快。下文将对数字服务贸易主要相关的政策领域进行比较，分析国内外管理模式和监管机制之间存在的差异，探究未来我国数字服务贸易政策方向。

（一）基础设施和连通：在促进数据跨境流动和数据安全之间做出权衡

我国在基础设施和连通项下的限制性措施主要集中在跨境数据流动方面，而跨境数据流动的核心争议在于个人数据的隐私保护上。在这个问题上，我国与国际规则之间存在差异性。

国际规则上，制定了允许个人数据跨境流动的标准。在跨境数据流动方面的相关内容主要见于2013年OECD修订的《隐私保护与个人数据跨境流动指南》，数据保护和隐私专员国际会议在2009年通过的《马德里决议：隐私保护国际标准》，还有联合国1990年制定的《计算机处理的个人数据资料规范指南》。这些政策规定的出发点一方面是要促进数据的跨境自由流动，另一方面是要保护个人数据隐私，在这两者之间做出权衡，并提出了相关的数据流动基本原则。

在上述规则中，认为在以下几种情况下，数据可以跨境流动：一是当另外一个

国家的个人信息保护与本国“相当”或者认为该国可以提供“充分”的保护水平时；二是即使数据接收国个人信息保护水平无法达到标准，但是数据传输国自身可以采取措施保证信息保护水平持续符合相关标准时；三是信息主体同意时。在促进数据跨境流动方面，要求对于个人信息跨境转移的限制，需要与信息转移所带来的风险成正比。因此要求对于一般个人信息的跨境转移限制不得过多，而对于敏感信息允许通过制定特殊规则来监管。欧盟为了实现欧盟区内各国个人隐私数据保护规则的统一性，于2018年5月宣布《通用数据保护条例》生效。该条例规定了数据控制者和处理者的责任和相关的处罚条例，对与欧盟发生数据交换的所有企业进行严格规范，无论该企业是否在欧盟区域内。

表1　中国与美、英、德、日各国在五个政策领域的限制性措施数量

国别	基础设施和连通性	电子交易	支付系统	知识产权	其他影响数字化服务贸易壁垒	限制性措施总数
中国	6	3	3	2	4	18
美国	2	1	0	0	1	4
英国	2	1	0	0	1	4
德国	2	2	0	0	1	5
日本	1	2	0	0	1	4

数据来源：根据OECD数字服务贸易限制性指数数据库整理。

我国对于跨境数据的个人数据保护主要施行审批制和境内数据存储。主要政策措施文件包括以2016年的《中华人民共和国网络安全法》作为法律基础制定的《信息安全技术公共及商用服务信息系统个人信息保护指南》（2012年）和网信办2017年出台的《个人信息和重要数据出境安全评估办法》。其中《个人信息保护指南》明确指出，“未经个人信息主体的明示同意，或法律法规明确规定，或未经主管部门同意，个人信息管理者不得将个人信息转移给境外个人信息获得者，包括位于境外的个人或境外注册的组织机构”。“关键信息基础设施的运营者在中华人民共和国境内运营中收集和产生的个人信息和重要数据应当在境内存储。因业务需要，确需向境外提供的，应当按照国家网信部门会同国务院有关部门制定的办法进行安全评估；法律、行政法规另有规定的，依照其规定”。由此可见，我国与欧盟在个人数据保护和管制方面存在管理制度上的差异。

（二）电子商务：对外资企业的开放与落实

数字服务贸易的发生通常会以电子商务的形式开展，目前对我国电子商务政策领域最主要的关注点在于对外资的开放问题。关于电子商务开放问题，主要集中在是否允许外国电商企业全资在本国的运营和办理相关许可证。

在电子商务开放方面，主要涉及两个问题，一是我国对外资电子商务股比的限制问题，二是开展相关业务的经营许可证及备案制度。对于第一个问题，我国已经取消了外商电子商务的股比限制。2015 年 6 月，我国工信部颁布《工业和信息化部关于放开在线数据处理与交易处理业务（经营类电子商务）外资股比限制的通告》，其中提出："我部决定在中国（上海）自由贸易试验区开展试点的基础上，在全国范围内放开在线处理与交易处理业务（经营类电子商务）的外资股比限制，外资持股比例可至 100%。"在我国 2018 版的全国"负面清单"中提到"增值电信业务的外资股比不超过 50%（电子商务除外）"。因此，我国在电子商务领域对外资是开放的。对于第二个问题，虽然我国已经在实际中执行了对外资电子商务的开放，但是相关的政策文件尚未修改。根据 2019 年颁布的《电子商务法》规定："电子商务经营者从事经营活动，依法需要取得相关行政许可的，应当依法取得行政许可"。这其中所谓的相关行政许可，主要是指"互联网信息服务增值电信业务经营许可证"（ICP 许可证）或者"在线数据处理与交易处理许可证"（EDI 许可证）。而获得相关许可证的审批主要依据为《外商投资电信企业管理规定》，该政策于 2008 年进行修改，其中第六条规定"经营增值电信业务的外商投资电信企业的外方投资者在企业中的出资比例，最终不得超过 50%"。因此，就会出现当前的开放政策与原有政策的冲突与矛盾，也因此使外国企业和研究机构产生误会，认为我国对电子商务领域依然并不开放。另外，还有在国内关于租用服务器备案问题，运营基于我国服务器的网站需要获得 ICP 许可证，也就是说租用我国的服务器开展电子商务，需要经过工信部的备案才可以获得 ICP 许可证，否则属于违法行为。而租用中国香港、美国、欧洲等地区和国家服务器则均不需要备案，只需要搭建好，支付相应费用就能上线运营。

对于外国供应商在本国进行在线申请税务登记和申报方面，目前我国在线申请税务登记和申报服务一般都是对于外资在华企业可以实行，而非居民外国服务提供者则不可以使用在线税务登记和申报服务。目前，我国正在大力推行商务备案和工商登记"一口办理"，外资企业可以通过在线服务进行商务备案和工商登记手续，推动“无纸化、零见面、零税收”。

（三）电子支付系统：探索第三方支付机构的监管模式

数字服务贸易的交易过程常常伴随着网络的支付过程，这种网络交易常常与第三方支付业务相关联。因此，对第三方支付的监管模式成为影响数字服务贸易发生的重要内容。在此过程中，主要涉及市场准入和资金监管等内容。

1. 在市场准入方面，非金融支付机构管理要求本地化存在，增加电子支付企业营业成本

数字服务贸易很多业务需要通过电子支付的方式完成交易，由此产生许多新型的电子支付公司，这些新型的电子支付公司依托互联网允许客户在账户中存有货币。由于政府出于对金融机构的监管，因此往往将这种提供电子支付功能和具有货币存款功能的电子支付公司置于银行监管规定的范围内。在银行监管范围下，一般要求公司必须拥有在外国市场开展业务的银行执照，而这种执照的获取则要求在境内设立有限责任公司或股份制有限责任公司，从而对电子支付企业形成较大的成本，无形中阻碍了电子支付系统的国际关联。

在我国，对第三方支付服务提供商（非金融机构）实施机构监管，必须在境内设立外资投资企业，并获得支付业务许可证。2018 年，中国人民银行发布《中国人民银行公告［2018］第 7 号》，其中明确指出“境外机构拟为中华人民共和国境内主体的境内交易和跨境交易提供电子支付服务的，应当在中华人民共和国境内设立外商投资企业，根据《非金融机构支付服务管理办法》规定的条件和程序取得支付业务许可证。”同时也规定了非金融外资机构跨境数据流动的原则“外商投资支付机构在中华人民共和国境内收集和产生的个人信息和金融信息的存储、处理和分析应当在境内进行。为处理跨境业务必须向境外传输的，应当符合法律、行政法规和相关监管部门的规定，要求境外主体履行相应的信息保密义务，并经个人信息主体同意。”当前我国国内市场中主要的电子支付方式有微信、支付宝和 Apple Pay。其中 Apple Pay 仅为一种支付技术或产品，并不具有账户体系和资金的清结算业务，不属于第三方支付，因此不需要取得支付业务许可证。而微信和支付宝则具有余额支付功能，并且拓展出生活缴费、基金理财等业务，属于第三方支付工具。

美国和欧盟对第三方支付监管模式存在差异，但是更加侧重于准入后的监管。美国将第三方支付机构视为非银行金融机构，依然采用现有法律对其进行监管，并没有进行单独的立法。涉及到的法律主要见于《美国联邦法典》和《统一货币服务法》。在监管内容方面，美国更加注重对交易的过程进行监管，而不是对业务机构进行监督。欧盟则将第三方支付机构视为金融机构，制定了《支付服务指令》和《电子货币指令》，建立了专业的监管体系，侧重于对机构资质的审查。

2. 资金管理成为各国监管的重要内容

第三方支付系统中，允许存在资金余额，并可以进行跨境资金转移和其他投资行为，具有隐蔽性和不易监管的特点，这就造成了资金的安全性和资金使用方面的问题，往往与反洗钱和反恐怖相关联，成为各国政府的重要监管内容。在我国，由于将第三方支付纳入到银行监管系统内，因此对于通过第三方支付服务转移的资金数额、购买的外国银行和保险服务也受到同样的限制。根据《国家外汇管理局关于规范银行外币卡管理的通知》，我国保险类商户设为金额限制类，在此类商户单笔交易不得超过 5000 美元。同时，对于反洗钱也采取了相关措施，包括反洗钱内部控制、客户身份识别、可疑交易报告、客户身份资料和交易记录保存等预防洗钱、恐怖融资等金融犯罪活动的措施。中国香港为加强反洗钱管理，要求对第三方支付机构开展尽职审查，主要是了解业务关系及性质，对交易活动持续监督，识别客户身份及可疑的活动。此外，对于跨境支付工具也进行更加严格的风险评估机制。

（四）电子合同：落实国际公约的司法实践

数字服务贸易发生过程需要贸易双方签订彼此认可的合同，因此涉及合同规则问题，主要是合同规则与国际标准之间的差异性。对于我国来说，主要体现在国际电子合同公约的国内司法实践。目前国际上的电子合同标准主要包括来自于联合国推动的《联合国国际合同使用电子通信公约》和《联合国国际货物销售合同公约》。《联合国国际合同使用电子通信公约》旨在消除各国法律对于电子商务发展存在的障碍。不过《联合国国际合同使用电子通信公约》的实施则需要通过每个签约的成员国将其转变成为国内的证据规则才能推进以使用。也就是说，即使成为了该公约的成员国，如果不能在国内立法通过，转化为法院司法规则，也不能具体落实该公约内容。目前，我国 1988 年已经实施了《联合国国际货物销售合同公约》，于 2006 年签署了《联合国国际合同使用电子通信公约》，成为其正式一员。2004 年，我国发布了《电子签名法》并于 2005 年正式生效，但是其内容也仅为基本原则的规定，缺少对电子签名的法律效力和实施细则，因此很难在具体司法程序中转化为审判的可使用证据。2019 年 4 月，我国对《电子签名法》进行修订，明确了电子签名、电子印章的法律效力，成为重要的电子证据。至此，我国在电子签名实践中取得了实质进展。

（五）知识产权保护：保护内容原创者利益，消除信息供应平台垄断

在数字服务贸易中涉及的知识产权保护问题，已经成为当前数字服务贸易中关注的重点问题。此领域下国内外差异主要集中在数字知识产权保护手段和相关立法等方面。

在数字知识产权保护中，主要矛盾是既要保护内容原创者的合法权益，同时也要努力消除内容提供者与信息合理使用者之间的“信息鸿沟”。目前国内外都在积极探索阶段，标准尚未统一。美国在数字版权保护方面主要是通过技术手段，而欧盟则从通过明确内容原创者和传播者权责角度的展开。

美国在数字版权保护方面主要采取数字版权保护（DRM）技术手段，即对网络传播中的数字产品进行版权保护，包括了保护的技术、工具和处理过程，其核心技术是加密技术和数字水印。该项技术可以有效对数字资源保护提供技术支撑，但是也会造成版权相关产业对数字资源进行控制和垄断。

欧盟在 2019 年 4 月表决通过了《数字化单一市场版权指令》，其主要目的是为了适应当前的数字化环境，也成为当前对数字版权影响的重大成果。其中第 15 条规定了“链接税”，即规定“新闻出版商有权与新闻聚合者如互联网巨头、搜索引擎、社交媒体等进行授权许可谈判，内容原创者有权分享新链接所产生的额外收入”；第十七条规定了“上传过滤器”，即“互联网公司要对上传到其网站的内容负责，要使用过滤器对涉嫌侵权的内容进行筛查，如果没有及时制止，就要对侵权行为负责”。

当前我国在数字知识产权保护中正在积极探索相关技术应用，但在法律建设方面需要予以加强和完善。在数字版权技术方面，中国版权保护中心于 2010 年提出了数字版权唯一标识符（DCI，Digital Copyright Identifier）体系，对每一件数字产品进行版权登记及相关合同备案，同时发放 DCI 码、DCI 标和作品版权登记证书，以实现确认版权真伪，明确版权归属以及在线查询、跟踪和取证的作用。当前，国内已经有很多企业进行了相关的技术探索，如利用区块链等技术进行加密，但由于各数字内容企业存在内容格式不统一的问题，对此也产生了很多不便。

在相关立法方面，中国的知识产权保护立法在具体规定方面与世界发达国家存在差异。比如，在中国《商标法》和《著作权法》方面对外国人和企业的相关保护施行对等原则，外国人、无国籍人的商标和作品保护，需要根据作者所属国或经常

居住地国同中国签订的协议或者共同参加的国际条约进行。而很多发达国家在立法时则不会对本国和外国人或企业做出类似规定，比如新加坡商标法等规定“凡是从事商业活动的任何人无论属于哪一国公民，只要其有意使其商标在新加坡获得保护，均可向新加坡主管当局申请商标注册”。事实上，我国已经是《伯尔尼公约》和《巴黎法》的缔约国，同时也是《与贸易有关的知识产权协定》的缔约国，其实在对外国人和相关知识产权保护上，并无实质性差别。但在具体法律的规定上则会引起误会和歧义，让其他国家诟病我国对外国人和企业实施歧视性待遇。

五、提升我国数字服务贸易管理制度的建议

鉴于以上数字服务贸易相关政策的分析，以及我国与国际政策的对比，可以发现我国在相关政策领域存在提升空间。

第一，加强数字服务贸易政策体系的系统性研究。数字服务贸易是一种新型贸易方式，具有自身独有特征，需要诸多制度和政策配合发展。在贸易促进和安全保护方面进行权衡时，一方面要制定相关促进政策体系，通过扩大开放，推动外资的准入，培育数字技术企业成长壮大，树立数字服务品牌等措施，夯实产业基础。另一方面，需要综合考虑国家安全、产业安全和个人安全，在确保正常贸易发生的同时保护本国利益不受侵犯。这其中涉及诸多部门法律与政策的修改与完善，因此需要联合多个部门共同开展系列研究，加强政策体系的构建探索。

第二，加强多双边谈判，与其他国家联合探索数据跨境流动安全标准。以双边谈判形式为起点，与其他国家联合探索数据跨境流动的安全标准，在谈判中针对数据跨境流动、数据安全保障措施、侵犯个人隐私仲裁措施等问题开展探索式讨论和谈判，形成两国跨境数据自由流动协议，并在相关问题上形成联合保护和惩处措施。以双边数据自由流动协议为蓝本，推动 RCEP、上合组织、APEC 等多边谈判，借鉴欧盟“单一数字指令”形式，逐步探索扩大跨境数据自由流动协议的多边适用性。

第三，构建衡量我国数字服务贸易发展的政策评价指标体系。目前 OECD 借助服务贸易限制性指数构建了数字服务贸易限制性指数，以此建立对各主要经济体在数字服务贸易领域的政策度量指标。但是由于我国的开放政策在持续推动中，国外的学者和机构未必能切实反映我国真实的政策开放度和优越性，容易造成国际舆论的误导。因此，我国可以加强与 OECD 的合作，共同构建反映各国政策的指标体系。这样既可以系统学习各国的开放措施，也可以及时找到我国政策体系中存在的限制，既有利于对现有政策进行修订和完善，也有利于寻找未来政策发力点。

第四，在继续扩大整体开放的同时，注重政策协调推进，探索加强开放后业务管理。当前我国不断扩大开放，探索构建全面开放新格局，通过在自由贸易试验区等试点地区进行政策突破和探索，来带动全国范围内的开放。在这个过程中，容易出现新的开放措施与之前的管理政策并存的现象，导致各地在执行过程中出现差异。因此，针对这种情况需要及时对政策体系进行系统性梳理，比如在全国负面清单中对外资电子商务企业进行了开放，因此需要修改《外商投资电信企业管理规定》相关内容。此外，需要着力在开放后的业务流程方面加强管理，推动“一线放开，二线管住”。比如在第三方支付方面，可以借鉴美国管理经验，对相关支付业务进行开放探索，对开放后的资金流动等业务加强监管，而不是对经营资格进行审查。

第五，将国际公约原则切实转化为国内法律体系，完善法律建设，加快探索新型贸易的相关法律。对于数字服务贸易涉及的电子合同方面内容，需要在电子签名、电子签章、电子证据等方面加强立法探索，将我国已经签署的公约进行国内司法转化，构建与国际标准相符合、与新型贸易相适应的法律体系。这不仅仅包括对电子签名等在法律层面的认可，还包括将其作为可供司法参考的证据链，成为受到法律保护、对侵害可以予以惩处、对仲裁可供参考的证据，成为法律认可、仲裁和执法的完整体系。

第六，加强数字服务贸易的知识产权保护。借鉴美国和欧盟经验，加强与欧美在技术和制度建设方面合作，共同探索数字服务贸易相关的数字版权保护新路径。一方面是与美国开展数字技术合作，通过综合运用大数据、云计算、区块链等数字技术，探索加强数字版权保护的技术手段，确保内容原创者的合法权益不受侵害。另一方面，借鉴欧盟经验，出台数字版权保护条例，消除内容提供者与信息合理使用者之间的信息鸿沟不对称，规范市场行为，平衡数字内容原创者与数字服务供应商之间的利益分配。

美欧日数字贸易的内涵演变、发展趋势及中国策略

蓝庆新　　窦　凯

（对外经济贸易大学）

当前，在以互联网为代表的信息通信技术的引领下，全球范围内传统产业领域正掀起一场重塑全球经济版图的“数字革命”，“互联网+传统产业”的跨界融合推动了数字经济的诞生并发展壮大，预计2025年全球数字经济规模将达到23万亿美元，已经成为促进全球经济复苏和增长的核心动力。在此背景下，推动了传统国际贸易转型升级，诞生了数字贸易这一新型贸易模式。数字贸易作为代表数字经济时代未来发展方向的现代贸易形式，是互联网技术与现代贸易的深度融合，在创新商业模式、提高贸易效率、降低贸易成本、打破贸易壁垒方面具备显著的竞争优势。数字贸易已经成为当前贸易发展的新趋势，为全球经济发展注入了新动能、开辟了新空间，成为世界各国当前发展的焦点领域。美欧日作为现阶段全球数字经济的领导者，在数字贸易的发展上也走在世界前列，目前已经成为数字经济和数字贸易强国，同时由于美欧日理念相和，正试图通过贸易磋商在数字贸易发展以及数字贸易规则上达成共识，以期掌控全球数字贸易发展的主动权。对中国而言，得益于国家的战略规划以及庞大的市场规模，中国已经成为全球跨境电商规模最大、发展最快的市场，跨境电商出口交易规模2018年达到7.9万亿元。然而，在美欧日试图主导数字贸易发展格局下，中国面临着与发达国家之间的“数字鸿沟”加大，缺乏完善成熟的标准化规则体系，再加上全球数字贸易发展不平衡加剧以及面临着转型困难的挑战，进而对中国数字贸易的快速健康发展带来了较大的限制。因此，明确目前美欧日数字贸易的内涵、发展趋势及中国面临的挑战，把握中国

数字贸易的发展方向，对于促进中国由贸易大国向贸易强国的转变具有重要的现实意义。

一、美欧日数字贸易的内涵演变

当前全球数字贸易已经展现出蓬勃的生命力以及巨大的发展潜力，“数字贸易”的内涵和外延在不断延伸。其中，美欧日等发达国家对“数字贸易”进行了定义，并不断拓展，大体形成了数字贸易的当代内涵。具体而言，“数字贸易”内涵大致经历了三个阶段的演变。

（一）将数字贸易视为电子商务的阶段（1998—2012 年）

在这一阶段数字贸易的概念尚未被明确提出，美欧日等发达国家乃至整个全球一般采用“电子商务”这一概念来表述。世界贸易组织在 1998 年第二次部长级会议上设立了“电子商务工作计划”，首次提出了“电子商务”这一概念，并将其定义为利用电子方式生产、分销、营销或交付货物和服务的过程，但是该项议题在随后的近 20 年并未得到充分重视，直到近两年才重新进入成员国的视野。同时在这一期间电子商务的发展经历了两个阶段，1998—2003 年属于电子商务 1.0 阶段，这一阶段电子商务的主要模式是网上展示和线下交易的外贸信息服务模式，主要目的是给企业信息和产品提供网络展示平台，并不涉及网络交易；2004—2012 年属于电子商务 2.0 阶段，这一阶段电子商务开始脱离纯信息黄页的展示行为，逐步将线下交易、支付以及物流等环节实现电子化，在线交易平台开始形成。

（二）将数字贸易视为数字产品与服务贸易的阶段（2013 年）

在这一阶段乃至随后的下一阶段，美国主导着数字贸易内涵的演变。美国国际贸易委员会（USITC）2013 年在《美国和全球经济中的数字贸易》第一次报告中首次提出了“数字贸易”这一概念，认为数字贸易是依托互联网为基础，以数字技术为手段，利用互联网传输产品以及服务的商业活动，包含国际国内两大部分。USITC 把数字贸易细分成数字内容、社会媒介、搜索引擎、其他数字产品和服务等四类，但是把商业活动中的物理产品排除在外，具备数字特性的物理产品也不例外。这一阶段实质上是将数字贸易理解为通过数字化方式传输的贸易，实体货物的贸易被排除在外，这一阶段的数字贸易标的范围相当狭隘，与经济现实脱节较为严重，因而很快被全新的数字贸易概念所替代。

（三）将数字贸易视为实体货物以及数字产品和服务贸易的阶段（2014 年以后）

在这一阶段，实体货物被纳入数字贸易的交易标的中，强调数字贸易是由数字技术实现的贸易。美国国际贸易委员会（USITC）2014 年在《美国和全球经济中的数字贸易》第二次报告中完善和扩充了 2013 年提出的“数字贸易”内涵，将数字贸易界定为“互联网以及基于互联网的技术在产品和服务的订购、生产或交付中扮演重要角色的国内和国际贸易”，不再仅仅包含数字化的产品和服务；2015 年欧盟在公布的《数字单一市场》（Digital Single Market）中认为数字贸易是利用数字技术向个人和企业提供数字产品和服务；2017 年美国贸易代表办公室将“数字贸易”概念进一步扩展，不仅明确地指出互联网上销售的产品属于数字贸易，而且还将实现全球价值链的数据流、实现智能制造的服务以及无数其他相关的平台和应用纳入数字贸易范围中，这主要是基于经济社会中数字技术与传统产业融合发展的现实，越来越多的商业活动采取了数字化的形式，企业普遍运用数字技术参与国际竞争与合作；2018 年日本在《通商白皮书》中提出数字贸易是基于互联网技术，向消费者提供商品、服务与信息的商务活动。

综上所述，在美版“数字贸易”定义基础上，综合欧盟、日本及国内外相关研究文献，数字贸易内涵可定义为，依托互联网为基础，利用数字交换技术为手段，实现传统实体货物、数字化产品与服务、数字化知识和信息的高效交换的商业活动，是数字货物贸易和数字服务贸易的有机统一。具体而言，包含两大部分：第一部分，通过数字化方式跨境交易的实体货物，即通过跨境电子商务交易的实体货物；第二部分，基于互联网技术实现数字化产品和服务、数字化产品和信息的交换互动。

二、美欧日数字贸易的发展趋势

（一）美欧日加快数字经济战略部署，聚焦数字贸易发展

随着数字经济时代的来临，世界经济整体处于动能转换的换挡期，世界各国不断加快数字经济战略部署，其中美欧日尤其重视数字经济发展，相继出台一系列数字经济发展战略，并将重点聚焦于数字贸易，推动了自身乃至全球数字贸易的发展。

美国在数字经济和数字贸易的发展上始终走在最前面，从 1998 年美国商务部发

布《浮现中的数字经济》报告以来，全球数字经济的发展大幕就正式被美国所揭开。从 1998—2019 年美国发布了 13 部有关数字经济的重磅报告，探讨了数字经济和数字贸易发展的前沿问题，引领了全球数字经济发展浪潮，成为全球数字经济的绝对领航者。自 2013 年以来，美国数字经济战略的重点开始聚焦于数字贸易，企图推动全球信息及数据自由流动，2013 年 USITC 发布的《美国和全球经济中的数字贸易》第一次报告中首次明确提出了“数字贸易”的概念，为美国数字贸易发展指明了方向；2014 年和 2018 年先后发布的《数字经济与跨境贸易：数字化交付服务的价值》以及《北美数字贸易》，更是有力推动了美国数字贸易的发展，使得美国成为全球数字贸易的引领者。

欧盟为打破境内数字市场壁垒，在数字单一化市场、数据保护以及人工智能等重点领域推动数字经济和数字贸易发展。欧盟早在 2009 年便相继发布了《数字红利战略》以及《未来物联网战略》，其目的在于释放“数字红利”频段、刺激无线业务和互联网的发展；2015 年欧委会启动了《数字化单一市场战略》，该战略的重点开始向数字贸易聚焦，其目的主要是期望通过消除成员国之间的法律和监管障碍，实现数据资源自由流动，进而为个人和企业提供优良的数字产品和服务；2017 年欧洲议会国际贸易委员会通过了《数字贸易战略》，以期通过制定相关政策保障跨境数据自由流动来促进欧盟数字贸易发展。

日本以科技创新为重点，在智能制造及数字化人才等领域推动数字经济和数字贸易发展。早在 2001 年和 2009 日本就先后出台了《e-Japan 战略》及《i-Japan 战略》，提出要强化信息化知识的普及教育及加大信息教育和数字技术设施的投入，为数字经济发展培养高端数字技术人才；自 2013 年起每年定期制定《科学技术创新战略》，重点推动数字技术创新发展；2018 年经济产业省出台了《通商白皮书》，呼吁政府要应对“数字贸易时代”，并强调数字贸易是日本企业发展的良机。

（二）美欧日数字经济发展迅速，数字贸易领跑全球

数字贸易源于数字经济，是在数字经济发展到一定阶段下诞生的新型现代化贸易形式，美欧日是当前全球数字经济最发达的国家和地区，依赖于雄厚的数字经济发展基础，也使得其在数字贸易发展上领跑全球。

美国目前以 11.5 万亿美元的市场规模独占全球数字经济第一梯队，是全球数字经济和数字贸易绝对领导者。数字经济和数字贸易在推动美国经济复苏、增加就业

以及提升社会福利方面起着重要的作用。美国国际贸易委员会（USITC）测算显示，数字贸易对美国实际 GDP 的贡献率达到 3.4%～4.8%，并增加了 240 万个就业岗位。美国数字贸易也展现出巨大的发展潜力，2007—2017 年美国数字贸易出口年均增长率在 26%左右，其增长速度超过了传统的商品和服务贸易；2017 年美国数字贸易（不包括数字商品）出口达到 4390 亿美元，占美国服务贸易出口的比重达到 57.63%；2017 年美国数字贸易（不包括数字商品）进口达到 2600 亿美元，占美国服务贸易进口总额的 50.39%；美国数字服务贸易的顺差达到 1790 亿美元，占美国服务贸易顺差总额的 72.85%。同时，美国拥有全球最大的云计算服务市场规模，占据全球云计算行业规模的 60%左右，主导着全球云计算服务行业。

欧盟国家数字经济占 GDP 的比重在不断提升，德国、法国等欧盟主要国家的数字经济占 GDP 的比重达到 61.4%和 40.3%，其中德国数字经济 GDP 占比位居全球第一，数字经济已经成为欧盟国家经济的重要组成部分，由此也促进了欧盟的数字贸易的发展，并在全球处于领先位置。欧盟近年来数字贸易出口额显著增加，2017 年达到 8000 亿美元，占欧盟出口总额的 30%左右。其中，ICT 服务出口总额达到 2700 亿美元，占全球信息通信服务出口总额的 12%。同时，欧盟是全球第二大云计算服务市场，全球约 20%的云数据中心工作量发生在欧盟，占据全球 21%（189 亿美元）的云计算服务市场规模。

日本是全球数字经济第三大国，2017 年数字经济规模达到 2.3 万亿美元，数字经济占 GDP 的比重达到 40%以上，而中国的比重仅为 30.3%。得益于数字经济的发展，日本数字贸易发展也较为迅速，目前是日本已经拥有全球最大的跨境电商出口市场和全球第三大电子商务市场，市场规模仅次于美国和中国。同时，日本数字贸易（不包括数字商品）进出口规模也较为庞大，2017 年 TCT 服务进出口总额达到 1455 亿美元，成为日本国际贸易的重要组成部分。

（三）美欧日携手促进数字贸易发展，主导制定国际规则

美欧日既是目前全球数字经济发展的第一梯队，也是全球数字贸易发展的领导者，且由于发展理念相和，正企图将各自的势力范围相互对接以形成较大的“数字贸易利益圈”。2019 年 1 月 9 日，美欧日在华盛顿举行贸易部长会议，确认将携手促进数字贸易和数字经济的发展，并试图通过促进数据安全来共同改善数字环境。尤其是在数字贸易规则领域，美欧日纷纷依靠自身在数字贸易上的优势，向全球推广自身的数字规则和理念，力图在即将到来的数字贸易浪潮中占据主导权。

美国作为数字经济的绝对领航者，拥有一批在全球占据主导地位的数字公司巨头，为美国从国外带来规模庞大的跨境数据流，使得美国在数字贸易中受益众多，进而使得美国在数字贸易规则的制定和推广上取得了领先优势。因此，美国在数字贸易上企图打造数字贸易规则的“美式模板”，并以美国与对方签署自由贸易协定的方式进行推广。“美式模板”的重心是保持全球数字市场的开放，从而使得美国能够在数字贸易中获胜，其在美韩自由贸易协定中提出了“美式模板1.0”，首次明确了跨境数据自由流动的原则；美国退出的TPP谈判提出了“美式模板2.0”，强调要促进数字贸易、信息自由流动以及开放互联网；2018年《美墨加协定》提出了“美式模板3.0”，强调要取消跨境数据收费和数据本土化限制，开放政府公共数据但禁止要求企业披露源代码和算法。数字贸易规则“美式模板”是美国以自身立场所构建的贸易规则新体系，彰显了美国意志，是美国企图主导数字贸易国际规则，为全球设定具有约束力标准的具体体现。

欧盟以构建数字化统一市场为目的，通过签署的数十个FTA，提出了一系列有关数字贸易的章节，如“电信章”、“金融章”、“投资章”以及“知识产权章”，最终形成了体现欧盟政治体制和文化价值观的数字贸易规则的“欧式模板”。“欧式模板”主要聚焦于三大领域，分别是推进跨境数据流动、完善知识产权保护以及促进视听合作，但欧盟在数字贸易规则谈判上坚守“隐私保护”及“视听例外”两大红线。相比“美式模板”而言，“欧式模板”尚未形成完整的体系，与美国相比仍然存在一定的差距，其仍然在不断与数字贸易大国的博弈中完善贸易规则。

日本既缺乏美国的绝对实力，又缺乏欧盟的政治地位及市场筹码，因此其采用借势推广的策略和逐步引领的方针来向全球推广其数字贸易规则。一是借TPP之势谋取“跨太平洋伙伴关系全面进步协议”（CPTPP）数字贸易主导权。自美国退出TPP后，日本由于自身的经济优势与其余11国较为顺利的签署了CPTPP协议，并保留了TPP协议中有关数字贸易的核心诉求。二是借欧盟“数据贸易圈”之势谋取数据保护的主导权。日本与欧盟签署日欧经济伙伴关系协定（EPA）中，日欧双方在电子商务领域做出了相应承诺，日本从此加入了欧盟“数据贸易圈”，从而在与“圈外”国家谈判时取得数字贸易规则上的竞争优势。三是借多边会议之势推广数字贸易规则理念。2019年1月达沃斯世界经济论坛上日本首相安倍晋三呼吁，要促进跨境数据的自由流通；日本作为2019年G20峰会的主办国，其拟通过讨论全球数据治理来推广其构建的基于信任的数据自由流通体制。日本通过这三次借势，正逐步跻身全球数字贸易规则的引领者行列。

三、美欧日主导数字贸易发展格局下的中国策略选择

当前中国数字贸易也在蓬勃兴起，数字贸易正成为未来中国对外贸易创新发展方向。但是在美欧日等发达国家试图主导全球数字贸易规则的国际背景下，中国数字贸易发展面临着较大的威胁和挑战，中国必须从战略高度重视数字贸易发展。

（一）中国数字贸易发展面临的威胁和挑战

1. 美欧日谋划数据流通“朋友圈”，拉大全球数字鸿沟

从美欧日当前的谈判焦点来看，三方在跨境数据流通上将会达成密切的“朋友圈”，这将会进一步拉大美欧日等发达国家与以中国为代表的发展中国家之间的数字鸿沟。跨境数据流通在本质上是发达国家与发展中国家之间的产业国际地位之争，美欧日等发达国家之所以对跨境数据自由流动提出明确的诉求，是由于其处于全球数字经济价值链的顶端，掌握着核心数字技术、核心数据以及核心网络，跨境数据自由流动能够帮助美欧日等发达国家建立垂直型数字经济国际分工格局。与此同时，美欧日等发达国家可以利用其垄断的核心技术和数据，向中国等发展中国家的市场进行渗透，借助数字经济实现向传统实体经济的渗透，从而可以最大程度利用发展中国家的人力资源优势。美欧日这种谋划数据流通“朋友圈”的发展格局，导致中国等发展中国家有可能被锁定在全球数字经济价值链的低端位置，在数字经济和数字贸易发展上与发达国家的差距将会进一步被拉大。

2. 数字贸易规则分歧较大，阻碍中国融入全球高端数字贸易圈

美欧日以及中国作为全球数字贸易的领跑者，基于各自利益以及国情的差异，在全球数字贸易规则上存在较大的分歧，使得全球数字统一市场建设面临严峻的形势。美日之间现阶段在数字贸易规则上基本无立场冲突，美欧之间在个人数据隐私保护程度和方式上存在分歧，但美欧日均主张开放全球市场、推行跨境数据自由流动以及反对强制技术转让；而中国作为以跨境电商为代表的新兴数字贸易大国，在数字贸易规则上主要侧重于跨境电子商务，强调在促进跨境电子商务发展的同时注重对国家安全以及消费者权利的保护，在跨境数据流动上有严格的限制，并且提出了数据本土化的要求。总体而言，美欧日等发达国家重点主张将跨境数据自由流动纳入多边贸易规则，以中国为代表的发展中国家重点强调跨境数据流动限制，双方之间在数字贸易规则上存在着较大的分歧，再加上发达国家很可能向美欧日贸易规则圈靠拢，导致中国等发展中国家难以融入全球高端数字贸易圈，对于数

字贸易的良好健康发展带来较大的影响。

3. 数字贸易发展存在明显失衡，不利于全球同步协调发展

现阶段全球数字贸易在发展上存在着明显的失衡，美欧日的强强联合可能会形成“强者恒强”的发展格局，不利于全球数字贸易实现同步协调发展。在国家层面，得益于先进的互联网基础设施以及数字化产品和服务，美欧日等发达国家和地区领跑全球数字贸易，而中国等发展中经济体数字贸易成长潜力巨大，但现阶段仍然与美欧日存在较大差距，即使跨境电商发展最为迅速的中国，2012—2017 年数字贸易年均顺差在 100 亿~150 亿美元左右，但是占比不到美国的 1/10。在行业层面，数字网络游戏行业一枝独秀，占据了全球 50%的数字用户消费内容，2017 年达到 1217 亿美元的市场规模，而数字音乐、数字视频以及数字阅读等数字化产品和服务所占全球数字用户消费内容不足 50%，2017 数字音乐、数字视频以及数字阅读的市场规模总和仅为 251 亿美元。在企业层面，互联网巨头掌握全球数字贸易主导权，并且主要分布在美国，2018 年全球市场价值排名前十的互联网企业中，美国占 7 个，并且美国这 7 家互联网企业的总市场价值达到 40220 亿美元，占 2018 年美国 GDP 总量的 19.61%，这些互联网巨头通过向消费者提供涵盖所有数字贸易领域的产品，进而在全球占据数字贸易主导权；而发展中国家中小企业虽然借助数字贸易的特性能够直接对接跨境企业以及消费者，拥有广阔的未来前景，但是现阶段在互联网巨头的垄断下中小企业仍然举步维艰，因此未来要推动中小企业进行动力变革、质量变革以及效率变革。

4. 中国经济贸易数字化转型困难，面临观念和业态双重挑战

目前随着中国数字基础设施的互联互通以及网络通信服务能力的快速提升，使得数字贸易正经历着前所未有的发展机遇，但是中国经济贸易的数字化转型之路并非一帆风顺，面临着严重的双重挑战。一是数字化观念转型困难，即存在着严重的传统工业经济向数字化经济转型意识弱的挑战。目前中国占据主导地位的仍然是工业经济，而数字贸易产业发展相对滞后，绝大部分制造企业尚未迈向数字化之路，这主要源于企业转型意识薄弱，对数字贸易的发展前景缺乏足够认识，存在着“不想用”、“不能用”、“不敢用”以及“不会用”的意识。美国信息系统审计和控制协会（ISACA）通过调查发现，全球企业中仅有不到 25%的高层在发展过程中积极部署前沿数字科技，而将近 47%的高层领导缺乏数字化转型意识，由此可见，数字化观念意识薄弱已成为制约数字贸易发展的关键因素。二是业态转型困难，即传统贸易向数字贸易转型面临严峻挑战。当前中国数字贸易水平总体不高且发展不平衡，数字化产品和服务缺乏竞争力，数字贸易关联产业的发展缺乏核心数字技术等支持性要素，制约了中国数字贸易的整体发展；同时中国数字贸易规则发展滞后，再加上严重的数字贸易保护壁垒以及知识性要素的缺乏，使得业态转型面临着严峻的挑战。

（二）中国数字贸易发展策略选择

1. 加强数字贸易顶层战略设计，提升在全球价值链中的格局和地位

数字贸易的发展已经超越了“数字贸易”自身的内涵，呈现逐步替代货物贸易以及服务贸易的发展趋势，不仅影响着国际贸易的走向，而且直接或者间接地影响着一国在全球价值链中的格局和地位，因此必须从战略上高度重视数字贸易发展。具体而言，要继续践行十九大报告中提出的“数字中国”以及“网络强国”战略，进一步完善实施《国家信息化发展战略》、《“十三五”国家信息化规划》等战略规划，明确中国数字化发展的路线图和时间表；要针对数字贸易制定宏观产业政策，尤其是针对跨境电商和数字内容产业的发展制定中长期发展规划，明确数字贸易的支持领域、发展方向及重点；要完善数字基础设施发展政策，稳步推进城市信息网络的提速升级以及普及推广农村宽带，缩小城乡“数字鸿沟”，同时要逐步放宽数字基础设施领域的市场准入限制；要构建并完善数字贸易统计制度并逐步与国际接轨，加快建立标准化数字贸易统计机制，明确数字贸易分类体系，进而准确把握数字贸易发展现状及趋势。

2. 积极参与数字贸易规则谈判，努力构建数字贸易“中式模板”规则

美国作为当前数字贸易发展最为成熟的国家，企图在数字贸易规则领域设定以美国为主导具有约束力的全球标准，积极推动数字贸易“美式模板”；与此同时，贸易额占全球1/3并且与美国关系密切的欧盟也在积极推动“欧式模板”数字贸易规则。中国虽然以跨境电商为代表的数字贸易发展迅速，但是在数字贸易规则领域缺乏主导权，未来将在较长的一段时间内受制于“美式模板”及“欧式模板”，掌握数字贸易规则话语权将是未来的重中之重。首先，中国要积极构建有利于自身数字贸易发展的规则，要针对中国跨境电商发展需要在技术中立等方面积极主动地提出符合自身利益的诉求和主张，甚至要在相关数字贸易领域提出“中式模板”，化被动为主动以应对“美式模板”及“欧式模板”的挑战；其次，中国要合理利用并对接“美式模板”“欧式模板”部分规则，构建一套符合自身利益发展的数字贸易法律法规，进而为与美国、欧盟等发达国家和地区的数字贸易规则谈判提供法律保障；最后，中国要借鉴美式及欧式模板以改善国内数字贸易政策，在维护国际经济安全的同时改善数据监管政策，以便与美国、欧盟等国家和地区在谈判中能够更好地达成一致。

3. 推动数字贸易支持性要素资源可持续发展，努力形成动态竞争优势

人才、技术、资金等知识性生产要素供给不足，成为制约数字贸易快速发展的重要因素，而数字技术的快速发展，为数字贸易支持性生产要素可持续发展提供了可能性，进而为中国数字贸易发展实现动态竞争优势提供保障。首先，创新数字技术人才培养模式和机制。数字化人才是提升中国数字贸易竞争力的根本，国家应大力推动教育模式创新，积极通过教育部门力量促使数字技术与高等教育融合发展，强调数字技术的社会应用性在高等教育中的地位及作用，从而为数字贸易的发展提供持续性的人才资源。其次，积极推动数字技术创新发展。数字技术是提升数字贸易竞争力的支撑，国家应鼓励在数字基础技术领域进行自主创新，推动一批数字基础技术企业发展壮大；构建数字技术转让及转化平台，推动数字技术向产业化转化。最后，创新数字贸易产业领域投融资机制。资本资源是提升中国数字贸易的保障，然而融资困难成为目前阻碍企业，尤其是中小企业深度参与数字贸易的最大问题，国家应拓展中小型数字化企业融资渠道，通过减税等政策鼓励工商业投资数字贸易产业；要进一步扩大数字领域对外开放，在确保经济安全的同时放宽对外资所有权的限制。

4. 完善国内数字领域规制体系建设，营造良好数字贸易环境

国内现阶段数字贸易仍处于发展起步阶段，数字领域法律法规发展严重滞后，难以有效保障相关主体的合法权益以及维护国家经济安全，因此必须加快国内数字领域规制体系建设，营造良好的数字贸易经营环境。国家要针对数字贸易领域的个人隐私保护、知识产权保护、服务审查以及数字化交易方面加强立法工作，维护交易主体的正当权益；要厘清传统贸易与数字贸易的区别与联系，对传统贸易监管方式进行改革，整合贸易、信息、海关、互联网管理等各领域和部门的资源，创新构建数字贸易监管体系；要简化边境监管、制定 B2C 模式下的退税政策以及退货政策，优化数字贸易政策环境；要制定专门的跨境电子商务法律法规并向 WTO 提供此法律法规，提高中国在全球范围内跨境电商政策的透明度；要通过政府主导积极推动在数字证书、电子签名以及电子认证等相关信息和政策方面的交流，促使中国与其他国家在数字证书以及电子签名领域相互认证。